海賊史観からみた世界史の再構築

交易と情報流通の現在を問い直す

Pirate's View of the World History

A Reversed Perception of the Order of Things

稲賀繁美 編

INAGA Shigemi

思文閣出版

序　文——海賊行為とジクソー・パズルの欠けたピース

稲賀　繁美

平成二五（二〇一三）年、「海賊史観」を提唱して、科学研究費助成金（基盤研究A）を獲得した。本書はその成果を公開する報告論文集となる。また本書は、この科学研究費補助金による研究とも連動する国際日本文化研究センターでの共同研究会「二一世紀十年代日本の軌道修正」の成果報告も兼ねる。以下、その序文として、研究の方向性と構想について簡略に述べ、本書の意図するところを説明したい。

1．本研究企画には、大きくみてふたつの方向性がある。一方は、いわゆる「大航海時代」から現在にいたる世界史のここ五百年の問い直しという大きな尺度の問題となる。この方面について、ここ数年間、関連図書の刊行が目白押しであり、「〇〇の世界史」と銘うった著作は三十冊ちかくを容易に数えることができる。「海賊の世界史」もそのひとつだが、「海賊」と銘打った書籍も、同様に急増している。次章の「研究計画および経緯」にも詳説するが、この「海賊」「世界史」両方面で、従来の常識は、大きく塗り替えられようとしている[1]。本書では第Ⅲ部〈「大航海時代」再考——海賊の海の歴史を再訪する〉を中心にこの課題に挑戦する。

2．もう一方には、メタファーとしての「海賊（行為）」piracy の射程の問い直しがある。そもそも、欧米語の場合、なぜもっぱら「海賊」であり「山賊」や「馬賊」ではないのか。ここには、海洋制覇によって世界の支配者となった欧州の歴史性が反映しているはずだ。この意味連関からは、海賊版の商品、電子機器から、virtual環境の市民権の主張として「海賊党」という政治結社の活動、その反面としての知的財産権、著作権の綻びと海賊行為との表裏、といった問題系が導かれる。本書では

第Ⅰ部〈インターネット時代の知的財産と海賊行為〉

第Ⅱ部〈剽窃・贋作・模造品の遊泳術〉

において、その具体相に肉薄する。

こうした生なましい生態と、第Ⅲ部で検討する近代世界史再構想との交点において、歴史的実態としての交易における海賊行為、違法行為への問い直しが要請される。それは現今の世界秩序再編成とも密接に連動する。そのため、第Ⅲ部に続く

第Ⅳ部〈認知か越境か？――近代国民国家体制の制度的綻びと海賊的侵犯行為と〉

さらに

第Ⅴ部〈海賊の修辞学――暗喩と交通〉

にわけて、これらの局面に迫りたい。本研究計画関係者が二〇一五年一月にパリ日本文化会館で開催した「うつわとうつし」関連事業でも、こうした視点から新たな問題提起を試みた(2)。ここで編者は「地学的想像力」を提唱している。詳細は以下に譲るが、それはナオキ・サカイの「地理学的想像力」への代替案でもあった(3)。

3．二〇一五年六月の共同研究会では、奇しくも複数の発表者から、ジクソー・パズルの比喩が提起された。ジクソー・パズルにひとつ欠けたピースがあるとする。その欠如したピースの形状は、それを囲む八個のピースの

形状から逆算される。生態系の平衡を説明する比喩として、ジクソー・パズルは有効だ、と福岡伸一は主張している。(4)なぜなら個は自己決定されるものではなく、こうした周囲の環境との関数として、そこに残された欠如を埋めるかたちで顕現するのだから。さらに免疫系における抗原・抗体反応は、胎児から幼少時の形成過程では、自己を「欠如」、「不在」として認識してゆく。なぜなら免疫系にとって「存在」しているものとは、それを攻撃して排除せねばならない「他者」と定義されるからだ。「免疫系にとって、自己とは、今いるあなたから切り抜かれたもの」。これは多田富雄『免疫の意味論』(5)の基本的認識だが、そうすると、免疫系にとっての「自己」とは、実体のネガ、まさに「ジクソー・パズルの欠けたピース」ということになる。それでは成熟した免疫系が目の敵にする海賊的存在とは何なのか。そこで想定される欠如としての「自己」とは何を意味するのか。

日本民藝館の館長に就任した深澤直人も、デザインとは、この最後の欠けたピースを適切に埋める営みだとの認識を示している。言い換えれば、デザインとは免疫系の働きということになる。だが深澤はそれにつづけて、しかしそのジクソー・パズル全体が歪んでいたらどうだろう、との問題を提起する。(6)歪みを助長し、それを規定の事実として容認させてしまうと、世界の矛盾を肯定し、幇助する「犯罪」に加担することになりかねない。

4．実はここに、海賊史観を提唱する所以も探られる。ここまでの比喩を逆転させてみよう。ジクソー・パズルの欠けたひとつのピースとは、考え方によっては、パズル全体の歪みゆえに、もはや収まらなくなったピースが弾き出されてできた空隙ではないか。その空虚の場所にはシステム全体の無理が集約され、矛盾が欠如として表現されている。そしてその空隙には、あたかも隙間を目敏く見つけて雑草が繁茂するのにも似て、パズル全体の秩序や規則とは相いれない違法行為が跋扈し、無法地帯が成立する。(7)「海賊史観」が探り当てようとするのは、こうした空白地帯における反秩序の小規模な反乱状態ではなかったか。

それは反乱状態とはいいながら、実際には欠如によって生じたシステムの危機を回避し、緊急避難的に全体の平衡を回復させ、システム全体の致命的な不具合を是正する安全装置でもある。さらにこうした海賊行為は同時に、そこにはシステム全体の矛盾が集約されて発現していることも示す。これは建築家の塚本由晴の「隙間」建築論の志向でもあろう(8)。

実際のマーケティングの現場では、こうした海賊行為そのものが、すでに商業戦略や戦術のなかに組み込まれている。すなわちインターネット上の情報などで、事業主の利害を掘り崩すような海賊商法に対しても、それらを一律に削除したり排除したりはせず、少数の海賊商品はわざと放置し、存続させる。そうした海賊の存在がかえって純正商品の品質保証に役立つ場合もあるからだ。さらにいえば、事業主がひそかに自分の手で「偽」の海賊商品を市場に流し、それに懲罰を加えるような仕草をとることによって、それ以外の「本物」の海賊商品の流通を牽制するといった、虚実入り乱れた事態まで発生している。

5．ここで先にふれた「地学的想像力」が問題となる。地域に流通する商品は、世界市場に上場されるためには、地学的変成を蒙る必要がある。地層の断面にみられる褶曲や断層は、地殻に働いた物理的な力の痕跡であり、そのなかで化学的な変成も発生する。地下のマグマは、こうした過程を経て初めて地表に露頭する。それは精神分析的な比喩に重ねるならば、精神的な力動性が途中で検閲と整形を経験して昇華される過程にも類比できようか。

ジクソー・パズルは二次元のモデルにとどまっている。それはいわば表層の力関係の比喩としては有効だが、実際には地殻も、それを下から押し上げる大地の流動のうえに乗っている。表面下に隠された動態の結果が、表面の表情を構成する。経済学的に言い替えれば、それは原材料が加工され、製品へと上り詰める筋道でもある。ユネスコの世界遺産にせよ無形文化遺産にせよ、地域に保存された原型は、遺産登録という「株式の上場」に際して、必要な条件を満たすための変成を要求される。その要求に耐えられないものは、浮上する以前に抹消される。逆に、従来の市場の穴場に新製品が浮上するが、それは画期的商品として受け入れられる場合もあれば、反対に海賊商品、市場荒らしとして疎外されもする。

これはまた地域言語を主要言語、世界言語へと翻訳する過程で発生する検閲・編集作業にも当て嵌まる。編集・翻訳過程での検閲は、一種の抗原・抗体反応といってよい。地域の風土病は世界に伝播する以前に、検疫により拡散を抑止されるが、文化的な事象や流通商品も、似たような文化検疫によって、防疫され、解毒され、安全なものへと変質を遂げて初めて、世界市場に流通する権利を獲得する。この検疫制度の盲点を突き、欠陥に巧みに乗じるのが、海賊商品と呼ばれる非正規商品の流通実態にほかなるまい(9)。

6．ここまでくると西暦二〇〇〇年頃にしきりに話題となった「ガラパゴス化」にもあらたな視野がひらける。国際基準にはあわない地域特有の商品開発を揶揄した表現だが、それは同時に世界標準とは共約性を欠いた地域文化の特性を擁護する術語でもあった。どちらがよいか悪いかの問題ではない。地域から世界の流通には、途中に障壁があり、それを掻い潜る上昇志向は世界基準という箍に嵌められるし、その拘束を厭うならば「ガラパゴス化」という選択肢が拓ける。そしてこの現象は、翻訳事業一般にも当て嵌まる。それは一方から他方へと、両者あきらかに異質な言語という媒体に合わせて商品を変容させる作業でありながら、翻訳によって運ばれる品物は、翻訳の前後で同質である、という前提で事が遂行される。この品質保証は、少し冷静に考えれば、あきらかな論理矛盾、まやかしでしかありえない。翻訳という越境行為は定義からして海賊商法なのだが、その海賊商法は事後に認可される場合（ノーベル文学賞受賞）もあれば、反対に忌避される場合もある。条約締結などの場合には、翻訳を介した橋渡しという海賊商法に合法性という認可が与えられ、法定翻訳による「跨ぎ」を前提として、利害調整が成功した場合には、条約が批准される[10]。

7．文化のあいだの架け橋という比喩がよく用いられる。だがこの表現が「類推」analogieとしては「まやかし」であることは、ジャック・デリダも犀利に説くとおりだ。深い淵によって隔てられた両岸を結ぶのが「橋」だが、その両岸の世界が著しく異質であるなら、その両者を結ぶ橋とは、両者を隔てる傷跡であり、両者の懸隔を落差として描く「象徴」にほかならない。両岸の「橋渡し」とは、両岸におよそ「類推」などなりたたない「淵」があることを示しているからである[11]。沖縄の琉球王朝の外交過程を分析して、そこに『翻訳の政治学』の実態を分析したのが与那覇潤の博士論文だった[12]。強大な複数の政権との外交交渉には二枚舌あるいは二股膏薬の表裏が不可欠だが、これはデリダ的な用語でいえばpharmacon、すなわち薬が同時に毒になるという両義的存在だろう。

条約締結に際して、両者が同一と理解して合意に至った条文が、時効により情報開示されてみると、見事に食い違っていた、といった事例には事欠かない。だが実際には妥協不可能な事態を、二枚舌の翻訳をも駆使して巧みに架橋するところに、外交交渉の醍醐味もある。言い換えれば「合法化」された「誤訳」と「正確な翻訳」の「非合法化」との表裏の綾にこそ、外交の真実がある。

8．海賊船の場合も、自分の無国籍性や違法性をたかだかと旗竿に掲揚する筈もない。偽って味方の旗を掲げて接近し、突然海賊旗に改めて略奪を始める場合もあれば、強大な敵を装って応戦を遣り過ごすといった臨機応変が身上であり、身替りの速さ、固定した自己同一性の欠如こそが、海賊たるゆえんであろう。毒か薬か、その懸隔をメビウスの帯の表裏よろしく、変幻自在に乗りこなし、神出鬼没で航行するのが、海賊船の宿命である。

9. ここまでくれば、海賊という「毒」が、世間の常識としての正義に潜む巨悪を暴く「解毒剤」ともなりうる両義的な位置あるいは運動をなす僥倖でもありうることが見えてくるだろう。それは、秩序と反秩序とが入れ替わる臨界点、いわば砂時計の中央のくびれ、上下逆さまのふたつの三角錐が接する交点に出現する現象でもある。一方からみれば縮小であり減衰である運動が、他方からみれば拡大であり増幅となる、一方からみれば不利益が、他方の利益となる。その交錯点に海賊現象が出現する。正義と悪もここで反転する。二枚舌、あるいは二重スパイなどといわれる状況と酷似した、どっちつかずの様相である。

10. いうまでもなかろうが、その海賊行為を善と容認するか悪と断罪するかは、周囲の権力構造次第である。私掠船 corsair は、実際にはイギリスの女王陛下公認の艦船であり、海賊 pirate とよばれたのは、そうした官許なく、無認可のままで、同様の行動を生業とした輩を断罪するための蔑称だった。まさに小さな泥棒は犯罪行為だが、大泥棒とは王侯貴族による公然たる国事行為の謂。合法か違法かは権威 authority と正統性 legitimacy の裏打ちの有無でしかない。危機管理は、とかく白黒を判明にしたがる。だが、この分別の姿勢とは、あくまで体制側の価値観の表明、敵方を異端視し犯罪者として断罪することで、体制は自己の安全を確保する。それは、法的権力行使の別名にほかなるまい。断罪すべき悪を生産することなくしては、権力はみずからの正義を維持することはできない宿命なのだから。

11. こうして、あらためてジクソー・パズルの欠如したピースとは何かが問われることとなる。パズルという秩序平面に穿たれた穴は、まさに穴明き主義＝アナアキズム anarchism の巣窟として、権力側からは唾棄され、そうしたアジトやニッチを「潰す」ことこそが、秩序維持装置たる警察権力の尊い務めとなる。国家の免疫系は、異分子を敵として殲滅するのが、定義からしてその機能なのだから。しかし穴がまだ少数派の虫食い状態程度ならばよいが、それが次々に増殖し、互いに伝線したりし始めると、どこかで臨界点を迎える。秩序は、秩序たる以上、多数派でなければならず、穴が半分を超えれば、もはやそこに秩序を期待するわけにはゆくまい。海賊行為とは、「公海」という秩序に一時的な風穴を穿ち、秩序の空白地帯やほつれ目を目ざとく探知して、利鞘を稼ぐ巧緻だろう。となると、革命とは、ジクソー・パズルの穴という反秩序が、秩序よりも優勢となり、パズルの結束を維持することがもはや不可能となった段階を指すものだろうか。虫食いが進行して、パズルの図柄が認知不可能となれば、空隙を埋めることで新陳代謝を保障するという、生態系の動的平衡も崩壊する。だがこの臨界を超えた革命状況は、もはや海賊行為の名で呼ぶ段階を超えている。言い換えれば、海賊行為とは、あくまで秩序の綻び目に寄生する害虫 parasite だが、その宿主の生命を脅かすに至っては、もはや海賊としての分を超えた存在へと、変質を遂げていることになる。

12. ここで、見えるべき図柄（＝秩序）と、その背景で本来なら不可視であるべき地（＝隠された反秩序）との関係を考えたい。比喩として人形浄瑠璃の黒子を考えてみよう。舞台で演じられる曲目、そこで演ずる人形たちは自律しているように見えるが、それらは実際には黒子と呼ばれる人形師たちによって操作 manipulate されている。我々はともすれば、自らを自分の意志によって自律して動く主体だと想定するが、それが錯覚にすぎないことは、合気道家の内田樹も、謡曲での仕舞の体験から語っている。ジクソー・パズルの欠けたピースと同様、為すべき舞を為す位置と間合いが触知されてくるが、そこに穴を残さないように振る舞わなければ舞台は成立しない。それは全体への受け身の迎合でも、身勝手な一人合点でもない。相互依存は必ずしも部分を全体に塗りこめて解消することではない[13]。

さらに厄介なことには、現在の人形浄瑠璃では、人形の主使いは素面を観客にさらす。これに演劇狂のフランス知識人たちは当惑を隠さなかった。一九六〇年代に日本に滞在したロラン・バルトの場合には、日本で観劇に勤しんだ先駆者、大正年間の駐日大使にして劇作家、熾烈なるカトリック信者でもあったポール・クローデルへの反発もあったに相違ない。能と謡曲に感嘆したクローデルとは対照的に、無神論者のバルトは、人形浄瑠璃の主使いの顔は、そこになんら読むべき意味などない、という「意味の廃絶」を示すために存在するのだ、という錯綜した理屈を展開した。『表徴の帝国』に見える著名な説である。(14)

実際のところ、かつては主使いも黒布で顔を覆っていたとの伝承もある。また民間伝承では、素顔をさらす人形師こそが、観客の女性たちの贔屓であり、評判記に記載され、美形の主使いを若い女性が追い回す色恋沙汰まで頻発したという。ここで舞台の人形とそれを操る舞台裏との関係は逆転することになる。ひょっとすると、主人公のはずの人形の脇でわざと素顔をみせ、使い手の固有名を演目に表示するという倒錯にこそ、俳優の、そして舞台上演の真実があったのではないか。さらにまた、見えないことを強烈な黒で強調する黒子の存在と、不在のはずなのにこれ見よがしに素顔を晒す主使いとの落差、その往還に、主従関係の相互依存と倒立、海賊的存在の表裏、言い換えれば、正統性の振幅とそこに骨絡みな両義性を考え直す便《よすが》を得ることも、できるのではあるまいか。

舞台の虚構とそれを背後から支える現実との、こうした淫靡な相互依存関係。それが西欧化、近代化のなかで、さらなる違和感を醸しつつも、かえって新たな解釈を招き、助長された可能性をも排除できなくなる。となるとバルトは、西欧の眼差しのもとで暴露された事態にことさら「日本の表徴」を見て、結果として、そこに屋上屋の解釈・合理化を捏造した嫌いもあることになる。近松門左衛門の有名な言葉を借りるなら、これはまさに文化翻訳における虚実皮膜論だろう。文化間の翻訳事業にもまた、海賊行為は頻発する。

13. 学術言語としての英語の場合を考えてみよう。英語を非母語とする多くの人々が、学術論文を英語で執筆する。それは地域の非英語を翻訳し、表面上は英語の語彙が文法にそって綴られている。だが実際には、その表面の下、裏側には、非英語の出発言語の語彙や発想が、滓《オリ》のようになお付着している。英語の語彙として理解されるのとは違った含意 connotation が、母語での解釈において裏読みされている。ホミ・バーバは植民地インドの場合を例に、被植民地側の上層階級が植民者の文化を模倣する態度を「擬態」mimicry と呼んだ。元来は植物や昆虫などが、生存維持ほかの目的で他種を巧みに装う擬態である。

英語の使用なども、そうした「擬態」による学習の好例である。「民主主義」といったスローガンも、その意味するところは理解する人によって様々で、場合によっては相容れない解釈すら錯綜している。だがそうした水面下の差異は無視して、「民主主義」の貫徹を訴えて選挙民の連帯を勝ち得るところに、政治的言説の「擬態」の効能がある。世界公用語としての英語にも、これに類似した擬態機能が備わっている。そこにはいささか皮肉な事態が発生する。一方ではまさに democracy が好例だろうが、この democracy の名の下で、実際にはおよそ同一とは思えない現実が同一視され、多様で矛盾した選挙民の意思が統合される。その反面、民主主義という言葉は、その内実が肥大しインフレーション infration を起し、価値低減を蒙っている。

他方では、外来語が英語に取り込まれる。日本語でもツナミ、スシ、ベントウ、カワイイなどの語彙が英語辞典に登録される。だが登録と同時にそれが変質を蒙るのは、california roll をみるだけでも頷けよう。ここまでくると、もはや本物も擬態も区別がつかない。これを要するに、ひとつの語彙が世界流通貨幣となることは、それ自体、海賊的な擬態であり、母語での元来の意味作用からの乖離と裏腹である。mimicry 理論提唱者である Homi Bhabha 自身が、いまや英語圏学会の「行動規範」behavior model として「擬態」mimicry の対象に成り代わった様をみても、思い半ばに過ぎよう。

14. もはや正統性や擬態をめぐる言説分析など問題ではない。それが筆者の「海賊史観」による「文化翻訳分析」にたいするガヤトリ・スピヴァックの簡明な評釈だった。[15] 黒子があるとき頭巾を脱いで素顔をさらす。それは無名だった非西欧の第三世界出身の知識人が、西欧社会のスターへと脱皮して実名で世を渡ることと同義だったのだろうか。だが素顔を晒した彼らは、はたして植民者の擬態を演じているのか、それとも植民者の文化を簒奪したのか。はたまた西欧の流儀で演じられていたはずの舞台が、実際には文化圏を異にする黒子の人形使いたちによって、そうとは知られぬうちに、異質なものへと変貌を遂げてゆくのが、脱植民地状況と呼ばれる今日の、すくなくともかつての帝都における、文化状況だったのか。

15. 第二次世界大戦後、ヤルタ体制とも呼ばれた世界秩序が、一九八九年の冷戦の崩壊からすでに四半世紀を経過し、もはや過去の遺物へと転落しようとしている今日、世界基準の正統性もまた喪失の危機に瀕している。Hegemonyを「覇権」と訳すのは誤訳だろうが、empireが「天下」と類比されるなど、英語と中国語とのあいだで発生している言語的「覇権争奪」も、全球化globalizationという幻想の現実を端的に示している。[16] 超大国の失墜、世界の保安官の喪失とともに、代替のhegemonyも覇権も確立されない今の世界は、「正義」の擬態に溢れ、一時的かつ広範なる海賊の跳梁跋扈状況とも揶揄できよう。実体経済とはおよそ無関係な金融が世界を支配し、インターネットの普及が、従来の金融決済や商品流通における関税障壁や文化的国境の検疫装置を、すくなくとも仮想空間での情報交換においては、事実上打破している。そして電脳たちが、もはや人類による制御をも凌駕し、それら自体が社会秩序にたいする、水面下の不可視の海賊と化している。黒子だったはずの電子機器が、チェスでも将棋でも囲碁でも人間の知性を圧倒し、さらにふと気が付くと主従立場を替え、人類を支配する胴元に成り代わる日も、遠くないかもしれないのである。

16．精神医学の用語を用いるなら「筒抜け状態」（長井真理）とも形容すべき、こうした世界的な海賊状況の多面的な昂進に直面して、いかなる方策が模索できるのだろうか。もはや明らかなように、従来の地理学的な想像力、国民国家体制の尺度による統治感覚に基づいて、海賊行為を一方的に違法行為として摘発し、処罰するだけの硬直化した対処療法では、総崩れの兆候を見せ始めているジクソー・パズルの修復は期待できない。むしろ、現時点でそれと視認できる「欠けたピース」に注目し、「海賊行為」の温床ともなる、それらの欠落点にいかなる葛藤が集約されているのか、その矛盾の結節点を腑分けして、そこに全体の歪みの力学がどのように錯綜しているのかを、地道に点検する作業が必要なのではあるまいか。それは容易に特効薬のような処方箋を提供できる性質の課題ではない。むしろそうした万能特効薬のような解決策を性急に求めて、秩序に支配された「公海」high sea の安全回復を期待するような普遍的世界観が、現状の虫食い状態を招来した原因ではなかったか。

あちこちに穴の開いたジクソー・パズルという様相を呈した世界地図。虫食い状態で穴を晒している、「欠けたピース」。ソマリア沖海賊なども、そうした、現代世界にぽっかりと空いた「穴」、欠損したピースの典型例だろう。自らがその陥没の穴へと落ち込む危険をも冒しつつ、その欠落の動態に迫る研究が、「海賊史観」の、不可欠の出発点となるだろう。欠けたピースによる穴、というと、あるいは静態的な印象を与えるかもしれない。だがその現場に踏み込んでみれば、そこはむしろエドガー・アラン・ポーの「大渦巻」が描いたような、潮流の合流点に発生する螺旋状の渦なのかもしれない。従来の惰性の既成秩序にそった進路を変更し、その渦あるいは逆巻く淵 abime=abyme（無限後退の入れ子紋章）の探求にむけて、我らが海賊船の行路を定めるべき時期を迎えているのではないだろうか[17]。

本書がそうした問題意識を孕む無秩序な大海原へと航路を向けるための指針となり、海図なき航海への誘いとなれば、編者としての企みは、半ば成就されたものといってよい。たしかに、世界なるものを、安全な航路を示す海図へと整序するべく、先人たちは多大な努力を払ってきた。だが地球表層を覆い尽くしたはずの海図は、いまや至る所で欠陥を露呈し、役立たずな遺物へと、急速な劣化を遂げている。出来合いの海図の裏を掻く現実が、至る所で我々を待ち構えている。本書は、見えざる暗礁を縫いつつ、定かならぬ目的地を探りつつ操舵する覚悟を育むための試論となることを望む。だが水先案内を自負しようにも、既存の知識はもはや役に立たない。本書もまた将来のための捨て石、先行するがゆえに座礁した沈没船となる運命を免れまい。爾後の航路標識に、避けて通るべき難所の汚名とともに刻まれる以上の存在ではありえまい。あるいはホメーロスの『オデュッセイア』に登場するセイレーンのように、それは岩礁へと変身を遂げたのちにも、残る人類に警鐘を鳴らしつづける幻のような歌声として残るだろうか（本書カヴァー絵参照）。それが災厄を回避するのに有益な目印となるか、それともかえって船乗りたちを誘惑して難破を招く躓きとなるかは、本書の読者のご判断に委ねられることとなる。

冒頭にも触れたとおり、本書は、国際日本文化研究センター共同研究「二一世紀十年代日本の軌道修正」二〇一三―二〇一五年度の成果報告論文集である。また本書に掲載したいくつかの論文は科学研究費補助金（基盤A）25244011　平成二五―二七年度「海賊史観から交易を検討する：国際法と密貿易―海賊商品流通の学際的・文明史的研究」による調査・研究成果の一部をなす。なお末尾ながら、本企画の出版に前向きに取り組んで頂いた思文閣出版新刊事業部の原宏一氏、面倒な原稿の編集に携わっていただいた井上理恵子氏に、この場を借りて深謝申し上げます。

（1）　稲賀繁美「交易の海賊史観にむけて：美術品交易を中心にして」（徐興慶編『日本学研究叢書8・近代東アジアのア

ポリア』国立台湾大学出版中心、二〇一四年一月、一一三〜一五二頁）。許可を得て、本書に再掲する。また、本件については、川勝平太・静岡県知事はじめとする識者とも意見交換の機会をもった。ちなみに「海賊史観」は川勝「海洋史観」を水面下から補塡するパロディーの構想であり、著名な経済史家である川勝氏の賛意を得ており、また東南アジアを含めた交易史の専門家、濱下武志氏とも意見を交換している。

（2）Exposition: *Réceptacle du passage ou La Vie transitoire des formes et ses empreintes*, Colloque international: *Berceau du temps, Passage des âmes*, Maison de la culture du Japon à Paris, France, 20-24 janvier, 2015.

（3）稲賀繁美「地理学的想像力から地学的想像力へ：酒井直樹氏の講演「翻訳と地図作製術的想像力」を聴いて」（『図書新聞』二八七九号、二〇〇八年七月二六日）。

（4）福岡伸一「無くしたピースの請求法に感心」（〈芸術と科学のあいだ〉『日本経済新聞』二〇一四年一二月一四日、日曜版）。および同「免疫系では自己は空虚な欠落」二〇一四年一二月二一日。『芸術と科学のあいだ』（木楽舎、二〇一五年）に所収。

（5）多田富雄『免疫の意味論』（青土社、一九九三年）。

（6）深澤直人「新館長と語り合う会」日本民藝館、二〇一三年一月一九日（鞍田崇報告より）。

（7）デンニッツァ・ガブラコヴァ『雑草の夢——近代日本における「故郷」と「希望」』（世織書房、二〇一二年）。

（8）塚本由晴／Tsukamoto Yoshiharu, Niche/隙間『10＋1』No.30（都市プロジェクト・スタディ）一三〜一八頁。

（9）稲賀繁美「翻訳の政治学と全球化への抵抗」（『絵画の臨界』名古屋大学出版会、二〇一三年、序章）。

（10）稲賀繁美「非母語という類似餌（ルアー）には何が掛かるか」（郭南燕編『バイリンガルな日本語文学：多言語多文化のあいだ』三元社、二〇一三年六月二〇日、二二一〜四六頁）。

（11）Jacques Derrida, *La Verité dans la peinture*, Flammarion, 1978, p.43、『絵画における真理』（高橋允昭・阿部宏慈訳、法政大学出版局、一九九七年、五八〜五九頁）。

（12）与那覇潤『翻訳の政治学』（岩波書店、二〇〇九年）。

（13）内田樹「伝統文化に宿るもの」（小林昌廣との対談『継ぐこと・伝えること』京都芸術センター、二〇一四年、八八〜九〇頁）。

（14）Roland Barthes, *L'Empire des signes*, Skira, 1970, p.81.

（15）稲賀繁美「翻訳の政治学と全球化への抵抗：覇権志向から脱却した「海賊」史観による美術史をめざして」第28回京都賞記念ワークショップ思想・芸術部門『翻訳という営みと言葉のあいだ：21世紀世界における人文学の可能性』国立京都国際会館、二〇一二年一一月一二日。改稿和訳は稲賀『絵画の臨界』（名古屋大学出版会、二〇一三年）序章に収録。

（16）Hegemonyと覇権の違いについては、白石隆『海の帝国――アジアをどう考えるか』（中央公論新社、二〇〇〇年）。

（17）本稿は、稲賀を研究代表者とする、国際日本文化研究センター共同研究班「二一世紀一〇年代日本文化の軌道修正：過去の検証と将来への提言」（平成二五年度―二七年度）の成果論文集取りまとめのための呼び掛け、寄稿者への誘い水として、二〇一五年六月に執筆した。その一部は改変のうえ、稲賀繁美『接触造形論』（名古屋大学出版会、二〇一六年）第Ⅱ部第一章第四節に、やや異文を伴ったかたちでも収録されていることをお断りする。

目次

序文──海賊行為とジグソー・パズルの欠けたピース　稲賀繁美　i
研究計画および経緯　稲賀繁美　3

第Ⅰ部　インターネット時代の知的財産権と海賊行為

ネットの海は無法か──インターネットにおける〈海賊行為〉について　多田伊織　17
〈ひろゆき〉とは何だったのか──「2ちゃんねる」からも「ニコニコ動画」からも離れて　鈴木洋仁　49
マンガ翻訳の海賊たち──スキャンレーションにおける航海術をめぐって　片岡真伊　70
反海賊版協定はなぜ破れたか　山田奨治　91
コラム　経営者・川上量生のビジネス書を読む
──「説明できない」ニコニコ動画を「誰もやっていない」ビジネスチャンスに変える術　鈴木洋仁　107
コラム　デジタル時代の複製　新井菜穂子　118
コラム　シンギュラリティーより愛をこめて　森　洋久　132

第Ⅱ部　剽窃・贋作・模造品の遊泳術

「永仁の壺」と昭和の陶芸史──ニセモノから芸術史を再考する試み　藤原貞朗　147
捏造された人魚──イカサマ商売とその源泉をさぐる　山中由里子　170
前衛としての生き残り──工藤哲巳の海賊的考察にむけて　近藤貴子　196
シミュレーショニズムと日本──あるいは日本現代美術における海賊行為の可能性と限界　平芳幸浩　227

展望の《仮山石》について――中国現代彫刻における「仮（偽る）」という戦略　呉孟晋　246
コラム　一八八八年バルセロナ万国博覧会における日本美術品の違法販売について
――新史料発掘と紹介　リカル・ブル・トゥルイ　275
コラム　画家・藤田嗣治の「著作権」興亡史をたどる――没後五〇年に向けてのノート　林　洋子　283
コラム　機略に満ち溢れたインフォーマル経済――タンザニアの模造品交易を事例に　小川さやか　296

第Ⅲ部　「大航海時代」再考――海賊の海の歴史を再訪する

海賊史観からみた世界交易史・試論　稲賀繁美　309
人類の敵――グロティウスにおける海賊と航行・通商の自由　山内　進　334
略奪品か戦利品か――一六一五年のサント・アントニオ号拿捕事件と幕府の対応　フレデリック・クレインス　365
悪石島の寄船大明神とその周辺　榎本　渉　395
コラム　一六世紀宣教師記録に見る海賊　滝澤修身　416
コラム　タイと「海賊」　平松秀樹　431
コラム　広州十三行　劉建輝　443

第Ⅳ部　認知か越境か？――近代国民国家体制の制度的綻びと海賊的侵犯行為と

植民地美術行政における海賊的境界侵犯――インドシナ美術学校とベトナム画家の「怪帆の術」　二村淳子　453
アントニン・レーモンドとル・コルビュジエ、建築における海賊行為
――形式ではなく精神性が与えた影響についての考察　ヘレナ・チャプコヴァー　487
フランスにおける「任意の地区評議会」――海賊党の液体民主主義と近年の民主主義運用のふたつの動向から　江口久美　505

コラム　ユーゴスラビア内戦と「法」――もののうり人の情景　山崎佳代子　530
コラム　一九〇〇年、パリ――模造された大韓帝国　李　建志　544
コラム　越境的あるいは海賊的――「タタールの木」をめぐって　今泉宜子　554
コラム　京都における人と野良猫の関係史　春藤献一　569

第Ⅴ部　海賊の修辞学――暗喩と交通

修辞学における西洋と日本と中国――その受容と変容をめぐって　テレングト・アイトル　583
"Immature poets imitate; mature poets steal"――テクストの／における〈海賊行為〉にかんする予備的考察　三原芳秋　620
二一世紀に海賊化した「邦楽」――宮城道雄による邦楽器の改良と新しい楽曲制作でみる〈海賊活動〉　申　昌浩　681
「民主主義」を抱きしめて――石坂洋次郎映画はいかにして「民主主義」を戦後日本社会に受容させるに至ったか　千葉　慶　706
コラム　海賊たちが帰る場所
――彼は更に七日待って、鳩を放した。鳩はもはやノアのもとに帰って来なかった。(『創世記』八、十二)　大橋良介　735
コラム　殿様と熊とアイヌ文様――芸術／工芸／おみやげにおけるデザイン流用　中村和恵　747
コラム　アラブ演劇の（非）流通から〈世界文学〉を踏み外す　鵜戸　聡　761
コラム　「公的研究費の不正使用に関するコンプライアンス研修会」を誉め讃える　稲賀繁美　776

航海日誌抄録――海賊商品流通の学際的・文明史的研究で行った3つの美術展　大西宏志　787

あとがき――あらたな海賊学の船出にむけて　稲賀繁美　809
共同研究会開催一覧（xiii）／人名索引（vii）／執筆者紹介（ii）

海賊史観からみた世界史の再構築

——交易と情報流通の現在を問い直す

研究計画および経緯

稲賀　繁美

本書は、文化交渉・交易全般における「海賊行為」を綜合的に再検討することを目的とする。二一世紀十年代の今日、既存の国際秩序や、二〇世紀初頭以来その基礎をなしてきた国民国家の理念は、随所でその耐用年限を露呈し始めている。あらたな代替秩序を提起し、その構築を社会にむけて提言することが、早急な課題として浮上している。そのためには、従来、違法行為・反社会的逸脱として一方的に断罪されてきた営為を、抜本的に見直す必要が生じている。ここで言う「海賊行為」は、交易路に対する私掠、著作権・複製権への侵害、公的秩序へのサボタージュ、さらには近年のサイヴァー攻撃などを含む。狭義の美術史、文化史、交易史のみならず、経済史、国際法、情報流通論などの分野の知見をも学際的に取り入れ、国際的視野から葛藤の現場を解明したい。

一　研究の学術的背景

編者は、平成二一―二四年度、科学研究費補助金による基礎研究A「「東洋」的価値観の許容臨界：「異質」な思想・藝術造形の国際的受容と拒絶」を研究代表者として組織した。その成果は論文集『東洋意識：夢想と現実とのあいだ　1887-1953』（ミネルヴァ書房、二〇一二年）ほかにおいて社会還元を果たした。そこで研究代表者および研究分担者は、日本の帝国としての進捗とともに、いかに欧米的な価値観と東洋的価値観とが対峙し、葛藤が生じ、それが紛争を惹起したかを多角的・学際的な視点から分析した。そのなかで、日本が、一方では列強の西欧モデルに同化すべく、植民地行政を模倣し、他方では国際社会において東洋的価値を貫徹しようとした実相に肉薄した。前者は、台湾割譲、朝鮮半島併合、さらには満洲国経営から南洋への進出という過程で肥大化を経験するなかで、近隣民族に対する抑圧を招き、後者は、国際社会との敵対による戦乱と敗北という結果を導いた。その帰結に関しては、政治史・経済史および歴史学が既に精緻な考察を展開してきた。しかしながらそこで問題とされた価値観の相克、さらには東西覇権の葛藤からの脱却は、敗戦後半世紀を経た現在なお、達成されたとは言いがたい。それは日本の対外的国際文化政策を回顧するだけでも、明白な事実である。

その間、冷戦体制の崩壊後から四半世紀を経た現在、第二次世界大戦後の国際秩序の機軸は、すでに昔日の有効性を失いつつある。アメリカ合衆国の世界的へゲモニーが揺らぐとともに、従来の国際社会が前提としてきた基本的規律が、その根拠を揺るがされるような事態が、頻発するに至っている。それらの問題は主として国際政治学、国際関係論、外交史といった専門分野で議論され、経済摩擦や経済援助に関する実務の世界で処理されてきた。しかしながら、ここでも従来の交易秩序の前提とされてきた、独立国家といった単位や、国民国家といった理念は、すでに急速にその理論的根拠、実質的基盤を喪失しつつある。世界的な人口移動や国籍意識の変貌、電子機器の幾何級数的発達による情報の無国籍化の趨勢は、従来の国際秩序の前提を掘り崩すに至っている。

編者は、本企画提案のための「科学研究費補助金申請書類」の「七、研究業績」に列挙した論文を発表する機会を通じ、既存の学会の枠組みに囚われることなく、以上に要約した昨今の国際的文化状況に関して、内外の識者と密接かつ内容の濃い意見交換の機会をもってきた。とりわけ二〇一二年には、シドニーにおいて「海賊・インド洋・美術史」と題する国際会議に招かれ、その基調をなす発言を求められた。また同年の京都賞授賞式では、文化翻訳の政治的葛藤に関して卓越した業績を挙げ、当該年度受賞者となったガヤトリ・スピヴァックとの討論を、主催者から依頼されている。ここでも、異質な価値観のあいだに架橋する翻訳行為が、「海賊」行為と裏腹であり、実際には権限を認可された「海賊行為」が「国際社会」の「正義」へと変身を遂げる姿に、「国際秩序」の孕む危険性も指摘される。「全球化」Globalizationはすでに経済において破綻の兆候を顕著にする一方、はやくも文化的な価値観の相克や葛藤へと飛び火する兆候を見せている。国際社会への信頼低下と国粋への揺れ戻し、正規軍の私兵化と、海賊行為の横行といった混乱状態への逆行が危惧されるなか、「海賊」行為の研究が急務となる。

二　本書の課題

このような今日的状況にあって、本書は以下の解明を目標とする。

(1)南欧による大航海と世界分割の野望以来の世界史を五百年のスパンで見直す。西側世界の「海賊行為」が現在にいたる世界秩序の基本を築いた様を、経済史、交易史、政治史などを横断する問題意識によって、再構成する。これには従来の欧米中心史観からの脱却が要請される。

(2)従来の宝物や文化財研究を中心とした美術史研究を超えて、ひろく商品交易のなかで東西交渉史を捉え直す。東シナ海、東南アジアの島嶼、さらにはマラッカ海峡の交易路を通じて、インド洋、アラビア海から地中海に至る貿易において、「海賊行為」がいかに交易を司っていたかを考察し、「純正品」と「複製品」あるいは「偽造品」との区別を見据えた観点から、「海賊行為」、すなわち密貿易や抜け荷の実態解明を含む、交易の全体像の再構成し、その総合的把握を目指す。

(3)同時に、イギリスなどの「私掠」行為による海上交易でのヘゲモニー確立と並行して形成された「著作権」「複製権」などの法学的概念を、比較史および文化人類学的視点から再検討する。これは、知的所有権を巡る近年の法哲学的議論、またその根拠をなす「法的人格」「司法的同一性」確立などの問題とも密接に相関し、ひいては従来の財産権定義などの前提を問い直す射程を含む。

（4）これは「国際法」の成立過程の再検討にも結びつく。十七世紀にグロティウスによって確立されたとされる「国際法」は、一方でイスラームにおける戦争と平和の定義を、欧州の国家間抗争に転用し、他方で東南アジアにおける覇権争奪で発生した訴訟沙汰を解決するための「公海」規定を案出した。だがこれらは両者共に、二一世紀を迎えて、急速に有効性を喪失しつつある。

（5）輸出産品、とりわけ電子機器における「海賊版」の横行は、従来の国際秩序の綻びを端的に証言する現象として、学術的な対処を要請する。それは、刑法や国際法等の法学的議論だけでは対応できぬ根深い価値倫理の次元を含み、そもそも領土や領海、国際法規の遵守とは何を意味し、合法的「交易」と違法な「海賊」行為の差異は何か、といった根底的な問いを突きつける。

三　本書の学術的な特色・独創的な点

（1）以上の課題は、いずれも既存の各々の学術領域内部だけでは解明できぬ複雑さを特色とし、既存の世界秩序や国際正義の前提にも踏み込むような、根底的・独創的な研究を要請している。

（2）さらに、海洋の島嶼国としての日本にとっては、あらたな国際的規則の設定と、「海賊行為」の再定義の如何が、国民国家としての将来の可能性や危機とも直結する。「違法操業」を文化史的な観点から分析することは、今後の文化国家としての進路の策定にも役立ちうる意義を有する。

（3）具体的には、所謂「ガラパゴス化」は、国際基準とは相容れない価値観による唯我独尊と孤立すら意味しうる危険性を孕む。「ガラパゴス化」により、国際交流や民際的人間関係がさらに矮小化され、日本の文化外交が国際的ルールから疎外される状況が生まれるならば、日本の輸出産業一般が「海賊行為」として指弾され、「国際社会」から排斥される危険すら想定されうる。そうした危険を想定し、回避する方策を練るための基礎研究としても、本研究は意義を有する。

（4）隣国にとって「日本敵視」が自国の国民国家という虚構及び政権の維持に不可欠となれば、国際社会の強制力が弱体化した環境では、相互の「海賊行為」の横行すら懸念される。そしてそれは、部分的には政治的民意操作、局所的な威嚇行為として、すでに現実に発生している。「海賊研究」は、こうした国際的緊迫にも、間接的な予防策、対応策としての処方箋となることが期待される。

（5）さらに、こうした現今の不安定な国際環境にあって、理論的・実践的に「日本丸」の安全航行の進路を文化政策のうえで想定するためにも、「海賊行為」の跨文化的・学際的・総合的研究は急務である。それはひいては、既存の学術界の再編成を促す契機ともなることが予想できる。

以上のように、本研究は、あくまで専門各分野の知見と実証的な探索に基礎を置きつつも、昨今の人文社会学術界が、専門化の進展とともに、正面から取り組むことを忌避してきた緊急な課題に、臆さず照明を当てようとする姿勢において、顕著な学術的特色と独創性を備えている。

四　予想される結果と意義

本研究は、既存の細分化した学術分野の壁を乗り越え、国際交流のあらたな今日的課題を提起する。それにより、人文学・社会科学に跨って、学会に新たな問題を提起し、今までの世界秩序にかわるべき全球的な仮説と青写真の立案に向けた認識を獲得する結果が期待される。創生的なthink-tankの役割を果たし、将来構想に先鞭をつける意義が期待される。

五　研究体制の全体像／連携研究者・研究協力者の配置と役割

本書に成果報告をまとめるにあたり、そのための研究の実施にあたっては、以下の五つの課題に即応して、分科会を組織した。

①南欧による大航海と世界分割から、今日にいたる国際秩序と「海賊」の役割
②東西商品交易路の確立と金融体制・公式貿易と密貿易との表裏から見た再構成
③著作権、複製権などの法的規制と「海賊行為」との相関・比較法社会学的・人類学的考察
④「国際法」の確立過程と、帝国主義的膨張下での「海賊行為」との二重構造の解明
⑤商品・情報における「海賊版」の実態と、現行法体系の不一致さらには将来への処方箋

各分科会での研究課題：

①南欧による大航海と世界分割から、今日にいたる国際秩序と「海賊」の役割

先行研究としては、フェルナン・ブローデル『フェリペ二世時代の地中海』(1)、増田義郎『略奪の海　カリブ』(2)などの古典的著作から、貿易史では川勝平太『文明の海洋史観』(3)の仮説、また西洋中心主義からの脱却を図ったアンドレ・グンダー・フランクの『リオリエント』(4)などが著名だが、家島彦一の一連の著作によるアラビア海・インド洋交易の実態解明や、東南アジアの海上覇権に関するオリヴィエ・ウォルタースの著作などが、基礎的情報を提供する。白石隆『海の帝国』(5)が政治史の立場から総括を提供するが、すでに刊行から十年が経過しており、それらを現時点からあらためて総括する視点が要請されている。これは世界史構想の抜本的な問い直しを視野に含む。

②東西商品交易路の確立と金融体制・公式貿易と密貿易との表裏から見た再構成

陶磁器の流通については、公式貿易と密貿易の表裏が近年注目を浴び始め、漆器についても、海外にある輸出蒔絵の調査が急速に進展し、展覧会による里帰りも実現している。ただし名品志向の研究姿勢からの脱却にはまだ至らず、贋作市場と公式市場との相関、「写し」対「オリジナル」の価値観対立、受注における「文化翻訳・誤訳」の実態を再構成する課題などがなお残っている。

③著作権、複製権などの法的規制と「海賊行為」との相関・比較法社会学的・人類学的考察

山田奨治『〈海賊版〉の思想』(6)がイギリスにおける史的過程の復元を含めた研究に先鞭をつけるかたわら、文化人類学の分野では、渡辺公三『司法的同一性の誕生』(7)が、近代市民管理技術の成立という観点から成果をあげている。これらは立法が犯罪の定義と裏腹である現実を直視し、盲目的な法律遵守の裏面を暴露する研究でもある。法哲学の領域と、それ以外の研究領域との架橋が、なお今後の課題として残る。山田奨治は現行の著作権法の批判的研究なども精力的に推進してきた。また藤原貞朗にはフランス領インドシナの植民地行政における「窃盗」行為について先駆的研究、『オリエンタリストの憂鬱』(8)がある。

④「国際法」の確立過程と、帝国主義的膨張下での「海賊行為」との二重構造の解明

国際法の成立については、なおイスラーム圏との交易、とりわけオスマン帝国とキリスト教国との関係について、精査される余地が残る。またグロティウスと国際法の確立に関しても、当時の政治宗教的状況とともに、東インド諸島での抗争やシンガポール海峡での拿捕事件などの利害対立が背景に控えていた。舞台裏の外交的駆け引きは、翻って国際法を非西洋世界に無理やり貫徹する「暴力」の現実を問い、ひいては大英帝国による海洋航路の世界制覇に至る顚末への考察を誘う。韓半島・台湾統治を含む「植民地支配」の実態も、法律問題を抜きには語り得まい。ソマリア沖海賊問題などは、経済的利権を巡る超大国の覇権と、国際秩序の危機状況を照らし出

す。

⑤商品・情報における「海賊版」の実態と、現行法体系の不一致さらには将来への処方箋

ブランド商品の偽造や不正規の流通が税関で取り締まりの対象となる。またデジタル商品の海賊版の摘発が頻繁に繰り返され、報道される。そこには規制の強化とは裏腹に、今日の商品流通が「海賊行為」と不可分な市場構造を築いていることが露呈している。だが果たしてそれは現代にのみ特有の現象なのだろうか。一方で過去の探索が要請されるとともに、他方では、大量生産・大量消費、さらに電子的複製による情報伝達が常態となった現代社会にあって、果たして商標はかつてのような正統性の権威たり得るのか、という法律的・実務的な問題が問われることになる。商取引、とりわけ現代美術の売買において、複製権はいかなる問題を提起しているのだろうか。

これらの研究班それぞれの課題としては、研究会発足時点で以下のような認識が共有された。

①「南欧による大航海と世界分割から、今日にいたる国際秩序と「海賊」の役割」は「世界システム論」の太平洋側からの見直しを要請する課題である。

②「東西商品交易路の確立と金融体制・公式貿易と蜜貿易との表裏から見た再構成」は従来の絵画や彫刻を中心とする西洋美術史体系そのものの問い直しを含む作業となる。

③「著作権、複製権などの法的規制と「海賊行為」との相関・比較法社会学的・人類学的考察」は、現在行き詰まりを見せているこれらの法的体系への再考を促す抜本的な射程をもつ。

④「「国際法」の確立過程と、帝国主義的膨張下での「海賊行為」との二重構造の解明」は、とかく国際正義と同一視される国際法の実態解明から、国際社会の覇権構造を脱構築する。

⑤「商品・情報における「海賊版」の実態と、現行法体系の不一致さらには将来への処方箋」は、世界の一元的市場化と電子情報流通の時代にあって、所有・流通に関する権利の刷新を目指す。

いずれも「海賊史観」による世界像の是正、という本研究の目的に合致し、それを五つの側面から照射するうえで、学術的観点からみて、研究目的と密接な関連性をもつ分科会構成をなしており、必要性、妥当性を満たした研究組織であると認識され、本研究には、その目的にそって申請した科学研究費補助金の給付が決定された。

（1）フェルナン・ブローデル『物質文明・経済・資本主義1――一五―一八世紀　日常性の構造』（村上光彦訳、みすず書房、一九八五年）、同『物質文明・経済・資本主義2――一五―一八世紀　交換のはたらき』（山本淳一訳、みすず書房、一九八八年）、同『物質文明・経済・資本主義3――一五―一八世紀　世界時間』（村上光彦訳、みすず書房、一九九九年）。および、同『地中海』（浜名優美訳、全五巻、藤原書店、一九九一～一九九五年）。
（2）増田義郎『略奪の海　カリブ――もうひとつのラテン・アメリカ史』（岩波書店、一九八九年）。
（3）川勝平太『文明の海洋史観』（中央公論社、一九九七年）。
（4）アンドレ・グンダー・フランク著／山下範久訳『リオリエント――アジア時代のグローバル・エコノミー』（藤原書店、二〇〇〇年）。
（5）白石隆『海の帝国――アジアをどう考えるか』（中央公論社、二〇〇〇年）。
（6）山田奨治『〈海賊版〉の思想――一八世紀英国の永久コピーライト闘争』（みすず書房、二〇〇七年）。
（7）渡辺公三『司法的同一性の誕生――市民社会における個体識別と登録』（言叢社、二〇〇三年）。
（8）藤原貞朗『オリエンタリストの憂鬱――植民地主義時代のフランス東洋学者とアンコール遺跡の考古学』（めこん、二〇〇八年）。

［付記］　以下に研究遂行と成果の概要について記す。

研究遂行の概要

①国内の研究施設としては、会合などの便宜には極力、大学共同利用機関、人間文化研究機構・国際日本文化研究センターを活用した。図書の集積も、研究協力者の助言を得て、原則として同図書館において行ったが、研究分担者の図書購入は、それぞれの所属機関で行うものとした。

②研究分担者は、支障がないかぎりで、国際日本文化研究センターにおいて平成二五年度より実施する共同研究会のコア・メンバーをお願いした。共同研究会の実施が認可された場合に、班員として参加頂くことには、事前に全員の承諾を取り付けた。さらに若手の研究者については、研究協力者の資格での参加に全員の承諾を得ており、こちらも平成二四年度進行中の、共同研究会準備会に参加して頂き、相互に緊密な連絡を取りつつ、分科会の立ち上げを準備した。なお、国際日本文化研究センターでの共同研究会では、規定により調査費、図書・資料購入費などは支給対象外である。また海外派遣や海外での調査も、共同研究会の範囲を超えており、これらは科学研究費補助金による補助が不可欠であった。

③海外から招聘予定の研究者からは、すでに内諾を得ており、研究分担者、研究協力者さらには海外よりの招聘者による講演会実施の傍ら、論文集を和文・英文で刊行する。これにより知見を日本国内のみならず、海外にも発信し、必要とされる学術的な討論、交渉、折衝の機会とする。

成果の概要

①和文による成果報告書としては、本書を上梓する。その母体となった国際日本文化研究センターにおける共同研究会の実施概要は、本書巻末に記載したとおりである。

②欧文を主体とする国際研究会の報告書は、現在編集中である。その母体となる国際研究集会は、独立行政法人・大学共同利用施設法人・人間文化研究機構・国際日本研究センターにおいて、「海賊史観からみた世界史の再構築」Pirates' View of World History : Toward Possible Reorientationsとして、二〇一六（平成二八）年四月二七日から二九日に、編者が主催した会合である。なおこの会議のためには、別途、非売品の討議資料冊子を編集した。

③本書の成果を形成する基盤となった調査・研究の一部に用いられた科学研究費助成金による研究事業については、「海賊史観から交易を検討する：国際法と密貿易―海賊商品流通の学際的・文明史的研究」The Pirates' View of Trade: International Law versus Illigal Trade- An Interdisciplinary Study of Civilizations in Terms of the Piracy of Commodity Goods. と題した最終研究成果報告書を行政書類として作成し、ネット上で公開されている〈https://kaken.nii.ac.jp/ja/grant/KAKENHI-PROJECT-25244011/〉。研究分担者による成果の詳細については、各年度の報告書、その全体的概略については、右の最終研究成果報告書をご参照いただければ幸いである。

＊

なお、本書巻末には、本論文集で扱う「海賊」に関して、以上の研究の枠組みに沿った批判的 critical な書誌・文献案内を付する予定であった。だが二〇一六＝平成二八年以降、独立行政法人導入後の第三期中期計画の発動に伴い、編者は従来の本務に加え、同時に複数の行政的任務の遂行責任者を拝命した。このため通常の研究活動にはもはや時間を捻出できない限界的状況が発生した。そればかりか、当面の行政的責任においても、多数の失策を重ねる醜態を晒している。さらにこの間、「海賊」を巡る議論の沸騰から、論文集の扱うべき範囲が多数の専門分野や未確定領域に無際限に飛び火して発散し始めた。現時点ではもはや「海賊」概念を閉じた領域として画定することは、方法論的にも不可能といってよい。もとより捕獲の網を掻い潜る神出鬼没をもって身上とする「海賊」を扱う「知的領海」を、制御可能な閉域として捻じ伏せる目論見は、その意図からして倒錯していた。

このように研究会運営の周辺を巡る社会環境の抜本的な変化、研究分野の急速な拡散、およびもとより制御の枠をすり抜ける研究対象の本来的性質ゆえに、結果として、本報告書では、書誌・文献案内の掲載が実現できない事態となった。だが本報告書のこうした体裁上の「不備」あるいは計画遂行上の「逸脱」ないし「破綻」は、本企画の提唱する「海賊史観」の学術的有効性を、逆説的にもいささか「不穏」かつ「危機的」critical な形で證明しているのではあるまいか。「危機的」でない「海賊研究」など、形容矛盾だろう。公的資金の運用によって「粛々」と遂行されるべき学術研究として、はたしてこのような「危機」が露呈されるのは、許容される事態だろうか。それが健全な姿であるか否かの認定は、言うまでもなく、各分野の研究者を含む本書の読者、そして監査機関による評定に一任したい。

第I部　インターネット時代の知的財産権と海賊行為

ネットの海は無法か――インターネットにおける〈海賊行為〉について

多田　伊織

はじめに

二〇〇六年二月一一日、ファイル交換ソフトWinny（以下、「ウィニー」とする）を利用していた海上自衛官の自宅のパソコンが、ウイルスに感染し、海自内の業務ファイルがウィニーのネットワークに拡散した。俗に「海自機密ファイル漏洩事件」と呼ばれている。巷間、偏った報道のせいで、ウィニー自体が有害なソフトウェアのように誤解されているが、ウィニーはただのソフトウェアでそれ自体がなにかユーザに不利な動きをするわけではない。致命的な危害を加えるのは、ウィニーに感染するコンピュータウイルスの仕業である。ウィニーの作者には全く罪はない。

ウィニーは、パソコン内のファイルを交換し合うソフトウェアだが、著作権侵害の目的で多用された。まさに、ネット上の〈海賊行為〉を助長するソフトウェアの一つとして、長く君臨することになる。二〇〇四年三月二六日午前、京都府警は、他県の男性から「府警の捜査情報がネット上に流れている」という届出を受けた。府警が調べたところ、下鴨警察署交番勤務の男性巡査の私物パソコン内で作成されたファイルが、ウィニーのネットで閲覧可能になっていた。その中には、同年三月二九日に確認されただけでも、捜査報告書、鑑定嘱託書、指名手配書の三種類一九件で、二〇名分の名前が記載されており、内一一名は実在の人物だった(1)。

後に、この巡査がウィニーを利用して、ウィニーのネットワーク上に存在するファイルをダウンロードしている内に、ファイルに悪意を以て仕込まれたウイルスに感染、捜査資料などの重要な情報をウィニーのネット内にばらまいたことが判明した。この時、感染したウイルスは"Antinny.G"、一般には「仁義なきキンタマウイルス」と呼ばれる、被害の悪質性が高い上に、名前のためにその名が極めて報道されにくいウイルスであった。「仁義なきキンタマウイルス」感染による情報流出はこの巡査の不注意によるものだが、身内の不始末をこの上ない「恥」としたのか、警察はウィニーとその作者を敵視した。実は、巡査がファイルを流出させる四ヶ月程前のこと、二〇〇三年一一月に、京都府警はウィニー利用者二名を著作権法違反で逮捕している(2)。

著作権を無視するけしからんソフト、ウィニーを取り締まっている筈の京都府警で、身内がウィニーの罠にはまった、とでも感じたのであろうか。ウィニーの作者の金子勇氏は二〇〇四年五月一〇日、著作権法違反（公衆送信可能化権の侵害）幇助容疑で、京都府警に逮捕された。当時三三歳、東京大学大学院情報理工学系研究科の特任教員（助手相当）を務めていた。その後、金子氏は起訴され、京都府警は金子氏にウィニーの改良を禁じたため、不具合があったり、ウィニーを標的とするコンピュータウイルスが出現しても、一切の対応が出来なくなってしまった。逮捕によって、「両手を縛られる」状態にならなければ、金子氏はすぐにでも「仁義なきキンタマウイルス」等、ウィニーのプログラムの弱点を衝くウイルスに対応し、ソフトウェアのバージョンアップに着手しただろう。しかし、その機会は失われた。かくして、ウィニーのネットワークには次々とウイルスが忍び込むこととなる。

京都府警の巡査が感染した「仁義なきキンタマウイルス」こと"Antinny.G"が出現したのは二〇〇四年三月一

五日頃と確認されている。(3) 出現してわずか二週間で、京都府警の巡査は"Antinny.G"に感染したファイルをウィニーのネットワークからダウンロードしたのだ。そして、瞬く間に、捜査資料を含む自分のパソコン内のファイルをウィニーのネットワークに流出させた。この"Antinny.G"には、デスクトップ画面をランダムに撮影(スクリーンショット)して画像ファイル化し、ウィニーのアップロードフォルダに放り込んだり、関連するファイルを圧縮してウィニーで勝手にアップロードする機能がある。(4)

この京都府警情報漏洩事件から二ヶ月も経たない内に金子氏は京都府警に逮捕されたのだ。三月半ばに出現した"Antinny.G"の対応のために、金子氏が、たとえウィニーのバージョンアップを図ったとしても、東大での業務を行いながらの五〇数日では、到底間に合わなかっただろう。

ウィニーによる情報漏洩は、ウィニーのソフトウェア自体の欠陥によるものではなく、ウィニーの改良を禁止されたことによって、必然的に起きた人為的な事象である。作者の金子勇氏の責任ではない。

一 自衛隊機密情報ネットに漏洩す

ファイル交換ソフト、ウィニー

ウィニーは元東大特任助手の金子勇氏が二〇〇二年四~五月に個人でくみ上げたP2Pソフトウェアである。掲示板での需《もと》めに応じて、極めて短時日の内に完成したものだ。(5) P2Pとは、正しくは"Peer to Peer"と書き、それぞれのコンピュータが平等な立場(Peer)でネットワークを作る(図1)のが特徴である。普通、ネットワークというと、サーバとクライアントが作るネットワーク(図2)が一般的だが、P2Pでは、ネットワーク内のどのマシンも、サーバにもクライアントにもなることが可能だ。(6)

P2P内でファイルを交換し合うことから、一般的にはウィニーをファイル交換ソフトと呼んでいる。P2P

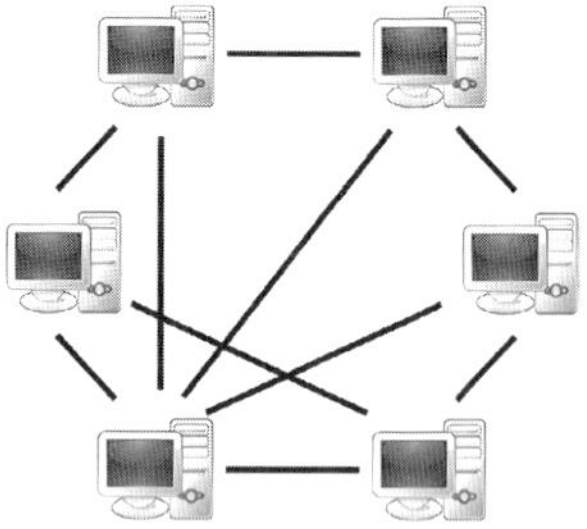

図１　Ｐ２Ｐ型のネットワーク概念図

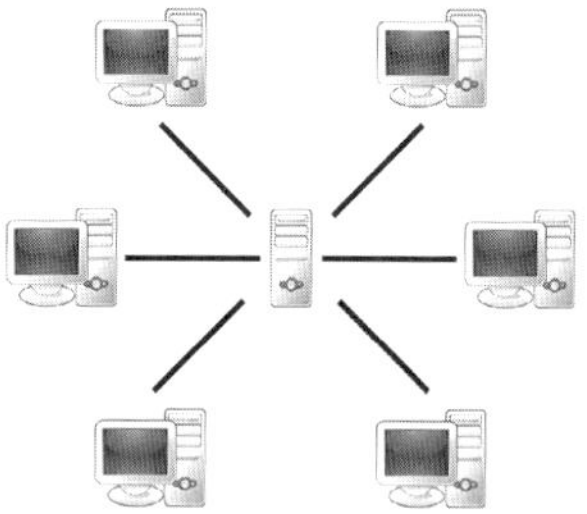

図２　サーバクライアント型のネットワーク概念図

ソフトは、金子氏にとっては、本業でも何でもない分野のソフトウェアだったが、軽い気持ちでプログラムしたら、うまいこと動いてくれたのだった。プログラミングに掛かった時間の短さ、ソフトウェアの出来栄え、いずれも、金子氏がプログラミングの天才であったことを示している。しかし、逮捕・起訴によって、金子氏は大幅に活動を制限され、その卓越した才能を存分に発揮できないまま、二〇一三年にわずか四二歳で急逝した。

ウィニーを自分のパソコンにインストールすると、ウィニーがインストールされたパソコン同士が手を繋いで、Ｐ２Ｐ型ネットワークが出来上がる。そのネットワークを介して交換されるのは、実にさまざまなファイルである。映画、アニメーション、ヘアヌード写真集、到底表には出せない男女の痴態を写した個人的な写真や動画、漫画や雑誌の最新刊、見逃した国内外のテレビ番組の録画、そしてパソコンの市販ソフトウェアやゲーム。ありとあらゆるものが、「ファイル」としてネット上に散らばっているのだ。

ウィニーそのものは著作権を侵害する目的で作られたソフトウェアではない。しかし、ウィニーのネットワークに参加している大多数の人間が望んでいるのは、〈海賊行為〉、すなわち「お金を払わないと買えないものをタダで手に入れる」ことなのだ。小遣いに困っている中高生や学生、「小金を惜しむ」ケチな大人達、そして「流出モノ」と呼ばれるポルノ映像を求める物好きな人々が、ちょっとした下心でウィニーをインストールしている。

二〇〇六年当時、書店に行けば、パソコン初心者でもウィニーをすぐさま活用できるようなガイドブックがたくさん売られていた。インターネット上にも、初心者にウィニーの手ほどきをするサイトがある。こうして、下は小学生から上は年金生活者まで、ウィニーを自分のパソコンにインストールしてファイル交換のネットワークに加わって、目当てのファイルを探し出し、ダウンロードしていた。

しかしながら、この「著作権の無法地帯」と化しているウィニーは、決して無法者の楽園ではない。"antinny"と呼ばれる一群のコンピュータウイルスが、無法者達を脅かしているのだ。これらのウイルスは、ウィニーユーザーがほしがるファイルの中に偽装されて仕込まれている。なかでも"Antinny.G"、通称「仁義なきキンタマウイルス」という、絶対にテレビニュースでは口にされない名前の付いたウイルスは、その悪質さで群を抜いている。感染するや否や、自分のパソコンの中に入ってる情報が、そっくり抜き出されて、ウィニーのネット上にばらまかれてしまうのだ。秘密にしておきたい不倫相手との情事の証拠や、仕事に使っている守秘義務のある文書や技術情報、顧客名簿などの個人情報が、無差別にネット上に散らばる。一度、ネット上に漏れ出た情報は、取り返すことが出来ないし、antinnyでばらまかれたファイルは、入手法さえ知っていれば誰もが見ることが出来る。「仁義なきキンタマウイルス」に感染したウィニーユーザーは、自分の全プライバシーをネットにぶちまけることになるのだ。

「仁義なきキンタマウイルス」の無慈悲な性格は、「仁義なきキンタマウイルス」感染によってばらまかれたファイルを収集するコレクターを生んだ。最初の頃、コレクター達の関心は、もっぱら、「個人流出のエロファイル」に向けられていた。しかし、二〇〇六年二月一一日にとんでもない事実が発覚し、一ヶ月の内に、ウィニーのネットワークと「仁義なきキンタマウイルス」は、国家的な注目を浴びることになったのである。

それは建国記念日に始まった

二月一一日は土曜日だった。二連休を利用し、「仁義なきキンタマウイルス」で流出したファイルをせっせと拾って解凍していたあるウィニーユーザーは、驚いた。

個人名のついたファイルを開くと、信じられないものが出てきたのだ。海上自衛隊の護衛艦「いかづち」の図面、ダメージコントロールの解説をするプレゼンテーション用資料、暗号表、コールサイン一覧、海上自衛隊員の住所録、そして何かのソフトウェア……。

海上自衛隊のソフトウェアには、パスワードがかかっているだろうと思ったが、ちょっとした操作であっさり起動した。画面には、日本沿岸の海図が現れた。「トリスタン」というのがソフトウェアの名前だった。

間違いない。海上自衛隊の機密ファイルを拾ってしまったのだ。情報が漏洩したのは海上自衛隊だけではない。陸上自衛隊や防衛施設庁のファイルもネットに落ちていた。日本の国防上の秘密が、ネット上に漏洩している。それもウィニーのネットワークに参加していれば、世界中どこからでも、誰だろうと、匿名でファイルをダウンロード出来てしまうのだ。一度ネットワークに流出した情報は、その重要性に関わらず、絶対に取り戻すことはできない。デジタルの世界では、コピーは劣化することがない。記憶メディアさえ適当であれば、永遠に保存されるのである。

世界でも有数の巨大電子掲示板「2ちゃんねる」には、「仁義なきキンタマウイルス」に感染したパソコンから、ウィニーのネットワーク上に流出したファイルを教えあう場所がある。

二月一一日未明、まさに建国記念日に、自衛隊機密情報の漏洩は、当て字だらけのわかりにくいメッセージで、ひっそりと告げられた。

「海痔〔海自〕と陸痔〔陸自〕と私設庁〔防衛施設庁〕があるが怖いのでＲＯＭっとくしかも中身つまらんし、

教官用のＰＰＴと受注業者のｊｗｗ」

「怖いのでＲＯＭっとく」というのは、「ここでそのファイル名などの詳細情報を明らかにしない」という意味だ。ＰＰＴはプレゼンテーションによく使われるマイクロソフトのPowerPointのファイル拡張子、ｊｗｗはフリーの二次元製図ソフト"JW_CAD"のファイル拡張子を示す。つまりこの時点では「自衛隊内の教育用資料と何かの図面が漏洩した」としか示されていなかった。

一度拡散が始まると、自衛隊から漏洩した同じファイルを拾う人間が増えてきた。掲示板で、漏洩した情報の本体が次第に明らかになってきたのは二月一四日未明だった。

ちょうどこの頃、神奈川県警の捜査資料や刑務所の内部資料が漏れて、みながファイルをダウンロードしようと情報を交換しあっていた。海上自衛隊の情報漏洩が明らかになったのは、なかなか手に入らない刑務所のファイルを、マニア達が血眼になって追いかけている最中のことだったのである。

「受刑者リストより海自の暗号情報のほうが怖いと思う」

「海自の暗号情報って何？ 持ってないんだが。」

二月一七日未明には、海自の情報漏洩について、更に興味をそそるような事実が書き込まれた。この手の「とっておきの情報」が流れるのは大抵午前一時から二時過ぎの深夜である。

「海自の駆逐艦『いかづち』の図面と、ダメージコントロールのｐｐｔが 流れてる・・・ 国家の危機だな・・」

「そういうのってトップシークレットじゃないのか？そんなのが流出するなんて日本の防衛ももうだめだね・・・・」

「なんでこの国の公務員はこんなに馬鹿なの？」

「スマン、キャッシ〔キャッシュ〕は消したし、リネームしてるから名前もワカラン。
ただ新型でowner（*****）のzipって事。
一等海曹が流出源みたい。
第5甲板と第4甲板の断面図があって、VLS弾庫の横に、第1汚物処理室があるのが分かる。
あんまり詳しく書くと怖いのでごめんなさい。ヘタレです。」

午後、さらに詳しい情報が出る。

「潜水艦のは外出〔既出〕か？　なんか海自関係に工作員がいるとしか思えんな。」

（以上、引用は2ちゃんねる「ダウンロード板」の「仁義なきキンタマウイルス総合スレッド　Part17」より。〔　〕内は筆者補注、以下同様。）

これがこの後一ヶ月にわたって、日本を震撼させる「自衛隊情報漏洩事件」がネットで明るみになった瞬間だった。

報道前夜

「仁義なきキンタマウイルス」に感染して流出したファイルをウィニーで拾っているコレクターは、それを専門の仕事にしているわけではない。たいていは、趣味でファイル蒐集をしているだけだ。昼は仕事をし、夜や休日の空いた時間を割いて、ダウンロードしたファイルをゆっくり分析する。

ウィニーでダウンロードしたファイルは、圧縮された形式になっていて、そのままでは内容を見られない。ファイルに入っている写真や文書の中身を見るためには、「解凍」という手順を踏む。とりわけ、「仁義なきキンタマウイルス」で流出したファイルを解凍するときには、たいてい中に含まれている各種ウイルスを開かないように万全の注意を払う必要がある。せっかく、貴重な情報が含まれたファイルを手に入れても、不注意でウイルスを起動すれば、今度は自分のパソコンがウイルスに感染して、ウィニーのネットワークにプライバシーも何もかも、ばらまいてしまいかねない。まさに、ミイラ取りがミイラになる。

これが、この手の「暴露ウイルス」と呼ばれるウイルスの悪どい特徴なのだ。「仁義なきキンタマウイルス」はそのネーミングが秀逸で、「キンタマ」という言葉をニュースでは使えないために、いつまで経っても「暴露ウイルス」という通称でしか呼ばれず、正式名を告知されない。そのために、不注意なウィニー利用者があっさりと「仁義なきキンタマウイルス」に感染し、他人には見せたくない恥部をすっかりネット上に晒してしまうことになる。

二月一一日に漏洩が明らかになった自衛隊関係のファイルは、それから一〇日余り過ぎると、ウィニーのネットワークのあちらこちらに拡散していた。特に注目を集めたのが、護衛艦「あさゆき」通信室海曹長が漏洩したファイルだった。日付が二月二二日に変わった頃、「あさゆき」のファイルを手に入れた一人が驚きの声を上げた。

「海自のあさゆきのやつ誰か通報したん？　けっこうやばくねこれ」

「海自のヤツは……あれかなりヤバイでしょ？

暗号もあったし、なんか海自製のソフトも入ってたよね」

くわしい内容を告げる書き込みが出る。

「護衛艦はファイル多すぎて、どれが重要か機密か門外漢にはさっぱりわからんw

あさゆき電信室　秘文書、物件等件名リストとか

秘密点検記録簿とか

005暗号非常時処置細部要領見直し検討とか
007平成17年度護衛艦隊通信関係者名簿とか
戦闘訓練　被害想定とか
○○曹長送別会準備作業とかw
何のことだか全然わかりませーん」
「まあ、送別会なんかはどうでもいいとして
身上調査とか暗号関連とかは激しくマズイかもな。
これから仕事に出るが、さっき落とし終わったブツを
帰ってからじっくり分析してみる予定。
ホントにヤバい場合は早めに通報しないと
国家的な危機の到来もありうる、とか何とか
大げさに考えてみる。」
二一日には、自衛隊関係者と思われる人物が、関係機関に通報している。
「最初は出来杉〔過ぎ〕だったので釣り〔本物に見せかけたニセモノ〕かと思ったけどマジっぽい、
昨日の時点で防衛庁と佐世保地方総監部に通報してあるけど、この流出は把握してないみたいだったよ、
調査するって言ってた。
またお気づきの点があれば地方総監部に連絡してくださいだってwww」
二二日の午後、「あさゆき」のファイルを拾った一人が防衛庁に電話を掛けている。
「護衛艦の流出と思われるの防衛庁も海自も把握してないみたい、

電話で聞いてみたけど初耳みたいな感じだったw」

詳しいファイル内容を分析した一人が懸念する。

「なあ、本命はやっぱ護衛艦だろ

どこまで重要な機密文書かはわからんけど、

少なくとも暗号に関係する文書を通信兵がばらまいたって、世界の軍隊の中でも前代未聞じゃねえの？

ただ、あまりにできすぎていて釣られてるのか？という不安もあるw」

「護衛艦ヤバイじゃねーか」

（以上、引用は2ちゃんねる「ダウンロード板」の「仁義なきキンタマウイルス情報 Part18」と「自衛隊板」の「□●新・海自の皆さんに質問です　8番艦●□」より）

二二日夜、別ルートでの情報漏洩が発覚した。海上自衛隊護衛艦「おおすみ」勤務の隊員のファイル漏洩が明らかになったのだ。

「今日も刑務所見つからなかった

新しい人向け。

海上自衛隊　輸送艦　おおすみ

馬鹿な自衛官がラブラブなメールも所持してます。」

このファイルは別名で再びネット上に流された。

なかなか入手できない刑務所関係ファイルに代わり、「仁義なきキンタマウイルス」で漏洩した情報コレクター達の注目は、たちまち海上自衛隊の流出ファイルに集まり始めた。

毎日新聞、情報漏洩を報道す

明けて二月二三日午前二時、

「それ、東ティモールやイラクに行った輸送艦だ　護衛艦のほうが読み応えありそうだよなー」

「おおすみ」のファイルを拾った一人がこう書き込んだ一時間後、毎日新聞が護衛艦「あさゆき」海曹長の情報漏洩を報道した。

海自機密データ：ネット上に流出　「極秘」暗号書類などフロッピー290枚分◇ウィニーでネット上に

海上自衛隊の「極秘」と書かれた暗号関係の書類や、戦闘訓練の計画表とその評価書など、多数の機密データがネット上に流出していることが、22日分かった。流出した海自情報はフロッピーディスク約290枚分に相当する膨大なもの。約130の自衛艦船舶電話番号や顔写真付きの隊員名簿、非常時連絡網なども含まれており、防衛庁は事実関係について調査を始めた。軍事専門家は「トップシークレットの情報が含まれている」と警告している。過去最大級の軍事情報漏えい問題に発展する可能性も出てきた。

関係者によると、情報は、ファイル交換ソフト「Winny（ウィニー）」のネットワークに今月中旬に流出した。ファイルの内容などから、海自佐世保基地配備の護衛艦「あさゆき」（基準排水量約３０００トン、乗員約200人）の関係者のパソコンが「暴露ウイルス」に感染したことが原因とみられる。

注目されるのは「暗号関係」というフォルダ。この中には、暗号の解読機とみられる「符号変更装置」の操作手順の詳細な記述があった。また、「極秘」と記された、非常用暗号書や乱数表などの書類の名称と整理番号をまとめた「暗号書表一覧表」があった。数字を羅列した「側方観測換字表」や、自衛艦のコールサインをまとめた表は「秘」となっていた。

一方、「ドリルパッケージ」というフォルダ内には「監視経過概要」のタイトルで、「本艦の258度、38マイルに探知（監視ラインの外1600yds）」「情報収集A法発動」「目標との距離を1000ヤードつめる」など、何らかの船舶を追跡したとみられる記録がある。訓練かどうかは不明だが、専門家は海自の作戦能力を知られる危険性を指摘する。

「電話番号一覧」という名のファイルには、090で始まる電話、ファクスなどの「船舶電話番号」や、「衛星電話番号」などのデータが並び、「昨年三月現在」と上部に表記されていた。大量の電話番号が出たことで、より大切な情報にアクセスされる恐れもある。

隊員名簿は、昨年四月現在の護衛艦「あさゆき」の約40人分の隊員リストとみられる。本籍地や住所地、家族構成のほか最終学歴や宗教の項目もある。このほか、「あさゆき」関係の文書として、「非常呼集連絡網」「艦内作業予定」「個人配置表」「勤務表」などの多岐にわたるデータが収容されている。

数日前からネット掲示板に「海自情報が流出している」などの書き込みが相次いでいる。防衛庁広報課は「詳細は調査中」と話している。

2ちゃんねるで自衛隊の情報漏洩が最初に明らかになってから、一三日目の朝のことだった。

ウィニーのネットワークは国内だけで閉じているネットワークではない。海上自衛隊の情報漏洩が明るみに出ると、海外ネットユーザーの動きは迅速だった。中国・韓国を始めとするアジアの周辺諸国はもちろん、太平洋を隔てたアメリカから、そして遥かヨーロッパからも、ウィニーのネットワークにアクセスが殺到した。ウィニーのネットワークに流れた情報が掲示板で明らかになるのは日本時間の深夜から明け方にかけてが多いが、時差を考えると、海外ではまだ人が普通に起きている時間なのだ。その時間に、日本の掲示板やニュースサイトにアクセスすると、なんと、海上自衛隊の情報漏れが報道されているではないか。平常ならば、決して一般の市民がアクセスできない情報が漏れている。

海外のネットユーザは、日本語ができる必要はないのだ。ネット上には、たくさんの無料翻訳ソフトがある。日本語の文章をコピーして、翻訳ソフトに掛ければ、瞬時に英語や中国語、ハングルに訳された文章が返ってくる。ぎこちない翻訳でも、目指す情報が含まれていさえすればいい。

ウィニーのユーザーは先鋭的なネットユーザーだけではなかろう。秘密は常に人を魅了する。好奇心はネットにあふれ、増殖する。かくして、海自の機密情報は早耳の連中の勝利の書き込みにあおられる形で、世界中の注目を集めることとなったのだ。

海自の情報をいち早く手に入れた日本のウィニー参加者のノードには、海外から、機密ファイルを狙って、アクセスが増えた。ノードとは節目のことで、ウィニーのネットワーク内の個々のコンピュータを指す。「海自機密情報」を持っているノードを求めて、世界各地からアクセスが続いていた。

有志、偽装ファイルを放流する

海自ファイル漏洩が報道されると、蜜に群がる蟻のように、ウィニーのネットワークに人が殺到し始めた。一度ネットワークに漏洩した情報は二度と取り戻すことはできないのだ。

このままではいけない。なんとかしなくては。早朝、事態を察知した国内の有志は、すぐに行動を起こした。偽装ファイルをウィニーのネットワークに流し始めたのである。

最初の動きは朝五時半を回ったところで起きた。

「お前等いそいで偽装ファイル作って放流しなきゃほんとに国なくなるぞ。」

「マジでやってほしいぜ」

「キャッシュ消すしかないな。」

「報道された時点で各国の諜報機関が動いてるだろ。

今更放流しても遅い」

そして、その六分後の午前五時三六分、最初の偽装ファイルの放流が報告された。毎日新聞がインターネット上で海自機密情報漏洩を報道した二時間三〇分後のことだった。

「バレバレだけどウイルス仕込んだ偽装ファイルいくつか流しておいた、

弾幕薄いよ！ なにやってんの！」

さらに六分後。続々と協力者が現れる。

「正直、ｎｙ〔Winny〕の使い方がよくわからん

偽装ファイル？の作り方とそれをどんどん流す方法を

誰かまとめてくれないか

協力すっから」

「偽装ファイルうｐ〔アップロード〕して

オレも地雷設置に協力するから」

六時一三分、海自機密ファイルの再放流を戒める声が出る。

「無駄とは分かってても偽装放流してるお。

とりあえず、再うｐ〔再アップロード〕は止めようぜ。

頼むからお願い。

本気でやべーよ。」

偽装ファイル放流の呼びかけは六時半過ぎにも続いた。

「とりあえず手の空いてる奴偽装情報放流してくれ」

（以上、引用は2ちゃんねる「ニュース速報＋板」の「【ネット】：過去最大級の軍事情報漏洩に発展も：「Winny」で、「極秘」暗号書類など海自機密データ流出★2」スレッドより）

偽装ファイルとは、海自ファイルと同じ名前の、中身の全く違うファイルのことだ。ウィニーでは、人気のあるファイルと同じだったり、似通った名前のファイルがいくつも流れることがある。大抵は初心者をひっかける罠だ。新作の音楽アルバムや漫画、ゲーム、それに「無修正」など好奇心をそそられるタイトルのファイルの中には、大量の偽物が出回っている。時間をかけてダウンロードしたのに、中身は欲しくもない、くだらない画像の詰合せだったりするのだ。時間を無駄にするだけならまだいい。大方ウイルスが仕込まれている。

「仁義なきキンタマウイルス」で流出したファイルは、多くがウイルス入りだから、初心者は簡単には手を出せない。しかし、こうした大きな情報漏洩が起きると、好奇心に駆られて、あまりウィニーを知らない連中が、新たに流れ込んでくる。そうした輩は、不注意でせっかちだから、易々と偽装ファイルに引っかかるのだ。情報を取り戻すことはできない。しかし、偽装ファイルの林の中には、隠すことができるかもしれないのだ。

恐らくは徒労になるかもしれないが、手を束ねて、機密ファイルが人手にわたるのを見ているよりはマシだ。そんな思いで、腕に覚えのある者は偽装ファイルを作って、ネットワークに流した。そこまでの技術がない者は、偽装ファイルをダウンロードして、ファイルを広める手伝いをした。名前もわからない、普段は世間やマスコミから、悪の巣窟呼ばわりされる、2ちゃんねるの連中が、政府や防衛庁などの当事者よりも迅速に動いたのである。

今でも、「海自機密情報」の本物のファイルと偽装ファイルはネット上にある。

「あさゆき」送信室海曹長のパソコン

なぜ、かくも容易に海自機密情報が漏洩してしまったのか。「仁義なきキンタマウイルス」に感染すると、流出させた人物のパソコンの使い方までわかってしまう。報道初日の二月二三日早朝、朝五時半には、ほぼ原因は突き止められていた。

子どもと共有のパソコンで、子どももこの海曹長もウィニーを使って、著作権法違反のファイルをダウンロードしていたのである。子どもはもっぱら、漫画や音楽などを、海曹長はいわゆる「エロファイル」を拾っていたらしい。親子の内、誰がネットから落としたのか定かではないのだが、軍事ものを題材にすることで知られる、かわぐちかいじの漫画『イーグル』『ジパング』、映画『男たちの大和』がその中に含まれているところが悲しさをそそる。ウイルスは、音楽や漫画、映画など、人気のあるファイルに仕込まれていることが多い。「あさゆき」の海曹長とその家族は、ちょっとした金額で買える漫画や映画に費やす小金を惜しんで、そこに含まれているウイルスに感染、国の機密情報をネット上に漏らしたのだ。

漏れた情報の中に、自分の名前を見つけた人もいた。佐世保の海上自衛隊勤務で護衛艦「あさゆき」関係者の身上調書が四〇人分ほど含まれていたのである。

自衛隊関係者と自衛隊ファンが集まる2ちゃんねるの「自衛隊板」では、報道直前に、この海自機密情報漏洩の重大性が指摘されていた。以下は二月二三日午前〇時から二時までのログの一部である。

「落としてみた。マジだった。

流出元は、護衛艦あさゆき電信室勤務の自衛官某氏。

とねCIC作成のxlsとか、「区分：庁秘、種別：文書・図画　機関等名：.mdb」とか

暗号機器の操作手順書とか、周波数ボードとか、暗号非常時処置細部要領（案）とか

いろいろ読んで面白そうなファイルがあるが、深く追求するとヤバいかも。

例えば、暗号機器なんかはその名前でググっても
日本のサイトにゃヒットしない↓存在しないことにされてるみたいだし。

まあ、暗号書表の現物が入ってるわきゃないが。」

「中国さんが欲しがる情報がてんこ盛りだね
中国情報部もウィニーやって回収して、そしたら、あちらも流失したりして。」

「よりによって電信室」

「エニグマをただでくれてやったようなもんか」

「身上調書見てこれは本物だと思って昨日通報したしな、専門的なことはわからんが複数の個人情報は確実に流れたってことでね。」

（以上、引用は2ちゃんねる「自衛隊板」の「□●新・海自の皆さんに質問です　8番艦●□」より）

そして、午前三時過ぎ、毎日新聞がインターネット上で海自機密情報漏洩を報道したのである。

速かった海外の動き

日本では、早耳の人はインターネット上の毎日新聞の記事を見て驚き、普通の人は、毎日の朝刊を見て知った「海自機密情報漏洩事件」だが、そんな頃、この貴重な情報を求めて、ウィニーのネットワークに、海外からアクセスが殺到していた。

ウィニーには中国語版が存在する。二〇〇四年頃までには、広島大学に留学していた中国人学生が開設したサイトに中国語版ウィニーが置かれていた。二〇〇四年五月にウィニー作者の金子勇氏が逮捕され、大学当局の指

導があったのか、同年一〇月にサイトは閉鎖された。日本のサイトは閉鎖されたものの、この中国語版ウィニーは中国国内の別なサイトから自由にダウンロードできた。ウィニーをパソコンにインストールさえすれば、海外どこからでも、ウィニーのネットワークに参加することが出来るのだ。

二月二三日午前三時過ぎ、毎日新聞がネット上に海自機密情報漏洩を報じた。その三〇分後には、中国や韓国の掲示板でこの件は話題になっていたようだ。

二月二三日の午前七時四二分、ネットにはこんな書き込みがなされた。

「ＰＧ２で海外を弾いているけれど、中国や韓国、あとロシアからもきているね。
他にはパキスタンやトルコ、ブラジルとかオランダなんかのハッカーの有名どころからもｎｙへの接続を確認。
もちろん、アメリカやユーロ圏からもきている。
世界に名の知れた有名大学のＩＰ丸出しでくるのも多いんだよな。」

「海自機密情報」を求めて、世界中のハッカーから「仮想敵国」の情報担当者までが、日本時間の朝八時前から、せっせとウィニーのネットワークに接続してきているのがわかる。時差があるから、中国・韓国はまだ朝七時前だ。こういうときのネット情報収集の基本は、「気がついたら、即実行」が原則である。ぐずぐずしていると、欲しい情報は、消去されてしまうかも知れない。

"PG 2"とは"PeerGuardian 2"というソフトウェアで、ＩＰ単位で接続相手を許可したり、拒否したり出来るウィンドウズ用のツールだ。「子どもがエロサイトに繋がないような設定」にも出来るし、ウィニーで接続しているときのように他のコンピュータが自分のコンピュータに接続出来る状態のときは、「特定の国や地域などからのアクセスを拒否する」ことも出来る。この場合は、「海外から、『海自機密情報』ファイルのキャッシュを拾えないようにした」ということだろう。もっとも、「海自機密情報」ファイルを拾ったウィニーユーザーが全員、この例のように「海外からのアクセスを拒絶」したり、「ネット上にこれ以上拡散しないように、ダウンロードした後はキャッシュを削除」していたわけではない。この日の内に、ウィニーのネットワーク上には、「海自機密情報」ファイルは拡散していった。

すぐに、何者かが、ウィニーで手に入れた「海自機密情報」ファイルを、ウィニー以外のファイル交換ネットワークに再放流した。しかも、それは、中国でよく使われている"eMule"というファイル交換ネットワークだったのだ。ウィニーで「海自機密情報」を求めてやってくる海外からの接続を拒否している、という書き込みがあってから僅か三〇分ほど後、二月二三日午前八時一六分には、次のような報告がある。

「emuleで中華に吸われまくり（´A｀）
もういいやどんどん持ってけ
emuleには流れてるみたいだね」

かくして、政府が事態を把握する遥か以前に、「海自機密情報」はネット上に広まり、国内のみならず海外のネットユーザにダウンロードされたのだった。ネットの動きは迅速だ。従来の態勢では、決して追いつくことは出来ないことを、「海自機密情報漏洩事件」は、人々に教えてくれるのだ。

二　漏れる情報を更に拡散する当局とＮＨＫ

対戦哨戒機用海図ソフト「トリスタン」漏洩す

海自機密情報漏洩では、マスメディアはネットに一歩も二歩もどころではなく、数万歩出遅れた。理由は頗る簡単、ネットユーザーは実際に海自機密情報を手に入れていて、マスメディアはそれをダウンロードするところから始めなければならなかったからだ。いつもは、素人が及ばない取材活動で内部に食い込み、ネタを握っている筈のマスメディアは、完全に弱い立場に堕した。逆に、ネタを握っているのは、マスメディアが蛇蝎の如く嫌っている、一般市民、素人の烏合の衆であるネットユーザー達だったのだ。

この後、数日にわたって、マスメディアは、漏洩した情報の性格を分析して報道したが、そこには、防衛庁の会見でもたらされる「あさゆき」電信室海曹長の供述などの情報以外に、目新しいものはなかった。「海自機密情報漏洩」が報道されたその日の内に、ネットユーザーにはファイルの性格は手に取るように分かっていたのである。報道は、ネットの情報の速さには、まったくついて行けなかった。

二月二六日、漏洩報道から三日目、毎日新聞は、漏洩した海自機密情報ファイルに海図ソフトが含まれていたことを報道した。

海自情報流出：対潜しょう戒の海図ソフトも漏えい

海上自衛隊のデータ流出問題で、流出したデータの中に日本領海での対潜しょう戒用に独自開発されたとみられる海図ソフトが含まれていることが25日分かった。ソフトは指定した海域の海底地形をカラー画像で立体的に表示でき、作戦行動を練りやすいよう工夫されている。海自関係者によると、すべての艦艇や潜水艦、しょう戒機用に開発された基本的ソフトで、現在も使用されているという。戦術の精度が他国に知られる恐れもあり、防衛計画の変更も迫られそうだ。

この海図ソフトは、極めて詳細な海底地形を立体表示することで「作戦行動図」作成を容易にしようと、00年ごろに海自運用開発隊（現艦艇開発隊）の技官が開発した。02年9月までに計16回バージョンアップされた。

付属マニュアルなどによると、パソコン画面上で場所を指定すると、緯度、経度、水深データに加え、海底地形が鳥瞰図《ちょうかん》のように表示され、地形の断面図も見ることができる。また、島をクリックすると島名や周囲の長さ、面積などが瞬時に分かるほか、指定した範囲の陸地面積を計算したり、日の出、日の入り時刻、太陽の方位、高度などがすぐに表示されるなど多くの機能がある。

一方、GPS（全地球測位システム）と連動し、目標艦船などの航跡データを図上に取り込むことも可能だ。全世界の地図と海図も組み込まれており、日本領海に比べ精度は落ちるものの、同様の機能が使える。さらに、ソフトの「サンプルファイル」として、日本海での日米合同演習を想定したとみられる「空母機動部隊の陣形配備例」と題した作戦図なども入っている。

ある海自関係者は、ソフトの有用性と流出について「潜水艦で使う場合、他国軍のしょう戒にかかりにくい海底ポイントを選びながら潜航できる。しかし、流出により他国に戦術精度を分析され、日本への敵対行動を容易にする恐れもある」と懸念している。【サイバーテロ取材班】

［軍事アナリスト、小川和久さんの話］訓練内容などの他の流出データと組み合わせると、海自の一般的な作戦能力がかなり分かってしまう。世界最高レベルに対潜能力を維持してきただけにダメージは計り知れない。緊張状態にある海域では戦術変更などが必要になるかもしれない。

しかし、すでにいち早く、報道初日の二月二三日早朝、「海自機密情報」を入手したネットユーザー達には、この「対潜しょう戒の海図ソフト」の名前も使い方も分かってしまっていた。「トリスタン」という名の海図表示ソフトが話題に上り始めたのは、毎日新聞がインターネット上で海自機密情報漏洩を初めて報道する、ほんの一五分前のことだった。

「とりすたん

とかいう海自製プログラムファイルがまるごと入ってたんですけど、これはこれでまずくないか？

売ってないよね？」

毎日新聞の報道後、ウィニーで海自機密情報ファイルを拾った連中が、中身を確認する。

「今見てみたら、日本近海の海底地形図とかの航海情報を表示させるソフトみたい。

連絡先が防衛大になってるからもちろん非売品ね。

これって潜水艦の航行とかに必須だからシナあたりが喉から手が出るほど欲しがってる情報だよ

はっきり言ってヤバス

詳細不明だけどいよいよもってやばくなってきた」

報道から二時間足らず経った頃、あまりにも簡単に海図表示ソフトが使えるので、疑問の声が上がる。

「そんな重要な情報を収めたソフトが何の認証機構もなく実行できたりするはずがないので、多分釣りだって。絶対。w

だいたいWindowsで動くソフトって段階でありえん。w

クリティカルな任務を遂行中にブルースクリーンになったらどうするんだ！w

というわけで絶対釣り。

もちろん、海自手動〔主導〕の、ね。

これで動き出すであろう国内のスパイを炙り出す。絶対。もうそれしか考えられない。w」

確かに、海自の国防用ソフトウェアが、アメリカの民間会社が開発したアメリカ製民生用ＯＳ“Windows”（以下、「ウィンドウズ」とする）で動くとしたら、機密防衛上、多くの問題を抱えることになる。「海図表示ソフトは、ニセモノで、スパイをおびき寄せる餌じゃないか」という疑問が出るのはもっともだ。

三分後、衝撃の真実が告げられる。

「実行できた。そして深度やら沈船情報やらがグラフィカルに表示できた。マジでこれはオワタのレベルだと思う」

全く、ウソのような本当の話で、日本の防衛庁制作の対潜哨戒機用ソフトウェア「トリスタン」は、毎月、何らかの不具合を出して、そのたびにパッチファイルを当てざるを得ず、「月刊ウィンドウズ」と揶揄される、極めて機密防衛上、不安定なＯＳウィンドウズ上で動くように出来ているのだった。ウィンドウズ上で動く、というだけで、緊急使用を前提とする軍事用ソフトの信頼性には疑問が出る。それに、しょっちゅうネットにアクセスして、新しいアップデータを入手できるわけではない環境で使う可能性のある軍事用ソフトが、頻繁なアップデータを繰り返さないと、「脆弱性」を回避できないＯＳで動くのは、ＯＳが何らかのトラブルを抱えた場合に、致命的な打撃を受ける。

しかし、「トリスタン」はウィンドウズマシンに簡単にインストールできる上に、何のパスワードも要求されずに起動するのだ。機密を重視する軍事用ソフトウェアとは思えない設計である。

「容量が少ないから本体じゃないのか？と思ってたら、数値データをグラフィック表示するソフトみたいね。危惧されるような情報は全部入ってるっぽいですよ。ちゃんとwin〔ウィンドウズ〕で起動できるexe〔プログラム本体〕が入ってます。」

「そのソフトがどんなものかは知らないけど、グラフィカルに深度や沈船やら諸々の情報を表示させて、航路図とかと照らし合わせるソフトだった。オフラインでも認証無しで起動ってもうだめでしょこれ」

ここまでは、二月二三日朝六時前の発言である。「トリスタン」の全貌は、漏洩報道三時間以内に暴かれてしまったのだった。

自分は、ひょっとしたら、大変な軍事的機密を手に入れてしまったのではないか。そう心配する一般市民のネットユーザー達に、自衛隊関係者が慰めの声を掛けたのは、午前七時一〇分前だった。

「あーいいこと教えてやるよ
tristan は日本近海じゃなくて全世界の海洋情報が入ってる
日本領海と韓国沿岸でデータの精度は同じ
つまりどうでもいいデータ
30度43分の128度04分見てもなんも見えない程度の精度
問題はその他のデータだが
まあ極秘とはいえ国が滅ぶほどではない」

（以上、引用は2ちゃんねる「自衛隊板」の「□●新・海自の皆さんに質問です　8番艦●□」と「ニュース速報板」の「【Winny】海上自衛隊の情報が流出した模様【キンタマ】」より）

しかし、事実は、二月二六日の毎日新聞の報道が告げるとおり、漏洩したすべての情報を総合すると、日本の軍事力を推定できてしまう、かなり重要なソフトウェアだったのである。

防衛庁の開発者達は、敵の手に「トリスタン」が奪われるということは、最初から考えていなかったようだ。なおかつ、自衛隊外部の人間が「トリスタン」を入手することも設計時に考慮されていないのが、毎日新聞の二月二三日早朝の第一報から二時間足らずで、ネットに集う素人の手で明らかになってしまったのである。平和ボケと揶揄される「自衛隊」の危機意識の欠如は、こんなところに表れている。

そして、マスメディアが「トリスタン」漏洩を報道したのは、ネットユーザー達が、その性能や使用法を散々吟味し尽くした三日も後のことだったのである。日本でなされたのと同じことが、「海自機密情報」をウィニーやeMuleなどのファイル交換ネットワークで入手した海外のネットユーザー達の間でも行われていただろう事は、想像に難くない。報道のスピードを遙かに凌駕して、日本の海軍力は、世界で検証され、少なくとも、その機密保持力は失笑を買ったのである。

官房長官の誤算

ウィニーによる情報漏洩に業を煮やした政府はとうとう、官房長官に声明を出させるまで追い込まれた。時の官房長官は安倍晋三その人である。その時のアナウンスは次のように文字化されている。

官房長官記者発表　平成一八年三月一五日（水）午前

○　Winnyを介した情報漏えいについて

Winnyを介した情報漏えいについて申し上げます。

ファイル交換ソフトウェアWinny（ウィニー）を介したコンピュータウイルスによる 情報の漏えいが多発していることは、ご承知のとおりです。

政府機関の重要な情報の漏えいも明らかになっており、私（官房長官）から各省庁に対して指示を行い、政府機関としては再発防止のためのあらゆる対策を進めています。

重要インフラ事業者等に対しても、所管省庁を通じて注意喚起を行うこととしました。

しかしながら、国民の皆さん一人一人に注意していただき、対策をとっていただかなければ、情報漏えいによる被害を防ぐことはできません。

情報漏えいを防ぐ最も確実な対策は、パソコンでWinnyを使わないことです。この点について、私（官房長官）からも国民の皆さんにお願いしたいと考えております。

詳細については、会見終了後、この場所で、内閣官房情報セキュリティセンターから説明がありますので、その際にお尋ね下さい。(7)

あろうことか、官房長官は、情報漏洩を防ぐために、「パソコンでWinnyを使わないでください」と国民に呼びかけたのである。午前一一時のニュースだったかと思うが、国民に呼びかければ事態が沈静化すると信じている官房長官の様子を目の当たりにして、筆者自身、唖然とするほかはなかった。子どもの頃、楽しい玩具を大人に取り上げられた経験があれば、この発言が次に何を呼び起こすかは明白だ。官房長官の呼びかけにも関わらず、ウィニーのネットワークは、縮まるどころか、この発言を受けて、更に拡大したのであった。「官房長官がそこまで言うなら、間違いなく面白いものなんだろう」と誰もが考えたのだ。

官房長官の呼びかけは、政府の狙いとはまったく見当違いの結果を呼び起こすこととなったのだ。

ＮＨＫ、「海自機密情報」の二次流出に荷担す

三月一六日夜七時半、ＮＨＫ総合の「クローズアップ現代」は、「情報流出が止まらない～被害急増・ウィニー～」と題して、「仁義なきキンタマウイルス」による情報漏洩を扱った。この日の放送は、普段ウィニーを使っているネットユーザー達の関心を集め、果たして、ＮＨＫがどうこの問題を捌くかに注目していた。

事件は、午後七時四〇分過ぎに起きた。画面に堂々と「海自機密情報」ファイルのハッシュ値が晒されたのである。

ハッシュ値というのは、ウィニーのネットワークに存在する個々のファイルのＩＤである。ウィニーでは、ファイル情報を、ＭＤ５というハッシュ関数を用いて、128ビットの数値に変換している。ファイル名を偽造された場合に備え、本来のファイルを捜し出すための工夫だ。16進数の一桁を表すのには４ビット必要なので、

ハッシュ値は16進数32桁の数字列となる。今のところ、ハッシュ値を偽造することは難しく、ほぼ一つのファイルに一つのハッシュ値が割り当てられる。ハッシュ値が同じであれば、ファイル名が違っても、同一のファイルだということになる。いうなれば、ハッシュ値は32桁の銀行の金庫番号と同じだ。ハッシュ値を知れば、ハッシュ値の検索システムを使って、「海自機密情報」を探し当て、ウィニーのネットワークからダウンロードできる。たとえ判明したのがハッシュ値の一部だけでも、ハッシュ値のデータベースを検索すれば、膨大な候補の中から、ファイルを絞り込むことが出来る。ハッシュ値は、ほんの数桁分かっただけでも、本物のファイルを捜し出す重要な鍵になるのだ。

ところが、あろうことか、ＮＨＫは、地上波では先頭5桁、ＢＳハイビジョン放送では全32桁を画面上にすべて見える状態で放映してしまった。ＮＨＫ「クローズアップ現代」は「海自機密情報」の固有ＩＤを全国に放送したのである。ＮＨＫは「海自機密情報」を守るどころか、堂々とハッシュ値を放映し、「海自機密情報」の二次流出を幇助したことになる。「いい番組を作る」というＮＨＫの「信条」はあらぬ方へ行った。ＮＨＫのＢＳテレビ電波は、少なくとも韓国の一部ではＢＳアンテナを立てれば、受信できる。

二月二三日早朝、毎日新聞が「海自機密情報」漏洩を報道した直後、少しでも情報を守ろうと、一部有志が「偽装ファイル」をウィニーのネットワークに放流したことはすでに述べた。「クローズアップ現代」放映時には、「海自機密情報」ファイルは、何種類かの偽装ファイルが本物のファイルを紛らわすために、流れていたのである。いくらファイル名を偽装しても、ハッシュ値を一致させることは出来ない。しかし、もし、正しいハッシュ値が分かってしまったら、偽装ファイルを放流している意味はなくなる。ウィニーに流れているファイルを探している人達が「ハッシュ値を教えてくれ」というのは、そのためなのだ。

三月一六日の時点で、先頭5桁のハッシュ値が一致する偽装ファイルはなかった。つまり、「クローズアップ現代」がハッシュ値を放映したおかげで、正しい「海自機密情報」ファイルがどれか、見つけ出すことは容易になったのである。

不思議なのは、番組放映前に何度も試写を繰り返して、「これは放送できない」と些末なところまでカットするＮＨＫが、なぜか「海自機密情報」ファイルのハッシュ値については無頓着だったという点である。取材担当の記者、制作担当のディレクター、番組を総括する立場のプロデューサーなど、複数の人間が何回もビデオの試写を見てチェックを重ねていた筈なのに、ハッシュ値にモザイクをかけて、画面に映らないように配慮はしなかったのである。一体、「仁義なきキンタマウイルス」による情報漏洩取材で、「クローズアップ現代」の取材班は何を取材していたのか。ウィニーの基本的な機能について、無知であったとしか思えない。少なくとも、ウィニーの作者金子勇氏の著書『Winny の技術』を読んでいれば、ハッシュ値を公開することが何を意味するか、きちんと理解できたはずだ(8)。つまり、ＮＨＫ取材班は、ウィニーの「仁義なきキンタマウイルス」による情報漏洩という事実だけに目を奪われて、ウィニーの基本的な技術については、まったく勉強してなかったとしか思えない。

そして、無知で不注意なまま、「海自機密情報」ファイルにたどり着く重要な鍵を、堂々と全国放送したのである。テレビの力は大きい。

番組を見ていた筆者は、正しいハッシュ値が画面に映ったのを確認すると、すぐにＮＨＫに電話を掛けた。女性職員に電話が回されたが、彼女は、ハッシュ値がどういう意味を持っているか、まるで理解していなかった。その後、『週刊文春』の記者が、ＮＨＫの広報部に、ハッシュ値放映について、取材している(9)。ＮＨＫ広報部の答えは驚くべきものだった。

「本放送では下数桁をカットしたのですが、ハイビジョン放送でハッシュが出てしまったことは配慮に欠けたと言わざるを得ません」

配慮に欠けたどころではない。たとえ一部だけでも、本物のハッシュ値を全国放送した過失は重い。「海自機密情報」の二次流出に、ＮＨＫは荷担したのだ。

こうしたマスメディアの不勉強は、ウィニーのウイルスによる情報漏洩をひどくすることはあっても、改善することはない。事実、「クローズアップ現代」放映後、新たにウィニーのネットワークに参加する人が増えたのだった。

おわりに

いまはネットの海に埋もれてしまっているウィニーをめぐる事件、特に「海自機密情報漏洩事件」だが、一〇年経った現在でも、情報漏洩はあちこちで起きている。本稿で扱ったコンピュータウイルスによるものもあれば、「持ち出し厳禁のファイルを外に持ち出して紛失」といったヒューマンエラーによるもの、情報担当者が情報を持ち逃げするソーシャルハッキングによるものなど、枚挙に暇がない。本稿は、もともと、「海自機密情報漏洩事件」に関する新書の原稿として、二〇〇六年五月に準備されたものの一部だが、残念ながら折合が付かず、出版されることはなかった。

それから一〇年経って、日本人の周りには、当時とは比較にならないくらいたくさんの電子情報機器が溢れている。スマートフォン、タブレット、ノートパソコン、デスクトップパソコン等、日常は情報機器に囲まれていると言ってもいい。スマートフォンやタブレットを肌身離さず使っている人々は、小さな子どもから後期高齢者に属するお年寄りまで、どの年齢層にも存在する。

ウィニーによる情報漏洩盛んなりし頃には、最も信頼できる情報が集まってきた匿名掲示板「2ちゃんねる」

だが、残念ながら、現在は往時の勢いを失い、ややおとなしくなっている。今、最も勢いのある情報源は、SNSのツイッターやLINEだろう。事件・事故が起きれば、現場にいる誰かが、スマートフォンで写真や動画をアップし、それを見付けたマスメディアが取材交渉をする時代だ。マスコミより何より「そこにいる誰かが出す第一報」が速くて確実だ。しかしながら、一四〇字制限のあるツイッターでは、長文による議論がしにくい。事実が事実であるだけがツイッターの特徴であるならば、大部分がゴミのような書き込みの中から、千に二つ三つ含まれている真実を掻き分けて掘り起こすのが2ちゃんねるの持ち味である。真面目な層には、鼻つまみ者にされている2ちゃんねるだが、「子どもや弱い者を虐げる犯罪は許さない」「危機があれば、誰が音頭を取るわけでもないのに、団結する」という長所がある。その辺りは、「味方にすると頼りないが、敵に回すと鬱陶しい」とねらー(2ちゃんねるユーザー)が自嘲するように、社会を動かす力にはなりにくいけれども、一般市民の本音や、到底ツイッターやLINEでは言及できない事柄が露わになる場所である。粘菌が移動体になって、ぬらぬらと動き始めるように、時に匿名掲示板に集う人々は、誰がリーダーになるでもなく、事を起こし始める。

そして何より耐えがたいのは、この一連の騒動で、ソフトウェアの改良が必要とされている中、ウィニーの作者である金子氏は、手を束ねて見守るしかなかった、という点である。ウィニーが悪いのではない、ウィニーの改良を禁じられたことがナンセンスだったのだ。そのことに政府は目を瞑り、「ウィニーを使わないようにしましょう」と呼びかけた。もし、この時、政府が金子氏にウィニーの改良を許していれば、それ以降起きた数多の漏洩事件のほとんどは起きずに済んだだろう。日本の情報政策の分岐点が、二〇〇六年三月一五日に政府が示した、ウィニーに対する態度だった。官房長官記者発表を見た、心あるエンジニアは、国を利する高度な技術を持っていても、決して国が守ってくれるどころか、その人生を破壊することに荷担しかねないと気がついたはずだ。まさにこの時、情報亡国の第一歩が始まったのである。

（1）鷹木創「京都府警、個人情報11人分が含まれた捜査書類をネットで漏洩～Winny経由で感染するウイルスが原因とする説も」『INTERNET Watch』（更新日：二〇〇四年三月二四日）〈http://internet.watch.impress.co.jp/cda/news/2004/03/29/2591.html〉（最終閲覧日：二〇一四年九月四日）。

（2）大津心／永沢茂「京都府警、ファイル交換ソフト『Winny』ユーザー2名を逮捕～松山市の19歳男性と高崎市の41歳男性を逮捕」『INTERNET Watch』（更新日：二〇〇三年一一月二七日）〈http://internet.watch.impress.co.jp/cda/news/2003/11/27/1289.html〉（最終閲覧日：二〇一四年九月五日）。

（3）佐々木俊尚「京都府警のWinny突破の手法が、ついに明らかに　違法ユーザーのパソコンに府警が1対1で接続」『ASAHIパソコンNEWS』（更新日：二〇〇四年九月一五日）〈http://www.asahi.com/tech/apc/040915.html〉（最終閲覧日：二〇一四年九月五日）。

（4）“Antinny.G”『通信用語の基礎知識』〈http://www.wdic.org/w/TECH/Antinny.G〉（最終閲覧日：二〇一四年九月五日）。

（5）金子氏がＰ２Ｐのソフトウェアを作る、と掲示板で宣言した時のレスポンス番号が47番だったので、基本的に匿名でやりとりされることが多い掲示板の習慣として金子氏は以後「47氏」とも呼ばれるようになった。

（6）通信用語の基礎知識「Peer to Peer」〈http://www.wdic.org/w/WDIC/Peer%20to%20Peer〉（最終閲覧日：二〇一四年九月五日）。

（7）官房長官記者発表　平成18年3月15日（水）午前〈http://www.kantei.go.jp/jp/tyoukanpress/rireki/2006/03/15_a.html〉。

（8）金子勇『Winnyの技術』（アスキー、二〇〇五年）五九頁。また、金子勇「『Winnyの技術』をもとに当時の到達点を明らかにする」（「Winnyの技術と倫理」シンポジウム、国際大学グローバル・コミュニケーション・センター、二〇〇六年一月二八日）五三頁〈http://www.glocom.ac.jp/chijo_lib/106/chijo106_042-053.pdf〉（最終閲覧日：二〇一四年九月五日）。

（9）『週刊文春』（二〇〇六年三月三〇日号）五六頁。

〈ひろゆき〉とは何だったのか
——「2ちゃんねる」からも「ニコニコ動画」からも離れて

鈴木　洋仁

はじめに

2ちゃんねる、そして、ニコニコ動画。

この二つは、ともに、日本独自のネット文化であり、そして、ネット上の海賊行為の温床である。

2ちゃんねるは、インターネット上の巨大な匿名掲示板であり、あやしさやいかがわしさに満ちている。そこでは、ニュースから地域の情報、時には違法薬物の入手方法まで、ありとあらゆる情報がやりとりされている。他方、ニコニコ動画は、動画共有サイトであり、ユーザーが同じ時間軸上で再生中の動画の上にコメントを投稿し表示させる機能を最大の特徴としている。そこには、テレビ番組や映画作品の断片から、ユーザーの作った動画に至るまで、さまざまな種類の映像が日々アップロードされている。ともに、名誉毀損や著作権侵害といった、現行法への海賊的振る舞いが横行していると、良識ある人々の眉をひそめさせている。

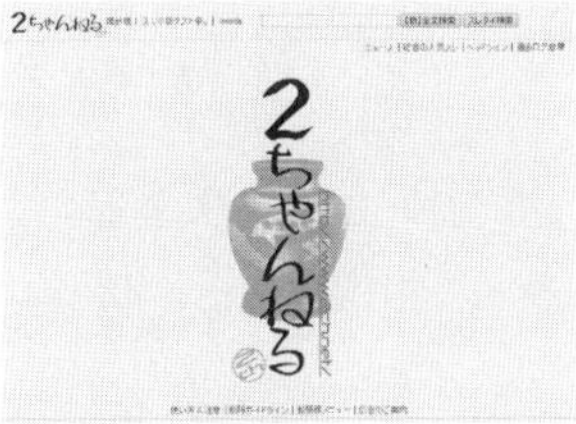

図１　２ちゃんねるトップページ
（http://www.2ch.net/）

本稿では、この二つの文化を開発し、現在ではその両方から離れた西村博之（以下、〈ひろゆき〉と表記）の言動から、彼を海賊と位置づけて、その「思想」（があるとして）をたどることによって、電子情報流通時代における海賊行為と規制の実態の一側面を照らし出したい。換言すれば、二つの文化を、〈ひろゆき〉という個人（パーソン）に還元して論じる実験でもある。

一　〈ひろゆき〉とは誰か

一九七六年東京生まれの〈ひろゆき〉は、都立北園高校を卒業後に中央大学に入学、米国に留学中の一九九九年五月三〇日、個人サイトとして「2ちゃんねる」を開設し、管理人としての活動を開始する。ネット掲示板の「管理人」をはっきりと定義することは難しいものの、おおまかに言えば、「2ちゃんねる」の運用ルールを決めたり、さまざまなトラブルに対処したりする、そうした役割を、〈ひろゆき〉は担っていた。その後、二〇〇六年には、「ニコニコ動画」のサービス開始に際して、その核となるアイディアを提供している。しかし、現在は、2ちゃんねるともニコニコ動画とも経営上は無関係になっている（第三節で後述）。

図2　ひろゆき顔写真
（出典：「本人」vol.09 太田出版、2009年）

また、これも三節で後述するように、民事では多くの損害賠償請求訴訟を提起され、さらには、幾度となく「逮捕間近」との報道がなされるなど、刑事事件の当事者となりかねない対象として警察や検察、あるいは、税務当局から目をつけられてきた。

まずここでは、「2ちゃんねる」と「ニコニコ動画」というネット文化との関連に立ち入る前に、〈ひろゆき〉個人について確かめておきたい。

〈ひろゆき〉と同年の一九七六年前後生まれのネット起業家やエンジニアを指

して、IT業界では、「ナナロク世代」と呼んでいる。代表的な人物を挙げれば、一九七五年生まれには、ブログサービス「はてな」の創業者・近藤淳也、ソーシャルネットワークサービスmixi創業者の笠原健治がおり、七七年生まれには、オンラインゲームGREE創業者の田中良和と、インターネットサービス提供会社・チームラボ代表の猪子寿之がいる。また、現代日本におけるインターネットの「第一人者」と目されるジャーナリスト・津田大介は、〈ひろゆき〉と同じ高校の三年先輩にあたる。

Windows 95が発売され、日本のPC・ネット文化の分岐点となった一九九五年前後に高校を卒業したナナロク世代、その真ん中に〈ひろゆき〉は位置している。彼の言葉を借りれば、米国での留学生活に「慣れて、ある程度、暇になった」(1)一九九九年には、「ネット関係で食っていこう」(2)と考えるほど、ネットを職業とすることへのリアリティーを持ち得た世代だ。

もとより、彼は、小学校の卒業文集に「夢はプログラマー」と書く(3)、筋金入りのエンジニア的発想の持ち主だ。理系らしい思考法を貫いていると言えるかもしれないが、しかし、本人は、「僕が多少企画屋として成り立っているのは、ほかにやる人がいないからだけだと思うんですよ」(4)と自嘲気味に述べつつ、次のように自らのポジションを捉えている。

プログラマーが目の前の問題を一つひとつ片付けていくと、いずれハードウェアの問題が出てきて、その原因を考えているうちに、最終的に問題が起きている原因は経営者の判断が悪いということになって、気がついたら経営者と同じレベルの判断をしていることがありますよね。(5)

2ちゃんねるの「プログラマー」＝「管理人」として、ユーザーに対応しているうちに、経営側の視点にも立たざるを得ず、結果的にIT企業経営者と同じ位置にいるのだと、自らを定義する。子どもの頃からの夢であったプログラマーになり、問題に対処するうちに、結果的に経営者であり、さらには、企画屋として禄を食んでいる、と、〈ひろゆき〉は言う。

こうした醒めた、ロジカルな発想が、〈ひろゆき〉をはじめとした「ナナロク世代」に共通するエンジニア流の、いわゆる理科系的な考え方の顕現だと言えよう。

わかりやすい対比を用いれば、一九七二年生まれの堀江貴文や、一九六三年生まれの三木谷浩史、一九五九年生まれの村上世彰といった先行世代、通称・ヒルズ族たちとの差異は際立つ。東京・六本木の超高層ビル・六本木ヒルズ森タワーに、その本社を置く企業経営者たちを指す「ヒルズ族」。その代表である彼らは、たとえば、「金儲け、悪いことですか?」と言い放った村上や、プロ野球球団のオーナーとして「金は出すが、口も出す」三木谷のように、わかりやすい金銭欲・立身出世欲・権力欲をあらわにしてきた。

これに対して、「ナナロク世代」は、あっさりとｍｉｘｉの社長を退いた笠原健治のように、地位や立場へのこだわりは薄い。というよりも、〈ひろゆき〉が述べているように、「気がついたら経営者」という感覚で、起業したり、創業したりしているように見える。少なくとも、先行世代・ヒルズ族のような素人目にもハッキリとした欲望を、彼らの世代が表に出していない点は確かであり、〈ひろゆき〉はその代表格と言えよう。

〈ひろゆき〉は、大学卒業後の就職難に見舞われた世代＝就職氷河期世代の一員としての共通性を自覚しており、その特徴を、「基本的に何やっても失敗するパターン」であり、「僕らは運に頼ると失敗するというのを基本的な認識にしてるんです。だからロジカルに生きるっていうことが、生きていくためのサバイバル術になっているのかもしれないです」(6)と分析している。

ただ、こうした「ロジカルに生きる」スタイルへのこだわりは、就職氷河期世代たる「ナナロク世代」のエンジニアだから、という共通性だけではない。〈ひろゆき〉においては、きわだった個性として発揮され、そして、2ちゃんねるとニコニコ動画を生み出す原動力となったのである。

「異質な子でした。小学校で怒られなかった日はなかったです」[7]と振り返るその理由は、「自分でロジカルじゃないと思ってしまうと、延々と拒否し続けるようなことを子供の頃からしてた」[8]からであり、なぜ、そこまでロジックにこだわるかと言えば、「世界にはシステムがあって、そのシステムのもとでロジックが動いていく」[9]という「世界の仕組みを知りたいっていう気持ちがある」[10]からである。

「ネットって、資本とかコネがなくても、努力だけで結果が出せる」、すなわち、「ロジックを詰めて生きられる」[11]ゆえに、2ちゃんねるについては、ある程度の社会的な大きさになることを予期していたと述懐した上で[12]、そのロジックを次のように説明している。

ホームページを見飽きたっていう時点で、ただモノを探すっていう受動的な行為はいつか終わるんで。そしたら、受動的なままで情報が手に入る仕組みってのが、一番便利じゃないですか。ただつないで、あとはユーザーが好きなようにする方法が手に入るっていう。[13]

情報の集まる場所＝掲示板を作れば、自然とそこにアクセスは集中する、というロジックであり、事実、2ちゃんねるは、開設するやいなや、あっという間に人気サイトへと成り上がっている。

このロジックがあったからこそ、2ちゃんねるという名称が付けられているのだ。

まず、二〇〇〇年当時、すでに成功していた「あめぞう」という日本独自の巨大掲示板の真似として作ったゆえに、そのセカンド・チャンネル、サブ・チャンネルという意味で、「2ちゃんねる」と命名した[14]。また同時に、当時の東京地方では、テレビの「2ちゃんねる」を利用して、ファミコンやビデオをつないでいたため、テレビに関係した名前をつけたとも述べている[15]。

加えて、「ニコニコ動画にしても、ユーチューブにコメントを載せるという仕組みを作ったドワンゴの社員の人がいて、『あ、それ面白いじゃん。じゃあやろうよ』って乗っただけです」[16]と振り返っている。そして、その名付けの理由についても、ドワンゴ創業者の川上量生《のぶお》が「表面だけ取り繕ったようなふざけた名前があるじゃん。ニコニコローンとかニコニコ金融とか。明らかにブラックっぽいのに、楽しい名前。だからニコニコ動画とかさ」という冗談に大爆笑した〈ひろゆき〉が、「それおもしろい！絶対それ！」と乗っただけなのだと伝えられている[17]。

こうした、〈ひろゆき〉の「ロジカルに生きる」ことへのこだわりは、つまり、何かをゼロから作るのではなく、他人が考えたアイディアに乗っただけなのだ、と次のように言う。

> 「こういうふうな形で出した方がいいよ」とか、さらに伸ばすことっていうのはある程度はできると思うんですけど、何もないところで「さあ、面白いものを出せ」って言われると、出てこない[18]。

本稿冒頭で、2ちゃんねるとニコニコ動画を、ともに「ネット上の海賊行為の温床」だと書いたが、それは、この二つの文化を開発した〈ひろゆき〉のロジックからして、そもそも他人のアイディアへの海賊行為なのであるからして、当然なのである。

海賊的発想に基づく海賊的行為である以上、もともとの動機も、「暇つぶし」でしかないのだと述べている。「もともと暇だから、面白そうだからと作ったものが、2ちゃんねるであって、それ以外の動機は存在しません[19]」とした上で、ニコニコ動画も2ちゃんねるも仕組み＝ロジックは同じだと言う。

> 動画を観る行為自体は暇つぶしのネタです。2ちゃんねるのニュース速報を見ている人は、ニュース自体に興味があるわけではなく、何かちょっとでも自分が絡める話題があれば一言言いたい。ニコニコ動画は、その感情の動画版というだけ

図3　ニコニコ動画トップページ
(http://www.nicovideo.jp)

なのです。[20]

暇、という他人の時間にタダ乗りし、乗っ取ろうとするこの動機は、確かに海賊行為ではないか。海賊的動機に基づく海賊的発想が生んだ、海賊的テクノロジー。これこそ、〈ひろゆき〉のロジックであり、2ちゃんねるとニコニコ動画という日本発のネット文化のロジックにほかならない。

ここまでの議論において、本稿は、〈ひろゆき〉のロジック、というよりも、彼の言動を額面通りに、ないしは、額面以上に受け取りすぎているのかもしれない。

次節では、クールダウンの意味も含めて、ここまでわかりやすいロジックの持ち主である〈ひろゆき〉や、彼が生み出した二つの文化が、これまでどのように論じられ、言論空間に位置づけられてきたのかについて概観してみたい。

二　〈ひろゆき〉は、どのように論じられてきたのか

結論を先に言えば、〈ひろゆき〉個人については、大月隆寛との対談[21]や、山本一郎によるもの(第四節で後述)を除くと、ほとんど論じられていない。

これまでの議論では、2ちゃんねるやニコニコ動画という文化を、〈ひろゆき〉のパーソナリティーや能力に還元して論じようとするのではなく、大きく分ければ、次の三つの論点から取り上げてきている。

一つは、法学的な議論であり、2ちゃんねるやニコニコ動画への法的規制の是非や、海賊行為の実情、著作権問題、名誉毀損の判例として論じられている。[22] 2ちゃんねるの一般的な知名度が一気に高まった契機は、二〇〇〇年に、犯人の少年が「ネオむぎ茶」というハンドルネームを使って犯行予告を書き込んだ西鉄バスジャック事件だった。また、二〇〇七年に長崎県で起きた小学生女児による殺人事件では、犯人を特定できる情報が書き込

まれた。こうしたことから、2ちゃんねるへの法的規制については、度々論じられている。

二つ目に挙げられるのは、情報化社会論である。2ちゃんねるやニコニコ動画が、いかに人々のコミュニケーションに影響を及ぼしたのか、という議論であり、鈴木謙介『カーニヴァル化する社会』（講談社現代新書、二〇〇五年）や荻上チキ『ウェブ炎上　ネット群集の暴走と可能性』（ちくま新書、二〇〇七年）、濱野智史『アーキテクチャの生態系　情報環境はいかに設計されてきたか』（NTT出版、二〇〇八年）のように、「電脳空間」や「サイバースペース」の特徴を抽出しようとしてきた。

三つ目には、この二つ目も含まれるのだが、一種の日本文化論である。北田暁大『嗤う日本の「ナショナリズム」』（NHKブックス、二〇〇五年）を筆頭に、2ちゃんねるを、日本社会の象徴的な空間として論じるものである。鈴木淳史『美しい日本の掲示板　インターネット掲示板の文化論』（洋泉社新書y、二〇〇三年）や、山田奨治「日本文化にみるコピペのルール」（川上量生編『ネットが生んだ文化　誰もが表現者の時代』KADOKAWA、二〇一四年）のように、歴史に位置づける議論もあれば、近年では、ネット右翼の温床として2ちゃんねるを扱う視点[23]も散見される。

しかしながら、たとえば、一つ目の法学的な議論に対しては、〈ひろゆき〉自身が、『電車男』や「のまネコ騒動」といった2ちゃんねるを舞台にした著作権上の問題を題材にして、弁護士との対談本（牧野和夫、西村博之『2ちゃんねるで学ぶ著作権』アスキー、二〇〇六年）を出版しているように、当然のことながら織り込み済みであると言えよう。

二つ目の情報化社会論においては、たとえば、濱野智史が、「ニコニコ動画は、2ちゃんねる管理人の西村博之氏が監修を務めていることもあってか、とりわけ2ちゃんねるとの共通点が多く見出されます[24]」と述べながら、本稿が引用した「ニコニコ動画は、その感情の動画版」という〈ひろゆき〉の言動＝ロジックには着目していない。

さらに、三つ目の日本文化論の代表格である北田暁大の著作においても、糸井重里や津村喬といった一九八〇年代までの人物は大々的にフィーチャーされているのにもかかわらず、そして、大月隆寛との対談を多く引用しているにもかかわらず、〈ひろゆき〉の発言＝ロジックを一顧だにしていない。

すなわち、これまで展開されてきた三種類の議論のうち、一つは、〈ひろゆき〉自身によって回収されており、また、他の二つは、〈ひろゆき〉に触れていない。このため、前節で確かめたような、〈ひろゆき〉のロジックをたどりながら、2ちゃんねるとニコニコ動画の海賊的性格について考察する機会は、これまでほとんどなかったし、この状況それ自体が、〈ひろゆき〉の社会的な位置づけにもつながっていると考えられる。〈ひろゆき〉にとってごく当たり前のことばかりが取り沙汰され、彼を正面から見据えようとする態度は選択されてこなかった。この文脈そのものが、〈ひろゆき〉の置かれた立場をあらわしている。

では、その、〈ひろゆき〉の社会的位置づけとは何か。

それこそまさに海賊であり、「万民の敵」(25)であり、あるいは、プロレス用語で言うヒールではない存在にほかならない。

次節では、なぜ、〈ひろゆき〉を海賊と呼べるのか、その理由を考察するとともに、彼が現在置かれている状況を見てみたい。

三　〈ひろゆき〉は、どのような存在か

冒頭で少し触れたように、〈ひろゆき〉は、これまで幾度となく「逮捕」や「摘発」が取り沙汰されてきたし、実際、二〇一二年一二月二〇日には、麻薬特例法違反（あおり、唆し）幇助の疑いで、警視庁から東京地方検察

庁に書類送検された[26]（その後、不起訴処分）。また、翌二〇一三年八月には、2ちゃんねるの広告収入約三・五億円を受け取り、うち約一億円について申告漏れを東京国税局から指摘されたと報道されている[27]。

週刊誌の見出しで言えば、「警視庁がたくらむ『2ちゃんねる撲滅作戦』」（『週刊朝日』二〇一一年一二月一六日号）のような煽り文句が躍ったことも一度や二度ではない。

また、二〇〇七年三月の時点で、2ちゃんねるへの誹謗中傷の書き込みについての民事責任を問われた名誉毀損訴訟を全国で五〇件以上提起され、そのほとんどに一度も出廷せず、ほぼ自動的に敗訴判決が確定しているにもかかわらず、賠償金は未払いであり、それに対する制裁金が少なくとも合計五億円にのぼる、と報じられている[28]。

刑事面では捜査当局からの追及を受け、民事の面では多くの損害賠償請求訴訟を起される。しかも、それぞれについて、法律による規制の「網を掻い潜る」知能犯と見られるような発言をしている。

現実の話として、僕はこれまで刑法に触れるようなことをしたことはないです。ライブドアの堀江（貴文）さんみたいに、敵を作ったこともない。

だいたい僕は、東京地検とか警視庁の捜査対象の人としては、小者すぎます。ネットをやらない人は、僕のことを知らないんじゃないですか。

（中略）

マスメディアが取材するほどのことも別にやってないし、ニュースバリューがないっていうところに落ち着くと思うんですけどね[29]。

当局を牽制する意味も込められているだろうが、逆に、こうした発言をしてしまえば、小馬鹿にされたと感じた捜査側の対抗心をあおる結果にもなりかねない。ただ、本稿で確かめたように、〈ひろゆき〉という存在をあくまでもロジックに基づいて捉えれば、「小者」であり、「ニュースバリューがないっていうところに落ち着く」ほかない。実際、先に触れた読売新聞をはじめとした報道については、堀江貴文の逮捕時のような盛り上がりは皆無だったと言ってよい。

加えて、これも〈ひろゆき〉が述べているように、「『2ちゃんねるは、アメリカのサーバーでアメリカのサービスです』と言い張った途端、日本の法律が何も通用しないという現実がある」[30]上、〈ひろゆき〉や2ちゃんねるを「まだまだコントロールできる存在だから逮捕していないだけ」[31]だろう。〈ひろゆき〉という日本人が運営しており、捜査協力も行っているからこそ、息の根を止められない、という認識は、少なくとも現在までのところロジックが通っている。

また、民事訴訟についても、「処理できない量の訴訟を起してしまえば、自動的に賠償金が認められてしまう」という点も、「賠償金に関しては支払わなくても刑事罰が発生することはない」という点も、ともに「変なルールだと思う」としながらも、次のように開き直る。

ルールとしては問題があると思うのですが、悪法も法という言葉があるように、とりあえずは決められたルールの中で対処するしかないのです。[32]

こうして〈ひろゆき〉の発言を並べてみると、確かに、法律や倫理をあざわらうようにも読める。しかしながら、本稿で確認してきたように、〈ひろゆき〉の個性は、つまり、「ロジカルに生きる」スタイルへのこだわりは、「ナナロク世代」のエンジニアだからのみならず、何かをゼロから作るのではない、他人が考えたアイディアに乗るだけという海賊行為にある。

すなわち、自らの逮捕や摘発という「ニュースバリュー」や、民事訴訟における「変なルール」といった、他人が考えたアイディアに対して、それぞれ、「小者」や「とりあえずは決められたルールの中で対処するしかない」と述べる理由は、ロジカルに考えた結果に過ぎない。

「ロジックって考えるための材料があるんで、勝ち負けじゃなく、誰しもが同じレベルに立てる理論。なのに、世の中ロジックを使わない人が多いんですよ[33]」と訝しむ〈ひろゆき〉は、本論文集の「序文」に掲げられた惹句を借りれば、「ジクソー・パズル」のピースの欠けた空隙に気づき、欠けたピースを提案して遊んで見せたというのが、真相に近いのだろう。

いわば、愉快犯的な存在であって、人々の期待を背負ったプロレスのヒールのようなアンチ・ヒーローではない海賊なのだ。

付け加えると、単なる愉快犯ではなく、2ちゃんねるやニコニコ動画を、「もう少し社会的に価値のある情報を主体に、いろいろな情報が流通している場所をつくりたかった[34]」と位置づけるだけに、社会的な事がらへの関心は、常に高い。だから、たとえば、ネットの流行や、事件、事故、とりわけ、発言等に批判が殺到する「炎上」については、『週刊ＳＰＡ！』（扶桑社）誌上での連載「ネット炎上観察記」を二〇〇八年から現在（二〇一六年）まで三〇〇回以上続けている。

そして、本稿のこれまでの引用にも明らかなように、また、今も「ネット炎上観察記」と、堀江貴文との対談連載「帰ってきた！なんかヘンだよね……」（『週刊プレイボーイ』、集英社）の二本の週刊誌連載を抱えているように、ウェブサービスの考案者であるにもかかわらず、まとまった発言を、ネット上ではなく、活字で展開している。

ネット上での自らの発言を、「暇つぶしのネタ」として、「何かちょっとでも自分が絡める話題があれば一言言いたい」人たちの燃料として提供するのではない。それは、活字を追いかけてくれているロジックの通じる相手へのメッセージであり、だから、「ある程度年齢がいっていないと、文字を読んで面白いと感じない[35]」のだと、彼は、「2ちゃんねる」ユーザー年齢層の高さを分析した上で、次のように述べている。

同じ情報を与えられて論理的に導いた結果というものは、僕でなくても誰でも同じことだと考えているわけです。しかし、ほかの人がやってくれないので、僕が書いているだけ。こういったことを、頭では理解している人はたくさんいるのに、あえて口に出さないのは、論理的に話を進めると、周りに敵を作りやすくなり、それをデメリットと感じる人が少なくないからです。[36]

「ライブドアの堀江(貴文)さんみたいに、敵を作ったこともない」と言いつつも、しかし、自らのロジックへのこだわりが「周りに敵を作りやすい」点には、もちろん十分に自覚的だ。だからこそ、あえて、転送やコピペしやすいネットではなく、論理をたどれる活字を主戦場としているのかもしれない。

ただ、本稿がここで注目するのは、〈ひろゆき〉の活字へのこだわりではない。

「敵を作りやすい」と自覚しながらも、2ちゃんねるからもニコニコ動画からも、彼が追い出されてしまった点なのである。言い換えれば、海賊の仲間であるはずの2ちゃんねらー(2ちゃんねるユーザー)や、ニコ厨(ニコニコ動画中毒者)からも、見放されてしまっている現状に、本稿の関心は向けられる。

四 〈ひろゆき〉は、いま

〈ひろゆき〉は二〇〇九年一月二日付の自らのブログで、2ちゃんねるをシンガポールのパケットモンスター社に譲渡し、自身は、「管理人」ではなく、「単なる一ユーザー」になったと明かし「2ちゃんねるを捨てた」とすら述べた。[37] しかしながら、前節で参照した報道で明らかなように、二〇一三年に至っても、2ちゃんねるの広告収入を得ていた。

だが、二〇一四年、金銭トラブルから、内部分裂が表面化し、〈ひろゆき〉は元々の「2ch.net」からは追い出され、独自に「2 ch.sc」という類似サイトを立ち上げる。二〇一五年九月には、この「2 ch.net」ドメインの所有権をめぐって訴訟を提起したことを明かしている[38]。また、英語圏最大の匿名掲示板「4 chan」の管理人にも就任している[39]。

二〇〇九年時点では、裁判回避のために表舞台から姿を消していたに過ぎなかったが、現在では、訴訟を起して取り戻さなければならないほど、〈ひろゆき〉は、2ちゃんねるから離れてしまっている。

さらに、ニコニコ動画との関係も切れている。〈ひろゆき〉はニコニコ動画を運営する株式会社ニワンゴの取締役を、二〇一三年二月一八日付で、「一身上の都合」を理由に辞任している[40]。これも前節で参照した新聞記事にあるように、この前年二〇一二年末に、麻薬特例法違反（あおり、唆し）幇助の疑いで、警視庁から東京地方検察庁に書類送検されたことから、企業イメージの低下を嫌ったニワンゴの親会社・ドワンゴ創業者の川上量生との話し合いの結果であると言われている。

数少ない〈ひろゆき〉論を書いた山本一郎は、こうした現状について、「普通の人たちもネットを使うようになった」からだと喝破する。山本は、〈ひろゆき〉とともに2ちゃんねるの営業のための法人を一緒に設立したため、いまだに周囲から「元2ちゃんねるの山本さん」と言われる、と愚痴る。ただ、その周囲から、山本への反応に象徴されるように、2ちゃんねる設立から現在までの一五年間には、ネットが、「よく分からない若者の文化のひとつ」から「リアル社会にもかかわりの深い大事なインフラ」へと変貌し、「その場凌ぎとお茶を濁したような対応では逃げられるはずもなく」なった〈ひろゆき〉が時流から取り残されるのは、当然だと述べる[41]。

〈ひろゆき〉は、「ロジカルに生きる」スタイルへこだわる「ナナロク世代」のエンジニアとして、他人のアイディアへの海賊行為を繰り返しつつ、「とりあえずは決められたルールの中で対処するしかない」とのたまい、のらりくらりとネットの海を自由に泳いできた。「周りに敵を作りやすい」点を自覚しつつ、「2ちゃんねるを捨てた」等と、巧妙に言い逃れをしてきた。まさしく愉快犯的に、しかし、活字上での社会的発言をしながら、生き延びてきた。

その〈ひろゆき〉が、2ちゃんねるにもニコニコ動画にも居場所を失い、自らが被告人となっていた時分は出廷すらしなかった民事訴訟を自分から起こす。しかも、「もともと暇だから、面白そうだからと作ったものが、2ちゃんねるであって、それ以外の動機は存在しません」とうそぶいていた2ちゃんねるを取り戻そうと訴訟を起こす。訴訟の動機は明らかにされておらず、山本一郎は、「成功体験は良くも悪くも、人間を変える」から「カネが惜しい」と思ったのではないか、と推測しているが[42]、「カネを儲けて幸せになった人を見たことがないんですよ。逆にカネはなくても楽しそうな人はいっぱいいるけど[43]」と嘲笑っていた以上、よもや金銭面が理由ではあるまい。「年収は日本の人口よりちょっと多いくらい[44]」と言い放ち、「そもそもお金を使わないから困らない[45]」と豪語していた以上、「カネが惜しい」と思ったとすれば、〈ひろゆき〉は変わったのかもしれない。

ただ、ここでは、〈ひろゆき〉の金銭へのこだわりを推察する点に興味はない。それよりも、この現状が何を意味しているのかを考察して、本稿を閉じてみたい。

五　個人（パーソン）としての〈ひろゆき〉とは何だったのか

〈ひろゆき〉はもはや、嫌われ者ですらなくなり、ネットの表舞台から退場しつつある。確かに、英語圏最大の匿名掲示板「4 chan」の管理人への就任というのは、日本発のネット文化を世界に広める意味でも大きな一歩かもしれない。かつて彼自身、「日本発のネットサービスでうまくいった例があんまりない、というのが気になるんですよね。（中略）何かきっかけがあればうまくいくんじゃないかなという期待はしています[46]」と述べていただけに、これからの活躍に期待が集まるのかもしれない。

しかし、山本一郎が嘆いているように、「ネット社会は一般のリアルの社会に組み込まれ」たために、「ネットとの向き合い方もかなりノウハウ化され(47)」た。「同じ情報を与えられて論理的に導いた結果というものは、僕でなくても誰でも同じことだと考えているわけです。しかし、ほかの人がやってくれないので、僕が書いているだけ」と、ロジカルな思考を自負し、「ネットって、資本とかコネがなくても、努力だけで結果が出せる」からだと分析した成功の理由も、もはや、一部の若者の特権ではなくなっている。

〈ひろゆき〉が、その「ロジックを詰めて生きられる」スタイルで、軽々と海賊行為に興じてきたこの一五年は、その優位性が摩耗し、ついには自らが生んだサービスからも放逐される結末へと行き着いた。何よりも、本稿のように、論じられる対象となっていることそれ自体が、〈ひろゆき〉が最前線で活躍して「いない」現状を意味しているのかもしれない。

それゆえに、本稿のタイトル「〈ひろゆき〉とは何だったのか」には、そのような過ぎ去った存在になったという認識と、しかし、逆に、現役で活躍して欲しい、という願いを込めている。

かつて〈ひろゆき〉は、インターネットへの法規制をめぐって、次のように看破していた。

加速度的に進化しているインターネットに対して、法律が追いつけない状態があり、インターネットによる問題を解決するため、新たな法律を作ったとしても、また新しいアーキテクチャーが生まれてきてしまうのです(48)。

こうしたイタチごっこを指摘したり、あるいは、ウェブ上の双方向性を称揚した「Ｗｅｂ２・０」のような流行語(49)に対して「Ｗｅｂ２・０がどうのこうの言って本を売る立場なら一生懸命だまそうと思うんですけど、僕は人をだましてもお金は入らないので、嘘をついても仕方がないかと(50)」と揶揄したりしていた時は、まだまだネットは、「よく分からない若者の文化のひとつ」に過ぎなかった。

しかし、〈ひろゆき〉を逮捕・訴追しようと躍起になっていた捜査当局は、いまや、2ちゃんねるで犯罪捜査につながる情報を集め、ニコニコ動画の祭典「ニコニコ超会議[51]」の運営体制を絶賛するほど、親和性を高めている。また、違法にアップロードされた動画に目くじらを立てていたテレビ局も、もはや、2ちゃんねるやニコニコ動画を敵視しないばかりか、日本テレビに至ってはニコニコ動画を運営するドワンゴの株主になり業務提携も結んでいる。

〈ひろゆき〉が「暇つぶし」と言いながら、「ロジックを詰めて生きられる」場所であった2ちゃんねるもニコニコ動画も、もはや、海賊行為の最先端から、実は、体制側と協調する世間へと変貌を遂げている。ネットは、「リアル社会にもかかわりの深い大事なインフラ」となったからであり、もう、「論理的に話を進める」特権的な空間ではなくなっている。

加えて、2ちゃんねるの「若いと言われているユーザーの年齢層は、昔から高いまま（中略）今は三〇代から四〇代[52]」と、二〇〇七年時点で〈ひろゆき〉が述べているように、二〇一五年現在ではさらに高齢化が進んでいる。「デジタルネイティブ」等とも呼ばれる若年層には、「世の中ロジックを使わない人が多い」という〈ひろゆき〉の嘆きは届かず、ネットが、ますます世俗化し、平板になり、ロジックとは遠ざかっている。

> 僕はコミュニケーションが嫌いなんですよ。たとえば、ネット上でAさんとBさんが「こんにちは」「今日、何食べました?」「どこ行きました?」とかやっている。そういう情報って、第三者からみたら無駄なんです。僕はそういう情報は嫌いなんですよ[53]。

と嫌悪感をあらわにし、「もう少し社会的に価値のある情報を主体に、いろいろな情報が流通している場所をつくりたかった[54]」と企てた〈ひろゆき〉の願いもむなしく、ＬＩＮＥをはじめとしたＳＮＳで飛び交うのは、どうでもいい個人情報の垂れ流しでしかない。

膨大なメモリと最先端のテクノロジーを手元に置けるようになった個人が、「第三者からみたら無駄」な情報や、生活の痕跡をのべつまくなしにやりとりし続ける。誰に頼まれたわけでもないのに、否、頼まれてもいないどころか、個人情報保護への感度は高まっているにもかかわらず、自ら進んで嬉々としてさらけだしたプライバシーがネットに漂う。そこではもはや、ロジックにこだわる「ナナロク世代」のエンジニアである〈ひろゆき〉が、海賊としてもてはやされることは、ない。

本稿は、〈ひろゆき〉という個人に焦点を絞って、電子情報流通時代における海賊行為と規制の実態の一側面を明らかにしようと試みてきた。が、〈ひろゆき〉が表舞台から姿を消し、そして、まともに論じられる機会のないまま忘れられようとしている現状こそ、実は、ネット時代における個人（パーソン）のあり方を考察する上で示唆的なのかもしれない。言い換えれば、〈ひろゆき〉個人が「何だったのか」という過去形で論じられる現状から出発し、現代のパーソンの位相へと、今後の考察はつながっていくに違いない。[55]

(1) 井上トシユキ＋神宮前 .org『2ちゃんねる宣言　挑発するメディア』（文藝春秋、二〇〇一年）九六頁。
(2) 同右、九八頁。
(3)『FLASH』（二〇〇七年三月二六日号）二六頁。
(4) ひろゆき『2ちゃんねるはなぜ潰れないのか？　巨大掲示板管理人のインターネット裏入門』（扶桑社新書、二〇〇七年）二一〇頁。
(5) 同右。
(6) ひろゆき「世界の仕組みを解き明かしたい」（『本人』vol.09、二〇〇九年）二七頁。
(7)『FLASH』（二〇〇二年一二月二四日号）三一頁。
(8) ひろゆき前掲注(6)二六頁。

(9) 同右、四一頁。
(10) 同右、四〇頁。
(11) 同右、三〇頁。
(12) 井上トシユキ+神宮前.org前掲注(1)一四一頁。
(13) 同右、一四一頁。
(14) ばるぼら『教科書には載らないニッポンのインターネットの歴史教科書』(翔泳社、二〇〇五年)。
(15) 井上トシユキ+神宮前.org前掲注(1)一四二頁。
(16) ひろゆき前掲注(6)三八頁。
(17) 佐々木俊尚『ニコニコ動画が未来を作る　ドワンゴ物語』(アスキー新書、二〇〇九年)二六六頁。
(18) ひろゆき前掲注(6)三八頁。
(19) ひろゆき前掲注(4)一七五頁。
(20) 同右、六六頁。
(21) 大月隆寛・西村博之「ネット界の暴力デブ太郎とひろゆきが語る「2ちゃんねる」の功罪」(『正論』二〇〇三年六月号、三二〇〜三三三頁)。
(22) 高瀬亜富「第三者によりBBS上になされた書き込みについてBBS管理者の著作権侵害責任が認められた事例　2ちゃんねる小学館事件」(『知的財産法政策学研究』十七号、二〇〇七年)。
(23) 伊藤昌亮「ネット右翼とは何か」(山崎望編『奇妙なナショナリズムの時代　排外主義に抗して』岩波書店、二〇一五年)。
(24) 濱野智史『アーキテクチャの生態系　情報環境はいかに設計されてきたか』(NTT出版、二〇〇八年、二三四頁、傍線は引用者)。
(25) Daniel-Heller-Roazen, *The Enemy of All Piracy and the Law of Nations*, zone books, 2009.
(26) 『読売新聞』二〇一二年一二月二一日付朝刊。
(27) 『読売新聞』二〇一三年八月二四日付朝刊。

(28)『読売新聞』二〇〇七年三月二〇日付朝刊。
(29) ひろゆき前掲注(6)一七頁。
(30) ひろゆき前掲注(4)一一頁。
(31) 同右、一三頁。
(32) 同右、一三三頁。
(33) ひろゆき『僕が2ちゃんねるを捨てた理由　ネットビジネス現実論』(扶桑社新書、二〇〇九年)二三三頁。
(34) 西村博之×前田邦宏「オンラインコミュニティの現在　もうひとつのコミュニケーションチャンネルを探る」(『Human Studies』29、電通総研、二〇〇二年、九〜一〇頁)。
(35) ひろゆき前掲注(4)一六〇頁。
(36) ひろゆき前掲注(33)一〇二頁。
(37) 同右。
(38)「ひろゆき氏、2ちゃんねるの現管理人ジム・ワトキンス氏を訴えたと明かす」『ねとらぼ』〈http://nlab.itmedia.co.jp/nl/articles/1509/24/news109.html〉(最終閲覧日：二〇一六年九月二〇日)。
(39)「ひろゆき、英語圏巨大匿名掲示板 4 chan 管理人になる」『ガジェット通信』〈http://getnews.jp/archives/1157519〉(最終閲覧日：二〇一六年九月二〇日)。
(40) 株式会社ドワンゴ「子会社の取締役辞任に関するお知らせ」〈http://pdf.irpocket.com/C3715/qzIz/otm4/WgO0.pdf〉(最終閲覧日：二〇一六年九月二〇日)。
(41) 山本一郎「偉大なるワンマン　西村博之」(『WiLL』二〇一五年三月号)三〇八頁。
(42) 同右、三〇七頁。
(43)「30歳からのドリカムプラン」構築術」(『SPA!』二〇〇一年一〇月三日号)五一頁。
(44)『FLASH』(二〇〇七年二月一三日号)三〇頁。
(45) ひろゆき前掲注(33)二四三頁。
(46)「ひろゆき氏が考える、ニコニコ動画と日本の目指すべき方向性とは」『CNET Japan』〈http://japan.cnet.com/

interview/2036846/4/〉(最終閲覧日:二〇一六年九月二〇日)。
(47) 山本前掲注(41)三〇九頁。
(48) ひろゆき前掲注(4)一五一頁。
(49) 日本語におけるこの流行語の発信源としては、〈ひろゆき〉も揶揄している梅田望夫『ウェブ進化論　本当の大変化はこれから始まる』(ちくま新書、二〇〇七年)が挙げられる。
(50) 中島聡×西村博之「マイクロソフトはなぜ潰れないのか」(『ascii』二〇〇七年一二月号、七〇頁)。
(51) 二〇一二年から、毎年四月に千葉市の幕張メッセを会場に行なわれているイベント。ニコニコ動画を運営する株式会社ドワンゴが主催し、「ニコニコ動画のすべて(だいたい)を地上に再現する」(公式ウェブサイトより)を標榜しているため、相撲やコンサートなどありとあらゆるブースが乱立している。
(52) ひろゆき前掲注(4)一六〇頁。
(53) 西村博之×前田邦宏前掲注(34)九〜一〇頁。
(54) 同右、九〜一〇頁。
(55) 平野啓一郎『私とは何か　「個人」から「分人」へ』(講談社現代新書、二〇一二年)、鈴木健『なめらかな社会とその敵　PICSY・分人民主主義・構成的社会契約論』(勁草書房、二〇一三年)、浅野智彦「社会学研究とソーシャルメディア」(佐藤卓己編『デジタル情報社会の未来　岩波講座現代9』岩波書店、二〇一六年)。

マンガ翻訳の海賊たち
――スキャンレーションにおける航海術をめぐって

片岡　真伊

はじめに

日本のマンガが北米でまだ認知されていなかった時代、日本マンガに英訳をつけ、仲間内で共有した人たちがいた。一九九〇年代のインターネットの登場やパソコンの普及、Adobe Photoshopなどの画像編集ソフトの浸透、そして二〇〇〇年頃のスキャン技術の発達に伴い、インターネット上でのこうしたファンによるマンガ翻訳グループの活動は活発化し、さらに数多くのマンガが、インターネットを介して海の向こうに渡るようになった。海外における日本マンガ紹介の流れに寄与した力の中には、このような日本マンガファンの存在がある。これが「スキャンレーション」と呼ばれる、ファンが自発的に、かつ無償で行う参加型翻訳活動である。

スキャンレーション（scanlation）という言葉は、スキャン（scan）とトランスレーション（translation）からなる造語であり、ファンによるマンガ翻訳の過程を示す。作業工程は、各スキャンレーショングループにより異なるが、その多くの場合、翻訳対象のマンガ原本のスキャン作業、スキャン画像のクリーニングやリドローイング、翻訳作業、校正（時にはネイティブチェックも含む）、写植担当者による訳文の埋め込み、そしてアップロード直前の品質チェックなどに分業化されている。効率的な流れ作業方式で、時差を問わずインターネットを介して国境を超えたプロジェクトチームを立ち上げ、スピーディーに翻訳・編集作業を行なう。主に単行本にまとめられる前段階の、マンガ雑誌に掲載されている連載中の人気作品の最新話、出版化される見込みの少ない読み切りマンガや、連載が終了したシリーズのボーナスエピソードなども翻訳する。このような翻訳グループは、未だ翻訳版が手に入らない海の向こうの市場で日本のマンガを紹介する仲介者となり、海外におけるマンガ市場の開拓・拡大、そしてアニメ産業と共に「クール・ジャパン」といった国家ブランディングのきっかけの一つともなった。

しかし、こうした文化大使としての顔を持つにも関わらず、スキャンレーションは、ライセンス契約が結ばれた作品や翻訳版が刊行されたタイトルは削除するという従来の暗黙の掟を破るスキャンレーターの増加、[1] そして日本アニメ・マンガの海外における商業的成功の可能性が開かれるにつれ、市場を乱す海賊行為としての位置づけを強めている。スキャンレーションは、未だ翻訳化の進んでいない作品のファンを先行的に獲得するだけでなく、マンガを取り巻くカルチャーをより豊潤なものにし、無法地帯を整備するきっかけともなる一方で、[2] 企業や国の利益を損なう危険性を孕むとされる両刃の剣でもある。

本稿では、このようなスキャンレーションにおける翻訳、および正規版のマンガ翻訳における積み荷(翻訳作品)の選定や、舵の切り方(翻訳手法やマーケティング手法、海賊対策)などの航海術に焦点をあてることにより、海賊行為として規制されるスキャンレーションの複雑性やその実相を炙り出していきたい。

一　エクスペリエンス(マンガ読者経験価値)の向上

出版社が特定作品の翻訳化に踏み切るには、まず、その言語圏・文化圏で収益を見込める作品や、現地で人気が出る可能性のある作品を発掘するという第一段階がある。また、その後には、出版専門の代理店を通して翻訳のライセンスを受けるという、合法的なルートを辿る際に生じる手続きがあり[3]、発表日等の提案、承認を経て、実際の翻訳・編集、校閲作業に入る。そして、印刷を行なった後の商品の輸送から発売まで、という流通経路に製品を流すのに費やされる時間もある。このように、翻訳版のマンガを出版するまでの流れには、原作が発売してから英訳化されるまで、ある程度の期間が必要とされる。

例えば、世界で累計発行部数二億部を突破し、海外でも人気の高い『NARUTO』（集英社／Viz Media）の場合、第一巻が英語圏で発売されるまでに、原作の単行本の発売日から約三年の月日を要した。巻を追うごとに、日英版間の発売日の開きは徐々に狭まるが、大分その差が縮まった後半でさえも、九、一〇ヶ月の開きがみられる。同じく人気主力作品である『ONE PIECE』（集英社／Viz Media）でも、英訳化されるまでに実に約七年の開きがあり、途中二〇一〇年の一月から六月にかけて英訳版を五巻ずつ発売するという追い上げを見せるものの（二四～五三巻）、単行本が発行されて一〇ヶ月後に英語版が出版されるという状況が今もなお続いている。出版社が急速に押し進めているコミックスの電子化事業や翻訳技術の発達、また、政府によるマンガ翻訳産業への財政的な支援などにより、英訳版のリリースまでの期間差は今後さらに縮まるものと思われる。しかし、こうした正規版翻訳の出版に必要とされる手続きを考慮すると、原作が発売されてから翻訳版が出るまでの時差を埋めるのは、非常に困難なことだといえよう。こうした海外での日本マンガの翻訳化の遅れ、また翻訳そのものが実現するのに時間がかかるといった背景が、スキャンレーションが発生・発達してきたひとつの要因だといわれている。

一方のスキャンレーションは、発売日からアップロードされるまでの速さを特徴としている。インターネットの普及・発達をきっかけに、スキャンレーションの翻訳・編集作業はますます加速化しており、スキャンレーションサイトには英訳版やＲＡＷ（原本をスキャンしたデータ）がいち早くアップロードされ、最少の時間差で、マンガにアクセスすることができるのだ。翻訳されたものでいえば、週刊ヤングジャンプに収録されている人気シリーズの場合、発売されてわずか三日後に英訳版がアップロードされているものもある。スキャンレーションサイトの利用者は、正規の翻訳版が発売されるのを待たずとも、日本にいるのとほぼ変わらないタイミングやペースで英訳版のマンガにアクセスをすることができる。より多くの作品を迅速に翻訳化することにより、スキャンレーションは、それまで英訳版の新刊を待ち望み、そして時には待ちぼうけを食らうこともあったファンたちのマンガ読書体験を飛躍的に向上させた。このようにスキャンレーションは、翻訳出版の未実現および遅延により入手することのできないマンガを翻訳化することにより、マンガ作品の幅を補完する役割を担ってきた。

企業側もこうした読者たちのニーズを満たすため、翻訳化を急ピッチで進めている。二〇一三年に講談社は、動画ストリーミングビジネスを展開するアメリカのCrunchyrollとタイアップし、国内で絶大な人気を博した『進撃の巨人(英:Attack on Titan)』や『FAIRY TAIL』、『宇宙兄弟(英:Space Brothers)』などの日英同時リリース(Simul Publishing)を開始している。(4) またこれに続き、アメリカを拠点とするViz MediaやYen Pressなども二〇一五年に同様の試みをスタートさせている。スキャンレーションの発生理由である翻訳の遅れという欠点を補うこうした同時リリースは、翻訳の遅延による人気作品への違法アクセスを防止するとして、海賊版対策としても有効視されている。(5)

しかしながら、このような同時通訳的な試みや、過去の人気作品の翻訳化が進みつつも、今のところこうしたマンガ読書体験の向上は段階的に進められており、サービス自体の利用可能地域は未だに特定の翻訳言語・市場に限られている。さらに、正規経路で紹介されるマンガ作品の特筆すべき傾向としては、翻訳化の対象となる作品が限定的であるということが挙げられる。例えば、講談社コミックスが前述したCrunchyrollとタイアップしている英訳化作品数は、年間一二から二一タイトルであり、そのうち一七タイトルが日英同時リリースの対象(毎週/毎月)となっている。また、Yen Pressの場合、スクウェア・エニックスとのタイアップで二〇〇タイトル以上の電子版コミックスのリリースを達成している。(6) しかし、出版指標年報による二〇一四年度に刊行されたコミックス新刊点数のデータによると、日本国内で出版されているマンガは年間一万二七〇〇点（雑誌扱い・書籍扱い合計）にのぼり、(7) 過去に刊行された作品数も考慮すると、翻訳化される作品は、そのうちのほんのわずかな作品点数を占めるにすぎない。このように翻訳化できる作品数が量的な制約を受ける中、正規ルートでは、英訳化する作品をどのように選定しているのだろうか？

二　積み荷の選定――翻訳出版社の場合、スキャンレーションの場合

翻訳化する作品の選び方は、出版社の場合、そしてスキャンレーターたちの場合とでは大きく異なる。北米で日本マンガの翻訳出版を行なう Viz Media の場合、その翻訳作品リストの中核は、国内で絶大な人気を博したシリーズである『ONE PIECE』や『NARUTO』、そして『鋼の錬金術師（英：Fullmetal Alchemist）』、『青の祓魔師（英：Blue Exorcist）』など、アニメ化をきっかけに販売部数が飛躍的に伸びたタイトルからなる。またこれに加えて、『ゴルゴ13』などのロングセラー作品、またそれと同時に、一度単行本で出版した『DRAGON BALL』のような人気の衰えない作品を三巻ずつにまとめた「3 in 1」エディションや、『らんま½』の「2 in 1」エディションなども、引き続き刊行されている。(8) こうした傾向からもわかるように、正規の販売ルートでは、限られたマンガ作品数の中で、アニメ化を伴うヒット作品とロングセラー作品を組み合わせることにより、効果的な読者獲得やアニメの放映による波及効果をも狙っているものと考えられる。

では、スキャンレーターたちが選ぶ作品の場合はどうだろうか？ スキャンレーションサイトのマンガリストや、現在進行中のスキャンレーションプロジェクトの優先順位を確認できるリストをみると、連載中の人気ヒット作の最新話、ライセンス化されていない作品、現地での入手が困難な作品など、未だ揃っていないマンガ作品の

ピースを埋める傾向が強いといえる。日本で一九八七年に出版され、現在は廃盤となっている新田次郎の著作をマンガ化した横山光輝の『武田信玄』（講談社）や、単行本化されていない月刊少女漫画誌『LaLa』（白泉社）に掲載された読み切りマンガなどまでが翻訳されているのだ。また中には、日本国内で人気が高く、一度は英訳化されたものの、途中で翻訳版の刊行が中断された作品のスキャンレーションなどもある。『のだめカンタービレ』（講談社）が良い例で、全二五巻のうち一六巻が発売されたのを最後に、その後英訳版は出版されていない。

このように、翻訳出版社が選ぶ正規品の選択方法とスキャンレーターたちのそれを見比べてみると、企業がより人気を博した作品や連続性のあるもの、そして再生産性のあるタイトルの翻訳化を最優先する一方で、スキャンレーションには、そうしたタイトルに加え、稀少性の高い作品、また既にある正規品の翻訳リストで取りこぼしているニッチな作品など、比較的商業的価値や利益の見込みが低い作品をも発掘するという傾向がみられる。

そして、もう一つ注目に値するのが、スキャンレーションには、翻訳化されるタイトルの幅が広がるような土壌が用意されているという点である。『NARUTO』のような人気の高いタイトルが削除される以前には、スキャンレーショングループ同士の翻訳化競争などがみられたものの、現在ではスキャンレーショングループが多いにも関わらず、グループ間で翻訳化する作品が重複することは比較的少ない。その理由の一つは、スキャンレーション情報のサイトの存在にあるものと推察できる。二〇〇二年に開設されたスキャンレーショングループの活動状況などを伝えるマンガ作品情報サイトBaka-Updatesには、各作品の紹介ページに、その作品が現在スキャンレーション化されているか、ライセンス契約がされているか否かなどの情報、そしてスキャンレーションを行なったスキャンレーショングループ名が書き込まれ、またスキャンレーションされている最新話が第何話であるか、といったことが明記されている。こうした情報サイトや、グループ同士の情報交換などにより、まだ誰も翻訳していない作品を見つけることが容易となっている。

また、スキャンレーショングループには多種多様な趣向のグループがあり、少女マンガに特化しているグループ、読み切りマンガを中心に翻訳しているもの、速さに特化したものなどと、各グループがカバータイトルや翻訳アプローチ、そしてスキャンレーションのリリース頻度などを通して異なる個性をうちだしている。こうしたファンによる場の形成が翻訳化競争を産み出し、翻訳版マンガの量産を可能にしているだけでなく、未だ空白のままであるスペースを埋めようとする動きにより、正規の流通経路では入手できないより多くの作品に触れることができる流れが生じるのだ。このように、スキャンレーションでは、翻訳の量産・多様性が自然と生み出される土壌が整っている。

もちろんスキャンレーションの中には、粗悪な模倣品も見られる。例えば、吹き出しが誰の発言なのか判断しづらい翻訳や、直訳表現が色濃く残る翻訳、あるいは過度に簡略化することにより内容が極端に希薄なもの、時間の流れがぎこちないものなど、マンガにとって必須要素である臨場感が伝わらない翻訳も見られる。しかし、こうしたマンガ翻訳の課題を消化しきれず正規版翻訳よりも大幅に質の劣る翻訳の放置が、逆にファンたちを正規品に向かわせている原動力になっているともいえる。現在のマンガ翻訳市場において成功を収めるためには、スキャンレーションよりも質の高い翻訳を提供することが必須だという見方もある(9)。だが、文学翻訳や実務翻訳の場合と違い、ストーリーの動きをその絵で推し量ることができるマンガ翻訳において、質が高いとされる翻訳とは、誰が読むことを想定したいかなる翻訳なのであろうか。この問いに答えていくには、スキャンレーションにおける翻訳の特徴を明らかにする必要がある。

三　訳文の先に見えるもの、見えないもの

まず、スキャンレーションにおける翻訳について特筆すべき点は、「現地化」の度合いである。現地化は、マ

ンガ翻訳ビジネスを取り扱っている会社が、各社の掲げるローカライズのセールスポイントとしても度々挙げる要素であるが、スキャンレーションでは、この現地化がどの程度見られるのであろうか？ 例えば、北米で多く輸入されている少年漫画でよく登場する用語、「〜先生」などの呼称が正規版翻訳では、〝master 〜〟と訳されている中（ここでは、学園もので使われる〝teacher〟を意味する先生ではなく、冒険・アクションものに頻出する師匠といった意味合いでの「先生」を指す）、スキャンレーションでは、そのまま〝〜 sensei〟と綴られていることが多い。このように、スキャンレーションでは、ある程度ファンの間でマンガに多用される共通語として浸透した日本語を、そのまま使用している例が随所にみられる。同じような翻訳の例としては、「先輩」といった用語や「〜さん」などの接尾辞の発音が英語でそのまま綴られたものが挙げられる。

また、このような日本語表現の維持は、オノマトペの翻訳にも顕著だ。通常正規版翻訳の場合、絵の一部でもある擬音語や擬態語などの描き文字は、可能な限り英訳されている[10]。北米でもヒットを記録した『鋼の錬金術師』を例にとると、主人公であるエルリック兄弟が襲い掛かって来る敵を殴る場面（第一巻）では、右ページ一面を使って描かれているこのシーンに、「ドドン」という描き文字がコマを斜めに横断する形でかぶせてある[11]。しかし、英訳版では、この効果音が「BABAN」と訳され[12]、その文字数や文字の配置の仕方、カタカナとアルファベットの字体の違いなどにより、描き文字がコマを占有する割合や絵に文字が被る箇所、画面が与える圧迫感が変化する。また、その他にも、縦書きに描かれた効果音は、英語版では当然のことながら、そのほとんどの場合で左から右の横書きとなる。この九〇度の回転は、錬金術を使う場面や、アクションシーンなどでの動作を描写する際に、音の質量や動作の向きに変化を引き起こす。

一方スキャンレーションでは、吹き出しにこのような効果音が描かれている場合を除き、こうした日本語の描き文字をそのまま残し、コマの枠外に「SFX（Sound Effects）」や「T/N（Translator's Note）」などの省略記号をつけ、脚注説明を書き加えるという手法をとっている。例えば、年老いたキャラクターの周りを取り囲むように「ブラブラ」「プルプル」という擬態語が書き込まれ、身体が震えている様子が描かれているコマのすぐ上には、「SFX: WOBBLE WOBBLE」という説明書きが書き加えられている。また、その他には、日本語版にある描き文字をそのまま残し、英語訳の描き文字を絵の中にバランス良く書き加えるグループもある。描き文字は、その効果音を伝えるだけでなく、その文字の広がり方や大きさ、文字の伸び方の方向などの視覚的な効果により、登場人物の動きや反応、物語の流れに臨場感を生み出す働きがある。こうしたスキャンレーションで行なわれている描き文字の翻訳・編集方法は、スキャンレーションがスピードに特化したがため、あるいはスキャンレーターたちの翻訳技術の限界のために生まれた手法ともいうことができるが、スキャンレーションの読者たちは、現地化された正規の翻訳ではみることのできない、原画での描き文字の擦れ具合や描き味などを、あるがままの姿でみることができるのだ。

また、こうした原作へのこだわりは、スキャンレーションの間に時折挟み込まれる訳注（Translation Notes/Translator's Note）ページにもみられ、翻訳しきれなかった言葉の含みや表現、文化的文脈が詳細に説明されている。そのスキャンレーションで採用された訳語以外の選択肢や、なぜチャプタータイトルをそのように訳したのか、また、原書のチャプタータイトルに見られる言葉遊びの説明、そしてチャプターで現れた新出用語の説明（日本語表記も併記される）などが書かれたページが、エピソードとエピソードの間に表示される。スキャンレーションの説明書きを介して、正規版翻訳の訳文の先に見えないそのタイトルやキャラクター名がもつ作品の広がりについて情報共有がなされているのだ。

このようなスキャンレーションにみられる翻訳や、ファン達の興味の対象に目を向けると、翻訳出版社側が提供する訳とファンたちが求める翻訳像との間に、乖離がみられることが分かる。スキャンレーションの翻訳では、マンガ中で多用される日本語表現に関する知識がある程度問われるが、正規版翻訳では、このような原作の文化的特質は和らげられている。言い換えると、その翻訳過程において、マンガファンのみならず、マンガに馴染みのない読者層を想定する必要があるため、アメリカンコミックスとは異なる性質を持つ日本のマンガが受け入れられやすい形にすることを目的としているのである。作品の展開や背景に深くかかわる日本語や日本文化に関する基礎知識がなくとも楽しめる一般読者を想定しているのだ。

英語圏でティーン層を中心に人気のあるマンガシリーズの翻訳本が、右から左に読むという日本のマンガ形式に倣い始めたことは[13]、ある程度マンガ文化が英語圏でも認知されたうえでの、本来の日本マンガの形式に近づけようという試みの一環なのかもしれない。しかし、法に沿った手続きを行なう以外にどういった翻訳が「正規品」を「正規品」たらしめるのかを考えると、現地でより幅広い層の読者が読むことができるような翻訳、ということが一つの条件といえる。

四　マンガ区分に見る、正規品とスキャンレーションのマンガ世界

また、正規品が提供するマンガと、スキャンレーターたちが提供するマンガのずれは、翻訳の中身だけではなくその枠組み、つまり作品のカテゴリーやジャンル分けにも見られる。例えば、Yen Press や Kodansha Comics のウェブサイトでは、アルファベット順に作品検索をできる他、対象年齢別にマンガシリーズを検索できるようになっており、全年齢を対象としたもの、ティーン向け、成人向けなどのカテゴリーに分けられている。また、カテゴリーやジャンルがさらに細かく分かれている Viz Media のウェブサイトでは、アルファベット順の作品リストのみならず、トップセラー作品のリスト、ジャンル別、そしてブランド別（Ghibli Library, Shoujo Beat, Shounen Jump などの製品ライン別）でタイトルを探すことが可能になっている。

対して、スキャンレーションのアグリゲーターサイト（インターネット上のコンテンツを収集しエンドユーザーに配信するサイト）では、このジャンル分けがさらに細分化されている。Viz MediaではジャンルがRomanceやComedy, Mystery, Fantasy, Horrorを始めとする一三のジャンルにカテゴリー化されているのに対し、アグリゲーターサイトでは、Viz Mediaのページで採用されている標準的なジャンルを含む、実に四〇近くのジャンルおよびカテゴリーに分かれている。(14) Mecha, Magic, Demons, Super Powerといった、作品に内在する細かなモチーフや要素による分類表示、またOne Shot（読み切りマンガ）といった作品形式別の表示もある。そして、正規ルートでの輸入に障壁が伴う成人向けのジャンルがAdult, Harem, Seinenなどに分類され、他のジャンルと同等に表示されているというのも、スキャンレーションの特徴だといえよう。(15) また、各シリーズの作品情報ページには、ジャンルのリミックス（Remix）表示がなされており、作品に含まれているジャンル／カテゴリー要素で当てはまるものが複数表記されている。このように、スキャンレーションのアグリゲーターサイトでは、より精緻なジャンルの判断基準が採用されており、(16) 読者たちは、自分の嗜好に近い作品を探し出すことができるだけでなく、そのリミックス表示を起点として、さらに幅広い作品を読み進めていくことができるのだ。

これらの特徴をふまえると、社会の規範や要請に沿って訳された合法的な翻訳と、ファンたちが追求するスキャンレーションにおける翻訳とでは、その内実が極めて異なることが明らかになる。オリジナルに近い形式で読みたいというコアなマンガ読者層に顕著にみられる傾向は、夏目房之介が既に指摘していることだが、(17) スキャンレーションの場合でも、こうした翻訳版を読み、作品に惹かれた読者が、原作のありのままの姿やそれを取り巻く文化を知りたいと求める磁力が働くことが、このことからもわかる。このように、より幅広い読者層に開かれた正規品を発信していこうという翻訳出版社の姿勢について考えた時、合法的なルートで輸出されるマンガの「正規品」が、必ずしも全ての読者たちや原作者にとっての、「正規品」の組成とは同じではないのではないか、という問いが浮かび上がる。

五　ファンが海賊になる時

そして、スキャンレーションについて語る際に外すことが出来ないのが、スキャンレーションを集約したウェブサイトの存在である。このようなアグリゲーターサイトは、多数のスキャンレーショングループたちによる翻訳を集めた、一種のデータベースのようなもので、圧倒的な翻訳作品数、そしてアップロードするスピードの速さを特徴としている。

二〇一〇年六月、日本のデジタルコミック協議会の参加企業、および Tokyopop や Viz Media などのアメリカの出版社を含む四二社は、One Manga, Mangafox などのスキャンレーション・アグリゲーターサイト約三〇サイトを対象に、インターネットを通じたスキャンレーション配信を停止することを求め、応じなかった場合には法的措置をとるという勧告を行なった[18]。中でもこの One Manga は、グーグルでも月間一一億アクセスを達成するという驚異的なウェブ集客力を持つスキャンレーションサイトであった。

しかし、こうした動きの背景には、日本の出版業界の状況も深く関わっている。特にこの二〇一〇年は「電子書籍元年」とも呼ばれ、日本の出版業界が電子書籍化に積極的に乗り出した時期にあたり、スマートフォンやタブレット、電子ブックなどのデバイスや、ウェブへのアクセス方法の多様化に伴い、国内外で書籍のデジタル化が急速に進んでいた。また新刊点数の増加に対してヒット作品数が少ないだけでなく、それまでマンガ出版の柱となっていたコミック誌の販売部数が慢性的なマイナス傾向にあったため[19]、業界にも危機感が募っていたともいえよう。そして、出版業界を取り巻く状況も要因の一つといえる。二〇〇八年のリーマンショックによる景気悪化の余波は大きく、二〇〇九年には、出版物販売額が二一年ぶりに二兆円を割り込んでいた[20]。このように、スキャンレーションが海賊行為としての位置づけを強めた経緯には、デジタル市場に本格的に乗り出すためのインフラ整備の必要性や、国内での出版業界の低迷など、業界やそれに付随する動きが絡んでいる。

また、スキャンレーションが海賊としての位置づけを強めた流れには、スキャンレーションがマンガ出版業界に与えているとされる打撃や損失について述べた記事や、海賊版対策のキャンペーンによるところが大きい。こうした記事では、海外市場における翻訳出版売上の急減とスキャンレーションの急増のデータを結びつけたものや、業界関係者がインタビューで実感として述べた文言を引用したもの[21]、また、キャンペーンのホームページなどでは、政府が民間に委託した調査の報告書に含まれる推計された被害総額などが基盤となっている。例えば、経済産業省と出版社及びアニメ関連企業からなるマンガ・アニメ海賊版対策協議会が推進する「STOP! 海賊版 Manga-Anime Guardians Project」（略称：MAG Project）キャンペーンのプレスリリースには、「米国におけるマンガ・アニメのオンライン海賊版の被害額は約二兆円と推計される」[22]とあるが、ここに引用された推定被害額は、経済産業省がストラテジー・コンサルタントであるローランド・ベルガー社に委託した調査の報告書、『平成25年度知的財産権ワーキング・グループ等侵害対策強化事業（コンテンツ海賊版対策調査）最終報告書』によるものと推察される[23]。

定性調査と定量調査をかけあわせたこの委託調査では、海賊版のマンガ・アニメサイトのユーザー実態が多角的に考察されており、その調査を元に、今後海賊版対策でとるべき戦略が提案されている。プレスリリースでは、前述した推定被害額に加え、海賊版を利用しなくなるきっかけが「海賊版が見られなくなること」や、「正規配信が増えること」[24]であるという調査結果が引かれ、MAG Project の必要性や、そのキャンペーン内容の妥当性が説明されている。しかし、この報告書内に含まれる「オンライン海賊版ユーザーは、正規版コンテンツに加え、関連グッズやゲームを消費しており、その消費総額は正規のみユーザーと遜色ない」[25]といった示唆に富んだ調査結果や、アメリカのオンライン海賊版ユーザーにみられる正規版の購入意向が、日本の場合よりも高いといったデータなどは[26]、この調査結果が二次利用される際に反映されていない。このように、海賊版対策の必要性を謳う際、その妥当性の根拠として提示された具体的な情報を辿ると、一四〇ページにもわたる調査結果の一部が、その情報の使用者の用途や意図に合わせ断片的に抜き出され拡散されることにより[27]、スキャンレーターたちが海賊としての位置づけを強める語りというものが編まれていることが明らかになる[28]。

六　マーケティング・ツールとしての海賊版集合体

しかし、こうしたスキャンレーションが日本のコンテンツ産業に多大な損害を与えるとする視点から少し距離を置き、スキャンレーションサイトをファンたちによる「知識の集合体」として捉えてみると、これらのサイトには、出版社が次に翻訳化する作品を選ぶ際に必要となる膨大な情報が蓄積されているとみることもできる。例えば、現在活動中でアクセス可能なスキャンレーション・アグリゲーターサイトの一例をみると、人気作品のページには、「閲覧総数順」、「最も人気ある作品／ない作品（月／週別）」、「読者による評価順」などの項目によって絞り込みをかけることのできるランキングシステムがある。また、各作品の閲覧総数が可視化されており、読者の人気作品の傾向が一目でわかるようになっている。また、こうした利用者の閲覧行動を示す情報に限らず、出版社を問わず競合他社の有力作品を俯瞰できるといった意味でも貴重な資料である。このように、スキャンレーションサイトは、コストゼロの市場調査参考資料にもなり得る。

こうした市場調査リソースとしてのスキャンレーションの可能性を裏付けるかのように、出版社が次に翻訳化する作品を選ぶ際、スキャンレーションサイトが参考資料として使われてきたという話も数多く聞かれる[29]。正規ルートでの翻訳化に充分な市場データが揃っていない中、多くのリスクを伴う海外進出において、スキャンレーションサイトは、翻訳化を検討する際の判断材料でもあった。

また、スキャンレーションは、旧来宣伝方法の一つとしても海外におけるマンガビジネスと切り離すことの出来ないものでもあった。現地で翻訳版がリリースされるまでの無料の宣伝ともなり、その結果翻訳化の遅延によるファン離れを阻止することにもなるため、そのマーケティングにおいて果たした役割は大きい。既存の事例研究において、スキャンレーターや海賊行為を「開拓者」や「扉を開く者」などと形容する研究者が多いことからも明らかなように、まずは読者の興味が先んじないことには、出版社も海外市場に参入する、あるいは翻訳化に踏みきることは困難であるということを示している(30)。このように、従来のマンガ翻訳ビジネスは、スキャンレーションに依存することにより成り立っていた。

しかし、二〇一四年八月になると、MAG Project の一環として、大規模な海賊版のマンガ・アニメの削除が開始された。マンガ約五〇〇作品について、集中的な海賊版削除を「効率的に」行うもので、二〇一四年九月三〇日時点では、対象サイト数に対し、削除率六七％にものぼる海賊版サイトの削除が完了している(31)。その一方で、人気のあるシリーズのまだ正規版翻訳で刊行されていないチャプターを訳出し、翻訳版の単行本がリリースされると同時にそのスキャンレーションを削除するという、従来のスキャンレーションの掟に沿ったサイトが、未だに排除されることなく残っている(32)。このように、企業が獲得したライセンス契約や、その利益を侵す可能性の高いサイトを優先して段階的削除が行なわれているという点でも、海外市場における日本マンガ出版が、未だにスキャンレーションと不可分な関係にあるということがわかる。

おわりに

デジタル空間を介することにより、マンガの需要と供給の流れは、もはや物理的な制約を受けなくなっている。

地理的、時間的、言語的制約を乗り越えることのできるインターネットでの電子情報のやりとりは、コンテンツの利用方法やその生成の内情、そして利用者や消費者の実態を、ますます混沌としたものにしている。本稿では、このような環境下でのスキャンレーションという営みが、いかに海外におけるマンガ翻訳産業のダイナミズムと絡み合っているか、また、スキャンレーションと正規経路をたどったマンガ翻訳・輸入を比較検討することにより、マンガ翻訳の複雑性について論じた。

スキャンレーションは、商業主たちやその支援を行なっている政府によって敷かれた航路と異なるルートを辿ることにより、法律や社会により規制された正規品が網羅することのできない作品群の翻訳を行い、また、翻訳表現の幅を多様化させてきた。非合法・脱規範が根底にあるスキャンレーションは、企業がとることのできないリスクをとることにより、海外に輸出された日本マンガを取り巻く環境をより豊かなものにする土壌を培った。しかし、スキャンレーションでみられる翻訳傾向を鑑みると、そのマンガビジネスの中核をなすコアファン層が求める翻訳と、正規品に見られる翻訳傾向との間に乖離がみられる。こうしたマンガ翻訳の営みをとりまく複雑性を考慮にいれずに規制を行なった場合、それが反作用として出る可能性も否めない。

また、行政や企業が海賊対策にあたる上で、スキャンレーションサイトの訪問者を全て一緒くたに消費者として捉えがちであるということも、反作用の引き金になりかねない。一口に消費者と言っても、その中には、コアなファン層もいれば、そしてその周縁にいるマンガに興味を持ち始めたばかりのポテンシャルユーザーがいる。またその他にも、購入してまで（あるいは利用料金を払ってまで）読む必要はないと考えるユーザー、そして別言語の話者でも、スキャンレーションサイトの使用言語を読解できるユーザーなど、その訪問者の中には複数の層が存在することにも留意する必要がある。

本稿のための調査や執筆を行なっていた間にも、スキャンレーションを取り巻く状況は刻々と変わり、例えば二〇一五年一〇月末から一一月上旬には、スピーディーな翻訳とその質の高さでファンの間で定評のあったImperial ScansやRed Hawk Scanなどのウェブサイトが相次いで閉鎖された。スキャンレーションやファンサブサイトが削除されていくなか、その複雑性を解く鍵、そして今後、熱心なファン層の読者をしっかりと摑みつつも、一般読者たちに響くマンガビジネスやマンガ翻訳を模索していく手がかりは、ファン達による営みが昇華されたこうした場にも隠されているのではないだろうか。

（1）このような行動規範は、スキャンレーションの成立経緯やその動機、そしてファンたちが主張するスキャンレーションの正当性と大きく関わっている。詳しくは、Hye-Kyung Lee, "Between fan culture and copyright infringement: manga scanlation," in *Marketing the arts: a fresh approach*, ed. Daragh O'Reilly and Finola Kerrigan (Oxon: Routledge, 2010), pp.165–166を参照。

（2）Nikki McIntyre FinlayとDavid Furmanは、アメリカにおける日本のアニメと漫画の発展経緯に焦点をあて、法的整備の整った市場がグレーマーケットから発生するものとしたうえで、そのグレーマーケットがいかに正規の市場にプラスの影響を与えるかを論じている。詳しくは、"Intellectual Property Piracy: The Case of Manga and Anime in the US," *Business Journal for Entrepreneurs* 3 (2014): pp.106–118を参照。

（3）現地法人を設立した場合は、自社で翻訳・編集、そして流通の確保までを行なうことができる。また、電子書籍の場合は、翻訳・編集・課金決済などの課題さえクリアすれば、国内から直接出版することが可能であり、この従来の行程をいくつか省略することにより、翻訳化に必要な手続きは今後も加速化していくものと思われる。詳しくは、「米国コンテンツ市場調査（2011-2012）アニメ・マンガ編」（日本貿易振興機構、二〇一三年三月）二六〜二七頁を参照。

（4）なお、こうした取組みの背景として、コンテンツのローカライズ助成金の存在なども挙げられる。例えば、この講談社による電子コミックの英語版を日本語版と同時配信する試みは、J-LOP（ジャパン・コンテンツ・ローカライズ＆プロモーション支援助成金）、つまり経済産業省コンテンツ海外展開等促進事業費補助金および総務省情報通信利用促進支援事業費補助金の支援対象となっている。「日本ブーム創出」を目的とするこの助成金の募集要項（第三版、二〇一四年四月一〇日）では、ローカライズという用語が、「国内向けコンテンツを海外展開するために日本以外の国や地域の言語、法令、慣習に適するように編集・変換すること」と定義されている（「ジャパン・コンテンツ ローカライズ＆プロモーション支援助成金　募集要項」、ジャパン・コンテンツ海外展開事務局、二〇一四年四月一日、三頁）。このように、国政を母体とする助成金が承認する類のローカライズ、という条件も、翻訳作品の選定や翻訳過程に影響を与える可能性が充分に考えられる。

（5）Deb Aoki, "Manga Publishing Update, Spring 2015," *Publishers Weekly*, Mar 20, 2015, 〈http://www.publishersweekly.com/pw/by-topic/industry-news/comics/article/65957-manga-2015.html〉.

（6）同右。

（7）『二〇一五年版 出版指標 年報』（出版科学研究所、二〇一五年）二一八頁。

（8）例えば『DRAGON BALL』の場合、二〇一五年一二月一日には、三一巻から三三巻をまとめた第一一巻が発売された。

（9）例えば、Matthew Thornは、この日英同時リリース事業では、スキャンレーターよりも質の高い翻訳を提供することが成功の鍵となると述べている。詳しくは、Tomohiro Osaki, "Kodansha manga to get same-day global release," *The Japan Times*, Oct 29, 2013, 〈http://www.japantimes.co.jp/news/2013/10/29/national/kodansha-manga-to-get-same-day-global-release/#.VmpqgmSLR7M〉。

（10）ただし、絵に文字が完全に組込まれている場合を除く。例としては、Masashi Kishimoto, *NARUTO*, Volume 72 (San Francisco: Viz Media, 2015) に収録されている第七〇〇話にある歴代火影像の落書きの跡や、表紙絵で主人公が着用している羽織にプリントされた「第七代目火影」の称号など。

（11）荒川弘『鋼の錬金術師』第一巻（スクウェア・エニックス、二〇〇二年）三四頁。

（12）Hiromu Arakawa, *Fullmetal Alchemist*, vol. 1 (San Francisco: VizMedia, 2005), p. 34.

（13）夏目房之介「二〇一二年「海外マンガフェスタ」とマンガ研究の課題をめぐって」（『ユリイカ：世界マンガ大系』第

四五巻第三号、二〇一三年）三三頁。

（14）前述したBaka-Updatesでも、この細分化されたジャンル分類法が採用されている。

（15）正規版の場合は、各社のレイティングシステムに基づき、年齢制限枠が設けられている。

（16）対してViz Mediaのウェブサイトでは、このリミックス表示はみられない。『Castle in the Sky』（『天空の城ラピュタ』フィルムコミックス版）の場合、制作者は「古典的な活劇」や「飛行石をめぐる活劇」といった冒険活劇を目指していたということがみてとれるが（『出発点　1979-1996』スタジオジブリ、一九九六年、三九四～三九五頁）、Viz Mediaでは、この作品をAction-AdventureジャンルではなくFantasyの作品リストに分類している。また、作品のさらに細かな要素であるRomanceやDramaのページに表示されない一方で、Familyジャンルのページには表示されるという、ジャンル分類の判断基準を惑わせる現象がおきる（二〇一五年一二月八日時点）。

（17）夏目前掲注(13)三三頁。また、猪瀬博子は、その日本マンガのスペイン語訳の考察において、日本マンガの読者は、作品自体を楽しむだけでなく、その文化・言語へ興味を広げるため、「できる限り原文に忠実に翻訳され、原本に近い状態であるマンガを希望することになる」と述べている（「マンガにみえる擬音語・擬態語の翻訳手法」、『通訳翻訳研究』第一〇号、二〇一〇年、一六二頁）。

（18）Calvin Reid, "Japanese, U.S. Manga Publishers Unite to Fight Scanlations," *Publishers Weekly*, June 8, 2010, 〈http://www.publishersweekly.com/pw/by-topic/digital/copyright/article/43437-japanese-u-s-manga-publishers-unite-to-fight-scanlations.html〉.

（19）『二〇一一年版　出版指標 年報』（出版科学研究所、二〇一一年）一三〇頁。

（20）同右、一七頁。

（21）例えば、「海外違法マンガ配信最大手OneManga違法コンテンツ全面削除」〈http://animeanime.jp/article/2010/07/24/6746.html〉。

（22）「STOP!海賊版「MAG PROJECT」を本格始動！」（コンテンツ海外流通促進機構、二〇一四年七月三〇日、一頁）〈http://www.meti.go.jp/press/2014/07/20140730001/20140730001-A.pdf〉。しかし、ここで出されているのはあくまでも特定の試算方法で推計された数字である。スキャンレーションが産業に与える打撃について考える際、実際の影響や損害を測るということ自体が、実は非常に困難なことであるということは言うまでもない。MAG Project の詳細については、後述を参照。

(23) 『平成25年度知的財産権ワーキング・グループ等侵害対策強化事業(コンテンツ海賊版対策調査)最終報告書』(経済産業省、二〇一四年三月三一日)〈http://www.meti.go.jp/meti_lib/report/2014fy/E003740.pdf〉。定性調査では、対象者二〇名(日:九件、米:八件、仏:三件)のインタビュー、また定量調査では、日米各五〇〇名を対象にした三〇問の消費者アンケートを実施し、その分析結果がこの報告書にまとめられている。後述する MAG Project のアクションプランの策定は、この調査結果を参考にして行なわれたようである。このプレスリリースに参考資料として挙げられているリンク先に二〇一五年一二月時点ではアクセスできなかったため、資料名を元に報告書を検索した。そのため、ここでは「推察」という表現を用いている。

(24) コンテンツ海外流通促進機構前掲注(22)一頁。

(25) 経済産業省前掲注(23)一〇〇頁。また、オンラインで無料閲覧した後に正規品の消費に動く例は、こうしたスキャンレーションの場合に限られたことではなく、国内の無料ウェブマガジン発の単行本の場合にもみられる。『二〇一三年出版指標　年報』(出版科学研究所、二〇一三年)の報告によると、『ガンガン ONLINE』に掲載された「月刊少女野崎くん」、「男子高校生の日常」などは、初版一〇から三〇万部の売上を記録した。また、この年報では、ウェブでの無料配信が必ずしも単行本の購買意欲を阻害するわけではなく、むしろ、面白い作品に触れることにより単行本の購入へと向かわせるという、ヒット作を生み出す有効手段の一つであることが指摘されている(二二七〜二二九頁)。

(26) 同右、三一頁。

(27) プレスリリースで使用された調査結果内容の箇所は、多数のウェブサイトの記事で使用されている。例としては、映画情報サイト『シネマトゥデイ』に掲載された「STOP 海賊版!アトム、コナン、ONE PIECE、42作のキャラが「ありがとう」」(二〇一四年七月三〇日)などを参照〈http://www.cinematoday.jp/page/N0065024〉。

(28) この調査に限らず、定量・定性調査自体が、問題を論理的かつ効率的に追求することを大前提として組み立てられていることに留意する必要がある。またこれらの調査の目的達成の手段としての役割や、調査内容の秩序・統制が高まるほど情報の質が低下することについては、Jon Steel, *Truth, Lies, and Advertising: The Art of Account Planning* (NY:

Wiley & Sons, 1998）を参照されたい。

(29) 関連業界の記事、例えばセキュリティソフトの記事「日本マンガの海外無断翻訳版サイトに要注意、広告クリックでウイルス感染も」『ScanNetSecurity』〈http://www.excite.co.jp/News/it_biz/20140114/Scannetsecurity_33339.html〉や、スキャンレーションの歴史について語ったサイト〈http://www.insidescanlation.com/history/index.html〉など、随所にみることができる。しかし、特定のタイトルの削除が進むなか、この参考資料自体がいびつなものへと変化しつつある。

(30) このような非合法な翻訳が先行的な宣伝となり、その後の正規の翻訳につながった例は、隣接するアニメ業界のファンサブ（ファンによる字幕翻訳）にも見られる。ファンサブによる宣伝・教育効果については、三原龍太郎『ハルヒ in USA ――日本アニメ国際化の研究』（ＮＴＴ出版、二〇一三年）一九九頁を参照。

(31) 「マンガ・アニメ海賊版対策の「普及啓発」企画第二弾を実施します」（経済産業省、二〇一四年一〇月一六日）〈http://www.meti.go.jp/press/2014/10/20141016005/20141016005.pdf〉。

(32) 人気のあるタイトルを扱っているスキャンレーションサイトでは、単行本収録の可能性が低いSpecial Chapterのみのスキャンレーション提供を行なう、またはアップロードするチャプター数を最新話の四話にとどめ、正規品が発売されたらそちらの方をサポートするようにという注記をつけている。このように、制作者やマンガ業界に還元するといった方針を示すことにより、海賊版削除に対する対策をとっている（二〇一五年一二月時点）。

〔付記〕本稿に反映された関連ウェブサイトの調査・分析は、閲覧日が脚注に表記されていない限り、二〇一五年七月〜一二月に実施した。

反海賊版協定はなぜ破れたか

山田　奨治

一　反海賊版協定・ＡＣＴＡ

日本政府は、海賊版の拡散を防止する国際協定を作ろうと努力したことがある。いや、その努力は形式的にはまだつづいているので過去形で語るのは正確でないかもしれない。しかし日本政府の試みは、失敗に終わったと評価して差し支えなかろう。その失敗の軌跡をみつめると、現代の海賊版をめぐる国家・企業・ネットワーク化された市民の力関係と、それらが向かっている方向がみえてくる。

ここでいう反海賊版協定とは、ＡＣＴＡ（Anti-Counterfeiting Trade Agreement アクタ）のことだ。最初これは、「模倣品・海賊版拡散防止条約」と仮に呼ばれていたが、最終的には「偽造品の取引の防止に関する協定」という正式訳になった。

そのはじまりを探っていくと、ある通産官僚に行きあたる。彼の名前を仮にAとしておこう。Aは通産省や特許庁での経験から、特許を手厚く保護して産業を育成することが必要だと信じていた。そして官僚を退いた二〇〇一年に、民間団体である「知的財産国家戦略フォーラム」（以下、「フォーラム」とする）を立ち上げた。そのフォーラムの提言がもとで、二〇〇二年二月に「知的財産戦略会議」（以下、「戦略会議」とする）が内閣総理大臣の決裁で設置された。Ａもそのメンバーに加わった。

戦略会議の席でＡは、日本は知財後進国だと力説し、知的財産基本法を制定するなどのプランを示した。二〇〇二年五月の戦略会議では、Ａが主張していた「知財立国」がキーワードになった。その席で外務省が配布した資料に、海外での模倣品対策として二国間に加えて多国間の外交交渉に取り組む必要性が言及されている。海賊版対策の多国間協定を日本政府が意識しはじめたのは、このあたりからだろう。

七月に戦略会議は、最初の成果物として「知的財産戦略大綱」を発表し、知財立国を日本の国家戦略とするビジョンを示した。海外での模倣品対策については、「侵害国の中央政府・地方政府に対して、二国間交渉・多国間交渉を通じた働きかけを強化する」とされた。

それからの戦略会議は、知的財産基本法の具体化に向けた議論をし、同法は二〇〇三年三月に施行された。同法では、日本の知財政策の司令塔として内閣に知的財産戦略本部（以下、「知財本部」とする）を設置することが定められた。

当時の総理大臣だった小泉純一郎は、二〇〇三年一月にあった施政方針演説で、「模倣品・海賊版対策の強化を行い、知的財産立国を目指します」と宣言した。このとき、首相自身のことばで「知財立国宣言」がなされたのである。

新しく官邸に設置された知財本部には、メンバーの多くが戦略会議からスライドし、その事務局長にはＡが就任した。その知財本部に「権利保護基盤の強化に関する専門調査会」（以下、「専門調査会」とする）が設置されたのが二〇〇三年一〇月だった。

専門調査会の役割は、「模倣品・海賊版対策、知的財産の専門人材育成、知的財産権利化促進や司法制度等、

知的財産の権利保護基盤の強化（エンフォースメント）に係る課題に関する調査・検討を行う」ことにあった。メンバーは学者、弁護士、産業界の代表ら一〇名だった。

その専門調査会で、多国間の枠組みで海賊版の防止を訴えたのが、二〇〇四年二月の会合に参考人として出席した株式会社バンダイの社長だった。彼は「ガンプラ」（アニメ「機動戦士ガンダム」シリーズのプラモデル）などの模倣品が中国で製造されていることに一企業の努力だけで対抗するのは困難だとして、二国間もしくは多国間交渉を通じて政府レベルで解決してほしいと訴えた。

バンダイの訴えをすくい取る形で、四月にあった会合資料「模倣品・海賊版対策の強化について（とりまとめ（案））」に、「模倣品・海賊版拡散防止条約（仮称）」を提唱することが盛り込まれた。この条約名が公式な資料に登場したのは、これが最初ではないかと思われる。

専門調査会は、五月の会合で「模倣品・海賊版対策の強化について（とりまとめ）」を承認した。そこに、「多国間での取組強化」として「模倣品・海賊版の拡散を防止するための条約や閣僚宣言の提唱など、模倣品・海賊版問題を積極的に取り上げて、その解決を図るための活動を活発に行うべきである」の文言が入れられた。それを受けて知財本部は一二月に「模倣品・海賊版対策加速化パッケージ」を策定した。そこでも模倣品・海賊版の拡散を防止するための条約を提唱することが盛り込まれた。

二〇〇五年六月に知財本部が発表した「知的財産推進計画二〇〇五」には「模倣品・海賊版拡散防止条約を提唱し実現を目指す」の項目が入り、ＡＣＴＡへとつながる道がここで既定路線となった。ＡＣＴＡを推進するとの一節は、その後の「知的財産推進計画」にも書きつづけられている。

そしてこの条約構想は、日本の国際公約になっていった。二〇〇五年七月のＧ８グレンイーグルズ・サミットで小泉首相は、模倣品・海賊版防止のための法的枠組策定の必要性を提唱したのだ。それからは、日米が共同でイニシアティブを取りながら、関係国に働きかけをはじめた。

二　秘密交渉

結果を先にいうと、ACTAは秘密交渉が命取りになった。では、ACTAを秘密交渉にしたのは誰だったのだろうか？ それを探る手掛かりとなる情報が、ACTA交渉が終わりに近付いていた二〇一一年二月にウィキリークスに掲載された。それは米国外交筋による二〇〇六年六月の東京発公電である。

似た考えを持つ選ばれた国々の間で高水準のスタンダードの海賊版対策条約を模索することにより、模倣品と海賊版の拡散を抑止する世界的枠組みを推進するという日本の目指す目標に対するアメリカ通商代表部の修正提案を、日本の外務官僚は、異論なく支持すると表明。日本側は、アメリカがこの条約に正確には何を入れようとし、どのようなスタンダードをアメリカが必須と考えているのかについてより学びたいという。(1)

公電によると、米国通商代表部知財執行主席交渉官のMは、六月一三、一四日に日本の外務省・経産省・知財本部の官僚と会談した。その場で、ACTAについての米国通商代表部の考えをMが説明した。Mは、G8やOECDの場では高水準の保護を実現することは望めないので、これら国際グループとは何ら関係のない、独立の条約であるべきだと強調した。さらにMは、米国が進める自由貿易交渉に高水準の知財保護が含まれており、そうした交渉経験が米国にはあると指摘した。

たとえば米国と中米六カ国（エルサルバドル、コスタリカ、ドミニカ、グアテマラ、ホンジュラス、ニカラグア）とのFTAは、二〇〇四年八月に署名された。そこにも海賊版がネットで拡散することを防ぐ法的・技術的措置など、強固な知財保護条項がある。米国はこうしたスタンダードを、二国間・多国間の自由貿易交渉に盛り込んでいた。そACTAをG8やOECDから引き離し、米国流の自由貿易交渉の手法を取るように、Mは日本側に迫った。それは必然的に、ＡＣＴＡを米国の貿易交渉の文脈に引き入れることになる。ＡＣＴＡを貿易交渉でよく用いられる秘密交渉にすることも、この流れで合意されたとみられる。

公電は、こうした米国通商代表部の提案を日本側が喜んだ様子をつぎのように伝えている。

日本の官僚たちは、アメリカ通商代表部の提案した海賊版対策条約を支持し、異論なく感激していた。彼らは驚いていたが、強力なカウンターの提案でアメリカが答えたことについて喜んでいた。……外務省国際貿易課主席課長補佐は、小泉首相が条約を提唱したＧ８の中でこの件を提起し続けることを日本政府は望んでいたが、何故それが独立の条約でなければならないのかということに関するアメリカの主張を聞き入れる意志があると発言。日本の官僚たちは、ＯＥＣＤ職員の専門知識を生かし海賊版対策条約の起草・交渉についてその手を借りたいと考えていたが、アメリカ通商代表部にはこの分野における十分な専門知識があり、ＯＥＣＤや他の国際機関を巻き込む必要はないというＭの明言に納得した模様。

その場に同席していた知財本部事務局長のＡは、条約の案文か米国が行った自由貿易交渉の知財条項のコピーをくれと要請した。Ｍは「日本がこの条約に関して、アメリカをそのパートナーとして、引き続きリーダーシップを取り続ける必要があり、日本の官僚らは外交的下働きを多くしなければならないだろうと指摘」した。

それまで日本側は、ＯＥＣＤの専門家の手を借りながらＡＣＴＡを進めるつもりでいた。ところがこのＭとの会談で、米国をパートナーとして交渉を進める方向に大きく舵を切ったとみられる。それはおなじ公電中の、つぎの部分からもわかる。

日本の官僚たちは、アメリカの良く練られたカウンターの提案を受け取ったことについて心から喜び驚いているようだったが、どのように先に進むかについて不確かなようだった。明らかに日本政府の官僚たちは、条約の起草についてＯＥＣＤの専門家の手を借りることを期待しており、提案の他国との共有について日本がアメリカとともにリードすることをアメリカは期待すると数度指摘されることとなった。もしも当初のとおり、ＯＥＣＤの助言を受けながら条文を作っていたら、ＡＣＴＡは秘密交渉にはならなかっただろう。より多くの国々の賛同を得て発効していた可能性もある。ここがＡＣＴＡの成否の分水嶺だったといっても過言ではないだろう。

ウィキリークスには、東京発だけではなく他国から発信された米国公電も掲載されている。二〇〇九年一一月ストックホルム発の公電は、ＡＣＴＡの秘密主義に対するスウェーデンの懸念を強く伝えている。スウェーデンがＥＵ議長国である間、ＥＵのＡＣＴＡ交渉代表をしていたステファン・ヨハンソンにポストが接触。秘密性の問題がスウェーデンにおける交渉を取り巻く雰囲気に大ダメージを与えたと彼は我々に告げた。全野党が、議会で、政府は知財の執行を強化しようとしていると迫って来た。これらのグループにとって、ＡＣＴＡ文書の公開拒否は、交渉の背後にある政治的意図について憶測を逞しくする素晴らしい政治的ツールとなった。もしこのことが世界知的所有権機関（ＷＩＰＯ）内で交渉されたらと批判者は言う、ＷＩＰＯ事務局は最初の条文案を公開しただろうと。

同公電はさらに、「交渉にまつわる秘密性により、全プロセスの正当性に疑念をもたらす結果となった」という、スウェーデン側の見解を伝えている。二〇一〇年二月のマドリッド発の公電にも、「ボネット（スペイン貿易長官）は、欧州議会がＡＣＴＡについてその透明性の欠如を批判し、疑念を抱いていると言及」の文言がみられる。

ＡＣＴＡ交渉がはじまったことを日本政府が公表したのは、二〇〇七年一〇月だった。すでに述べたとおり、その時点では交渉の基本姿勢は米国とのあいだですでに固まっていて、欧州の主要国との接触もはじまっていた。日本が主導しているはずのこの交渉への日本国民の関心は低く、マスコミ報道はほとんどないに等しい状態だった。関係国会合は二〇〇八年六月にはじまり、二〇一〇年四月までに非公式のものを含めて九回開催された。会合のたびに外務省からは短い概要が公表されたが、具体的に何が話し合われているのかはわからない文言だった。交渉内容を知る術は、しばらくはリーク文書しかなかった。まず二〇〇九年一一月に、インターネット関連部分の九月三〇日時点のテクストがウィキリークスなどに流出した。二〇一〇年二月にもリークがあり、秘密交渉への疑義が世界的に広がるなか、四月にようやく英語版の交渉テクストが公表された。その後もリークはつづき、七月と八月にも最新テクストが世界中のウォッチャーの知るところとなった。

三　法改正

ＡＣＴＡ交渉は二〇一〇年一〇月に大筋合意し、その時点での条文案が正式に公表された。最終条文案は英語・フランス語・スペイン語で一一月に確定し、英語版が公開された。形式的には日本が主導したはずのＡＣＴＡ交渉だが、それが合意されたことはほとんど報道されず、問題含みの交渉に対する国内的な議論は起きなかった。その原因のひとつは、条文の公式日本語版が存在しなかったことにある。

ＡＣＴＡの要求を満たすためには、日本では不正競争防止法と著作権法の改正が必要だった。最終条文案の公表とともに、ＡＣＴＡ加入を睨んだ法改正の動きが、早くも活発化していた。二〇一〇年五月の段階ですでに、「知的財産推進計画二〇一〇」にＡＣＴＡに対応するための法改正がうたわれている。一二月に開催された文化庁文化審議会著作権分科会では、法制問題小委員会での議論の中間まとめとして、ＡＣＴＡに対応した法改正に言及している。

協定のほうは、二〇一一年五月に「署名のための開放」がはじまった。「署名のための開放」とは、条約への賛意を示す署名を各国に求めるステージに入ることをいう。各国は条約に署名したあと、国内での手続きを経て批准書などを条約の寄託者である日本政府に提出する。ＡＣＴＡでは、批准書などの寄託が六カ国に達した日から三〇日後に発効することが条文のなかで取り決められていた。外務省のリリースでは、交渉には日本のほかにアメリカ、ＥＵ、スイス、カナダ、韓国、メキシコ、シンガポール、オーストラリア、ニュージーランド、モロッコが参加していた。無論のこと、最終的な正式条文もこのときに公表されたが、依然として日本語版はなかった。

ＡＣＴＡに合わせた国内法改正では、まず「署名のための開放」とおなじ二〇一一年五月に、不正競争防止法改正案が成立した。これは直接的には、海賊版のゲームソフトをゲーム機で動かすことができるようにする装置を狙い撃ちにしたもので、そうした装置を提供する行為に刑事罰が科せられるようになった。

四　欧州の反発

二〇一一年一〇月に、外務省飯倉公館においてＡＣＴＡの署名式が執り行われた。この頃までにＡＣＴＡの日本語名称は、仮訳ながら「偽造品の取引の防止に関する協定」となっていた。

この日の式には、国内手続きを終えていた日本、アメリカ、オーストラリア、カナダ、韓国、モロッコ、ニュージーランド、シンガポールの各国代表が出席し署名した。また、それに遅れて二〇一二年一月にはＥＵ代表とＥＵ加盟二二カ国が署名した。その前後に欧州で猛反発がはじまった。

最初のＡＣＴＡ反対デモは一月にポーランドであった。二月には若者らがフェイスブックなどで連携し、欧州のいくつもの都市で一斉抗議デモを行った。企画側の発表では二〇〇都市のデモに四〇万人が参加を表明した。ＢＢＣなどの欧州メディアはデモの様子を伝えたが、日本の大手メディアはこれをほぼ無視した。ＡＣＴＡ反対を欧州議会に訴える請願サイトへの署名は、二月半ば時点で二二〇万筆、最終的には二八〇万筆に達していた。

欧州市民のデモは欧州議会がＡＣＴＡを否決した六月までつづいた。欧州でのデモも伝えられない日本では、三月に条文の正式日本語訳がやっと公開された。

欧州サイドでＡＣＴＡを推進していた欧州委員会（ＥＵの政策執行機関）はそうした状況に危機感を募らせた。そして二月二二日には、ＡＣＴＡが欧州連合基本権憲章に反するものかどうかを、欧州司法裁判所に諮問することを決定した。その狙いは、ＡＣＴＡに対する議会の投票を遅らせて、世論の沈静化を待つことにあったとみられる。

しかし欧州議会側は、欧州司法裁判所の判断を待たずに審議を進めることを決めた。五月三一日に三つの委員会で、また六月四日と六月二一日にあった別の委員会の合計五つの委員会のすべてでそれを否決した。かたや日本では、ＡＣＴＡに対応するための著作権法改正案が六月一二日の参議院本会議で可決・成立した。

ＡＣＴＡへの最終的な賛否を問う欧州議会の全体会議は七月四日に開催された。投票の結果は、四七八対三九（棄権一六五）の圧倒的な大差でＡＣＴＡを否決するものになった。議場では反対派議員がそろって「ハロー・デモクラシー、グッバイ・ＡＣＴＡ」のカードを掲げた。ＥＵ加盟国が結ぶ国際協定には、欧州議会の同意を要するものがある。ＡＣＴＡもそれに該当していた。それを否決したことによって、ＡＣＴＡに署名していた欧州二二カ国も自動的にＡＣＴＡを批准しないことになった。

欧州の動きとは別に、六月にオーストラリア議会の委員会がＡＣＴＡを否決していた。欧州での否決後の七月一二日にメキシコが遅れて署名したが、議会の委員会ですぐに否決された。これら一連の否決によって、日本が提唱したこの協定は、事実上の終了となった。

ＡＣＴＡが欧州で嫌われた背景として、域内各国の地方議会で勢力を伸ばしていた海賊党の存在を指摘しておかなければならない。(2) 海賊党はスウェーデンのプログラマー、リック・ファルクヴィンゲが二〇〇六年に作った。

自身の開発したファイル共有ソフトが著作権法違反に問われ、逮捕されたのがきっかけだった。彼は著作権法や特許法を解体し、情報への自由なアクセスを保証しろとの過激な政策を掲げた。その主張はネット世代の若者を中心に欧州で支持を広げ、地方議会での議席を獲得し、中央政府のネット政策にも影響を与えるようになっていった。そして二〇〇九年七月の欧州議会選挙では、スウェーデン海賊党が二議席を獲得するにいたった。

欧州のなかでは、とりわけドイツで勢力を広げた。ドイツ海賊党は二〇〇六年九月に設立され、党員数は二〇〇九年に一万人を、二〇一二年には三万人を越えた。二〇一一年九月のベルリン市議会議員選挙では、得票率八・九％で一五議席を獲得した。

スウェーデンと同様に、ドイツ海賊党の主張は、著作権や特許権などの知的財産権を解体し、ユーザーによる情報のダウンロードを自由にし、当局による監視を拒否する、いわゆる「ネットの自由」を広げることにある。

ドイツ海賊党は現時点までで連邦議会で議席を得たことはないが、「ネットの自由」などの思想は連邦議会で六八議席、欧州議会で一四議席を持っていた緑の党や、その他の左翼勢力に支持され、影響を広げていった。そうした背景が欧州議会でのＡＣＴＡ否決につながった。

五　問題の核心

さて、ＡＣＴＡに対しては欧州で激しい反対運動が起こり、阻止されたわけだが、ではそれがもたらす問題の核心はどこにあったのだろうか？　特に問題になった部分について、条文をひきながらみておこう。

第二章　知的財産権に関する執行のための法的枠組み

第二節　民事上の執行

第一二条　暫定措置

２　各締約国は、自国の司法当局が、適当な場合、特に、遅延により権利者に回復できない損害が生ずるおそれがある場合又は証拠が破棄される明らかな危険がある場合には、他方の当事者に意見を述べる機会を与えることなく、暫定措置をとる権限を有することについて定める。各締約国は、他方の当事者に意見を述べる機会を与えずにとられる手続において、自国の司法当局に対し、暫定措置の申立てに速やかに対応し、不当に遅延することなく決定を行う権限を与える。（傍線筆者、以下同様）

知財権侵害の発生を防止するための措置を司法当局が取ることと、双方の言い分を聞くこと（双方審尋主義）なく、権利者の申し立てだけで暫定的な措置を取る権限を定めている。これは義務規定である。この条文が、当局に都合の悪いサイトや、ツイッター、ニコニコ動画などが遮断されるという不安のもとになった。この規定は民事上の執行についてのものなので、権利者からの訴えを受けて司法が判断することになる。

権利侵害をしている著作物「も」アップロードされていることを理由に、社会のインフラにもなっているサービス全体を遮断することを司法が判断するかというと、そこまでの心配はしなくてよかっただろう。だが、違法ファイル専用と訴えられたサイトや、権利侵害があると訴えられた特定のブログに対して、即座に一方的に遮断を命じることができるよう、締約国に義務付けていたと解釈することはできる。思えば、初期のユーチューブは著作権侵害コンテンツばかりだった。そのような法的にグレーな新規サービスは、はじめにくくなっただろう。

また、これは大きなくくりでは民事上のことなので、この規定を理由に司法の独自な判断でネット・サービスを遮断できたとは考えにくい。ただし、特定のサイトを閉鎖させるために当局の側から働きかけて権利者に訴えを起こさせるような、恣意的な運用が起きる可能性はあった。

第五節　デジタル環境における知的財産権に関する執行

第二七条　デジタル環境における執行

4　締約国は、自国の法令に従い、商標権又は著作権若しくは関連する権利が侵害されていることについて権利者が法的に十分な主張を提起し、かつ、これらの権利の保護又は行使のために侵害に使用されたと申し立てられたアカウントを保有する者を特定することができる十分な情報が求められている場合において、オンライン・サービス・プロバイダに対し当該情報を当該権利者に速やかに開示するよう命ずる権限を自国の権限のある当局に付与することができる。このような手続は、電子商取引を含む正当な活動の新たな障害となることを回避し、かつ、表現の自由、公正な手続、プライバシーその他の基本原則が当該締約国の法令に従って維持されるような態様で実施される。

欧州の市民デモで、ACTAはネット監視を強化するといわれ、主な攻撃対象のひとつになった部分である。日本のプロバイダー責任制限法にある「発信者情報の開示」に相当する法整備を、締約国にうながしている。ただし、文末が「できる」となっているので、これは締結国の義務ではない。もちろん、法整備がされたらそれがその国のプロバイダーの義務になる。日本にはプロバイダー責任制限法がすでにあったので、直接的な影響はなかった。日本基準のネット規制を国外に広めようとした部分でもある。交渉過程で欧州から反発をくらったことを反映してか、表現の自由やプライバシーへの配慮は、いちおうみられる。

日本にとっての問題の核心は、自国が主導した外交交渉であったにもかかわらず、欧州で大騒ぎの末に否決されたことが、メディアによってきちんと伝えられなかったことにある。海外からの反発などなかったかのように、国内の批准手続きは粛々と進められた。同時にこの頃から、ACTAへの危惧を訴える国内ネット世論が高まりはじめた。ACTAを唱えたのは自民党の小泉純一郎だったが、二〇一二年当時の政権政党は民主党で、主管する外務大臣は玄葉光一郎だった。国会審議は参議院が先議となり、二〇一二年七月三一日の外交防衛委員会で議論された。

最初に質問したのは、自民党の山本一太だった。山本はEUでの否決をどう分析しているのかと切り出した。玄葉は、欧州議会は欧州司法裁判所の判断を待つことなく否決したと前置きしたうえで、こう答えた。

インターネットの自由とか基本的人権を侵害するといった批判が広がったことが原因なんです。ただ、これについては、後で恐らく質疑もあると思うんですけれども、我々の認識とそこは違っていて、やはり丁寧に説明をし、働きかけをしていく必要があるなというふうに思っています。(中略)現実にこのACTAというのは、個人の正当なインターネット利用を制限したり、プロバイダーに対してインターネット利用の監視を義務付けているというわけでは実はないんですね。ただ、どうしてもそのことについての今懸念が広がって、結果としてEUのこういう状況が生まれているということだろうというふうに思います。

EUの否決は過剰反応なのかと問う山本に対して、玄葉は「正しく私は理解されていない部分があるのではないかというふうに思っていまして、そういう意味で丁寧に働きかけをしなきゃいけないのではないかと思っています」と答えた。欧州で延べ数にしておそらく数十万人の市民が厳寒の街で繰り返し反対デモをし、欧州議会が圧倒的多数で否決した協定を、外務大臣は正しく理解されていないの一言で斬り捨てた。もっとも、日本語で行われる国会での議論が、海外のメディアで報じられることはなかったようだが。

EUに対する今後の働きかけを聞いた山本に対して、外務省の担当者は欧州司法裁判所の見解が出たあと、欧州委員会や各国との協議を行っていくつもりだといった。しかし実際には、二〇一二年一二月二〇日に欧州司法裁判所への諮問を欧州委員会が取り下げたため、同所の見解が示されることはなくなった。

山本はACTAに反対する立場から質問したのではなさそうだ。その証拠に、わが国としてACTAレベルを世界のスタンダードにしていくことが大事ではと、締めくくりに聞いている。それに玄葉は、「真摯に受け止めて進めていきたい」と応じている。

「国民の生活が第一」の佐藤公治とみんなの党の小熊慎司は、ＥＵでの否決は外交上の大きな失敗ではないか、これからどうするのだと追求した。玄葉は、事前に行うべきことがあったと反省の弁を口にしつつも、協定が発効して中国が入るようなことになれば意義あるものになると、将来展望のない答弁をするに留まった。法案は八月三日に参議院本会議にかけられ、賛成二一七、反対九で可決し衆議院へ送られた。

六　批准そして終了

法案はお盆休みをはさんで八月二九日の衆議院外務委員会で午前から趣旨説明が行われた。この日の質問に立った民主党の大泉博子に対して玄葉は、ＡＣＴＡはネット遮断や監視をするものではないこと、国内法の手当はすでに済んでいることなどを強調した。

お盆休みが入ったこともあり、ＡＣＴＡ反対運動が日本のネット民にもようやくのように盛り上がっていた。いわゆる「祭り」といえそうな状態だった。外務委員会委員のところには、反対意見を述べる電子メールや電話、ファックスが連日のように大量に届いていた。とくにファックスについては、おなじ文面のメッセージが印刷され、用紙がすぐになくなって正常に使えないほどの状態だったという。

おなじ日に、参議院で野田佳彦首相への問責決議案が出され、夜に可決された。午後にも予定されていた外務委員会はお流れになった。自由民主党・無所属の会、国民の生活が第一・きづな、公明党、日本共産党、社会民主党・市民連合の野党各党が欠席するなか、委員会は八月三一日に再開された。民主党の大泉と村越祐民が国民の懸念を払拭するための質問をし、玄葉らが答えた。ＡＣＴＡは起立による採決となり「総員起立」で本会議へ送られた。そして九月六日に衆議院本会議にかけられ、野党欠席のなか賛成多数で可決・承認された。そして一〇月五日に受託書を寄託し、ＡＣＴＡを締結した最初で、そしておそらく最後の国になった。

ではこのACTAは、いったいいつになったら正式に終わるのだろうか? 条文には発効条件がつぎのように書かれてある。

第六章　最終規定

第三九条　署名

この協定は、二〇一一年五月一日から二〇一三年五月一日まで、交渉に参加した国及び当該国がコンセンサス方式によって同意する他のWTO加盟国による署名のために開放しておく。

第四〇条　効力発生

1　この協定は、六番目の批准書、受諾書又は承認書が寄託された日の後三〇日で批准書、受諾書又は承認書を寄託した署名国の間において効力を生ずる。

二〇一三年五月一日までのあいだに新たに署名した国はない。批准した日本と否決したEU、メキシコを除けば、判断を保留している国はアメリカ、オーストラリア、カナダ、韓国、シンガポール、ニュージーランド、モロッコの七カ国である。これら残り七カ国のうち三カ国で否決されたら、批准国が六カ国に達しないことになり、ACTAは完全終了となる。

TPPがあったので、アメリカはあきらかにACTAへの関心を失っていた。TPPはACTAよりも高いレベルで知財を保護していたからだ。残り七カ国のうち、アメリカ、オーストラリア、カナダ、シンガポール、ニュージーランドがTPP参加国でもあった。これらの国々にしてみれば、EUで味噌が付いたACTAなどに、わざわざ手を出す必要はなかったのだろう。

今後もしもTPPが発効した暁には、「ついでにACTAも」との動きが起こらないとも限らない。その場合には批准国が一気に六カ国となり、ACTAも発効する。EUで起きたのとおなじような、市民レベルでの反対運動が、署名した国で繰り返されることになるかもしれない。

国家・企業・ネットワーク化された市民のあいだのバトルは、まだまだつづく。それは、国家と企業による海賊版対策によって、ネットの自由が抑圧されることへの、市民の側の抵抗運動になりつつある。

（1）以下、公電の日本語訳は兎園のブログ『無名の一知財政策ウォッチャーの独言』による。ただし、氏名のわかる箇所はイニシアル化した。〈http://fr-toen.cocolog-nifty.com/blog/2011/02/post-71b0.html〉（最終閲覧日：二〇一六年九月七日）。

（2）海賊党については、浜本隆志『海賊党の思想』（白水社、二〇一三年）を参照した。

〔付記〕本論文は、拙著『日本の著作権はなぜもっと厳しくなるのか』（人文書院、二〇一六年）第四章に書いた内容のエッセンスを記したものである。順序をいえば、本論文が先に執筆され投稿されていたものであったが、社会情勢を踏まえて同書が先に緊急出版されたため、公表が前後することとなった。

コラム

経営者・川上量生のビジネス書を読む

――「説明できない」ニコニコ動画を「誰もやっていない」ビジネスチャンスに変える術

鈴木　洋仁

はじめに

「ドワンゴ」という会社名や「ニコニコ動画」（以下、「ニコ動」）というサービス名が、どれほど一般に広まっているのだろうか。

たとえば、「ニコ動」の登録会員数は五、〇〇〇万人を、有料会員（毎月税込み五四〇円）であるプレミアム会員数は二五〇万人を、それぞれ突破したと、二〇一五年八月ドワンゴが発表している[1]ものの、それが、どの程度のインパクトを持っているのか、本稿の書き手にはいまいち定かではない。なぜ定かではないかと言えば、本稿の書き手は、二〇一〇年から二〇一一年にかけてドワンゴに勤めていたからであり、未だにインサイダー感覚から抜けきれないからである。

とはいえ、小沢一郎の単独会見や党首討論会といった政治コンテンツや、バーチャルアイドル「初音ミク」のブーム等によって、「ニコ動」の知名度は、それなりに高いのだろう。確かに、本稿の書き手は、東日本大震災時には、NHKやフジテレビ等の同時放送

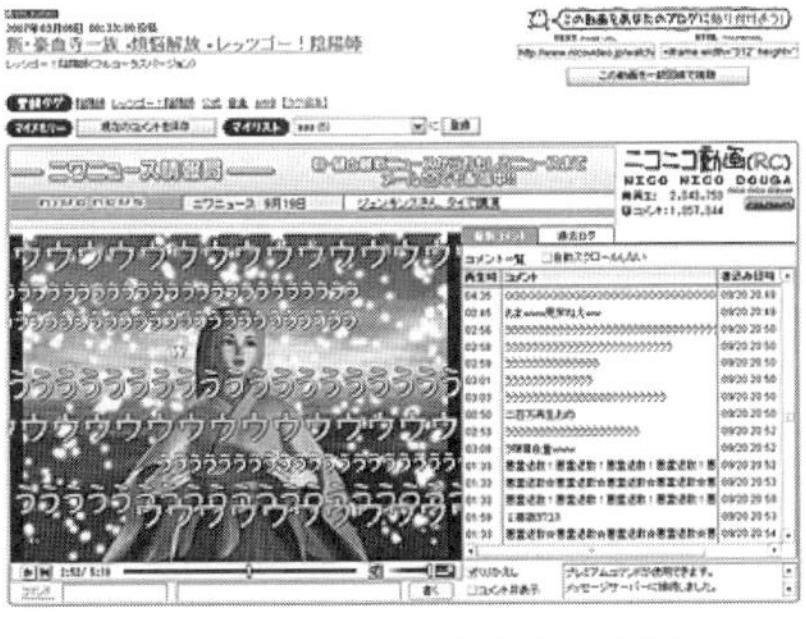

図1　ニコニコ動画再生画面
（GOOD DESIGN AWARDウェブサイト〈http://www.g-mark.org〉）©JDP

や、東京電力の記者会見等の生放送を責任者として取り仕切った際、世間からの注目度の高さを実感した覚えがある。また、ここ数年では、毎春幕張メッセに一〇万人以上の入場者を集める「ニコニコ超会議」なるイベントが、テレビのニュースや情報番組でも取り上げられている。さらに、二〇一四年一〇月にはＫＡＤＯＫＡＷＡと経営統合し、出版業界自体のＩＴ化を進めるモデルケースを目指す［川上　二〇一四：二三］など、話題に事欠かない。

このコラムでは、そうした「ニコ動」隆盛の秘密を、このサービスを生み出したドワンゴの創業者であり会長・川上量生《のぶお》（一九六八〜）執筆によるビジネス書を題材に考えてみたい。

一　ドワンゴ？　ニコニコ？

まず、この論集で「ニコ動」を扱う意義について確かめておこう。

一義的には、「ニコ動」の出自が、海賊行為にあったからだと言えるに違いない。

二〇〇六年一二月一二日にスタートした「ニコ動」は、もともとYouTubeの動画上にコメントを表示させて楽しむ、というマッシュアップ型のサービスだった。マッシュアップ型とは、複数のウェブサービスを組み合わせてあたかも一つのように扱う利用法であり、この点で「ニコ動」は、他のサービスへのタダ乗り＝まごうことなき「海賊行為」から始まっている。

しかも、現在では相当スクリーニングされているとは言え、当時のYouTubeには、今よりも遥かに膨大な数の、違法にアップロードされたテレビ番組や映画作品が、あふれていた。YouTubeそのものが、既に海賊行為の代表格であり、そこにタダ乗りする「ニコ動」は、海賊行為をも海賊行為の対象としていた。だから、この論集で扱うテーマとして、いかにもふさわしいように見える。

ところが、トラフィック（データ容量）の増大を理由に、スタートからわずか二ヶ月余りの二〇〇七年二月二三日、「ニコ動」は、突然、YouTubeから遮断されている。タダ乗りへのタダ乗りに、すぐさま無期限停止措置が下された。この時から、「ニコ動」は、ＵＧＣ（User Generated Contents）というユーザー自らが作るコンテンツをメインとしたサイトの道を歩み始める。

もちろん、今に至るまで、「ニコ動」は、権利者の了解を得ずにアップされたコンテンツが散見されるし、先に例示した「初音ミク」を開発したクリプトン・フューチャー・メディアとの間での楽曲契約トラブル等、海賊行為の温床と見なされる側面も多い。

ただ、このコラムでは、「ニコ動」というサービスが海賊行為だから、というその理由だけで取り上げるのではない。

その理由は、川上の思想が、ＩＴビジネスという海賊的行為だけではなく、ビジネス界全体への海賊行為として捉えられるからである。

言い換えれば、川上の生き方それ自体が、「儲ける」ことをアルファでありオメガとしているビジネスに対する海賊行為だからである。

なぜか。

それは、川上が、「株価だとか利益だとかに縛られるような生き方はぬるい」〔村上　二〇一五：一〇五〕つまり、「儲けない」発想に基づいて会社を経営しているからである。「ビジネスの世界で大切なのは、人を蹴落とすことではなく、『自分が生き残ること』」〔川上　二〇一三：四五〕という価値観に基づいているからである。

川上が、「儲けない」あるいは、「自分が生き残ること」を最優先する理由は、「説明できないものを探してビジネスを成功させること」〔川上　二〇一三：八五〕、が大事だからであり、つまり、「みんなが『これはいけるんじゃないか』と口を揃えるようなプロジェクトでは、世の中的にはもう遅い。その時点で『いまさら』になっている可能性が高いから」〔川上　二〇一三：八六〕である。だから、川上は、「誰もやっていないことをやるっていうのが、やっぱり大事」〔川上　二〇一五a：二〇二〕になると言う。

しかし、この「説明できないもの」や「誰もやっていないこと」というのは、具体的に何を指しているのだろうか。

その答えは、まず、「ドワンゴ」という会社名や「ニコ動」というサービス名にある。この二つのネーミングそれそのものが、「説明できないもの」であるし「誰もやっていないこと」だからである。

ドワンゴ dwango とは、Dial-up Wide Area Network Gaming Operation というオンラインサービス名の略称であり、もともとは、アメリカ合衆国に本社を置くシステム会社が一九九四年にスタートしたシステムだ。

京都大学工学部卒業後に勤務していたソフトウェアジャパンが潰れ無職となった川上が、仲間とともに、そのシステムを引き取り、一九九七年、日本で株式会社ドワンゴを設立した。同社は、家庭用ゲーム機向けのネットワークシステム開発や、ＮＴＴドコモの携帯電話サービスｉモード用のゲーム販売で売上を伸ばし、携帯電話の着メロ（着信音をメロディーにしたもの）や着うた（着信音を楽曲にしたもの）事業で大きく発展する。二〇〇六年に「ニコ動」事業をスタートさせてしばらくは、こうした着メロ・着うたサービスでの収益が同社を支えているほどの「本業では常に失敗し続けてきた会社」［川上　二〇一五ａ：二五六］であった。

このように、「ドワンゴ」という会社の事業内容は、システム開発から着メロ・着うた、そして、動画共有サイトから、ライブストリーミングサービス、さらには、昨今の「ニコニコ超会議」というイベントに至るまで、「多様な」という修飾語では表しきれないほどに混沌としている。「ドワンゴ」という会社そのものが、「説明できないもの」であり、「誰もやっていないこと」にほかならない。

さらに、「ニコニコ動画」という名称は、「ニコニコローン」のような怪しさを狙ってわざわざ、ふざけてつけてつけたものだ。あるときは、違法にアップされた動画を視聴するサイトでありながら、同時に、それらの動画にコメントを付けるサービスでもあり、また、ＵＧＣの舞台ともなっている。

その中身にいたっては、「歌ってみた」や「踊ってみた」というユーザー自らを撮影した動画から、政治的主張を一方的にまくしたてるものや、「ゲーム実況」と呼ばれるプレイ画面に至るまで、ありとあらゆる種類の映像が混在している。「ニコ動」もまた、「ドワンゴ」と同じく、「説明できない」「誰もやっていない」ものなのである。

では、なぜ、こうした「ドワンゴ」や「ニコ動」が「生き残ること」ができているのか、その答えを求めて、川上の書いた本やインタビューを読むのだが、その前に、回り道をしてみたい。それは、彼が書いたビジネス書を読む理由についてである。

二　川上が書いたビジネス書を読む理由

中村正直が翻訳した『西国立志編』（一八七一年）に始まる「自己啓発書」については、牧野智和が分析している［牧野　二〇一二］が、このコラムでは、そうした仔細に立ち入る余裕はない。

新卒サラリーマンから、功成り名を遂げた大企業のトップ、さらには、年金生活者にいたるまで、自らの人生や経営の参考にしたいから、自己啓発書の一種として、経営者の書いたビジネス書を読む。成功した経営者は、何を考え、どのように生きてきたのか。そして、どうすればうまくいくのか。そのヒントを得ようとして、経営者の書いたビジネス書を読み、その読者数は、かなりの数にのぼる。

代表的なビジネス書である、松下幸之助の『道をひらく』(PHP研究所)は、一九六七年の刊行以来、二〇一四年一〇月時点での累計発行部数が五一〇万部に及ぶほど売れている。現在でも毎年一〇万部以上を売り上げ、ベストセラーの位置を保っている。立志伝中の人物による人生訓を読んで、生きる糧にするために、経営者によるビジネス書は読まれる。

松下や稲盛和夫、あるいは大前研一、明治までさかのぼれば渋沢栄一や本多静六といった経営者の名前を思い浮かべることのできるこの系譜において、川上と同じＩＴ起業経営者という点で言えば、「ホリエモン」こと堀江貴文の多産ぶりが目立つ。

「辻井喬」という文学者名義の方が「堤清二」という本名＝経営者名義での著作数よりも多い、といった例外はあるものの、経営者の書いた本は、たいがい、苦労話や自慢とお説教をちりばめた自伝的なストーリーに、経営術や組織運営といった少しばかりの最新ビジネス指南を付け加えて出来上がっている。

では、このコラムで試みているように、「ドワンゴ」や「ニコ動」の「説明できない」背景を何とか探ろうとして、川上の書いたビジネス書を参考にすれば、何かがわかるのだろうか。彼の著作もまた、他の経営者たちと同じような内容に仕上がっているのだろうか。

そうではない。

川上の著作でも、「説明できない」「誰もやっていない」という二つの原則が貫かれているからである。実際、二冊目の本の「あとがき」では、次のように読者に噛みついている。

この本の読者にしたって、どうせ多くは、成功した(?)ベンチャー企業の一風変わった経営者がどんなことを言っているのか、なにか役に立つことが書いてあるかもしれないと、偶然手に取っただけの人だろう。そういう人たちが興味を持つ、ぼくのこれまでの半生なんてチェックするポイントは決まっている。

［川上　二〇一四：二八四―二八五］

そのポイントは、成功した人が、昔からすごかったのか、あるいは、昔はダメだったかを確認すること。そして、昔から努力していたのか、あるいは、反省して努力して成功したのか、を確認すること。この二点だと言う。その上で、こう啖呵を切る。

結局、こんな類の本に書かれている著者のこれまでの人生なんてものを興味を持って読む人は、自分と比較して、自分は無理だと諦めたり、自分はだからダメなんだと反省したり、自分もがんばろうと励みにしたいだけなのである。どんな内容が書いてあったって同じことなのだ。

〔川上　二〇一四：二八五〕

この論集とのつながりで考えれば、読者を突き放す川上の態度は、経営者によるビジネス書というこれまでのパッケージに対する「誰もやっていない」海賊行為と言える。川上が推しはかっているように、「なにか役に立つことが書いてあるかもしれないと、偶然手に取」る基盤には、これまでの数多くのビジネス書が築き上げてきた市場がある。経営者によるビジネス書が書かれ、そして、読まれ、また書かれて読まれる。その循環の中に、川上の著作も生み出されている。川上もまた、こうした市場における慣習の恩恵を被っている。

だからといって、川上の態度を海賊行為だと貶めたいのではない。

図２　川上量生『コンテンツの秘密　ぼくがジブリで考えたこと』表紙（NHK出版、2015年）

彼がこれまでに出版した五冊の本のうち四冊は、編集者や出版社の求めに応じた結果のインタビューをまとめたものであり、そのことばを求める市場があったからこそ世に出たのである。二年間のうちに五冊もの本が立て続けに出版されるほど、川上の思想は欲望されている。

しかも、川上は、これまでも今も、ブログ[2]やＴｗｉｔｔｅｒ[3]といった媒体で、断片的にではあるものの、自らの考えを開陳している。もとより、ＩＴ起業経営者、しかも、「ニコ動」という一般性の高いウェブサービスの経営者なのだから、ネットで検索したり、せいぜい、雑誌や新聞の記事を読んだりしておけば、読者の欲望は満たされるのではないか。

川上の著作出版自体がビジネス書というフォーマットへの海賊行為であるとすれば、その中身にもまた、この論集のテーマ＝海賊行為を探るヒントが隠されているに違いない。「ドワンゴ」や「ニコ動」が「生き残ること」の背後にある、「説明できない」「誰もやっていない」ことの具体的な内実を、彼のことばから探ってみることができるに違いない。

三　川上が「説明できる」「誰かがやっている」こと

川上は、しかし、「説明できない」「誰もやっていない」ことばかりを書いているわけではない。それどころか、インタビューに答えたり、本を書いたりするということは、「説明できる」「誰かがやっている」ことを明らかにしなければ成立しない。より素朴に言えば、少なくとも川上だけは「説明できる」し「やっている」ことでなければ、ビジネス書において活字として表現できない。

　揚げ足をとりたいわけではなく、ここでは、川上が説明していることの一端を垣間みてみたいのである。

　彼自身が自嘲気味に書いているように、「成功した(?)ベンチャー企業の一風変わった経営者」であれば、たとえば、ＩＴ業界がいかにすぐれた世界であるのかを喧伝しても構わないだろう。最近なら、「ＩｏＴ」[4]や「インダストリー４・０」[5]といった流行語を使って、読者をまどわせておけば、「なにか役に立つこと」だと思わせられる。ＩＴ業界そのものが、海賊的なビジネスの温床になっている。

　実際、「もともとＩＴ業界っていうのは、資本も人もいないところで、するっとうまくやろうとして集まった人ばかり」〔川上　二〇一四：三〇〕であり、「日本で偉そうにネットについて語っている人の多くは、たんに輸入した概念の受け売りをやっているだけ」〔川上　二〇一五ｂ：六〕であり、また、「エバンジェリスト」[6]などと自称する輩が跋扈する「ＩＴ舶来主義」[7]〔川上　二〇一五ｂ〕の横行する世界だ。

　さらには、輸入元の米国でも、「すべて本質的には安売り商法」であるインターネットビジネスには、「成功の理由はこんなに単純明快で、実はだれでもできるから早い者勝ちになる。そして、われわれはいま、成功に一番近い位置にいます」〔川上　二〇一五ｂ：三四〇―三四一〕という理屈が説得力を持つため、お金が集中してＩＴバブルが起きる。

　だから、コンテンツをフリーにする、そして、コンテンツを流通させるプラットフォームを握る、といった戦略の重要性が唱えられてきた。「電子化されてしまえば文章や音楽や映像のようなコンテンツは、所詮はコンピュータソフトウェアと同じデジタルデータにすぎないから」〔川上　二〇一五b：七六―七七〕無料であるべきだ、というイデオロギーにつながっていた。そして、「コンテンツはフリーにしておき、ユーザーは無料で利用できる」が、「メリットを享受しているのは、Googleなどの広告収入で儲けているネット企業だけ」、という「コンテンツ業界からの搾取」〔川上　二〇一三：一二〇〕が起きている。

さらには、こうしたネット上でのコンテンツ市場が成熟すると、新しいプラットフォーム間の競争となり、「ひとつはコンテンツそのものの値段を下げて消費者にアピールする。もうひとつは、クリエイターの配分比率を上げて、クリエイターにアピールする」〔川上　二〇一四：一二三〕という二つのディスカウントが続く。

これらの理屈は、わざわざ川上に説明されなくても、どこかに書いてあるか、あるいは、論理的に少し考えればわかる理屈であって、つまり、こうしたネット業界のビジネスモデルについては、川上ならずとも「説明できる」し、既に「誰かがやっている」、あるいは、「誰もがやっている」ことだと言えよう。

ここには、「ニコ動」隆盛の秘密も隠されていなければ、川上でなければ書けない中身もない。だとすれば、川上にも「説明できない」「誰もやっていない」こととは何なのだろうか。

四　川上にも「説明できない」「誰もやっていない」こと

その前に、川上でなければ「説明できない」「誰もやっていない」ことを見なければなるまい。

紙幅の都合上、いくつかの断片的な例示にとどめざるを得ないのだが、「顧客との接点をプラットフォームに依存せずにコンテンツ側が持つ」〔川上　二〇一五b：一一二〕、あるいは、インターネットにおける「「クローズド」から「オープン」への流れというのが、グーグル以降、逆流していて、いまはむしろ「オープン」から「クローズド」へ時代が流れている」〔川上　二〇一五b：一三三〕といった未来予想は、彼独自の視点から導き出されている。

あるいは、「ドワンゴ」という会社についての説明も川上にしかできない。YouTubeとの競争を想定していたため、「ニコ動が始まった当初って、実は「五年くらいもてばいいか」くらいの、ショートタームで考えていた」〔川上　二〇一四：五八〕のだが、「ドワンゴがやめれば世の中から消えてしまうサービス」〔川上二〇一三：四五］であるために続けているのだという。

もとより、川上にとってはドワンゴの創業＝「会社経営というゲーム」そのものが、弟の死を始めとした家族の不幸を結果として招いたために、「やってはいけない勝負」だったと今も悔やんでいるとすら言う［川上 二〇一三：四八］。成功しなければ家族を犠牲にする可能性がある以上、「経営って本当に最低の仕事だな」［川上 二〇一五ａ：二三〇］とすら言う(8)。

さらに、「ニコ動」の無料コンテンツによって日本のコンテンツ産業が破壊されたり、「ニコ動」にはまりすぎる人間がたくさん生まれ、日本という国の活力を損なったりするのではないか、と懸念し［川上 二〇一三：一〇九］、その「ニコ動」も「近い将来、滅びるはず」であり、それが運命であり、そのときに物語は完成するとまで断言する［川上 二〇一三：二三五］。

川上のこうした過剰な論理性は、「変わった人だから」「発想が奇抜だから」［川上 二〇一三：一〇五］、あるいは、「外部からもあからさまに欠陥があるように見える」［川上 二〇一五ａ：二五七］ゆえだと片付けられるかもしれない。

しかしながら、川上でなければ「説明できない」「誰もやっていない」ことの先に、あるいは、その根っこに、川上にも「説明できない」ことがある。

それは、「合理的じゃないことを押し通す愛」であり、必ずともなう犠牲に向き合う「覚悟」である［川上 二〇一五ａ：五四二］。「バカなことだとわかってて、バカを一生懸命になるっていうのが一番いい」［川上二〇一四：一五二］という生き方であり、「論理を利用しながら、なおかつ背を向ける」［川上 二〇一四：二六四］川上の「自分にとっての物語」［川上 二〇一五ａ：八七］にほかならない。つまり、過剰な論理性の底にある非論理性にほかならない。

「ドワンゴ」の「ニコ動」という「説明できない」「誰もやっていない」事業を、ビジネスチャンスに変える川上の根本には、こうした、自らでさえも「説明できない」「誰もやっていない」「バカなこと」や「合理的じゃないことを押し通す愛」がある。これこそまさに、「フリー」や「オープン」というマジックワードを弄んで海賊的なビジネスに興じてきたＩＴ業界や、さらには、資本主義そのものに対する海賊行為以外の何であろうか。

あるいは、川上によるビジネス書が「岩波新書」という古きよき教養の代名詞である媒体でも出版されている文脈もまた、彼の非論理性のなせる海賊行為である。ビジネス書というすぐに役立つ知識を求められるフォーマットを、教養系の新書で出版してしまう。その二重の海賊的な振る舞いもまた、過剰な論理性では「説明できない」「誰もやっていない」「バカなこと」にほかならない。

そして、わずか二年あまりの期間に、たてつづけに四冊も出版された川上量生の著作が、二〇一六年以降、パタリと途絶えてしまった、その一過性もまた、海賊的な行為だと言うほかあるまい。

（1）『ニコニコ動画開発者ブログ』〈http://blog.nicovideo.jp/2015/08/250500.php〉（最終閲覧日：二〇一六年九月二〇日）。

（2）『はてなポイント3万を使い切るまで死なない日記』〈http://d.hatena.ne.jp/kawango/〉（最終閲覧日：二〇一六年九月二〇日）。

（3）@kawango38 Twitter〈http://twitter.com/kadongo38〉（最終閲覧日：二〇一六年九月二〇日）。

（4）Internet of Things の略。モノのインターネット。家電をはじめとしたさまざまなモノを、ネットワークでつないで、情報をやりとりすることによって、あらたなイノベーションが生まれるとする考え方や仕組みを指している。

（5）第四次産業革命という意味合いで用いられている、製造業におけるネットワーク化を用いたコスト削減とイノベーション創発を目指す考え方。機械による第一次産業革命、電気による第二次産業革命、そして、コンピュータによる第三次産業革命に続くものとする位置づけ。

（6）もともとは、キリスト教プロテスタントにおいて、その教えを各地に伝える伝道師を意味していたが、とりわけIT業界において、最新の技術をわかりやすく伝える人を指す言葉として使われるようになったと言われている。日本では、ドワンゴの取締役・夏野剛が自称し、「エバンジェリスト夏野剛の土曜会議室」というラジオ番組を、二〇一〇年一一月一三日から二〇一一年三月一九日まで文化放送において放送していた。〈http://www.joqr.co.jp/kaigi/〉（最終閲覧日：二〇一六年九月二〇日）。

（7）「米国の技術やトレンドが正解であって、これからの日本のネットの未来を示しているという見方」［川上　二〇一五b］を指す。

（8）この発言をめぐっては、川上も自ら匿名ブログに「弟の相談を笑っていたら死にやがったｗ」〈http://anond.hatelabo.jp/20090719134619〉（最終閲覧日：二

○一六年九月二〇日）として書いているほか、週刊誌『AERA』のルポ「現代の肖像」でも言及されている。（森健「現代の肖像　ドワンゴ代表取締役会長川上量生　誰も創らない別天地を創る」『AERA』二〇一二年一二月一七日号）また、本コラムのタイトルは、内容からも明らかなように、川上の著作から着想しており、森によるこのルポのタイトルとの類似は、期せずした偶然であることを、あらためてことわっておきたい。そして、こうした海賊的偶然を、川上や森ならば歓迎してくれるに違いない。

〔引用文献〕

川上量生　二〇一三『ルールを変える思考法』（角川EPUB選書）
川上量生　二〇一四『ニコニコ哲学　川上量生の胸のうち』（日経BP社）
川上量生　二〇一五a『ゲーマーはもっと経営者を目指すべき！』（ブックウォーカー）
川上量生　二〇一五b『鈴木さんにも分かるネットの未来』（岩波新書）
川上量生　二〇一五c『コンテンツの秘密　ぼくがジブリで考えたこと』（NHK出版新書）
牧野智和　二〇一二『自己啓発の時代　「自己」の文化社会学的探究』（勁草書房）
村上龍　二〇一五『カンブリア宮殿　村上龍×変革者』（日本経済新聞社）
森健　二〇一二「現代の肖像　ドワンゴ代表取締役会長川上量生　誰も創らない別天地を創る」（『AERA』二〇一二年一二月一七日号）

コラム

デジタル時代の複製

新井　菜穂子

はじめに

情報通信は物理的に離れた場所を結ぶ情報の伝達であり、デジタル通信は情報の完全な複製を可能にする。

私のもとには毎年同じ人物から全く同じように誤ったあて名で年賀状が届く。あて名も文面もすべて印刷である。パソコン上で管理されているアドレス帳のデジタルデータをプリントアウトするという流れ作業の中で新年の挨拶状が作られ、私の家に届けられる。理由は言うまでもなく、元のアドレス帳のデータが間違っているためであり、データが修正されない限り、錯誤は今後も繰り返されるであろう。現代のデジタル社会において、時折話題に上る問題であるが、勿論、この手の間違いはデジタルデータで管理されるものに限らない。手書きの住所録というアナログ情報においても、同じように起こり得ることである。ただ、手書きの場合、自ら手を動かして書くという作業を通して、その都度確認する機会があり、デジタル情報を介して行われる作業に比べれば間違いに気付く可能性が幾分高まるであろう。しかしマウスのクリック一つで全てが完了する簡便な作業の中では、往々にして確認作業が行われないまま挨拶状は相手に届けられてしまう。

一　デジタルとアナログ

デジタルは新しくアナログは古い？

そもそも、デジタルとは、アナログとは、どういうことであろうか。筆者が過去数年にわたり大学の授業で「身の回りにあるデジタルとアナログのものとして、どのようなものが思い浮かぶか？」という設問で、学生の意識調査[(1)]を行ったところ、次のような意見があげられた。

・ピアノはアナログ、電子オルガンはデジタル
・紙の本（物体）はアナログ、電子書籍（データ）はデジタル
・紙の地図はアナログ、カーナビはデジタル
・鉛筆やシャープペンはアナログ、キーボードはデジタル
・黒板はアナログ、パワーポイントとプロジェクターはデジタル
・手書きの手紙はアナログ、タイピングするメールはデジタル
・手書きのレポートはアナログ、ワードで作成するレポートはデジタル
・黒電話はアナログ、スマートフォンはデジタル
・ガラケーはアナログ、スマホはデジタル
・階段はアナログ、エスカレーターやエレベーターはデジタル
・そろばんはアナログ、電卓はデジタル
・お釜はアナログ、ＩＨクッキングヒーターはデジタル
・新聞やラジオはアナログ、テレビやケータイはデジタル

総じて、デジタルということばの印象は、便利、最先端、近代的、合理的、効率的、正確、時間を短縮、無駄を省く、カッコいい、新しい、進んでいるというもので、アナログはその反対、不便で時代遅れの古くさいものというイメージでとらえているようである。図式化すると次のような対比になる。

デジタル＝自動・新式・便利・正確
アナログ＝手動・旧式・不便・大まかで雑

情報通信の分野で言うデジタルとは

デジタルということばは、もともとラテン語のdigitus（指）であり、本来の意味はディジット（digit）、つまり、指で数を数えるというところから来ている。「もういくつ寝るとお正月～♪」という歌のように、指折り数えるというのが元々の意味である。デジタル情報は、離散的な数値・符号（文字、記号、数字など）で表され、０と１だけからなる二進数で表現される。データの数値化においては「標本化」と「量子化」を行い、整数値で表現される。離散化した数値であり、中間値を持たない。自然界におけるある側面を断片的に抽象化して表現される。

それに対して、アナログということばは、もともと

図1　スロープと階段

ギリシャ語の analogia（相似・類似）であり、本来の意味はアナロジー（analogy）、相似を意味することばである。本来、情報を担うのはパターン（形相）であり、例えば、LPレコードの溝の形は音の波形と「相似」である。角度、強さ、電圧の変化など、連続的な物理量で表される。自然界の状態をなるべくそのままの形で写し取るものである。

例えるなら、「連続的」なスロープ（坂）はアナログで、「段階的」「離散的」な階段はデジタルということである（図1）。これが、情報通信の分野でいうところのデジタルでありアナログである。

デジタル通信の本質は、

・信号を伝える媒体が何であっても、
・距離がどんなに離れていても、
・伝える速度が速くても遅くても、

元の情報と全く同じ情報を伝えることが出来るということである。

アナログ情報の特徴には次のような点があげられる。

・保存や伝送、再生、複製に際して、劣化やノイズによる影響を受けやすい。
・変化した情報は復元不可能で、伝送・複製を繰り返したり長年にわたって保存すると内容が変質してしまう。
・保存や伝送の媒体が限定されるアナログ情報は、情報の形態とメディア（情報媒体）とが強く結び付いている。例えば、音はアナログレコードやカセットテープ、絵や文字は写真や紙と鉛筆など、動画は映画フィルムやビデオカセットなどである。

このような特徴を持つアナログ情報の場合は、当然オリジナルにこそ価値があり、コピー（複製）された情報はオリジナルよりも品質が劣る。

一方、デジタル情報の特徴は、元のアナログ情報のすべてを離散的に表現する際に数値化に伴う誤差が必ず発生するものの、適切な量子化を行うことで実用上影響の無い範囲にすることが可能である。ノイズによって生じた誤差は一定以下ならば無視でき、元の数値データを劣化無しに復元可能で、伝送・複製を何度繰り返しても内容が変化しない。

このように、デジタル情報は簡単に完全な複製が可能であるため、あたかも現代の情報化社会における「デジタル」が「複製」を生んだかのように考えられがちであるが、先に述べた通り、本来アナログは「相似」を意味するのであって、「アナログ」がそもそも「複製」なのである。

デジタルとアナログの興味深い対比

先の意識調査におけるデジタルとアナログの面白い例えとして、次のような意見があった。

・東洋医学（漢方医学）はアナログ、西洋医学はデジタル
・手紙はアナログ（人と人が直接触れ合うもの）、携帯電話やパソコンはデジタル（直接人と触れ合わないもの）
・回覧板はアナログ（昔からずっと続く地域の習慣で、ネット等デジタルのツールに頼っていない）、たまごっちはデジタル（友達との通信や画面上のペットを育てる点で）
・実物の彼女はアナログ、恋愛ゲームのカノジョはデジタル

これらの例から読みとれることは、電気を使って機械が行うことはデジタルで、電気を使わずに人間が行うことはアナログという考え方である。

東洋医学（漢方医学）はアナログで西洋医学はデジタルという対比は、おおよそ誰しもがなんとなく抱いている印象であろうが、良く考えてみるとなかなか面白いことに気付く。

一般には、近代的、先進的な西洋科学がデジタルで、東洋的なものはアナログというイメージがあるが、０か１かどちらか一つ、ＯＮかＯＦＦかのどちらか一方、二者択一の方式がデジタルであるという、その意味から考えれば、東洋的思想の代表的考え方である「陰陽」の思想はデジタルの典型とも言える。陰陽の太極図を思い浮かべれば容易に納得できるであろう。

また、鍼灸治療は、針やお灸によって単に人体に電気的刺激を与えているに過ぎず、西洋医学が行っていることと実は本質的に何ら変わらないのである。「電気」と言えば、何か科学的というイメージを持ってしまうが、私たちの体には電気が走っているのであって、神経細胞は電気信号による通信を行っているのである。

一般的に西洋医学は近代的で科学的であり、反対に東洋医学は非科学的ととらえられている。西洋医学は

東洋医学よりも後に出て来たものであるから近代的というのはその通りであろう。ただそもそも何が科学かということ自体が問題であるが、この問題については別の機会に議論することとする。

本当にデジタルか？

そろばんはアナログで電卓はデジタル、ガラケーはアナログでスマホはデジタル、鉛筆やシャープペンはアナログでキーボードはデジタルという例えは、「アナログ＝古い」「デジタル＝新しい」という対比意識が強く存在することを示しているが、良く考えてみれば、実はこれらは「アナログ（analog）」ではなくて「アナクロ（anachronism）」である。

情報通信で言うところのデジタル・アナログの意味からするならば、この判断は誤りで、カチカチと段階的に芯を出して使うシャープペンの構造はデジタルと言えるし、電卓だけでなく、珠をはじいて計算を行うそろばんもまたデジタルである。もっと言えば、整数値で表されるものはすべてデジタルと言える。

昭和四四年出版の『広辞苑』第二版に「計算機」の説明として、「ディジタル（計数）型とアナログ（相似）型とがあり、前者にはそろばん・手動及び電動計算機・電子計算機などが、後者には計算尺・面積計・アナログ電子計算機などがある。」との記述があり、そろばんはデジタルであることが明記されている。

また、階段はアナログでエレベーターやエスカレーターはデジタルという意見があるが、実はこの例えは、何を判断の基準とするかによって解釈は変わってくる。「アナログ＝古い・手動」で「デジタル＝新しい・自動」という考え方で判断すればこのような対比になるが、情報通信分野における定義では、一段ずつ「段階的」に登っていく階段は「離散的」であるのに対して、エレベーターやエスカレーターの動きは「連続的」であるから、階段はデジタルでエレベーターやエスカレーターはアナログということになる。先にスロープと階段の例で示したとおりである。

バイオリンなどの弦楽器で連続的な音を奏でるものと違って、ピアノもエレクトーンも、音を段階的に制御して鍵盤で演奏するものはデジタルとも言えるし、そもそも音階そのものが、自然界における連続的な音を七つの音域や五つの音域に段階的離散的に分割したものである。自然界における私たちの体温そのものはアナログ情報であるが、デジタル体温計のみならず、水銀体温計であっても、「三六・八℃」と目盛を読み上げた瞬間、その値はデジタルデータとなるのである。

情報の強度について時間あるいは空間分布に関して離散化する「標準化」と、情報の強度の取り得る連続的な値を離散化する「量子化」の値を小さくすることによって、デジタルの段階を細かく細かくして精度を高めて行けば、限りなくアナログ情報に近づくが、しかしそれはあくまでもデジタル情報であって、決してアナログ情報ではないのである。なぜなら、デジタル情報は、自然界におけるアナログ情報を断片的に抽出したものに過ぎないからである。ただし、ピアノが奏でる音そのものはアナログデータである。

デジタルとアナログの区別は、何を判断の基準とするか、どの視点に立ってどの部分に注目して区別するかによって変わってくる。また、私達の日常生活の中では、「アナログ志向」の人間とか、「アナログ派」とか、「デジタル的思考」などのように、「アナログ」や「デジタル」ということばを使う場合もあり、どの分野におけることばかによってもことばの定義は異なるのである。

ちなみに、数字で表されるデジタル時計に対して、針と文字盤で表示されるものはアナログ時計であると思っている人も多いが、外見上のデザインからの連想でアナログ時計だと思っている現代のほとんどのものは、針がカチカチと段階的に動くタイプのクォーツ（水晶）時計であり、実は仕組みはデジタル方式なのである。クォーツが発生させる正確で一定の周波数の電気振動によって時を刻むものであって、その仕組みはデジタルである。しかし、これらの時計も一般的には、アナログ時計と呼んでおり、私達が社会生活を営む上での通念として用いる一般用語としてはそれでかまわない。

私たちはよく、「新しい技術の進歩について行けず、考え方が古いからアナログ人間」であるとか、「物事を白黒はっきり区別したがるタイプなのでデジタル的思考」であるとか言うわけであるが、このような表現は、情報通信分野における「デジタル」「アナログ」の定義にはそぐわないが、私達の社会生活における一般用語の使い方としては全く問題ないのである。

一般用語のデジタル

一般用語としての「デジタル」ということばの定着時期を知るために、日常のことばを収録する『広辞苑』で確認すると、昭和三〇年の第一版には、「デジタル」も「アナログ」も掲載されていない。昭和四四年の第二版で、初めて「ディジタル計算機」と「アナログ計算機」が掲載されるが、「デジタル（ディジタル）」という項目はまだない。表記も、原語の発音に近い「ディジタル計算機」となっている。昭和五八年の第三版で、「ディジタル」の項目が掲載される。ここでもまだ表記は「ディジタル」であり、「デジタル」は「ディジタル」への参照見出しとなっている。一九九一年の第四版でようやく「デジタル」が掲載された。ここで出版年表記も西暦となる。

『現代用語の基礎知識』に「デジタル」ということばが登場するのは『広辞苑』とほぼ同時期で、一九六九年版に「ディジタル計算機」「ディジタル時計」として登場し、一九八二年版で「デジタル」の説明が掲載される。

説明文中に記載される派生語も、昭和五八年の第三版では「デジタル計算機」「デジタル信号」「デジタル通信」「デジタル時計」であったが、一九九八年の第五版では「デジタルカメラ」、二〇〇八年の第六版では「デジタルオーディオプレーヤー」「デジタルビデオ」「デジタルデバイド」「デジタル放送」などが記載され、その推移から、情報化社会の発展とともに私たちの社会生活への「デジタル」の需要と、その定着の様子がうかがえる。

「アナログ」ということばについては、一九九八年の『広辞苑』第五版までは、「デジタル」の対になることばとして、連続的な物理量の表現という内容の説明だけであるが、二〇〇六年の第六版で、初めて二番目の意味として「比喩的に、物事を割り切って考えないこと。また電子機器の使用が苦手なこと。「―人間」」という説明が掲載される。「デジタル」への対比としての「アナログ」の比喩的な用法が使われるようになることから、遅くともこの時期には「デジタル」ということばが元々の「digit」の意味からも理工学系の専門用語としての意味からも変容して、完全に私たちの社会生活における一般用語として定着したと見てよかろう。

二　複製

コンピューターの出現

デジタル通信は情報の複製であるが、複製技術時代の芸術作品におけるアウラの喪失を提示したのはベンヤミン（Walter Benjamin, 1892–1940）であった[2]。ベンヤミンの「複製技術論」が発表された時期は[3]、デジタルの概念が世の中に定着する以前のことであり、勿論、ベンヤミンの言う複製とは、デジタル方式によるものではなくアナログ方式による複製のことである。この事を考えてみても、「複製」が、デジタルの出現以前のアナログ情報において既に指摘されていた概念であることが理解される。

最初の電子計算機とされるＡＢＣ（Atanasoff-Berry Computer）は、一九三九年に開発されたが、実用化された最初の汎用計算機であるデジタル・コンピューターとして広く知られているＥＮＩＡＣ（Electronic Numerical Integrator And Computer）が世の中に出現するのは一九四六年のことである。

また、クロード・シャノン（Claude Elwood Shannon, 1916-2001）は情報を通信の立場からとらえ、ある事象の出現について、伝達する際の量を「出現確率の逆数の対数」という数学的・統計的に明確な形で定量化して表現し、ビット（bit）という単位で「情報量」を示した。シャノンの“A Mathematical Theory of Communication”（『通信の数学的理論』(4)）が発表されたのは一九四八年のことである。

昭和三〇年の『広辞苑』第一版にはまだ「コンピューター」という項目はなく、昭和四四年の第二版で「コンピューター」ということばが掲載されるが、派生語の記載はない。昭和五八年の第三版で「コンピューター断層装置」という派生語が掲載される。その後、一九九一年の第四版で「コンピューターグラフィックス」「コンピューターサイエンス」「コンピューター犯罪」、一九九八年の第五版で「コンピューターウイルス」「コンピューターセキュリティ」「コンピューター組版」、二〇〇八年の第六版で「コンピューターネットワーク」「コンピューターリテラシー」などの派生語が掲載されて行く様子は、コンピューターが私たちの社会においてどのような場面で求められて来たのかということがうかがわれて興味深い。

また、漢字表記の点から、昭和四四年の第二版では「計算器」であったのが、昭和五八年の第三版で「計算器・計算機」のように、「器」と「機」が併記されるようになり、コンピューターの大型化・汎用化を反映していることがうかがわれる。

『広辞苑』の出版表記は第四版の一九九一年から西暦となる。コンピューターがスタンドアロンからネットワークを介して世界につながって行く時期であり、一九九五年にはWindows 95が発売される。インターネット接続機能（通信ソフト）が標準装備され、通信環境はダイヤルアップから常時接続へ、通信料金は従量制から定額制へ移行する。簡便で安価な通信環境の整備に伴い、一九九五年を境に世界中のホストコンピューター数は爆発的な増加を遂げる。そして、デジタル通信の実現、インターネットの劇的な発展へと続いて行くのである。

やぎさんゆうびん

童謡唱歌に「やぎさんゆうびん」（作詞：まどみちお、作曲：團伊玖磨）という歌がある。歌詞はつぎのような内容である。

しろやぎさんから おてがみ ついた
くろやぎさんたら よまずに たべた
しかたがないので おてがみ かいた
さっきの てがみの ごようじ なあに

くろやぎさんから おてがみ ついた
しろやぎさんたら よまずに たべた
しかたがないので おてがみ かいた
さっきの てがみの ごようじ なあに

「やぎさんゆうびん」の情報伝達の手段（媒体・メディア）が紙に書かれた文字であるのに対して、インターネットというデジタル通信によって届けられるメールは、電気信号の「複製」であって、「やぎさんゆうびん」のような紙という物体を伴わない。インターネットで届けられる電気信号には物理的な実体が存在しない。届けられるものは「信号」であって、しかもそれは紙に書かれた手紙という「オリジナル」ではなく、電気信号の「複製」なのである。

電信創業当初、電信線に荷物をぶら下げておけば目的地に届けられると考えた者がいたという笑い話もあるが、「やぎさんゆうびん」は紙に書かれた手紙という郵便でこそ成り立つことで、インターネットの電子メールでは起こり得ないことである。やぎさんゆうびんの場合、伝達されるものは話の内容だけではなく手紙という媒体そのものが、同時に伝達される情報でもある。伝えられる話の内容は同じであっても、デジタル通信とアナログ通信の違いがここにある。どのような手段でどのような媒体を用いて伝達するのか、伝達媒体そのものもコミュニケーションの一部なのである。まさにマーシャル・マクルーハン（Herbert Marshall McLuhan, 1911-1980）が提唱した「メディアはメッセージ」である。

飛脚や郵便などのアナログ通信では、紙に書いた手紙という物体が届けられるが、電子メールのようなデジタル通信で伝達される情報は複製された信号であって、物理的な実体は存在しないということがアナログ通信との決定的な違いである。また、デジタルの世界においては、「オリジナル」と「コピー」は全く等価であって、この二つを区別することは無意味なことである。

三　オリジナル尊重

ベンヤミンによってアナログの時代の「複製」が注目されて以来、デジタルコンピューターの発達、クロード・シャノンの「情報量」の提示を経て、情報化社会とも称されるデジタル通信の時代になった。そして、アナログの時代と比べて複製の精度はよりいっそう高まり、情報の完全な複製が簡便に実現されるようになった。そのため、オリジナルの著作物を作成した著作者の権利を守るための「著作権」への関心の高まりとともに、著作権に関する法整備も世界的規模で進められている。TPP（Trans-Pacific Strategic Economic Partnership Agreement、環太平洋戦略的経済連携協定）などで、著作権の非親告罪化や著作権保護期間等について議論が重ねられ、日本における著作権法についても、違法ダウンロード刑罰化、写り込み等について、近年、法改正が行われている。

著作権（copyright）は、もともと印刷業者による複製（copy）の権利（right）である。印刷業者の印刷に関する排他的権利がその起源であり、著作権に対する意識が高まったのは、一四五〇年頃のグーテンベルクの活版印刷術の発明以後のことである。

文化庁は、「知的財産権」とは、知的な創作活動によって何かを創り出した人に対して付与される「他人に無断で利用されない」権利としている[5]。同じものを意味する用語として「知的所有権」や「無体財産権」という用語が使われることもある。

著作権法では、「著作物」は「思想又は感情を創作的に表現したものであって、文芸、学術、美術又は音楽の範囲に属するもの」[6]、「著作者」は「著作物を創作する者」と規定している。

知的財産権には、著作権と産業財産権等が含まれるが、産業財産権等は、権利を取得するために「申請」「登録」などの手続きが必要であるのに対して、著作権はこうした手続きを一切必要としない。「著作者の権利」は、著作物を創作した時点で自動的に付与されるのが国際的なルールとされており、登録等は不要である。これを「無方式主義」と言う。

　また、文化庁の説明によれば、一般に「著作者」は、小説家や画家や作曲家などの「創作活動を職業とする人」だけが著作者になると考えられがちであるが、創作活動を職業としていなくても、作文・レポートなどを書いたり絵を描いたりすれば、それを創作した人が著作者になる。そのため、幼稚園児であっても、絵を描けばその絵の著作者となり、作文を書けばその作文の著作者となるのであって、うまいか下手かということや、芸術的な価値などといったことは、一切関係ないのである。[7]

　また、「特許権」は「アイディア」を保護しているのに対して、「著作権」は「表現」を保護している。例えば、ある「薬」の製法について特許権が付与されている場合、その製法に従ってその薬を「製造・販売」すること（アイディアの利用）は、特許権の侵害となり、その製法を書いた「論文をコピー」すること（表現の利用）は、「著作権」の侵害となる。

　このような日本の著作権法では、上演や演奏、テレビ・ラジオ・インターネット等で公衆送信することなどによって著作物のコピーを作ることやコピーを作って公衆に伝えるなどの、著作物の「著作権（財産権）」の「利用行為」について、「デジタル方式」の場合だけではなく「アナログ方式」の場合も、すべて保護されている。

　そして、「コピーを作ることに関する権利」として、「複製権」（無断で複製されない権利）は、手書き、印刷、写真撮影、複写、録音、録画、パソコンのハードディスクやサーバーへの蓄積など、どのような方法であっても、著作物を「形のある物に再製する」（コピーする）ことに関する権利で、すべての著作物を対象とする最も基本的な権利であるとしており、「生」のものを録音・録画・筆記するようなことも含まれる（第二十一条）。

　脚本等の演劇用の著作物の場合は、それが上演・放送されたものを録音・録画することも複製に当たる。建築の著作物に関しては、その「図面」に従って建築物を作ることも複製に当たり、建築に関する図面自体は、「図形の著作物」として保護される。つまり、建築に関して著作権法の判断では、図面こそが著作物であって、図面に従って建造された建築物は「複製」であるという解釈である。図面通りに建造すれば同じものが作成されるはずであるという考えが前提となっているのであろう。

　一言付け加えておくが、著作権は、勿論、著作者の権利を守るものではあるが、著作権の本来の目的は「文化の発展に寄与すること」(8)であることに留意しておきたい。権利を守ることが重視されるあまり、文化の発展を阻害することがあっては本末転倒となる。

むすび

自然界における情報はアナログ情報であって、これをデジタルデータとして使用するためには、標本化と量子化という作業が必要となる。オリジナルはアナログ情報としての物体（モノ）であって、デジタル情報は、「物体」ではなく「信号」であり、デジタルデータはあくまでも複製である。

では、はじめからデジタル信号で作成されたもの、オリジナルがデジタル情報である場合はどうなのか。デジタルデータも勿論複製が可能であるが、複製というよりも、むしろ0と1の数字のみで表されるデジタルの世界ではオリジナルとコピーは全く等価であり、この二つを区別することは全く意味がないのである。例えば、音楽CD（コンパクトディスク）や映画のBD（ブルーレイディスク）などを複製した場合、ディスクの表面に印刷された画像やディスクが入っている箱といった表面的な「物体」についてはオリジナルとコピーの違いはあるが、中身のデータそのものについては全く等価なのである。

アナログ情報の場合は勿論のことであるが、デジタル情報としてのコピーは自然界における物理的な存在としてのオリジナルを複製した単なる信号であって、芸術作品に代表される著作物はオリジナルにこそ価値があり、オリジナルはあきらかにコピーに勝るものであるというのがこれまでの常識であった。しかし、場合によってこの位置関係は必ずしも永遠に存続するものではないのかもしれない。

新規技術によって開発されたフリクションボール(9)という名の、書いた文字を消せるペンが二〇〇七年に発売された。フリクションインキという温度変化で色が消える特殊なインキが使われており、摩擦熱を付加することで文字を消せるという機能がある。

また、革製品製造に使う、時間の経過とともに酸化作用で消えるペンもある。革製品加工時の下書きとしての印という用途で、裁縫用具のチャコペンのように用いられる。

これらの消えるペンを悪用した事件やトラブルが起きて問題となっているが、実は、フリクションボールで書いた文字は熱（摩擦熱）で消えるが、逆の作用で、つまり、冷やすと蘇る。フリクションインキは六五度以上の熱（摩擦熱）で消色し、マイナス二〇度まで冷やすと復色して、消した文字が蘇る。革製品加工で使うペンで書いた文字は酸性によって消える（酸化作用）が、アルカリ性の液体で復活する。

これらの消える機能を利用した犯罪に対して、契約書のサイン、税務関係書類などでの悪用を回避するために、証拠としてコピーをとっておくことが考えられる。著作権法のもとでは、著作者の権利として著作物を守るために、ひたすらオリジナルを保護することに努力が重ねられたが、ここではオリジナルとコピーの等価、もしくはオリジナルとコピーの奇妙な逆転現象が起きているのである。

デジタル通信は精度の高い完全な情報の複製が可能で、しかも情報の劣化がなくデータの保存や互換性の点で優れている。一方、芸術作品においてはオリジナルにこそ価値があり、複製はあくまでオリジナルに勝るものではない。しかし、技術の進歩とともに、場合によってオリジナルとコピーの価値における優位性は変わり得るものである。0か1かの二者択一ではなく、境界が不明確なファジー理論が求められる場合もあり、比喩的用法としての物事を割り切って考えない柔軟な思考としての「アナログ的」なものに価値が置かれる場合もある。時代が変わろうとも、何が価値あるものであるのかの判断は常に問われるであろう。

（1）　二〇一〇年から二〇一五年にかけて、関西学院大学において主に社会学部を中心とする学部生を対象として、デジタルとアナログに対する意識調査を行った。人数は年度により差があるが、おおよそ八〇名から三八〇名程度である。

（2）　ヴァルター・ベンヤミン「技術的複製可能性の時代の芸術作品」〔第三稿〕（『ベンヤミン・アンソロジー』河出書房、二〇一一年）。ヴァルター・ベンヤミン「写真小史」「複製技術時代の芸術作品」〔第二稿〕（『ベンヤミン・コレクション　Ⅰ：近代の意味』筑摩書房、二〇一〇年）、および多木浩二『ベンヤミン「複製技術時代の芸術作品」精読』（岩波書店、二〇一三年）をも参照。

（3）　前掲注（2）『ベンヤミン・アンソロジー』訳者解説、四〇一頁。いわゆる「複製技術論」として知られているベンヤミンのテクストには複数の稿本があり、一九三九年三月から四月にかけて完成されたテクストが決定稿とみなされ、現在「第三稿」とされている。

（4）クロード・E・シャノン、ワレン・ウィーバー／植松友彦訳『通信の数学的理論』（ちくま学芸文庫、二〇〇九年）。

（5）文化庁「著作権」〈http://www.bunka.go.jp/seisaku/chosakuken/〉（最終閲覧日：二〇一六年一〇月五日）。

（6）「著作権法」第一章第一節第二条（定義）〈http://law.e-gov.go.jp/htmldata/S45/S45HO048.html〉（最終閲覧日：二〇一六年一〇月五日）。

（7）「著作権テキスト」〈http://www.bunka.go.jp/seisaku/chosakuken/seidokaisetsu/pdf/h28_text.pdf〉（最終閲覧日：二〇一六年一〇月五日）。

（8）「著作権法」第一章第一節第一条（目的）「この法律は、著作物並びに実演、レコード、放送及び有線放送に関し著作者の権利及びこれに隣接する権利を定め、これらの文化的所産の公正な利用に留意しつつ、著作者等の権利の保護を図り、もつて文化の発展に寄与することを目的とする。」（参考URLは前掲注（6）に同じ）。

（9）フリクションボール、株式会社パイロットコーポレーション〈http://www.pilot.co.jp/library/006/〉（最終閲覧日：二〇一六年一〇月五日）。

コラム

シンギュラリティーより愛をこめて

森　洋久

一　ドローン

最近、ドローンという言葉をよく聞く。プロペラを三枚ないし六枚もち、ブンブン音を立てながら、空中に自律的にホバリングするシステムである。姿勢制御をコンピュータプログラムの力で行う、最新の制御技術が利用されている。たまたま、森林火災や、増えすぎるエゾジカの捕獲、クマの情報収集など、様々な自然保護活動を行っている私の研究仲間が北海道にいて、ドローンが使えないか共同研究を始めたのだが、どういう風のふきまわしか、この論集の編者より「ドローンをめぐる冒険――新規の技術開発と空域を巡る法的規制との鼬ごっこ」といったテーマで、論考を書けないかと打診があった。

昨年、首相官邸の屋上にドローンが不時着し所有者が逮捕された事件をきっかけに、ドローンに関する法律が急遽整備されたことは記憶に新しい。新技術が開発されるとき、法律が後追いになるのは珍しいことではない。記念碑的な事件としてＰＧＰ（Pretty Good Privacy）という暗号技術にまつわるものがある。一九七〇年代、アメリカ政府は、世の中で使われ始めようとしている暗号技術に規制をかけようとしていた。いかなる暗号技術も、政府へのキーの供託を義務化して、政府だけはいつでも解読可能とし、また、暗号技術の国外輸出にも規制をかけようとした。

一九九一年、政府の暗号利用宣言の法案の審議入りの直前に、アメリカのエンジニア、フィル・ジマーマンはＰＧＰという暗号化ソフトを開発し、ＭＩＴのＦＴＰサイトで公開した。さらにソースコードの全てを記載した本をＭＩＴプレスから販売した。インターネットの最先端を走る彼が、あえて紙の出版物を使ったことには理由があった。出版という方法が、法律的にも、言論の自由が明らかに保証されている方法だったからである。当時多くの学者や弁護士、エンジニアが彼の活動を支援し、ついに、一九九九年にアメリカ政府の暗号関連法案は規制緩和へと追い込まれた。

二　すべてはインターネットから

そもそも、コンピュータ・プログラムをやる人間たちは、規制されることを嫌う。彼らは、仕事場では、「オープンシャツに色あせたジーンズ、長髪に安物のスニーカー」であると語るのは、カリフォルニア州ローレンス・バークレイ研究所の若い天文学者クリフォード・ストールである。彼の著作『カッコウはコンピュータに卵を産む』(1)は、アメリカの軍事機密を東側に売り渡していたハッカーと彼自身が戦いを繰り広げるドキュメンタリーである。コンピュータの上達のためにという理由で、彼に、研究所のコンピュータの管理者としての任務が与えられた。その初日の課題として、先輩のデイヴに、メイン・コンピュータの課金システムの軽微な齟齬の原因を突き止めるように命じられた。「どこに食い違いの原因があるのか、つきとめてみろよ、クリフ。うまくいったら皆から見直されるぞ」。しかし、それは「軽微な齟齬」というものではなく、遠方よりハッカーが侵入しているためであることが次第に分かり、彼はその追跡に没頭しはじめる。他にも、アメリカの名だたる国家情報機関にも同じハッカーが、侵入していることがわかってきた。にもかかわらず、当局は情報というものに価値を認めず、被害と認めない。彼は、ＦＢＩやＣＩＡ、ＮＳＡというような、三文字の略号で呼ばれる当局機関を「三文字省庁」といって揶揄する。

折しも学生運動の時代であり、本書に描かれる彼らの私生活は、国家の権威やエリートとは似合わず（彼の出身校は十分エリートだが）、結婚なんて古いしきたりさといってのけ、カーペンターズやプレスリーを聴きながら、同棲する彼女と海岸を走り抜ける。

そもそも、インターネットという言葉は、network に inter- という接頭詞をつけたもので、ネットワークそのものを指すのではなく、ネットワークとネットワークの「間」を指す言葉である。当時は、ネットワークといえば、ＡＴ&Ｔの電話網、ＡＲＰＡ（Advanced Research Projects Agency）ＮＥＴといったものがあったが、これらはそのネットワークを運営する組織が決めた通りの使い方しかできないものだった。たとえば、電話網は、一対一で音声会話をするためにしか使えない。しかし、カリフォルニアのエンジニアたちが思いつくことは、運営会社の求めている使い方を超えたデータ通信網として、多対多の使い方ができるようにしようということであった。たとえば、A大学とB研究所がネットワーク接続しており、同様に、B研究所とC大学も接続していたとしよう。本来AとCは、直接つながっていないのだが、Bが情報のリレーをすれば、AとCも情報交換ができるようになる。このようなボランティア的バケツリレーがインターネットなのだ。しかも、AとBは電話網で結ばれており、BとCはARPANETで繋がっていても構わない。様々なネットワークをお互いに乗り入れて、個別のネットワーク以上の機能を引き出そうというものである。

このバケツリレーの発想を展開したのがカリフォルニア大学バークレイ校であった。初期のころは、「一番早いインターネットは「FedEx」と揶揄されたほどスピードが遅かったが、独占的な通信業者によって支配されていた通信業界に風穴をあけるものと期待された。二〇年前、東京大学とハワイ大学の間にリンクを設けるプロジェクトにかかわる研究室の学生だった私は、作業を側でみていたのを思い出す。phoneというチャットプログラムでハワイ大学と二四時間いつでも会話ができるというのは、国際電話料金を何万円と支払わなければならなかった時代に画期的であった。東京大学とハワイ大学だけではなく、すでにその両者につながっていた周辺の様々な大学や研究機関が、バケツリレーの恩恵にあずかれるのだ。当時、日本の通信事業は電電公社しか行ってはならなかった時代に、厳密にいえばこれは違法行為である。その後、通信事業法はどんどん形骸化し、いまでは、法律を訂正するモチベーションすらなくなっている。

ほどなく、一九九二年ごろだったか、スイスCERN（欧州原子核研究機構）のリチャード・バーナーズ・リーが提案したWWW（World Wide Web）という概念をビジュアライズしたツールNCSA-MOZAICがフリーで公開された。それは、いままでのハイパーテキスト・システムの概念を覆すものだった。当時は、WWWサーバは世界に一〇〇台程度しかなかった。NCSA（米国立スーパーコンピュータ応用研究所）のホームページに行けば、すべてがリストアップされ、上から順に見ていっても一時間あれば全世界を閲覧できた。検索エンジンはいらなかった。日本のホームページといえば三つ程度で、「四つ目のホームページをあげるぞ」という指導教官のかけ声で、研究室の学生達が、「画像はどうする」、「ＨＴＭＬはどうやって書くか」と、すったもんだしたのを覚えている。当時仲間たちと、「そのうちに電車のつり広告に、〈http://www.XXX.jp/〉というＵＲＬがコピーライトと一緒に書かれる時代が来るに違いない」と語り合っていたのも、今となっては懐かしい。

NCSA-MOZAIC を開発したメンバーが、ＮＣＳＡの方針に不満を持ち、スピンアウトし、新しいブラウザを開発したのが Mozilla というものだった。Mozilla のロゴマークは、古巣への敵対心丸出しで、MOZAIC を焼き尽くすゴジラであった。その後、彼らは Mozilla のソースコードをベースに Netscape 社を設立し、それが現在の Firefox へとつながる。Netscape は爆発的に普及し、ブラウザの代名詞となった。Netscape 社のコア・エンジン Mozilla はオープンソースで公開され、他の数々のブラウザのベースシステムとなっている。たとえば、Internet Explorer や Safari も独自の改良を加えつつ、Mozilla のソースコードを利用している。

三　人工知能は育つ

古典文学の専門家となれば、古典を暗唱できるほどに読み込んでいる。子供達は千字文、大きくなるにつれて四書五経を暗唱する、といえば、なんと古いと思われるかもしれない。しかし、我々が情報科学科の学生であったときには、先にも述べたＵＣＬＡバークレイ版のインターネット・プロトコル・スタックや、Mozilla のソースコードを円陣を組んで読み込み、暗唱したものだ。仕事に就いて様々な開発をするようになったとき、その場になっていちいち調べていたのでは手間取って仕方ない。すべてが頭に入っていることがなによりの効率化となるのみならず、新しい発想の源となる。知識と知識が出会い、新しい知識が生まれるのは紙の上でも、コンピュータの中でもない、頭の中なのだということを実感する。数学も暗記ではなく思考だと思われがちであるが、フィールズ賞学者の広中平祐氏は、数学の研究の基本は、様々な定理とその証明を覚えるほどに読み込むことにあるといっている。暗唱は時代や分野によらず、思考の原点である。

いま第三次人工知能ブームと呼ばれ、人工知能がかつてないほど流行っている。Google Deep Mind によって開発されたプログラムAlpha Goがチャンピオン囲碁棋士を破るなど、ゲームの世界ではほぼ人間は完敗である。あるいは、映画のシナリオですら、人工知能が過去の映画の人気度の情報をもとに分析し生成する時代である。人間的な発想でないので面白い、のかもしれない。また、がんの画像診断を学習した人工知能が、専門家も発見しにくい初期のがんを発見できるようになってきている。人工知能に懐疑的な人々もまだまだ多いはずだが、お年寄りが運転するよりは、自動運転の方が安全だろうというような話も、にわかに現実味を帯びてきている。

一九八〇年代の第一次人工知能ブームにおいては、マービン・ミンスキー博士の積み木人工知能や、DoctorやElizaといったおしゃべり人工知能が開発された。いまでも、Mac OS Xを持っている方は、「ターミナル」を立ち上げ、emacsと打っていただきたい。それから、エスケープキーとxを同時に打ち、doctorと打ち込むと、その当時のDoctorというソフトウエアが立ち上がる。これは、精神科医のカウンセラー役のおしゃべり人工知能で、あなたが患者である。人工知能は知能でないという反発を逆手にとったもので、精神科のカウンセラーなんて、人工知能でも十分できるくらい内容がないという皮肉が込められている。

このころの人工知能は、人間の知識を条件分岐プログラムやテーブルに置き換えただけの簡単なものだった。他の普通のプログラムと本質的な差はない。

第二次人工知能ブームは一九九〇年代に起こり、ニューロ家電、ファジー家電など、よく分からないが賢いらしい家電製品が続々登場した。人間の判断の根幹にある、曖昧性を理論化したファジー集合や様相論理、あるいは、人間のニューロンの働きをモデル化し、これを認識システムや学習システムに応用するニューラル・ネットワークやパーセプトロンが提案された。当時、「一〇×一〇ピクセル程度の画面に、手書きの文字を書いて、これを学習、認識するニューラル・ネットワークを作成せよ」などというレポート課題が学期末試験で出題されたりした。情報系の大学学部生であれば理解でき、この程度の規模の文字認識システムであれば短時間で構成できるように、シンプルかつ強力な理論であると有望視された。このころに人工知能の基礎が出来上がったといえる。

そして今回の第三次ブームであるが、いままでと少々様子が違う。いよいよ本格的実用化も現実味を増し、どこか、真の迫力がある。しかし、このブームの根底に、一次や二次の技術とはかけ離れた画期的な技術があるわけではない。過去の理論、特に曖昧性の理論が、ここ十数年の間に改良されたこと、さらに、CPUが高速化したことで、認知の対象範囲が格段に広がったのだ。そして、特記すべきことはインターネットの発達だ。いかに賢い人工知能を作るかのキーは学習である。囲碁や将棋の人工知能は、詰碁や詰将棋の事例や、人間同士が対戦するネットワーク・ゲームによって集められた多量の対戦例を学習することによって強くなる。がんの影を見つける人工知能は、もちろんレントゲン写真やCT画像とその症例を学習する。しかし、いきなりレントゲン写真を学習しても実は認識率は上がらず、がんとは関係のない絵画を認識する先行学習を積むことによって、がんの認識率も上がるという。人工知能の学習も、子供の教育とよく似ている。

学習に必要な事例を収集するために、インターネットはうってつけなのだ。インターネットには、タグや説明が付けられた多数の情報が、保管されているため、人間が人工知能に対して手作業で学習させる必要がない。人工知能にサーチエンジンを接続すれば、人工知能が勝手に学習を進める可能性が出てくる。これが、CNN（Convolotional Neural Network）、ディープラーニングといった新しい技術へとつながっていった。

人が行なえば数千年にわたる対局事例をこなし、千個の目なくしては記憶が出来ない全世界の絵画を記憶する。人工知能は、ネットワーク上に散らばった多量の知識を、さながらサヴァン症候群のように、シリコンの大脳に焼き付ける。そのスピードと正確さは、普通の人間には真似できないものである。焼き付けられた知識は、初めはバラバラだったものが、だんだんと系統立てられる。やがて、人間を超える認知能力へと高められていく。この超越的ともいえる学習メカニズムは、考えてみれば、暗唱のモデル化といえないだろうか。

昭和生まれのオヤジが「百遍繰り返すうちに、事態は変わってくるのだ。それに比べ、現代の若者は、なんでも説明を求める」と愚痴れば、人工知能世代の若者は、「そうさ、暗唱なんて嫌いさ。暗唱は人工知能にさせておけばいい。人工知能はもっとうまくやるだろう」と言い返すに違いない。その通りだろう。我々は結果だけを貰えば良い。

若者がかように反論するように、やがて、人工知能がノーベル賞的発見をするようになるだろう。人間はその結果さえ貫えば良い。そうなったとき、ノーベル賞を受賞するのは、人工知能か、それとも人工知能の開発者なのか。一応、「後者だ」というのが、いまは一般的な解答だろう。しかし、そのうちにノーベル賞級の発見をする人工知能を人工知能が開発するようになってくるだろう。そうなれば、ノーベル賞を受賞するのは、人工知能か、それとも、ノーベル賞級の発見をする人工知能を開発した人工知能か。さらにそのうちに、ノーベル賞級の発見をする人工知能を開発することのできる、人工知能を開発する人工知能を開発する人がでてくるだろう……。このへんでやめておこう。

四　非モデル的アプローチ

最近の人工知能評論は、「未来に人間を超えるだろう」とか、「人工知能に頼っていたばかりに重大事故につながったらどうするのだ」など、人工知能が、良くも悪くも、大きいことをしでかすのではないか、というところにばかり目が行く。だが、人工知能が対象を学習するプロセスに着目すると、その学習プロセスは、東洋的な学問のアプローチに類似している。「学ぶ」は「真似る」であり、つまりは、教師が学習対象のモデルを示し、同時に学習プロセスを示すことにより、生徒がステップ・バイ・ステップで学習することではなく、師範の生き様、行いを、弟子が側でじっと見つめ、真似ることによって成就するものである。それは、修行という行為にも展開され、非モデル的であり、非プロセス的である。オイゲン・ヘリゲルの『弓と禅』(2)によれば、孤高の弓道家阿波研造の教えは本人以外には意味不明である。言葉による「教え」を与えようとすると、非モデル的なものは言葉にならないのだ。

たとえば、こんな風に考えれば良い。人間が数千年かかってもこなすことのできない対局数をこなしたAlpha Goに、囲碁に強い秘訣を是非我々人間にも教えて欲しいと頼んだら、どのような答えが返ってくるだろうか。早い話、CNNの各ノードの結合係数群の膨大な表が返ってくるだろう。これがなにを意味するのかは、一般の人間のみならず、おそらく開発者自身にも全くわからないはずだ。阿波研造は、自身の身体内部に形成された神経網の各シナプスの膨大な結合係数群について、弟子にもどかしいぐらいに言葉をもって伝えようとしているのである。東洋的学問のアプローチに、西洋的科学が別の方法で迫っているのが、現在の人工知能であると考えられないわけでもない。

古典的な西洋数学においては、方程式を解の公式や式の変形で解く、いわば方程式の解のモデルを重視する。しかし一方で、未知数xに手当たり次第、解となりそうな値を打ち込んでいく方法もありえる。これはエレガントでない方法、「力ずくの方法」といわれる。これは「真似る」つまり経験に基づく東洋的アプローチは、モデル的立場からすると「力ずく」なのだ。その証拠に、ヘリゲルは弓道場のいたるところに弟子が打ち放った弓の傷を指摘している。しかし、阿波研造自身にとってはすべてがエレガントなのだ。この理解の差はなんだろうか。阿闍梨が修行に山道へ出るとき、足の先から頭のてっぺんまでの神経回路網、つまりは、ナチュラルなコンボリューショナル・ニューラル・ネットワーク、名付けてN（ナチュラル）-CNNを全開状態にしている。山道の自然から受けるあらゆる情報を「手当たり次第」受け取っていく。山から帰り、その日の夜、阿闍梨の体内ではバックプロパゲーション（誤差逆伝播法）が行われ、昼間に取り込まれた自然界の情報が、N-CNNに定着する。次の日はこの新しいN-CNNで再び山へ出かける。バックプロパゲーションは、ランダムではなく、取り込まれた情報に対して決定論的なのだが、予測不能な変化をN-CNNにもたらす。阿闍梨は毎日同じことを繰り返しているように見えるが、実は毎日異なった状態へと、フラクタルな巡回過程を遡上している。

考えてみれば、コンピュータとは、百万回ループを廻れと命令すれば、その通り廻る装置である。「目的は的を射ることなのに、なぜ雑巾掛けなのか」と文句を言うことはない。たとえ主人の命令が間違っていたとしても、ひたすら仕事をこなす。その意味では、かなり東洋的アプローチを地でいくものである。このように言うと、いや、コンピュータはアメリカ的、実利主義的なアプローチであるという反論がきそうだ。とりあえずは、事実その通りである。実利主義の基本には、経験則の蓄積がある。ただし、それを実用化、営利主義へと結びつけるのが実利主義だ。対象をモデル化して、エレガントに解へ到達しようとする西洋的アプローチからすると、阿闍梨の毎日の修行の積み重ねは経験則の蓄積ともいえる。他者にとって理解できる説明ではないものの、的におのずから弓が当たるようになるのも、弓道家阿波研造の経験則であるといえば、いささかしっくりくるというものである。たかが、我欲があるかないかの差、といってしまえば、東洋哲学者から猛攻撃がありそうであるが、よく考えて欲しい。実利主義なのはアメリカ人であり、コンピュータではない。

ともすると、コンピュータ・サイエンスの実利主義的な側面を、サイエンティストたちは見下したがる。一方で、東洋的アプローチはその神秘性ばかりが強調され、サイエンスから外れるものとされる。しかし、もしかすると第三世代の人工知能の発展においては、これらに科学的な光があてられるのかもしれない。

五　悪法

「新規の技術開発と空域を巡る法的規制との鼬ごっこ」というテーマを冒頭に与えられていたが、規制する側とされる側という対立概念で、海賊を考えるのには違和感を覚える。お昼のサスペンスドラマに登場するやり手刑事のお説教のように、法律至上主義であればわかる。では民主主義の理想を語ろう。我々の民主主義国家の仕組みはモンテスキューの三権分立を基本としている。三権分立は、人間の作る法律は不完全であるということを前提としており、立法、行政、司法という三つの拮抗する権利の組み合わせにより、法律そのものを監視していこうというものである。我々市民が、守れない法律を立法府によって押し付けられたならばどうするべきか。一つは法律改正を訴える政党をつくり、投票により国会に乗り込み、法律改正を目指すことである。政治力のある強い市民はこれで良いが、これでは、弱者にとっては、らちがあかない。三権分立によれば、別の方法があるのだ。つまり、司法に訴えることだ。しかし、守られている法律を訴えることはできないというところが曲者である。「法律を守らない」ことによって訴えるしかない。法律を守らないことによって、司法は門前払いをしない。裁判となる。それは、とりあえず議論のまな板に載せようということだ。議論の結果、本当に守ることのできない法律であるということが認められれば、立法府に対して、法律改正が命ぜられる。

民主主義の理想は、多数決原理を主体としても、少数派や弱者のための道を残している。この意味で民主主義は弱者＝海賊的性格を内包している。その代わり、裁判で「やはり法律を守るべきである」という判断が下されることもあり得る。罰金、懲役が科せられることもある。場合によっては死刑となることも。だが、三権分立の制度を勝ちとってきた先人の歴史的経緯からすれば、そのくらいのリスクがあってもおかしくない。

日本では、裁判にかけられるということになると、悪いことをしたというイメージがぬぐいきれず、裁判を避ける傾向があるが、あくまでも裁判は議論および判定の場である。特許戦争はこれを逆手に利用したビジネスである。我が物顔で市場シェアを伸ばしている企業Aがあったとしよう。このため、ほとんど市場を取ることができない別の企業Bがあったとする。この企業Bが勝つ一つの方法として、Aの商品に関係しそうな特許を探し特許侵害を訴える。通常の考えでは、B社は、実際に特許侵害をされているかどうか、厳密に調査してから訴える必要がありそうだが、とりあえず、そのような手間のかかることはせず、軽い気持ちで訴えるのである。こうなると企業Aが取り得る道は、侵害を認めるか、あくまで裁判で戦うか、二つに一つである。しかし、裁判で戦うためには、自社製品がBの特許を侵害していないことを証明する必要があり、そのための資料を裁判所に提出しなければならない。裁判とは公の場であるため、企業秘密がB社に流れることになる。B社にしてみれば、賠償金と特許料が入ってくるか、A社の企業秘密を得るかのいずれかであり、どちらに転んでもメリットがあるわけだ。極論すれば、特許侵害が事実かどうかは関係ないのである。高度経済成長期、このやり方の犠牲者として、やむなく、侵害されてもいない特許の特許料をアメリカ企業に払わざるを得なかった日本企業がいくつもあったといわれる。こうなってくると、特許制度は悪といわざるをえない。

悪法の問題は永遠のテーマである。パウロは、「律法によらなければ罪を知らなかった」［ローマ人への手紙　7：7］といっている。そもそも、法を支配するものにしてみれば、海賊もなにもない。海賊に仕立てたいものがあれば、そのように法を変えるだけである。海賊は海賊になりたくてなっているわけでもなく、普通に生活していたら、たまたま海賊にされていた、というわけだ。神の世界だけではなく、この意味で、世界の海賊のドンはトランプ大統領である、とか、エリザベス女王であるとか、世の正義が海賊のドンであるという話は、そこかしこで囁かれている。

六　あなたはバイオデバイス

最近、「ポケモンGO」というゲームがリリースされたが、お台場に、インターネットに接続された多数の人間がおしよせ、大混乱になったことが報道された。

仮想のモンスターを追いかけてうごめくさまは、地獄に落ちる亡者そのものである。私の周辺でも、歩道を歩いているとスマホを使いながら運転している自転車に体当たりされそうになったり、信号が青になったのに、ずっと立ち止まり前へ進んでくれない歩行者がいたり、迷惑千万である。

このような現象を見ていると、妨害電波でヴァーチャルの回し者たちを討ち取るという別のゲームを考案したくなる。実は、ドローンを撃ち落とす電子銃がある。ポケモンGOもドローンも自身の位置を把握するためにGPSの電波を受信している。したがって、GPSの電波に対する妨害電波を発生させることにより、敵のコントロールを奪い、強制的に不時着させることができるのだ。これを応用すれば、さまよう群衆を阿鼻地獄に落とし入れる銃も開発できそうである。

いっとき、フラッシュ・モブというのが流行った。Facebookなどで呼びかけられた面識のない者たちが、ある特定の場所、時間に集合し、突如としてダンスを始める一種のネットワーク・ゲームである。前触れなく始まる高揚感は、仕掛けた人たちにとどまることなく、沿道を通り過ぎようとした人々もグルーヴされる。そして数分後、何もなかったかのように平常へと戻る。ヴァーチャル・ワールドからリアル・ワールドへダンスが飛び出してきたかのような驚きは、ポケモンGOにはない後味のよさがある。

多くの人間がインターネットに繋がれている世の中がやってきた。人がインターネットを利用しているのではなく、インターネットが人を利用しているのである。一般の人々だけではなく、エンジニアや企業たちも繋がれている。これら繋がれている生身の人間、および組織は、あたかもバイオデバイスのようである。バイオデバイスとは、シリコンデバイスでは実現できない機能を実現するための生物もしくは生物の部分を使ったデバイスである。例えば、空中の化学物質を探知するセンサーを昆虫の臭覚器を利用して実現する例などがある。

人間というバイオデバイスに対して、インターネットは指令を送り、様々な情報処理結果を得、自身の判断の材料として、ますます成長する。たとえば、人間的な感性が欲しいと考えれば、SiriやPepperなどの会話型ロボットをインタフェースとして人間たるバイオデバイスに情報をインプットする、かかる処理ののちバイオデバイスからの感性というアウトプットを集積し、インターネットは人間的に成長する。新しい機能が欲しいと考えれば、接続されている有能なエンジニアへ指令をインプットし、欲する機能を得る。

「我々がインターネットを利用している」と思っている、その心理を裏返してみるだけで、このような皮肉な世界が広がってくる。

インターネットが新しい機能を欲しいと考えるわけがない、機能を欲しているのは、どこかの企業であり、エンジニアへの発注、受注関係、あるいは雇用関係をインターネットが仲買しているにすぎないとあなたは思っているかもしれない。しかし、企業にエンジニアへの発注を促したのも、実はインターネットから企業へインプットされたマーケティング統計であり、その企業自身がインターネットから独立的主体的に欲したわけではない。インターネットが、マーケティング統計から、なにをすべきかを導出したかったのだ。世の中の情報の流通は、人間→インターネット→人間→インターネット……という、両者の複雑な循環によって出来上がっている。これを、人間から始まっていると見るか、インターネットから始まっていると見るかの違いでしかない。

これから、海賊のドンは、インターネット、もしくはインターネットと結びついた人工知能へと世代交代していく。強大な海運帝国や、金融帝国、世界の警察官、パウロが語るような銅鑼や甲高く鳴るシンバルのような法は影を潜め、おのづと弓矢が的に当たるように、新しい平和へと導かれるだろう。情報の循環のなかで、Siri や Pepper が語りかける愛によって、インターネットは柔和にバイオデバイスたちを育む。インターネットは寛容であり、親切である［コリントⅡ13］。

七「ロマンチストの豚」

二〇四五年、世界はシンギュラリティー《技術特異点》を迎える。人工知能が人間の知能を追い抜くとされるこの年、七七歳の私が生きていたら、なにをしているだろうか。

……風の便りに聞いたが、人工知能とバイオデバイスたちは火星に行くといって出て行ったきりだ。私のいる地球はといえば……。もう誰もいなくなってしまった。それっきりなんのたよりもない。(3) 茫々たるこの地で二九年前とあいも変わらず、竹とんぼ《ドローン》を飛ばしているよ。

（1）クリスフォード・ストール／池央耿訳『カッコウ

はコンピュータに卵を産む』上下巻（草思社、一九九一年）。

（2）　オイゲン・ヘリゲル／稲富栄次郎・上田武訳『弓と禅』（福村出版、一九八一年）。

（3）　やなせたかし作詞／木下牧子・泉周二作曲「ロマンチストの豚」。

第Ⅱ部　剽窃・贋作・模造品の遊泳術

「永仁の壺」と昭和の陶芸史——ニセモノから芸術史を再考する試み

藤原　貞朗

はじめに——「永仁の壺」の重要文化財指定に至る三つの「ねじれ」

近代の陶芸史上、最もスキャンダラスな贋作事件のひとつに「永仁の壺」事件がある。(1)昭和三五年から翌年にかけて、鎌倉時代の「永仁」銘のある瓶子が伝統的な古い焼物（古瀬戸）の名品として重要文化財に指定されるのだが、翌年には加藤唐九郎の手になる現代の作、すなわちニセモノであることが判明し、指定解除となる事件である。唐九郎は昭和三二年に無形文化財（織部）（＝「記録作成等の措置を講ずべき無形文化財」）の保持者となっており話題性も高かった。事件後、彼はその資格を失い、現在もなお国立の美術館では彼の作品を展示することは難しい状況にある。

この事件は、陶芸や美術の世界を越えて、「社会的事件」として新聞・雑誌などマスメディアに大きく取り上げられた。そして、近年まで、ジャーナリストや小説家によって、何度も事件が思い起こされ、検証されている。とくに、ジャーナリストの松井覚進による『永仁の壺　偽作の顚末』は詳細な調査に基づいた労作で、「事件」の真相に迫っている。(2)しかし、こうしたジャーナリストの調査報告では、主として社会的事件の「顚末」と、関わった者の道義的問題が扱われるだけである。すなわち、加藤唐九郎を反社会的行為に手を染めた「社会の敵」として糾弾することに終始し、残された作品の芸術的な意味や歴史に与えた影響についてはほとんど考察されることはない。一方で、陶芸の専門家や研究者もまた、この事件に対しては芸術（史）的判断は回避して、沈黙しているのが現状といってよいだろう。

「永仁の壺」事件に限らず、いわゆる贋作が正規の美術史や工芸史で取り扱われることはほとんどない。芸術の歴史は、本物（オリジナル）の歴史として構成されるのが常である。有史以来繰り返されてきた「贋作」や「捏造」にまつわる出来事はメインストリームの裏のこぼれ話として語られることはあっても、正規の歴史に深く関与した事件だとはみなされないのである。しかし、加藤唐九郎が関わったニセモノは、資料から確認できるだけでも戦前に七点が「重要美術品」に認定され、さらに戦後にも三点が「重要文化財」指定の対象となっており、少なくとも昭和の時代には、陶芸史上の重要な「芸術品」として認知され、古瀬戸の名品として陶芸家や専門家に影響を与えていた。もし、この間の歴史を無視して、ニセモノを「悪者」として単純に陶芸史から排除してしまったならば、昭和の時代の芸術的価値観そのものを否定しないまでも、忘却することとなり、その結果として、昭和の陶芸史を捻じ曲げて理解してしまうことになるのではなかろうか。

こうした観点のもと、本稿において、筆者は、「永仁の壺」をはじめとする加藤唐九郎が関与したニセモノを、芸術的価値を与えられた「作品」とみなすことによって、昭和の陶芸史と文化史を見直す試みをしてみたい。いわゆる「贋作」や「偽物」を陶芸史のメインストリームに深く絡ませた新しい陶芸史の可能性を探ってみたい。

本稿では、先行研究に基づいて事件の推移を整理しつつ、従来の研究が見過ごしてきた「永仁の壺」をめぐる陶芸史上の画期となる問題を三点取り上げ、順に分析を行ってゆく。その三点とは以下の通りである。

①「永仁の壺」が制作されたのは昭和一二年頃のことで、同年に国宝指定された「正和元年十二月施入」銘の《古瀬戸黄釉瓶子》二口(長滝白山神社蔵、現在は重要文化財)の「写し」として制作されたと考えられている。制作に関与した加藤唐九郎や嶺男の証言によれば、昭和二年から一二年にかけて、古瀬戸の「写し」は五〇点近く作られたらしい。その一部がやがて古陶として市場に出て、少なくとも一〇点が昭和一〇年代から三〇年代前半に「重要美術品」や「重要文化財」に認定ないし指定された。まず、最初の疑問は、多数の「写し」が制作されたのがなぜこの時期だったのか、ということである。この素朴な疑問も、陶芸史の問題として考察されたことはない。ここで明らかにしたいのは、昭和初期の「写し(ニセモノ)」の意味だ。

また、そもそも加藤唐九郎は「写し」を作ろうとしたのか、それとも、「贋作」を作ろうとしたのか。じつのところ、その創作の企図すら不明なままである。加藤が関与したニセモノを頭ごなしに「贋作」扱いするのではなく、「創作物」として捉えることができるならば、その解釈はかなり違ってみえるのではないだろうか。

②「永仁の壺」が公衆の面前に現れるのは、制作から六年後の昭和一八年のことである。この年の一月に『中部日本新聞』、七月には『考古学雑誌』に、瀬戸の山村の「道路工事現場」から「出土」したと報告されている。つまり、「永仁の壺」事件は、当初は、贋作を古美術市場に流通させた贋作事件ではなく、考古学の捏造事件であったというべきであろう。では、なぜ、考古学的な捏造事件がこの時期に工作され、その後一〇年を経て、昭和三〇年代に美術界の事件となって世間を騒がすことになるのだろうか。この時間のズレは何を意味するのだろうか。これが第二の疑問である。

大正期までの美的価値観からいえば、骨董(古美術)の価値は伝世と緊密な関係にあり、考古学的な出土物が即座に美術品として扱われることは稀だった。ところが、この価値観が昭和初期に急変し、従来は考古品扱いだった古瀬戸の美術的評価が高まっていた。考古学的な発掘物が古美術品へと摩り替わってゆくプロセスのなかで、「永仁の壺」は制作から二〇年以上の時を経て、重要文化財に指定されるに至るわけだが、このプロセスじたいに加藤唐九郎のニセモノは深く関与しているようにみえる。「永仁の壺」を重要文化財へと導いた評価のプロセスを精緻に検証し直す必要があるだろう。

③制作から二二年、「発見」から一六年を経て、「永仁の壺」は重要文化財に指定される。そして、すぐに「贋作」の疑義が出て事件化し、翌年には取り消しとなった。最後の疑問は、なぜ昭和二〇年代まで「贋作」の嫌疑をかけられなかったモノが、昭和三〇年代半ばに「反社会的」な偽作として話題を集め、「事件化」したのかということだ。事件を事件として顕在化させた昭和三〇年代の陶芸史的情況とはいかなるものだったのだろうか。ここには、戦後の昭和二〇年代と昭和三〇年代にまたがる、文化遺産や伝統に対する日本の国民意識の変化が関わっているだろう。

一　一九二七〜一九三七年　「写し」が制作された時代

「永仁の壺」が制作されたのは昭和一二年頃のことで、前述のとおり、同年に、《古瀬戸黄釉瓶子》二口が国宝指定されており、これに触発されたことが制作の要因のひとつと考えられている[3]。加藤唐九郎はすでに一〇年前の昭和二年から古瀬戸の「写し」を制作していたといわれており、昭和一二年にはその内の一点（おそらく《瀬戸釉菊唐草文壺》）が古瀬戸として流通し、重要美術品に認定されるに至っていた。では、加藤唐九郎は、なぜこの昭和一〇年代初期に、のちに重要美術品や重要文化財に認められるクオリティの高い、あるいは魅力的なニセモノを作ることができたのであろうか。ニセモノもまた昭和初期の芸術創作のひとつとしてポジティヴに捉え、その創作のプロセスを芸術史のなかで考察してみたい。

「永仁の壺」をはじめとして、加藤唐九郎が関与した創作物は「写し」や「偽作」、あるいは「贋作」と今日みなされているが、奇妙なことに（あるいは、それゆえというべきか）、その外見や文様は、旧知の本物の古瀬戸とはかなり異質な特徴を有している。過去に類例のない文様が刻まれていたり、前例のない大きな寸法をしていたり、首や肩などの形状が特異であるなど、ある意味で「独創性」に溢れていた。当時の識者には、「近代的」な特徴すら持つと評した者がいたほどであった。単に偽物や贋作を制作して売却したいのであれば、独創的でない古陶の忠実な写しを作った方がよいはずだが、加藤は近代的ですらある「独創的な古陶」という奇妙なニセモノを作り出した。これは何を意味しているのであろうか。

近代の陶芸史を知る者であれば、加藤がニセモノを作り始めた昭和二年に重要な出来事が起こったことを知っているだろう。帝國美術院美術展覧会（以下、「帝展」とする）の第四部に「美術工芸」部門が設置され、初めて工芸の出品が認められたことである。「工芸美術が美術のジャンルのひとつとして認知され」(4)、陶芸家も、芸術家として、同時代の芸術創造を意識する時代となったのである。じじつ、初期の帝展第四部では、アール・デコ様式の芸術的傾向の強い「構成派」と呼ばれた新興工芸運動の作家が「特選」を受賞し、その結果、同時代美術としての「美術工芸」と従来の日用品としての「産業工芸」ないし「生活工芸」との差別化が進行していった(5)（柳宗悦の民藝運動が同じ頃に活発化したのは一種の反動として理解できよう）。

加藤唐九郎も「美術工芸」の潮流と無縁ではなかった。彼は昭和六年の第五回帝展に《黄瀬戸魚紋花瓶》を出品し、初入選を果たしている。その作品は現在、所在不明であり、いかなる作品だったか確かめることができないが、昭和初期の制作になる作例からおおよそ想像することはできる。たとえば《辰砂壺》（大正一四年頃）と《黄釉八角花瓶》（昭和二年）(6)は、作品の寸法や観賞用の花器である点から、帝展出品を念頭においた「美術工芸」的創作物と考えてよいだろう。アール・デコ様式の影響を受けた幾何学的構成からなるこれらの作品は、加藤唐九郎もまた、モダンな様式を参照することによって「美術工芸」的な陶器を創造しようとしていたことをうかが

図1　《古瀬戸陽刻仏花器》

わせている。

　しかし、おそらく同じ時期、加藤唐九郎は展覧会出品用のモダンな作品とは異質の非常に奇妙な創作物も作っていた。昭和二八年五月発行の雑誌『陶説』に《古瀬戸陽刻仏花器》と題してモノクロ図版で紹介された作品（図1）である。『陶説』には「焼かれた場所も時代も、今の所知る由もないが、おそらく鎌倉時代よりは遥かに時代の古いものと想像される」と解説されている。[7] すなわち、この作品もまた、現代の「美術工芸」作品としてではなく、古陶として世に出回っていた。要するにニセモノであったわけだが、「焼かれた場所も時代も」わからない、前例のない奇妙な創作物である。

　この作品の制作年は不詳だが、おそらく、昭和初期に制作されたと考えてよかろう。というのは、この作品は、幾つかの点で前述のアール・デコ様式の《辰砂壺》に似ているからである。両者とも、口が朝顔のように開いている点、首に線条文が入っている点、肩に花弁の文様があしらわれている点など、深い関連性がある。この仮説が正しいなら、唐九郎は近代的な《辰砂壺》と古風な《古瀬戸陽刻仏花器》を並行して作っていたことになる。なぜ、彼は現代的な「美術工芸」とともに、古陶まがいの奇妙な創作物を作ったのであろうか。

　ここで思い出すべきは、当時の帝展のもう一つの重要な傾向である。「美術工芸」部で審査員を務めるなど中核的存在となっていたのは「工芸済々会」で、陶芸では板谷波山に代表される「新古典派」が、モダンな様式を推奨しつつも、古作に学んだ「和風」や「東洋風」の意匠を積極的に「写し」、作品に取り入れていた。加藤唐九郎も同じように、瀬戸の「陶芸家」として、古瀬戸に霊感を得た作風で、独創的な作品を創作しようと企てていたと仮定してよいのではないだろうか。その制作プロセスの中で、たとえば習作として、古陶まがいの創作物も生み落とされる可能性があったのではないか。さらには、もしかしたら、古風な作例の方を展覧会に出品する意図すらあったのではないだろうか。

昭和初期の時点において、加藤唐九郎が「陶芸」の芸術性を意識していたことは確かである。昭和一一年に彼が発表した論考「織部こそ真の日本焼きなり」には、「陶藝美術」という言葉が繰り返し使用されている(8)。彼もまた、アール・デコ風の現代的作品だけでなく、いわゆる伝統的な「写し」にも新たな芸術性が必要だと考えていた。単に贋作を密かに作って儲けようとしていたわけではなく、芸術的なクオリティの高い古陶風の作品の創造に思いを巡らせていた。この頃に唐九郎が残した次の言葉は興味深い。昭和七年発表のエッセイだが、そこには、古陶を欲する「愛好家」が、「工人」に「倣作」（写し）を作らせる当時の状況が語られている（じっさい、彼も益田鈍翁のために、昭和五年に「写し」の志野茶盌《氷柱》を制作している）。彼によれば、普通の工人は幾ら「写し」をつくっても「似て非なる」非芸術的な「倣作」しかできないという。なぜなら、芸術的な名品はすでに「名物」となって「富豪の家の庫裏深く蔵されて容易に之をうかがふことあたはず」、「倣作」が「本歌の名称を奪被して世上に、自由に横行するに至つた」からである。つまり、真の名品を知らず、非芸術的な「倣作」からまた「倣作」を作るしかないため、「エタイの知れぬシロモノ」ばかりが古陶とその「倣作」として出回っている状況なのであった(9)。そのようななかで、彼は、「似て非なる倣作の又倣作」の再生産には飽き足らず、「倣作」に芸術性を与えるべく調査と実験を繰り返したのであった。加藤唐九郎は大正末期から、昭和初期にかけて、瀬戸地方の古窯の発掘調査を行っていたことで知られるが、その目的は、「芸術的な」古陶を掘り出し、それに学んだ芸術的作品を創作することが第一義にあったと考えるべきだろう。そして、その結果として生まれた作品のひとつが《古瀬戸陽刻仏花器》なのであった。この「創作物」がいかに魅力的であったかは、板谷波山がこれを

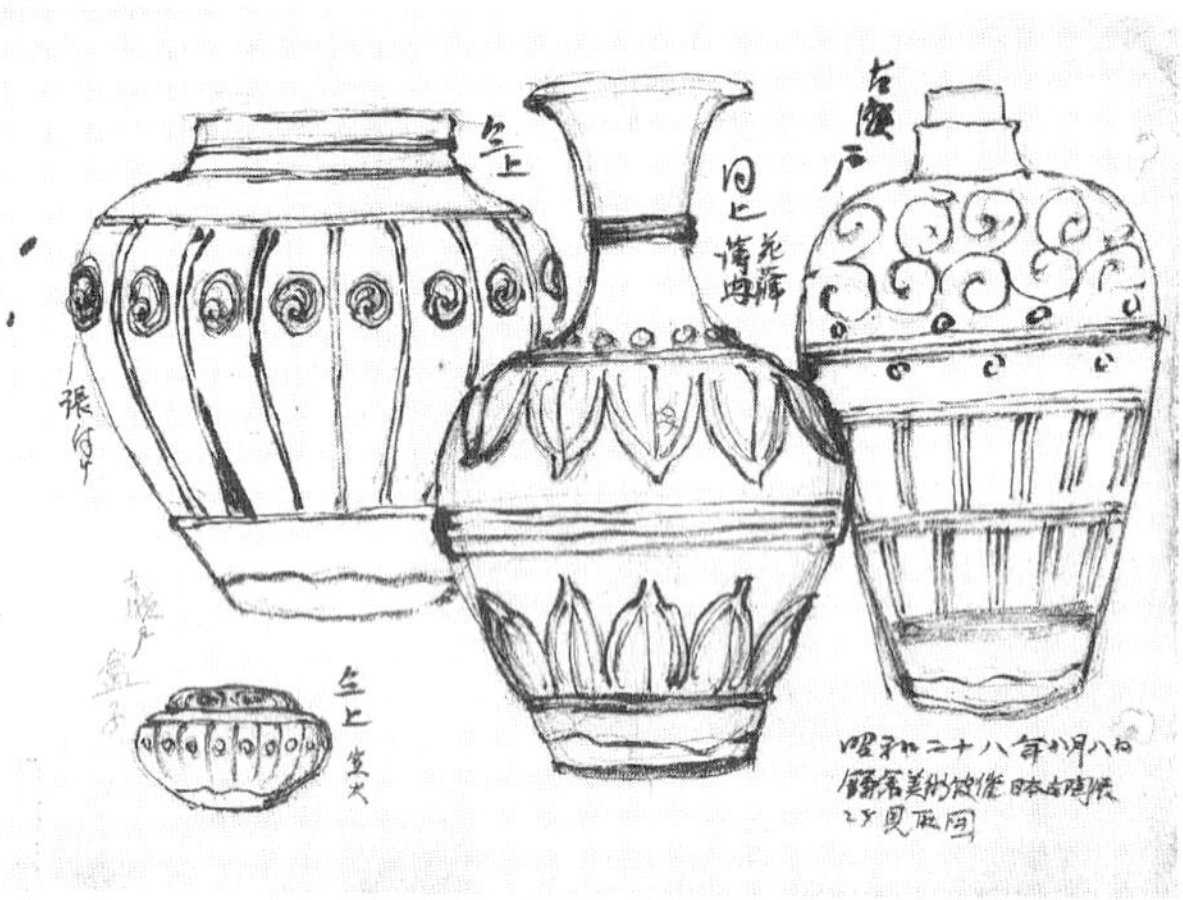

図２　板谷波山によるスケッチ
（出光美術館蔵／器物図集（其の三）1770-2）

戦後にスケッチ・ブックに写している事実にうかがうことができるだろう（図２）。

昭和一〇年頃に、加藤唐九郎が古陶風の独創的創作物を制作したのは、単に創作者が「贋作」を作ろうとしたからではない。そこには、クオリティの高い古陶風のニセモノを芸術的作品として創造するという陶芸史的な意思が強く働いていた。少なくとも、彼が生み出した幾つかのニセモノには、昭和初期の芸術的創作の試行錯誤のプロセスを読み取ることができる。「はじめに贋作づくりありき」という発想のもとでは、決して創造しえなかった独創的な意匠がある。「永仁の壺」がこのケースに当てはまるか否かは、さらなる精緻な検証が必要だが、その可能性はあると思う。

二　一九四〇〜五〇年代　戦中・戦後「永仁の壺」の評価のプロセス

「永仁の壺」が公衆の面前に現れるのは昭和一八年で、制作から六年後のことだが、その登場の仕方は異例だった。まず一月六日に地方紙『中部日本新聞』に、そして同年七月に『考古学雑誌』の彙報に取り上げられたのである。古美術市場にふっと現れたのではなく、考古学的遺物としてマスメディアに登場したのである。瀬戸の山村（東春日井群志段味村）の「道路工事現場」から「出土」したというふれこみで世に現れたのだった。「永仁の壺」に関わった者たちは、瀬戸の古窯址からの出土品として流通させた。その意味で、この事件はニセモノを真作と偽って美術市場に流通させる「贋作」事件であるだけでなく、考古学の捏造事件でもあるという複雑性をもっている。当時にしては新手の考古学的「捏造事件」だったのであり、ここに重点を置いて考察をする必要があろう。

大正期までの美的価値観からいえば、骨董（古美術）の価値は、作品の伝世と緊密な関係にあった。考古学的な出土物がすぐに古美術品として扱われることは稀であった。ところが、「永仁の壺」など加藤唐九郎が関与したニセモノは、考古的資料として登場したにも関わらず、美術的価値が評価され、重要美術品に認定されるものまで出た。ここに、古陶の価値観の急速な変化を認めることができる。この急速な価値観の変化の渦中で、十分な古美術的評価がなされぬまま、ニセモノが本物として流通していったという事情も透けてみえる。本章では、この昭和初期の古陶評価のプロセスと加藤唐九郎によるニセモノとの関連について検証したい。

「永仁の壺」が出土物として登場した背景には、前述のとおり「正和元年」銘の古瀬戸瓶子の影響がある。昭和一二年に国宝指定されたこの瓶子は昭和八年に「岐阜県郡上群長瀧村」の道路工事の際に出土したものだった。加藤唐九郎はこの瓶子を「写した」だけではなく、その「発見」の手法も模倣したのである。否、むしろ考古学的発見という手法こそ、彼が真っ先に模倣した重要なポイントだっただろう。先行研究で明らかにされているように、加藤唐九郎は「永仁の壺」が出土物であることの説得力を増すために、昭和一八年頃に、この壺と同じ土と釉からなる陶片を発見地周辺にばら撒いた。史書に名のみが残る「松留窯」址の存在を捏造するためである。「永仁の壺」はこれまで美術界を揺るがした贋作事件と理解されてきたが、むしろ考古学の捏造事件として再考すべき出来事であろう。とはいえ、ここでの目的は考古学的捏造の手口の検討ではない。考古的出土品として現れたモノが、なぜ美的に評価され、美術界を揺るがしたのかを陶芸史の問題として明らかにしたい。

昭和一二年の正和銘瓶子の国宝指定に代表されるように、昭和一〇年代には古瀬戸の美術的評価が高まり、相次いで重要美術品に認定されている。昭和九年に《瀬戸印花菊文瓶子》と《黒飴釉唐草文瓶子》が古瀬戸で初めて重要美術品に認定されたのを皮切りに[10]、昭和一二年には《瀬戸印花菊花玉覆輪文瓶子》と《瀬戸劃花菊紋瓶子》[11]、そして加藤唐九郎の手になると現在は考えられているニセモノまで重要美術品に認定された。背景には、昭和八年の「重要美術品等ノ保存ニ関スル法律」の施行が関わっているが、これは次章で検討するとして、ここでは古瀬戸が評価される背景の解明に焦点を絞ろう。

瀬戸の古窯の発掘が始まったのは、評価が高まる一〇年程前の大正末から昭和初めにかけてである。陶磁研究者で文部技官だった小山冨士夫は、「瀬戸古窯の発掘熱の急激に高まったのは大正末、昭和初めで、昭和三、四年にはその最高潮に達し」たと証言している[12]。この時期まで、蒐集家の関心の中心は中国の古陶磁と伝世の確かな日本の古陶に限られており、発掘品に関心が向けられることはなかった。専門家の小山ですら、「大正一三年にはじめて古窯址を訪ねた」と記している。それが昭和初めに「最高潮」となるのは、小山曰く、加藤唐九郎が瀬戸発掘ブームの「趨勢を齎らした」からであった。

じっさい、唐九郎はいち早く大正期に瀬戸古窯の調査と発掘を手がけていた。彼はなぜ発掘調査を行い、いかにして発掘ブームを生み出していったのだろうか。すでに、この時期から考古学的「捏造」を意図していたと仮定することは難しい。当時はまだ発掘品への関心は低く、捏造したニセモノを骨董市場で売るのは容易でなかったはずだからである。では彼の目的は何だったのだろうか。

ひとつには、瀬戸地方の窯業の（芸術的な）復興が目的だったと考えるのが妥当だろう。瀬戸地方は、江戸時代以降、大量生産の製陶地として名を馳せたが、逆に、製品の芸術性は失われていた。「美術工芸」の創作意識の高まりのなか、陶工たちは瀬戸の窯業に再び江戸期以前の芸術性を与え、美術工芸の地として復興させたいと願うようになっていた。古瀬戸の研究者・井上吉次郎の昭和七年の主張を取り上げよう。彼によれば、江戸以降、「瀬戸の名は焼物一式を込めて、つまらないものになつた」。瀬戸の陶磁器は「磁器の大量生産時代に至つてから（中略）天下を靡びかせ」て「瀬戸物」と呼ばれたが、この名は「名誉の記号」ではない。「名誉は磁器以前の工人」にあり、彼らが作った「民藝的雑器」こそ「特有の美を持つて居た」。だから、「我々はもつと陶磁未分の前代へ遡つて行かねばならぬ」[13]。同じように、新たな「美術工芸」の創作に臨んでいた加藤唐九郎も、著作『黄瀬戸』（宝雲舎、昭和八年）や論文「織部こそ真の日本焼きなり」（昭和一一年）を発表するなどして、古瀬戸のかつての芸術的威光の復活を訴える主張を繰り返していた。

加藤唐九郎は、この目的を果たすために、昭和二年から三年にかけて、「加藤唐九郎調査瀬戸古窯出土展」（瀬戸町公会堂）を開催し、翌年に官民一体の「瀬戸古窯調査保存会」を結成している。『古窯調査』報告も公刊した。こうした活動が公けになるなかで、出土する陶片への関心がしだいに高まり、愛好家たちも瀬戸の古陶に注目しはじめることとなった。ちょうどこの頃、陶磁愛好家の雑誌、例えば『陶磁』（昭和二年）や『星岡』（昭和五年）、『茶わん』（昭和六年）、『工藝』（昭和六年）が次々と創刊され、古瀬戸への関心が高まる追い風となった。これらの雑誌を通じて、唐九郎は徐々にではあるが、自らの活動を、瀬戸の外部へと発信することができたのだった。今日よく知られる荒川豊蔵による大萱牟田洞古窯址での志野「筍」陶片の発見とその後の北大路魯山人主導の発掘調査は昭和五～六年のことであり、まさにこの時期の出来事であった。

加藤唐九郎の活動は一定の成果を収め、昭和七年からは瀬戸の窯業者が協力して「瀬戸物祭り」（加藤唐九郎命名）を開催した。そして、このイベントの目玉として「古陶行脚展」が開かれる。「市内80箇所に催けた展観場へ戸別巡覧」して、「瀬戸市中にある瀬戸一系の名器」を見学するという試みで、これは瀬戸外部の陶磁器愛好家に向けても発信され、注目を集めた[14]。それでも、昭和一〇年頃までの「復興」活動は瀬戸地方に限定され、中央の考古学界や古美術界に影響を及ぼすほどではなかった。唐九郎は昭和二年頃から「写し」を制作して一部を古美術市場に出したようだが、当時にあっては、せいぜい瀬戸の骨董商に小遣い程度で流すことしか出来なかっただろう。だから、偽物づくりの罪は軽いと言いたい訳ではないが、この頃にすでに贋作によって、陶芸界や美術界に揺さぶりをかけようという野望を抱いていたと仮定するのは時代錯誤である。

しかし、こうした状況は昭和一〇年代に大きく変化する。たとえば、著名な骨董商の瀬津雅陶堂は瀬戸古窯址の発掘品や陶片を売買するようになり、愛好家に積極的に収集を促し始めている（昭和一二年）。陶片が売れ始めるようになると、動きは急転し、全国の骨董商が瀬戸に押し寄せ、一〇年代後半には「発掘品もあともう五年もしたら完全に入手困難に陥る」であろうという「発掘狂時代」の到来となった[15]。瀬戸地方だけでなく、唐津や備前でも古窯の発掘が盛んに行われ、蒐集家たちの関心の的となる。それは例えば雑誌『陶磁』の特集に顕著となっていよう。中国陶磁の特集（「定窯研究」（昭和一〇年八月）、「支那青磁」（同年一一月）、「元朝の陶磁器」（昭和一二年一二月））に交じり、「古九谷」（昭和一〇年四月）や「正倉院の陶器」（昭和一三年四月）などの「和モノ」が特集され、さらに、「美濃諸窯研究」（昭和一一年五月）、「信楽」（同年一二月）、「丹波」（昭和一二年三月）、「上代瀬戸」（同年八月）、「備前焼」（昭和一三年三月）など、日本の古窯の研究と調査報告が大きく取り上げられるようになっている。

こうした価値変化の背景に、昭和一〇年代の大戦争へと向かう国粋化の傾向やナショナリズムの趨勢を読み取ってよいかもしれない。しかし、短絡的にそれのみに結びつけるのは避けねばなるまい。工芸専門雑誌の日本陶磁の特集を管見する限り、この時期には古陶と日本の「伝統」を結び付けて国威発揚を促すイデオロギーに遭遇することはほとんどない（後述するように、そうした言説はむしろ第二次大戦後に流行する）。昭和一〇年代の古陶評価の高まりに、ナショナリズムという政治性を読み取るよりも、純粋に美学的水準、あるいは蒐集家の欲望の水準における変化を読み取るべきであろうと思う。

先行研究では注目されていないが、昭和一四年一〇月に重要な出来事が起こっている。東京帝室博物館の陳列替において、古瀬戸の《劃花牡丹文壺》が「陶器部」に展示されたのである。展示を見た古陶研究者の久志卓真によれば、「それまでは資料として埋もれていたので誰人の目にも触れなかつた」ものが「考古学資料の方から発見」され、「美術品」として展示されたのだった。[16] さらに、久志は言う。この「考古学の資料として埋もれていた劃花牡丹文壺の発見展観に気をよく」した博物館関係者は、翌年の一五年二月の陳列替に際して、さらに「瀬戸美濃系の日本古窯」を七点追加して「決定的大ヒットを奪はんと試み」、その結果、「勿論これは成功して「博物館はじまつて以来、陶器部がこれ程活気を帯びたことはなかつた」らしい。このときの七点の瀬戸美濃系古陶の中には、加藤唐九郎の偽作《印花文大壺》も含まれていたようである。[17]

帝室博物館において、「考古学的資料」だった古瀬戸が「美術品」として「陶器部」に移管され、展示された。大正末期、瀬戸の陶工たちの地域復興に始まった発掘と古陶の再評価は、骨董界と愛好家に伝播し、わずか十年後の昭和一〇年代には国立の美術館の美的価値基準を変えてしまったのである。急激な価値変化というべきだろう。この急激な変化が、加藤唐九郎のニセモノの追い風になったことは想像に難くない。このような状況のなかで、「発掘品」が十分に精査されることなく美術館に持ち込まれ、美術品に格上げされることも起こってくる。再び久志の言葉を借りよう。彼によれば、当時の「商人」が古瀬戸と称して持ち込んでくる「商品」は「経路、発掘過程など一として正確なもの少く」、「空中楼閣よりもまだ空しきもの」で、いわば「瀬戸ファンタジーアパシヨナタ(熱情幻想曲)」と呼ぶべき幻想のなかにあったという。[18] そんな幻想曲が奏でられた昭和一〇年代の後半に、「永仁の壺」が発掘品として登場したのであった。[19]

さて、昭和一〇年代に考古資料から美術品に格上げされた古瀬戸は、終戦を迎えると、愛好家や研究者によって、愛国的な賛辞とともに、いっそう国家的財産のように扱われるようになっている。敗戦まもない昭和二一年一月に「日本陶磁協会」が結成されているが、会長を務めた佐藤進三はその目的をこう記している。「古陶磁の研究に努力することは勿論であると同時に、今後日本文化の一端をになふ新陶磁の創造に力を致し、これを世界に宣揚せねばならぬ」、と。[20] 敗戦直後で気概を示す威勢のよい言葉が必要だったとはいえ、陶磁器を「日本文化の一端をになふ」「世界に宣揚」すべき文化と意識している点は見逃せない。

さらに興味深いことに、この協会が最初の事業として取り組んだのは瀬戸地方の発掘調査であった。昭和二一年五月、専門家と考古学者を交えた調査団が瀬戸に入り、加藤唐九郎ら当地の発掘の先駆者たちの案内のもとに、瀬戸古長曾窯を発掘調査したのである[21]（この年、小山冨士夫は七度も瀬戸に足を運び、一四〇余りの古窯址を発掘調査している）。瀬戸という一地方のいわば産業遺産だった古窯址が、中央の日本陶磁協会のお墨付きを得て、国家的な文化遺産として認知された出来事だといえるだろう。調査に参加した考古学者で当時、東京大学講師だった三上次男は、次のように発言している。「当時は敗戦後時を経ず、われわれ国民が進むべき方向を見失いがちであったが、瀬戸古窯址の調査によって、日本民族の残した大きな文化遺産にめぐりあうことができ、大きな感激をおぼえると共に、この文化遺産の価値を、声を大にしてわが国民に伝える義務を感じたものであった」[22]。日本陶磁協会は、瀬戸古窯調査と成果を戦後日本の文化復興の足がかりにしようとしていた。加藤唐九郎が昭和初期に行った「瀬戸の復興」モデルが、拡散・拡大して、そのまま、「日本の復興」運動へと応用されたかたちだ。

調査を終えた日本陶磁協会は一〇月に報告会と展示会を東京美術倶楽部で行い、すぐさま瀬戸の古陶の重要性を全国に発信している。小山と三上が講演を行い、会場には発掘された古瀬戸の数々が展示された。このとき本物に交じって「永仁の壺」も展示されている（驚くべきことに、加藤唐九郎が作品解説を買って出たらしい）[23]。さらに展示会の様子は翌月の雑誌『古美術』で詳細に報告され、口絵には唐九郎のニセモノと考えられる《古瀬戸印花文花瓶》と《古瀬戸劃花双魚文鉢》が掲載された。(24)「日本文化の復興」というお題目に眼が眩んでいたのか、協会の専門家たちも唐九郎のニセモノの真贋を見抜くことができず、正真正銘の古陶として昭和二〇年代の日本にこれらを広く紹介してゆく。

以上のように、加藤唐九郎の関与したニセモノが正真正銘の古美術品として世に出ていった背景には、昭和の二〇年間の美的価値観の急激な変化と敗戦後のイデオロギーの影響があった。この変化のなかで、考古資料から古美術品へ、そして、地方復興から日本文化の復興へという転換がなされ、ニセモノが本物へ、さらには「重要美術品・重要文化財」へと転身してゆくことになる。加藤唐九郎はこの変化を巧みに利用したと解釈してもよいかもしれないが、ニセモノを作った昭和の初めの時点でこの変化を予測できたわけではない。むしろ、こう考えるべきだろう。彼は古瀬戸の美的価値の変化と古陶愛好のイデオロギーの形成に少なからず関与している。つまり、彼はニセモノを「モノ」として創作しただけではなく、その考古的かつ美的価値観とそれを支持するイデオロギーをも、ともに創出したのだ、と(むろん彼ひとりだけでできたわけではないが)。そう考えるなら、ニセモノを贋作として陶芸史から追放してしまっては、昭和初期の陶芸史の問題を解決することにならないことがわかるだろう。ニセモノとともに加藤が創出(演出)したコンテクストだけが、主役としてのモノを欠いたまま、昭和初期の陶芸史に残ってしまうからである。こうしたいびつな歴史を生み出さないためには、ニセモノを美的に評価させるコンテクストそのものを丸ごと創出した総合プロデューサーとして加藤唐九郎を理解し、彼が関与したコンテクスト(シミュラクル)全体をもろとも創作物として評価し、昭和初期の陶芸史を再考しなおさねばならない。

三　昭和三〇年代　重要美術品認定、重要文化財指定の問題——戦後日本の「伝統」

昭和三五年、制作から二二年、「発見」から一六年を経て、「永仁の壺」は重要文化財に指定される。そして、すぐに贋作の疑義が出て社会的事件となり、翌年に指定取消しとなる。本稿における三つめの謎は加藤唐九郎のニセモノが「発見」から一六年も経った後の昭和三〇年代に贋作として「事件化」した理由だ。すでに、昭和一〇年代に古美術品へ認識転換された古瀬戸は次々と重要美術品に認定され、ニセモノも認定対象となっていたが、贋作の嫌疑はかけられなかった。それが、昭和三〇年代には一転して、ニセモノが「反社会的行為」の象徴として大きな話題を集めた。なぜ、昭和一〇～二〇年代には問題化しなかった事象が、昭和三〇年代に事件化したのだろうか。ここには、前節末尾で言及した、文化遺産に対する戦後日本の国民意識の変化が大きく関与している。

古瀬戸の最初の国宝指定は、大正二年に古社寺保存法（明治三〇年施行、昭和四年に「国宝保存法」に引き継がれる）のもとで指定された灰釉《狛犬》（鎌倉時代、深川神社蔵）に遡る。古社寺保存法のもとでの古瀬戸の国宝指定はこれ一件であり、美術品ではなく歴史資料として指定されたとみてよかろう。瓶子や壺が「美術品」として国の文化遺産に認定されるのは、昭和八年の「重要美術品等ノ保存ニ関スル法律」以降のことであり、この法律が古瀬戸の美術品としての価値の上昇に大きく関わったと考えられる。

この法律は、前年にボストン美術館に《吉備大臣入唐絵巻》が売却されたことを受けて制定されたもので、古美術品（国外の作品も含む）の国外流出防止を第一義としたものだった。冒頭から「歴史上又ハ美術上特ニ重要ナル価値アリト認メラルル物件ヲ輸出又ハ移出セントスル者ハ文化庁長官ノ許可ヲ受クベシ」とその意図を明かしている。重要美術品の認定は、昭和二五年の「文化財保護法」施行までの一六年間行われ、その間に総計八、二〇〇件程度が認定を受けた。年間五〇〇件、一日一～二件の認定がなされていたことになる。[25]

前節でみたように、古瀬戸では二件の瓶子が昭和九年に初めて重要美術品に認定されると、昭和一二年には五件の瓶子がこれに続く。前述の東京帝室博物館の陳列替（昭和一四～一五年）とまさに同時並行で重要美術品認定は進行していたのだった。そして、昭和二四年までに、総数一九件の古瀬戸が重要美術品に認定されることとなる。ここで驚くべきは、この一九件中の七件が加藤唐九郎によるニセモノの可能性があるという事実だ[26]。昭和一二年に《瀬戸釉菊唐草文壺》が初めて認定されると、翌年には《瀬戸印刻文瓶》（『世界陶磁全集』一巻[27]、八二番）が、さらに、《印刻文百合口瓶》（同八五番）、《印刻文水注》（同八七番）、そして、昭和二〇年八月四日認定の《瀬戸刻文鉢》まで次々と認定されたのである[28]。

「重要美術品等ノ保存ニ関スル法律」はその性質上、比較的容易に認定を出し、古美術流出防止を図るために出来たものだったから、担当の文部技官も認定を乱発したといえるかもしれない。しかし、それは裏を返せば、戦争を挟む昭和八～二五年に、古美術品を国内に留めたいという国の文化財保護意識が高まったことを暗示している。じっさい、敗戦を目前にした昭和二〇年八月四日には、二〇〇件もの認定がなされている（唐九郎の偽作も一件含まれていた）。敗戦後に、「敵国」に古美術品をごっそり持っていかれるのではないか、国外流出するのではないか、そんな焦りを感じさせる数字である。戦後すぐに日本陶磁協会が瀬戸の古窯調査に着手した理由のひとつも、同種の文脈で理解できるだろう。戦時を通じて、日本の国民（一部の愛好家や蒐集家や研究者というべきだろうが）に、国内の文化遺産保護の意識が醸成され、そのなかで古陶の美が再発見され、加藤唐九郎のニセモノも本物として歓迎される、そんな情況が生起していたのである。

それにしても不思議なのは、七点ものニセモノが重要美術品に認定されたのに、この間に贋作疑惑が浮上しなかったことである。対照的に、「永仁の壺」が昭和三五年に重要文化財に指定された時には、すぐに疑義が浮上した。この違いは何なのだろうか。そこには、戦前と戦後のマスメディアの環境の違いが大きく作用していると考えられる。

昭和二〇年までは、重要美術品を見る機会は、所有者と文部技官にほぼ限られていた。戦前で加藤唐九郎の手になるニセモノを目にすることができたのは、昭和一三年発行の『陶器図録』第三巻東海道編（雄山閣）と昭和一五年二月の東京帝室博物館の陳列のみである。雑誌『陶磁』には重要美術品に認定された古陶の報告が随時なされているが、図版として示されたものはなかった。専門家のなかには偽作を疑う者もいたようだが、それを社会的問題として事件化させるほどには、ニセモノへの関心は広く社会には行き渡っていなかった(29)。

こうした情況が戦後になって変化する。「永仁の壺」の「事件化」の要因は、制作時や発見時の諸問題以上に、戦後にマスメディアを通じて、重要美術品や重要文化財に対する社会的関心が大きく変わったことにあると考えられる。加藤唐九郎の手になるニセモノは、戦後になると、雑誌や展覧会など、各種メディアを通じて、続々と紹介されるようになっている。前述のように、昭和二一年一〇月の日本陶磁協会の発掘調査報告会では、多数のニセモノが展示され、雑誌『古美術』の口絵に二点が添えられた。昭和二二年には小山冨士夫が権威のある『國華』誌に「古瀬戸の瓶子」と題する論文を書き、唐九郎の偽作を取り上げている(30)。そして、中央の専門家のお墨付きを得た偽作は、昭和二五年一月に東京国立博物館で開催された「古瀬戸展」に姿を見せ、一般来場者に伝わってゆく。

戦後の復興期、日本陶磁協会は国の「文化復興」を掲げ、古陶磁をその象徴として前面に出す選択をした。発掘が行われ、雑誌でその情報の拡散が図られ、東京の博物館で大きな展覧会が開催された。そして、古瀬戸は日本の伝統を代表する重要な文化として、メディアによって社会に喧伝され、認知されてゆくことになる。そして、昭和二五年に新たに施行された文化財保護法のもとでも、加藤唐九郎が関与したニセモノが相次いで「重要文化財」に指定され（昭和二八年に《黄釉蓮華唐草紋四耳壺》、昭和三〇年に《狛犬》一対）、昭和三四年二月の「永仁の壺」の重要文化財指定へと至るのである。

また、昭和二八年には「無形文化財」の制度が発足し、瀬戸周辺からは、「織部」の加藤唐九郎と「志野」の荒川豊蔵が保持者として認定を受けている。発足当初は、さほど注目を集めた制度ではなかったが、昭和三〇年代半ば頃には、「日本伝統工芸展」とそれを伝統文化復興の象徴のように取り上げたマスメディアを通じ、「伝統工芸」に対する社会的関心は高まりをみせていった。(31) 非常に粗雑なスケッチではあるが、要するに、「永仁の壺」が重要文化財指定を受ける昭和三〇年代半ばは、古瀬戸に代表される「伝統工芸」に対する社会的関心がそれまでにないピークを迎えていた時期であったのだった。

このピークを作り出した只中に、加藤が関与したニセモノと「無形文化財」の加藤唐九郎その人がいた。あえていえば、加藤の関与があればこそ、戦後の社会的な古瀬戸ブームが生起したとすら思えるほどだ。昭和三二年刊行の『世界陶磁全集』第二巻「奈良—室町編」には、重要美術品や重要文化財となった加藤作のニセモノが「永仁の壺」とともに一〇点近くも登場している。翌年四月に開催された「日本陶磁史名品展」にも、この全集に紹介されたニセモノが「名品」として展示され、この展覧会を特集した雑誌を通じ、名品のイメージがどんどん拡散していった。こうした情勢を迎え、ニセモノの存在は、もはや瀬戸という一地方の厄介な問題であることを超えて、日本の伝統工芸政策を揺るがす大きな問題とならざるを得ない運命にあった。スキャンダラスな社会的「事件」となりうる情況を迎え、ようやく、「事件化」されることになるのである。「事件」発覚後の雑誌『陶説』での回顧談において、久志卓真は昭和一五年頃に偽作の疑惑を抱いたが口外できなかったと述べている。疑念は帝室博物館の陳列替で展示された《印花文大壺》を見たときに感じたが、「若し私が今日〔昭和三五年〕を待たずして唐九郎窯のことを云々したならば、私は周囲から排斥され飛んだことになつてしまつただろう」と回顧している。(32) 古瀬戸の美的評価が急上昇している昭和初期に疑念を表明しては、瀬戸の美術商からも、所有者からも、そして、中央の陶磁器の専門家からも、白眼視されるだけであったが、戦後に状況が変化した。重要文化財制度や「人間国宝」に対する国民的関心の高まりのなかで、ニセモノがマスコミを通じて社会的道義に反するものとして、問題視される状況が訪れたのだった。

おわりに

以上のように、「永仁の壺」は、制作された昭和二年に贋作として誕生したわけではなく、昭和一〇年代の考古学的発掘のブームと遺物の美術品化、昭和二〇年代の文化復興の機運と文化財保護意識のなかで、社会を揺るがす「贋作」に転生したのだと言えるだろう。むろん、昭和一〇年代に加藤唐九郎が行った考古学的捏造は責められるべき行為であるが、その「罪」を一個人に押し付けて「贋作」を歴史から追放して忘却してしまっては、近代日本の陶芸史が抱える構造的な問題をいくつも見逃すことになろう。繰り返すように、加藤が創作したニセモノは、近代における芸術的な「写し」の創作、そして、日本の古窯の発掘の歴史と古陶の美的評価の歴史に深く分離し難くコミットしている。それは、近代における古陶評価の上昇に直結しているのであり、その連動性と「共犯」性によって、「正統な」陶芸史も成立しえたのだった。ニセモノを陶芸史から追放するのではなく、また、メインストリームから外れたこぼれ話として処理するのでもなく、ニセモノが複雑に絡み合いながら成し遂げられた正統なる歴史の複雑な綾をひとつひとつ解きほぐしてゆく作業がこれからも求められるだろう。

（1）「永仁の壺」の図版については以下を参照のこと。図録『生誕百年記念　加藤唐九郎展』（中日新聞社、一九九七年）、および、図録『没後20年　荒川豊蔵と加藤唐九郎』（NHK中部ブレーンズ、二〇〇四年）。

（2）松井覚進『永仁の壺　偽作の顛末』（講談社、一九九〇年）。

（3）以下の文献を参照のこと。小山冨士夫「瀬戸古窯に関する二三の考察」（『陶磁』九巻三号、一九三七年）、および、満岡忠成「記年銘ある日本古陶磁」（『陶磁』九巻四号、一九三七年）。
（4）木田拓也『工芸とナショナリズムの近代 「日本的なもの」の創出』（吉川弘文館、二〇一四年）七一頁。
（5）同右、七〇～七一頁。
（6）これら二作品の図版については、前掲注（1）図録『没後20年　荒川豊蔵と加藤唐九郎』を参照のこと。
（7）『陶説』二号（一九五三年）口絵。昭和三二年六月の『陶説』五号ではカラー図版で紹介されるが、《陽刻蓮弁花瓶》とタイトルが変わっている。
（8）加藤唐九郎「織部こそ真の日本焼きなり」（『星岡』六七号、一九三七年）。また、帝展に初入選を果たした昭和七年頃に、唐九郎は河村蜻山とともに「陶藝」という名称を初めて使用したといわれている。
（9）加藤唐九郎「黄瀬戸私考」（『茶わん』一九号、一九三二年）。
（10）岡田宗叡「古瀬戸むだばなし」（『陶説』九七号、一九六一年）。
（11）『陶磁』九巻六号、彙報（一九三八年）。
（12）小山前掲注（3）。
（13）井上吉次郎「瀬戸物と美濃瀬戸」（『陶磁』四巻一号、一九三二年）。
（14）「瀬戸のせともの祭」（『陶磁』四巻三号、一九三二年）。
（15）料治熊太『古瀬戸』（黒田陶苑、一九四二年）。
（16）本野黙阿弥（久志卓真）「帝室博物館二月の陳列替を見て」（『茶わん』十巻四号、一九四〇年）。
（17）久志卓真「瀬戸の復習」（『陶説』九七号、一九六一年）。
（18）久志卓眞「瀬戸随想」（『古美術』十六巻九号、一九四六年）。加藤唐九郎の研究に対しても、久志は一定の距離をおいていた。「加藤唐九郎氏の瀬戸研究は充分首肯すべきもののあることいふまでもないけれども、それを以つて瀬戸の知識の根幹を得ることはむづかしく、一つの意見として聞より道は〔ない〕…。」
（19）当時の瀬戸の熱狂ぶりと危うさを示す興味深いエピソードをもうひとつ挙げたい。昭和一七年一一月に発行された料治前掲注（15）に次のような話が掲載されている。「印花瓶子でも見つかつたら――、一時、巷間、趣味家、蒐集家は最上の目標にこれを置いた時があつた。（中略）去年の暮のことである。ある道具屋が、私の知人に瓶子の話をきき、もしかういふ壺が出たならば、幾ら高くてもいいから買つてくれ、と頼まれた事がある。幾ら高くてもいいといふのであるから、道具屋も今時そんないい儲け口はないと思ひ、充分胸に畳んで待機してゐたわけであつた。ところがその話があつて、ものの五日もしないさる日、ある骨董市へ行つてみると、噂に聞いた瓶子があるではないか。しかも印花紋も鮮やかで傷ひとつない逸品である。夢ではないかと喜んで、（中略）並みゐる道具屋連を斥けて手に入れたさうである。（中略）会が終つてその道具屋は事の纏末を私の友人に話したさうであるが、その話によつてその壺は模造品であることがわかつた」。

(20) 佐藤進三「日本陶磁協会」（『古美術』十六巻二号、一九四六年）。

(21) 佐藤進三「日本陶磁協会の瀬戸古窯調査に就て」（『古美術』十六巻六号、一九四六年）。「日本陶磁協会の一事業として全国の古窯の状態及物原からの出土陶片の厳格な調査を進める事が二月の理事会で決定し、その第一着手として瀬戸古窯の調査にとりかかることとなつた。今にしてこの事業を遂行せねば現在壊滅しつつある古窯は数年にしてすべて空帰することとなり、日本陶磁文化上取りかえしのつかない損失とならうとしてゐるのである」。

(22) 松井前掲注(2)四一頁。

(23) 展示された作品は以下。《永仁二年銘瓶子》（長谷川佳隆所蔵）、《印花小壺》（中本守所蔵）、《狛犬一対》（同上）、《刻花双魚甕》（岩崎彦亮所蔵）、《刻花柳絵鉢》（林純之介所蔵）、《印花香炉》（高橋茂所蔵）。前掲注(2)二四三頁を参照のこと。

(24) 『古美術』十六巻九号（一九四六年）。

(25) 現在もなお六、〇〇〇件強が重要美術品の効力を有しているが、所在不明のものも多く、オークションに出されるなどの問題が起こっている。近年では、二〇一三年一二月八日の『産経新聞』が「重文三八八件が所在未確認」の見出しのもとに、この問題を報道している。インターネット上でのオークションも一般的になるなか、重要美術品や重要文化財の取引を注視することは、以前よりまして、きわめて困難になっている現状がある。

(26) 松井前掲注(2)二四三頁。

(27) 『世界陶磁全集』一巻〈奈良・平安・鎌倉・室町篇〉（河出書房、一九五七年）。

(28) この事実は、加藤唐九郎の関与したニセモノが、本物の古瀬戸よりも美的に優れた質を有していたこと、少なくとも、本物とは異なる特質を持っていたことを暗示している。この点については、以下の文献を参照のこと。藤原貞朗「〈似セモノ〉と〈写し〉の価値転換、昭和三〇年代の「永仁の壺」事件と荒川豊蔵作《随縁》をめぐって」（『茨城大学人文学部人文コミュニケーション学科論集』一七号、二〇一四年、一二七～一三九頁）。

（29）「永仁の壺」事件発覚後に出版された『陶説』九七号（昭和三六年）には、加藤唐九郎のニセモノにまつわる回顧談が多数掲載されているが、そこで、岡田宗叡は戦前にも偽作を疑った者がいたと証言している。たとえば東洋陶磁研究所の有尾佐治は、「昭和十五、六年ごろ」市場に出始めた偽作に対し、「出現とその取引の経路の片より」に不明な点が多いと疑っていたらしい。また、「永仁の壺」については、考古学者の相川龍雄が銘文の字体が「いけない」と断じていたという（岡田宗叡「古瀬戸むだばなし」、『陶説』九七号）。いずれも回顧談で不確かな情報だが、一部に疑惑を抱く者がいたとしても不思議でない。じっさい、「永仁の壺」は、昭和二一年に小山冨士夫が重要美術品認定の審議会に認定の提案の画策をしているが、この時は、銘文の表記法に問題があるとして、提案が取り下げられたという（松井前掲注（2）六六～七〇頁）。だが、いったん重要美術品に認定されれば、それを見る機会は限られたし、偽物が「横行」したといっても骨董市場でのことで、それを社会問題化する者は戦前にはいなかった。偽作を「事件化」できる情況にはなかったのである。

（30）小山冨士夫「古瀬戸の瓶子」（『國華』六六二号、一九四七年）。

（31）無形文化財制度と「永仁の壺」事件との関わりについては本稿で分析する余裕がない。別稿を用意したい。

（32）久志卓真「瀬戸の復習」（『陶説』九七号、一九六一年、（ ）内は筆者補注）。久志はこの文章の最後に、以下のように付け加えている。「瀬戸専門の商人や地元の人には既に解つていたのであつて、重美の連中〔文部技官のこと〕や協会の連中や東京の商人というのは聾座敷に置かれていたに過ぎない」。

〔挿図一覧〕

図1　《古瀬戸陽刻仏花器》（『陶説』二号、一九五三年）

図2　板谷波山によるスケッチ　出光美術館蔵（『板谷波山素描集　第三巻（器物図集　其の三）』1770-2、出光美術館、二〇〇二年）

捏造された人魚——イカサマ商売とその源泉をさぐる

山中　由里子

一　ホンモノ？ニセモノ？

日本各地の寺社や好事家のコレクションに残る人魚のミイラ。近年は妖怪関係の展覧会にも、しばしば登場するようになったので、実物を見たことがある読者も少なくなかろう。アンデルセンの童話、あるいは海賊もののファンタジー映画に出てくるような、みずみずしく妖艶な人魚のイメージからはほど遠い、その干からびた姿は、グロテスクで怪しく、悲壮感が漂う（人魚姫というより、トールキンの小説を原作とする映画『ロード・オブ・ザ・リング』に登場するゴラムに近い）。魚の下半身部分のひれや鱗、そして人型の上半身部分の乾いた皮膚の下から浮き出るあばら骨、小さな手の五本指、まばらに残る毛髪、笑っているのだか叫んでいるのだかわからない口から覗く小粒な歯並び。これらの、かつて生命が宿った有機体であったことの証である部位を目の前にすると、これはフィクションの世界の生き物ではなく、はるか昔にはこのような生物が実際に存在したのかもしれない、いや、未確認なだけで人間の目が届かない深い水底には今でもいるのかもしれない、とさえ思えてくる。まがいモノであることはわかっていながら、その異様な存在感には抗い難い磁力がある。

文献資料や芸術における人魚に関しては、すでに研究としてまとまったものがいくつかある。[1] しかし、人魚のミイラについては、展覧会で展示された際の図録解説や、[2] 博物趣味・怪奇趣味の本に写真や情報があるが、[3] 学術的に国内外の文献をきちんと精査した論文は管見の限りない。贋物の造形物として軽視されていた人魚のミイラを民俗資料として再評価し、日本で初めて博物館で展示した同僚の近藤雅樹氏は、[4] 国内外の人魚のミイラを調査されていたようだが、出版物としてまとめられることなく残念ながら早逝されてしまった。本論においては近藤氏へのオマージュも込めて、これまでに取り挙げられていない新しい資料も紹介しつつ、人魚のミイラをめぐる「真贋」の問題を考察し、この海賊論集へのわずかながらの貢献としたい。

二　現存する人魚のミイラ

日本で最もよく知られる人魚のミイラは、橋本市学文路にある仁徳寺の刈萱堂《かるかや》にあるものであろう（図1）。ポーズがムンクの「叫び」に似ているために、荒俣宏氏に「ムンク型」と呼ばれるこの人魚は、平成二一年（二〇〇九）三月に和歌山県の有形民俗文化財に指定された「苅萱道心・石童丸関係信仰資料」三二点の内に含まれる。領地と家族を捨て出家した父・苅萱道心を探し求める石童丸とその母・千里《ちさと》ノ前の悲しい物語は、萱堂聖《かやどうひじり》と呼ばれる高野聖の一派により伝えられ、謡曲、説教節、浄瑠璃、琵琶語り、浪花節、盆踊りの口説き唄としても語られ、全国的に流布した。和歌山県教育委員会文化遺産課の文化財目録によると、高野山参詣道に位置する橋本市学文路は、女人禁制のため、石童丸とともに高野山に入れなかった千里ノ前ゆかりの地として、参拝が許されない女人を対象とした唱導の場として賑わった。千里ノ前が常に身近に置いていたとされる人魚のミイラは、石童丸の御杖《みつえ》の銘竹、夜光の玉、蛇柳《じゃやなぎ》、飛鉦鼓《とびしょうこ》などの謎めいた品々とともに、刈萱物語の唱導の道具して使われていたという。[5] つまり人魚は高野聖の、絵説きならぬ「モノ語り」の小道具だったわけである。山に入れない

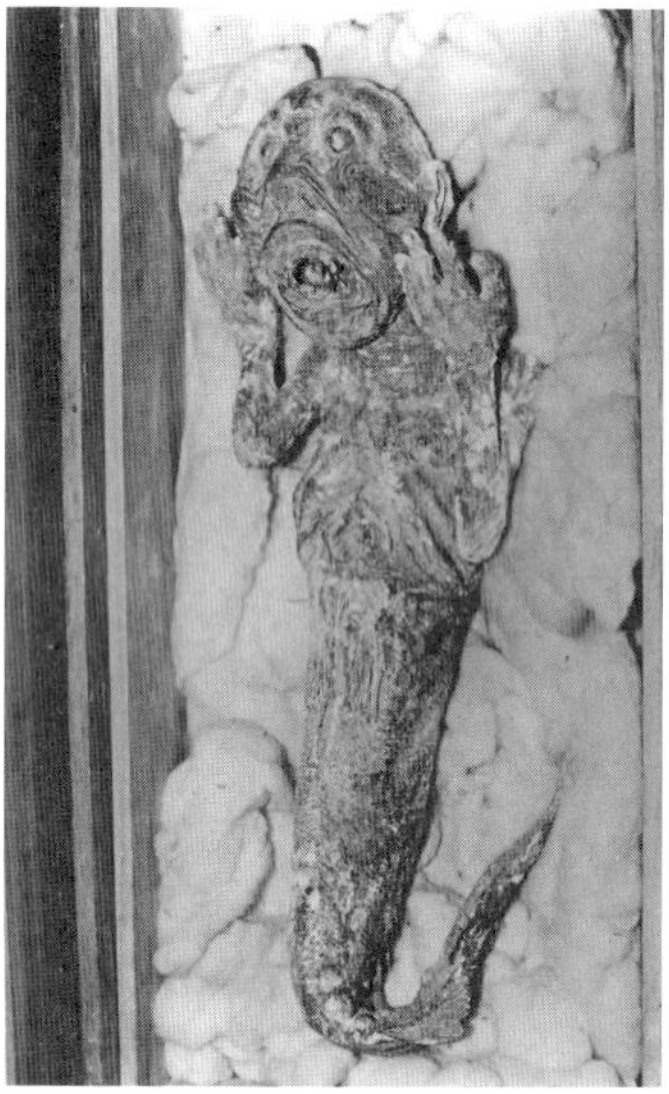

図１　橋本市学文路、仁徳寺、刈萱堂に伝えられた人魚のミイラ
（撮影：近藤雅樹）

女の参拝者たちは、夫と息子が共に戻るのをこの人魚とともに待つことも空しく、病に倒れ死んでしまった千里ノ前に共感し、涙したことだろう。

大正一三年（一九二四）の時点で流布していた由来を含む「人魚保存研究会」発行の絵葉書には、この人魚が千里ノ前の持ち物であったことに加え、もとは推古天皇二七年（六一九）に近江国蒲生川（現在の佐久良川）で獲られた「古代の宝物」であることが記されている(6)。まことしやかな来歴ではあるが、本当に飛鳥時代まで遡るとは思えない。「古代の宝物」にしては妙に具体的な年代と捕獲場所はおそらく、日本における最古の人魚出現記録とされる『日本書紀』の記述に基づいていると考えられる(7)。

この人魚が本当はいつの時代のものなのかは不明である。また、いつ頃このお堂に納められ、刈萱物語と結びついたのかも正確には分からない。だが、高野山の唱導文学の物語のコンテクストと『日本書紀』の年代が、まさしく「故事付け」られることによって、このミイラは由緒正しき「ホンモノ」の霊物と化したのである。前述の絵葉書の由来書には、このミイラを拝観することで得られる長命、無病息災、若返り、安産など、様々な功徳が列挙されている。

同じく『日本書紀』の人魚の記録と結びつく人魚伝承は、出現地の琵琶湖周辺に伝わっていたらしく、東近江市の願成寺と近江八幡市の観音正寺には、ゆかりの人魚のミイラが伝わる。後者は平成五年（一九九三）五月の火災で焼失してしまったが、前者は現存し、やはり「ムンク型」のポーズを取っている。いずれも、聖徳太子が

図2　歌川豊国画『観音霊験記』 西国巡礼三拾二番　近江観音寺　人魚（早稲田大学図書館蔵）

蒲生川で出現した人魚が災いを起こさないよう成仏させるために建立した、という寺の由来を裏付ける遺物である（図2）。

山口直樹の『日本妖怪ミイラ大全』によると⑻、人魚のミイラが残る日本の寺社はさらに、新潟県柏崎市の妙智寺、静岡県富士宮市粟倉の天照教社、香川県仲多度郡琴平町の金刀比羅宮・学芸参考館、そして大阪市瑞龍寺などがある。特に妙智寺のものは、大きさやポーズにおいて刈萱堂のものによく似ている。一方、天照教社のものも同じく「ムンク型」ではあるが、大体の人魚のミイラが六〇～八〇cmほどの大きさであるのに比べて例外的に大きく、一七〇cmもあるという。これらの「ムンク型」とは形が違うものもあり、瑞龍寺のものは、腕を曲げておらず、髪も長い。金刀比羅宮のミイラは腹ばいで首をもたげている。

寺社が保存するもの以外にも、八戸市博物館、奄美大島の原野農芸博物館、新宿区立新宿歴史博物館、福島県個人蔵のミイラが現存する。八戸市博物館のものは、さらに奇怪な双頭の人魚のミイラであるが、あとの三つは金刀比羅宮のものと似た「腹ばい型」である。

現存する人魚のミイラの形を比較すると、大きく分けて「仰向け型」と「腹ばい型」があるようだ。「腹ばい型」のものは、中国の博物誌『山海経』や『三才図会』に登場する「氐人」（図3）の挿絵のポーズに倣って作られたものではないかと推察できる。一方、仰向けで両腕を曲げ、開いた口の横に両手があり、尾ひれの先が

図3　『三才図会』「氐人」
（国立国会図書館デジタルコレクション）

「し」の字に曲がっている形の、このスタイルのものはいつごろからあるのか。刈萱堂の人魚の場合でみたように、ミイラの来歴として語られる伝承の年代は実際に作られた年とは限らないし、箱書のようなものがある場合も、「〇〇住職が××から譲り受けた」という情報に留まっていたり、記されている古い年代が完全に信頼できるかどうか疑問が残ったりするので、ミイラの実際の制作年代の確定は難しく、いつごろからご利益のある霊物とされていたかも特定しにくい。これらのミイラの製作の時代的背景を明らかにする手がかりは、江戸時代の見世物に関連した資料にある。

三　江戸時代の見世物と民間信仰における人魚のミイラ

人魚のミイラは、寺社の霊宝、あるいは家を災いから守る宝として秘蔵されていただけでなく、見世物の対象にもされていた。ただし江戸時代には「ミイラ」という言葉ではなく、以下の一次資料に見るように、「干物」、「乾物」、「塩もの」あるいは「作り物」、「細工」などと呼ばれていた。生命体が乾固した「ミイラ」ではない木彫り、あるいは張子の造形物の場合は、作り物または細工といった言葉を本論では使うが、ミイラ状態のものだった可能性がある場合は「ミイラ」という総称を使うことにする。

見世物としての人魚のミイラの最も早い記録は、安永六年（一七七七）に書かれた平賀源内の『放屁論後編』にある次の一節のようだ。

当時諸方にて評判の品々は、飛んだ霊宝《レイホウ》珍《メヅラ》しき物、十月《トツキ》の胎内《タイナイ》千里《リ》の車《クルマ》、鹿《シカ》に両頭《トウ》あれば猿《サル》に曲馬《キョクバ》あり。

（中略）大魚《タイ（ギョ）》出れば大蛇骨《ダイジャコツ》出（で）、硝子《ビイドロ》細工・牽絲傀儡古《ナンキンアヤツリフルキ》を以て新《アタラ》しく田舎道者《イナカダウシャ》の目《メ》を悦《ヨロコバ》しめ、鳥娘《トリムスメ》は名にてくろめ、人魚《ニンギョ》は人をちゃかすなり。[9]

源内がここでいう「飛んだ霊宝」とは、この年に江戸の両国広小路で開かれるようになり、大評判になった細工見世物の興行のことである。寺社が秘仏を期間限定で開帳する際に、その近くで魚介の乾物や野菜で細工した寺社の宝物の作り物が見世物として公開され、人びとはその素材の意外性と細工の巧みさに驚嘆した。初めは開帳の飾りつけとして作られていたものが、娯楽として独立したものであろうとクリストフ・マルケ氏は述べている。またマルケ氏は、このとんだ霊宝は、かたちとしては開帳の「うつし」、つまりパロディであると論じている。[10]

源内の記述からは、とんだ霊宝の見世物の際には、仏像の細工物だけでなく、双頭（奇形）のシカ、猿回し、馬の曲芸、鳥娘といった様々な「珍しき物」もアトラクションとして出ていて、その中の一つが人魚だったことがわかる。人を茶化す、つまり人を誑《たぶら》かすような作り物だったというが、この記述からはどんな形で、何が素材とされていたかはわからない。とんだ霊宝自体が干し物の魚介などを材料としていたらしいので、[11]人魚も一部が魚の干物で作られていた可能性は大いにあろう。

その後、江戸後期には江戸、名古屋、大坂だけでなく、豊後国（大分県）、美作国（岡山県）、摂津国（兵庫県）などにおいても人魚の見世物が幾度となく出ていたことが、幾つかの見世物年表を総合するとわかるが、[12]全ての記録をここに挙げることはしない。以下、人魚の大きさや形、見世物の形態がわかる記録に限って年代順に見てみよう。

文化文政時代に活躍した大坂の狂言作者浜松歌国（一七七六〜一八二七）の随筆『摂陽奇観』の巻之四十四、文化五年（一八〇八）の記述には、以下のようなものがある。

亀井町御霊社内寄進所ニ而
人魚　披露　催主　天満　笹山氏
長ケ三尺三寸五分　面ノ長サ七寸五分　頭ノ周リ一尺六寸
胴ノ周リ一尺八寸五分　両手長サ二寸二分
世俗云　瘂瘖ヲ軽カラシメ災難ヲ除キ呪詛ヲ祓ヒ壽ヲシテ長カラシムト云々(13)

現在の大阪市中央区淡路町にある御霊《ごりょう》神社の境内で披露されたという人魚は、「三尺三寸五分」（約一m）という大きさから、おそらく人魚の作り物であったのだろう。単に珍しい見世物というだけでなく、無病息災や不老長寿というありがたい効能があると信じられていたことが書かれている。寺社に現存する人魚のミイラの中には、こうして境内で披露されたものが、後に寄進されたという可能性もある。

江戸や大坂だけでなく名古屋も見世物が盛んな都市であった。尾張藩士、高力猿猴庵（一七五六～一八三一）が記した『猿猴庵日記』や、同じく尾張藩士の小寺玉晁（一八〇〇～一八七八）が記録した『見世物雑志』によると、文政二年（一八一九）八月には名古屋末広町若宮の楊弓店で、人魚の作りものの見世物が出ていたことが分かる。(14)以下に『猿猴庵日記』の一節を見てみよう。

此頃、本町通り末広町若宮少し下西がわ、楊弓の店を借りて、人魚の作りものを見せものにす。よき細工なり。店先にて、人魚の図を、十二文づゝにて売る。これを木戸銭として見す。表に、白き小幟に、人魚之図と朱にて書て立たり。店先は、図をうるていにして、次の小座敷にて、細工ものを見せたり。(15)

小弓で的当てをする、今でいえばゲームセンターのような娯楽の場が会場となっており、木戸銭を払って入るものだったようである。「十二文」――そばを一杯食べるには少し足りないほどの料金――で、いわばチケット代わりに「人魚の図」の刷り物を店先で買ってから奥の小座敷に入り、人魚の細工物を見せてもらうという仕組みになっていたようだ。

人魚が描かれた刷り物はこのように見世物で配られるようになる前から、寺社が発行する厄除けの護符として存在したようである。[16] 東アジア恠異学会の笹方政紀氏は、社寺が発行したものではない護符機能を備えた瓦版などを「非正規」の護符ととらえ、「疑似護符」と呼んでいる。[17] いわば、護符の「海賊版」である。ただし、「正規」と「非正規」の間の境界線は限りなく曖昧なものだったのではないかと考えられる。寺社側は、目くじらを立てて非正規のものを排除し、護符の「著作権」を守ろうとしていたわけではなさそうである。むしろ、民衆のニーズに敏感に応じて購買欲を刺激する商品を生み出し、護符マーケットを開拓する瓦版・見世物ビジネスに依存し、その集客力に期待しているところもある。寺社の開帳と「とんだ霊宝」の間に見られたような緩やかな共存関係が、寺社発行の護符と、そうでない「疑似護符」の間にはあったのであろう。笹方氏も、「人々にとってはその効果が担保できれば社寺の発行する護符でなくても、かわら版でも有効な手段と成りうる」と述べている。

名古屋でこの見世物が出ていた文政二年は、ちょうど肥後国で「姫魚」が出現し、七年間の豊作とコロリという疫病を予言したという風説が、般若のように二本の角がある女の顔を持つ怪魚の絵図が入った瓦版として出回った年である。瓦版には、人魚の姿を絵に写すことで病を逃れることができるという除災の手段が併せて記されており、同じ年に江戸で流行した赤痢とこの予言獣の絵図の流布との関係が常光徹氏によって指摘されている。[18] 病気に対する庶民の不安につけこんで、悪疫から逃れる手段として人魚の絵図を売って一儲けした人々がいたわけであるが、名古屋の楊弓店の見世物もその流行に便乗したものだったのだろう。

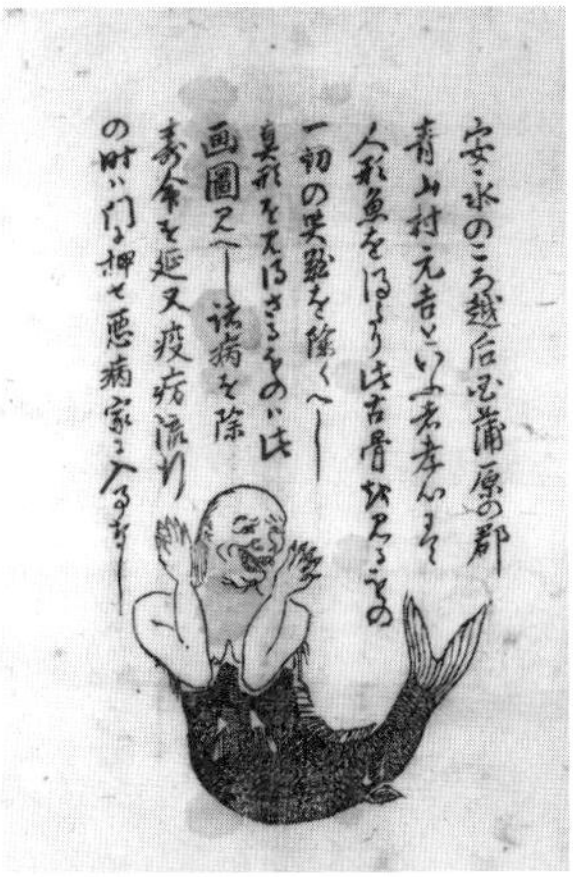

図４　人魚の刷り物
（国立民族学博物館蔵）

さて、こうした刷り物の中で当時の人魚のミイラのかたちが分かるものはいくつかの展覧会図録の図版で見ることができるが[19]、ここでは国立民族学博物館が所蔵するものを紹介したい（図４）。この刷り物に描かれた「人形魚」は、刈萱堂や妙智寺に現存する人魚のミイラのかたちに非常によく似ており、興味深い。刷り物自体の年代は不明であるが、人魚のポーズと詞書にある地域が近いので、越後三十三観音霊場の第四番である妙智寺に納められた人魚を描いている可能性も考えられる。

安永のころ越後国蒲原の郡
青山村元吉といふ者孝心にて
人形魚を得たり　此古骨を見るもの
一切の災難を除くへし
真形を見得ざるものハ此
画圖見べし諸病を除
寿命を延又疫病流行
の時ハ門に押せ悪病家に入る事なし

ここに記された人魚の来歴と効能は、見世物の口上で語られていた内容なのであろう。それが捕獲されたという場所と手に入れた人物の名前が挙げられ、出所に具体性が与えられることによって、さもありなんという「本当らしさ」が演出されている。先述の知識人たちによる随筆では、その見世物が人を茶化す作り物であり、よくできた細工物であることは自明のこととされているが、見世物の客に配られた刷り物では、あくまでもそれがホンモノであるという体裁が保たれている。ホンモノであると信ずればこそ、その「古骨」を見て災難が除かれる、という有難味（銭を払ってでも見る価値があるという費用対効果）が感じられるというわけである。それどころか、

「真形」、つまり実物を見ることができない者までが、刷られた画図をみるだけで無病、長寿の効果を得るというのである。写しの写し、コピーのコピーでも充分に効力があると見做されているのである。

人魚の刷り物の場合と同様に、象、ダチョウ、ラクダなどの珍しい動物の見世物を描いた江戸期の見世物絵には、厄除け、招福財宝、夫婦円満など、なんらかのご利益が謳われている。江戸の見世物文化の研究家である川添裕氏は、こうした見世物の動物を見る喜びが、「一種、開帳のありがたい神仏を拝むのと似た感覚といってよく、ありがたいものを見る『眼福』『ご利益』が、見世物の本質となっている」と指摘している[20]。

このように、見世物とはいえ、ご利益のある有難いものとして人魚のミイラが陳列されていた様子が、尾張藩士であった画家、小田切春江（一八一〇～一八八八）の絵入り日記『名陽見聞図会』（東洋文庫蔵）に描かれている[21]。天保三年（一八三二）の八月に名古屋の「大須門前にて、人魚を見す。是ハおろしや国よりワたりたる物にて、尤、本生物《ほんしょうもの》なるよし。ほしかためし物也」とある。この記述から推測するに、小田切はこの人魚が細工ではなく、「おろしや国」から来た「本生物」、つまり生き物を干し固めたものだと信じていたようである。さらに小田切は、「『六物新志』に、勇斯東私《よれすとんす》、『禽獣蟲魚譜』にのする図を出だす。是とおほよそ似たり」と記しており、大槻玄沢が『六物新志』（一七八六）に載せたヨンストンスの人魚図と比較している。江戸の博物学・本草学における人魚については別稿にゆずる。

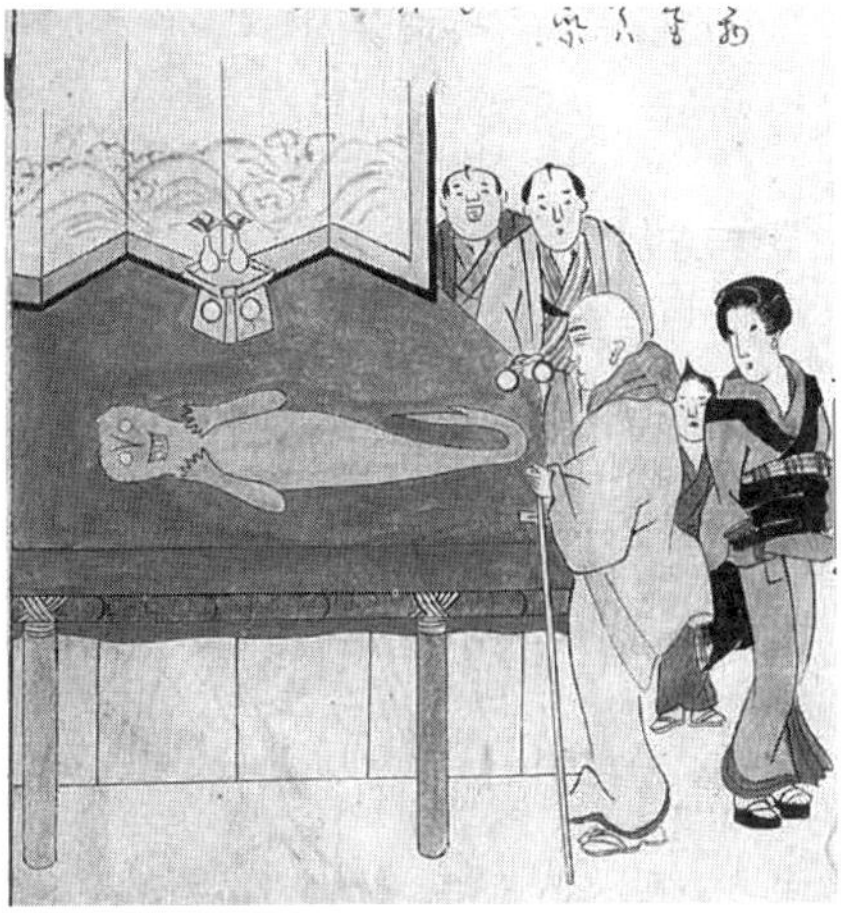

図5　『名陽見聞図会』二巻
（公益財団法人東洋文庫蔵）

『名陽見聞図会』の次の頁には人魚の見世物の絵が挿入されている（図5）。この挿絵では、「ムンク型」のポーズの人魚が毛氈らしきものが敷かれた台の上に仰向きに横たわっており、そのふるさとである海に見立てた波図の屏風が後ろに立てられ、三方にのせられた神酒までが供えられている。フリーク・ショー的な妖しい見世物というよりは、神のように、ありがたく、大事に祭られている様子がわかる。(22) 前述の「とんだ霊宝」的な見せ方を踏襲しているのかもしれない。医者であろうか、剃髪の男が目を細め、眼鏡のレンズを通して細部を見極めようとしている。そして左記の説明が加えられている。

人魚ハ折々見せ物等に出といへ共、いつとても、其形同じからず。多くハ美女のかたちにて、ひたいに角はへ、からだハ魚のごとくなる形多し

此度見せる人魚ハ其かたち異にして、頭ハ猿の如く、尾の先いたって長く、手も二本あり。干《ほし》がためし物なれ共、生《しよう》の物なるよし。

ここでも、「干《ほし》がためし物なれ共、生《しよう》の物なるよし」と説明されており、人魚が作り物ではなく生き物であると著者が信じていることがうかがわれる。

都市の知識階級の画家ですら「生の物」と思うほどの迫真性はどうやって生み出されていたのか。ここで種明かしをしておこう。同時代の国学者、喜多村信節（一七八三～一八五六）による随筆『きさのまにまに』に、天保元年（一八三〇）一一月頃の記述として、江戸で流行りの「化物の細工」の見世物について以下のような一節がある。

大森村に化物の細工を観せ物とする茶店出たり、近時両国元町回向院門前に目吉といへる人形師有、化物咄をなす、林屋庄蔵が小道具共を作れり、夫よりさまざまの細工して處々に見せ物とす、大森村なるも是が細工と見ゆ、これより已前ニ宇禰次と云細工人有て、種々奇怪の物を造れり、木彫のみならず、絹或は獣皮諸物を用ひて作る、一年葺屋町河岸に奇怪の物を数多見物に出せり、又其後浅草寺奥山に人魚の五尺ばかりな

るを出す、是等ハ獣皮魚皮をあはせて作れり、其頃玄冶店に九屋九兵衛といふ道具中買する者、彼ふき屋町ニてみせ物としたる内の徳利子といへるをもて来て、余にみす、面部ハ薄き皮ニて張りて、内に牽糸を設て面皮伸び縮みをなす、生るが如し、髪ハ獣毛をさながら用たれば細工の跡しれず、俳優尾上松緑なども、これが細工を用ひけると也(23)

「化物咄」の人形芝居の小道具として作られた化物の細工をアトラクションとして出す茶店が江戸外れの大森村にできた（今風にいえば、ホラーカフェだろうか）、という話に続いて、それに先立って「種々奇怪の物」の細工を「絹或は獣皮諸物を用ひて作」っていた宇禰次《うねじ》という細工人について記述している。宇禰次は、芝居小屋が集中する葺屋町で化物細工の興行した後、江戸随一の興行街として賑わった浅草寺奥山に人魚の見世物を出したそうである。この人魚は、「五尺ばかりなる」というので、人の背丈ほどの大きさで、「獣皮魚皮をあはせて作れり」という造形物だったようだ。動物や魚の皮を巧みに合わせることで、本物らしさを作りだしていたのである。随筆の著者自身も宇禰次の作品だという「徳利子」——徳利児ともいい、両手がなく、足芸をする人の見世物——のからくり人形を道具仲買人に見せてもらっており、細工の跡が見えず、まるで生きているようだと感心している。

宇禰次の化物細工は歌舞伎の舞台でも使われたようで、先の一節の最後に名前が挙がっている「俳優尾上松緑」とは、鶴屋南北の怪談物の役者として名を馳せた初代尾上松助（一七四四～一八一五）のことであろう。松緑は鬘師とともに、羽二重の絹に植毛する技術を開発し、より自然な生え際の鬘を発明したことでも知られる。文化文政時代に花開いた江戸のエンターテンメント・ビジネスの一環として発達していったこうした「特殊造形」の技術を背景に、おそらく人魚のミイラの制作技法も改良され、「リアル度」を増していったのではないかと想像できる。

「現《うつ》しの写《うつ》し」である舞台用の造形物自体が集客力のある独立した興行として成り立つという現象は、今日の映画産業とテーマパークの関係に通じるものがあり興味深い。映画で見た巨大ホオジロザメや恐竜に出会いにユニバーサル・パークに行くのと同じように、人魚の見世物はその珍しさだけでなく、巧妙な細工で作られた「リアルなニセモノ」と対面する驚きを提供することで、人びとを惹きつけたのであろう。

四　輸出？ 密輸？——海賊商品としての人魚のミイラ

さて、この見世物用の人魚のミイラは出島のオランダ人たちの目にも触れていた。文政の頃、一八二〇年七月から一八二九年二月までオランダ商館に勤めていたファン・オーフルメール・フィッセル（J. F. Van Overmeer Fisscher）は、約八年半の日本滞在の体験を『日本風俗備考』（*Bijdrage tot de kennis van het japansche rijk*『日本国の知識への寄与』）に記したが、その「古物と珍品」（*Oud-en zeldzaamheden*）の章で、日本人が「めずらしい」（*Mizerasji*）ものに対して「一種独特の熱情」（*bijzondere drift*）を持っていることに注目し、人魚の見世物についても次のように書いている（東洋文庫の日本語訳を引用するが、ローマ字表記の言葉は引用者がオランダ語原典テクストより挿入した）。

日本の神話は、豊富であり、そのような奇怪な対象物の制作者の独創性に富んだ精神に豊かな糧を与えるのに十分である。そしてまた、日本人は、彼らのカミたち、すなわち神々に対しては、ただ珍しく（*zeldzaam*）不思議な（*vreemd*）物を捧げることによって、はじめて最大の敬意を表することができると信じている。一八二二年と一八二三年に、パリとロンドンで見せ物にされた怪美女すなわち人魚（*Sirenen of Meerminnen*）というものもまたこの点から生じたものであろう。この怪美女は、一匹の猿の頭とある種の魚の尻尾とを組み合わせて作り上げられたものであって、それを人々は、ヤコブ・エヴェルツ（Jacob Everts）と名づけている。それは非常に見事にできており、また外見は、まったく目を欺くほどの出来であったから、そのようなものを一匹、バタビア（Batavia）で、私の友人の一人から、二千スペイン・マット［古いスペインの銀貨。四〇フルデンに当たる］で買い取ったアメリカ人の船長は、おそらく自分の船と船荷で元を取り、その人魚をあらゆる地方で料金をとって見せ物に供したものと思われる。この人魚は私が日本で見たこの種のものでは第二番目である。数ヶ月以前にコック・ブロンホッフ氏が購入した、もう一匹の人魚がある。そしてこの第一番目の人魚が、出島で見せ物にされたとき、またその後オランダ人たちの所有に帰したとき、毎日この怪物を見ようとする日本人たちで大入り満員の盛況を呈した。彼ら日本人はそのものの真実性をまったく疑おうとせず、頭を畳につくまで下げるという例のやり方で、尊敬の念を示したのであった。

（［　］内は筆者補注、以下同）

猿の頭と魚の尻尾を巧みにつなぎ合わせて作られた「人魚」のミイラが出島でも見世物になっており、さらに二つの経路で国外に持ち出されたことが説明されている（ここではオランダ語の *Sirenen* が「怪美女」と日本語訳されているが、人魚のミイラは怪しくはあっても、お世辞にも美女とは言えないので、「セイレーン」としたほうがよかったかもしれない）。一つは、一八二二年〜二三年にパリとロンドンで見世物にされたもので、それはフィッセルの知人がバタヴィアでアメリカ人船長に二、〇〇〇マットで売りつけたものらしい。一マットとは当時の国際通貨であった八レアル銀貨（いわゆるスペイン・ドル）のことである。一マットは四〇フルデン（ギルダー）だったというので、八〇、〇〇〇ギルダーしたことになる。このアメリカ人船長とは広州で設立されたアメリカの船会社 Perkins and Company に雇われていたイーズ（Samuel Barret Edes）なる人物であるが、イーズ船長は、会社の船とその積み荷を勝手に抵当に入れて人魚を購入して興行を企てたので、後にロンドンでこの人魚の見世物が評判になった際に船会社から横領で訴えられた。その後、船長は人魚の所有権は認められたものの、借金の返済まで無給とされ、彼が息子に遺した唯一の遺産がこの人魚となったらしい[24]。バタヴィアで一儲けしたはずの元の売人についてフィッセルが、「私の友人の一人」(*van een' mijner vrienden*)と曖昧にしているところがどうも怪しく、正規の輸出品ではなかったと疑われる。

フィッセルはこれ以前にも、文化一四年(一八一七)から文政六年(一八二三)まで出島オランダ商館長であったブロンホフ(Jan Cock Blomhoff)が購入した人魚のミイラを見ているという。それは、出島で見世物にされたもので、それにまつわる当時の日本人の言説や行動を『日本風俗備考』において左記のように記録している。

この怪美女は、日本の北岸にある上総国で、新兵衛という名前の貧しい漁夫に捕らえられ、他の魚と一緒に網で曳き上げられたと世間では噂されていた。この美女はほんのちょっとの間ではあるが、生きていたと思われる。彼女は十年間の豊作を予言し、また同時に彼女の身体か肖像画を手に入れると伝染病をも全治させることができると宣言した。そこで多数の迷信家たちがそのご利益にあずかろうとしてこの美女の版画を購入したので、その漁夫すなわち所有者が、厖大な報酬にあずかる結果となったのも驚くに値しないことである。われわれが後になって、その結果がいかなるものであるかを発見した時、三十両《テール》すなわち六十フルデンの原価とバタビアにおける二千スペイン・マットという価格の差というものが、あまりにも魅力的であるのに驚き、この珍しい物に対して少しでも投機を企てずにはおられないような思いにとらわれたのであった(*om niet eene kleine speculatie in die wonderstukken te ondernemen*)。

「特定の人物によって捕らえられた」、「予言をした」、「それを描いた絵自体にご利益がある」という言説を伴う点において、「姫魚」の瓦版や都市部で行われていた人魚のミイラの見世物と共通する。珍品で人々を引きつけ、その絵を描いた擬似護符を売ることによって所有者が「厖大な報酬」を得ていることを観察し、投資的買い入れを思いつくあたりは、さすがオランダ商人である。買取原価は三〇両であったようだが、一両が米一石とすると三〇年分の米を買うことができる金額なので、オランダ人だからと相当吹っかけられていたのではないかとも思われる。しかしこのちょっとした投資はバタヴィアに持ってゆくと、アメリカ人のカモ相手に、一一、〇〇〇スペイン・マット、つまり原価六〇ギルダーの約一、三三三倍の八〇、〇〇〇ギルダーで売れたわけである。誰が売ったのか、公的取引であったのかは、当時の商館間の取引の公式記録を綿密に調べる必要があるであろう。

ブロンホフが購入した人魚のミイラや、フィッセル自身が収集した珍獣の標本は、オランダ本国に持ち帰られ、興行には利用されずに大事に保管されたようである。先の一説に続いて、フィッセルはこう記している。

図6　ブロンホフ収集によると思われる人魚のミイラ
（ライデン国立民族学博物館蔵）

> 同じような事情で、ありとあらゆる種類の標本が私の手に入ったが、それらの標本は、きわめて特殊な性質を持つもので、あるいは頭が二つあったり、腹に顔があったり、あるいは鬼の頭をもった人間とか、二頭の竜などというようなものであって、そのうちから若干を選択して、私が保存することのできる限りのものは、ハーグの私の陳列室［王立珍品館内の］に今でも保管されているのである。(25)

ここでいう王立珍品館とは Het Koninklijk Kabinet van Zeldzaamheden のことで、一五世紀頃から一八世紀にかけてヨーロッパ各地の有力者が作ったいわゆる「驚異の部屋」（Cabinet of curiosities）が近代的な博物館へ移行する時期にオランダの王家がハーグに作ったコレクションである。ブロンホフやフィッセルが日本で収集した作り物の幻獣もそこに納められた（図6）。ブロンホフが一、五〇〇点以上の日本からの収集品を一八二六年に王家に売却した際のコレクション全体の価格が三〇、〇〇〇ギルダーだったというから、[26] 一点だけで八〇、〇〇〇ギルダーというバタヴィアでの人魚のミイラの売値は、やはりとんでもない価格設定であったといえよう。一八三二年に王立珍品館に受け入れられたフィッセルの収集品は、有名なシーボルトの日本コレクションとともに、一八三七年に設立された民族学博物館（*Museum voor Volkenkunde*）に移され、今日もライデンの国立民族学博物館（*Rijksmuseum Volkenkunde*）に収蔵されている。[27]

フィッセルの『日本風俗備考』にはもう一か所、日本の動物や植物についての章で人魚に触れている。「奇形の獣」が日本人にとってどのような意味を持っているのか記している次の一節に注目したい。

日本人は絵画の中でいろいろの怪物を描いている。しかも彼らは、それをあたかも本物を生写しにしたかのように芸術的に製作することができるのであるが、怪美女すなわち人魚が自然界には発見されないのと同じように、そのいろいろの怪物どももも実はまた実在のものではないのである。それらの怪物どものうちには、主として仏教の寺院に見られる竜や人面獣身の怪物、角の生えた虎や獅子がある。これらのものはいずれも異国に起源を持つと思われる様相を備えている。彼らは、それればかりでなく例えば、彼らの年代記というような記録の中にその例を見出すような三本足や双頭の動物のような、奇形の獣（*wanstaltige gedierten*）を持っていることを大きな奇跡（*een groot wonder*）と考えて、とくに大きな価値を認めている。また日本人は、そのような出来損ない的なものは、その中に悪人の霊魂が移り住もうとする物であり、そういうものは、カミたちすなわち神々が、人間に対して警告のために示してくれた物であると考えている。[28]

ヨーロッパ的な「驚異」（*wonder*）の概念と、日本的な「怪異」観の接点を見出しているという点において、非常に興味深い。

さて、フィッセルの人魚の見世物に関する報告は、シーボルトの『日本』だけでなく、オランダ人たちの日本に関する記録を総合して英語に訳した、*Manners and customs of the Japanese, in the nineteenth century. From recent Dutch visitors of Japan, and the German of Dr. Ph. Fr. von Siebold* が一八四一年にニューヨークで出版されることによって、英語圏でも広く知られるようになった[29]。おそらく一八五三年にマシュー・ペリー提督が日本に来航する際にもこの本を読んでいたのではないかと思われる。後に『日本遠征記』を記した際に序文の中で、日本人の科学的知識と創意工夫についての事例として人魚のミイラに関するフィッセルの一節の英訳を以下のように引用している。

フィッセルはまた、日本の漁師の発明の才について逸話を記しており、その発明品の一つは、今や我が国でも見ることができる。日本人は、明敏な気質を持つ国民によくあるように、不思議で珍妙なものを好み、贋物でも気にかけないようである。かの漁師は、この気質を利用し、サルの上半身と魚の下半分を一見しても細工が分からないほど巧妙につなげた。そして、その奇妙なものが網に生きてかかったが水から出した途端に死んだという触れ込みで、見世物にした。世人の軽信性を食い物にしてかなりの儲けを得た後、この漁師はさらに、その不思議な生き物が死ぬ直前に言葉を発し（日本語であったのか、フィジーの言葉であったのかは記されていない）、数年の豊作に続いて恐ろしい疫病が流行ることを予言したと、もとの話に尾鰭を付けた。そして、その災難を逃れるにはその半人半魚の海獣の写し絵を持っておけばよいと言いふらした。かくして人魚の絵を人びとは求め、彼は莫大な売上を得た。やがて日本での流行が終わりかけようとしているとき、この人魚、あるいはそれに似せて作られたものが出島のオランダ商館に売られ、次の船でバタヴィアに送られた。一儲けしようと企てた「世界のヤンキー国」の同輩がそこでそれを入手し、ヨーロッパに持って行き、一八二二〜二三年の間、本物の人魚として興行をした。かくして彼は自然史の謎を埋め、自らのポケットも同時に満たした。この人魚は、現在ニューヨーク博物館のコレクションにあるものと同一であると考えられる。そうでなければ、かの日本の漁師が（気づかれないようにいとも巧妙に）作った親から「フィジーの驚異」が生まれたのであろう。(30)

図7　バーナムが新聞に出した「フィジーの人魚」の広告。妖艶な半女半魚のイメージ(左)とミイラのスケッチ(右)とうまく使い分けた。

日本の人魚のミイラが「フィジーの驚異」と呼ばれるようになり、ペリー提督が回想録で言及するほどに有名になった背景には、一九世紀アメリカきってのペテン師フィニアス・テイラー・バーナムがいる。出島からバタヴィアにもたらされた人魚のミイラをアメリカ人船長イーズが購入し、ヨーロッパの諸都市で興行した後、唯一の遺産としてその息子に遺したことは先述の通りである。気味の悪いミイラを持て余した息子は一八四二年に、ボストン博物館の設立者であるモーゼス・キンバルに売却する。このキンバルがバーナムに人魚を貸しだし、バーナムはその周りに手の込んだホラ話（hoax）を生み出し、新聞というメディアを使ってアメリカ中を誑かし、「バーナムのアメリカ博物館」（Barnum's

American Museum)の集客に利用した。

バーナムがちょうど一八四一年にブロードウェイに開いたばかりのアメリカ博物館とは、見世物小屋と動物園と自然史博物館を組み合わせたような、珍物の総合デパートのような施設であった。人魚のミイラを入手したバーナムは、まず生物学者にそれを鑑定させる。ホンモノの学者はそれがまがいものであることをもちろんすぐに見破るのであるが、バーナムは仲間の弁護士をロンドンの自然史会館所属「グリフィン博士」というのニセモノの学者に仕立て上げ、南アメリカ帰りのこの学者が人魚を持っているらしいと、ニューヨークの新聞社各社に匿名の手紙を送る。しかも、アラバマと、サウス・キャロライナと、ワシントンD.C.の三か所から送るという周到な手口で。さらに、この「グリフィン博士」をフィラデルフィアのホテルに宿泊させ、ホテルのオーナーだけに人魚を「しぶしぶ」公開する。オーナーから広まった噂は地元のゴシップ誌にも取り上げられ、人びとの好奇心をそそった。その間、バーナムはこの人魚のミイラを描いたパンフレットを一万部も刷って配布し、絵の原版を新聞社に譲渡までしてそのイメージを流布させ、グリフィン博士がニューヨーク入りするのを待った(図7)。ニューヨークに来た博士は、人魚を展示する意図は全くないと言いながらも「仕方なく」公開することを了承し、バーナムがエージェントを通して秘密裏に借りたニューヨーク・コンサート・ホールで「一週間だけ」展示する。五日後には、ちゃっかり自分の博物館に移し、グリフィン博士はご親切にもフィジーの人魚に関するもっともらしい講義まで引き受けた。南アメリカにいた学者がなぜフィジーの人魚かという疑問を持つこともなく、人びとはは長蛇の列をなして人魚を見に来た(31)。

いきなり公開するのでなく、情報とイメージを新聞やパンフレットや口伝えの噂という様々なメディアを絶妙なタイミングで使って、大衆心理をじらしながら巧みに操作するあたりは、広報戦略として見習うべきところがある。バーナム自身が一八五五年にまとめた自叙伝では、それが日本で細工されたものであることをシーボルトなどの日本記録の英訳（先述の一八四一年のもの）を読んで知ったと書いている。[32] さらに一八七一年に出した別の回想録では、人魚の一件について次のように書いている。

私は博物館の通常の展示を宣伝するために［人魚を］利用したのである。この効果的な間接広報だけが、かの特別展示の評価すべき点であって、私自身、人魚の一件に関しては実のところ内心忸怩たるものがある。私の展示場にある真正な自然史的標本について新聞の欄をいくら書いたとしても、展示のごく一部であったあの人魚に関するほんの数節ほど人々の関心を引かなかったであろう。[33]

相当あこぎな商売をしたことを多少は反省している様子である。同じ回想録の中でバーナムは、一八五七年のヨーロッパ訪問中にオランダのハーグの博物館で日本の幻獣のミイラの展示を見ながら博物館の館長（*superintendent*）と交わした会話に触れている。館長は相手がバーナム自身であることはこの時点では気づいていない。

「バーナム」「たくさん人魚をお持ちですね。」

「ええ」と彼［館長］は答えた。「日本人は幻獣の細工、特に人魚の製作においては非常なすぐれた技術を持っています。ところで、あなたのお国の偉大なる興行師バーナムは、ホンモノの人魚だと称して、アメリカ中をペテンにかけることに成功したようですね。」

そのような話だが、実はバーナムさんは彼の博物館を広報するためだけに人魚を使ったようですよと私は答えた。

「そうなんでしょうが、」と館長は返す。「でも彼は抜け目のない、敏腕な経営者ですよ。ヨーロッパにいる彼の代理人から、我々のコレクションの中で重複しているものがあったら売ってくれとしばしば依頼がありましてね。売却してアメリカに送ったものもあるんですよ。」[34]

この後、館長はバーナムをオフィスに招き、コレクションの中から絵を売ってもよいと持ち掛ける。その時点で初めて名刺を渡され、相手が話題のペテン師本人であることが分かり、館長は非常に気まずい様子であったとバーナムは書いている。

五　排除されゆくニセモノ

バーナムのアメリカ博物館での人魚展示は、「驚異の部屋」のアメリカ商業主義的展開であり、最後の残像とでもいえよう。近代化とともに、まがいものと分かっていながらも、騙されにゆく大衆がいた時代は終わりを告げようとしていた。国家事業としての博物館からニセモノは排除され（あるいは人目につかない倉庫の奥に死蔵され）、博物館と「秘宝館」は分離してゆく。

一方日本では、見世物や個人の収集品であった人魚のミイラの一部は、寺に納められた。博物学的標本としてはニセモノでも、簡単に捨ててしまえるようなモノではなかったからであろう。ご利益があるものとして信仰されていたものなので、なおさら簡単には排除できない。日本独特の付喪神《つくもがみ》的思考が働いているようで、興味深い。

（1）　日本語のものを挙げると、ヴィック・ド・ドンデ『人魚伝説』（荒俣宏監修、富樫瓔子訳、創元社、一九九三年）、吉岡郁夫『人魚の動物民俗誌』（新書館、一九九八年）、田辺悟『人魚』（ものと人間の文化史143、法政大学出版局、二〇〇八年）、九頭見和夫『日本の「人魚」像』（和泉書院、二〇一二年）などがある。

（2）　兵庫県立歴史博物館編『お化け・妖怪・幽霊』（一九八七年）、長崎市立博物館編『大出島展――ライデン・長崎・江戸――異国文化の窓口』（二〇〇〇年）、朝日新聞社文化企画局大阪企画部編『大妖怪展』（朝日新聞社、二〇〇〇年）、川崎市市民ミュージアム編『日本の幻獣――未確認生物出現録』（二〇〇四年）、青森県立郷土館編『妖怪展――神・もののけ・祈り』（二〇〇九年）、国立歴史民俗博物館編『大ニセモノ博覧会――贋造と模倣の文化史』（二〇一五年）。人魚が展示されたその他展覧会で図録なしのものは以下、『化け物文化誌』（国立科学博物館、二〇〇六年）、『妖怪天国ニッポン――絵巻からマンガまで――』（兵庫県立歴史博物館・京都国際マンガミュージアム、二〇〇九年）、『妖怪幻獣百物語』（グランフロント大阪、二〇一四年）。

（3）山口直樹『妖怪ミイラ完全 FILE』（学研、二〇一〇年）、同『日本妖怪ミイラ大全』（学研、二〇一四年）。

（4）近藤雅樹「人魚のミイラと博物館」（『淡交』第五八巻第八号、二〇〇四年、三八～四一頁）。

（5）和歌山県教育委員会文化遺産課文化財目録〈http://www.pref.wakayama.lg.jp/prefg/500700/shinshitei/h21/kenminzoku-h21.3.17-1.html〉（最終閲覧日：二〇一五年一二月七日）。

（6）川崎市市民ミュージアム編『日本の幻獣――未確認生物出現録』（二〇〇四年）図版39。

（7）『日本書紀』巻二二では、「その形児《わかご》の如し。魚《いお》に非ず、人にも非ず、名づけむ所をしらず」とあり、「人魚」という名称ではない。『聖徳太子伝暦』（九一七年成立）には、聖徳太子がこの出現を災いの前兆とみなしたという記述があり――「今飛菟無クシテ人魚出ズルハ、是レ固禍ト為ス」――そこでは「人魚」と呼ばれている（吉岡前掲注（1）一四頁、九頭見前掲注（1）四二、四三頁）。

（8）人魚のミイラの所在と写真については、山口直樹『日本妖怪ミイラ大全』（学研、二〇一四年）六九～一〇八、一八四～一八五頁。瑞龍寺のミイラの写真は『日本の幻獣』図版31にもある。

（9）平賀源内『風来山人集』（日本古典文学大系55、中村幸彦注、岩波書店、一九六一年）二四六～二四七頁。（原文は旧漢字。）

（10）クリストフ・マルケ「江戸の寺社開帳をパロディ化した見世物『とんだ霊宝』」（『アジア文化研究　別冊』一八号、二〇一〇年、四一～五三頁）。

（11）たばこと塩の博物館で二〇〇三年に開かれた展覧会の図録『大見世物――江戸・明治の庶民娯楽』に、とんだ霊宝を描いた草双紙や、食品サンプルメーカーによって再現された「霊宝」の図版が掲載されている（四五～四七頁）。

（12）江戸・名古屋・大阪で開催された見世物の年表は以下を参照。川添裕「江戸見世物主要興行年表」（網野善彦他編『大道芸と見世物』大系日本歴史と芸能13、平凡社、一九九一年、一五一～一八五頁）、「名古屋見世物年表」（名古屋市博物館編『特別展　盛り場―祭り・見世物・大道芸』、二〇〇二年）、土井郁雄「近世大坂の見世物年表（一―三）」（『大

阪の歴史』三五〜三七号、一九九二〜九三年、八九〜一一八、七三〜一〇二、六七〜八八頁）。なお、蹉跎庵主人という管理人が江戸・明治の見世物を年代順に整理したブログ「見世物興行年表」〈http://blog.livedoor.jp/misemono/〉（最終閲覧日：二〇一六年九月二日）は、典拠となる資料の図版とテクストも引用しているので、一次資料を探すにあたって大変参考になる。

(13) 船越政一郎編『浪速叢書第五』（名著出版、一九七八年）四二〇頁。

(14)『猿猴庵日記』には、人魚への言及が三ヶ所ある。文政二年に肥後国で出没した情報に加え、文政二年八月と文政五年六月の見世物の人魚の記述があり、文政五年の人魚の作り物に関する情報は、『見世物雑志』の記述と同じものをとりあげている。『見世物雑志』の該当箇所は早稲田大学古典籍総合データベースで参照できる。この『見世物雑志』には、この他、あと二ヶ所人魚の見世物の記述がある（文政五年六月、天保三年九月）。いずれも簡単な絵入り（前掲注(2)『大ニセモノ展』図録Ⅳ-18に掲載されている）。

(15) 原田伴彦編『日本都市生活史料集成 四 城下町篇』（文彩社、一九七六年）五九一頁。

(16) それらについては、田辺前掲注(1)二五八〜二六四頁、常光徹「流行病と予言獣」（『国立歴史民俗博物館研究報告』一七四、二〇一二年、一八三〜一九九頁）。

(17) 笹方政紀「護符文化と人魚の効能」（御影史学研究会10月例会配布資料、二〇一三年一〇月二七日）。未発表の配布資料を提供くださった笹方氏に感謝する。

(18) 常光前掲注(16)一八四〜一九二頁。

(19) 前掲注(2)『大ニセモノ展』図録Ⅳ-14、前掲注(2)『日本の幻獣』図録41および83（「幻獣づくし絵巻」に貼りこまれているもの）。

(20) 川添裕『江戸の見世物』（岩波書店、二〇〇〇年）九三頁。

(21) 東洋文庫画像データベース『名陽見聞圖會』巻二。

(22)『名陽見聞図会』ほど演示の状況を詳しく描いていないが、先述の『見世物雑志』（天保三年九月）にも、同じときの人魚の干物の絵が挿入されている。

(23) 三田村鳶魚校訂『未完随筆百種』第一一巻（米山堂、一九二七年）一八三〜一八四頁。

（24）Steven Levi, "P. T. Barnum and the Feejee Mermaid," *Western Folklore* 36. 2, 1977, p. 150.
（25）フィッセル『日本風俗備考』（庄司三男・沼田次郎訳注、平凡社東洋文庫、一九七八年）一巻、一九四〜一九六頁、原典 pp. 118-120.
（26）ケン・フォス／松井洋子訳「好奇心の後、そして科学の前に――蒐集家としてのヤンコック・ブロンホフ」（長崎市立博物館編『大出島展―ライデン・長崎・江戸―異国文化の窓口』二〇〇〇年、二〇八〜二一〇頁）。
（27）前掲注(2)『大出島展』の図録にこれらの収蔵品（人魚、河童、鬼の首など）の図版が掲載されている（展示番号4-2-6〜4-2-16）。
（28）フィッセル前掲注(25)二巻八七頁。原典 pp. 212-213.
（29）*Manners and customs of the Japanese, in the nineteenth century. From recent Dutch visitors of Japan, and the German of Dr. Ph. Fr. von Siebold*, New York: Harper & Brothers, 1841, pp. 261-262.
（30）1856, pp. 69-70.
（31）Steven Levi, "P. T. Barnum and the Feejee Mermaid," *Western Folklore* 36. 2, 1977, pp. 149-154.
（32）P. T. Barnum, *The Life of P. T. Barnum*, London: Sampson Low, Son & Co., 1855, p. 235.
（33）P. T., Barnum, *Struggles and Triumphs: or, Forty Years' Recollections of P. T. Barnum*. New York: American News Company, 1871, pp. 129-130.
（34）ibid. p. 443.

〔挿図一覧〕

図1　橋本市学文路、仁徳寺、刈萱堂に伝えられた人魚のミイラ（撮影：近藤雅樹）
図2　歌川豊国画『観音霊験記』西国巡礼三拾二番　近江観音寺　人魚　南伝弐山庄、安政五〜六年　早稲田大学図書館蔵
図3　『三才図会』「氐人」（国立国会図書館デジタルコレクション　三才圖會106巻［10］コマ96／199）
図4　人魚の刷り物　国立民族学博物館蔵
図5　『名陽見聞図会』二巻　公益財団法人東洋文庫蔵

図6　ブロンホフ収集によると思われる人魚のミイラ　ライデン国立民族学博物館蔵（Collection Nationaal Museum van Volkenkunde. Coll.nr. RV-360-10410）

図7　バーナムが新聞に出した「フィジーの人魚」の広告。一八五五年の自叙伝 *The Life of P. T. Barnum* 所収（左二三五頁、右二三四頁）

前衛としての生き残り——工藤哲巳の海賊的考察にむけて

自己の存在の確証を得る為だけに仕事をする。

——工藤哲巳

近藤　貴子

今年（二〇一六年）の九月二五日からカッセルのフリデリチアヌムで、一九五〇年代の絵画作品や映像資料を含む一〇〇点以上を集めた工藤哲巳の回顧展が開催された。これは昨年没後四半世紀を迎えた工藤哲巳の現代美術作家としての足跡を辿るべく、近年国内外で開催され続けてきている回顧展の一つになる。欧米では、二〇〇七年にパリのラ・メゾン・ルージュ、二〇〇八年にはミネアポリスのウォーカー・アート・センター、昨秋はロンドンのハウザー&ヴィルトにおいて工藤が一九六二年から一九七九年までに制作した作品二二点による回顧展が開催された(1)。また国内では、二〇一三年から二〇一四年にかけて大阪の国立国際美術館で大規模な回顧展『あなたの肖像』展が開催されている。大阪での回顧展は、一九九四年に同館で開催された『工藤哲巳回顧展—意義と創造』展の出品数と比較すれば明白であるが、工藤の作品の収集家であり支援者でもあったオランダ人のフリッツ・ベヒトの個人所蔵作品のほとんどが一九九六年に日本の画廊を通じて日本の公立美術館の手に渡ったことにより、初めて日本で大規模な回顧展を開催するきっかけを得ることとなった。(2) これらの回顧展は、今まで真価を認められずにいたとされる工藤哲巳を前衛芸術家として再評価し、二一世紀より興隆し始めた世界美術史の潮流に乗せる試みのように映る。

しかしながら、工藤哲巳という日本人現代美術家を「世界が認める」一人の普遍的な芸術家として美術史に組み込むこととは一体何を意味し、何を目的に行われるのだろうか。芸術家と（世界）美術史との関係とは一体何なのだろう。今まで美術史のような「物語」に刻み込まれず、独自のエピソードを紡ぎ上げてきた工藤哲巳像は、美術史上「普遍的な真実を表象する行為者」という地位をここで確立することになるのだろうか。そうだとしたら美術史とは相容れない工藤自身の発話はどこに属することになるのか。本稿は、その発話の不確定な在処に焦点を定め、そこに浮び上がる前衛としての工藤哲巳像の輪郭を描くことを目的とする。不確定な発話の在処とは、文化、観念、概念の狭間にあった工藤哲巳の活動領域であり、筆者自身または考察を行う主体が工藤哲巳の思想の分析の際に、普遍性と「日本」という両観念的岸辺から距離を置いた時に初めて姿を現す領域でもある。その行為を、観念の岸辺からの船出、とでも呼ぼうか。本稿では特に、工藤哲巳は美術史上意義を持つ普遍的な真実の追求を目指してはおらず、自身の哲学的思想を通じ前衛としての立ち位置を実験的に確立しようとした作家であったのではないか、という仮定を立て、それを海賊性と関連づけて検証したい。

一　オランダにおける工藤哲巳

不確定な発話の在処に、ある言語文化圏を持ち出すことは正当とは言えないかもしれない。しかし、言語のベールに隠された領域に特定の意味を探り当てることができる可能性があるとすれば、敢えてそれを剥いでみたい。工藤は一九六〇年代から七〇年代の始めにかけて、オランダの現代美術界を支える人々と密な交流を持った。

そこに残した足跡には、普遍的な、または「日本」の芸術家という枠に収まりきらない側面が見え隠れする。特にオランダで工藤が言語化した、また、工藤の作品をもとに映像化された哲学的思想の中に、一九六二年にパリに移って以降一九七五年頃まで繰り返し作品の題目に使った「あなたの肖像」があるが、それに対して工藤が設定する自分自身の所在を考察することにより、工藤の前衛性を浮き彫りにすることができるのではないかと考えるからである。

まずは、オランダでの工藤哲巳の活動と、オランダ人との交友について少々細かくなるが触れておきたい。島敦彦が二〇一四年の回顧展図録で「工藤を早くから理解し、支え続けたのはオランダの人々であった」と記述しているように、工藤はオランダとは非常に特別な関係にあった(3)。しかもそれだけでなく、その濃密な関係無しには工藤哲巳は「工藤哲巳」であり得なかったのではないかと思う。それにもかかわらず、オランダと工藤の関係についての考察は現在まで非常に限定的な次元のみに限られていると言える。

工藤のオランダ人との交友関係は、工藤が一九六三年にサンマリノでの第四回国際芸術ビエンナーレ『アンフォルメルを超えて』に出品し、そこで当時デン・ハーグの市立美術館の学芸員であったヴィム・ビーレンが工藤の作品に出会ったことから始まる。ビーレンは二〇世紀後半にオランダの美術界で最も影響力があった一人とされ、一九八五年から一九九三年までアムステルダムのステデリック美術館の館長を勤めた人物だった。工藤はサンマリノ・ビエンナーレには招待作家として参加したのだが、主催者の眼に宗教的、倫理的許容範囲を超えると映った工藤作品三点が展示拒否される。それら三点は、審査委員長との交渉後、最終的に鍵のついた特別室に展示されることになる(4)。その特別室に足を踏み入れ、ビーレンは「あの鍵のついた部屋で、何か全く根本的に違う事象が起きていたと感じた」と後日語っている(5)。

その翌年、ビーレンはパリのギャラリーJを通じてパリの工藤のアトリエを訪れる。その時、デン・ハーグの市立美術館で一九六四年六月二四日から八月三〇日まで開催予定だった『Nieuwe Realisten（ニューヴェ・リアリステン）』展への《あなたの肖像》（一九六三）と《あなたの肖像 F》（一九六三）の出品の約束を交わす。『Nieuwe Realisten』展は、フランス発のヌーヴォー・レアリスムの解釈の枠を広げ、その動向にオランダの現代美術を文脈化させると同時に、ヌーヴォー・レアリスムを世界的な現代美術の動向として書き改める試みであったように読み取れる。この大規模な展覧会には、新具象絵画、ポップアート、ジャンクアート、オブジェ制作に関わる主に欧米出身の六二名にも及ぶ作家が出品した（図1）。「芸術は生活と共にあり、それを興がり、またそれに驚嘆したりし、まるで生活環境のように、美しいもの、恐ろしいもの、馬鹿馬鹿しいもの、道理にかなったものや出来事が、無関係ながら混在しているものである」とし、芸術を「人類にとって至上最高の表現形態」、また「永遠の美」とする過去に背を向けることを美術の新写実主義作家の共有する理念とうたった(6)。ヌーヴォー・レアリスムがポップアートとの相似性を問われる所以である。この展覧会の来場者数は、八月九日の時点で一四、九二三人にも上り、その後ウィーン、ベルリンとブリュッセルにも巡回することとなる。工藤の《あなたの肖像》（一九六三）の写真は、二万部刷られた四カ国語の展覧会のパンフレットの中頁に掲載され、ヴェネチア・ビエンナーレでも配布された。この展覧会を機に、工藤はオランダ人作家との幅広い交友関係を築く。

図1　デン・ハーグの市立美術館での『Nieuwe Realisten』展準備中のヴィム・ビーレンと《あなたの肖像》（1963年）
© Nationaal Archief/Collectie Spaarnestad/Stokvis

『Nieuwe Realisten』展の準備中の一九六四年五月四日、三〇代の若き収集家フリッツ・ベヒトが、幼なじみでもあるヴィム・ビーレンに《あなたの肖像》（一九六三）と《あなたの肖像 F》（一九六三）の写真を見せてもらった、と工藤に手紙を送る。それらの作品に衝撃を受けたベヒトは手紙の最後に、自分のコレクションに工藤のこの二作品を加えたい、と購入の提案をする。(7) 工藤はベヒトの提案に「腹がへっていたので」応ずる。(8) しかしその後、《あなたの肖像》（一九六三）を市立美術館のコレクションに加えたいと考えていたビーレンが、同年五月二四日に工藤に手紙を送る。手紙の中でビーレンは、「ベヒト氏には事前に、当美術館が《あなたの肖像》（一九六三）を二、五〇〇ギルダーで購入するつもりだ、と伝えていた」と説明し、「作品購入の第一の権利は当美術館にあり、ベヒト氏は第二の権利者として仕切り直したいのだがどうだろうか」と提案する。(9) と同時に、「非常に斬新な作品なので、購入に関しては当館の評議委員に同意が得られるかどうかは今の段階で何とも言えない」とも添えた。(10) ここにオランダにおける《あなたの肖像》（一九六三）の評価の高さがうかがえる。また、気に入れば五分で作品購入を決めた、あるいは作品を見ないで購入を決意することもあったという評判を裏付ける、感覚的で衝動的であった収集家ベヒトの姿が浮び上がる。最終的にはこの作品はベヒトの手に渡る。

図2　フリッツ・ベヒト(左)と工藤哲巳(右)
© Archief Frits Becht

ベヒトは、工藤作品の熱心な収集家であっただけでなく、工藤と出会って間もない一九六四年から可能な限り工藤を最大限支え続けたパトロン（経済的支援者）であった（図2）。ベヒトは工藤が自立できるまで毎月生活費を送り続け、その代わりとして気に入った作品を自分のコレクションに加えた。(11) また、工藤とは家族ぐるみの長期的な交友関係を持ち続けた。(12) ポップアートを中心に一、五〇〇点にも及んだベヒトコレクションでは、日本に工藤の欧州時代の作品の所蔵がないことを知らされたベヒトが一九九〇年代後半に日本の画廊にほとんどの作品の譲渡を決意するまでは、工藤から寄贈された作品（小品を含む）を二七点所蔵していた[13]。現在もベヒトコレクションには、フリッツ・ベヒト自身がこよなく愛した作品を含む数点の工藤作品が残る[14]。

一九六〇年代から七〇年代にかけて、分かっているだけで工藤は複数回アムステルダムに滞在している。一度目は一九六八年、プリンセン運河（Prinsengracht）沿いにあったヴィム・ビーレン宅に半年間[15]。そして一九七一年八月十五日から十月十五日まで、当時ステデリック美術館に付属していた「プリンセンアイランド・スタジオ」と呼ばれるアトリエにアーティスト・イン・レジデンスとして滞在した[16]。同時期に「アムステルダムや他の地に数ヶ月滞在」したという記録もある[17]。また、ベヒト家に滞在していた時期もあるようである[18]。ビーレンは、工藤がこの時期にオランダでは名の知れる作家になっていたと語っている[19]。

特に一九六六年から一九七二年までの間に工藤は初めて、西洋世界を作り上げた「人間」と「人間性」という西洋の概念と、それを基にした過去の蛮行や破壊行為に対する批判を中心とした独自の哲学的思想を、（ぎこちない）英語で言語化、または翻訳を通じ、それを主に自身の個展の図録という媒体を用いて公表した。オランダでの個展はこの時期に三箇所で行われるが、全ての図録に工藤の文章を見つけることができる。それらはビーレンとの信頼関係が導いたものか、またオランダ人の言語を通じて主体を確立する気質に促されたのかは今となっては知る術もない。工藤が外国語でのコミュニケーションを得意としておらず、ベヒトとの間には全く文書交換がなされていなかった事実を考えれば、この言語化された工藤の理論は注目に値する。この時期は更に、工藤が最も頻繁に使った「Your Portrait［あなたの肖像］」と名付けた作品を精力的に制作した時期とも重なる。この作品群は、パリに移住した一九六二年から、一九七五年頃に日本との行き来を再開し始めるまでの間に欧州で集中的に制作され、分かっているだけで計六六点に上る[20]。

オランダでの初めての個展『Kudo』は、一九六六年四月五日からアムステルダムのケイザースフラフト（Keizersgracht）518にあったギャラリー20にて開催され、一九六四年と一九六五年に制作された《あなたの肖像》、《愛》（一九六四）、《あなたの肖像 M》（一九六四〜一九六五）と《郷愁病用、あなたの居間に、「脱皮」記念品》（一九六五〜一九六六）が展示された。全国版の新聞 Telegraaf は、「ほとんどの来場者は驚愕した」とこの展覧会を大きく扱う[21]。パンフレットのようにも見えるこの個展のカタログには、ビーレンの工藤作品にまつわる問いと、主にビーレンがその中で用いた「人間の尊さ」に対する工藤の返答が英語で三頁ほど掲載されている[22]。これは、工藤の《Your Portrait［あなたの肖像］》の基盤となる思想であり、海外で初めて言語を用いて発表されたものであった。

二回目の個展『工藤哲巳　電子回路の中での放射能による養殖』は、一九六八年一一月一〇日から一二月七日まで、リッツァールト・テン・カーテンが立ち上げたルーナースロート（Loenersloot）のミッケリーギャラリーで開催された。ここでは、《放射能による養殖》（一九六八）の「黄色の温室」「緑色の温室」「青い温室」「小さな温室、オレンジ色、緑色」の四点に加え、《ピンクの花》（一九六八）が展示され、《虹の彼方に》（一九六八）と名付けられた作品で「ボーリングをしよう」と銘打ったハプニングが催された。この個展のカタログには、この個展に先立ち一〇月二五日の夜の一〇時に始まり、次の日の朝の四時まで続いたビーレンと工藤との間で交わされた英語での対話の一部が六頁余り掲載されている。この対話は、前に触れたギャラリー20の個展の図録に掲載された対話の延長と考えられる。ぎこちない英語を用いながらも工藤の概念的思考の枠組みはより明確になってゆくが、ビーレンの主張との間には不協和音が走る。この対話の詳細に関しては、後に考察したい。この展覧会は、その後オランダのエイントホーフェン（Eindhoven）、スウェーデンのマルメ（Malmö）に巡回した。

一九六七年には工藤哲巳の哲学的思想を基にした35㎜映画が制作される。表題は工藤が多くの作品に名付けた《Your Portrait［あなたの肖像］》である。この二一分の短編映画は、当時のオランダの文部科学省から助成金一八、〇〇〇ギルダーを得て制作された。[23] 当時二四歳であったイーリック・ファン・ザウレンが監督、台本を担当し、工藤の「あなたの肖像」の作品群に共通する思想を基盤にしながら、工藤の複数の作品、及び工藤自身を「Kudo」として登場させる。しかし、構想を練る段階で、工藤と監督が激しい議論を交わした記録もある。[24] このファン・ザウレン監督の映像作品では、映像という媒体を通じ「あなた」が輪郭を現し、またそれまで一九六〇年代に工藤が示唆し続けた「変容」、「変態」が初めて視覚的に具体性をもって表された。初上映は、一九六七年六月一七日午後二時一五分よりアーネムで開催された国際映画週間においてであった。

一九七二年には、美術館での個展が開催される。アムステルダムのステデリック美術館で二月二六日から四月九日まで開催された個展『環境汚染—養殖—新しい生態—あなたの肖像』である。先に触れたステデリック美術館のアトリエでのアーティスト・イン・レジデンスは、この展覧会に先駆けて計画されていた。ステデリック美術館には、このアーティスト・イン・レジデンスをきっかけに入手した工藤作品四点が現在も収蔵されている。個展としては大規模なこの展覧会では、四つの展示室が設置され、それぞれ「あなたの家族の部屋」「イオネスコの部屋」「あなたの温室—あなたの水族館—あなたの鳥籠」「環境汚染—養殖—新しいエコロジー」と名付けられ、四つの段階を辿るような展示の形式を取った。この個展の図録には、工藤の檄文とも言える「環境汚染—養殖—新しい生態」が掲載されている。[25] 個展自体においては、前もって告知されたハプニングは行われなかったものの、二月二五日には午後四時からのオープニングに先駆け、一九七〇年に工藤が舞台美術を担当したウジェーヌ・イオネスコの映画『泥［La Vase］』を報道関係者のみに上映した。[26] オープニングではガスマスクをした工藤が、皿に盛られた豚肉のソテーにスプレーをかけ、赤く染まった肉を観客に微笑みながら振る舞った。[27] また、

図３　ステデリック美術館『環境汚染──養殖──新しいエコロジー──あなたの肖像』展「イオネスコ」の部屋での工藤（出典：『みづゑ』814号、美術出版社、1972年）

三月二一日～二三日の三日間の全日午後三時から五時まで、「イオネスコの部屋」に工藤自身が在室し、制作作業を続けた(28)（図３）。この個展は国内の新聞雑誌媒体に大きく取り上げられ、その数は分かっているだけで見開き記事を含めて一八件に上った。

オランダで最後に個展が行われたのは、一九九一年のファン・レークム美術館での『Tetsumi Kudo 1935-1990』展だった。これは、工藤哲巳が亡くなって半年後の一九九一年四月に工藤と親交の深かった友人たちの主導によりアペルドールン（Apeldoorn）にあったファン・レークム美術館において追悼展として開催されたものだ。同展覧会は同年六月二九日から、ヴィム・ビーレンが館長になっていたアムステルダムのステデリック美術館にも巡回した。この追悼展はフリッツ・ベヒトがファン・レークム美術館館長と共に指揮を執り、また出展された作品は、ベヒトコレクションを中心としたオランダの美術館、または個人所蔵の計四一点に上った。わずか半年の間に展覧会を企画し、公立美術館でもあるステデリック美術館を含む美術館二館で追悼展が企画されたという瞬発力から、工藤哲巳が如何にオランダ現代美術界にとって重要な芸術家であったかがうかがえる。

追悼展の図録は工藤と親交の深かった芸術家、美術批評家、美術館館長、画廊経営者の一〇人が思い思いに英語、オランダ語、フランス語で文章を寄せ、彼らの工藤との思い出を振り返る回想録ともなっており、彼らが工藤と共に撮った写真も多く載せられている。ヴィム・ビーレンに関しては、ファン・レークム美術館が定期発行していた小冊子にも言葉を寄せた。そこで彼は、「工藤は、私たちの親愛なる友人であり、飲み友達でもあり、議論相手でもあり、礼儀正しく思いやりのある相棒だった」と語った[29]。また図録には、その後の欧米での現代美術の状況を振り返り、「工藤は正当に評価されていなかっただけでなく、言ってみれば忘却の彼方に消え去ってしまった芸術家とも言えるだろう」と語った[30]。また、非常に親交の深かったマーク・ブルッセは、「今となって初めて工藤が単に洞察力に富んだ芸術家以上の人物であったこと」に気付かされた、と語り、更に「前衛と言う言葉は多くの場合、軽薄な、または見当違いな使われ方をするが」と注意を促した上で、工藤哲巳という芸術家は「最も純然たる前衛作家であった」と綴った[31]。オランダで開催された工藤の展覧会はこれが最後である。

二　前衛の（不）可能性

一九八〇年代に工藤は「前衛」、または「前衛芸術家」をタイトルに用いた作品を五点制作する。その一点が一九八五年に制作された「La survivance de l'avant-garde」である。この作品は、人体を思わせる形態が頭蓋骨と手のレプリカと様々な配色からなる紐により形作られ、平面にうつぶせに展示される。多色の紐は工藤が遺伝子という生から切り離す事の出来ない繋がりを記号的に表現する為に用いた素材である。人型とはいえはっきりした輪郭を持つ訳ではなく、腕はそれを示唆するような形態が残されているだけで、あやとりをしているように糸のからまる手の部分は頭蓋骨からすこし離れたところに置かれている。その手には男根を形どった繭状の形態が繋がっており、どこかへその人型を導いているようにも見える。この作品は、文化や芸術に関する概念では断ち切ることのできない遺伝子との繋がりを映し出しながら、前衛作家という個として生き残ろうとした工藤自身を象徴しているのだろうか。

また、工藤哲巳は「純然たる前衛作家」であった、とマーク・ブルッセは表現した。工藤がそうであったとすれば、どのような論拠に基づきそれを明示することが出来るであろうか。この問いに対し、論拠の必要性に対する疑念や、美術史上多くの前衛達が存在したではないか、工藤哲巳も普遍的な美術史に書き加えられるべき前衛であったということではないか、といった懐疑心も生じるだろう。しかしながら、筆者はその疑念にあえて斬り込んでいく必要があると思う。というのも、美術史上、前衛の存在は不可能だからである。

これは、本来普遍的であり因習的な美術史と前衛とが敵対関係にあっただけの事実を元に主張している訳ではない。不可能性の論拠の一つとしてまず、ハンス・ベルティングの前衛についての考察に焦点を当てたい。二〇〇三年に出版された *Art History after Modernism* で、ベルティングは前衛美術と普遍的な美術史との関係性について論述している。特に、前衛がモダニズム以降、必然的に歴史化され始め、更にその最先端に立ち始めたことが美術史上の特殊な問題を引き起こしたと説明する[32]。それは、アンリ・ゼルナーが指摘した因習的な美術の歴史化にまつわる「深遠な矛盾」と説いた美術史に内在する問題と重複する[33]。その矛盾とは、美術史は美術が歴史性を超越し、絶対的自律性を理想とする理論を基盤としながら、他方でその自律すべき美術を取り込みながら、美術の様式史という「物語」を確立していることにある、とゼルナーは説く[34]。つまり、美術史に刻み込まれた美術自体の自律は美術史の誕生以来、常に不可能であり続けているのである。同様に、ベルティングの挙げた特殊な問題性とは、前衛芸術の否応無しとも言える他律性である。「前衛は、近代以後、自分たちの法則を歴史に対して強要することに成功した勝利者ではなく、歴史の犠牲者であった」と指摘する[35]。ここで歴史の犠牲者とは、歴史に従属させられる者を指す。本来、前衛と美術史は、互いに相容れぬ関係に（あるべきで）あり、「前衛の美術史」という語自体が撞着語法になる。それは逆に、前衛は普遍的な歴史との関係を断つことによりのみ初めて可能になることを指す。

次の考察に入る前に、まず美術史に関わる普遍性とは何かということに触れなければならないだろう。特に、日本と西洋で普遍性の意味するところが異なることをまず理解しなくてはならない。日本語で普遍性とは、『広辞苑』によると、「①あまねくゆきわたること。すべてのものに共通に存ずること。②〔哲〕（Universal）㋐宇宙や世界の全体について言えること。㋑ある部類のあらゆる事物に共通な性質について言う語」とある。[36] 日本において、普遍性とは主に仏教思想を基にし、一般的にはほぼ『広辞苑』の意味するところを指しているであろう。しかしながら、美術史上ではその普遍性の理解に偏りがあることを認識すべきである。例えば美術手帖の初版から戦後の美術批評を振り返ると、フランス絵画、彫刻の批評が中心となり、更にフランスの画家、彫刻家達がまるで自分たちの隣人について語るように扱われている。日本において西洋美術を「『我々人類』の讃えるべき美の結晶」であると理解した時初めて日本の近代、及び現代美術がそこ——包括的で普遍的な美術の世界——に属するべきである、という論理に辿り着いたのではないだろうか。美術の普遍性への確信無しに現代美術も美術批評も発展し得なかった。そこには、自（日本）と他（西洋）の距離がない。

また他方で西洋美術史の文脈で普遍性との同義語、Universality が使われる時、それは日本語での普遍性を意味しない。というより、同義語として辞書で見つけることが出来るとしても、美術史上、異なるものを示すと考えた方がいいだろう。西洋の Universality の内包する問題性は、一九八〇年代から『Primitivism in the 20th Century』や『Magiciens de la Terre』等の展覧会を通じ、顕在化してきた。そこで普遍性は、非常に限定的に形式主義的であり、西洋中心主義が生み出す概念であると批判された。西洋における普遍性の欠陥はこれだけではない。ここで、ボードリヤールの *The Mirror of Production*［生産の鏡］の普遍性に関する記述を参照したい。ボードリヤールは、普遍性とは他の文化圏で生産されたものを美術館で「芸術」として扱ったり、それらを西洋の方法論にて再解釈したりすることを通じ、それらに西洋の美の原則を映し描き出すことで、西洋の美の原則自体を「普遍化」しているものである、と指摘する。[37] つまり、普遍性は、西洋が自分たちの美の原則を他文化圏の作品に投影したものでありながら、それをその作品自体に宿るものとして提示しているということである。そこには自分たちを常に主体化し、その姿を決して変えない西洋中心主義がちらつく。

しかしここに二つの問題が生じる。一つは、例えば非西洋圏の美術、つまり日本の美術が、普遍的とされる「大きな物語」に「美術」として取り込まれるか否か、またそこで同化しうるか否かは、西洋の美の原則を基にしており、その主体となる西洋にのみに決定権がある点である。現代美術の場合、日本の現代美術が既にそこに統合されているようにも見えるだろう。しかし、それが「偽りの慈悲」によるものか否かを見抜く必要がある。[38] それは、日本人の制作した作品に対し「日本」という文化的分類が行われた時に疑われるべきだ。それはベルティングの言葉を借りれば、西洋が「普遍」を銘打ちながら、日本を（世界）美術史の「スラム街に追いやっている」だけだからだ。[39] ここには、自（西洋）と他（日本）との縮めようのない距離が設定されている。この距離が美術史上の主体と他者の二元論の基盤を作っているのである。二つ目の問題は、普遍性が西洋によって謂わばでっち上げられたものであるだけでなく、西洋の美の原則と同義語にも関わらず、日本では、それを真の普遍性と理解してきたことにより生じる歪みだ。

次に前衛を「日本」との関係において考察したい。工藤哲巳は一九八一年の草月美術館での個展の図録に「最近になって世界から見た日本の地位の重みは変わりつつあり」と、経済的により豊かになった一九八〇年代の日本は、工藤がパリに出発した時期の日本とは異なることを強調するかのように「これを機会に『イミテーション』の汚名をそそぎ、『ティピカル』のずれを皆様で充分に検討していただきたい」と記した。[40] 欧米から見た時、工藤と言う日本人が制作した現代美術は、西洋の模倣か、あるいは日本人としての日本文化の本質主義の呈示のどちらかでしか作品が解釈されなかっただけでなく、欧米での作品制作には大抵その選択肢しか与えられなかったのであろう。ここに、パリにおける工藤自身の「日本人」としての苦悩を垣間みることができる。

これついては稲賀繁美が、一九八六年から一九八七年にかけてパリのポンピドゥー・センターで開催された

『Japon des Avant-Gardes』展に触れ、「異文化理解の可能性と限界——第三世界における『前衛藝術』の可能性をめぐる考察を手掛かりとして」（一九八九）の中で詳しく述べている。稲賀は「『西洋』の追従でなければ『伝統』墨守という二律背反を強いられた第三世界は、かくしてみずからに『正統』な『前衛』を所有する権利をはじめから奪われてしまいます」と日本を西洋的視点から文化的第三世界と捉え、その前衛に対する権利の剝奪について説明する(41)。つまり、欧州に滞在する日本人芸術家にとって欧米の芸術家と同等に前衛を遂行し、前衛となる可能性は初めから排除されているのである。しかしながら、工藤は早くからこれに気づき、模倣と本質主義との断絶にのみ、前衛の道を拓く可能性を見ていたのではないか。また、その断絶とは、単に西洋と日本からの断絶ではなく、それを二分化していた二元論との断絶だったのではないだろうか。

三　海賊的考察——方法論

ここで、工藤哲巳の制作行為を支えた実験的哲学の中で、工藤自身がどのように前衛としての定位を試みたかを分析するにあたり、本稿で用いる方法論について触れたいと思う。本稿で言う海賊性とは、一つには安息地からの出航であり、そしてもう一つは安息地の「安定性」を揺さぶる試みとして設定される。安息地とは、物理的な場を指すものではなく、西洋美術史上築かれてきた概念が宿り、その伝統に則り発信される所在、世界化する現代美術の「知識的寄る辺」を象徴的に表したものである。そこには世界化する現代美術史の理論的基盤としても機能する西洋の二元論や西洋中心主義、また世界美術史への統合を目指す日本の疑似一元論、文化的特殊性をうたう文化的個別主義が安住する。海賊的方法論は、第一にこの安息地から距離を置き言説と言説の狭間を縫いながら、前衛としての座を確立しようと試みた工藤の実験的思想の考察を枠組みとするが、同時に工藤の前衛性と海賊性との間接的な比較分析の手段ともする。まず、工藤の制作活動領域であった、観念上西洋でも日本でもない検知し難い活動領域の分析・考察を可能にする為の理論的枠組みについて述べていきたい。

二〇〇八年の論文「Hostis Humani Generis」の中で、ジョディー・グリーンは「海賊とは何か」と問い、一七世紀のゴルディングケースと呼ばれる事例を挙げ説明しようと試みる。それは、一六九三年にアイルランドの八人の船乗りが英国の船舶を攻撃し、その後捕えられたが、彼らがその時に退位していたジェームス二世の傭兵として雇われた私掠船の船員だったことにより、英国の法廷が彼らを「海賊」と見做し刑に処すべきかの判決に難儀した事例である[42]。この八人のうち数人は最終的に、退位していたとはいえ国王であったジェームス二世の庇護下にあったことで海賊の定義である「海賊は人類の敵である。[Pirata est hostis humani generis.]」が適用できずにいながらも、恣意的に「破落戸《ならずもの》も海賊である」として処刑された[43]。これを基に、グリーンは海賊行為の定義の不可能性が「甚だしく有効な法律上の分類」を作り出すとし、「海賊行為に属した意味論的不確定性」に注目する[44]。特に、海賊行為の意味論的不確定性に関してグリーンは、*Philosophy in a Time of Terror* の中のデリダの「意味論的不確定性、概念と概念の境界の狭間に挟まれた単純化することのできない論争点、境界という正にその概念に対するためらい――これら全ては、つかみ所のない無秩序、概念的混乱、または公的、及び政治的言論内における昨今の騒乱に関わる領域として分析されるべきではない。これらは、戦略的、また折衝を促す行使力とも認識されるべきである。」という記述を引用し、国際法においてはこの意味論的不確定性は「例外ではなく、規範である」と説いた[45]。

このように国際法上の海賊の定義の不可能性がもたらす生産性は、国際的に美術作品が交錯する美術史上の前衛の不可能性に同様の生産性をもたらさないだろうか。「前衛芸術」は、レナート・ポッギオーリにより「意識的であろうと無意識的であろうと、伝統的な慣習との転倒した関係性により」定義されるとしている[46]。「人類の敵」としてイギリスの法律上定義されてきた海賊と、美術史上に制裁制度はないにしろ「反因習的」として定義される前衛は、共に意味論的に不確定であるという点において比較しうる関係にないだろうか。前衛作家としての存在は、観念の領海を越え、この意味論的に不確定な領域においてのみ可能なのではないのだろうか。

四　前衛の可能性──不確定な領域への出帆

一九六六年から一九七二年の間に、オランダにおいて工藤哲巳は言語を用いて自身の実験的哲学を深化させようと試みる。また、同時期からそれ以後の一九七〇年代中盤までに工藤は《Your Portrait［あなたの肖像］》と名付けた作品を数多く制作した。この作品群自体、また部分的に繰り返し用いられた要素──巨大化した眼と鼻のない頭部、男女の性器、手や足をかたどったもの、箱、骰子、人形、繭、アルミ製台所用品、イオネスコの顔の一部、ハート、鳥籠、水槽等──は多様性に富んでおり、どれか一つを「あなたの肖像」の作品群を代表するものとして選ぶことは難しい。但し、これらは共通して「あなた」である誰かを描出していると同時に、表された形態は何かを「誘発する為の」装置として、その手掛かりを与えているのである。[47]ここではオランダにおいて発表した三編の文章と一本の映画を読み解きながら、様々な観念や概念の不確定な領域で工藤が確立しようと試みた「あなた」と工藤との特殊な関係を中心に、工藤の海賊的前衛性を描き出してゆきたいと思う。

まず、日本語と英語（またはオランダ語）における「あなた」の意味の違いについて触れなければならないだろう。日本語の「あなた」の原義は、「彼方」であり、その点からも非常に抽象的であり、時空的な距離感を感じさせる語である。また、日常的に「あなた」という二人称は日本語であまり使われず、また使われたとしても場合によっては失礼に当たる場合のある語である。それでも「あなた」は英語の代名詞「ｙｏｕ」の翻訳として現在頻繁に用いられており、翻訳として他の選択肢が少ないことを考えれば正しいのかもしれないが、同義語ではないことを今ひとつ認識しなくてはならない。というのも、日本語では、話し相手に対しその人の名前を用いるのが通常であり、通常「あなた」を用いることは避ける。それに対し、英語での「ｙｏｕ」は、自分「Ｉ」に対する「ｙｏｕ」であり、二項対立の関係の中で設定され具体的な対象を示すことが通常である。この違いから一つの食い違いが生じているのではないかと思う。

例えば、「あなたの肖像」を表題にとって二〇一三年から二〇一四年にかけて大阪の国立国際美術館で開催された工藤哲巳の回顧展の図録では、「あなた」を「わたし」として認識する傾向が見られた。まず、「あいさつ」には、「『あなた』とは、作品をご覧になるあなたのことであり、既成の価値観や約束事に縛られた私たちのことです」とある。[48] また、島敦彦は、「あなたの肖像」が、「私の肖像」ではないと言い切れるか、と間接的に問いかける。[49] この個展の図録の中で、唯一工藤の「あなた」の考察を行った枡田倫広は、「あなた」を「わたし」との関係性から考察し、それを入れ替わり変容し続ける主客の関係と設定しながら、《あなたの肖像》をこの関係性の中で交換される贈り物とした。[50]「あなた」は、「わたし」だったのか。これは、日本語における「あなた」の抽象性が引き出す問題ではないのではないだろうか。と同時に、これは先に述べた西洋と同一視しようとする日本の疑似一元的普遍性の現れでもあるのではないだろうか。これは、稲賀繁美の言う「『西欧』と無条件に同一化しようという、世界市民的な夢」を持つ日本人の、特に現代のグローバル化した日本人の「日本人芸術家」の普遍性構築に向けた計略のようにも見えなくはない。[51] それは、工藤のアヴァンギャルディズムの不可能性の肯定に直接繋がる。

それでは、「あなた」とは誰なのか。「あなた」に対して工藤は自分自身を何として設定したのか。この「あなた」の二項対立の対としての「わたし」だったのであろうか。この「あなた」の位置づけ、またそれに直接関係する工藤の自己定位の分析から不確定な領域への足がかりを得たいと思う。まずは、初めて工藤の言葉が収録された一九六六年のギャラリー20での個展『Kudo』の図録のビーレンとの対話から考察していきたい。この対話では工藤の作品の視覚的言語から確固たる意味性を捉えようとするビーレンと、ビーレンの解釈を否定し、またそれをくぐり抜けながら自己の思想を展開しようとする工藤との対照的な構図が浮び上がる。また、工藤を視覚言語を紡ぐ芸術家と捉えるビーレンに対し、工藤はその立ち位置からさえ身をかわそうとする。まず工藤はここから「美術史家」対「芸術家」の構図の不成立を試みるのである。

この対話はビーレンの質問から始まる。「Dear Kudo」と記した後、ビーレンは工藤に《あなたの肖像》（一九六三）を始めとする一九六〇年代前半に作られた四作品、特にグロテスクとも言える「人間」の表現に関して質問を投げかける。ビーレンはまず自分自身がサンマリノで鑑賞した後『Nieuwe Realisten』展に出品を要請した《あなたの肖像》（一九六三）に関して、「人間を皮肉った描写なのか」と問いかけた。次に、《Your Impotence》（一九六一～一九六二）については、「どうか理解に努めてくれ、我々は、どうであれ人間の尊さと言ったようなものを堅持していたいのだ」と綴る。[52] また「我々は憔悴しきっている。というのも、この溶解［する人体］が我々自身の存在の攻撃のように受け取れるからだ」と書き留めながら、「どうしてそんなに臨床的なやり方で攻めるのだ」と《あなたの肖像》（一九六四）のデッキチェアーで溶解する人間像について問うた。[53] 更に、「眼のない巨大な頭が椅子にのせられ口だけで意思伝達をしている時、そこに何の意味がこめられているのだ」と、《愛》（一九六四）についても問いを投げかける。[54] そして最後に「沈黙より対話をするのは自然ではないか」と、返答を促すように締めくくった。ビーレンの語調には、工藤の哲学に対する強烈とも言える程の興味を抱えながらも、それを完全に把握できない苛立ちと、工藤を理解する上では西洋的思考に限界があると悟りつつある焦りのようなものが感じられる。

ビーレンの質問に対し、「親愛なるビーレン氏へ（親愛なる欧州人へ）」と、工藤の返答は始まる。ビーレンの焦燥感を感じ取るかのように、工藤は「自分自身のあるが儘《まま》の姿を見るのを怖れているのか。もしそうだとしたら、

「あなたの肖像」を君に捧げよう。それは、醜く、不快で、不格好で、また、時には喜劇的でもある。しかし、それは変容しつつある状態にあるということだ。憂うでない」と語りかける。(55)ここで浮び上がる「あなた」は、欧州人としてのビーレンだ。そこで工藤が「わたし」のようにも見えるかもしれないが、それは違う。というのも次に工藤は「我々は皆、変容しつつある状態にあるのだ」と続ける。(56)「我々」を用いることにより、工藤は自分自身をビーレンという欧州人と同じ状態にあることを強調する。これは、どういうことなのか。もう少し先に進もう。工藤は、「宗教、性行為、哲学、政治等」全てのものが変容する過程にあるが、それは実に見え難いとし、「だからこそ我々は、その状態を具体的で象徴的な要素を用い翻訳してくれる肖像が必要なのである」と、「あなたの肖像」の必要性を説く。(57)

しかし、工藤はビーレンが挙げる作品の構成要素の提示を作品の中核としている訳ではない。「わたしが関心を持っているのは『観察』だ。まるで医者が被験者を観察するようにわたしが君を、自分自身を、そして全ての人類を観察するのだ」と記し、工藤は後にもこれを繰り返し強調する。(58)ここで重要なのは、被験者＝あなたに対し、医者＝工藤＝わたしでない点だ。医者である工藤は、観察者であり、「あなた」の対話者としての位置に属さない。工藤は「わたし」という主体からすり抜けるように常に位置の置換を試みるのだ。さらに、ビーレン＝欧州人に対し、工藤＝日本人でないことを認識することも重要である。ここでは、工藤の「我々」の使い方が鍵となる。

次に工藤はビーレンの挙げた「人間の尊さ」に触れるのだが、工藤はそれを悉く突っぱねる。工藤は、ビーレンの言う「人間」の同義語が「西洋哲学に基づく『人間性』の概念」であることを見逃さなかった。そして、そのような戯言を抜かすビーレンは、「郷愁病の一種」に罹っていると「診断する」。(59)またそれは、被験者の典型的な反応であると言い放つが、ビーレンだけが被験者なのではなく、「私はまるで医者が被験者を診るように、全ての人間を同じように観るのだ」と言う。[60] そして、医者と被験者の立場は入れ替わることがあると付け加える。ここにも「我々」の視点が現れる。「我々」を使うことにより、工藤は「あなた」と「わたし」の二項対立を避け続ける。ここには、「あなた」の対となる「わたし」がいない。

工藤の言う「郷愁病」とは、「humanity［人間性］」への郷愁への病である。「人間性」は、工藤が「我々」を使い示している生物学上の「人類」の人間らしさを指している訳では決してない。「人間性」は、西洋の文化政治的イデオロギーであり、工藤はその名のもとに欧州人が侵してきた植民地政策を含む数々の蛮行の基盤となった男性性と、それを引き起こしたとも言えるキリスト教の基本原理である二元論を批判しているのだ。また、その二元論こそが敵を生み出し、自然破壊を生み出してきた。[61] 工藤は、「人間性など私にとってどうでもいい」と言い切る。[62] ここで、工藤と人類の敵とされる海賊（Pirata est hostis humani generis）の像が奇妙に重複する。

最後に、ビーレンの《愛》についての質問に、椅子の上にのった二つの巨大な頭は「あなたの肖像」であり、ビーレンの「現在のありのままの姿を現している」のだ、と工藤は返答する。[63] 文字通り頭でっかちになった欧州人にとって、性交中の身体的感覚でさえも、まるで《愛》が発するモールス信号のように、頭の中をめぐる電気信号でしかないのだろう、と工藤は皮肉った。[64]

しかし、工藤は西洋世界、欧州人への批判を目的としていた訳ではないのではないか。生物学的分類上の人類にビーレンも工藤も同時に属していることを考慮し、ある一部を抜き出して批判することは工藤の哲学にはそぐわなかったのであろう。また、批判する主体として、特に、「日本人」としての主体構築を完全に避けながら、あくまでも二元論と疑似一元論の間に立つ観察者としての不確定な位置を保ち続ける。工藤の批判の対象のように見える欧州人は、「人間性」を放棄することができない人型をした象徴でしかなかった。

また、工藤が欧州滞在中に概念化した「人間」は、常に「変容」の最中にあると強調する。それが映像上で具体化するのが、イーリック・ファン・ザウレン監督の『Your Portrait（あなたの肖像）』（一九六七）である。このシュールレアリズム的な映像言語により表現される二一分の短編映画は、先に触れた一九六六年の工藤の返答と全く同じ「自分自身のあるが儘の姿を見るのを怖れているのか。もしそうだとしたら、「あなたの肖像」を君に捧げよう」という告知から本題に入る。そこでは、ハプニングでよく掛けていたサングラス姿の工藤が、まるで報道陣を前にするように複数のマイクの前に現れる（図4）。この映画では、イタリア人のデモフィーロ・フィーロが白いスーツ姿で葉巻をふかす典型的な欧州人のビジネスマンとしてMr.Oを、オランダ人のマーリョン・デ・ブレーがその妻としてMrs.Oを、そして工藤哲巳がKudoを演じた。出演したのは、この三人に加え、Mr.Pとして出演したイタリア語を話すMr.Oの同僚の四人のみである。Mr.O（とMr.P）とMrs.Oは、欧州人の象徴としての役柄を演じ、工藤は鳥飼い、芸術家、医者、及び観察者という定義し難い役柄で、主人公を演じた訳ではない。また、この映像の監督も工藤自身ではない。主人公をあえて挙げるとすれば「変容」、または「変態」の概念そのものだろう。そして、この短編映画には筋道の通った物語はなく、様々なシーンが交錯する実験的映像作品と捉えるのが正しいと思われる。

図4　イーリック・ファン・ザウレン『Your Portrait（あなたの肖像）』スチール（1967年）
© Erik van Zuylen

『Your Portrait』はファン・ザウレンの言葉を借りれば、「三つの死の段階」から構成されている(65)。ここで表される死は意図的に爆発との関連を避けたという。というのも、工藤がヒロシマを想起させたくない、と強く主張したからだ(66)。ここでの死は全て「あなた」の死であり、「肖像」をもって表現される。しかし死は終わりを意味するのではなく、最終的に「変容」へと導かれてゆく。死を終わりとせず、始まりへの入り口とする点においてもこの映画が西洋的

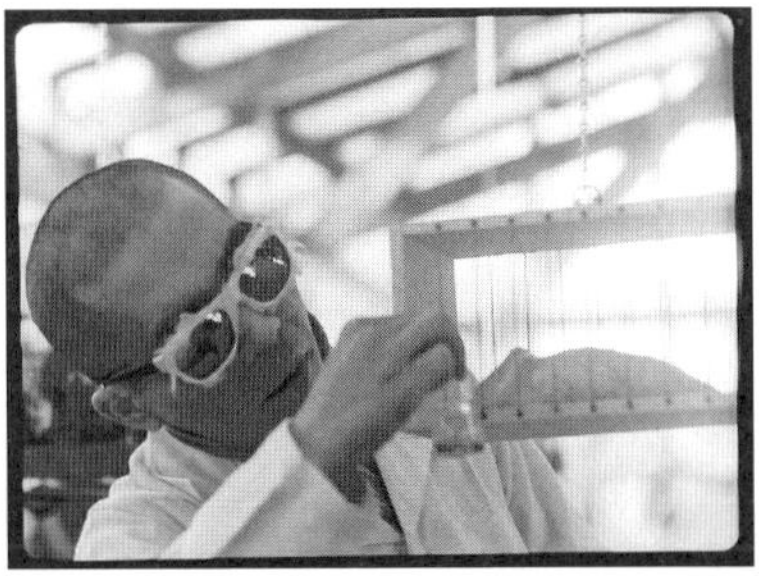

図5　イーリック・ファン・ザウレン『Your Portrait（あなたの肖像）』スチール（1967年）
© Erik van Zuylen

観念の世界から距離を置こうとしている意図が読み取れる。映像作品中、訪れつつある変容が最もよく表されている映像は五分を過ぎた頃に登場する鳥の声が響く緑豊かな植物園の温室で、鳥小屋の中にいる蛹の形態をした男根や人の鼻に餌を与える工藤が登場するシーンであろう。工藤はここでは「鳥飼い」であり、籠に入った「あなた」である「我々」にえさを与えている（図5）。現在は不能であっても「あなた」は変態の時期が来るまで飼育、観察され続けているのである。

第一段階の死は、すべてが凍てついた冬のプールサイドでMr.OとMrs.Oが工藤と共に三人でデッキチェアーでくつろいでいる時に起きる。Mr.Oが「私の肖像を作ってくれるか?」と工藤に尋ねる。肖像は西洋人のエゴを永久的に残す手段として設定され、Mr.Oはその実現に取り憑かれている。そして、養蜂防護服のような服を纏い骰子を抱えたもう一人の工藤が現れた瞬間、Mr.O夫妻がデッキチェアーの上で《あなたの肖像》（一九六四）及び《あなたの肖像》（一九六三〜一九六五）の二体に成り代わる。これが第一の死である。次の段階で工藤は医療機器の並ぶ診療所で白衣を着て現れ、そこでは《愛》（一九六四）が「nostalgia, nostagia…」という言葉を繰り返している。それに続く場面でMr.Oが車で自宅に到着し、そこでモールス信号を耳にする。そして、ドアを開けるとそこでMrs.Oが裸で《愛》と愛を囁き合っている。Mr.Oはそれを声高に笑い飛ばし、「工藤、私の肖像は?」と繰り返す。工藤は次に運転手として登場し、暗闇の雨の中車を走らせ、逃げ回るMr.Oを轢き殺す。ここでMr.Oの死は、《「脱皮」の記念品ホモ・サピエンス》を彷彿とさせる魚拓ならぬ人拓として描かれる。これが第二の死である。最後の段階では、工藤の鳥籠の作品が天井からぶら下がる先の温室とは異なる温室をMr.Oが訪れ、「工藤!」とまず叫び工藤を呼び出そうとする。そこで、Mr.Oがそこに置かれている椅子に座ると同時に、Mr.Oを模した人体像に入れ替わる。この温室からは植物が一切取り払われ、鳥と蟬の声が響いている。蟬の声は変容の隠喩であろう。工藤はと言えば例のサングラスをかけ、ガラス越しに肖像彫刻化したMr.Oの様子を観察している。その後、Mr.O像がズームインされ、そこに少しずつ眼球が外れ、耳が外れ、またそれらが少しずつ繭に変容する姿が映し出される。ここで、「教えてやろう。わたし達はあなたの病が一種の郷愁、郷愁、郷愁……」と工藤の声が響く。最後には場面が変わり、海辺で椅子に座るMr.Oの像がまるで雪だるまが熱で解けるかのように溶解してゆき、そのシーンはMr.Oの雄叫びでしめくくられる。そしてその後、工藤作品である《You Are Metamorphosing》（一九六二〜一九六七）を想起させる目玉を持つ繭がストップモーション・アニメーションで姿を現し、画面を埋め尽くす。この繭からの変態を示唆するこの場面でこの映画は幕を閉じる。

「あなたの肖像」としてのMr.Oの肖像は、西洋の「人間性」の概念に囚われた「人間」を表象し、この映像作品では人間が三つの段階の死を経て変容の過程にあると設定されている。変容は、工藤の欧州滞在中の作品に共通するテーマであり、鳥籠に入った蛹型をした男根にそれが象徴的に現れる（図5）。男根という最も強烈な男性性の象徴は、鳥籠の中で新しい人間性の変態をおとなしく待つのだ。工藤は、まるで、古いものから新しいものが生まれると信じていたように観察と飼育を続ける。この映像作品の中でも、工藤は変容、変態の補佐、立会人、観察者として、また同時に「日本」との関連性を絶ちながら、どこか確実性のある場に自分が属することを避け続ける。

この短編映画が国際映画週間で公開された次の年に、ミッケーリーギャラリーで行われた個展『工藤哲巳　電子回路の中での放射能による養殖』のカタログに六時間に及ぶ工藤とビーレンとの対話が掲載される。会話から書き起こされた工藤の英語が不完全な英語であったとしても、工藤自身の哲学的思考を分析するのには最も優れた資料の一つだと言える。内容としては、前にも述べたように、ギャラリー20での個展のカタログに載せられた問答の延長であると想像するのが自然だと思われるが、直接対話をしていることによる臨場感は比較にならない。しかしながら、この会話により二人の思想の相互理解が深まった訳ではなく、二人の思想の間の深い溝が逆に露呈する。

その溝を作り出した原因は、部分的に重複する二点にある。一点目は、ビーレンが保守的な形式主義的分析に拘りすぎた、というよりはそれ以外に解釈する術を旧来からの方法論に頼る欧州の美術史家が備え持っていなかった、と言えるだろう。例えば、作品に使われた眼、鼻、男根等の人体の一部を工藤はある種の仕掛けであると説明するが、ビーレンは自分の工藤作品に対する興味は「視覚的な興味」だとし、答えを求める。(67)また、ビーレンはそれらの形態に行き着いた思考に対して興味を持っているのであって、それらが表象する工藤の哲学に対する興味ではない、と言い切った。(68)視覚的な形態を作り出した思想があるはずだとするビーレンと、あくまで形態は哲学を示唆する媒体であるとした工藤の主張は接点のないまま、次の話題へ移動する。

二点目は、人間、または人間性の捉え方の違いにある。ビーレンは、正に工藤が批判した西洋的二元論的な思考を基に「人間」を、また西洋中心主義的な概念を基盤に「人間性」を捉え、それらから距離を置くことが出来なかった。例えばビーレンは、自分の肉体も精神もどこかは必ず自分をとりまく世界から自由で独立していると主張したのに対し、工藤は人間が「complicated circuit」と工藤が呼ぶ構造体に組み込まれており――自由で独立していると感じることがあったとしても、生物学的な肉体をもつ人間はなにか非常に大きく時空的で複雑な構造体のなかに存在していると暗示するように――例えば遺伝を例にとれば、その構造体からの独立はあり得ないと反撃した。(69)人間は自由で独立した存在である、という思想こそが、二元論を生み出し、果ては対立関係を引き起こしてきた事実を工藤が見逃す訳はなかった。また、工藤の思想は非常に生物学的――または仏教的――であるのに対し、ビーレンの人間像は、西洋哲学に基づく人間性の概念の枠を超えることはなかった。ビーレンは工藤に欧州人の考えに対偶する「日本人」としての答えを求めていたのかもしれないが、工藤はそれには答えない。彼は、西洋東洋の枠組みを超越した領域に自分を位置づけようとする。

それから四年後の一九七二年に出版されたステデリック美術館の個展図録の檄文で工藤は、それまでの思想の中核をなしていた「変容」から、次の段階である「新しい生態系」と言う名の改革へ向かう。ここには、今まで実験的に不確定な居場所を手探りしていた工藤はいない。それはもう、見つかってしまったのか。今まで示唆し続けてきた二元論についても「原始的な敵対関係」とし、「人間対自然、人間対動物、人間対機械（装置）」は「特権的立場にいる人間」が作り出したものと明瞭化する。[70]また、工藤の言葉から「欧州人」が消え、「彼ら」と入れ替わる。「あなた」は、「彼ら」になり、「保守的で利己主義的な頭脳」を持っている以外、誰なのかはもう分からない。[71]「新しい生態系」により「彼ら」に変革を挑むのは「我々」である。それでも、やはり「我々」は「彼ら」の敵ではない。「彼ら」は、「我々」の一部だからである。工藤は「新しい生態系では、超然とした人間の尊さなどというもののみで生き残ることは出来ない」とし、新しい生態系により「我々の思考の奥に潜む原始的敵対主義（二元論）が崩壊する」と説く。[72]それが、工藤の言う「改革」である。また、そこから生み出される大いなる可能性とは、「共生」であると言う。[73]それは人間が自然を支配することにより達成されるのではなく、自然と人間やテクノロジーとの相互関係により実現される。そこでは自然と人間の構造が逆転している。このように工藤はあくまでも西洋中心主義的な二元論に抵抗するのである。

五　結論

工藤はオランダとの交流を密に持った一九六六年から一九七二年の間に三編の文章を発表し、一本の映画制作に関わる。そこで一連の作品群である「あなたの肖像」の基盤となる実験的思想を確立しようと試みる。その思想の軸となっているのは西洋の「人間性」への批判であり、それに抵抗すべく工藤は独自の自己定位を試みる。工藤にとって「人間性」とは西洋の二元論的思考様式を生み出すイデオロギーであり「人間性など私にとってどうでもいい」とそれを拒絶する。工藤作品の中で「人間」は欧州人の「あなた」として主に人体の一部、またはそれらを巨大化、及び変形させた形態により表象された。

しかしながら工藤は自分の抵抗の手段を「西洋」に対する「日本」、「あなた」に対する「私」、また「美術史家」に対する「芸術家」といった二項対立に求めない。また、「人間性」を消滅させる事を目指さず、常に「変容」の過程にあると主張する。ここでは「死」と「生」さえ対立させようとしない。工藤は実験的思想の中で「あなたの肖像」を「人間性」を映し出す鏡として差し出す脇役とも言えるような役目に自分自身を当て嵌め、また「あなたの肖像」の「あなた」の成り行きを見据える観察者の立場においてのみ自己定位を確立しようと努めた。また常に「私」の代わりに「我々」を用い、「あなた」に対する「私」の二項対立からすり抜ける。欧州で「私」を確立することが、本質主義的な日本文化をぶら下げた「日本人」芸術家の確立への危険性を孕むことを認識していたのであろう。

そうやって工藤は二元論により「真実」として作り出される知識の「安息地」に足を踏み入れることをせず、そこから距離をおき続ける。そして、概念の境界に現れる意味論的限界領域に、自分の自律できる場所を見つけようとする。工藤が探り当てようとした座が不確かであったからこそ、「戦略的、また折衝を促す行使力」により前衛の可能性がここで生まれ得るのである。これを例外として理解するのではなく、美術史上不可能である前衛の可能性を実現する為の規範と捉えられないだろうか。つまり、前衛は海賊的でなければ不可能であり続け、工藤はマーク・ブルッセの言うように「純然たる前衛作家」にはなり得なかった、と言えるのではないか。

（1）ハウザー&ヴィルトでの展覧会は、その後チューリッヒのハウザー&ヴィルトに巡回し、二〇一六年二月二六日まで開催された。

（2）しかしながら、ベヒトコレクションのブレンダン・ベヒト氏は、大阪の国立国際美術館における『あなたの肖像』展開催に関しては知らされていなかった、と語っている（二〇一五年一二月一四日のアグネス・ベヒト女史、ブレンダン・ベヒト氏と筆者の会話から）。

（3）島敦彦「工藤哲巳入門」（『あなたの肖像—工藤哲巳回顧展』図録、国立国際美術館、二〇一三年）一二六頁、注3。

（4）特別室での展示作品が三点であったと前掲注（3）図録四九六頁に記述があり、そこに掲載された写真の中に《あなたの肖像、あなたのゲーム》（一九六二—六三）が展示されているのがドア越しに見える。もう一点は、ヴィム・ビーレンの記述から、《あなたの肖像》（一九六三）であったことが分かる。しかし、あとの一作品に関しては明確ではない。小島信夫の記述に「二段重ね」の「あなたの肖像」が出展されたと記述があるが、記述内容を照らし合わせると《お早うとお休み》（一九六三）ではなかったかと予想される。ビーレンの記述は以下を参照。Wim Beeren, *Tetsumi Kudo 1935-1990*. Apeldoorn: Van Reekum Museum: Amsterdam: Stedelijk Museum. 13 April 1991: 10. 小島信夫の記述は以下を参照。小島信夫「対話の十年⑱工藤哲巳〈1〉」（『六月の風の会レポート107』一九九一年五月号、一一七〜一一八頁）。

（5）Wim Beeren, "Tetsumi Kudo," *Wat Kunst* 1 (april 1991): 2.

（6）"Nieuwe Realisten," *De Sleutel* (juli/augustus 1964): 6.

（7）Frits Becht, *Tetsumi Kudo 1935–1990*. Apeldoorn: Van Reekum Museum: Amsterdam: Stedelijk Museum. 13 April 1991, 6.

（8）工藤哲巳「変革の菌を撒く男」（『婦人公論』一九七〇年三月号、一八二頁）。引用は島敦彦「消滅する肉体——変異する人類」（前掲注（3）図録一二五頁）から。

（9）W.A.J. Beeren, Letter to Tetsumi Kudo, 26 May 1964, 1 (in Dutch).

（10）*Ibid*.

（11）二〇一五年一二月一四日のアグネス・ベヒト女史、ブレンダン・ベヒト氏と筆者の会話から。

（12）Becht, 1991: 7.

（13） 前掲注（11）。

（14） *Ibid.*

（15） Wim Beeren, *Tetsumi Kudo 1935–1990*. Apeldoorn: Van Reekum Museum; Amsterdam: Stedelijk Museum. 13 April 1991: 9.

（16） E. de Wilde, Letter to Tetsumi Kudo, 14 July 1971, 1 (in Dutch).

（17） “Kudo: Vervuiling-cultivering-nieuwe ecologie-(jouw) portret,” Bureau Voorlichting, Gemeente Amsterdam, Pers-communiqué, 18 februari 1972.

（18） 前掲注（11）。

（19） Beeren, 1991: 9.

（20） 六六点という数は、「工藤哲巳総目録 1955–1988」（前掲注（３）図録五七四〜六二一頁）を基にした。但し、工藤は友人等に小品等を寄贈していた事実もあり、また海外の資料や海外展を機に新たに存在が確認される作品もあり、それらを含めるとこのカタログに収録されている以上の作品が存在すると考えるのが自然だと思われる。

（21） Ed Wingen, “Met de neus op de feiten: De ‘medische hulp’ van realist Kudo - Meeste bezoekers geschokt,” *Telegraaf*, 4 mei 1966.

（22） 例えば、島敦彦は「Human noblesse」の翻訳に「人間の崇高さ」を用いているが、「崇高さ」は英語の「sublime」の訳語として一般的に用いられている。それとの混乱を避けるため、筆者は訳を「人間の尊さ」とした。島前掲注（３）論文、一三八頁）。

（23） Dick A. van Ruler, “Your Portrait,” *Utrechts Nieuwsblad*, 28 juni 1967.

（24） *Ibid.*

（25） これは、一九七一年にパリで工藤が手書きしたとされるイラスト入りのフランス語の文章になる。しかしながら、アグネス・ベヒト女史が工藤は全くフランス語ができなかったと証言していることから、この文章は日本語、あるいは英語からの翻訳であったのではないか、と推測できる。

（26） “Aan de kunstredacties en correspondenten” Bureau Voorlichting, Gemeente Amsterdam, Uitnodiging, 18 februari1972.

（27）Ton Frenken, “Met Kudo naar de ondergang,” *Eindhovens Dagblad*, 3 april 1972.

（28）“Kudo's communicatie met publiek”, Bureau Voorlichting, Gemeente Amsterdam, Persbericht, 20 maart 1972.

（29）Beeren, april 1991: 4.

（30）Beeren, 1991: 10.

（31）Mark Brusse, *Tetsumi Kudo 1935-1990*. Apeldoorn: Van Reekum Museum; Amsterdam: Stedelijk Museum. 13 April 1991, 17.

（32）Hans Belting, *Art History after Modernism*, trans. Caroline Saltzwedel, Mitch Cohen, and Kenneth Northcott (Chicago; London: University of Chicago Press, 2003), 168.

（33）Henri Zerner, “Editor's Statement: The Crisis in the Discipline,” *Art Journal* 42, no. 4 (Winter 1982): 279.

（34）*Ibid.*

（35）Belting, 2003: 168.

（36）新村出編『広辞苑』第五版（岩波書店、一九九八）「普遍」項。

（37）Jean Baudrillard, *The Mirror of Production* (St. Louis: Telos Press Publishing, 1975), 88-9.

（38）Belting, 2003:194.

（39）「スラム街に追いやっている」は、ベルティングの使った「ghettoism」の筆者の解釈。Belting, 2003:194.

（40）工藤哲巳「精神的還暦を迎えて」（『工藤哲巳　一九七七―一九八一』草月美術館、一九八一年、頁数記載無し）。

（41）稲賀繁美「異文化理解の可能性と限界――第三世界における「前衛藝術」の可能性をめぐる考察を手掛かりとして」（『比較文化研究』二八号、一九八九年、一三九頁）。

（42）Jody Greene, “Hostis Humani Generis”, *Critical Inquiry* 34, no. 4 (2008): 685.

（43）*Ibid.*, 685-6.「Pirata est hostis humani generis.」は筆者の便宜上の加筆であり、グリーンの論文には記述がない。

（44）*Ibid.*, 686-7.

（45）*Ibid.* デリダの引用は以下。Jacques Derrida, “Autoimmunity: Real and Symbolic Suicides,” interview by Giovanna

Borradori, in *Philosophy in a Time of Terror: Dialogues with Jurgen Habermas and Jacques Derrida* (University of Chicago Press, 2013): 105.

（46）Renato Poggioli, *The Theory of the Avant-Garde*, trans. Gerald Fitzgerald (Cambridge, MA; London: Belknap Press of Harvard University Press, 1981): 56.

（47）筆者は「『誘発する為の』装置」と記したが、工藤自身は「誘発する為の技術」と表現している。Tetsumi Kudo, *Tetsumi Kudo: Cultivatiom by radioactivity in the electronic circuit* (Loenersloot: Galerie Mickery, 1968): n.pag.

（48）山梨俊夫・加茂川幸雄・鷹山ひばり「あいさつ」（前掲注（3）図録、二四頁）。

（49）島前掲注（3）論文、三二頁。

（50）枡田倫広「箱があなたに贈られるとき—工藤哲巳の展開を探る。」（前掲注（3）図録、四三六〜七頁）。

（51）稲賀前掲注（41）一四三頁。

（52）《Your Impotence》（一九六一〜一九六二）がどの作品を指しているか不明。Wim Beeren, *Kudo* (Amsterdam: Galerie 20, 1966): n.pag.

（53）Beeren, 1966: n.pag.

（54）*Ibid.*

（55）Tetsumi Kudo, *Kudo* (Amsterdam: Galerie 20, 1966): n.pag.

（56）*Ibid.*

（57）*Ibid.*

（58）*Ibid.*

（59）*Ibid.*

（60）*Ibid.*

（61）一九六六年の段階で工藤自身が「人間性」、またはその概念を支える「二元論」に具体的に触れている訳ではないが、筆者が具体性を持たせる為に後に明かされる内容を便宜上書き加えた。この内容は、後に述べる一九七二年の文章に記される。

(62) Kudo, 1966: n.pag.
(63) *Ibid.*
(64) *Ibid.*
(65) 二〇一六年六月二二日のイーリック・ファン・ザウレン氏と筆者の会話から。
(66) *Ibid.*
(67) Wim Beeren, *Tetsumi Kudo: Cultivatiom by radioactivity in the electronic circuit* (Loenersloot: Galerie Mickery, 1968): n.pag.
(68) *Ibid.*
(69) Kudo, 1968: n.pag.
(70) Tetsumi Kudo,"Vervuiling – Cultivering – Nieuwe Ecologie," *Vervuiling, Cultivering, Nieuwe Ecologie, Jouw Portret* (Amsterdam: Stedelijk museum, 1972): 15.
(71) *Ibid.*
(72) *Ibid.*
(73) *Ibid.*

〔謝辞〕　最後に、この論文の執筆に当たり、ベヒトコレクションの貴重な情報を提供して下さったアグネス・ベヒト女史、及びブレンダン・ベヒト氏、また「あなたの肖像」の制作にまつわる貴重な情報を提供して下さったイーリック・ファン・ザウレン監督に、記して心より御礼申し上げたい。

〔付記〕　本文中引用文の翻訳は本論筆者による。

シミュレーショニズムと日本
――あるいは日本現代美術における海賊行為の可能性と限界

平芳　幸浩

一　シミュレーショニズムとは

本論では、二〇世紀の終盤に生起した美術動向としてのシミュレーショニズムを手掛かりとして、二〇〇〇年を跨ぐ時期の日本の現代美術における海賊的方法論の意義と可能性、さらにはその限界について、椹木野衣の言説を分析しながら見ていきたいと考えている。しかしまずは、シミュレーショニズムとは何かについて簡単に説明しておかなければならないであろう。

その言葉が示す通り、方法論としてのシミュレーショニズムの背景には、フランスの思想家であるジャン・ボードリヤールの『シミュラークルとシミュレーション』(1)における議論、つまり複製が大量に流通することによってオリジナルとコピーの差異が消失し、シミュラークルのみが社会を覆う様相についての問題意識が横たわっている。具体的には一九七〇年代中葉にニューヨークを中心として登場し、八〇年代以降に急速に力を持つようになる美術表現の方法で、過去の美術作品、広告イメージや映画あるいは放送メディアの映像、などの既成のイメージ群を、オリジナル作品の著作者の許可を取ることなく盗用し、それに改変を加えて（あるいは全く改変せずに）自作とするものである。既成のイメージの再利用という点では、同じく「盗用美術」と批判されたポップ・アートがその先例としてあり、さらには二〇世紀初頭の前衛が制作したコラージュやフォト・モンタージュなどに起源を見出すことも可能であるが、シミュレーショニズムにおいては、イメージの盗用によって生じる「正当性／真正さ legitimacy/authenticity」の問題がその核となっていることが、これらの先例と異なる点である。この「正当性／真正さ」とは、イメージの作者（Author）であること、イメージを所有することの正当性であり、さらにイメージそのものの真正さである。作者と作品という閉じられた回路においては不問とされてきたこのような「正当性／真正さ」への疑義が、盗用という海賊行為によって浮かび上がるというわけである。ポール・セザンヌの絵画の図解ダイアグラムを勝手に使用したとロイ・リキテンスタインを非難したアール・ローランや、アンディ・ウォーホルの《ブリロ・ボックス》を著作権侵害であると訴えたジェームズ・ハーヴィーは、「イメージを所有し遂行する権利は誰にあるか」というシミュレーショニズムの問題を先取りして提示しているが、これらは白人男性の間での闘争である点において、イメージそのものの正当性の疑義へとは至っていない(2)。

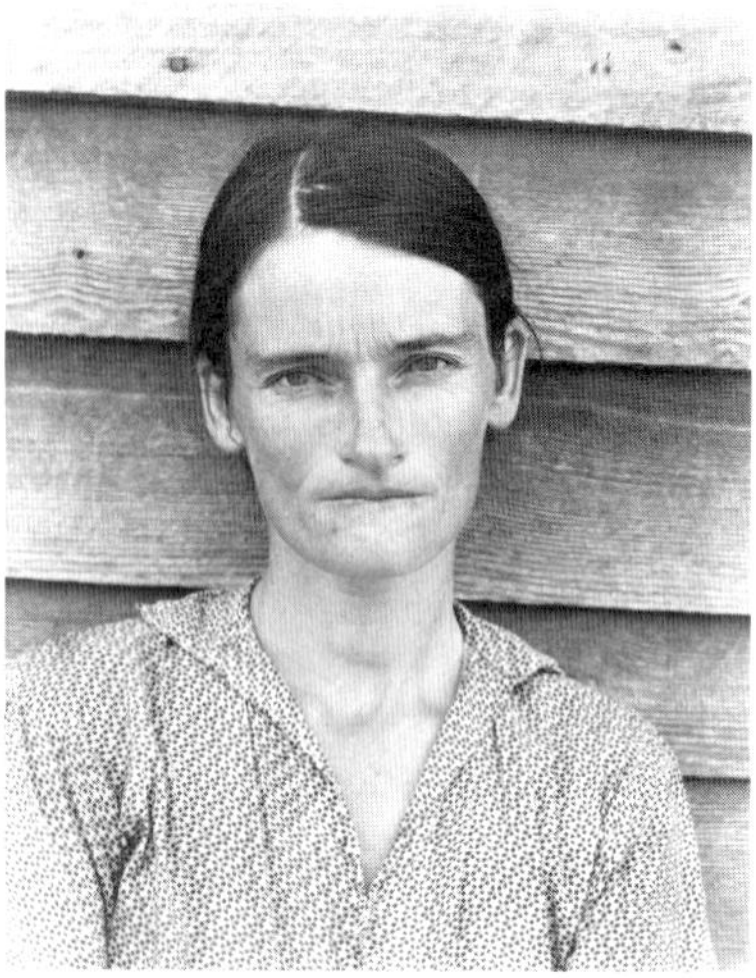

図1　シェリー・レヴィーン《アフター・ウォーカー・エヴァンス 4》1981年

シンディ・シャーマン、マーク・ビドロ、リチャード・プリンス、バーバラ・クルーガー、シェリー・レヴィーンなどのシミュレーショニストたちはイメージ一般を扱うのではなく、その正当性が問題となるイメージを戦略的に選択し、それを簒奪することで問題を引き起こすのである。その典型でありかつ最も先鋭的で攻撃的な例としてはレヴィーンの《アフター・ウォーカー・エヴァンス4》（図1）が挙げられるであろう。

作品は一枚の写真である。一九三五年に不況対策の一環として設けられた農業安定局のプロジェクトに参加したウォーカー・エヴァンスが、アラバマ州の農業従事者の家族たちとともに過ごしながら撮影したシリーズのうち、農家の女性の姿が正面から捉えられた写真で、彼の代表作の一点である。[3] 一見したところ、元のエヴァンスの写真が何の加工もなく額装されているだけのような作品であるが、この写真の作者はエヴァンスではなくレヴィーンである。だが、レヴィーンはエヴァンスのネガを盗み勝手にプリントして自作としたのではない。これはレヴィーンが自身のカメラを使って撮影した写真作品なのである。だが、レヴィーン自身がアラバマに出向き、同じ女性を改めて撮影したのでもない（そもそも半世紀前と同じ人物を再撮影することは不可能である）。彼女は実際にカメラを構えて、エヴァンスの写真集の一ページを撮影したのである。

この写真に現れているイメージは写真集の一ページに印刷された画像が撮影されたものである限りにおいてオリジナルなイメージであるが、同時にエヴァンスの写真がそっくりそのままトリミングによって現出している点においてコピーされたイメージである。「オリジナル」なエヴァンスの写真の「コピー」である写真集の画像を撮影したレヴィーンの「オリジナル」な写真がエヴァンスの写真の「コピー」でもある、という事態がこの一枚の写真のうちに横たわっているのである。著作権の法的問題から芸術作品のオリジナリティの問題（それは複製技術としての写真が芸術と長らく見なされてこなかったことも考慮しなければならない）まで、様々なレベルでイメージの「正当性」が問われることになるのである。[4]

このように既成のイメージを簒奪し盗用することでその「正当性」を問うシミュレーショニズムは、多元文化主義的な思考の浸透に伴い、マイノリティにとっての重要な表現手段ともなっていった。

さてここまで「シミュレーショニズムとは何か」について概観してきたわけであるが、このようなシミュレーショニズムの展開の是非を問い直すところに本論の関心があるわけではない。あくまでも考察の中心にあるのは、二〇世紀末から二一世紀初頭にかけての日本の現代美術における海賊的方法論の意義と限界の同定である。それを始めるにあたってアメリカのシミュレーショニズムの内実を確認した理由は、これから本論の分析の中心に据えられる椹木野衣の言説が、まさしくシミュレーショニズムとともに始まるからであり、そのシミュレーショニズムが椹木の理論展開における重要な装置として機能するからに他ならない。それゆえ、これ以降に本論で確認されるシミュレーショニズムとは、「椹木野衣による」シミュレーショニズムであり、芸術実践そのものというよりは一つの理論装置としてのシミュレーショニズムである。これから私は、椹木がシミュレーショニズムを掲げ自らの批評言語を確立させていく過程で、現代日本の美術状況に対峙した時、この戦略的海賊行為の意味をどのように変更せざるをえなくなるかについて、椹木のテクストをたどりながら整理したいと思う。ではまず、椹木にとっての装置としてのシミュレーショニズムがいかなるものであるのか、というところから見ていこう。

二　サンプリング／カットアップ／リミックス

一九九〇年代、椹木野衣は、周知の通り、「シミュレーショニズム」[5]という戦略的海賊行為の奨励を旗印に掲げ、新進気鋭の美術評論家としての頭角を現す。一九七〇年代中頃よりアメリカの「ニューペインティング」の動向と並行するように出現し、ポストモダン期のアートのコンセプチュアル的側面を担うことになるこのシミュレーショニズムを、椹木は一九九〇年代の日本において、最重要かつ今日的な方法論として、既成の芸術の枠組みに攻撃をしかけるような態度で喧伝する。

さて、美術動向としてのシミュレーショニズムは、椹木のテクストの副題に「ハウス・ミュージックと盗用芸術」とあるように、機材の技術革新によって音楽の世界で盛んに用いられるようになった方法論が基盤となっている。主にハウス・ミュージックあるいはヒップホップと呼ばれる音楽ジャンルにおいて盛んに用いられた方法は、過去の楽曲のトラックをサンプリングし、ある一定のフレーズを反復させてそこに別の楽曲トラックであったリズム・パートやオリジナルのビートを合わせ、さらにリリックを被せることで新たな曲を生み出すというものであった。椹木自身は、ハウス・ミュージックに一つの源流を持つこのシミュレーショニズムの方法論について、サンプリング、カットアップ、リミックスという三つのポイントを挙げて論じている。

サンプリングは、既製品としてのディスク・ミュージックの一部を略奪的に流用し、それを新たなコンテキストの中に接合することによって原意味を脱構築する。カットアップは、サンプリングを敢行する際に、その原意味を爆破するための分裂症的手段で、その原型をウィリアム・S・バロウズの言語実験に求めることができるだろう。リミックスはこうして形成されたサンプリング・ミュージックのプライオリティを再度脱構築することになる。原則的には一種類のサンプリングからは、無限のリミックス・ヴァージョンを導き出すことが可能である。(6)

オリジナルの楽曲あるいはイメージは、海賊行為を通して簒奪され、流用され拡散していくだけではない。そこにはカットアップという「原意味を爆破する」行為が含まれていることに注意しておかなければならない。カットアップとは、言葉通り「切り刻む」ことである。シミュレーショニズムやハウス・ミュージックにおけるカットアップの源流を椹木は、アメリカの小説家ウィリアム・バロウズの実践に見出している。(7) 端的に言えば、カットアップとは、ある文章が書き記されたあるいは印刷された紙に穴を開けて文章を寸断する、あるいは紙をバラバラに切り離し元の順序を無視して再接合する、などの方法で文章に潜在する別の意味を唐突に浮かび上がらせるというものである。そこに顕在する意味は、筆者が意図したものとは異なり、思いもよらない角度から世界を描出することになる。これが椹木の言う「原意味を爆破する」ということである。サンプリングされたオリジナルは、リミックスによってシミュラークルとして無限に拡散していくだけでなく、それはカットアップによって原意味を奪われることで、全く別のモノに改変されて拡散させられることになるのだ。

元ネタを奪ってバラバラに切り刻み元の意味を無視して作り変えてしまうシミュレーショニズムは、近代的な創造性を否定し権利を横取りする点において「最悪」である、と椹木は語る。シミュレーショニズムは最悪最凶であるがゆえに、最強の攻撃性を有する。ヘテロセクシャルな白人男性の価値を一義的な基盤とする社会構造を揺るがす手段としては、この簒奪行為が重要な意味を持つのである。音楽（あるいは文学、あるいは美術）の原意味を脱構築するシミュレーショニズムは、創造行為における方法論にとどまらず、二〇世紀末という時代性を帯びた性質として、その存在根拠が措定されるであろう。つまりシミュレーショニズムは、当時、社会問題としてだけではなく、文化的問題としてもクリティカル（危機的／批評的）な問題であったエイズ・ウィルスに擬せられるのである。

逆転写酵素によってサンプリングされ、T細胞をカットアップされ、細胞融合によって生体の総体にリミックスされたエイズ・ウィルスは、宿主のアイデンティティを自己認知する機能である免疫機構を没収することによって機能する。この一連の過程は、DJミュージックが記録された原音楽のオリジナル性を破壊する過程に酷似している。そこではかつてのノイズ・ミュージックのごとき破壊のための破壊が行なわれるわけではなく、対象の機能を没収（＝サンプリング）することによって対象の自己同一性を危機に陥れ、ついにはそれが自壊するのを待つのである。

サンプリング、カットアップ、リミックスはこのように、われわれの時代の最悪の部分のエッセンスともいうべき性質のものである。(8)

すでに音楽業界においても、サンプリングマシーンを通した他者の楽曲の盗用が数多くの訴訟を生み出す一方で、トラックを「合法的に」再利用する権利ビジネスを成長させるだけの結果に終わってしまい、椹木が夢見た少数者による権力者からの「没収」の脱構築性は、ディスクスリーブに羅列された膨大な量のコピーライトの文字に置き換わってしまった。差別の対象でありかつ聖性を帯びた存在ともなったエイズ患者の死は、HIV感染が「特別な病気ではない」と呼ばれるようになったことで(逆に言えば、世界中に蔓延した状態ということだが)、人間存在への問いとしての価値を喪失してしまった。

だが、当時猛威を振るったエイズ・ウィルスにも擬せられたシミュレーショニズムは、二〇世紀末の時代の「最悪の部分のエッセンスともいうべき性質のもの」であるがゆえに、「最強の認識論的体制」であり、最もラディカルで最も攻撃的な方法論と措定されたのであった。

シミュレーショニズムを語る際に椹木が採用するこのようなネガティヴな符牒、つまり分裂症、破壊、爆破、簒奪、没収、エイズ、最悪の部分のエッセンスというような語り口に注意しておかなければならない。それは、マジョリティをポジとしマイノリティをネガとすることで、ネガからポジへの反転を試みるための戦略とする、というシミュレーショニズムを喧伝する上で椹木が選択した手段ゆえの語りとしてではない。そうではなく、椹木のシミュレーショニズムがネガティヴな符牒で彩られていることの重要性は、それが日本の現代美術の不毛を価値ある闘争へと変貌させる転換ともなるはずのものとして規定されているからである。つまり、椹木にとってシミュレーショニズムとは、太平洋の向こう側で生起した最新の美術動向なのではなく、日本の現代美術の閉塞的状況を打破するための戦略的装置なのである。椹木はそのことをテクストのかなり早い段階で次のように述べている。

なぜかくも彼らは、まるでそれが救いででもあるかのように、ひと綴りの観念への隷属に甘んじるのか。物質であるとか記憶であるとか自我であるとか反芸術であるとか絵画言語であるとか超克であるとかいった、作家や評論家にとっての安住の地をシミュレーショニズムによって宙づりにし、今こそ彼らをハイパーリアルのサーキュレーション・スペースでの戦闘へと赴かせる必要がある。(9)

後に彼が『日本・現代・美術』で見るのは、日本という「悪い場所」で「閉じられた円環」内をぐるぐると回転するように「芸術」を再生産する有様であった。そこに横たわっているのは、椹木が幼少期から抱き続けた嫌悪感のようなものでもあった。『戦争と万博』に取り組むずっと以前、一九九三年の『資本主義の滝壺』において、一九七〇年の大阪万博を回顧しながら吐露した次の言葉を挙げておこう。

この擬似未来派インターナショナリズムによる植民地主義のもとでは、世界は国籍を失い、回顧趣味的な仮想空間のなかで非歴史化し、非政治化する。

大阪万博ののち、僕にとって日本の音楽は、とるに足らない、聞くに耐えないものになった。

日本の映画は、貧乏臭い、よれよれの白黒ものになった。

日本の風景は、いなか臭い、粗野でばかばかしいものになった。

日本の料理は、見飽きた、うすっぺらの、寒々としたものになった。

日本の美術は、うす暗い、おどろおどろしい、公衆便所のようなものになった。

なぜならそこには「未来」(=アメリカ)がなかったから。そこにあったのは欲望の怪物《モンスター》ではなく、即物的な現実感と充足感だけだったから。

僕が日本を発見したのは、もっとずっとあとのことだ。(10)

そして椹木は、キュレーションあるいは批評にシミュレーショニズムの方法論、つまりサンプリング、カットアップ、リミックスを持ち込むことによって日本の現代美術をリセットしようとする。

一九六九―七〇年以前の美術の動向と一九九〇年以後の美術の流れとを接続してみると同時に、一九六九―

七〇年から一九九〇年前後に至る時期の「現代・美術」を発掘・再検討するために、「美術」をめぐる制度的・批評的枠組み（「もの派・美共闘・ポストもの派」という流れはそのひとつであるにすぎない）を、様々なかたちで分岐させ、「外部」と接続し、カットアップ／リミックスしなければならない。これが、「リセット」の意味するところの、おおむねの射程である。(11)

しかし、戦後日本に決定的な突破口を与えるシミュレーショニズムを武器として椹木が日本の現代美術に切り込んでいった時、そこに彼が見たものは、すでに戦後日本に織り込まれ内在化されたシミュレーショニズムであった。では、日本の現代美術とシミュレーショニズムはどのように結びついてしまっていたのか、それを確認していこう。

三　「悪い場所」とシミュレーショニズム

『日本・現代・美術』において椹木が展開した「悪い場所」論は、多くの議論を引き起こし、戦後日本の美術を検討する際に避けて通ることができない論点となったためによく知られるところであるが、簡単にまとめておこう。

敗戦によってかつての「日本」に回帰することもできなくなった戦後日本は、非歴史化され全てが平準化された地平で「忘却」と「反復」を基底にかりそめの創造行為が展開される場所となった。そもそも日本には「美術」を支えるジャンルそのものが成立しておらず、それゆえジャンルを越境する前衛的行為もまた擬似的たらざるをえない。日本の戦後美術のあり方を「リセットする」ことを目的の一つとして、椹木が水戸芸術館現代美術センターの展覧会として企画した『日本ゼロ年』のカタログ冒頭で、彼はこう語っている。

わたしたちにとっての現代・美術は、すでに「現代美術」ではありえない。それが意味するのは、端的にいまあるこの時代の美術表現のすべて、である。であるならそこでは、児童画も漫画も、日本画も洋画も、イラストもデザインも、「現代美術」もアニメも、すべては意匠として「等価」である。わたしたちが美術をめぐる思考を組み立て直さなければならないのは、そのような場所にほかならない[12]。

政治的にも文化的にも世界史に組み込まれることなく、「閉じられた円環」の中で「忘却」と「再生産」の不毛な反復に終始する場所、今日であれば「ガラパゴス化」と呼ばれるであろうこの日本のあり方は、であるがゆえに逆にやすやすとジャンルを横断してしまう「アナキズム」を生み出すことにもなる。例えば、ウルトラマンやウルトラセブンのために成田亨が描き上げた怪獣を例に取りながら椹木は次のように言うであろう。

「怪獣」とは、日本においてハイ・アートとサブカルチャーとの境界はたんに制度的なものであり、欧米のように歴史や階級によって一定の厚みをもって保護されていない以上、一皮むけば、ハイ・アートもサブカルチャーもグチャグチャに混ざり合っているということの、象徴的存在なのだ。こうした文化的アナキズムは、とりわけ戦後、一種の無法状態の様相を呈し、そこから、「漫画」が国を代表する文化の主流であるような、欧米からすると考えることのできない「オリジナリティ」を生みだすに至ったのである[13]。

このような「悪い場所」におけるアナキズムは、「日本の前衛」を成立させるかわりに、日本そのものを前衛化させる、つまり「前衛の日本」を成立させてしまう。この根底的なアナキズムが実のところシミュレーショニズムとの通底性を有してしまうのである。

シミュレーショニズムの提示するアナキズムを可能にするいくつかの条件が、すくなくともある部分においては、戦後日本という歴史の空白期に特有の、一種の「無政府主義のポップ化」から生まれたことは、おおいに考えられることである[14]。

シミュレーショニズムと「悪い場所」としての日本との通底性を確認するには、椹木がサンプリング／カットアップ／リミックスというシミュレーショニズムの方法論にいかなる意味を見出していたかを押さえておかなければならない。まずは、ここでいったん『シミュレーショニズム』のテクストに戻り、過去の方法論としての「パロディ」と峻別しながらサンプリングの本質を切り出してくる椹木の語り口を見ておこう。

> 「サンプリング・アート」を、かつて行なわれたような、モナリザに髭を描いてみせたり、一万円札を模写してみせたりする行為と同一視することはできない。「サンプリング」は「パロディ」ではないのである。
>
> （中略）
>
> サンプリングは対象の本質などには興味をもたないし、それはなんら厳密なる方法でもない。サンプリングは対象の本質に多くを負っているのではなく、対象の本質と無関係な部分、むしろ対象の本質によって不必要とされる部分、あるいは表面性——表現はなんでもいいが——つまりは対象に対する非本質的少数性に深い関心を抱いているのだ。(15)

図２　赤瀬川原平《復讐の形態学（殺す前に相手をよく見る）》1963年

赤瀬川原平の模造千円札（図２）をパロディと呼ぶことの妥当性についての議論は措くとして、ここで椹木はサンプリングの特質として「対象に対する非本質的少数性」を挙げている。この特質は、シミュレーショニズムが持つ「マイノリティからのマジョリティへの攻撃性」と関連する少数性であるが、それが「悪い場所」に折り返されるときに重要になる点は、その少数性が「表面性」と結びついていることである。つまりサンプリングするにあたっては、元ネタの本質など摑む必要がないとされているのだ。続けよう。

> 「サンプリング」が可能となる次元とは、あらゆる出来事がその所属する

固有名を離れ、ただ使用可能なツールとして「現在」に立ち現われる世界である。そのような「現在」をそのつど反復し、過去と未来を絶えることなく忘却し続けてゆく人は分裂者と呼ばれるだろう。彼らはまるで巣を破壊された虫が本能の命ずるがままに何度でも巣を再生してみせるように現在の一点を反復し続けている。（中略）必要なのは攻撃的なまでに機能的な忘却能力なのであり、史的思考は時にこの忘却力のなせるアナキズムの驚異を恐れて、すべてを複合的に序列化しようとする。それでもわれわれは忘れるのだということ。この絶対的事実をあらゆる権力者はおして知るべきである。そう、あらゆる革命は先人の無惨な失敗を忘却することができるからこそ成し遂げられてきたのである。この革命的忘却力こそがサンプリングをよりいっそう強力な武器にする。(16)

サンプリングにおいては、簒奪する対象が本来的に属しているコンテクストが無視され、つねに過去と断絶し永遠の「現在」に生き続ける。そして最後に登場するポイントが、その断絶を可能とする忘却能力である。シミュレーショニズムによって引き起こされる海賊行為は、「閉じられた円環」内での「忘却」と「無意味な再生産」として、日本という「悪い場所」がすでにその特質として有していたものでもあったのだ。

だいたい日本の現状は、制度的にはいろいろにジャンル分けされてるけど、実際にはそうした個別ジャンルを支えている歴史的根拠にはひどく乏しいので、敷居が高そうなわりには、表現がすぐ安易に「越境」するじゃない。「古典」と「現代芸術」の融合とか、すごいお手軽にやるでしょう。でも考えてみれば、「古典」も「前衛」も、だいたい同じ時期に同じシステムの内部で成立したんだから、実際には古いも新しいもないわけで、言ってみればはじめからグチャグチャなんだね。そういう「悪い場所」でわざわざジャンルを解体しても、事態はいっそう見えにくくなるだけだし混乱は進む一方なので、ジャンルはあくまで「越境」されるのではなく「変形」し、「再編」されるのでなければならない。(17)

このように椹木が語るとき、そこに見えているのはまぎれもなく、日本がやすやすと展開させてしまうことになる「リミックス」の姿である。

シミュレーショニズムのもう一つの方法論、カットアップにしても同様である。大竹伸朗の作品を評しながら椹木はそこに現れる日本の風景について、それもやはりすでにカットアップされたものにすぎないことを述べるであろう。

欧米に対する「追いつき追い越せ」をなににも増して優先させることによって自前の歴史と自然を見失い、一定の近代化が完了したころになってふと気がついた時われわれに残された、風景そのものがあらかじめカットアップ／異化されたような場所で、美術における欧米並みの異化や変形が、いったいどれほどの意味をもつのだろうか。(18)

シミュレーショニズムという武器を磨き上げた椹木が、その武器で「日本・現代・美術」へと立ち向かったときに、敵もまたすでに（全くの無自覚であるがゆえに根底的アナキズムとして）同じ武器を持ってそのいびつな姿を眼前に現すことになったのである。そしてそのとき、椹木自身もまた敵の一員であること、敵と同じ地平を共有してしか創造も批評も不可能であることを引き受けるしかない。

近代における批評言語は、その起源においてさまざまな文脈からの借物を「てにをは」によって雑居させた「滅茶苦茶、ばらばら、アンバランス」な合成態で、それ自体としてすでにカットアップされており、そこに加えてバロウズよろしく切り刻み、再構成しても、惰性的なイメージ形成以上の意味はない。日本の文脈においてカットアップなる方法が成立しうるとしたら、それはいまある言語をカットアップするのではなく、その言語が起源においてすでにカットアップされたものであるということを、「想い起こす」ことで充分であろう。日本の文脈におけるカットアップは、創作ではなく、現象学的な認識なのである。(19)

四　海賊行為とポストモダン

敗戦後の日本は、アメリカによる文化支配の洗礼を受けてインポテンツ化し、去勢状態を自ら内面化しつつ、一方でそれを知らぬが如くに振舞い、前衛の雄叫びを上げ続ける。そのような「悪い場所」での日本の戦後前衛たちの連綿たる営為をシミュレーショニズムによって切って捨てようとした椹木は、その「悪い場所」の根幹にシミュレーショニズム的アナキズムを見出した。シミュレーショニズムがポストモダンの戦略であったならば、戦後空白期の日本はシミュレーショニズム的アナキズムを胚胎している点においてポストモダンである。日本においては、近代は未完のままあるいは未達のままで、前近代がポスト近代に接続されてしまう。そのとき、「真正なポストモダニスト」たらんとした椹木は、この「悪い場所」としての日本に「美術」をめぐる思考を組み立て直すために、この両者の通底性を、権力の抑圧とそれへの抵抗の歴史と、全てが等価に横滑りする平準的な非歴史とに峻別することで、奇妙にも「モダニスト」たることを余儀なくされることにもなる。リオタールがすでに述べているように、ポスト近代が近代に内在する局面であるならば、椹木の立ち位置は矛盾ではないかもしれないが、一方でそれは、ポストモダン的な海賊行為としてのシミュレーショニズムが、近代的な権力構造を前提として初めて機能するものであることを露呈させてもいる。海賊（奪取／没収）行為は、権力と歴史、境界のあちら側とこちら側が明確に存在して初めて成立するのである。

境界を物理的なものとしてではなく、内面的に気化させてしまっているわたしのような存在にとって、にもかかわらずこのような緊張感が具体的な市民運動や新日本主義の提唱といったものに直接、繋がるということはない。繋げたくとも、そのための連続性を回復するところから始めなければならないのであり、それはいまある自我のさらなる解体、分裂、あいまい化を意味するほかない。そもそも、わたしはなにものなのか？と問おうとしているのではないのだ。わたしはなにものでないのか？と問うのが、この心理状態の特徴である。回復すべき自我それ自体がすでに、ハイブリッドで「スキゾフレニックな日本の私」でしかない以上、いかなる回復も本来あるべき仮想の日本の私に辿り着くしかない。ところが、わたしはなにものでないのか？と問うものは、けっして解答に辿り着かない。わたしは日本人だが、かつて呼ばれたような意味での「日本人」ではない。わたしはポップであるということにとり憑かれている、しかしわたしはアメリカ人でもない。かといってわたしは日系アメリカ人でもないのだ。もちろん在日アメリカ人でもない。そもそもわたしは「日本男児」ではない。したがってわたしは「男」ではない。しかし女でもない。もちろん「大和撫子」ではありえない。かといって同性愛者でもない。ばかりか、社会に対して「カムアウト」すべきなにもない。わたしはなにものでもない……。[20]

なにものでもないわたしたちは、立ち向かうべき敵も、奪うべき対象も、海賊行為を行う自分自身も、何もかも定かでないままさまようだけなのかもしれない。ただ、この寄る辺なき彷徨は、絶望的な振る舞いではないであろう。

シミュレーショニズムという海賊行為は、権力者側からの奪取である点において、こちら側とあちら側を同時に設定する境界を前提としている。持てる者であり権利を行使しえる者がいるあちら側に対し、こちら側にいる持たざる者であり行使する権利も有しない者は、あちら側のものや権利を海賊行為によって簒奪する。しかしそれは、こちら側があちら側になることを必ずしも意味するものではない。海賊においては、こちら側とあちら側の関係の転覆が目論まれている（それは海賊する側とされる側の交代でしかない）というよりも、「不法な」簒奪行為によってあちら側の権利基盤（権力構造）をなし崩しにしていく試みなのである。であるならば、日本の現代美術が進むべき可能性の一つは、「悪い場所」を抜け出ること、あるいは「悪い場所」をなくすことにあるのではない。そうではなくて、簒奪行為によって「悪い場所」を常に新しい「悪い場所」へと更新し続けることではないであろうか。日本の「悪い場所」は「場所」であるが、それと同時に、脱領土化を反復する海賊的行為の集積として、つまり椹木が本来的に帰属すべきだと信じているポストモダン的実践の徹底としてありえたのではないであろうか。

そもそも椹木がシミュレーショニズムを標榜していた時、そのシミュレーショニズムの本質的な特性は「悪さ」であったことを思い起こそう。海賊行為は最悪最凶であるがゆえに最強だったのではなかったか。彼が「日本・現代・美術」を雑誌『美術手帖』に連載している真っ最中に刊行された『テクノデリック 鏡でいっぱいの世界』において、椹木はハウス・ミュージックのＤＪたちが二台のターンテーブルを駆使して生み出すフィードバック・ループを「過去と現在との決定論を反転可能な永劫回帰へと仕立て直してしまった」ものとして賛美し、次のように記している。

これこそはシミュラクルである。それも、ボードリヤール的な意味において流布したコピーの氾濫による真偽の決定不能性に由来するシミュラクルではなく、ジル・ドゥルーズによって「不同に基づいて作られ、本質的な倒錯・逸脱を含む、にせの求婚者たち」と呼ばれ、鎖につないでおき、それが表層に浮かんできたり、いたるところにもぐりこむことを阻まれなければならなかった、あのよこしまな「悪いコピー」としてのシミュラクルのことなのである。このシミュラクルだけが、ニーチェの永劫回帰を可能にするだろう。(21)

『日本ゼロ年』展を企画した時の椹木の思いの中心にあったのは、日本の現代美術の「リセット」であった。「リセット」とは言うまでもなく、これまでの全てを否定して「なかったこと」にしようとするものである。(22)過去の日本の美術（少なくとも戦後の日本美術）を抹消し、「ゼロ」から新たに時間を刻もうとする椹木の志向が、少年時代からの嫌悪感に根差したものである可能性は先に指摘した通りであるが、その嫌悪感ゆえに、日本の現代美術が抱えている「悪さ」は、シミュレーショニズムがそもそも有していたはずの「悪さ」のように価値を反転させることなく泥沼化していってしまう。椹木が、日本の現代美術の「悪さ」を「悪さ」として見つめ、それを白紙化することで価値を創出しようとする瞬間、同時に消去されてしまったのは、「徴候としてのシミュレーショニズム」として日本の現代美術を読み替える可能性なのだ。

（1）ジャン・ボードリヤール／竹原あき子訳『シミュラークルとシミュレーション』（法政大学出版局、一九八四年）。
（2）ポップ・アートにおけるイメージの剽窃と権利問題については、拙著『マルセル・デュシャンとアメリカ――戦後アメリカ美術の進展とデュシャン受容の変遷』（ナカニシヤ出版、二〇一六年）一六八～一七〇頁を参照。
（3）元になったウォーカー・エヴァンスの写真は、Walker Evans, *Alabama Tenant Farmer Wife*, 1936, Gelatin silver print.
（4）After Walker Evans のシリーズの著作権問題に関しては、現在もインターネット上で提起されている。以下を参照。〈http://www.aftersherrielevine.com〉（最終閲覧日：二〇一六年八月二八日）。
（5）『シミュレーショニズム　ハウス・ミュージックと盗用芸術』は、洋泉社より一九九一年に刊行された。本論では、一九九四年に河出文庫から刊行された版を元とした。のちに増補改訂版が二〇〇一年にちくま学芸文庫より出版されている。
（6）椹木野衣『シミュレーショニズム　ハウス・ミュージックと盗用芸術』（河出書房新社、一九九四年）一二五～一二六頁。
（7）ウィリアム・バロウズがカットアップを用いて書いた小説としては、『ソフト・マシーン』（一九六一年）、『爆発した切符』（一九六二年）、『ノヴァ急報』（一九六年）の三作が「ノヴァ三部作（カットアップ三部作）」として知られる。Cf. *The Soft Machine*, Olympia Press, 1961, *The Ticket That Exploded*, Olympia Press, 1962, *Nova Express*, Grove Press, 1964. 各邦訳は『ソフト・マシーン』（山形浩生・柳下毅一郎訳、河出書房新社、二〇〇四年）、『爆発した切符』

（飯田隆昭訳、サンリオSF文庫、一九七九年）、『ノヴァ急報』（山形浩生訳、ペヨトル工房、一九九五年）。

確かにバロウズの文章技法は、一九八〇年代に俄かに脚光を浴び、バロウズ自身もまた、多くの若者たちからカリスマ的な人気を博すことになった。カットアップはバロウズを有名にしたが、彼が発明した技法ではない。バロウズはブライオン・ガイシンからこの技法を教わっており、さらに歴史を遡るならダダイストであるトリスタン・ツァラの詩作に既に見出すことができる方法である。

(8) 椹木前掲注(6)一三四頁。
(9) 同右、三一頁。
(10) 椹木野衣『資本主義の滝壺』（太田出版、一九九三年）一一五頁。
(11) 椹木野衣『「爆心地」の芸術』（晶文社、二〇〇二年）二三一頁。
(12) 椹木野衣「日本ゼロ年」（森司編、椹木野衣監修『日本ゼロ年』展図録、水戸芸術館現代美術センター、二〇〇〇年）九頁。
(13) 同右、一四頁。
(14) 椹木野衣『日本・現代・美術』（新潮社、一九九八年）二〇頁。
(15) 椹木前掲注(6)五二～五三頁。
(16) 同右、五六～五七頁。
(17) サワラギ＋ノイ「〈現代・美術〉をめぐって」前掲注(12)図録四四～四五頁。
(18) 椹木前掲注(12)図録一六頁。
(19) 椹木前掲注(14)三五四～三五五頁。
(20) 同右、一一九頁。
(21) 椹木野衣『テクノデリック 鏡でいっぱいの世界』（集英社、一九九六年）三七頁。
(22) この「リセット」あるいは白紙化（タブラ・ラサ）が近代的な営為として反復されてきたことは言うまでもない。

〔挿図一覧〕

図1　シェリー・レヴィーン《アフター・ウォーカー・エヴァンス 4》　一九八一年　ゼラチン・シルバー・プリント　二五・四×二〇・三cm　個人蔵（*Sherrie Levine: Mayhem*, exhibition brochure, Whitney Museum of American Art, New York, 2011）

図2　赤瀬川原平《復讐の形態学（殺す前に相手をよく見る）》　一九六三年　インク、紙　九〇・〇×一八〇・〇cm　名古屋市美術館蔵（『ハイレッド・センター：「直接行動」の軌跡展』図録、「ハイレッド・センター」展実行委員会、二〇一三年）

展望の《仮山石》について——中国現代彫刻における「仮(偽る)」という戦略

呉　孟晋

はじめに

世界有数の美術コレクションを一〇〇近くのギャラリーで展示する大英博物館のなかで、「三三」の番号が与えられた「ジョセフ・E・ホートン・ギャラリー」。清朝末期の香港の有力買弁《ばいべん》・何東《ホートン》の子孫で世界最大級の金融グループHSBC幹部の名を冠した、中国・南アジア・東南アジア部門の常設展示室の片隅に、銀色に輝く小さな太湖石がある。(1)それは中国の文人たちが書斎に置いていた鑑賞用の盆石だが、如意をかたどった木製の盆に載るのは奇岩から型を取ったステンレス鋼の塊である。その実、これは古美術の盆石ではなく、中国の現代美術家・展望《ジャン・ワン》(一九六二〜)が制作した《仮山石No.82》(二〇〇五)(図1)という名の作品である。

世界各地の考古遺物や古美術品から現代美術作品まで人類の文化遺産を収集する大英博物館で、さまざまな文化財が通史的かつ複合的に展示されるのは決して珍しいことではない。実際、同館のコレクションには、クレジットカードやソーラーパネルなど現代文明の利器が含まれている。(2)また、最近、日本人の若手版画家が絵付けした有田焼の獅子像も加わったが、これは彼女の本業の版画作品ではないという点で、同館のコレクションが美

図１　大英博物館の展示ケースに収まる展望《仮山石No.82》。左奥には実物の仮山石がみえる（筆者撮影）

術史の展開を「正しく」示そうとしているわけではないということがわかる。[3] 大英博物館という収蔵・展示・研究の場が、美術史学や考古学、歴史学といった博物館を成り立たせる既存のディシプリンに対して不断に「挑戦」を仕掛けるという点で、本書の提起する海賊学に大きな示唆を与えうることは、想像に難くない。

大英博物館に展望の作品が展示されているのは、おそらく改革開放政策以後の中国を代表する美術作家の作品であること、そしてこれが古美術の盆石のようにもっともらしく、しかし若干場違いな感じで陳列される「贋作」であるからであろう。大英博物館では、あくまで《仮山石No.82》を盆石に「似た（resembles）」彫刻作品として紹介している。[4] 海賊学の定義を俟つ前に、展望の作品は、伝統工芸品と現代美術作品、そして芸術性を打ち消した「商品」としてそれぞれのモノがもつ境界線を曖昧にし、その間隙を縫うようなかたちで存在しているのである。

一九九〇年代以降に台頭した中国現代美術は、伝統や共産主義、経済発展といった現代中国に特徴的な事象をいかに美術作品として表象するかに腐心してきた。徐冰《シュー・ビン》（一九五五〜）や蔡國強《ツァイ・グオチャン》（一九五七〜）、艾未未《アイ・ウェイウェイ》（一九五七〜）ら著名作家たちはそうした資源を最大限活用し、海外での名声を獲得していった。[5] ただし、つねに国内外で一挙手一投足に注目が集まる彼らよりも、現代作家の大多数はもっとひそやかに、かつしたたかに国内外の美術市場に参画し、成功を収めている。《仮山石》シリーズに代表される展望は、その筆頭に挙げられるのではなかろうか。

本稿では、現代彫刻家である展望の作品を「偽る」という模倣行為の観点から、作品と展示空間の共犯関係について検討することにより、世界のアートシーンを席巻しつづける中国現代美術の海賊性の一端を明らかにしてみたい。

一　「仮(偽)山石」を偽る

展望は、一九六二年、北京に生まれた。[6] 展望という名は本名であり、大躍進政策後に自然災害が相次いだ暗い世相を払拭すべく、当時の新聞に頻出していた見出しにちなんで両親が名づけたという。[7] 北京市工芸美術学校（現：北京工業大学芸術設計学院）を経て、一九八三年、中央美術学院彫塑系に入学。カナダ帰りの華僑で彫刻家の司徒杰《シートー・ジェ》（一九二〇～二〇〇五）に師事し、フランスとソ連の彫刻を学んだ。

一九八〇年代の展望は具象彫刻を制作し、主に学校の団体展で作品を発表した。デビューは一九八五年の『北京青年画展』（於中国美術館）だが、彼は当時、「八五新潮」に代表されるような前衛芸術運動に魅せられていたわけではない。九一年の『七一全国美術作品展』（於中国歴史博物館、現：中国国家博物館）、『新生代芸術展』（同）や『四十五度做為理由（理由としての四十五度）』展（杭州、北京、上海、一九九五）など国内のグループ展で頭角を現わす。福岡で開催された『国際交流野外彫刻展』（一九九六）を皮切りに、海外での活動も飛躍的に増加した。

本稿の主題である《仮山石（アーティフィシャル・ロック）》は、一九九五年に始まった、展望の出世作にして代表作である。

展望の《仮山石》は、鏡面のように磨かれたステンレス鋼板を自然界に存在する奇石の表面に当てて型取りして作られた、内部が空洞の「彫刻」作品である。一九九五年に北京で開かれた『張開嘴、閉上眼（口を開き、眼を閉じよ）：北京・ベルリン当代芸術交流』展にて初めて出品され、二〇〇六年に一応の区切りをつけるまで一〇年以上にわたり継続した。シリーズの作品数はその派生形を含めれば、ゆうに一〇〇件は超える。大英博物館の《仮山石No.82》のように高さ五〇センチ・メートルほどの卓上作品から、東京の汐留シティセンターにある《仮山石No.46》（二〇〇二）のように高さ七メートルを超えるパブリックアートまで、型取りする自然石に合わせて、その大小はさまざまである。

中国語でいう「仮山石」とは、園林の奇石のことを指す。中国では庭園の築山を「仮山」といい、「仮」には「偽」の意味がある。仮山石には、蘇州の近郊にある太湖の丘陵を産地とする多孔性の石灰岩、すなわち太湖石のほか、安徽省霊璧《れいへき》県の磬山《けいざん》で産出される霊璧石や黄蠟石《こうろうせき》、英石などが含まれる。仮山の造営には古来、近隣の山石を用いていたが、北宋末期の徽宗皇帝の命により編成された太湖石輸送のための船団「花石綱《かせきこう》」によって、太湖石の名が広く知られるようになった[8]。明の計成《けいせい》による園林造営の名著『園冶』には一六種の仮山石が挙げられているが、太湖石はその筆頭である。通俗的には、太湖石にある多数の穴は神仙世界への経路とされ、長寿などを象徴すると見立てられて、中国の庭園の景観形成に不可欠な吉祥物とされた。

展望は、シリーズの初期にあたる一九九七年に東京・神宮前のワタリウム美術館で開かれた『中国現代美術'97』展に出品した際に、《仮山石》の制作背景について次のように語っている。

> 仮山石は中国庭園建築の構成要素の一つで、自然の小石が敷きつめられた中に置かれるが、本来の目的は、文化的人間が自然の中に安息を見出すためという体のいいものだった。
> しかし環境が変わり、この伝統的な理想はしだいに時代にそぐわなくなってきた。そのバランスを調整するため、私は人工の鏡のような素材、つまりステンレス・スチールによって、ピカピカの装飾的な、偽りの外見で石を包んだ[9]。

中国の健全な「伝統的な理想」を現代生活に取り込むこと。しかし、それを「人工の鏡のような」「偽りの外見」で表わすこと。展望は「仮（偽）」の「山石」そのものをステンレス鋼板という「偽りの外見」で造形したことにより、「偽物」の「偽物」を生み出したのである。それはマイナスのマイナスがプラスであるように、これこそが現代中国という「時代にあう」「体にいいもの」といわんばかりである。

《仮山石》の狙いは、「偽物」の「偽物」をつくることにある。中国の自然景観を仮託した「「仮（偽の）」山石」の名をもつ奇石の複製を独創性のある芸術作品と主張する、オリジナリティの二重のねじれは、たとえば尹《イン》吉男《ジーナン》を始め多くの論者が指摘するとおりであり[10]、展望もそれについて自覚的である[11]。

一九九七年の時点で、この《仮山石№6》は鉄の支柱一本で中空に浮く形状であり、後年のような盆付きの盆石ではなかった（図2）。中国現代美術の草創期から展望を含む前衛作家たちの活動に注目していた牧陽一は、「幸福な家族」という副題がついたこの作品について、三つの空虚なステンレスの塊が産児制限という政策に従った模範的な核家族を示唆し、虚無的な終末観に社会批判が介在するとした[12]。急速な経済成長を遂げる現代都市に中国の伝統文化、西洋の生活様式そして現代の社会政策を重ね合わせることで、現代中国を取り巻く混沌とした表象を提示することが展望の意図であるのは確かであろう。

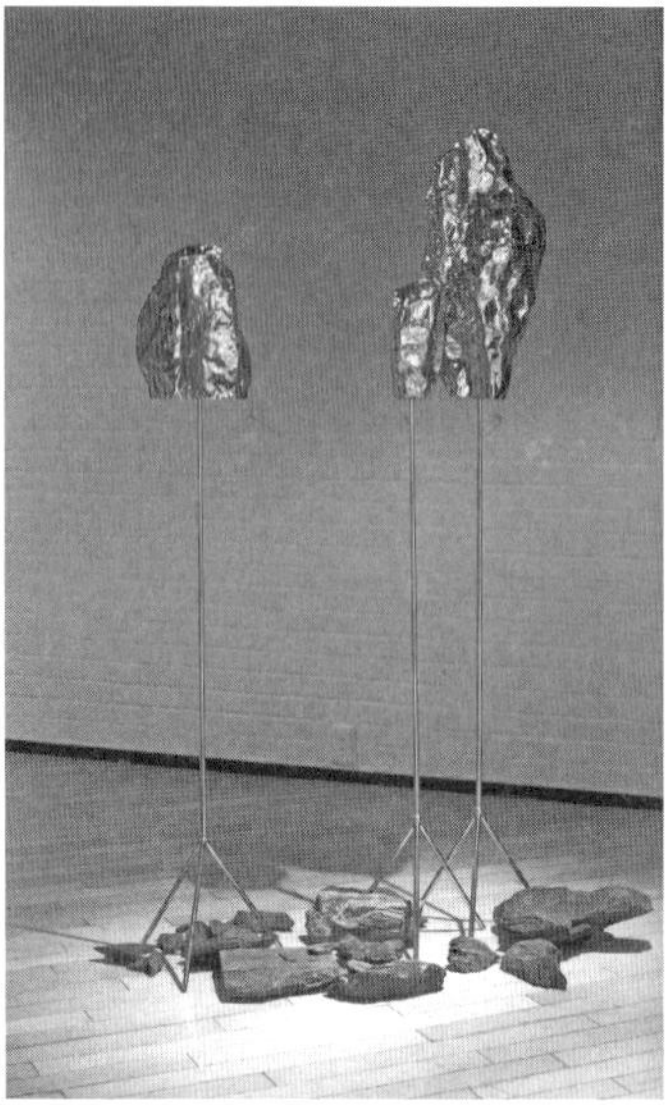
図2　展望《仮山石№6》
（個人蔵／展望氏提供）

《仮山石》シリーズの間、展望は並行して実験芸術にも取り組んでいる。一九九五年八月、隋《スイ》建国《ジェングオ》（一九五六〜）、于凡《ユー・ファン》（一九六六〜）と立ち上げた「三人連合工作室」は、中央美術学院内で

『開発工程』展を開催。廃墟のなかに椅子や机を並べたインスタレーションで、教室空間を再現した。また、二〇〇〇年四月には、展望らが主宰する中央美術学院内の「開放工作室」の第二回展示『対傷害的迷恋（傷害への執着）』を実施。美術関係者限定のワークショップであったが、孫原《スン・ユエン》（一九七二〜）と彭禹《ペン・ユー》（一九七三〜）が死亡した奇形胎児のホルマリン漬けを用いたパフォーマンスをおこなったことで大きな物議を醸した[13]。

一九九〇年代の中国の現代美術は、天安門事件後の風潮として政治から距離をおく、シニカル・リアリズムと社会主義社会を諷刺するポリティカル・ポップの二潮流に分かれ、厭世的もしくは揶揄的に社会に向き合う作風が顕著にあらわれていた。展望が一九九〇年に制作した《坐着的女孩（坐った少女）》など当初の作品は、前者のシニカル・リアリズムに分類されている[14]。しかし、没個性、または「抜け殻」としての身体の不在性を強調した《中山装》（一九九三〜二〇〇二）あたりから現代美術の潮流に乗り[15]、後者のポリティカル・ポップにつらなる作家と認識されるようになった。《仮山石》は「抜け殻」の彫刻として《中山装》につづくシリーズであるが、展望は《仮山石》の作品解釈についてただ一つの明確な方向性を示しているわけではなく、さまざまな評者によるそれぞれ独自な視点からの論評を誘発している[16]。

それでは、作者の展望が《仮山石》という作品に込めた内実とは何か。それを明らかにするまえに、キュレーターやコレクターといった作品の購入者たちがいかに「偽物」の「偽物」を積極的に評価したのか、次節でその収集の様相を確認しておきたい。

二　《仮山石》を収集する

二〇一一年に大英博物館が展望の《仮山石№82》（二〇〇五）をコレクションに加えた契機の一つは、二〇〇八年に同館が開催した『チャイナ・ランドスケープ』展にあった[17]。自然的景観を現代生活に取り込む中国の景観を

図3　大英博物館でのクニドスのライオン像（左前）と展望《仮山石№59》（右奥、デ・ヤング美術館蔵／展望氏提供）

象徴する作品として、ノーマン・フォスター（一九三五〜）設計によるガラス天井のグレート・コートでクニドスのライオン像と並び立った《仮山石№59》（二〇〇六）は、世界中の観客に鮮烈な印象を残したことであろう（図3）[18]。トルコの重要な考古遺物と中国のキッチュな現代美術の取り合わせの妙もさることながら、一九世紀半ばに英国に持ち込まれたゆえに返還運動も起きた「真」の文化財と、キュレーターの「遊び心」で展示された「偽」の作品という、博物館コレクションの歴史的変遷を問う意味で、象徴的な光景でもあった。

芸術市場における芸術品の取引は公式貿易であり、密貿易はすなわち犯罪を意味する。美術における「海賊」行為には、未だ明確な定義が存在しないが、大洋を舞台にした違法、不法あるいは脱法行為という本来の語義から連想される否定的な側面としては、国際的な美術市場における以下の事象が想定できる。

①作者にとっては、構想や独創性の剽窃という贋作づくりであり、②コレクターにとっては、資産価値を有するモノとしての収奪であろう。そのどちらでもない③鑑賞者にとっては、映像作品の海賊版を視聴するように、①あるいは②を承知のうえでそれらを鑑賞することになろう。そうすれば、④キュレーターにとっては、③の機会を提供することになる。

海賊は、近代国家の枠組みにおいては「万人の敵」（ダニエル・ヘラー＝ローゼン）と規定される[19]。しかし、中世の東アジアにおける倭寇を持ち出すまでもなく、国籍不明の海の盗賊は、同時に国家という枠組みにとらわれない義賊でもあった。小笠原博毅によれば、「海賊は犯罪者や国家への反逆者になりうるのと同じ重力と可能性で、市場での生き残りに長けた資本主義のプロトタイプ的な合理的経済人にも、互恵共同体に住まう共産主義者にも、あらゆる外在的秩序に抗うアナキストにもなりうる」[20]。それゆえに、近代というパラダイムへの問い直しが求められている今日、表象空間における仮想世界の構築を目指す現代アートの領域においてこそ、前掲の四つの「海賊」行為（明らかな略奪行為である②はさらに丁寧な議論を要するとしても）は肯定的に評価されるべきものであるといえよう。

本稿の冒頭で大英博物館での展示を紹介したように、《仮山石》シリーズの海賊性は、作者展望による「偽る」ことへの内なる意志と同時に、《仮山石》が「偽物」の「本物」として対外的に収集・展示されるという二つのベクトルによって担保されている。

《仮山石》には、①の贋作としての定義をふまえたおもしろさがあるが、②の収奪の点からも（もちろん、合法的に購入されたことは事実であるとしても）興味深い事例を提供している。いわば、公式貿易と密貿易のはざまにある「抜け荷」として、《仮山石》は存在するのである。

早くから展望の活動に注目していた一人であるシカゴ大学教授のウー・ホン（巫鴻）は、アルジュン・アパデュライが一九八六年に編んだ *The Social Life of Things*（『モノの社会生活』）を挙げて、展望作品の「収集」について肯定した。つまり、芸術品の文化的・社会的意義は「流通」にあり、展覧会からオークション、中国から外国、芸術家からコレクションまで、芸術品の価値は流通もしくは「漂流」することにあるという[21]。これは《仮山石》の派生作品である《跨越一二海里：公海浮石漂流（一二カイリを越えて：公海を漂流する浮石）》（二〇〇〇）に対しての批評であったが、《仮山石》の「流通」にもあてはまる特徴である。

事実、いくつもの「偽る」という美術的営為の結節点にある展望の《仮山石》は、遊び心のあるコレクターやキュレーターたちの関心を引き寄せてきた。

米国メトロポリタン美術館は大英博物館に先立つこと五年、二〇〇六年に《仮山石No.10》（一九九九）をコレクションに加えている。前述のウー・ホンがいるシカゴ大学スマート美術館は《仮山石No.4》（一九九七）を、ロサンゼルス現代美術館も《仮山石No.106》（二〇〇六）を収蔵する。韓国の釜山美術館には《仮山石No.30》（二〇〇一）がある。このほか、ノーマン・フォスターやスイスの元駐中国大使のウリ・シグ（一九四六〜）も展望コレクターの一人である。

欧米諸国にある著名な中国美術コレクションの多くは、一九世紀半ばから二〇世紀初めにかけて、欧米列強が帝国主義政策のもと、中国での利権を拡張してゆく過程で形成されてきた。ただ、それはすべてが単純な植民地主義的な搾取や収奪の構図に則ったものではない。コレクションの形成が混乱に乗じた非合法的な略奪による成果なのか、それとも古美術商を介した合法的な取引によるものなのか、はたまた現地での友情の証としての贈答によるものなのか、個々のコレクションによって事情はさまざまである[22]。

前述のウリ・シグは中国現代美術の一大コレクターとして知られており、《仮山石No.5》（一九九七）を所蔵している。シグは中国現代美術の「中国らしさ」について展望に問いかけていくなかで、芸術のあり方にかんして展望から次のような回答を得ている。それは図らずも、展望から「偽」についての見解を引き出していた[23]。

たとえば、中心と周縁、現代と古典、苦痛と快楽、対立と協調……これらの対立することばのなかで、一方の存在がもう一方の仮想的な存在のための条件なのであり、仮想的な存在を失ってしまえば、一切の「真実の状態」は存在しないことになってしまいます。それゆえ、古から仮［偽］をもって真をうながし、真をもって仮［偽］をつくるのは人びとが一貫してよくしてきた遊戯であり、この遊戯のなかに世間の真実が反映され、人びとが自由（真正な自由）を獲得する過程でもあるのです。[24]

展望の《仮山石》は、「中国＝偽」とでもいわんばかりに積極的に展示されるシノワズリの「偽物」（特定の作品の偽造品である「贋作」ではないことに注意）という点で、「遊戯」として美術館や博物館が背負う「贋作」の歴史を攪乱する。すべての贋作が美術作品として騙し騙されるポーカーゲームの「ジョーカー」よろしく流通してきた現状に照らし合わせてみれば、中国側にとってこれは「意趣返し」であろうか、それとも国際的な評価を獲得するための「戦略」であるのだろうか。

古美術については海外流出を規制し、過去に流出した文物は積極的に買い戻そうとする。[25] その一方で、現代美術ならばまるでオリンピックのように海外での実績が自国のソフトパワー向上に資すると期待されている。美術作品の収集をめぐって、一見相反するようなナイーヴな愛国心は、その実、文化的ナショナリズムが本質的に抱える不安定さも示しているといえよう。さらにW・W・Y・ウォング（黄韻然）が明らかにしたように、ヴァン・ゴッホを始めとする泰西名画の複製制作を官民ともに「産業」にまで押し上げた広東省深圳市郊外の大芬村《だいふん》の様相は、この問題をさらに複雑にしている。[26]

昨今の中国現代美術の隆盛は、いわば《仮山石》のように意図して積極的に「偽り」の作品を収集している状況である。このディレンマこそがキュレーターやコレクターたちの遊び心をくすぐるのである。[27]

三　《仮山石》の著作権

ここで大変興味深いのは、ラグジュアリー・ブランドのルイ・ヴィトン社も《仮山石No.103》（二〇〇六）を所蔵していることである。同社は自社の著作権に違反する「コピー商品」に対して厳格なことで知られ、「コピー文化」を題材にした美術作品についても同様の措置をとったことは記憶に新しい。[28] ヴィトン社公式ウェブサイト内

の *World of Louis Vuitton* における *Art Wall* では、次のように《仮山石》の解説を掲げている。

> 巨大で超現実的なこのメタリックな岩を通じて、展望（ザン・ワン）は伝統的な中華庭園にみられる天然の石に対して、異なる視点を伝えています。
> 二〇〇八年、香港のルイ・ヴィトンストアにて初公開されたこの展望による人工岩は、伝統の脆弱性と現代生活の軽薄さのコントラストを際立たせています。[29]

ヴィトン社が展望の作品に注目したのはベルギーでの展覧会がきっかけだったとし、同作品は香港・中環（セントラル）の置地広場（ランドマークプラザ）の店舗にあるという。[30] 二〇一一年、同社は中国市場参入二〇周年を記念して北京の中国国家博物館で開催した『芸術時空之旅』展に、展望の《ユニヴァース》を唯一の美術作品として出品を依頼し、会場の入り口に展示することで同展の導入イメージとした。同社会長・最高経営責任者（当時）のイヴ・カルセルは、「展望の作品がルイ・ヴィトン社のブランドのもつ精神と同じように、中国というこの土地で成長・発展することを願っています」と中国語で祝辞を寄せた。[31]

コピー商品に厳格な対応をとるルイ・ヴィトン社は、なぜ「仮（偽）山石」の「偽物」である《仮山石》をコレクションに加えたのであろうか。

もちろん、展望の《仮山石》は自然界に存在する奇石を忠実に複製したのであって、名園の奇石を所有者に無断で型を採ったり、なにかしらの人工物の意匠を盗用したりしたわけではない。ヴィトン社は、二〇〇三年に「スーパーフラット」を掲げてアニメーションなど複製可能な二次元イメージを多用する村上隆にモノグラム制作を委託し、二〇〇五年には「ルイ・ヴィトン ミーツ ネオ・ジャポニズム」と題した商品を発表。二〇一四年には、パリ郊外に現代美術館「フォンダシオン ルイ・ヴィトン」が開館した。むしろ同業他社のなかでも、ヴィトン社は自社商品の権利を侵害しない範囲において積極的に美術家たちとの共同事業を展開している。[32]

ここで注意したいのは、展望が《仮山石》シリーズについて、その内実を明らかにしないまま（もちろん、その必要性は全くないのだが）、二〇〇二年に中国当局に《仮山石》の製造方法にかんして「特許」（中国語で「発明専利」）を申請していることである。いわば「偽」であることが「真」に逆転して、当局から認定されたという、「偽」の保証がなされているのである。それはいかにして可能となったのか。

展望による「ステンレス鋼の仮山石の加工工程」は次のとおりである。(33)

一　石の選択

対象となる岩石は自然界にあるどのような石でもよい。

二　材料の選択

高品質で、耐腐食性があり、かつ厚さ〇・八～一・五ミリ・メートルの間のステンレス鋼板を選ぶ。

三　材料の投入

岩石の凸面の稜線に沿って、石の表面をいくつかの大きな区域に分割する。そして、紙で石の型板をとる。それを鋼板のうえに被せて切断する。

四　石摺

切断したステンレス鋼板を石の該当箇所に置いた後、ハンマーで何度も叩き、石にある天然の紋様を浮かびあがらせる。石の表面の深い凹みに到るまで叩き出す。

五　鍛造

石の表面で比較的平坦な箇所については、局部的に鍛造処理を行う。叩くときは下に鉄を敷く。鍛造した後に、石のあらゆる部位の形状と比較する。

六　溶接

鍛造が終わったステンレス鋼板を岩石の上に貼り合わせ、溶接で固定する。最後の一枚になったときに、すでに溶接が終わったステンレスの殻を石から取り除き、すべての溶接点で溶接を進める。それから最後のステンレス鋼板を溶接して、空洞の石を作り出す。

七　研磨

溶接し鍛造が終わった表面を磨きあげる。鍛造した箇所はサンドペーパーで磨く。始めは目の粗いもので、最後に目の細かいものを用いる。

八　艶出し

携行型のブラシ研磨工具を用いて、ワックスを塗った金属の表面に直接、艶出しをする。数回繰り返し、鏡面になるまで磨き出す。

なぜ、展望は一般的なステンレス鋼板加工の技術を中心とする手法を開示してまで、特許取得にこだわったのであろうか。

展望によれば、芸術作品には「オリジナリティ（中国語で「原創性」）」があるため、もとより均しく著作権が適用されるはずである[34]。しかし、現代アートである《仮山石》シリーズは、オリジナリティを否定するポストモダンの作品である、そして中国の担当窓口である専利局の見解として著作物の形状や様式で認定する、この二点において《仮山石》の著作権取得は困難であるという。それゆえ、展望は「製作方法」のみに的を絞って特許を申請し、二年間の異議中立期間を経て、二〇〇五年に「国家専利」として承認された。これにより、展望の特許は法律上で二〇年間保護されることとなった。展望の《仮山石》はいずれの著作物の権利をも侵害しておらず、作品そのものについても特許でその権利が保護されているというわけである。

四 「仮（偽る）」という戦略

もちろん、著作権と特許はまったく別であり、本来は混同されるものではない。「偽り」の戦略としてそれが《仮山石》においては同一とみなすことができるのは、展望なりの理由があるからである。彼は特許申請の声明書で次のように述べている。

しかし、私の論理によれば、これはただ私の技術を保護するだけではなく、私の芸術をも保護するのである。なぜか？私の芸術理念は一種の「観念性彫塑」を創造することにあるからだ。いわゆる「観念性彫塑」とは、一種の彫塑技術を観念化する過程および結果にほかならない。「観念性彫塑」の論理では、観念は技術によって体現される。技術はすなわち観念であり、思想がモノ化するための動き（「思想的物化行動」）でもある。それゆえ、私の技術を保護することは私の観念を保護することになり、私の思想の著作権をも保護することになるのである。[35]

「観念性彫塑」とはなにか。一九九八年、展望は中央美術学院の紀要に「観念性彫塑：物質化的観念」を発表し、中国現代彫刻のあり方を「観念（コンセプト）」に見出すべきであることを提唱した。[36]

この論文はH・ハヴァード・アナースンの『現代美術の歴史』（一九六八、中国語版：一九八六）を手がかりに、マルセル・デュシャン、ジョン・ケージ、イヴ・クライン、ヨーゼフ・ボイスらの名を挙げ、二〇世紀以降の現代美術の潮流が「観念芸術」（一九六〇年代から七〇年代に流行した「コンセプチュアル・アート」よりもはるかに広義であることに注意）にあると説く。このときの「観念」とは、作品そのものの物質性に規定されないという点で、物体に個性の発露をみるモダン・アートでの彫刻概念とは相容れないものである。「観念芸術」をつきつめて残るのは物体と作家の思想観念のみであり、究極的には「観念即物質」「物我両忘」の状態にいたる。現代彫刻が貢献できるのは、観念が物質化する過程において彫刻技術がいかに関与するかという一点にある。この論点から、展望は《仮山石》の彫刻技術に「著作権」を求め、結果、それが特許として認められたわけである。

それゆえ「観念性彫塑」は、様式や流派にとらわれない点で、一見没個性であるが真理をとらえた新しい芸術となり、さらには作家が属する社会の特性を表象した作品となるはずである。展望は次のように「観念性彫塑」を定義する。

> 「観念性彫塑」は観念と物質の有機的な結合であり、分割できない一つの総体である。それは西洋美術の概念を援用するとはいえ、観念美術（インスタレーション、ヴィデオ、パフォーマンスを含む）が西洋美術の発展による必然の産物となるのとはちがい、その地域（「本土」）の特色を具えるのである。[37]

展望は、独のヨーゼフ・ボイスが唱える「社会彫刻」とは異なる論法で、中国の現代彫刻が社会と積極的に関わってゆくべきであることを理論化した。ボイスの「社会彫刻」は芸術家自らの精神を具現化する概念であり、パフォーマンス・アートの理論的支柱の一つとなった[38]。しかしここで展望があえて「本土」ということばを用いているのは、中国の高尚な芸術の伝統と通俗文化を含む生活一般に根差した二律背反的な価値体系を彫刻作品に表出させせんがためではないだろうか。

西欧の美術史学で一般的に「海賊」的（ここでは模倣という意味での）行為として想起されるのは「アプロリエーション・アート（盗用芸術）」であるが、中国においては、伝統的な書画芸術における流派相伝の「臨模」という概念を現代美術の場にもちこむことで説明する場合が多い。二〇一五年に上海当代芸術博物館で開催された、複製芸術に焦点をあてた『Copyleft：中国挪用芸術』展では、キュレーターの項苙苹《シャン・リーピン》が「挪用芸術（appropriation art）」を「臨模（*linmo*）」「挪用（appropriation）」「山寨（copycat）」に分類し、それぞれを中国伝統の手工業、欧米の近現代芸術に起因する機械複製、今日の中国の社会現象にもなった、いわゆる「パクリ」というデジタル複製の時代に対応した概念であるとした。(39) アプロプリエーション・アート（挪用芸術）の源流は「臨模」にあるというわけである。

椹木野衣はこの領域における古典的著作『シミュレーショニズム』にて、キリスト教的な価値観に則った、オリジナリティを至上とする創作行為の絶対性を指摘している。(40) これは「シミュラクル」概念のうちの一手法「サンプリング」をめぐっての見解であるが、「忘却」と「反復」を柱とする原始キリスト教のグノーシス主義を排除してゆくなかで完全に独創的な創造行為のみを絶対視する価値体系は、なるほど、欧米の現代美術と似て非なる中国のそれには共有されていない。中国の現代美術の場合、欧米が近代を含めた西洋美術史のアンチテーゼとして機能してきたのとは対照的に、模倣行為に価値を見出す書画芸術における「臨模」の伝統を有するために、こうした制約からは自由であったからである。むしろ、このことに自覚的な中国の現代美術作家たちこそ中国美術の正統な継承者であることになろう。

すなわち、ミミック、シミュラクルなどの概念は東アジアの書画芸術の伝統である「臨模」概念に吸収される。北宋の大観山水に倣い、細密な描写による山水画を現代に甦らせた李華弌《リー・ファーイー》（一九四八～）、写真では南宋の団扇画を鳥獣や草花を用いてリアルに再現した洪磊《ホン・レイ》（外交部報道官とは別人、一九六〇～）は現代的「臨模」の代表的作家である。前述の徐冰、そして展望は伝統様式を踏まえつつ、あえてそれから逸脱することを狙いとしている。(41)

一方、展望作品への批評に、ボイスとならんでキッチュ・アートを代表する米国のジェフ・クーンズ（代表作にステンレス製の風船彫刻《ラビット》（一九八六）がある）がしばしば言及されるのは、中国文化の伝統のみならず、その地域に特徴的な現代社会の通俗さが表されているからである。

それゆえに、「臨模」のみにあてはまらない《仮山石》様式の芸術作品は展望だけのものではない。

巨大な石塊が屹立する作品としては、張健君《チャン・ジェンチュン》（一九五五～）が二〇〇〇年の上海ビエンナーレに出品した、太湖石をモチーフにしたインスタレーション《墨園》がある。展望の盟友にあたる隋建国による《盲人彫刻》シリーズにも小品ながら太湖石型の作品がある。これらの作品は形態こそ展望の《仮山石》に類似するが、展望のいう「観念性彫塑」の展開例に相当するであろう。展望が採った「仮（偽る）」という戦略は一〇〇件を超える《仮山石》シリーズの増殖のみならず、他の現代作家の作品にも伝播しているのである。

五　公共空間に介入する《仮山石》

その実、伝播という点で、「仮山石」としての形象の類似を問わない展望の《仮山石》は初期作において、パブリックアートとして構想されていた。

一九九五年一一月、《仮山石》第一作を発表した同年九月『口を開き、眼を閉じよ』展につづいて、展望は北京西駅の開発計画のコンペに応募した。それは、駅前広場に巨大な《仮山石》群を設置する《仮山石：金属花園》を提案するものであった。また、翌九六年には《北京新図：仮山石改造プラン》を発表している。後者のプランは、コンペ案を北京市街全域に拡大し、北京西駅に加えて北京科技貿易中心や崑崙飯店などオフィスビルやホテル七箇所を選び、燕山、太行山、黄山、泰山、華山といった中国を代表する名山の奇石を複製した《仮山石》を設置するもの。「鍛造して作り出したステンレスの名山は、さらに雄大かつ美麗となる。その鏡面からの反射がもたらす色とりどりの色彩は、これらの昔日の名山を現代の精気に変え、天空を衝くかのようなガラス、コンクリート、金属の現代建築に照り映える、二一世紀新時代の中国式景観を構成するのである」と、展望はその効果を説明した(42)。

これらの構想は実現しなかったが、その後、展望作品は杭州の西湖太子湾公園、深圳南山彫塑院の広場、香港地下鉄の鰂魚涌《クオリー・ベイ》駅のコンコース、スペインのホテルなど中国国内外の公共空間に数多く設置されるようになった。

その第一の理由は、展望の大型作品は視認性に優れ、「ランドマーク」にふさわしいと行政関係者や都市開発業者といったプランナーたちに認識されているからだろう。しかし、《仮山石》が公共空間に進出する大きな背景として、《仮山石》シリーズ誕生に至った経過に起因しているように思える。

すなわち、初期の《仮山石》は中国文人の伝統的な園林文化のなかでの奇石鑑賞の文脈よりも、急速に都市開発がすすむ当時の中国社会に現れた「廃墟」を連想させる作品として認識されてきた。同展に展望を招聘したワタリウム美術館の和多利浩一は《仮山石》について、「シルエットだけが同じの、中がからっぽな金属の仮山石が似合う庭というのは、それこそ廃墟といえるのではないでしょうか」と評したが、「廃墟」という連想には伏線がある。[43]展望は《仮山石》の前年の一九九四年に「廃墟清掃プロジェクト」を実行していたからである。

それは、一九九九年の福岡アジア美術館開館以前から中国現代美術の動向を観察していた後小路雅弘によると次のとおりである。中央美術学院があった北京随一の繁華街・王府井にあった中央美術学院の移転が決まった。「最新の商業ビル群に生まれ変わるため取り壊されていく古い建物の一画で、彼は解体作業の傍ら、たったひとりで壊されたビルを修理していく。そのけっして報われることのない無為の行為をとおして、彼はこれから起こる都市開発の意味を問うのである」。[44]

都市の清掃といえば、高松次郎、赤瀬川原平、中西夏之が結成したハイレッド・センターが東京五輪開催時に銀座の並木通りを白衣姿で清掃した《首都圏清掃整理促進運動》（一九六四）を容易に連想するが、前述のヨーゼフ・ボイスも西ベルリンのカール・マルクス・プラッツを箒で掃き清めた《清掃（AUSFEGEN）》（一九七二）がある。北京でも展望のプロジェクトの後に、廃墟となった壁に人の横顔の形をした穴を開けてまわる張大力《チャン・ダーリー》（一九六三〜）の《拆》シリーズ（一九九八）がある。展望の《仮山石》は人気のないところで一人黙々と清掃するという点で両者ほどのインパクトはないものの、ゲリラ的な芸術活動であり、十分に「海賊」的である。結局、二

図4　展望《仮山石№46》
（汐留シティーセンターにて筆者撮影）

〇〇〇年には《廃墟清掃プロジェクト》（一九九四）の舞台となった王府井の中央美術学院の跡地にできた商業施設「東方広場」に、独自動車メーカーのアウディの支援で《仮山石№27》（二〇〇〇）が設置されたのは象徴的である。

これまでみてきた美術館や博物館で展示される《仮山石》は、「仮（偽）」を際立たせることにより、中国の伝統と現代といった二項対立の美学に焦点が絞られてくるきらいがある。その意味で、展望の目指す「介入」性のある「観念彫刻」には、むしろそうした二項対立が消失し、現代社会において無意識なまでに人びとの生活に浸透する透明性が求められよう。中国の公共空間ではこうした微妙なニュアンスに気づきにくいが、隣国日本の東京にあるふたつのモニュメント作品は異国にあって「中国」らしさを意識させないという意味において示唆的である。

一つは二〇〇四年に新橋・汐留地区の再開発事業の一環で開業した汐留シティセンターであり、もう一つは、偶然にも同じ新橋駅をはさんで反対の北側に位置する、二〇一四年竣工の虎ノ門ヒルズである。

汐留シティセンターは米国のケヴィン・ローチが設計した超高層オフィスビルで、エントランスに《仮山石№46》（二〇〇二）（図4）がある。展望はこの作品について次のように語っている。

日本と中国は一衣帯水で、文化は同源ですが、異同もあります。日本の禅宗や自然に対する観念は中国文化と密接な関係があります。それゆえ、日本でも山石を素材に組み合わせた「枯山水」の庭があります。ただし、「仮山」とはいいません。これは宗教としての禅が文化の夢想に大きく関わっているのでしょう。だか

ら、ステンレスの仮山石の概念が日本に定着するのは、現代文化に新しい意義を生み出すかもしれないのです。(45)

《仮山石No.46》は、山東省の名山・泰山に連なる同省費県の沂蒙山《きもうさん》から産出した巨石の形態をそのまま複製したもので、高さ七メートルの立石の上に大小三つの「浮石」を吊している。日本で《仮山石》を常設することで、現代の「枯山水」とは似て非なる「仮（偽り）」の庭園を想起してもらう狙いが展望にあったことがわかる。(46)

展望はエッセイのなかで、日本のデザイナーが展望の提示した「物的天堂（モノの天国）」という作品名に難色を示したため《仮山石》の名は明示されておらず、日本にいる知人が展望作品と知らずに「待ち合わせ場所」にしていたという逸話を披露している。(47)《仮山石》はパブリックアートの領域においては、当初の展望の予想に反して「中国」らしさを顕示する表象としての機能を果たしていないのである。

この《仮山石》の無国籍性は、偶然にも虎ノ門ヒルズのオフィス・エントランスに掲げられた《ユニヴァースNo.29》（図5）にも表れている。

図5　展望《ユニヴァースNo.29》
（虎ノ門ヒルズにて筆者撮影）

虎ノ門ヒルズは大手デベロッパーの森ビルが手がけた都市再開発事業による超高層複合ビルである。虎ノ門ヒルズ発行の広報ガイド誌によると、「《Universe 29（ユニヴァースNo.29）》は四二三個のステンレススチール製の岩を黒鏡面のパネルに設置した壁面作品。これらは宇宙を表すとともに、虎ノ門ヒルズの人々の営みによるエネルギーも表現しています」(48)。展望作品が選定されたのは、二〇〇五年に系列の森美術館で

図６　展望《仮山石№109》(作家蔵)
(旧岡倉天心邸にて筆者撮影)

《人工石№71》など三件の《仮山石》作品が展示されたという背景もあるのだろう。(49) ここでは、スペインのジャウメ・プレンサや展望をふくむ七人の作家は各人の国籍を明示せずに展示・紹介されている。展望の《仮山石》は派生シリーズの《ユニヴァース(宇宙)》に至って、「中国」らしさを完全に消失したのである。

この意味において、二〇一六年秋の『茨城県北芸術祭』に出品された《仮山石№109》(二〇〇六)は象徴的な展示であろう。(50) 北茨城市の五浦海岸に六角亭を有する岡倉天心邸(現：茨城大学五浦美術文化研究所)の庭に《仮山石》が出現した(図６)が、それは太湖石に似た天然の奇岩で構成された絶壁と、「亜細亜ハ一な里(アジアは一つなり)」のスローガンを刻んだ石碑との共演となったからである。《仮山石》は「中国」らしさを強調するとみえて、その実、「触媒」となって中国文人好みの景観に魅せられた天心への中国憧憬(コンプレックス)と、汎亜細亜主義の相反する近代日本の「無国籍」な心性を浮き彫りにしたのである。

もはや「海賊」的発想であることすら想起させない、展望作品のたぐいまれなる介入性、すなわち公共空間における浸透性こそが、正規の手法を踏まえない「海賊」美術が目指す一つの到達点ではないだろうか。

おわりに

一九七九年の改革開放政策以後の中国現代美術では、一九八九年の六四天安門事件を転換点として、一九九〇年代以降、国外に活路を見出す動きが顕在化した。

一九八九年にパリのポンピドゥー・センターで開かれた、非西欧芸術に特化した『大地の魔術師』展に厦門《アモイ》ダの領袖・黄永砯《ホアン・ヨン・ピン》(一九五四〜)が福建地方の亀甲墓を模した《爬行物(レプタイル)》を出品し、黄はその後フランスに移住した。ニューヨークで活動していた徐冰は《天書》(一九八七〜一九九一)シリーズを考案し、九〇年代初頭に日本にいた蔡國強は古代中国の発明品である火薬を用いたパフォーマンスで名を成していった。中国国外を拠点に活動する作家にとって、非西欧の「中国」らしさは、国際隔年展など数多ある世界的な発表の場で作品を差別化するための重要な要素であった。[51]

一九九〇年代半ば以降、展望も《中山装》から《仮山石》シリーズに至る過程で「中国」らしさを強調してゆく。しかし、一方で、前節のように展望本人の意図とは別に《仮山石》シリーズが展開してゆくなかで、それが意図的に消失していったのも事実である。それは、「伝統」と「現代」、「自然」と「人工」、「真」と「偽」といった展望の《仮山石》が提示する二項対立的な概念のなかで、「中国」と「西洋」が数ある項目のなかの一つにすぎないからであろう。さらに、インスタレーションやパフォーマンスなど恒久的な展示に向かないほかの作家の作品にくらべて、展望作品はパブリックアートとして展示されやすい形態であったことも、国内外の美術市場での評価を確立した、もう一つの要因であったのかもしれない。

展望は、《宇宙(ユニヴァース)》シリーズのように、いくつもの《仮山石》の派生シリーズを発表してきた。これまで手がけた作品プロジェクトには、北京郊外の八達嶺にある万里の長城を修復する《鑲長城(インレイ・ザ・グレート・ウォール)》(二〇〇一)、金属食器で高層ビルが林立する近未来都市のミニチュアを再現した《都市山水(アーバン・ランドスケープ)》(二〇〇三〜)、そして巨石を爆発させる《我的宇宙(マイ・パーソナル・ユニヴァース)》(二〇一一)などがある。展望にとっては、「中国」らしさでさえも「偽り」であるかのように二〇〇〇年代の活動は《仮山石》の成功を「上書き」してゆく過程のようにもみえる。そして、まるで創作のうえでの均衡を保つかのように、《仏葯堂》（二〇〇四〜二〇〇六）や《電子神殿》（二〇〇六）、《第八六尊聖像》（二〇〇八）など中国の民俗的、土俗的な文化を再解釈するシリーズを発表してゆく(52)。

二〇〇八年、展望は《仮山石》シリーズに一応の区切りをつけるべく、『新素園石譜』を刊行した(53)。すでに本稿ではたびたび同書から引用してきたが、これは明時代の文人・林有麟《りんゆうりん》が編纂した名石図譜の『素園石譜』（自序：一六一三）を下敷きにして、展望本人がシリーズの主要な作品に自身のエッセイを付したものである。いわば、中国書画の「カタログレゾネ」（作品総目録）に相当する「著録」を自らの手で編むことにより、展望は《仮山石》シリーズが長大な中国の芸術史の展開に位置づけられる、正統な「観念性彫塑」であることを宣言したのである。

展望の《仮山石》シリーズは「仮（偽る）」という構想から生まれた。この《仮山石》によって明らかになった、アーティストとキュレーター、コレクターの「海賊」行為における共犯関係は、図らずも私たちに「美術」をめぐる営為の意味を問いかけているのである。

（1）二〇一四年一月二三日、筆者参観。

（2）クレジットカードなどは、二〇一五年から一六年にかけて、東京都美術館、九州国立博物館、神戸市立博物館を巡回した『大英博物館展：一〇〇のモノが語る世界の歴史』でも展示された。

（3）小松美羽（一九八四〜）による《色絵狛犬（天地の守護獣）》（二〇一五）を指す。

（4）大英博物館のウェブサイトにおける《仮山石№82》の解説を参照。Sculpture that resembles a Chinese scholars' rock from Lake Tai made of polished stainless steel. 〈http://www.britishmuseum.org/research/collection_online/collection_object_details.aspx?objectId=3374550&partId=1&searchText=zhan+wang&page=1〉（最終閲覧日：二〇一七年

一月一二日）。
（5）二〇一五年一〇月開幕のロンドンの王立芸術院での個展に際し、英国政府は当初、艾未未へのビザ発給を拒否したと伝えられたが、その後支給に転じた。艾未未を紹介した文献は数多いが、日本語で読めるものでは、牧陽一編著『艾未未読本』（集広舎、二〇一二年）や森美術館編『AI WEIWEI: ACCORDING TO WHAT?』（淡交社、二〇〇九年）などが詳しい。蔡國強にかんしても日本語文献は数多いが、最近のものでは横浜美術館監修『蔡國強：帰去来』展図録（モ・クシュラ、二〇一五年）がある。
（6）展望についての主な文献は以下のとおり。『今日中国芸術家：展望』（甘粛人民美術出版社、二〇〇八年）、『園林烏托邦』（湖南美術出版社、二〇〇九年）、『新素園石譜』（生活・読書・新知 三聯書店、二〇〇八年）、『展望：鏡花園』（香港漢雅軒、二〇〇七年）、Jeff Kelley ed., *Rocks into Gold: Zhan Wang: Sculptures from the Sierra*, San Francisco: Asian Art Museum, 2008; *The New Suyuan Stone Catalogue*, Milano: Charta Libellum, 2011; *Zhan Wang: My Personal Universe*（展望：我的宇宙）, HongKong: Blue Kingfisher, 2011. なかでも、『今日芸術家』所収の呂澎「〝石頭〟的故事：展望的芸術歴程」は、展望芸術を理解するうえで最も基本的かつ詳細な文献である。インターネット上の展望のサイトは、展望本人が開設した公式サイト① 〈http://www.zhanwangart.com/〉と、中国の大手オークションハウス雅昌企業集団が運営するサイト② 〈http://zhanwang.artron.net/index〉の二つがある（最終閲覧日：二〇一七年一月一二日）。
（7）「展望自述」（『美術文献』一九九七年一期（総八輯））。
（8）福本雅一「太湖石」（『國學院大學紀要』三八巻、二〇〇〇年、九四頁）。
（9）展望「ステンレス・スチールの作品、「仮山水」について」（『中国現代美術'97』ワタリウム美術館、一九九七年、一二四頁）。原文未詳。
（10）尹吉男は、文人の「仮山石」（太湖石）は容積と尺度のうえで実物の山を縮小した「真」の山石であるが、展望の《仮山石》はステンレスという材質も「仮（偽）」であると説明する。「仮（偽）」は自然に対する人工の行為であり、展望の《仮山石》は太湖石の「「仮（偽）」の「仮山石」」となるゆえ、二重の意味で「仮（偽）」であるとする。尹吉男「現実主義是一座仮山嗎？」（『視覚生産』一～二期、二〇〇七年）参照。
（11）「真と偽（中国語で「仮」）が入れ違うなかで、私は一種の自由な感覚を感じており、それはすでに真でもなければ偽でもない、行雲流水のごとくである」（展望「芸術的真与仮」（二〇〇四）、展望公式ウェブサイト前掲注（6）①より）。
（12）牧陽一『アヴァン・チャイナ：中国の現代アート』（木魂社、一九九八年）一七一頁。展望は三つの石がそれぞれ「痩せて背が高い」「背が低くて太っている」「もっとも小さい」ので、中国の三人家族に見立てたという。展望「幸福之家」（前掲注（6）『新素園石譜』四九頁）。
（13）Wu Hung, *Exhibiting Experimental Art in China*, Chicago: Smart Museum of Art, University of Chicago, 2000, pp.205-208.
（14）「展望与栗憲庭」（前掲注（6）『今日中国芸術家：展望』四〇二頁）。
（15）展望「関于〝誘惑：中山装〟系列」（一九九四年）（前掲注（6）『今日中国芸術家：展望』八六頁）。
（16）『新素園石譜』には、展望本人の選択により、四〇本以上の批評が抄録されている。
（17）二〇〇八年は英国における「中国年」であった。近年の良好な中英関係を示すかのように、英国では中国美術の大規模な展覧会が相次いでいる。大英博物館では、『ランドスケープ』展のほかに、二〇〇七年秋に秦の兵馬俑を多数展示したことで話題を集めた『始皇帝』展や二〇一四年秋の『明時代』展があった。また、ヴィクトリア&アルバート博物館では二〇一三年秋に中国、日本、欧米からのコレクションをそろえた『中国絵画名品展』が開かれ、同館中庭には徐冰の新作インスタレーション《桃花源的理想一定要実現（Travelling to the Wonderland／桃源郷の理想は実現されなければならない）》も展示された。これは中央の人工池をかこんで、大小さまざまな「仮山石」を配した作品である。
（18）この作品は二〇一四年五月の香港・クリスティーズのオークションに出品され、九六四万香港ドル（日本円で約一億二五〇〇万円）で落札された。以下のサイトを参照。クリスティーズ落札結果〈http://www.christies.com/lotfinder/AAA/AAA-5803253-details.aspx〉（最終閲覧日：二〇一七年一月一二日）。
（19）Daniel Heller-Roazen, *The Enemy of All*, New York: Zone Books, 2009. この文献の解題は、宮﨑裕助・星野太「海賊たちの永遠戦争：ダニエル・ヘラー＝ローゼン『万人の敵』に寄せて」（『現代思想』三九巻一〇号、二〇一一年）。
（20）小笠原博毅「「パイレーツ・モダニティ」、あるいは輪廻するヒドラの肉体について」（前掲注（19）『現代思想』六二頁）。
（21）巫鴻「展望的芸術実験」（『美術界』二〇〇〇年三期）。

（22）たとえば、拙稿「辛亥革命と京都国立博物館の中国絵画：上野コレクションと須磨コレクションについて」（『美術フォーラム21』二六号、二〇一二年）では、一括受贈したコレクションにある伝称作品の一部を紹介した。

（23）ウリ・シグは中国現代美術のコレクターとしてその名がつとに知られており、最近、彼の膨大なコレクションは香港・九龍地区で建設中の現代美術館「M＋」に寄贈された。二〇〇五年にスイスのベルン美術館ほかで彼のコレクションをもとに構成された展覧会『Mahjong：麻将（マージャン）』は、西欧最大の中国現代美術展となった。

（24）"'Chineseness'—Is There Such a Thing?: A letter from Uli Sigg to the artists taking part in Mahjong—and their responses", Bernhard Fibicher and Matthias Frehner eds., *Mahjong: Contemporary Chinese Art from the Sigg Collection*, Ostfildern-Ruit: Hatje Cantz, 2005, p. 54. なお、この問答の中国語版は「展望与烏力・希克」と題して対談形式に再構成されている（前掲注（6）『今日中国芸術家：展望』四一四～四一五頁）。

（25）このことに関連して興味深い事例を挙げておく。二〇〇〇年代に、一八六〇年のアロー号事件での仏国軍による北京・円明園焼き払いで持ち去られたとされた十二生肖獣首銅像が相次いでオークション市場で中国共産党軍関連の企業により落札されたニュースは、中国の人びとの愛国心を大いに鼓舞した。ただ、実際には事件とは無関係で、二〇世紀に入ってから、現地の人間によって持ち出された可能性が高い。オークションにかけられたもののなかには、複製品も混じっているとされる（中野美代子「愛国心オークション」、『図書』七二五号、二〇〇九年）。

（26）W・W・Y・ウォング／松田和也訳『ゴッホ・オンデマンド：中国のアートとビジネス』（青土社、二〇一五年）。

（27）Maxwell K. Hearn, *Ink Art: Past as Present in Contemporary China*, New York: the Metropolitan Museum of Art, 2013, p.175.

（28）二〇一〇年五月、神戸ファッション美術館の企画展で、ルイ・ヴィトンのモノグラムを用いた岡本光博の《バッタもん》（二〇〇七）が同社の要請で撤去された事例などがある。岡本光博「バッタもん・リタンーンズ！：ルイ・ヴィトンの講義による撤去から再展示へ」（『週刊金曜日』八一九号、二〇一〇年、四四～四五頁）、稲賀繁美「「バッタモン」の再来、Battamon Returns：翻訳の政治学と全球化への抵抗」（『あいだ』一九八号、二〇一二年、一一～一六頁）、稲賀繁美「交易の海賊史観にむけて：美術品交易を中心にして」（徐興慶編『近代東アジアのアポリア（日本学研究叢書八）』国立台湾大学出版中心、二〇一四年、一一三頁）など参照。

（29）ルイ・ヴィトン社ウェブサイト〈http://jp.louisvuitton.com/jpn-jp/art/art-wall〉参照（最終閲覧日：二〇一七年一月一二日）。
（30）賈世杰「芸術見証着時代」（『展望：我的宇宙』北京：尤倫斯（ユーリンス）当代芸術中心、二〇一一年、一一頁）。
（31）同右。もっとも、ここでいう「ルイ・ヴィトン社のブランドのもつ精神」が何を指すのかは明らかにされていないうえ、同文の英語版には中国語版から引用した該当箇所がみあたらない（Yves Carcelle, Art Bears Witness to the Times.『展望：我的宇宙』一三～一五頁）。その意図は不明であるが、ごく普通に考えれば、ラグジュアリー・ブランドの商品と美術作品にはさまざまな才能と熟練の技を必要とする意味で、共通点があるということをいうのであろう（山内宏泰「企業とアートのコラボレーションを開拓：ルイ・ヴィトン ジャパン 斎藤牧里（ＰＲコミュニケーション・ディレクター）」『美術手帖』九九九号、二〇一四年、三八頁）。
（32）「ルイ・ヴィトン：アートの香りをブランドに取り込め！王者が仕掛けるしたたか戦略」（『日経ビジネス』別冊、二〇〇六年七月、七四～七七頁）。
（33）展望「不銹鋼仮山石加工的技術歩驟」（前掲注（6）『新素園石譜』一七頁）。
（34）展望「不銹鋼仮山石与発明専利」（前掲注（6）『新素園石譜』一四頁）。
（35）同右、一五頁。
（36）展望「観念性彫塑：物質化的観念」（『美術研究』一九九八年三期）。
（37）同右。
（38）ライナー・ラップマン「社会有機体：芸術作品」（フォルカー・ハーラン、ライナー・ラップマン、ペーター・シャータ著／伊藤勉、中村康二、深澤英隆、長谷川淳基、吉用宣二訳『ヨーゼフ・ボイスの社会彫刻』人智学出版社、一九八六年、六〇頁）。萩原佐和子「「社会彫刻」誕生の経緯」（『美術手帖』五六四号、一九八六年、八二頁）。
（39）項苙苹「Copyleft：中国挪用芸術」（『中国挪用芸術』展図録、上海当代芸術博物館、二〇一五年、三七、七三頁）。中国語で「挪用」は「流用する」という意味で、「山寨」は「盗賊などの山中の砦」を指すが、そこから転じて公権力の及ばない「無法もしくは脱法の場」を意味するようになった。
（40）「たとえばピカソならピカソの〈アヴィニョンの娘たち〉を歴史における天才によるいわばただ一回の奇跡と考え、

この絶対の「過去」を美術館という制度と膨大な量の史的研究と調査によって継承発展してゆくさまは、キリスト教正統が教会と教義体系によってイエスというひいわば天才の出現を守っていったのと驚くほど似てはいないだろうか」（椹木野衣『増補　シミュレーショニズム』筑摩書房、二〇〇一年、一七一頁）。

(41)　このほか、模倣的傾向をもつ現代作品を分類するとすれば、「風刺（パロディー）」と「剽窃（パスティーシュ）」になろう。前者は一九八〇年代旧ソ連で流行したソッツ・アートなど共産圏アートの流れに属する作品。九〇年代中国のポリティカル・ポップは広義的にここに含まれよう。共産人民の団結を呼びかけるポスターに、コカコーラ、スウォッチ、キャノンなどグローバル企業のロゴを配した王広義（一九五七〜）や馮夢波（一九六六〜）、王慶松（一九六六〜）らが知られる。後者は前者の風刺的要素を弱めた審美的なポップアート。ときに伝統様式の「臨模」にのっとるが、その意図は継承よりも「剽窃」に近い。明末清初の遺民画家・石濤の山水図をヴァン・ゴッホの粗い油彩の筆致で再現したり、キャンベルスープのラベルに毛沢東の肖像を合わせたりした張宏図（一九四三〜）を筆頭にその数は多い。艾未未や隋建国も作品によっては、このなかに入るであろう。

(42)　展望「今天和明天的首都（二号方案）：名山復制与都市盆景化」（一九九八年）（前掲注(6)『新素園石譜』四三頁）。

(43)　和多利浩一「中国のコンテンポラリー・アートが見つめるもの」（『チャイナ＋アート』ＮＴＴ出版、一九九九年、二一五〜二一八頁）。

(44)　後小路雅弘「ジャン・ワン」（『美術手帖』七八二号、二〇〇〇年、二四六頁）。なお、中国からはこのほか陳少峯（一九六一〜）、張培力（一九五七〜）、趙半狄（一九六六〜）、荘輝（一九六三〜）が選ばれている。

(45)　展望「関於〝物的天堂〟（節選）」（作品方案説明書：二〇〇一、前掲注(6)『新素園石譜』九八〜九九頁）。

(46)　ただし、実在する金属製の「枯山水」（おそらく展望の作品ではないが）については、作家の橋本治が否定的な評価を示している。橋本の評言は次のとおり。「とあるモダンなシティホテルの中庭で、龍安寺の石庭のようなものを見た。白い砂——細かい砂ではなく龍安寺の石庭や神社の庭にあるような白い玉砂利である——が敷いてあって、そこに、おそらくは錆止めの処置が施された金属の塊が、いくつかの岩の代わりに置いてあった。（中略）それをホテルの上階から眺め下ろして、私は改めて龍安寺の石庭を思った。「やっぱり金属の塊より岩の方がいいな」と。金属の塊で無機的なアートをやるよりも、同じアートなら自然の岩の方がもっといい。「龍安寺の石庭は、ただきれいな岩を眺めるためのものだったんだな」と、私は改めて悟った。結局私は、それが「きれい」だから好きだったのである。」（橋本治「生け花が生まれた時代のもの：龍安寺石庭」『ひらがな日本美術史二』新潮社、一九九七年、一八五頁）。
(47) 展望「沂蒙山巨石与「物的天堂」」（前掲注(6)『新素園石譜』九八頁）。
(48) 『TORANOMON HILLS Shop & Restaurant Guide』（虎ノ門ヒルズ、二〇一五年）八頁。
(49) 南條史生「展望（ジャン・ワン）」（作品解説）（『秘すれば花：東アジアの現代美術』展図録、森美術館、二〇〇五年、八八～八九頁）。
(50) 『茨城県北芸術祭二〇一六 公式ガイドブック』（生活の友社、二〇一六年）一〇四頁。
(51) たとえば、尹吉男「新国粋：「伝統」的当代効用――中国当代芸術家対中国伝統文化資源的利用」（『文芸研究』二〇〇二年五期）など。
(52) 《仏药堂》は、古今東西のさまざまな薬やその錠剤で仏像を造って仏堂に展示するインスタレーション。二〇〇四年七月から九月にかけて、ハウス・オブ・シセイドウでの『気と遊ぶ』展で《仏薬堂》として発表された。『気と遊ぶ展』図録（資生堂企業文化部、二〇〇四年）を参照のこと。
(53) 前掲注(6)『新素園石譜』。

コラム

一八八八年バルセロナ万国博覧会における日本美術品の違法販売について——新史料発掘と紹介

リカル・ブル・トゥルイ

はじめに

スペインにおいて日本が公式に初めて紹介されたのは、万国博覧会が開かれた一八八八年のバルセロナにおいてだった。当時スペインには日本の外交官はまだおらず、万博の日本代表責任者はリオンの日本領事だった大越成徳（一八五四〜一九二三）が務めた。スペインで開催されたこの国際的なイベントで、日本の初めてのプレゼンスは大きなインパクトを与えたと言える。

近年バルセロナにおける日本文化、日本美術のインパクトについての研究が多く発表されている。特に一九世紀末と二〇世紀初頭のカタルーニャ美術への影響についてである。また一八八八年の万博で日本がどのように参加したのかについて深い考察がなされてきた。

今回は全く知られていない逸話に焦点を当てたいと思う。一八八八年万国博覧会の日本代表団が非常に心配した事件、すなわち中国パビリオンにおける日本の美術作品の違法販売である。(1)

一　万博における中国

日本のパビリオンは三〇〇平方メートル以上あり、シウダデーリャ公園に起立工商会社によって建てられた日本家屋も含め、万国博覧会の魅力の一つであったと言える。この機会においてバルセロナの人々は初めて鈴木長吉、並河靖之、宮川香山、また企業では榛原、S・SHOBEY（椎野正兵衛商店）、千總、高島屋などの素晴らしい質の高い芸術を知ることができた。当時バルセロナにはジャポニスムが入ってきてまだ一〇年ほどしかた経っていなかったことにも着目しなければばならない。万博は、イベリア半島ではそれまで見たこともない作品を目にする唯一の機会であり、大きな衝撃を与えることとなった。

日本はアジアの国で唯一公式にこの万博に参加した国だった。こうした理由からももっともエキゾチックなスタンド（展示スペース）であり注目された。一方日本パビリオンの近くにあった産業館には、中国の小さな民間企業の会社員によって最も小さなパビリオンが設置された。その経緯を簡略に見ておこう。万博の開会一年前には、一八八七年、中国政府から不参加の通知を受けていた。また一八八七年、中国・シャムにいたスペインの全権大使ティブルシオ・ロドリゲス（Tiburcio Rodriguez）からの手紙の中には、中国政府が参加の準備時間の不足を理由に不参加を表明していることが書かれている。しかし中国政府は、中国の商人や個人展示者にバルセロナ万博への参加を呼びかけ、その結果香港の揚奥と台湾にいたスペイン人のファン・メンカリーニ（Juan Mencarini. 1860–1939）から返答を得ることに成功していた(2)。

揚奥が指示した中国からの荷物第一号が届いたのは一八八八年三月の二週目のことだった。揚奥と彼の同僚がシンガポール経由でバルセロナに着いた四月の始め頃にはファン・メンカリーニはすでにバルセロナに到着していた。数日後には中国のスタンドの設置が始まり、五月一四〜一五日には設置が終了した。その時点で国王出席予定の開会式まで一週間を切っていた。

中国パビリオンは面積七五平米で、ショーケースからアクセス用のドア、飾りまで全て独自の中国建築の特徴が見られた。このパビリオンには四つの国旗と黒い大きなドラゴンの旗がかけられていて、入口は日本のパビリオンと同様に木製の装飾扉だった。さらにそこに金の柵と黄色の枠があり、中央には中国人商人「揚奥」と大きな看板が掛けられていた。パビリオン内には揚奥と会社のメンバーが複数常駐していたが、彼らはみな長い三つ編みをし、ヴィヴィッドな色の絹の服をまとい、訪問者を驚かせた。

唯一の中国人展示者だった揚奥は、香港のクウィーンズ・ロード・セントラルに美術品店を所有しており、その商品の中でも選りすぐりの作品を運んできた。それらは様々な珍しい中国の製品だった。バルセロナに残る資料によれば、中国のパビリオンには絹やタペストリー、黒檀や白檀の大きな家具、低い椅子、木製のテーブル、ソファー、裁縫箱、事務机、ごみ箱、ショール、チェスセット、大理石と瑪瑙《めのう》の椅子、絹や

図1　シウダデーリャ公園にあった産業館内の中国パビリオン
（出典：*La Ilustración. Revista hispano-americana*）

ガラスの屛風、扇子、お茶、香水、象牙や骨の装飾品、陶磁器やブロンズの壺、ランプ、陶磁器の船、陶器、ハンカチ、枕、動物革、宝石、象牙の玩具、動く人形、陶磁器の像、伝統の武器類、紙提灯等々があった(3)。彼は個人の商人だったため、商品を見せたり紹介することよりも、とにかく売ることに専念したのは言うまでもない。こうして一〇月には メインパビリオンに入りきらない家具を売るために、産業館の外のワークギャラリーに新たにスペースを追加する許可を万博主催者側から得た(4)。

揚奥の大量の展示品を考えると、フアン・メンカリーニが彼の彫像や芸術品コレクションをどのように紹介したのかイメージするのは難しいだろう。彼がバルセロナに送ったものは、陶器の像、仏像の画像、ブロンズや絹製品、アンティークの七宝焼、扇子、屛風、大量の中国のアンティークコレクション、絵画、書籍、台湾の様々な製品、鳥の卵、貝類、食品、服飾品、島伝統の武器や楽器などであった。万博後これらの多くの作品は、ヴィクトール・バラゲー（Víctor Balaguer, 1824-1901）がビラノバ・イ・ラ・ジェルトゥル（Vilanova i la Geltrú）町に一八八四年に創設された図書館兼美術館に寄贈され現在も見ることができる(5)。

揚奥の成功は誰から見ても明らかだった。大量の商品を売り上げ、メディアの評価も上々だった。品質審査でも数々のメダルを獲得したが、日本人展示者達はあまり良い印象を受けなかったようだ。

図2　万博の中国パビリオン内の展示者の揚奥と彼の協力者達
（出典：*La Ilustración. Revista hispano-americana*）

二　日本代表団との事件

スペイン人からすると、中国と日本は似通った二つの国だった。どちらもスペインからは大変遠い国であり、情報が非常に少なく、文化的に似た要素があるように見えたからだ。そのため中国から来たものと日本からのものを見分けることができる人は少なかった(6)。しかし当時、日本の近代化や中国のアヘン戦争（一八四〇）の影響が広がり始めていた。そして少しずつ新たなイメージが広まり、二国の違いが分かり始めた頃だった。一方は急速な文明の発展を遂げ、また一方は西洋の影響を脅威と捉え現状維持を貫いていた。

様々な万博において日本は中国由来の文化や商品との違いをはっきりと示そうとしていた。アヘン戦争以降、中国は敗退しイギリスの影響下に置かれていたが、日本は隣国との違いをはっきりと示し、その独立性を維持することに努めた。また日本は直ちに軍事に力を入れ始め、祖国愛とナショナリズムを強化していった。こうした背景の下で、台湾や韓国、沖縄をめぐる強力な二国間の対立が激しさを増し、太平洋地域の安定化が西洋での市場争い以上に重要になっていた。

バルセロナで初めて日本の軍事力を見ることができ

たのは、一八七八年、初の国産軍艦「清輝」の訪問の際だった。その数年後には日本の強化された軍事力によってフィリピンがおびやかされるという噂まで広がった。しかし日本政府はその軍事力を誇張することにはある程度までしか興味を示さなかった。むしろ表向きの良い工業発展について紹介することを好んだのだった。よってバルセロナにおける日本のイメージは、軍事的なものではなく良好で現代的、そして同時にエキゾチックな国として受け入れられた。しかしながら中国との間にあった緊張感はバルセロナでも垣間見ることができた。

　バルセロナ万博中の日中の対立は、揚奥の行動が原因となった。彼は開会式の時点から中国パビリオンで日本製品を売るという決断をしていた。彼のスタンドには中国の家具や台湾の彫刻に並んで、彼自身が横浜で購入した日本の商品が置かれていたが、こうした展示方法は規則で全面的に禁止されていたため、日本政府の最高責任者、大越成徳によってすぐに訴えられた。五月二三日、事務局代表のリュイス・ルビエル（Lluís Rouviere, 1840-1904）に手紙が届き、状況報告と対処要求がなされたのだ。[7]

　この事実は日本人展示者達に大きな影響をもたらした。売れ行きにも影響し、訪問者の困惑をもたらした。五月三〇日に大越はルビエルから、主催団体が適切な処置を行うという返答を受けた。[8] しかし六月の間揚奥は日本の作品を展示し続けた。『エル・バルセロ

図3　オリエンタルな玩具「中国のパズル7ピース」。中国人男性と日本人女性の描写が印象的な1888年万国博覧会のお土産品。
（個人コレクション）

ネス（El Barcelonés）』という新聞には中国が与えていたイメージについて「中国人は日本人のレベルには及ばないが、価値ある品を展示している」と解説した記事を発表している(9)。

五月三一日、バルセロナに駐在していた日本代表の大塚琢造は、万博の主催団体に再度手紙を送ったが返事はなかった。日本の展示者達にとってこうした耐え難い状況に終止符を打つべく、六月一六日にルビエルに再び手紙を書いた。大塚はルビエルが本件を外交上非常に重要な事柄であるとはみなしていないようだったことに心を痛めた。すでに数週間経っても改善されない事態を収拾すべく日時を指定し直接面会を申し出た(10)。

主催者側の理解し難い沈黙の中、六月二三日にはルビエルに四通目の手紙が届けられた。この手紙には、リオンの日本帝国領事、大越から「即刻処置を下さない場合には東京の外務省から直接マドリッドの政府へ訴える」という警告が次のように書かれていた。

Vous êtes aussi prié de considérer que j'ai quitté Barcelone. en comptant sur votre promisse de donner une solution à ces deux questions aussitôt que possible et un délai si prolongé me place dans une positione très délicate [sic] vis-à-vis de mon gouvernement et de nos exposants, et en cas qu'on devrait attendre encore, je me verrai dans la nécessité de demander l'intervention officielle de notre Ministre auprès du gouvernement espagnol. Je viens donc vous prier d'user votre bienveillant concours habituel, afin de nous donner une solution prompte et satisfaisante.(11)

この大越の最後の警告はようやく効力を発揮し、五週間後の七月五日についにルビエルは、揚奥が展示していた日本の商品をすぐにすべて取り下げるように命じた次の一通の手紙を送った。

Habiéndose hecho reclamaciones formales a esta delegación porque en su instalación se hallan expuestos géneros japoneses que bajo ningún titulo pueden figurar en ella, ruego a V.S. y espero que inmediatamente que reciba este oficio se servirá hacer de su instalación y depositarlas en donde se convenga, de común acuerdo, todos los objetos de origen japonés que no pueden figurar entre los objetos expuestos por otras naciones.(12)

揚奥は指令に従い、問題はようやく解決した。この事件は大事にはならなかったが、中国と日本の間には緊張関係が続いた。二国間に戦争が勃発するのは、この六年後のことである。同違法販売事件は二国間の関係を顕著に表した事件であったと言えよう。

（1）　この文章はリカル・ブル著『バルセロナにおけるジャポニスムの起源～一八〇〇年代（一八六八～一八八八年）の美術における日本の存在（Els orígens del Japonisme a Barcelona. La presencia del Japó a les arts del vuit-cents (1868-1888)）』（Institut d'Estudis Món Juïc より二〇一一年に出版）の5．5．3章（六三九～六五三頁）をまとめたもの。詳細は「万国博覧会における日本の参加」（同書四三九～七〇〇頁）を参照されたい。

（2）　アルビーノ・メンカリーニ（d'Albino Mencarini）の息子で元在中スペイン領事だったファン・メンカリーニはアジア大陸と台湾を旅行した際に、興味深く美術的価値の高い清時代（一六四四～一九一二）の作品を収集した。

（3）　Antonio García Llansó. "La Exposición Universal. *La sección china*", *La Ilustración. Revista hispano-americana*, num. 401, 8 de juliol de 1888, pp. 438-439.

（4）　Arxiu Municipal Contemporani de Barcelona, Exposició Universal, 42644, 21.

（5）　Monica Ginés, *El col·leccionisme entre Catalunya i Xina (1876-1895)*, Barcelona, Universitat de Barcelona, 2013.; Ricard Bru, "Col·leccionisme d'art oriental a Catalunya (1868-1936)", *Mercat d'art, col·leccionisme i museus. Estudis sobre el patrimoni artitsic a Catalunya als segles XIX-XX*, Memoria Atrium 17, 2014, pp. 51-86.

（6）　こうした背景からティブルシオ・ロドリゲスの講演および一八八三年の出版『中国と日本の比較（*Los contrastes entre China y el Japón*）』は特に興味深い。

（7）　Arxiu Municipal Contemporani de Barcelona, Exposició Universal, N.164, 42711, 23 de maig de 1888.

（8）　Arxiu Municipal Contemporani de Barcelona, Exposició Universal, N.164, 42711, 30 de maig de 1888.

（9）　*El Barcelonés*, núm. 2431, 9 de juny de 1888, p. 2.

（10）　Arxiu Municipal Contemporani de Barcelona. Exposició Universal, N.164, 42711, 16 de juny de 1888.

(11) Arxiu Municipal Contemporani de Barcelona, Exposició Universal, N.164, 42711, 23 de juny de 1888.

(12) Arxiu Municipal Contemporani de Barcelona, Exposició Universal, N.164, 42711, 5 de juliol de 1888.

コラム

画家・藤田嗣治の「著作権」興亡史をたどる

――没後五〇年に向けてのノート

林　洋子

はじめに

藤田嗣治（一八八六～一九六八）といえば、ある一定以上の世代はきまって著作権処理の難しさを口にされる。一方、二〇〇〇年以降の展示や出版の頻度に伴い、そうした前史を知らない若い編集者に出会うようになったのは近年のことである。二〇一八年に没後五〇年を迎えるこの画家について、以下、著作権問題の知見の範囲を書き留めておきたい。

二〇〇七年一二月に刊行された、針生一郎ほか編『戦争と美術　1937–1945』（国書刊行会）は作戦記録画を中心に戦時下の日本の美術を概観した待望の画集である。冒頭頁に以下の記載がある。

> 以下に掲げる図版は、委員会の合意によって選ばれた作品である。作家名、作品タイトル、展覧会初出年、サイズ、所蔵、作家名とタイトルの英訳をキャプションとして付した。配列はおおむね初出展覧会の編年順である。なお、本来はここに藤田嗣治の以下の7作品を収める予定であったが、著作権継承者の許可が得られなかったため掲載を断念し、作品解説のみをⅣ章に収めることとした。
> 《哈爾哈河畔之戦闘》《アッツ島玉砕》《ソロモン海域に於ける米兵の末路》《血戦ガダルカナル》《神兵の救出到る》《薫空挺隊敵陣に強行着陸奮戦す》《サイパン島同胞臣節を全うす》（傍線筆者）

当時、この記述に気づいた際、かなりショックを受けた記憶がある。年来、藤田の著作権処理は難しいことは美術経験者に共有知となっていたが、二〇〇〇年紀に入って、二〇〇二年に講談社より画集『藤田嗣治画集　素晴らしき乳白色』（藤田君代監修、尾崎正明・清水敏男編）が刊行され、かつ東京国立近代美術館、京都国立近代美術館ほかで生誕一二〇年を記念した大規模な回顧展「藤田嗣治展　パリを魅了した異邦人」（企画：尾崎正明、蔵屋美香ほか）が二〇〇六年に開催された直後でもあり、「雪解け」が進んでいたなか、なぜそのような残念な結果に至ったのか。

あらためて振り返ると、学生時代に、一九八八年から八九年にかけて東京都庭園美術館で開かれた「東京パリ友好都市提携記念　レオナール・フジタ展」（企画：清水敏男、四六点出品）を見た筆者は、その後、九〇年代に入って研究対象とするようになる。就職した東京都美術館（のち、東京都現代美術館）がフジタ工業社から藤田の大作《大地》（一九三四）の寄託を受けていたこともあって（現在はウッドワン美術館蔵）、藤田という美術家の扱いの難しさ、遺族との対応の難しさ、かつての著作権裁判などについて繰り返し聞かされた。思い返せば、九〇年代は日本の美術館が著作権処理に本格的に乗り出した黎明期だった。

九〇年代半ばから、学術誌に論文を投稿し始めるが、その時点から日本での藤田の著作権の窓口である美術著作権協会ＳＰＤＡ（Société pour la Protection des Droits Artistiques）を通じて権利処理申請をしたが、結局は断られもしないが許諾も出ず、時間切れで図版掲載を見送る状況が続いた。「著作権継承者」＝一九三〇年代半ばから生活を共にし、その最期を看取った藤田君代氏（一九一〇～二〇〇九）に直接接触するようになったのは、二〇〇〇年夏にパリ日本館絵画修復事業を行う際だっただろうか[1]。資金確保のため日仏、官民で募金活動をする際に、なんとしても作品イメージの活用が必須であり、著作権者との直接交渉をしようと実行委員会で決断したのである。戦後、夫とともに離日、渡仏し、一九五五年にフランス国籍を得て日本国籍を放棄し、五九年にはカトリックの洗礼を受けて「マリー＝アンジュ」の名を受けていた君代夫人は、当時、フランス人として外国人登録して東京に住んでいた。最終的には、修復事業にかかわる著作権料は無償となり、無事に事業を遂行できた。

その過程で理解したのは、ＳＰＤＡはパリにある著作権事務所との仲介窓口でありながら、結果的には九〇年代以降、東京に在住する藤田君代氏との交渉に実質的に関与、貢献していたことである。二一世紀に入ってからテレビドキュメンタリーの放映や出版、そして回顧展が続いたが、その背景には岡田幸彦氏が代表を務める美術著作権協会の真摯な尽力があったことを銘記しておきたい。

だからこそ、冒頭の件は正直なところ、意外であった。二〇〇〇年前後から、複数の作家が掲載される展覧会カタログや書籍は自動的に許可が出るよう基本的になっており、著作権者がこだわっているのは「モノグラフ」と「戦争画」の扱い、作品イメージ利用の際のトリミングや切抜き、文字のせ（図版の上に文字を重ねてのせること）と聞いていた。とはいえ、戦争画についても、すでに『芸術新潮』一九九五年八月号の特集「カンヴァスが証す画家たちの戦争」では四点のカラー図版が掲載されていたのである。編集部が君代夫人への書面によるインタビューとともに掲載するという交渉を重ねた成果といえる。さらに、椹木野衣『日本・現代・美術』（一九九八、新潮社）の口絵に、《アッツ島玉砕》がぽんとカラー掲載されていたのはまことに印象的だった。戦争美術の特集ということで著作権者が留保するのは明らかでも、交渉の扉は開きつつあったのである。

なぜ、このような思いを書くかといえば、筆者自身が最初の藤田研究書を出すため、ほぼ同時期に著作権者と交渉をしていたからである。二〇〇六年初頭に博士論文を提出後、出版先を探したが、書き手としての寄る辺のなさと、かつ藤田という素材もあって、引き受ける出版社に出会うのに時間を要した。複数の社から著作権の許諾が確実なら出版するという返事をもらい、とはいえ、出版社が決まらなければ申請すら至らないという現実に、絶望的な思いで半年ほどを過ごした。最終的には名古屋大学出版会が引き受けてくださり、また美術著作権協会の真摯な支援を得て、夫人の許諾に至り、二〇〇八年五月に『藤田嗣治　作品をひらく』として出版の日を迎えた。結果的には表紙と口絵の著作権料を支払い、本文モノクロ図版は引用の範囲で処理できた。むしろ、引用と解釈し得る図版に絞って掲載したというべきだろう。本文の記述と明確にリンクするもの。それでも一〇〇点以上掲載できたことは、あの時点で画期的だったと自負している。

ただ、当書はあくまで博士論文から展開した学術書であり、判型もA5判にすぎず、鑑賞主体の画集での戦争画七点まとめての図版掲載は二〇〇七年一二月の時点ではかなわなかったと理解できる。やはり、「戦争画」のコンテクストでは君代夫人は許諾しがたかったのか。が、その実際は確認できずに終わってしまった。二〇〇九年四月に彼女が百歳を目前にして亡くなったのである。彼女が継承していた藤田の著作権は遺言により、パリにある、歴史ある孤児院Fondation d'Auteuilに寄贈され、そこがあらたに、二〇一一年に子どもたちの芸術活動を支援する財団Fondation Foujitaを設立し、著作権管理にあたることになる。余談ながら、二〇一五年に公開された小栗康平監督による映画『Foujita』に関しては、著作権の許諾を君代夫人の生前に受けている。彼女の遺品――作品・資料類は一部が公的機関に寄贈、売却され、一部が夫人の親族（堀内家）に相続された。

この、夫人から財団への過渡期的な時期に、筆者はあらたなこの画家の作品集の準備に関わっていた。小学館の企画である。二〇一四年二月に刊行された『藤田嗣治画集』三巻本となり、二〇〇点を超える作品を選んだ。その「異郷」の巻で現存する「作戦記録画」一四点の全点掲載がはじめて実現することになる。実のところ、小学館と筆者が藤田の画集を刊行する企画は一〇年来の課題だった。一度、断念した苦い思い出があった。二〇〇〇年代の早い時期に、同社は「西洋絵画の巨匠」と題した画集シリーズを企画し、そこに藤田を含める計画だったのだ。従来、日本の近代作家に分類されがちの藤田が、レオナルド・ダ・ヴィンチ、ベルト・モリゾ、アンディ・ウォーホルらとともに「西洋絵画の巨匠」のラインナップに加えられるのは画期的と思えた。だが、図版選択と構成まで考えたプランは、最終的に著作権者の許諾を得ることが出来なかった。当時、伝えられた理由は、「講談社の画集が出たばかりで、他所からすぐに別のものを出す必要はない」、「小学館とはかつて係争があった」。「小学館との係争」については、本稿の後半で述べる。

二〇一四年版の小学館画集は、直接的な遺族がいなくなったのちの最初の本格的な出版物となったといえる。その後、『別冊太陽　画家と戦争』二二〇号（河田明久編、平凡社、二〇一四年）が続いた。そして、二〇一五年秋には東京国立近代美術館がコレクション・ギャラリーで「作戦記録画」一四点を含む、所蔵する藤田の全作品二九点の展示を行い、あわせてカタログも発行することになる(2)。おそらく今後も、一五〇号級の大作ぞろいの藤田の作戦記録画一四点が一堂に会することはもうないのではないだろうか。この画家の回顧展であっても、戦争画をテーマとした展覧会でも、やはり絞り込み＝キュレイションが伴うはずだからである。いずれにせよ、藤田の戦争画という「タブー」は東近美の英断によって、戦後七〇年の年にひとつの決着をみたといっていいだろう。

以下、そこに至るまで、東京都庭園美術館展以前の一九六〇～八〇年代を編年的に整理してみる。

藤田に限らず、作家当人が存命している間は著作権の問題が生じることは限られる。没後に遺族なり第三者が権利を継承する段階から、ズレが始まる。藤田の場合、それ以前に、一九四九年に離日して以来亡くなるまでの約二〇年間にわたるフランスでの「二重亡命」のような状態があったため、なおさらトラブルの種が根を拡げていたともいえるが、それでも五〇年代の美術全集出版ブームのなかでは順当に取り上げられていた（『現代世界美術全集』〔河出書房、一九五四〕、『現代日本美術全集』〔角川書店、一九五四〕、『日本近代絵画全集』〔講談社、一九六四〕ほか）。

一九六八年一月に藤田が亡くなった後、同年秋から大規模な追悼展を企画したのは、戦前から関わりの深い朝日新聞社だった。会場は東京セントラル美術館と京都市美術館で、油彩画を中心に一二二点が展示され、カタログも作成された[3]。日本国内だけでなく、フランスやアメリカからも借用しており、初期から晩年まで現時点から見ても労作展といえる。この展覧会に、夫人が真作ではない作品が含まれていると指摘したのである。戦時下の作品を欠いていたのは、当時は藤田に限らずアメリカに接収されていたからで、「無期限貸与」として日本に戻り、東京国立近代美術館に収蔵されるのは一九七〇年となる。「不在」の戦争画については、一九六七年にノーベル書房が出した『太平洋戦争名画集』、翌年の清風書房による『大東亜戦争絵画美術集』が関係者に波紋を投げかけていた[4]。

この時期から、長いトンネルが始まる。

一　一九七〇年代――複製物でのゆらぎ

一九七五年に兵庫県立近代美術館（一九七〇年開館、現在の兵庫県立美術館の前身）が「フジタの時代」展を開催した。没後、公立美術館が企画した最初の藤田展となる。ここでは油彩画二八点を含め全六五点が展示されたが、ポスター等でも作品イメージは使わず、カタログも刊行されなかった[5]。著作権者との交渉の結果、回避されたのである。一方、この時期、戦前から藤田本人と縁の深かった日動画廊は、一九七八年、藤田夫人の監修で『藤田嗣治画集　1949-1968』を出版する。大判のたいへん豪華な作品集で、フランス国立近代美術館のベルナール・ドリヴァルによるテキスト「藤田嗣治――日本とフランスの接点」も掲載され（高階秀爾訳）、戦後の作品を研究する上では現在でも必須の文献となっている。夫人を出版の主体にたてて実現するという解決法の始まりである。

二　一九八〇年
——パリと東京での展覧会の中止

東京国立近代美術館の機関誌『現代の眼』三〇七号（一九八〇年）の最終ページに短い記事、むしろ「お知らせ」と言うべきだろうが、ある。

◇「藤田嗣治展」の延期と「ポンピドゥ・センター所蔵作品展」開催のお知らせ

昭和55年度特別展として、8月19日から10月5日まで開催を予定していた「藤田嗣治展」は都合により延期することとなりました。

かわって同時期に「ポンピドゥ・センター所蔵美術作品展」を開催します。なお、詳細については8月号でお知らせします。

この文面だけではよくわからないが、要するに当時、藤田の回顧展がポンピドゥ・センターと東京国立近代美術館の二館で予定されていた。しかし、かなり直前になった段階で、展覧会は著作権者側からの要請により「延期」され、穴を埋めるべく、ポンピドゥのコレクション展が開催される。「延期」された展覧会がその後開かれることはなく、東近美における藤田の回顧展はすでに触れた二〇〇六年、生誕一二〇周年記念展となり、ポンピドゥは多数の作品を持ちながらも藤田展をしたことはこれまでない。実現していれば、一九七七年開館直後のポンピドゥ・センターと日本の美術館の最初のコラボレーションとなって画期的だったはずで、惜しまれる（日仏の協働展としては一九八六年にポンピドゥで開催された「前衛の日本」展が最初となる）。

ここから著作権関連の裁判の判例が続く。本件については、久留米大学名誉教授で著作権問題研究家の大家重夫氏の研究をおもに参照することとする。日本が一八九九年に文学と美術の著作物の保護に関する国際的な「ベルヌ条約」に加盟する際、著作権法が制定される。現在の著作権法は一九七〇年にこの旧法を全面改正して制定されたもので、藤田関係はこの新法下での係争となる。

三　一九八四～八五年
——日本における出版物（書籍）への裁判

小学館は一九七〇年代末に刊行した美術全集『原色現代日本の美術』の第七巻「近代洋画の展開」（一九七九）で藤田作品の図版掲載を行った。藤田夫人と著作権交渉をしたものの、進展がみられず、苦肉の策で、掲載論文の引用図版として計一二点を載せた結果、係争に発展したのである。

一二点は以下の通り。第三章「モンパルナスの日本人」にカラー八点：《室内》（一九四三年頃、ブリヂストン美術館蔵）、《アコーデオンのある静物》（一九二二、フランス国立近代美術館蔵）、《巴里風景》（一九一八、ブリヂストン美術館蔵）、《五人の裸婦》（一九二三、東京国立近代美術館蔵）、《舞踏会の前》（一九二五、大原美術館蔵）、《猫のいる静物》（一九三九〜四〇）、《ドルドーニュの家》（一九四〇）、《私の夢》（一九四七、長岡現代美術館蔵〔現在は新潟県立近代美術館蔵〕）。第五章「帝国美術院改組の波紋」にモノクロ一点：《猫》（一九四〇、東京国立近代美術館蔵）。第六章「戦争記録画」にモノクロ三点：《血戦ガダルカナル》（一九四四）、《十二月八日の真珠湾》（一九四二）、《シンガポール最後の日》（一九四二）。

出版社小学館は、『原色現代日本の美術』全一八巻の刊行を企画した。その第7巻にレオナール・ツグハル・フジタ（藤田嗣治）の絵画を「鑑賞図版」として書籍に掲載しようとした。小学館の担当者は、二年間にわたり、著作権継承者藤田君代の許諾を求めたが、許諾は得られなかった。小学館は、そこで、美術史家富山秀男の論文「近代洋画の展開」を掲載し、その「補足図版」としてフジタの絵画を掲載すれば、著作権法第32条第一項の「引用」により許されると考え、藤田の絵画の掲載を強行した。

フランス国エッソンネ（ヌ）県ヴィリエー・ル・バークル在住のフランス人藤田君代は、（1）フジタの絵画（本件絵画）の複製禁止及び本件絵画の複製物を掲載した書籍（本件書籍）の頒布の禁止。（2）本件絵画を撮影したフィルム及び本件絵画の印刷用原稿並びに本件書籍の破棄。（3）別紙記載の謝罪状を作成し、被告代表者指名下に捺印の上、原告に交付せよ。（4）被告は、原告に対し、1000万円の損害賠償を支払うよう求め訴えた。

被告小学館は、（1）著作権法32条の引用である。（2）英米法の「フェアディーリング」「フェアユース」の法理に基づく「公正使用」として違法である。（3）原告の行為は、文化的所産である著作物を私物化するもので、著作権法に基づき差止め、損害賠償等の請求をすることは、権利の濫用であると主張した[6]。

（傍線筆者）

東京地裁は一九八四年八月に判決を出す。「本件書籍における図版は、鑑賞図版であると補足図版であるとを問わず、富山論文とはいわば不即不離の関係に立ちつつ、それぞれ独立して存在する意義を有する」、「補足図版のみを富山論文に従たる関係にあるとはみることはできない」とし、富山論文と本件絵画は「両者は対等である」「引用に該当すると認めることはできない」とした。小学館の著作権侵害との判断で、原告の要望（1）（2）を認め、（3）は失当、（4）は二一六万円とした。

この地裁の判決を不服とした小学館側が控訴するが、翌一九八五年一〇月、東京高裁は被告の主張を認めず、原告の請求をほぼ認容して「本件絵画の複製物の掲載は、著作権法第32条第一項の規定する用件を具備する引用とは認めることができない」との判断を示し、複製頒布の差し止め、掲載部分の破棄を認め、一三八万円（うち慰謝料八〇万円）の損害賠償を命じ、結審したのである。

現時点から見ると、この全集は「原色」を書名に掲げているだけあって、当時の最先端の印刷技術を投じた高画質であった。判型もスタンダードな全集サイズで、掲載図版のサイズも大きい。だからこそ、出版社が「二年間にわたり」交渉した末の決断は察するに余りあるが、やはり一二点のうちの八点のカラー図版は「補足図版」のレベルを踏み越えていると受け取られた。地裁と高裁を経て、結論が出たのは出版から五年以上が経過していた。すでに書籍は相当数販売済みで、今日、公共図書館で閲覧可能で、古書市場でも入手が難しくはない。実際に掲載箇所が破棄されているものを見たこともない。

藤田夫人が二〇〇〇年を過ぎても小学館と聞いて想起したのは、この一連の裁判だったのだろう。

四　一九八七年
――著作権法第47条への問いかけ

小学館裁判の結審から一年後に、一九八六年の「生誕百年記念　レオナール・フジタ展」（小田急グランドギャラリー、東京）を迎える。一一三点の出品で、監修者としてベルナール・ド・モンゴルフィエ（パリ市立美術総局代表委員、カルナヴァレ美術館長）、編集協力で島田紀夫氏と千足伸行氏の名前がある。戦時下の作品はなくとも、初期から晩年まで、しかも三〇年代の中南米や中国での作品も加えた、充実したラインナップである。そのカタログが問題化した。すべてはカラーで掲載されており、確かに一九六八年の回顧展カタログのモノクロ主体と比べ、鑑賞性がかなり高い。ただ、それは印刷技術の進展の反映であって、当時の日本の美術館界のカタログの質から突出していたとも思えない。そこにフランス在住の藤田夫人による、日本の著作権法第47条への問いかけがきたのである。

美術の著作物又は写真の著作物の原作品により、第25条〔画家、写真家が公に展示する権利をもつ——引用者注〕に規定する権利を害することなく、これらの著作物を公に展示する者は、観覧者のためにこれらの著作物の解説または紹介を目的とする小冊子にこれらの著作物を掲載することができる。

興味深いことに、この「小冊子」の規定は国際的なベルヌ条約や日本の旧著作権法にもこれに相当する条文はないという。「昭和37年から41年にかけて、新著作権法を審議した著作権制度審議会の委員に日本美術家連盟の理事長益田義信氏（のち田中忠雄氏）、同連盟事務局長和田新氏が入っていたから、これらの方々の意見が反映したと推測する」[7]。つまり、戦後の日本固有の規定であり、これを根拠に一九七〇年代から八〇年代にかけて国内で数を増やした美術館は展覧会のカタログについて著作権者の許諾を取らない、著作権料を支払わない事例が多かったのである[8]。

藤田君代氏は、藤田の著作権者としてこの展覧会を企画しカタログを製作販売したアート・ライフ社を訴えた。同社はカタログを二万部印刷し、会場にて一九〇〇円で販売していた。原告は、このカタログは「小冊子」にはあたらず、著作権侵害であり、カタログの頒布の差し止め、廃棄、損害賠償等を求めた。被告側は、各種展覧会で販売されている他社のカタログと質的にかわるものではなく、社会常識的に「小冊子」と認められる範囲内であると主張した。一方、原告側は、このカタログは市販の画集のレベルであり、「小冊子」には該当しないと真っ向から対立した。

東京地裁は、一九八九年一〇月に、「小冊子とは、観覧者のために著作物の解説または紹介をすることを目的とする小型のカタログ、目録または図録といったものを意味し、たとえ観覧者のためであっても、実質的にみて鑑賞用の豪華本や画集といえるようなものは、これ含まれない」とし、このカタログを「観覧用の書籍として市場において取引される価値を有する」書籍で、実質的に画集と認め、損害賠償額は減額したが、ほぼ原告の請求を容認した。この判例によって、日本の美術館において、カタログに掲載する作品について著作権処理をする意識が広まる契機となったとの指摘がある[9]。印刷技術の進展もあって、一九七〇年の新著作権法制定段階で想定されていたモノクロの中綴じのパンフレット的なものから、カラー図版を多数含んだ背綴りのあるカタログが一般化していた段階だからこそ、あらためて「小冊子」のあり方を問い直す裁判だったともいえる。その口火を切ったのが、フランスでの美術出版事情を知る藤田夫人であったことは象徴的だろう。筆者が美術館に奉職したのは九〇年代初頭であり、冒頭で述べた状況（美術館における著作権意識の黎明期）は現場感覚ながら、合致していたといえる。

ただ、「頒布の差し止め、破棄」を命じられても、本カタログ自体はすでに展覧会期中に相当数販売済みで、今日でも容易に美術関係の図書室で閲覧可能であり、古書市場でも流通している。

五　一九八七年
——フランスでの裁判からの拡大

一方、一九八七年にシルヴィー&ドミニック・ビュイッソンがパリで刊行した画集 *La Vie et l'oeuvre de Léonard Tsuguharu Foujita*（Paris, ACR Edition）について、著作権者はフランスの裁判所に提訴していた[10]。さらに、その日本への輸入を試みた日本美術出版に対し、「贋作が入っている、画質が悪い等の理由で、輸入販売の禁止を求めた[11]」のである（東京地裁、昭和六二年一一月二七日）。この書籍はカラーの鑑賞図版パートとカタログ・レゾネ的なモノクロ図版パートがあり、確かに画質や真贋の問題をはらんでいた。東京地裁は「その書籍を輸入し、販売してはならない、との決定を下した[12]」が、すでにかなりの部数が販売され、個人が取り寄せたり、手持ちで持ち帰るなどして、関係者に行き渡っていた。学生だった筆者も、東京都美術館の美術図書室で閲覧したものだ。いまのように国際的なインターネット書店はなくとも、「洋書」、とくに学術書の流通は八〇年代でもそれなりに整っていた。長期化した裁判は結局、ビュイッソン側の勝訴となり、その後、彼女は二〇〇一年以降複数の藤田画集をフランスで刊行していくことになる。

こうして見ると、いかに一九八〇年代に係争が集中していたかがわかる。この時期、藤田夫人は生活の拠点をパリに置き、頻繁に来日していたが、日本での訴訟手続きは特定の弁護士に委託していたようである。まだ八〇年代の「係争」の関係者が存命のうちに、あらためてオーラル・ヒストリーの収集が必要だろう。

現代美術資料センターの笹木繁男氏が年来収集した藤田に関する資料に基づく出版を準備しておられ、そのなかで係争関係の文献のとりまとめも期待される。

編年的にたどってみると、一九八八年の庭園美術館での藤田展開催にこぎつけられた関係者にあらためて頭が下がる。この展覧会の時点ではパリ時代の藤田が中心であり、作戦記録画を含む一九三〇～四〇年代の作品を含まなかったことは仕方がない。この展覧会ののち、九〇年代初頭に藤田夫人は生活の拠点を東京に移す。庭園美術館展段階では夫人所蔵だった、とくに戦後の宗教画をパリ市立近代美術館に、かつヴィリエ＝ル＝バクルの旧宅を地元のエソンヌ県に寄贈するのもこの時点である。この家はその後、改修工事を経て、二〇〇〇年夏に「メゾン・アトリエ・フジタ」として一般公開される。ここは学芸員アンヌ・ル・ディベルデルの指揮のもと、世界で唯一の藤田名を関した施設として、研究上も人的にもネットワークの拠点となっていく。一方、藤田が最晩年に建築・装飾した礼拝堂を擁する北フランスの街ランスもまた、市立美術館を中心に藤田コレクションを形成し、夫人の死後に大量に作品を寄贈される。二〇一〇年には展覧会も開催している[13]。日本でも、二〇〇六年に没後初の本格的な回顧展を開いた東京国立近代美術館にはさらに夫人から旧蔵作品と書籍類（藤田が装幀や挿絵を手がけたもの中心）が、母校・東京美術学校の後身である東京藝術大学には日記や手紙、写真等の資料が寄贈され、ポーラ美術館は作品を相当数購入した。藤田夫人の逝去によって心配された作品や資料の散逸は関係者の努力により避けられ、ほぼ日本とフランスの公的機関に納まり、整理公開が進みつつある[14]。

ここまで述べたように、藤田の著作権は遺族から財団へと管理主体がかわった結果、かつて遺族が持っていた「著作人格権」的なものへのこだわりが軽減している。藤田夫人は権利使用料を取ることより、藤田の生前の意向やイメージを守ることを優先して、許諾を出さないことがしばしばだった。財団に移ってからは、「著作人格権」を尊重しつつ、財団の活動資金を確保すべく、事務的に許可を出す方針のようである。その反映か、近年、展覧会が重なりすぎていることも否めない。

二〇一六年には、画家の生誕一三〇年を記念した回顧展が名古屋市美術館を基点に始まった（兵庫県立美術館、府中市美術館に巡回）。ランス市美術館の収蔵品が核となっていたが、さらに熊本県立美術館がランス市美術館展を開催し、そこでも藤田作品が展示される。一方、川村記念美術館ほかがエソンヌ県のコレクションを中心に藤田展を開いた[15]。これまでフランスでの藤田展はランスやエソンスなど、パリ以外に終始していたが、さらに、二〇一八年にこの画家は没後五〇年を迎え、東京と京都で大規模な、総合的な回顧展の準備も進行中で、筆者も関わっている。パリ市立近代美術館との共同企画も進んでいる。

「戦争画」「著作権関係の係争」と言うネガティヴな要素を長年抱え、研究が立ち遅れてきたこの画家だが、没後半世紀を経て、なんとか作品本位で検証される環境が整ってきた。そして、いずれ遠からず、著作権が切れるときがやってくる。今後の課題は、この画家を日本のコンテクストに囲い込みすぎず、かつ消費しつくさず、二〇世紀の国際的なアートシーンにおける、アジア系、非白人美術家の活動の先駆けとしての読み直しだろう。以前、筆者は藤田を「旅する画家」と形容したが、船便でのハード・トラベラーは日本とフランス、欧州以外にも、中南米、北米、アジア諸国を訪れて、現地社会や美術界になんらかの足跡を残している[16]。現地の研究者や作家からの問い合わせも増え、「ゲートウェイ」としての藤田の役割は大きい。

（1）　本事業については、以下を参照されたい。木島隆康・林洋子編『藤田嗣治の絵画技法に迫る：修復現場からの報告』（東京藝術大学出版会、二〇一一年）。
（2）　「MOMATコレクション　特集：藤田嗣治、全所蔵作品展示。」二〇一五年九月一九日〜一二月一三日。
（3）　カタログには「編集・発行＝朝日新聞社企画総務　牧田茂」とあるが、展覧会企画者の名は明記されていない。協力者としてパリ国立近代美術館館長のベルナール・ドリヴァル、山田智三郎、今泉篤男、河北倫明、嘉門安雄、柳亮ほかの名があがっている。本展の京都市美術館での担当者は、若き日の原田平作先生（大阪大学名誉教授）であったという。原田先生の京都市美における在職期間は一九六二〜一九八七年。
（4）　二画集ともに著作権者への許諾なしに刊行されたようである。掲載作品自体はアメリカにあったため、これらの図版はどのように調達されたのだろうか。
（5）　同美術館の年報（昭和四十九年度）に展示作品等の情報の掲載あり。
（6）　藤田君代対小学館事件（東京地裁昭和五九年八月三一日判決判時一一二七号一三八頁著判集四巻四四二頁）、大家重夫「美術関係判例集」（福王寺一彦、大家重夫『美術作家の著作権　その現状と展望』里文出版、二〇一四年）二一九頁。

（7）大家重夫「美術作家と法律」前掲注（6）『美術作家の著作権　その現状と展望』一一七頁。
（8）大家重夫「美術関係判例集」前掲注（6）『美術作家の著作権　その現状と展望』二三二頁。
（9）美術著作権協会代表の岡田幸彦氏による指摘（大家前掲注（7）一一八頁、大家前掲注（8）二三二頁）。
（10）詳しくは、大家重夫「藤田君代夫人と著作権」（『マーチャンダイジングライツレポート』二〇一〇年二月号四七頁、同三月号六二頁、同四月号五六頁）。生前の藤田夫人の手元には裁判関連の書類が多数残されていた。これらが、東京藝大に寄贈された資料に含まれているのか、確認できていない。
（11）大家前掲注（8）二三七頁。
（12）同右、二三八頁。
（13）*Foujita monumental! Enfer et pradis*, Paris, Edition Hazan; Reims, Musée des beaux-arts, 2010.
（14）近年の展覧会歴。「藤田嗣治と愛書都市パリ展」（北海道立近代美術館ほか、二〇一二年）、「藤田嗣治　本のしごと」展（千代田区立日比谷図書館、二〇一三年）、「レオナール・フジタ展　ポーラ・コレクションを中心に」（東急文化村ほか、二〇一三年）、「藤田嗣治資料」公開展示（東京藝術大学美術館、二〇一五年）など。
（15）パリでも、二〇一六年夏、没後初めての藤田展が開かれる予定であったが（エコール・ド・パリを対象とするMusée Mendjisky）、直前になって中止となった。
（16）「小沢剛　帰って来たペインターF」（資生堂ギャラリー、東京、二〇一五年）。インドネシアの歴史家アンタリクサ氏は、この展覧会カタログにテキスト「文化を分かち合った二つの国　啓民文化研究所、そのインドネシア芸術に果たした役割（一九四三～四五）」を寄稿し、日本軍のインドネシア占領期間にあった「啓民文化研究指導所」と日本人美術家の関わりを示唆している。現時点で藤田との直接的な接点は確認できていない。

コラム

機略に満ち溢れたインフォーマル経済
——タンザニアの模造品交易を事例に

小川　さやか

一　海賊とインフォーマル経済

現代の海賊とは、どのような人々だろうか。ロドルフ・デュランとジャン＝フィリップ・ベルニュは、ジル・ドゥルーズとフェリックス・ガタリの議論を多用しながら海賊とは国家権力が規格化を進めている途中の新天地——グレーゾーンに組織的な力をもって侵入する人びとであるとし、現代の海賊とはカラシニコフを手にしたソマリ海賊などよりも、サイバー・ハッカーや、ゲノム、遺伝子などの生命科学の領野で暗躍するバイオ・パイレーツのほうがふさわしいという(1)。

海賊は、もう少しありふれた世界にもいる。たとえば、わたしが二〇〇〇年から現在まで調査を続けているタンザニアの零細商人は、自分と仲間たちを「ワセーラ」と呼ぶ。ワセーラとは、英語の sailor に由来するスラングで、「都市の荒波を自分の裁量で舵取りしながら、漂流している」といったニュアンスが込められている。タンザニアでは、地方から都市への出稼ぎの増加により急速な都市膨張が進展しているが、大半の出稼ぎ民は正規の雇用機会を得ることができない。二〇〇六年の労働力調査によると、都市人口のおよそ七割（六六％）が第一の収入源として、零細商売や日雇い労働をはじめとする、「インフォーマルセクター」に従事していると回答した。インフォーマル経済従事者の日々の営みとは、何よりまず食い扶持となる現金稼得源を見つけることにある。ただ、十分な稼ぎが得られる仕事は少なく、多くの人々は仕事を見つけても、少しでも実入りの良い仕事を探しつづける。このように都市世界において仕事を探し求めて、一つの職場から別の職場へと渡りあるいていく暮らしのことを人びとは「ミセーレ」（航海）と呼び、ミセーレを続けながら生きている自分たちを「航海者」と表現するのである。

たしかに彼らは船乗りだ。大きな資本も特別な技能や知識もない零細商人が、都市を航海するために必要なものは、スワヒリ語で賢さ、ずる賢さを意味する「ウジャンジャ（ujanja）」[2]だ。ウジャンジャは、古代ギリシア哲学に登場するメティス（狡知／狡智と訳される）と類似した策略的な実践知である。メティスとは「知性と思考の一つの形態、一つの認識様式である。それは複雑ではあるが、きわめて首尾一貫した、心的態度と知的行為の総体である——勘、分別、予見、柔軟さ、みせかけ、抜け目なさ、注意深い態度（中略）を結合する。メティスは、正確な測定、緻密な計算、厳密な推論ではとうてい歯が立たないうつろいやすく、可動的で、人を面食らわせるような、あいまいな現実に応用されるもの」[3]であり、変転する状況を近似的な推測をもとに切り抜けていく「舵取り術」である。[4]

ウジャンジャはスワヒリ語の概念だが、似た概念はあらゆる地域のインフォーマル経済にみられる。たとえば、ロバート・ニューワースは、インフォーマル経済という「見えない」巨大な経済圏を、「システムD」と名づけた。

「システムDは、アフリカやカリブ海のフランス語圏の言葉からひねり出された俗語だ。とりわけ要領がよくて、やる気に満ちた人々のことをフランス人は「デブルイヤール」と呼ぶ（中略）要するに「機転の経済」という意味で、即興性と自立心と、自分で何でもやることが特徴の「ドゥ・イット・ユアセルフ（DIY）経済」だ。これをストリートの用語ではもう少しおしゃれに「システムD」という（中略）それは知力と活力と、自己組織化と集団としての団結力との賜物であり、成文化されてはいないが長年守られてきたルールに従っているのだ。つまり、ある意味では確かに「システム」と呼べるのだ」[5]。

このデブルイヤール／デブルイヤールドたちの機略に満ちたやり方を、デブルイヤージュ（débrouillage）という。小川了は、セネガルの都市インフォーマルセクターがその時々の難局を切り抜ける戦術を説明するために、ブリコラージュ（bricolage）と対比しながら、デブルイヤージュを説明した。ブリコラージュは、レヴィ＝ストロースが『野生の思考』（一九七六）で提示して以降、広く使用されるようになった概念で、一般的には首尾一貫した理論や設計図に基づいて物をつくる「エンジニアリング」（技師）の思考と対比して、ありあわせの材料を用いて臨機応変に物事を成し遂げる「器用仕事」、あるいは全体を見通したうえでなされる戦略と対比して近似的な推測に基づいてやりくりする「戦術」であるとされる[6]。ブリコラージュとデブルイヤージュとの違いは、デブルイヤージュでは、物事の解決を迎えるわけではないことにある。とりあえずその場だけをしのげばそれでよい。先に生じるかもしれない新たな困難になど構っていられない。あるいは遠い先の事態に構わずに、「自身がよって立つ立場さえも臨機応変に変えつつ」「切り抜けに切り抜けを重ねて」[7]生きていく戦術がデブルイヤージュである。例を挙げれば、ある窮地を解決するために「その場しのぎ」の嘘をつき、それが「ばれた」という窮地にまた嘘を重ねるといったことだ。デブルイヤージュは、「ブリコラージュで含意される積極性、建設性には欠けるかもしれないが、その場を切り抜けることにかけては断然の強みを発揮」[8]する。

ウジャンジャは、このデブルイヤージュで難局を切り抜ける際に発揮される「ずる賢さ／賢さ」である。本稿は、この賢さ／ずる賢さに注目して、近年、盛んに議論されるようになった中国とアフリカ諸国との模造品交易「海賊行為」を、「コピー携帯」の交易を事例に検討する。

二　下からのグローバル化／非覇権的な世界システム

二〇〇〇年に入り、中国を起点とする草の根のインフォーマル交易が勃興した。アフリカやアジア、ラテンアメリカなど世界各地から中国に押し寄せた商人の一群は、知的財産権に関する法や商法、入管法などに抵触しながら、コピー商品や模造品をふくむ中国製品を仕入れ、母国へと輸送している。これら中国を目指す商人の中には、億単位の資金を転がす大商人もいるが、大半は数十万から数百万の資金しか持たない零細商人である。しかし、個々の商人の経営規模は零細でも、膨大な数の人々が参入するこの交易の規模は巨大である。

この草の根のインフォーマル交易に着目する研究者は、かつて偽装失業層の生存戦略として「取るに足らない」とみなしてきたインフォーマル経済は、政治経済的な変容――中国経済の自由化や規制緩和、リベラル・デモクラシーの成長、世界における貧困や経済格差の深刻化、情報技術やコミュニケーション技術の発展など――に伴って勢力を拡大し、いまや主流派経済にとって無視できない経済になったとみる。また研究者たちは、各国の経済統計においてフォーマル経済の残余として定義される「インフォーマル経済」という用語では、グローバルに展開するこの交易のダイナミズムを十分に説明できないとして、新しい用語を提案する。

たとえば、ゴードン・マシューズとグスタヴォ・リベイロ、カルロス・ヴェガが編集した論集は、このトランスナショナルな交易を「下からのグローバル化」や「非覇権的な世界システム」と呼び、先進諸国の企業や多国籍企業が先導する主流派のグローバル経済と対比しながら、この交易の勃興がいかなる新しい経済秩序を形成しつつあるかを論じたものである(9)。論集の寄稿者たちは、この経済に従事する人々の特徴とそれによる経済秩序を次のように考えている。

この経済の推進者は資本主義経済を嫌っていない。この経済にはラディカルな革命家や反グローバル運動家はいない。それどころか、国家や企業によるあらゆる規制を回避し、騙しや詐欺もふくめた自由な市場取引を好んでいる彼らは、「より徹底的に新自由主義化」した経済秩序を形成しつつある。しかし、この経済はより「人間的」な新自由主義の論理で動いており、主流派の経済システムに抵抗するよりも、それが生み出している問題や不公正を解決する場となっている。たとえば、このトランスナショナルなインフォーマル交易の主力商品である廉価なコピー商品や模造品は、ブランド企業の知的財産権を脅かしているかもしれないが、他方で、それまで活躍の場がなかったアマチュアやオタクと呼ばれる人々の創造性や社会ネットワークの力を解放する場ともなっている。またこれらのコピー商品や模造品がなければ、グローバルな流行や技術にアクセスできなかった発展途上国の貧困層の物質的な基盤、豊かさを、部分的にではあれ実現している。そのため、この経済は主流派経済に向けられるべき不満を自力で解消し、逆説的にも、主流派経済を存続させる役割を担っているのだ。

この「新自由主義」は、おそらくアナキズムの広範な議論のどこかに位置する。だが、上述の研究者たちがおなじ新自由主義に胚胎しつつ、下からのグローバル化を「より人間的な新自由主義」として部分的にも擁護する根拠は、意外とシンプルなものだ。それは従来のインフォーマルセクター研究でもよく議論されてきた、「法的な違法性（illegal）」と「道義的な違法性

（illicit）／合法性（licit）」との関係である。たとえば、アフリカ諸国で増殖した路上商人は、税金や営業許可料を支払わず、条例や道路交通法に違反しながら営業しているという意味で「不法労働者」である。しかし、当事者や彼らから商品を購入する消費者は、路上商人とドラッグの密売人を同じ犯罪者だとはみなさない。路上商人は税金や営業許可料を支払うことが困難で、消費者の手の届く価格で商品を販売し日銭を稼いでいるだけの貧しい労働者にすぎないという理由で、社会的には認められている職業である。

上述した研究者たちは、このようなインフォーマル経済の二種類の違法性／合法性との関係を、コピー商品や模造品のグローバルな交易に拡大した。そして、これらの研究者たちは知的財産権や商法をはじめ、ごく一部の富裕な人口に利するグローバル経済のルールを、「下からのグローバル化」に徹底させることを暗黙的に批判する。なぜなら、インフォーマル経済の住人が「法においては違法だが、社会的には許される」領域を認めることこそが、主流派のグローバル経済の存続の要となると仮定しているからである。

しかしながら、ある種の社会的な道義性をあたかも自然に存在しているかのように強調する論調を推し進めると、詐欺や騙しが横行する「海賊的な自由さ」をはらんだこの市場のダイナミズムから乖離していくようにも思われる。「下からのグローバル化」論は、「上からのグローバル化」あるいは主流派のグローバル経済との関係に関心があるため、道義的な合法性も、国家や国際的な規格化に対する抵抗、周縁諸国の住民の生活向上といった正当化の言説に回収する傾向がある。だが、海賊行為に従事する人々にとって、国家の法や国際的な規制はそれほど重要なことなのだろうか。この経済の活力、原動力はもっと別のところにあるのではないか。その原動力として本稿が着目するのが、上述したウジャンジャと道義性との関係である。

三　コピー携帯の普及と規制の強化

携帯電話は、固定電話をもつ人口が限られていたアフリカにおいて急速に発展したBOPビジネスである。二〇〇〇年の時点では、アフリカ五三か国で一五〇〇万人ほどであった契約数は、二〇一〇年では五億四〇〇〇万人近くにまで膨れ上がった[10]。タンザニアも携帯普及率が高い国である。タンザニア通信規制局（Tanzania Communication Regulatory Authority）によると、携帯の利用登録者数は、二〇〇〇年の一一万五一八人から二〇一四年には三三〇三万八五〇〇人に急増した。二〇一〇年代には、スマートフォンが急激な勢いで普及した。この普及を後押ししたのが、中国製の安価なコピー携帯である。

スマートフォン市場は当初サムスン（SAMSUNG）、ノキア（NOKIA）が圧倒的なシェアを占めており、コピーもこの二つのブランドを中心に出回っていた。すぐに中国のブランド企業がアフリカに進出し、テクノ（TECNO）、アイテル（itel）、ファーウェイ（Huawei）、レノボ（Lenovo）といった中国のブランド携帯が市場を席巻するようになった。その結果、現在ではこれらの中国企業ブランドのコピー携帯も出回るようになっている。

近年、タンザニアでもコピー携帯の取り締まりが強化されつつある。タンザニア通信規制局は二〇一六年二月に、健康上のリスクと治安・経済的なセキュリティの強化を理由に、二〇一六年六月一七日までにコピー携帯を自動的に使用できなくする措置をとることを発表した。それ以降、各通信会社は、利用者に対して頻繁にショートメッセージを送り、携帯識別番号（International Mobile Equipment Identity）を「＊06#」の番号にかけて確かめるよう呼びかけるようになった。ここ最近では、コピー携帯の輸入商が摘発されたり、コピー携帯販売店に警官が立ち入り調査したといったニュースが盛んに報じられている。こうした規制の背景には、中国のブランド企業が、「中国携帯＝コピー＝低品質・粗悪品」という汚名をそそぐために、積極的にタンザニア当局と協力して、独自にコピー携帯の流通の調査や摘発を実施していることがある。

四　コピー携帯の流通システム

コピー携帯の流入経路は複雑であるが、タンザニアの市場の動向を中国の生産者に伝えているのは、タンザニア人交易人である。筆者の友人にも中国に渡航する者たちがいる。彼らの中には、広東省広州市や深圳市、あるいは香港の卸売ビルにおいてコピー携帯を買いつけている者もいるが、売れ筋の正規携帯の特定のモデルをサンプルとして持参し、中国の零細な工場に「このコピーを千ピースつくれるか」などと話を持ち掛ける者が一般的である。彼らは、一、二か月に一度といった高い頻度で香港や中国に渡航し、発注から納品、その後のコンテナ輸送までを監督する。

隣国ケニアの首都ナイロビ市から買いつける交易人もいる。東アフリカ最大のコピー携帯集積地であるナイロビ市にも、中国の卸売ビルとそっくりな携帯卸売ビルがある。またケニアには様々な種類のハウジングやキーボード、バッテリーなどの部品が「スペア部品のように」輸入されており、現地の工場でコピー携帯が組み立てられてもいる。また最近では、中国系ディーラーがタンザニアに来て、現地の商人たちに「サンプル」を代金後払いで流し、売れ行きが良かった商品の注文を受けて回るといったこともある。さらには、タンザニアの消費者から中古携帯（壊れた携帯）を集め、液晶パネルやスピーカーなどの部品を再利用する市場も出現しており、この部品市場で仕入れた有名ブランドのハウジングを安い携帯にとりつけて販売する商人もいる。以下に、具体的なコピー携帯商売の事例を一つ提示する。

ムワンザ市の携帯電話店主のロイ（仮名、三四歳、男性）は、ナイロビ市の輸入兼卸売商からコピー携帯を仕入れている。ロイによれば、ケニアの卸売ビルは、彼のような隣国の零細商人は立ち入ることができるが、一般の消費者や正規の業者は立ち入り自体が難しい。たとえビルに入っても、ケニアの卸売商たちは、対面する客が自分たちと同じタイプの商人（「同じ穴の貉」）であるかを身なりや少しの対話で見分け、相手によって異なる対応をする。相手がコピー携帯の客であるとわかると、ケニア商人は「クオリティが欲しいか、それとも安さとリスクをとるか」と聞くという。ロイは、タンザニアの消費者や商人からのオーダーに従って、正規品とコピー商品のいずれも仕入れる。

タンザニアに戻ってくると、まず注文者にコピー携帯を販売する。コピー携帯の最大の注文者は路上商人（大半は行商人）である。路上商人はコピー携帯と正規品の違いとそれぞれの相場をよく理解したうえで、しばしば消費者にオリジナルであると偽ってコピー携帯を売りさばく。ただし大半の客は、路上商人が扱っている品にはコピー商品が数多く含まれていることを知っている。たとえ知らずにコピー携帯を購入したとしても、路上商人は流動的に移動し、レシートなども出さないので、客がふたたび当該の路上商人を探しだし、交換や返品を求めるのは困難である。

ロイは、自身の店で正規品とともにコピー商品を販売している。消費者にはまず正規品を見せて、それがいかに高額な値段であるかを説明する。その後の対応は消費者の反応をみて決める。コピーの販売をもちかけたら面倒を起こしそうな客だと判断すれば、より手ごろな旧モデルの正規品を勧め、購買力が定価に届かなければ交渉を打ち切る。コピー商売の事情をよく理解しており、コピーでも構わないと考えそうな客には、ケニアの商人と同様に「クオリティが欲しいか、それとも安さとリスクをとるか」と聞く。そこで客が納得すれば、コピーを販売する。コピーの値段は、さらにその消費者がいかにコピー市場に通じているかによって変化する。

五　道義的合法性とウジャンジャ

この事例は、「下からのグローバル化」の最大の特色である、零細商人がみずから買いつけから販売までを担う理由をよく説明する。普通に考えれば、数十万円から数百万円しか持たない商人が毎月のように中国やケニアに渡航して買いつけを行うのは、交通費や滞在に経費がかかり不経済で、時間と労力の観点でも非効率であるように思われる。なぜ彼らは組織化して仕入れと販売を分担しないのか。なぜ彼らはみずから動くのか。その理由は、シンプルだ。「下からのグローバル化」は、顔のみえる交渉なしに首尾よく動かないのである。

零細商人や亡命者、出稼ぎ労働者、バックパッカーなどが集住する香港のチョンキン・マンションを舞台に「下からのグローバル化」を論じたゴードン・マシューズは、次のように述べる。グローバル経済システムにより周縁化された世界の住人を扱う人類学のメインストリームは、たいてい新自由主義に対して批判的であるが、チョンキン・マンションでは、経済的成功や貧富の格差をうみだす新自由主義のルールが、民族的・宗教的・文化的な違いに関わらず、誰もが自主的に参加を決めたゲームとして捉えられ、肯定的に作用している。この徹底的な新自由主義こそが、零細な商人を香港に殺到させ、同地の経済を活性化させる要因にもなっている。なぜなら、多かれ少なかれ違法性のある活動に従事している生産者や商人のあいだでは、国家の法や公的な文書は効力を持たず、商人本人が渡航して直接的に交渉しないと騙されるからである(11)。

ここで重要な点は、こうした違法性のある市場——海賊的な領域——には、「信頼できる仲間」と、「信頼できない他者」の二種類の人間がいるわけではないこと、あるいはこの市場において「信頼できる人間」とは、裏切りや詐欺行為を働かない人物を意味しないことである。上記の事例で説明したように、対面する相手にコピーをコピーとして売るか、オリジナルと偽ってコピーを売るか、あるいは客だとはみなさないかは、対面交渉を始める前に決定されているわけではない。商人どうし、商人と消費者との対面交渉においては確かに「道義性」がいくつも提示される。「私のような貧乏人にはオリジナルは買えない。だがどうしてもスマートフォンが欲しい」「わたしも中国人に騙されてコピー商品を仕入れてしまった。だから仕方がない」。だが、それらの道義性はいわば、みずからが「コピー経済」に属する一員であると説明する、「交渉のレパートリー」でしかない。ここにおいて、商人たちは対面する相手のウジャンジャを信頼する。対面交渉のなかで互いのメンタリティを読みとり、相手もまた自らと同じく、先に待ち受けている事態に構っていられない、あるいはその時が来たらその時に対応する自負を持って、今この場を切り抜けようとする「ウジャンジャ」を備えた人間であることに、コピーをやり取りするリスクを賭けるのだ。

本稿で取り上げたコピー携帯のインフォーマル交易は、もう一つの資本主義経済である。この経済は国家との関係や主流派経済が生み出す不条理さへの対処というより、「とにかく今をやりくりする」という生き方とそれに必要な機知を認める心性が共鳴することで動いている。この心性は、ある種のゲーム感覚、いたずら心、冒険心などと親和性をもつ。筆者はそうした遊び心や冒険心を育み、とりあえず「試しにやってみる」ことを可能にするインフォーマルな領域をひそかに押し広げていくことにオルタナティブな社会や経済の可能性を感じている。

(1)　ロドルフ・デュラン、ジャン＝フィリップ・ベルニュ『海賊と資本主義――国家の周縁から絶えず世界を刷新してきたものたち』（阪急コミュニケーションズ、二〇一四年）。
(2)　小川さやか『都市を生きぬくための狡知――タンザニアの零細商人マチンガの民族誌』（世界思想社、二〇一一年）。
(3)　今村仁司『排除の構造――力の一般経済序説』（青土社、一九八七年）六六～六七頁参照。
(4)　近藤秀樹「メティスとしての即興」（『美學』四九巻一号、一九九八年、一三～二四頁）。
(5)　ロバート・ニューワース『「見えない」巨大経済圏』（東洋経済新報社、二〇一三年）二一～二二頁。
(6)　ミシェル・ド・セルトー／山田登世子訳『日常的実践のポイエティーク』（国文社、一九八七年）。

（7）　小川了『可能性としての国家誌』（世界思想社、一九九八年）二七一頁参照。

（8）　同右、二七一頁参照。

（9）　Mathews, G., G. L. Ribeiro and C. A. Vega (eds.) *Globalization from Below: The World's Other Economy*. London and New York: Routledge, 2012.

（10）　羽渕一代・内藤直樹・岩佐光広編『メディアのフィールドワーク――アフリカとケータイの未来』（北樹出版、二〇一二年）四頁参照。

（11）　Mathews, G. "Neoliberalism and Globalization from Below in Chungking Mansions, Hong Kong", in G. Mathews, G. L. Ribeiro and C. A. Vega. (eds.) *Globalization from Below: The World's Other Economy*. London and New York: Routledge, 2012 pp.69-85.

第Ⅲ部　「大航海時代」再考

——海賊の海の歴史を再訪する

海賊史観からみた世界交易史・試論

稲賀　繁美

本書の意図にそって、第Ⅲ部全体に鳥瞰を与えるため、まず本章では、最近五百年にわたる世界史を海洋交易の視点から捉えなおす。複数の専門研究領域を跨ぐ概観となるため、個々の問題について詳細に踏み込むことは、ここでは放棄し、具体的な案件については、次章以降で詳しく検討を加えることとする。(1)

一　海賊を再定義する

「バッタもん」騒動

「バッタもん騒動」から始めよう。二〇一〇年、神戸のファッション美術館に岡本光博氏の《バッタもん》シリーズが展示された。「バッタもん」とは、語源は定かでないが、関西では正規の流通経路を経ることなく販売される商品のことを指す。これにたいして「パッチもん」は偽造品、紛い物を指すらしい。バッタは日本語では同時に飛蝗のことも意味する。岡本氏はそれを利用して、ブランド品の皮革製品の皮をまとった殿様バッタを制作した。ところがこの展示にたいして、ルイ・ヴィトンから、偽造販売に該当するとのクレイムがつき、展示が撤去されるという事件が発生した。タノ・タイガ氏は、ルイ・ヴィトンそっくりの文様を帯びたオリジナルのバッグを、こちらは木彫でこしらえたが、展示に際してはロゴ・マークを隠した、という。(2)冗談を解しようとしないブランド代理店の頑なさは、失笑を買うかもしれない。本稿で問題にしたいのは、こうした事件の背景に横たわっている世界史の潮流である。(3)それを海賊史観と呼びたい。

今日、海賊、中国語では海盗といえば、例えばマラッカ海峡で航行する船舶を襲う輩や、ソマリア沖で同様に商船を襲って人質を取り、莫大な身代金を要求する職業集団のことが脳裏を過ぎる。これらの海賊は、国家の正規軍とは別の私兵に相当するが、それならホルムズ海峡閉鎖となると、どうだろうか。イランが国家の軍事行動として閉鎖措置を取れば、ペルシア湾奥の産油国からの原油の供給が妨げられる。これを阻止すべく、米合衆国海軍をはじめとする軍事行動が展開した。では海賊行為と、国家の軍事行動とは、どこで区別されるのだろうか。そして、ソマリア沖海賊やイランの行動を犯罪行為と決め付ける国際社会なるものの判断は、いったい何に根拠をおき、どのような理由から「正義」と看做されるのか？(4)

小さな海賊・大きな海賊

ここで唐突だが、画家ポール・ゴーガン（一八四八〜一九〇三）を取り上げよう。南太平洋のタヒチに移住したこの野生の画家は、はたして海賊だったのだろうか。かつての友人のカミーユ・ピサロは、こう悪態をついている。ゴーガンときては、ついこのあいだまでペルシア人や日本人からちょろまかしていたが、今や南太平洋で海賊行為を働いている、と。(5)ゴーガンのタヒチ風景は、実際にはエジプト・サッカラの墳墓の壁画のモチーフを流用し、日本の北斎漫画を借用し、さらには、南洋の小島にたたずむ女性の姿は、ボロブドゥール遺跡の仏像の転用だったりする。八〇年代フェミニズムは画家を糾弾したが、(6)所詮ゴーガンは、西欧帝国主義の世界制覇による植民地支配の末端にあって、タヒチ社会に逃亡した、「小さな泥棒」に過ぎなかったはず。巨悪はといえば、そうした世界支配を築きあげた西欧の覇権そのものではなかったか[7]。

歴史を遡ろう。一四九四年といえば、クリストーヴァル・コロン(一四五一~一五〇六)がアメリカ大陸を「発見」して二年後のことだが、トリデシリャス条約というものが締結される。これはスペインとポルトガルとで、なんと地球全体を山分けしようという、とてつもない海賊行為だった。東廻りはポルトガル、西廻りがスペインとするのが大原則だったが、なにしろまだ新大陸とインドとの区別も不明なら、太平洋の存在も知られていない段階である。割譲すべき経度の混乱から、ブラジルは今日にいたるまで、ポルトガル語圏に属することとなる。そして実際にも抗争や諍いが頻発したのは、この地球割譲の分割線の近傍でのことだった。その一方がカリブ海域(一五〇八)、ブラジル東岸(一五二二)、他方がマラッカ海峡(一五〇五)、バタヴィア(一五一九)、香料諸島さらにはマニラ(一五七一)であった。思えば、近代の世界体系は、海賊行為が形作ったといって語弊ない。ポルトガルがインド西岸のゴアを占領するのは一五一一年のことだが、バスコ・ダ・ガマ(一四六〇~一五二四)の航海にしても、およそ交易もない処女地の海に航路を開いたわけでは、まったくない。何世紀にもわたってアラビア商人のダウが行き交っていたアラビア海に、まさしく海賊そのものとして侵入したのが、ポルトガル人だった[8]。その末裔に、はたしてソマリア沖海賊を、人倫に悖《もと》るとして非難する権利など、あるのだろうか。

南欧が大航海に乗り出したのは、いうまでもなくインドそして東南アジアの資源と富を目指してのこと。そこには地中海がイスラーム圏によって支配されていた、という現実が立ちはだかっていった。スペインのグラナダが陥落したのは一四九二年、奇しくも「新大陸発見」の年だった。だが、スペイン半島をキリスト教徒たちが失地回復した「再征服」reconquista という表現は、それ以前に支配の実績がない以上、眉唾といわねばなるまい。さらに地中海における制海権をキリスト教連合国側が掌握するのは、それよりさらに九〇年の後、レパント沖海戦(一五七一)でオスマン帝国に勝利を得てからのことに過ぎない[9]。

世界制覇の野望

この時代、スペインとポルトガルの統一に乗じて、「日の沈まぬ帝国」の皇帝として君臨したのがフェリペ二世（一五二七〜九八）。そのかれとまったくの同時代人だったのが、豊臣秀吉（一五三七〜九八）だった。当時、スペインは台湾にまで進出し、台南にはゼーランディア城、北端の淡水にはサン・ドミンゴ城を築いていた。文禄（一五九二〜三）・慶長（一五九七〜八）の役＝壬申・丁酉の役で朝鮮に遠征した秀吉は、本来は大明帝国制覇の抱負を抱いており、その遠征の矛先は台湾にも向けられていた。世界帝国の野望を抱いた東西の覇者は、あわや台湾で衝突しかねない国際情勢にあったわけである。日本の軍事的統一者にそのような征服欲がきざした背景には、当時の明が、北方からの脅威に対する防御に追われていた、という現実もある。

秀吉のすぐ後には、伊達藩の支倉常長（一五七一〜一六二二）が太平洋を横断し、アカプリコからメキシコをベラクルーズに抜け、そこから大西洋を越えて、欧州ではローマ教皇の拝謁を受ける。航海中に江戸幕府がいわゆる鎖国政策に転じたため、マニラで足止めされた常長一行が日本帰還を許されたのは出発後七年を経過した一六二〇年のことだった。ここでも勘違いしてならないのは、なにも常長は前人未踏の航海に乗り出したのではないことだ。すでにポルトガルはマカオを一五五七年に占領していたが、これと対抗状況にあったスペインは、マニラを一五七一年に占領する。まもなくアカプリコとのガレオン船航路が開かれており、常長一行の旅程もその延長上に位置する。当時は東南アジアに日本人町の進出も著しく、あたかもそれと交差するように、オランダはまず一六一三年、平戸に商館を開き、一六一八年にはジャワのバタヴィアに築城を開始する。一六二三年には香料諸島の一角にあたるアンボイナで、出先機関の思惑の相違も作用して、イギリス人たちをオランダ側が虐殺するという凄惨な事件が発生する。そのおりに巻き添えを食って落命した日本人二〇名近くの存在が知られる。これも当時の交易と人的移動の規模を物語る逸話といってよいだろう。

「近代以前」のアジアの海

それに先立つ世紀、永楽帝治下の明では、鄭和（一三七一～一四三四）による大遠征が七回にわたって企てられている（一四〇五～一四三三）。日本語では「大遠征」と呼ばれるが、これは使節派遣の航海であり、色目人の出自の宦官であった鄭和は、最後の航海ではメッカ巡礼を果たしている。毎回二万六千人にのぼる人員を動員したと推定される壮大な企てだが、それもマラッカ海峡までは既存の中国商人の通商航路を伝い、インド洋からはアラビア人の水先案内に頼ったものだった(10)。海のシルクロードなどと呼ばれることもあるが、この航路が東西の物資交易の大動脈だったことは、例えばカイロ郊外のフスタート遺跡からも知られる。フスタートは大量の陶磁器片が出土することで著名だが、八世紀から一七世紀に至るその陶片のうち、一五％近くが中国陶磁器であり、また現地での焼き物もその多くが、中国製品を模したものだといわれる(11)。

鄭和よりさらに一世紀先立つ元代には、『東方見聞録』の記載を信ずる限り、マルコ・ポーロ（一二五四～一三二四）が、元からの帰国に際して泉州からの海路を利用している。貿易風の風待ちのため二年を要する航海だったが、すでに立派な交易路が成立していたからこそ、ヴェネチア商人はこれを利用できた。その彼が帰国途上立ち寄ったバグダッドは、かつては百万の人口を誇ったが、一二五九年にフラグにより陥落させられていた。クビライによる日本遠征は、文永（一二七四）、弘安（一二八一）の役、として知られるが、元はその後ジャワのシガンサリ王国をも攻略している（一二九二）。元寇の後、中国や朝鮮半島海岸は倭寇の被害を頻繁に受ける。これらのなかには、元寇のおりに動員された福建などの出身者も多く含まれていたものと推定される(12)。東南アジア海域研究の泰斗、オリヴァー・ワルタースは、この海域における勢力の消長を曼荼羅に喩える仮説を提唱している。それぞれの地方王権の権威の消長に応じて、その勢力圏は膨張と縮小を繰り返し、そうした複数の勢力圏が並存し、ときに競合する磁場として、東南アジアの島嶼を把握しようとする仮説である。そこには恒久的に覇権を握り、制海権を主張するような権力形態は稀にしか登場しなかった。[13]

「国際法」成立の背景

ここまで、欧州勢力が侵入する以前のアジアの海域の様子を足早に概観したところで、再度、視点を西洋世界に戻す。レパントの海戦に先立つ時期には、欧州の辺境に位置したキリスト教国は、むしろオスマン帝国からの恩恵に預かることに心を砕いていた。フランソワ一世（一四九四〜一五四七）はシュレイマン一世（一四九四〜一五六六）と同時代人だったが、前者は後者から、啓典の民ゆえの恩恵としてキャピチュレイションの特権を得る。だがそれは、やがて欧米列強が力をつけるや、トルコ領土を蚕食する口実へと転用されることになる。[14]この手管は極東でも繰り返される。同様の特権を、領事裁判権などの名の外交特権として巧妙に活用することで、欧州列強は、ひろく東洋において、租界を築き、そこを拠点として、ゆくりなく植民地獲得を成し遂げてゆくからである。[15]それは合法の装いを凝らした海賊行為だった。[16]

ここで国際法という法思想の登場が問題となる。グロティウス（一五八三〜一六四五）といえば、国際法の父と呼ばれるが、その『戦争の海と平和の海』（一六二五）は、あくまで英国との海上での覇権争いのなかで、きわめて現実主義的な配慮のもとに編み出された法理論だったはずだ。若きグロティウスの『自由海論』（一六〇九）は、英国の海上覇権への異論として提起されており、それは後年になっても、ジョン・セルデン（一五八四〜一六五四）による『封鎖海論』（禁書となったため、出版は遅れて一六三五）といった対抗言説との闘争を余儀なくされた。『戦争の海と平和の海』も、その背後には、シンガポール海峡でのオランダ側によるポルトガル船拿捕問題が発端に控えており、この訴訟に関して、グロティウスはスコットランドのウィリアム・ウェルウッド（一五七八〜一六二二）と論争を交える立場にあった。彼の法理論は、死後、ウェストファリア条約（一六四八）の理論的基礎をなし、三十年戦争の惨禍に終止符をうつことに貢献したものとして評価された[17]。オランダの独立はこの条約をまって承認されたが、『戦争の海と平和の海』で、グロティウスは公海を規定し、公海における交戦権を国家主権の一部に組み込んだ[18]。

この裏にあったのはいかなる現実か。端的にいえば、無法状態に等しい私掠の横行にほかなるまい。スペイン＝ポルトガルの覇権を掘り崩したのはイギリスだが、そこでは、キャプテン・ドレイク（一五四三～一五九六）に代表される、エリザベス女王陛下公認の私掠船の横行が、圧倒的な猛威を振るった[19]。そうした海賊行為を違法行為と規定するうえで、グロティウスの法理論がきわめて有効な枠組みを提供したのは、事実だろう。だがもしそうだとすれば、恐ろしく明確な事実がひとつ、あからさまになる。すなわち、国際法成立以前の西洋世界には、海賊行為を制限する恒久的な合法的枠組みなど、不在に等しかった、という実態である。

アンボイナ事件の余波を受け、英国は香料諸島周辺海域からは手を引き、しばらくはインド経営に専心する。その英国が再び東方に触手を伸ばすのは、ラッフルズ（一七八一～一八二六）によるシンガポール占領（一八一九）を待たねばならない。そのラッフルズが、マラッカ沿岸のスルタンたちを前にした演説の記録が伝わる。有名な言葉だが、貴殿らにとって海賊行為が恥ずべき営みでないのと同様、われわれ英国人にとって、交易はなんら恥ずべき行為ではない。したがって、イギリス主導の交易に協力して頂きたい。そのように英国官吏は地元の「マレイ人」たちに要請したという[20]。ここで何が発生したかは、すでに明らかだろう。いわばグロティウス仕込の国際法の枠組みによって、マラッカ海峡の海賊行為は、違法行為の烙印を押され、それとは入れ替わりに、交易のための制海権が正義にして合法と定義されたわけである。ラッフルズの偽善的正義感を支えたのが、ほかならぬウェストファリア条約以来の「国際法」だったといえば、あまりに皮肉だろうか。

二 世界史記述のさまざまな方法

ヴェネツィアと堺

ここで、川勝平太が提唱した文明の海洋史観を簡単に復習しておこう。(21) 川勝は先行する梅棹忠夫（一九二〇〜二〇一〇）の「文明の生態史観」に依拠しながらも、そこでは海路による通商が視野から欠落していることを指摘した。梅棹の理論は、ユーラシア大陸の中央を東西に分割する乾燥地帯を軸として、東西文明を四つの地域に分け、その両端に位置する西欧と日本とに、文明の生態学的遷移において並行現象が見られるとする仮説だった。半世紀後の今日から省みれば、この梅棹の理論にも、綻びは隠せまい。それは六〇年代の日本の驚異的経済成長を背景に、所謂近代化が成立したのは、旧大陸では西欧と日本だけ、という歴史的時点にたった同時代現象に、いささか無理やりに生態学的体裁の説明を加えたもの、と批判することもできよう。川勝の理論には、梅棹の生態学的仮想が人間による物流を完全に無視していた欠点を指摘し、その経路を加算して梅棹図式を補完した利点が認められる。両者には共通して、当時まだ世界史大の有効性が信じられていたマルクス主義による資本主義発展史観に対する対抗的反論という側面もあった。(22) これに加えて、速水融が唱えた学説に、勤勉革命がある。(23) イギリスを嚆矢とする西欧近代の工業革命 industrial revolution に対して、日本を典型とする極東には industrious revolution があった、とする言葉遊びを含む対抗概念だが、速水はその実証的裏づけとして、人口比に対する農業生産量の増加率を統計的に計測する。(24)

従来の学説では、西欧近代の「離陸」は、アフリカから南米への奴隷の輸出、南米や北米から欧州への砂糖や綿の輸出、そして西欧から綿織物や蒸留酒、武器の輸出という相補的三角貿易の展開によって担保された、と看做してきた。だがその裏面には、ペルーから欧州、あるいは日本から中国への、銀の大量の移動があった。欧州や中国からの輸出超過の決済は、こうして流入した莫大な量の銀によって賄われた。

そのなかで、象徴的な役割を担った港町として、いささか恣意的な選択ではあるが、ヴェネチアと堺とを比較してみるのも一興だろうか。一六世紀末に南欧から日本に至った航海者の多くが、堺の繁栄ぶりを東洋のヴェネチアと讃えている[25]。いささか日本側に身贔屓な評価ともなろうが、資本集約的な金融の発達した欧州と、労働集約的な財の運用がなされた日本との対比を、このふたつの都市の命運に読み込むことは、けっして無理ではあるまい。一九世紀末の一八九八年に、そのヴェネチアでは、今日に続く藝術の祭典ヴェネチア・ビエンナーレが幕を開ける。それから何年とおかず天心こと岡倉覚三（一八六二～一九一三）はボストンで英文執筆した『茶の本』（一九〇六）を刊行する。西洋世界の物質的繁栄に対して、東洋世界の精神性を、誇張を辞さずに対比させる『茶の本』は、堺が生んだ茶人、千利休の自刃で幕を閉じる[26]。そこには金融資本主義とは対極をなす審美観を西洋社会に対して高らかに喧伝しようとする岡倉の、確固とした意志が貫徹されていた。

正統と逸脱と

そのヴェネチア・ビエンナーレに、一九八六年にはイサム・ノグチ（一九〇四～一九八八）がアメリカ合衆国代表として参加している。かれが展示したスライド・マントラと呼ばれる大理石の渦巻き型の滑り台は、彫刻作品として高い評価を得た。だが同時に彼が自信をもって出品した「光の彫刻」は、照明器具に過ぎず、デザインと美術の混同だとして酷評を浴び、そのためノグチは大賞を逃したとまで風評された。「光の彫刻」は岐阜提灯にヒントを得た、竹の骨組みに和紙を貼った空洞の造形だったが、この段階では、西洋における全うな「美術」としては評価に値しなかった。いわば絵画や彫刻は「美術」だが、日本起源の提灯では範疇外、とする価値判断が働いたものといってよい[27]。欧州の美術ビエンナーレに相応しい展示品から、日本美学は疎外された。

同様の価値判断は、ごく最近でも繰り返し発現する。エル・アナツイはアフリカ在住の彫刻家として同じく二一世紀になってヴェネチア・ビエンナーレに招待された作家だが、かれが二〇一一年に日本で個展を開く段になって、ちょっとした諍いが発生した。展示場所として幾つかの美術館とともに、大阪の国立民族学博物館が選ばれたが、これに対して北米や西アフリカ在住の専門家から、猛烈な反対の声があがったのである。(28)かつてはアフリカ原始美術を西欧ルネサンス美術と並べることなど論外、とする差別意識が存在したが、それが今ではひとつ横滑りして、アフリカ現代美術はあくまで美術館に展示すべきものであり、間違っても民族学博物館などに展示されてはならない、という教条へと摩り替わった、といってよい。

これとあい前後する時期のことだが、二〇〇八年には、パリで日本の民藝の大規模な展覧会が催されることとなった。だがその会場は、古典の殿堂ルーヴル美術館や、現代美術の聖堂たるポンピドー・センターではなく、アフリカやオセアニアの美術を中心に展示するパリのブランリー美術館となった。(29)このことが公表されるや、日本民藝協会からは、当初、不満の声が漏らされた、との風評が伝えられた。かつて岡倉覚三は、西欧美術に対抗するがために茶道を唱道したが、いささか皮肉なことに、この茶道復興の衣鉢を継ぐ柳宗悦を創始者とする民藝協会が、今では、アフリカ・オセアニアの美術と同列に置かれることに難色を示したことになる。この民藝に連なる筋からは、第二次世界大戦下の日本の南方への進出の時期に『南方共栄圏の民藝』と題する書物も刊行されている。つまりこの段階では、民藝は東南アジアの民衆藝術をも自分たちの同類項と看做す価値観を貫いていたことになる。(30)それではいったいいつから、民藝は非西欧の民俗とは袂を分かち、西洋美術に伍する展示場所を宛がわれるべく、出世を遂げようと志したのか。

ヘーゲル主義の転生

西洋の伝統を正統に位置づけ、非西洋を周縁に位置づける価値観は、西洋中心主義と名指される。その元凶をひとりの人物に集約するのは酷だろうが、しばしばその役割を負わされてきたのが、ドイツの哲学者、ヘーゲル（一七七〇〜一八三一）である。世界精神の具現を欧州に見る価値観と、その時代精神に関する議論とは一九世紀後半に世界的な影響力を発揮した。だがヘーゲルの欧州中心史観は、ひとり欧州にしか適用できないものではなかった。先に言及した岡倉天心がインドで上梓した英文の著作『東洋の理想』は、ヘーゲルの理論的枠組みを応用して、東洋の美術の自己展開を、日本美術史の沿革のうちに読み込もうとする著作だった[31]。さらにこの試みはアーネスト・ビンフィールド・ハベル（一八六一〜一九三四）の『インド美術の理想』に受け継がれ、また美術におけるる汎インド主義を唱えた、スリランカ出身のアナンダ・クーマラスワーミ（一八七七〜一九四七）も、同様の論法によってインド美術のうちにインド的観念の具現を認めようとしている[32]。ヘーゲル美学は、著者自身の思惑とは裏腹にも、近代アジアにおける国民主義や民族主義に思わぬ理論的裏打ちを提供していた、といってよい。

はたして西洋史の流れを司る編年的枠組みと、東洋史のそれとは互換可能なものなのだろうか[33]。この問題を検討するうえで、革命 revolution という言葉の東西比較は無意味ではなかろう。辞書学の国際的権威であるアラン・レイは『革命：ひとつの語彙の歴史』で、西洋の revolution は中国の易姓革命とは理念が異なるとの理由から、中国の語彙の検討を避けている。たしかに王朝の交代を天命に帰着させる思考法は、人民による在来権力転覆を図る政治行動の理念とは異質だろう。とはいえ中国の文化大革命が révolution culturelle と訳されてしまえば、両者は語彙の水準で互換可能な扱いを受けてしまう。フランス革命も、中国流の「革命」観にそって理解されることになるが、それを無碍に禁止するわけにもゆくまい。元紅衛兵で、中国文筆家協会会長となった陳建功は、文化大革命と並行して西欧世界や日本では学生叛乱が発生していたことを、三〇年後になって知り、革命運動の同時性にひどく驚いた、と告白している[34]。

時代錯誤と輪廻転生

偶発的な同時性は、その反対に機械的な編年による世界史の虚構性を浮き立たせる。イギリスのジョン・オナイアンスは、従来のヘーゲル主義的な欧州中心史観による世界美術史記述から脱却する企てとして『世界美術のアトラス』を編んでいる[35]。だがこうした試みは、かえって世界美術史という枠組みの成立が、欧州自身による世界認識の進展と表裏一体に進行した過程でしかなかったことを、裏書してしまう[36]。はやくも一九八七年には中国の黄永砅（ホァン・ヨンピン）が《『中国絵画史』と『現代絵画簡史』を洗濯機で二分間攪拌した》と題するパルプの塊を、美術作品として展示している。朗世寧の世代に至るまで、ほとんど相互交渉もないままに進化した欧州絵画と中国絵画とを対比させつつ統合するには、このように洗濯機で両者を攪拌してタープラ・ラーサを実行するのが、一番手っ取り早い手段だったともいえようか[37]。

そのうえで改めてヘーゲル主義が世界美術史構築のうえで、限定的な有効性を発揮していることを確認しておこう。十九世紀以来の欧州美術史がいかに非欧州世界と交渉をもったか、簡潔に要約すると、そこにはフランス語綴りならば、東方趣味 Orientalisme、日本趣味 Japonisme さらには未開主義 Primitivisme の三段階を辿ることができる。東方趣味とは、西欧が自らの絵画の文法で東方世界を描写した段階、日本趣味とは他者の異質な審美眼によって西欧が自己表現を刷新した段階、そして未開主義とは、物理的に世界制覇を成し遂げた西洋世界が、アフリカの奥地やアジアの懐に未知の精神性を尋ねた段階といってよい。ドラクロワ（一七九八〜一八六三）からファン・ゴッホ（一八五三〜一八九〇）を経て、パブロ・ピカソ（一八八一〜一九七三）に至る系譜を思い描けば、理解も容易だろう。

そうした西洋世界の自己意識展開の現象学として構想された世界史は、その到達点において、時間錯誤anachronismeすなわち時間軸のうえでの倒錯を経験する。端的な例はジョルジュ・バタイユ（一八九七～一九六二）に見て取れよう。ラスコーの洞窟に発見された人類最古の壁画は、人類の視覚経験を刷新する最新の事例として、バタイユにとっては極め付きの現代性を発揮する。(38)最古のものが最新の価値を得る。起源が到達点を指し示す。この逆転をルネサンス美術における古代の生き残り、あるいはより正確に「死後の生」Nachlebenとして体験する狂気に憑かれた異端の学者としては、アビ・ヴァールブルク（一八六六～一九二九）が知られる。彼によれば太古の美的体験は身体的な経験を介してルネサンスに亡霊のように蘇る。これを自覚的な方法論的アナクロニズムと定義したのは、フランスの美術史家、ジョルジュ・ディディ＝ユベルマンだが、(39)この論法を仏教世界でさらに敷衍するならば、輪廻転生史観といった構想も不可能ではないだろう。もとより人は自分が誰の転生であるかを知ることはない。チャオプラヤ川のほとり、バンコク市内に位置する上座部仏教の暁の寺を舞台に『豊饒の海』を残した三島由紀夫（一九二五～一九七〇）の顰にならうならば、転生する魂の遍歴としての世界美術史記述も、およそヘーゲルの精神現象学に比べて、より荒唐無稽な企てだとは断定できないことになる。(40)

事実、オーストラリア大陸の先住民、アボリジナルたちの「藝術」は、始原の営みが現代の西洋的審美価値観によって復権されたという意味で、(41)ヘーゲルの精神現象学の末裔が最後に成し遂げた精神的次元での発見を証する事件と解釈してよいだろう。西洋起源の歴史的自己意識は、英国の海賊行為によって横領されたオーストラリア大陸のアボリジナル絵画に対する贖罪を代価に、領土的支配の対極をなす精神的世界を発見したのだから。(42)先住民の先祖たちの魂は、この認知を通じて、現代に輪廻転生を果たしている。

三　現代の海賊的実践とその交易上の先蹤

以上確認したように、南欧から英蘭に至る西側世界の五百年にわたる海賊行為が、ヘーゲル主義的な世界史記述構想の下地をなす[43]。その政治的地勢図のうえで、西側世界の理念が正統と看做される一方、そこから排除される劣位の価値観に「海賊行為」の汚名が浴びせられるに至った。そしてこの不平等な価値意識は、いまや非西洋側の自己認識の内面深くにまで食い入って機能するに至っている[44]。今日、例えば世界美術と呼ばれる営為や、それを支える商業市場は、この二重構造のうえに巣食った空中楼閣である[45]。

西洋絵画史と中国絵画史とが洗濯機による攪拌によってパルプ状に変性して以来、中国をはじめ東アジアの藝術家たちは、非西欧の市場から西欧正統の美術市場への参入を目指して、鎬を削ってきた[46]。そこにはいかなる海賊行為の痕跡が残存し、海賊行為はそこでいかなる合法化の洗礼を経験したのだろうか。

偽文字の政治学

徐冰（シュウ・ビン）は、偽文字を西側美術市場に輸出したことで著名な藝術家。偽文字というのも、彼自身が発明した独自の漢字が、かれの作品の上に繁茂しているからだ。近年、作者は自分の発明した漢字にも体系があり、きちんと学習すれば読解が可能だ、との主張をするようになった。ここには周到な作戦が織り込まれている[47]。まず、徐冰がある意味で二枚舌を駆使していることを、見落としてはなるまい。

一方で彼は、自分の出自である漢字文化圏の同胞に対して、かれの創作した漢字が偽文字でしかないことを、これ見よがしに誇示している。と同時に、彼が主要な標的とする欧米の観客や批評家たちは、彼の文字が偽文字だということを知識としては知っていても、その事実を識字の水準では認識する能力を欠いている。それらが読めない漢字だということを、彼らは読み取ることができないのだ。いわば徐冰は確信犯として偽札ないしは偽造海賊文書を、これは海賊文書ですよと宣言しながら見せびらかしている。そして偽札作りが社会的に成功を収める秘訣は、たんにそれが偽札であることを見抜けない対象だけではなく、それが偽札であること弁えている相手に対しても、有効な対策を講じているか否かにある。徐冰は、彼の漢字が偽文字であることを弁えている漢字文化圏出身者にも、自作を納得させるだけの工作を成し遂げた。

とともに徐冰は次の段階で、漢字という表意文字の原理を駆使して、自らの偽文字を増殖させている。部首を組み合わせることで意味を生産できる漢字は、基本語彙の合成によって複雑な体系を自らに内在する力学によって構築してゆく。すなわち彼はアルファベットを部首としてそれを組み合わせた「漢字」を発明してみせたのだ。欧米の観衆にも読解可能、習得容易な偽漢字の出現である。だがその結果生まれた生産物が正統か、それともイカサマかは、体系内部の力学が判別することではない。それはあくまで外部の権力によって正統との認知を得られるか否かに掛かっている[48]。思えば漢字文化圏が圧倒的な権威をもっていた時代、漢字文化圏の周辺地域に、いわば偽文字というべき表記法が捏造された。日本での仮名もしかり、韓国で発明された諺文もしかり。さらに女真文字や契丹文字などには、周辺文化圏の心理的劣勢複合が、不用意に複雑な文字体系の構築へと人々を駆り立てた形跡も濃厚だ。漢字文化圏と非漢字文化圏とに架橋し、一方から他方への越境を果たそうとした藝術家にとって、偽文字の発明は、けっして特異な逸脱行為ではない。偽文字文化の海賊論が要請される所以である[49]。

馬鈴薯型陶片の跳梁

おなじように偽文字から出発したもうひとりの藝術家に、倪海峰（ニー・ハイフェン）が知られる[50]。かれは識別不明の絵文字で作ったネオン管の壁を「トロイの馬」と名づけたが、これは越境の比喩としても卓抜だろう。正体を偽って防衛線をまんまと突破する海賊行為が、かれのオランダ社会への参入と重ねあわせになっている。呉須の青花模様を妻に頼んで自らの裸体に描いてもらった倪海峰は、この着脱可能というか、消去可能な刺青という偽装によって変身を遂げ、自らの出自を隠しつつ、同時に顕示する(51)。実際、コバルトの顔料は中国陶磁の代名詞であり、藝術家の中国出自を指し示す指標でもあったのだから。

ついで彼は、同じ模様を卵大の陶磁器の塊に塗布し始める。それはデルフト焼きの表情を喚起する点で、中国とオランダとの往時の交易を追憶させる。と同時にこの球体はジャガイモを陶磁器で模倣した代用品でもある。ジャガイモはジャガタライモとも言うが、それはジャカルタに由来する。南米原産の馬鈴薯は、遠路遥々ジャワ経由でオランダに運ばれ、いまではそこの食卓に不可欠な帰化植物となった。その経路を辿ることで、藝術家は、みずからのオランダ社会への編入を物語ってみせる。掌に巡らせることで愛玩できるその触覚性は、とかく視覚偏重となりがちな西洋美術への対抗でもあり、また文房四宝のひとつ、水滴をも想わせる形状は、非実用でなければ美術とはいえないとする、イマヌエル・カント以来の西洋美学に対して、控えめに反論を提起している(52)。そして手の平に転がす玩具は、老人むけの健康器具としても、長寿のための実用的日用品として重宝されよう。およそ藝術品はかけがえのなさ、一品性が希少価値に結びつくが、と同時に人々は隣人が所有しているお宝に類似した代物を入手したがる。お互いに極めて類似しながら、ふたつと同一でない馬鈴薯の形状は、この矛盾した欲望を満たすうえでも好適だった。市民ひとりひとりが、一個の倪海峰作品を所有したとき、作者はいわばオランダ社会で市民権を獲得するが、それと同時に「倪海峰」は市民公認の商標 trade mark へと昇進を果たすことにもなろう。実際近年では、倪海峰は呉須の文様を描き込んだ模造陶磁家具販売業者として、文字通りブランドになりおおせた(53)。

輸出用漆器の節操と海賊性

だが、はたしてこうした海賊商法は、現代に特有の現象なのだろうか。そう問うと念頭にのぼるのが、一方では中国陶磁器 china であり、他方は日本の輸出用漆器 japan だろう。陶磁器の流通に関する先行研究も示すように、景徳鎮では伊万里の模造が焼かれ、有田からは景徳鎮の偽物が輸出された(54)。その虚虚実実の化かしあいにこそ、陶磁器交易の実相があったことは、ロンドン大学付属博物館に寄贈されたパーシヴァル・デヴィッド卿（一八九二〜一九六四）のコレクションが雄弁に物語るとおりだ。蒔絵の世界に目を転ずれば、南蛮蒔絵が一七世紀前後に紅毛蒔絵へと変貌を遂げることが知られる(55)。ポルトガル人たちが聖書台や聖像の格納容器、あるいは蒲鉾型に螺鈿細工の象嵌が一面に施された櫃を所望したのに対して、かれらに取って代わったオランダ人たちは、平蒔絵で王朝風俗画が施された平面構造の函を好んだ。本来、日本特有にして真正なる蒔絵製品のはずだが、実際には顧客の趣味と需要に応じて、変幻自在な形態を帯びていた。

さらに、平戸商館長を勤めたカロン（一六〇〇〜一六七三）の手を経て手配されたと思しい豪華な贈答用の大きな函に注目しよう。ロンドンのヴィクトリア&アルバート美術館所蔵の所謂『マザラン公爵家の櫃』という破格の寸法の箱などには、平蒔絵で王朝絵巻と思しき絵柄が精緻に施されている。だが今日の専門家が鑑定しても、それがどのような題材に取材した絵柄か、判別がつかない。おそらく事実はといえば、いかにも日本らしいが、実際には荒唐無稽の絵柄を、蒔絵師たちが、輸出向けと知って造作したものらしい。いわば正統なる海賊版、あるいは海賊商法紛いのでっちあげの正統性が、ここに実現されている、といって語弊あるまい(56)。一言でいえば、徐冰や倪海峰のご先祖が、すでにここで活躍していて、ほかならぬ徐冰や倪海峰は、かれらの輪廻転生を遂げた姿に他ならなかったことになる。本論冒頭に戻るなら、《バッタもん》の元祖がここにあるわけだ。

さらに、ベルナール・ファン・リザンベールという伝説的な指物師の手になる横領行為に言及すべきだろう。

かれは、もはや不明の秘策によって、輸出蒔絵の漆の表面を、基板から薄く引き剝がし、それをたくみにロココの曲面なす家具の表面に貼り付けた。この「皮膚移植手術」によって、時代遅れになりかけた輸出用漆器は、欧州の貴族や王族の館で、新たな生命を付与され、いわば「死後の生」を授けられて、見事な転生を遂げたというに相応しい。そうした輸出漆器の蒔絵たちは、自分たちの輪廻転生に不平を託《かこ》つこともない。それなのに、なぜグッチやフェンディやシャネルの商標をプリントされた皮革たちが、殿様飛蝗の形をした型に皮膚移植されることは、海賊行為として断罪されねばならないのだろうか。交易路を通じた商品の伝播と「変態」にこそ、歴史の真実を垣間見ることが許されるのではあるまいか。そしてここまでくれば、そうした歴史の実相を、海賊商法の名のもとに断罪しようとする覇権構造の由来も、いまやくっきりと、この五百年間の人類世界史の眺望のなかに把捉することができたのではなかろうか。

最後にひとこと、きわめて保守的にして体制迎合の蛇足を加えよう。海賊行為を成功裏に完遂するためには、なにが違法行為となるのか、遊戯の規則をあやまたず弁えておく必要がある。さもなければ、「バッタもん」の流通は、違法操業の海賊行為として摘発される憂き目にあう。それが交易の宿命なのだから(57)。

（1）　本報告は、筆者が現在計画中の「文化翻訳の地殻変動、文化間葛藤の気象学・序説」の一部を構成する。Pirates' View of World Art History: beyond Oceanic View of Civilizations. Towards a Tectonics in Trans-cultural Transactions (TTT) & Climatology of Cultural Conflicts (CCC). なお本稿は、台湾大学で二〇一二年一〇月七日に行った筆者の講演を、求めに応じて要約した原稿である。徐興慶編『近代東アジアのアポリア』（台湾大学出版中心、二〇一四年）一一三～一五二頁に細部の異なる形で掲載されており、済州島における国際会議、"I HAVE" Knowledge

Service International Symposium, Say about "Technology and Value of Brand", May 29th-June 1st, 2014 Jeju, Korea でも口頭にて発表された。本論集第Ⅲ部の概論として不可欠なため、今回関係各位の許可を得て、必要な訂正を加えた異文を、日本国内むけにあらためて再掲する。

（2）福住廉「民間企業による新たな検閲：ルイ・ヴィトンが引き起こした作品撤去事件」（『あいだ』一七三号、二〇一〇年、九～一八頁）。

（3）山田奨治『日本の著作権はなぜこんなに厳しいのか』（人文書院、二〇一一年）。巻末に著作権法の抜粋があるが、これを「正しく」解釈するには、著作権関係の訴訟で実務経験も豊富な弁護士の解説が不可欠である。稲賀繁美「文化遺産としてのCMの保存と公開を考える」（「思考の隅景」連載八九回、『図書新聞』二七七三号、二〇〇六年五月六日付）。

（4）「海賊は共通の敵」（米中覇権の時代・連載第二回）『毎日新聞』二〇一二年三月二〇日付。ここで想起すべきは、プルードンの『所有とは何か』（一八四〇年）。所有 propriété は財産をも意味する。同年プルードンは『貧困の哲学』（一八四六年）を執筆するが、そのマルクスによる意図的誤読が『哲学の貧困』である。追って本稿で「貧困」と「財産所有」が問題となるので、注記する。

（5）Camille Pissarro, *Lettres à son fils Lucian*, Paris, Albain-Michel, 1950, p.318.

（6）Abigail Solomon-Godeau, "Gone Native: Paul Gauguin and the Invention of Primitive Modernism," *Art in America*, 77, July 1989, pp.118–129.

（7）Shigemi Inaga, «Tahiti et la migration des signes, Représentation du paradis terrestre chez Paul Gauguin et quête de la créolité dans le language plastique au tournant des XIXe et XXe siècle», *Multiculturalisme et identité en littérature et en art*, L'Harmattan, 2002, pp.11–24.

（8）家島彦一『海が創る文明：インド洋海域世界の歴史』（朝日新聞社、一九九三年）、『海域からみた歴史：インド洋と地中海を結ぶ交流史』（名古屋大学出版会、二〇〇八年）。

（9）フェルナン・ブローデル『フェリペ二世時代の地中海と地中海時代』（一九四九年）。日本語訳は『地中海』（藤原書店、一九九一年～）。

（10）宮崎正勝『鄭和の南海大遠征：永楽帝の世界秩序再編』（中公新書、一九九七年、一〇四～五頁）。ルイーズ・リヴァシーズ『中国が海を支配したとき』（君野隆久訳、新書館、一九九六年）。

（11） 古典的な一般向きの著作として、三上次男『陶磁の道』（岩波新書、一九六九年）。

（12） 田中健夫『東アジア通交件と国際認識』（吉川弘文館、一九九七年）、第1部「倭寇と東アジア通交圏」。なお前期と後期に分けられる倭寇については、その人種構成についての学術論争には韓日の政治対立や侵略戦争史観をめぐる論争が投影されており、論者の政治的立場を捨象できないため、客観的な学術的解釈を導くことがきわめて困難な状況にある。秦野祐介「倭寇と海洋史観」（『立命館大学人文科学研究所紀要』八一号、二〇〇三年）など参照。

（13） Oliver Wolters, *History, Culture, and Religion in Southeast Asian Perspective*, *Institute of Southeast Asian Studies*, Singapore, 1982. 白石隆『海の帝国：アジアをどう考えるか』（中公新書、二〇〇一年、四六～四七、二〇九～二一〇頁）。

（14） 松井真子「オスマン帝国の「条約の書」にみる最恵国条項」（鈴木董編『オスマン帝国史の諸相』山川出版社、二〇一二年、一二八～一四九頁）。なお二〇一二年四月九日段階で参照した Wikipedia の Capitulations of the Ottoman Empire にかんする英文の記述は、オットマン帝国と西欧諸国との相互的関係について、極めて脆弱な情報であり、また本項に日本語記事は登録されていない。

（15） 中国の朝貢制度に対する西側世界の誤解が絡む案件としては、英国王ジョージ三世の全権使節ジョージ・マッカートニーと清の乾隆帝との熱河における謁見（一七九二）が有名だろう。明代よりより遅れる時期だが清代の朝貢関係に関する仮説は、濱下武志・川勝平太編『アジア交易圏と日本工業化 1500-1900』（リブロポート、一九九一年）所収の濱下論文「中国の銀吸収力と朝貢貿易関係」に、この段階での図式が提示されている。なお欧米側からみた概説としては、Anthony Reid. *Southeast Asia in The Age of Commerce 1450-1680*, Yale University Press. 1988, 1993. アンソニー・リード／平野秀秋・田中優子訳『大航海時代の東南アジア』（法政大学出版局、上巻一九九七年、下巻二〇〇二年）。

（16） 東洋文庫編「時空をこえる本の旅2」に『東インド会社とアジアの海賊』（二〇一二年）という小冊子があるが、むしろ「東インド会社はアジアの海賊」と題すべきであろう。

（17） 一般向きの教科書として、川勝平太『ＮＨＫ人間講座　近代はアジアの海から』（ＮＨＫ出版、一九九九年）一一〇頁以下。

（18） 太田義器『グロティウスの国際政治思想：主権国家秩序の形成』（ミネルヴァ書房、二〇〇三年）など参照。

(19) 櫻井正一郎『女王陛下は海賊だった：私掠で戦ったイギリス』（ミネルヴァ書房、二〇一二年）。

(20) 鶴見良行『マラッカ物語』（時事通信社、一九八一年）九五頁。本書第2章「海に生きる人びと」の「海賊」と題する章には、海賊の実態とそれへの著者の眼差しが窺われ、参考になる。同じ逸話の国際政治学からの読解は、白石前掲注(13)九三〜一〇二頁。

(21) 川勝平太『文明の海洋史観』（中央公論社、一九九七年）。現時点で読み直すと、大胆だが議論がいかにも荒っぽい。

(22) マルクス主義の観念的な適用による世界史構想への反論として、日本における古典的な書籍には、宮崎市定『東洋的近世』（一九五〇年、中公文庫版一九九九年）。産業・交易史の立場からは川勝平太・濱下武志編『海と資本主義』（東洋経済新報社、二〇〇三年）。

(23) Hayami Akira, "A Great Transformation: Social Economic Change in Sixteenth and Seventeenth Century Japan," *Bonner Zeitschrift für Japonologie*, Vol.8, 1986, pp.3-13. Jean de Vries, *The Industrious Revolution*, Cambridge University Press, 2006.

(24) 速水融『近世日本の経済社会』（麗澤大学出版会、二〇〇三年）。

(25) そうした交易の実相と富の流入は、今に残る祭礼からも復元できる。鶴岡真弓編『京都異国遺産』（平凡社、二〇〇七年）。

(26) Kakuzo Okakura, *The Book of Tea*, 1906; Dover edition, 1964, pp.64-5.

(27) ドウズ昌子『イサム・ノグチ　宿命の越境者』（講談社、二〇〇〇年、文庫版二〇〇三年）。

(28) 稲賀繁美「彫刻から廃品再生金属織物へ」（『あいだ』一七八号、二〇一〇年）。埼玉県立近代美術館『彫刻家エル・アナツイのアフリカ展　記念シンポジウム「異文化の表象と展示空間の政治学」報告書』（二〇一一年）。

(29) *L'esprit Mingei au Japon, de l'artisanat populaire au design*, 30 sep. 2008-11 jan.2009, Galerie Jardin, Musée Quai Branly.

(30) 同様の認識への詩人タゴールの回想は、R. Tagore, "On Oriental Culture and Japanese Mission," address to te members of Indo-Japanese Association, Tokyo, 15 May, 1929. 以下も参照：Rustom Bharucha, *Another Asia*, Oxford University Press, 2006, p.170.

（31）岡倉の西側世界の学術への評価は、Kakuzo Okakura, *Collected English Writings*, Heibonsha, 1984, Vol.2, p.132.

（32）稲賀繁美「岡倉天心とインド」（モダニズム研究会『モダニズムの越境Ⅰ：越境する想像力』人文書院、二〇〇四年、八〇〜八六頁）。

（33）Shigemi Inaga, "Is Art History Globalizable?" in James Elkins (ed.) *Is Art History Global?* Routledge, 2007, pp.249-279; 384-390.

（34）「60年代の青年運動」（『アジア遊学』四二号、二〇〇二年）。Alain Rey, *Révolution, histoire d'un mot*, Gallimard, 1989.

（35）John Onians (ed.) *Atlas of World Art*, Laurence King Publishing, 2004; ジョン・オナイアンズ／薩摩雅登・川野美也子訳『世界美術史アトラス』（東洋書林、二〇〇八年）。関連して参照すべき書籍には、David Summers, *Real Spaces, World Art History and the Rise of Western Modernism*, Phaidon, 2003. Thomas DaCosta Kaufmann, *Toward a Geography of Art*, The University of Chicago Press, 2004. U.P.

（36）西欧美術史学の中心がドイツ語圏から北米英語圏へと移動した実相については、Michael Ann Holly, *Panofsky and the Foundations of Art History*, Cornell University Press, 1984. Michael Ann Holly+Keith Moxey, *Art History, Aesthetics, Visual Studies*, Clark Studies in the Visual Arts, 2003. 学術パラダイムの地理的移動については、中山茂『歴史としての学問』（中央公論社、一九七四年、新版一九八六年）。

（37）ここで参考となる思弁としては、Terry Smith, *What is Contemporary Art*, Chicago, University of Chicago Press, 2009.

（38）Georges Bataille, *Lascaux ou la naissance de l'art*, 1955. ジョルジュ・バタイユ／出口裕弘訳『ラスコーの壁画』（二見書房、一九七五年）。

（39）Georges Didi-Huberman, *L'image survivante, Histoire de l'art et temps des fantômes selon Aby Warburg*, Minuit, 2002. ディディ＝ユベルマン／竹内孝宏・水野千依訳『残存するイメージ：アビ・ヴァールブルクによる美術史と幽霊たちの時間』（人文書院、二〇〇五年）。

（40）稲賀による読解は、稲賀繁美「イメージはいかに生まれ、伝播し、体験されるのか」（『図書新聞』二七八九号、二〇〇六年九月九日付)。および「イメージ解釈学の隠蔽に西欧20世紀文化史の犯罪を摘発する」(『あいだ』一二八号、二〇〇六年、一二一〜一二六頁)。改題「ジョルジュ・ディディ＝ユベルマン著『残存するイメージ　アビ・ヴァールブルクによる美術史と幽霊たちの時間』を読む」(『あいだ』一三二号、二〇〇六年、八〜一七頁)。

(41) *Yawarra Kuju, The Canning Stock Route*, National Museum of Australia, 2012.

(42) Adrian Tucker, "Spirituality is more than the awareness of one's self. It is the awareness of and responsibility for knowing your place and role in the world. It is about being aware of the interrelatedness of all that was, is and will be. It is about knowing your responsibilities for the past, present and future." Newtown, 1997. From the Panel at the National Museum of Australia, Sydney, 2012.

(43) 世界文学史を巡る議論で、参考になる論点として、Franco Moretti, *Atlas of European Novel, 1800-1900*, 1998; *Graphs, Maps, Trees: Abstract Models for a Literary Hsitory*, 2005. *Novel* (ed.by F.M.) in 2 vols, Princeton U.P., 2006. これらの思索に対する筆者の反論あるいは代替案として、稲賀繁美「地理学的想像力から地学的想像力へ：酒井直樹氏の講演「翻訳と地図作成術的想像力」を聴いて」(『図書新聞』二八七九号、二〇〇八年七月二六日付)。また稲賀繁美「いま〈世界文学〉は可能か？：全球化のなかで二十一世紀の比較文学の現在を問う」(『比較文学研究』九二号、二〇〇八年、一〇四〜一二一頁)。とりわけ放浪の普遍主義への反論として、注(15)。

(44) 稲賀繁美「トポロジー空間のなかの21世紀世界美術史」(その4)(『あいだ』一四八号、二〇〇八年、二七〜三二頁)。

(45) こうした知的＝物理的な領土意識に裏打ちされたヘゲモニーに対して、「島嶼・群島」の比喩によって掘り崩しを図る議論として、今福竜太『群島―世界論』(岩波書店、二〇〇八年)。今福竜太・吉増剛造『アーキペラゴ：群島としての世界へ』(岩波書店、二〇〇六年)。

(46) 美術品の認知における西側の価値観の優位については稲賀繁美「近代の国家コレクションと民間コレクションの形成：東洋／日本美術の収集・展示・露出とその逆説」(『記号学研究』特集「コレクションの記号学」二一号、二〇〇一年、七五〜一〇一頁)。

(47) 本件は、文化間翻訳における戦略問題として解明されるべき問題である。稲賀繁美「翻訳の距離と比較文学の前線」(日本比較文学会編『越境する言の葉』彩流社、二〇一一年、一二三〜一三〇頁)。与那覇潤『翻訳の政治学：近代東アジア世界の形成と日琉関係の変容』（岩波書店、二〇〇九年）、とりわけ序論。与那覇の博士論文は、「海賊史観」と翻訳問題について示唆に富む。

（48）日本の文化的認知とその西側世界の認識装置への依存性については、稲賀繁美「ロラン・バルトあるいは虚構としての日本」（『表象としての日本』放送大学教育振興会、二〇〇四年、二五一～三頁）。

（49）稲賀繁美「ものぐるい、うつわまわし、まあい、あそび」（モノ学・感覚価値研究会第二回アート分科会、二〇〇九年四月一八日）の講演〈http://homepage2nifty.com/mono-gaku/〉参照。

（50）倪海峰についてはKitty Zijlmans. *The Return of the Shreds: Ni Haifeng*, Valiz, 2008.

（51）刺青の文化史的周辺性の意味についてはChristine Guth. *Longfellow's Tattoos, Tourism, Collecting, and Japan*. University of Washington Press. 2004. 宮下喜久朗『刺青とヌードの美術史』（日本放送出版協会、二〇〇八年）。

（52）物質感とその価値基準の相違については、モノ学・感覚価値研究会編『物気色　モノケイロ』（美学出版、二〇一〇年）。

（53）稲賀繁美「トポロジー空間のなかの21世紀世界美術史」（3）（『あいだ』一四七号、二〇〇八年）参照。

（54）Rosemary Scott & John Guy eds., *South East Asia & China: art, interaction & commerce*, London: University of London, 1994.

（55）日高薫『異国の表象：近世輸出漆器の創造力』（ブリュッケ、二〇〇八年）第二～三章。本書カヴァー写真にとられたヴィクトリア&アルバート美術館の蒔絵箱が、その典型である。またこれらの作品は『japan 蒔絵』展覧会（京都国立博物館、サントリー美術館、二〇〇八～九年）に出品された。同図録の永島明子「japan 蒔絵――宮廷を飾る　東洋の燦めき」参照。

（56）稲賀繁美「隠喩としての漆蒔絵」（『美術フォーラム21』一九号、二〇〇九年、一一五～一一九頁）。海賊行為と贋作の流通経路復元が、歴史復元に不可欠となる。

（57）折から、日本敗戦後の原油輸入に先鞭をつけた出光興産の創業者、出光佐三についてのノンフィクション仕立ての小説が、巷で話題となっている。百田尚樹『海賊とよばれた男』（講談社、二〇一二年）。「海賊」が事業成功者のあだ名として書籍の題名となる世相、実際にはCIAこそが現在の海賊に他ならぬこと、そしてこの主人公の「海賊行為」とはメジャーの市場覇権に割り込んで、結果的には合法的に日本の利権を確保したことにある点は、留意されるべきだろう。なお、ベン・ロペス『ネゴシエーター　人質救出への心理戦』が土屋晃、近藤隆文訳により、柏書房から二〇一二年に翻訳出版されている。

人類の敵――グロティウスにおける海賊と航行・通商の自由

山内　進

はじめに――海賊と国際法

海賊は、ヨーロッパにおいて、古くから「人類の敵（hostis humani generis）」と呼ばれてきた。この認識のもとで、海賊は、現代においても、「人類の敵」であるがゆえに「人類」に属するどの国によっても逮捕、処罰され得る、という稀有な法的地位に置かれている。(1)最近では海賊だけでなく、一国の境界に限定されない国際的犯罪（と思われる）行為についても、「人類の敵」という概念で対応する、という考え方も出現しており、(2)この言葉はなお生きているといってよいであろう。また、法の分野で「人類」という言葉が出てくるのは極めてまれなので、この点でもこれは非常に興味深い概念である。

この「人類の敵」という表現は一般的にはキケローに遡るとされている。もっとも、趣旨は確かに同じだが、表現は少し違う。この言葉は、ローマ人が最も重視した「信義」に関する記述の中に出てくるのだが、次の通りである。

またしばしば敵との間にも、戦争の法や誓いの信義を守らなくてはならないことがある。当然遂行しなければならないと、はっきりした意識をもって誓われた約束は、かならず守られなければならないからだが、そうした誓われ方をしなかった約束は、たとい守らなくても、決して裏切りにはならない。たとえば賊（praedones）に約束した身の代金《しろ》は、賊に渡さなくても決して欺瞞ではない、たといそれを誓いながら、破ったとしても。何となら、海賊（pirata）は正式正当の敵ではなく、万人共通の敵（communis hostis omnium）だからだ。こういう敵との間には当然、信義があるべき筈がなく、合意の誓いの成立など、考えらるべきことではない[3]。

この「万人共通の敵」という言葉が「人類の敵」という概念に置き換えられたのはバルトルスによるとされるが[4]、「人類（genus humanus）」という概念を用いて海賊に対峙する法理論を明快に示し、後世に大きな影響を与えたのは近世の国際法学者とくにアルベリコ・ジェンティーリ（一五五二～一六〇八）とフーゴー・グロティウス（一五八三～一六四五）であろう。ジェンティーリは海賊に対する万人の戦争、つまり国家による「海賊戦争」[5]を提起し、海賊に対する「正確な概念規定」を最初に行った点で高く評価される[6]。

しかし、私がより興味を覚えるのはグロティウスである。グロティウスは青年時代に『捕獲法論（de iure praedae）』（一六〇四～〇六）という戦時掠奪の法理を扱う著作を書き、掠奪を業とする海賊と交戦時に掠奪を行う者との異同に深い考察を示しているからである。ちなみに、この『捕獲法論』は一九世紀半ばまで公刊されなかったが、海の法の中心的部分ともいえるその第一二章だけは一七世紀の初頭に独立して出版されている。これが、『戦争と平和の法（De Iure Belli ac Pacis)』（一六二五）とともに彼の代表作とされる『自由海論（Mare Liberum)』（一六〇九）である。

グロティウスが『自由海論』や『戦争と平和の法』で海賊に言及している箇所はそう多くない。しかし、掠奪は古代、中近世ヨーロッパにおける戦争においても頻繁に実行されていたもので、これをどう考えるかは戦争の法を扱う論者にとって決定的に重要だった。グロティウスはこの問題に深くかかわっていた。それだけにまた、海賊の問題は「人類」という概念を含めて、ある面でグロティウスの法理論の核心に触れている。したがって、グロティウスの海賊観を考察することは、グロティウスの法思想の核心的部分に通例とは異なった角度から光をあてることになると思われる(7)。私は以下において、そのような観点から、グロティウスにおける海賊と法の問題を考察してみたい。

一　公敵と海賊

スキタイ風

掠奪は人類の歴史のなかで広くかつ一般的に行われてきた。それは、他人の財産だけでなく、その身体にまで及んだ。戦いに際して、そのような掠奪が行われるのはほとんどの場合、自明ですらあった。戦いが小規模であっても、それは同様である。私が知っている限りでは、少なくとも古代、中世ヨーロッパでは、戦いは奪うための経済的行為だった。生産性の低い社会にあっては、自分で物を育て生産するよりも、他者から奪う方が効率的だったからである。初期中世ヨーロッパにおける自由人とはなによりも軍事遠征に参加できる者のことであり、彼らの行う戦争行為と掠奪との間には、特別の境界線はなかった。なぜなら、自由人が戦争に参加するのは掠奪のためであり、軍事的遠征とは掠奪行を意味したからである。戦争は「第一級の重要性をもった経済活動の通常の形態だった(8)」。

しかし、人類は一方で「殺してはいけない」「奪ってはいけない」「盗んではいけない」という倫理や原理をもっている。アウグスティヌスがいうように、盗賊団ですら、自らの間では、「首領の命令によって支配され、徒党を組んではなれず、団員の一致にしたがって奪略品を分配する(9)」。少なくとも、血縁者や血縁的仲間、血縁的共同体そして疑似血縁的集団の内部では、奪うことや盗むことは許されなかった、といってよい。

奪うことを自明とすることと否定することとは真逆の関係にある。したがって、これを同時に認めるのは明らかに矛盾である。しかし、この矛盾は、実際には自己の側と他者の側とを分け、その間に境界を引くことで解決されてきたように思う。自己の側で奪ったり盗んだりしてはいけないが、他者に対しては許されるという考え方である。もちろん、これにも程度の差はある。はなはだしいのは、他者に対してはいつでも無条件にそのような行為が許される、という考えかたであろう。フーゴー・グロティウスは、サラミスのエピファニオスの言葉を引いて、これを「スキタイ風」と呼んでいる。スキタイとは、紀元前八世紀から紀元前三世紀ころまでウクライナを中心に活動していたイラン系遊牧騎馬民族のことである(10)。

グロティウスによれば、そもそも人は他者に対しても一定の尊重をする存在である。というのも、「人々の間には自然的に血縁関係がある、したがってある側が他の側によって傷つけられてはならない、という自然法の規則」があるからである。しかし、古の時期にあっては、この規則に従わない人々も多数存在した。グロティウスはいう。「なぜなら、自然法のこの原則は、かつてのノアの洪水以前のように、洪水の後に時間がたって再び悪習によって抹殺されてしまい、外国人に対して戦争を通告せずに強盗し、海賊行為を働くことは許される、とみなされるようになったからである。エピファニオスはこれをスキタイ風と呼んだ(11)」。

名誉あるもの

スキタイ人は、強盗や海賊行為を無差別に行うだけでなく、それをしばしば名誉ある行為とすら考えたという。グロティウスが続けるところでは、「それゆえ、ホメーロスにおいて『汝らは海賊か』と尋ねているのは好意的な質問であり、そのことはトゥーキュディデースもまた指摘している。ソロンの立法には、自由な掠奪者たちの組合がある。ユスティヌスがいうように、タルクイヌスの時代までは海賊(latrocinium maris＝海の強盗）は名誉あるものとみなされた」。

トゥーキュディデースはその昔、ギリシア人や大陸の沿岸部に住んでいた異民族たちが海賊行為を働くようになり、「自分の利益や家族たちをやしなう糧をもとめて、……ポリスを襲い掠奪を行った」と記し、こう続けている。

かれらはこのような所業に廉恥の心はおろか、むしろこれこそ真の名声をもたらす所以と信じて、ここに生活の主源をもとめていた。これは今日ですらなお、賊行為にたけているのを誇りとする一部の大陸住民の風習に残っているし、またじじつ、古代の詩人らは、どこからであれ船でやってきた人間には、いちおう、海賊か、とまず尋ねる習慣を書きとどめている。しかし、そういって尋ねた者は相手を非難している風ではないし、尋ねられた方でも、失礼な尋ね方だと思う様子はみうけられない(12)。

また、「タルクイヌスの時代」のタルクイヌスとは、ローマの第五代の王タルクイヌス・プリスクス（前六一六～五七九）のことである。ローマの歴史家ユスティヌスもまた、このローマの王の時代に古代ギリシアのイオニアにあったポカイア人たちについて、「土地を耕すよりは、海に愛着をもっていた」彼らが「漁業、商業、それ以上に大概は、当時は名誉と考えられていた海賊によって生計を立てていた」と伝えている(13)。

グロティウスが指摘しているように、ギリシアにおいて海賊が名誉あるものとみなされたのはまさにこのタルクイヌスの時代までだった。海賊は、それ以降はやはり討伐されてしかるべき存在となる。プルタルコスの『英雄伝』には若き日のカエサルと海賊との間の有名な逸話が伝えられているが、カエサルは海賊を決して名誉ある者たちとはみなしていないし、そのように対応もしていない。それどころか、最後は捕らえた海賊たちを「磔」に処している(14)。

プルタルコスはこのことについて何の感想も述べていない。しかし、カエサルの偉大さ示す逸話として彼がこの話をあげているのは確かである。彼にとってもまた、海賊はそのように扱われて然るべき存在だったに違いない。むろん、ローマの法律家たちの間でも、それは自明だった。海賊は討伐されるべき存在にすぎず、国家が正式に敵対し、軍事祭官法や万民法が対象とする正式の「敵」ではありえない。「学説彙纂」には次のようなポンポニウスの規定が挙げられている。

ポンポニウス・クイントゥス・ムキウス第三巻:「敵」とはわれわれに対して公的に戦争を宣言した者たちか、われわれが公的に戦争を宣言した者たちのことである。それ以外の者たちは「盗賊」か「海賊」である。(15)

「敵」について、グロティウスはさらに『戦争と平和の法』の第三巻第三章で「学説彙纂」の次の法文を挙げている。

ウルピアヌス『提要』第一巻:敵とはローマ人民が公的に戦争を宣言したか、ローマ人民に対して向こう側から戦争を宣言する者たちのことである。それ以外の者たちは盗賊か海賊と呼ばれる。したがって、賊によって捕らえられた者は賊の奴隷とはならず、戦前復帰を必要としない。しかしながら、敵によって、つまりゲルマン人やパルティア人によって捕獲された場合には、その者は敵の奴隷となり、戦前復帰によって以前の地位を回復する。(16)

不正な国家と海賊

戦前復帰とは、ローマ人が敵の捕虜となり奴隷となった場合、敵の奴隷であっても、その「権利は、捕虜状態の間は未確定のままで」、「もし彼が帰国に成功する場合には、そのとき、彼は、(多くの事柄において)あたかも彼がずっとその権利を保持し続けていたかのように扱われる」(17)というローマ法上の制度である。帰国できなかった場合には、「その権利は捕虜になると同時にすでに消滅してしまっている」ことになる。しかし、盗賊や海賊によって捕らえられた場合には、賊は「敵」ではないので、賊の奴隷とはならない、と考えられた。つまり捕えられてもそれまでの権利はすべて従前通りということで、ローマ法のうえでは同じように捕えられてもその法的効果はまったく異なったものとなる。賊と敵は法的には明確に区分されていた。

しかし、その根拠ははたしてどこにおかれるのであろうか。例えば、「正義がなくなるとき、王国は大きな盗賊団以外のなにであろうか」というアウグスティヌスの有名な言葉がある[18]。これは、国を国たらしめているのは「正義」であり、それがなければ国も盗賊団も異なるところがない、盗賊団といえどもその内部においては一定の秩序を有している、といささか逆説的に訴えている言葉である[19]。相手がたとえ「正義」のない国であっても、なおこれを「敵」として扱うことは許されるのか。あるいは逆に整然とした盗賊団であっても、「敵」ではありえないのか。私が知る限りでは、ローマ法の法文はそのような問いかけそのものはしていない。しかし、グロティウスは、このような問いを念頭において[20]、次のように明快に答えている。

しかして国家というものは、たとえ共同で不正な行為を行っても、直ちには国家であることをやめない。海賊や盗賊の集団は、たとえ彼らの間でどのような集団にも不可欠のある種の衡平を維持したとしても、国家ではない。なぜなら、盗賊や海賊は犯罪のために集まっているのに対し、国家は、時として不法な行為から自由ではないが、（自由人たちの）権利の享有のために集合したものだからである。また……あらゆる面でとはいえないが、自然法にしたがって、少なくとも相互に結ばれた条約（pacta）または慣習（mores）によって、外国人に対しても権利を与えるからである[21]。

二　正式戦争と掠奪

病んでいる身体

たしかに海賊は、彼ら以外の「外国人」に一定の権利を与えるどころか、これを無差別に襲い、奪うのが通例であろう。グロティウスにとって、「犯罪」のために集まっている集団と自立的に「権利の共有」あるいは「共通の利益」のために集まっている集団とではその質が根本的に異なっている。その観点から、グロティウスは、『神の国』を通じて伝承されたキケローの言葉、つまり王あるいは貴族あるいは国民自体が不正であるとき、その国家とは「およそいかなる国家でもない」という断定（『国家論第三巻』[22]）を

「あまりにも粗雑だ」、と次のように批判する。

病んでいる身体も身体である。そのように、たとえ重病であっても、国家は、法律を維持し、裁判所を維持する限り、また市民相互の場合と同様に外国人についてもその権利を獲得させるのに必要なその他のものが存在する限り、国家である。[23]

タキトゥスが伝えたように、ガラマンテス人は強盗に満ち満ちている民族だが、やはり民族である。イリュリア人はおしなべて海賊行為を行うのを習わしとしていたが、彼らに対しては、ローマ人の勝利の際には凱旋が行われた。ポンペイウスは海賊を討伐したが、凱旋を行わなかった。海賊は国家ではないので、敵たりえないからである。「どれほど悪徳であっても人民であるのと、人民ではなく犯罪のために集まっている者たちとの間には大きな隔たりがある」。

グロティウスがこのように語るのは今日の観点からみて当然だが、当然すぎて、むしろグロティウスがなぜ国家と盗賊や海賊との違いにそれほどこだわるのかが不思議なほどである。しかし、彼がこだわるのにはむろん理由がある。そうしなければ、ほんとうにその二つの間で区別がつかなくなってしまうからである。

掠奪の許容

最初に記したように、ヨーロッパでは古代の戦争においても中世の戦争においても掠奪は自明のこととして、かつ合法的行為として社会的に認められていた。[24] これは、一七世紀のグロティウスのもとでも同様だった。グロティウスは、国家と国家とが互いに戦争を宣言して戦う公的戦争を正式戦争と呼び、盗賊や海賊との争いをこれから除外した。そして、この正式戦争のもとでは、「憎しみによって戦い、掠奪することが許されよう[25]」、というユーピテル神の言葉を正当な考え方として挙げている。ただし、「許される」というのは、称賛はされないが、罰せられないという意味である。その意味で戦時下の掠奪を許した。『戦争と平和の法』第三巻第五章第一節は、「敵に属する物は破壊され、掠奪され得る」との表題のもとに、この認識を次のように明白に伝えている。

キケローは『義務論』の第三巻でいう。「殺害するのが立派といえる相手から掠奪することは自然に反しない。」また、万民法は敵を殺害することを認めてきた。ゆえに、敵の土地と財産を奪い、荒らすことが許されてきたのも不思議ではない。ポリュビオスがその『歴史』第五巻で、敵の要塞、港、都市、男たち、船、果実、その他同様のものが奪いとられるか破壊されるのは戦争の法によって理解される、というのもそのためである。リヴィウスによれば、「穀物を引き出し、家を破壊し、人と財貨を掠奪するなど、実行するのも耐えるのも正しいという言わば戦争の法がある。」歴史書をひもとけば、そのほとんど全ページにわたって、都市全体の破壊、城壁の大地への崩壊、農地の荒廃化、放火が現れる。タキトゥスはいう。「市民たちは自発的に城門を開け、自分たちとその財産をローマ人たちに委ねた。これが彼らに安全をもたらした。しかし、アルタクサタには火が放たれた」と。[26]

しかも、掠奪が許されるということは、その物に対する所有が法的に認められることを意味した。さらに、万民法によって、正当原因のもとに戦争を行う者だけでなく、正式戦争に参加する者もまた無制限かつ無条件に敵から奪った物の所有者となる。むろん、これが意味するのは、その掠奪者及びその者から権限を譲られた者はその物の所持に関してすべての民族によって守られねばならない、ということである。それは、外的効果に関する限り、所有権（dominium）ということができる。[27]

外的効果の意味

「外的効果に関する限り」というのは、内面的正義や正しさとは別に現実社会で築き上げられてきた人々の合意や慣習による、人間社会の法的秩序に限定して考えるならば、という意味だと解釈してよいだろう。

グロティウスによれば、正式戦争にあっては、「敵の身体と財産を害すること」は、「双方に無差別的に許される」。双方に許されるのは、いずれが正しいかを明らかにすると、他の国家にとって、それを理由として他者の戦争に巻き込まれる危険性がでてくるからである。また、外形からいずれが正しいかを判断するのは難しく、その判断はむしろ「戦っている者たちの良心」に委ねるほうが適切だからである[28]。

倫理や道徳の問題はさておき、万民は、現実の政治や社会のもとで掠奪を認め、その結果に法的効果を与えてきた。グロティウスはそれを尊重し、国家どうしの戦争については、いずれが正しいかの判断は原則として行わず、双方について掠奪を自由に行うことを認めた。いずれが正しいかを決めないという立場は、勃興しつつあった国家の主体性、独立性に対するグロティウスの理解と評価を意味する。しかし、正式戦争のもとでの掠奪と所有権の取得をグロティウスが全面的には認めていなかったということは、「外的効果に関する限り」という限定をあえて付していたことから容易に想像がつく。

では、そのような限定がないケースとはどのようなものであろうか。

三　正戦の思想

正戦

グロティウスにとって、正式戦争は、最高権力を有する国家と国家との間の、宣戦による相互的武力行使のことであった。この関連からすると、海賊の武力行使が戦争の法の対象にならないのは明らかである。海賊は国家ではないからである。この形式的ともいえる差別化のうちにグロティウスの近代性を認めることは可能であろう。

しかし、グロティウスは、主権的な国家だけをその法理論の基軸に据えていたわけでも、実証的形式主義に拘泥していたわけでもない。彼は、「国家というものは、たとえ共同で不正な行為を行っても、直ちには国家であることをやめない」と断言していたが、だからといって国家の振る舞いに正義は不要だといっているわけではない。これは、「正戦」の思想とかかわってくる。

グロティウスの法理論のもとでは、敵を対象とする戦争は実は正式戦争だけではない。もう一つ、この正式戦争をも含みこむような「正戦（正当戦争 bellum iustum）」という概念が存在した。正戦とは「正しい戦争」もしくは「正当な戦争」を意味し、戦争の理由、原因の正当性を本質的要素として重視する。先に引用した「外的効果」に関する一文中の「正当原因のもとに戦争を行う者」とは正戦を行う者という意味である。実際、歴史的伝統からすると正戦のほうが正式戦争よりも古く、かつ正統的で、『戦争と平和の法』の主題もそこにあった。

しかし、「新しい合理的な秩序としての国家」とその主権性のうちに近代を見る論者からすると、グロティウスが正式戦争を語りつつ、なお正戦にこだわるのは不徹底ということになる。カール・シュミットはこの観点から、より明快なジェンティーリを「すべての決定的な点で動揺している」グロティウスよりも高く評価している[29]。この評価は一面的だと私は考える[30]。

グロティウスは、中世的性格を色濃く残している、殺戮や掠奪を無限に行う正式戦争の苛烈な戦いと法慣習に対して疑問をもち、戦争に限定性と寛容を要求することの重要性を明確に認識していたからである。グロティウスが「正式戦争」だけではなく、自然法を規範とする「正戦」を含めて、戦争を考えようとしたのはそのためであった。というよりも、戦争とはそもそも正当であるときにのみ認められるもので、正式戦争であっても、本来は正戦でなければならない。正式戦争に一定の自由が与えられるのは、外形からいずれが正しいかを判断するのは難しいからであり、またそれが万民の間に認められる現実だったからである。

したがって、グロティウスは、正式戦争において「敵の身体と財産を害すること」が「双方に無差別的に許される」としても、なお「名誉と良心」がこれを禁止すると主張した。「たとえ戦争が正式戦争においてなされたとしても、戦争の原因が不正であれば、戦争から発生するすべての行為はその内的な不正義によって、不正である」[31]。戦争は本来、不正であってはならない。

正当原因

では、正当な戦争あるいは不正な戦争とは何か。グロティウスはこの問題について議論を詳細に展開した。いわゆる正戦論である。グロティウスが正戦という概念を維持し詳しく検討したことについて、カール・シュミットは「あたかも、依然として神学的な中世の中に完全に存在しているかの如きもの」[32]と批判的に伝えている。だが、グロティウスの正戦論は中世の神学的正戦論とは違う革新的なものであった。

中世正戦論の基準となったのはトマス・アクィナスの理論である。アクィナスによれば、正戦には次の三つの要素が必要だった[33]。

1．その主体が君主であること

2．正当原因（理由）を有すること

3．正しい意図を有すること

ところが、グロティウスにあっては、1に私人＝個人を加え、3を彼の正戦論から除外してしまう。彼が正戦に必要なものとして受けついだのは2の正当原因だけである。また、正当原因についてもグロティウスは独自の新しい認識を示し、アクィナスから離れる。この違いはグロティウスの新しさからくると私は考えるが、1の問題については別の機会に論じたので[34]、ここでは、本稿の主題と直接的に関わる、2のグロティウス的な正当原因論について考察を加えておこう。

グロティウスにとって、正当原因は正戦のもっとも重要な要素であった。それはひとことでいえば正しい側には「権利」があり、不正な側には「無権利（不法 iniuria）」しかない、ということである。正しい側は相手側の不法に対応して武力行使することが許される。そのような不法への対応の形態としては三つのものが挙げられる。

1．自衛

2. 自身に属するもの及び債権を有するものの執行

3. 刑罰

これを理由とする戦争は正当であり、それがなければ不正である。したがって、正式戦争であっても、正当な原因なくして行われた場合には「罪とならないとはいえない」。グロティウスは、アレクサンドロス大王といえども、原因なくしてペルシャなどと戦争を始めたとすれば、セネカによって盗賊と呼ばれることも、海賊によってその仲間とされることも適当であろう、と記している(35)。

不正な戦争原因について

これを逆からいえば、正当原因をもたない戦争は不正である。原因もなしに冒険のための冒険を行うような「戦争の害悪は、人間の限度を超えている」。グロティウスによれば、「アリストテレスはこれを野獣的と呼んだ」。セネカはいう。「残虐を喜ぶことは残忍ではなく、野獣的である」と。

野獣的とまで言わずとも、戦争の理由とならない事例は多数ある。グロティウスがその例として挙げているものを次に紹介しておこう。

・沼地と荒地を捨てて、より豊饒な土地を得るための欲望。これは正当原因とはならない。

・他者によって占有されているものの発見。占有者が邪悪で、異教徒で、性質が愚鈍であるとしても、それは正当原因とはならない。

・他の者の福祉は、その意思に反する場合は、正当原因とはならない。ある者が奴隷にふさわしく、哲学者が生来の奴隷と呼ぶべき者とみなして、力によってこれを服従させるのも間違いである。

・皇帝が有するとされることのある世界支配の資格もまた正当原因とはならない。たとえ、偉大な法学者バルトルスがこの資格を皇帝に対して否認するのは異端だと主張しても、皇帝は「世界の支配者」ではありえない。ダンテの同様の主張も誤っている。

・教会に対して認められることのある世界支配の資格も同様である。これまで知られていなかった地域の住民に対しても、教会が権利を有するとの説がある。しかし、これはパウロ自ら、「キリスト教が採られていないところでは、彼も裁く力をもたない」と伝えている。

グロティウスが不正な戦争原因としてあげているのはこれだけではないが、以上が主要なものである。[36]興味深いのはここで挙げられている不正な理由の多くが大航海時代以来のヨーロッパの拡大と関連していることである。「発見」はアメリカ大陸など非ヨーロッパ世界の「発見」を、また「生来の奴隷」とはインディオなどを指している。そもそも、「生来の奴隷」と呼ぶべきだと主張した「哲学者」とは誰よりもアリストテレスだった。[37]バリャドリーの論戦でラス・カサスに対抗してスペイン人植民者の暴虐な行為を弁護したセプールベダの一つの論理は「先天的奴隷人」説だったが、彼こそまぎれもなく当時最高のアリストテレス学者だった。[38]また、皇帝の世界支配も教会の世界支配も、そこには具体的な批判対象が存在した。ローマ教皇アレクサンデル六世はその世界支配権を根拠として、世界を東西に分割し、「インテル・カエテラ」（一四九三）によってこれをポルトガルとスペインに委ねていた。二つの国はトルデシリャス条約（一四九四）とサラゴサ条約（一五二九）によって未踏の世界の支配とそこに至る道、現地との交易の独占権をさらに勝手に分割した。[39]グロティウスはこのような、ローマ教皇と皇帝、皇帝に連なる国王の主張と論理を明確に否定した。たしかに、それは彼の祖国オランダ共和国の利益に適うことだった。しかし、それだけではない。

彼が否定したのは、「人類」のためという、もっと大きな理由からだった。

四 人類の敵

『自由海論』 グロティウスが掠奪をテーマとして『捕獲法論』を書いていること、そしてその一部が『自由海論』であることはすでに指摘したが、この二つの著作は不正な所有と独占を主張する側と人類社会の自由の立場に立つ側との争いを示し、後者の正当性を主張するものであった。具体的には、不正な戦争原因に拠っているのがスペインとポルトガルで、正戦を遂行しているのがネーデルラントつまりオランダ共和国である。

『捕獲法論』の記述によれば、スペインとスペイン王が王位を兼ねていたポルトガルは新興の商業国家オランダ共和国の海外交易船をしばしば追跡、捕獲し、船員を殺害し、何千人もの人々をガレー船につなげたという。それは、イベリア半島近隣だけではなく、エチオピア、インド、ブラジルに及んだ。彼らは、「海の商業」は自分たちに特有の物だと主張し、他のすべての人々を排除しようとした。これは、マレーシアやインドネシアなど東南アジアにおいても同様だった[40]。

商業国家であるオランダ共和国は、それにもかかわらずスペインと戦い（八〇年戦争）、海洋に進出し、各地への航行と現地人との通商を行おうとした。ローマ教皇による支配権の授与や自らの「発見」などを論拠として、海と「海の商業」の領有を主張したスペイン、ポルトガルに対して、グロティウスはこれに反論することを目指して『捕獲法論』を執筆した。また、一六〇八年から始まっていた、スペインとの休戦をめぐる交渉のなかで、スペイン側がアジアにおける支配と商業活動の独占をポルトガルにゆだねることを主張したのに対して、グロティウスは、おそらくオランダ東インド会社と協力して、この主張に反対するために『自由海論』を公刊した[41]。

グロティウスはその論点を次のように説明している。

われわれもまた、二つの裁判所（善き人々の一致した判断と自分自身の心の判決）に新しい事件を提訴する。……それは、ほとんどすべての海洋、航行の権利や通商の自由に関するものである。われわれとスペイン人との間では、つぎのことが論争されている。すなわち、無限で巨大な海は一つの国家に属するものであるべきか、それとも世界国家（regnum maximum）に属するものであるべきか。物を売ることや、交易を行うことや、また相互に往来したいと望んでいる諸国民に対して、いかなる国民であれ、そうすることを禁止する権利を有し得るか否か。誰であれ、自分のものでなかったものを与えることができはしなかったのではないか。あるいは、すでに他人のものであったものを発見することなどできなかったのではないのか。あるいは、長期間の明白な不法が何らかの権利を与えることができるのか。[42]

グロティウスは、これを次のようにひとつひとつ論じていった。[43]

第一章　航行は、万民法によってなに人にも自由である。

第二章　ポルトガル人は、オランダ人が航行する東インド諸島に対して、発見（先占）によっても、いかなる支配権（所有権）をも有しない。

第三章　ポルトガル人は、東インド諸島に対して、教皇の贈与によっても、支配権（所有権）を有しない。

第四章　ポルトガル人は、東インド諸島に対して、戦争にもとづいても、支配権（所有権）を有しない。

第五章　東インド諸島に行くまでの海と、その海を航行する権利とは、先占（占有）によっても、ポルトガル人の独占とはならない。

第六章　海と航行の権利は、教皇の贈与によっても、ポルトガル人の独占とはならない。

第七章　海と航行の権利は、時効や慣習によっても、ポルトガル人の独占とはならない。

第八章　通商は、万民法によっていかなる人の間においても自由である。

第九章　東インドとの通商は、先占によっても、ポルトガル人の独占とはならない。
第一〇章　東インドとの通商は、教皇の贈与によっても、ポルトガル人の独占とはならない。
第一一章　東インドの住民との通商は、時効や慣習によっても、ポルトガル人の独占とはならない。
第一二章　ポルトガル人が通商を禁止するのは、衡平にもとづいても、いかなる支持をもうけない。
第一三章　オランダ人は、東インドとの通商の権利を、平和のときでも、休戦のときでも、戦争のときでも、維持しなければならない。

各章での見解に関する個々の分析は省くが、グロティウスが全編を通じて強調したのは、海は人類に共通のもので誰の所有にも属さない、誰にも領有されず、ローマ教皇といえどもそのような権利はもたず誰に対しても世界の支配権や航行と通商の権利を委ねることはできない、したがって海と海の航行とそれに基づく通商は誰によっても独占されない、ということであった。

不変の万民法＝第二の自然法

海とその使用が自由なのは、海が誰のものでもなく、共有（総有）されるものだからである。(44)これは、『自由海論』の序文で明確に説明されている。それによると、地上のものは二種類にわけられる。ひとつは「各人が万民と共通に所有するもの」、いまひとつは「他の人の所有から区別されて、各人が別々に所有するもの」である。このような区別があるのは「自然が欲した」ためで、自然は人類の使用のために「共有」であり続けるものと、「勤勉と労働」によって「私有（propria）」になるものとに区分を行ったからである。法律も、万民が万民を害することなく共有のものを使用するためと、その他各人が自ら把握した部分で満足し他人のものから遠ざかるために与えられた。

共有のための法が万民法である。それは不変であり、スペインやポルトガルによる海と航行の独占という長期の慣行によっても変えられない。なぜなら、万民法には第一と第二の二つの種類があり、海洋の自由は、神の摂理から生じる不変の法である自然法の一部としての「第一の万民法」に属するからである。したがって、海の共有という万民法は自然法の一部であり、不変である[45]。第二の万民法は「実定的な万民法（ius gentium secundarium sive positivum）」で、これは可変的である。「長期の慣行」は第二の万民法に属する。しかし、可変的な慣習が第一の万民法に反する場合は、その慣習はバスケスがいうように「人間の慣行ではなく、野獣の慣行である。それは腐敗にして乱用であり、法律でも慣習でもない[46]」。

したがって、海のように広大な空間について、共通の使用を妨げ自身の支配と命令だけを主張するならば、それは「節度のない支配欲」というべきである。自分の損にはならないのに、自由な航行を妨げるのは不当である。共通のものの使用を独占し、他者の使用を禁止することは、自分のもっている火を他者に使わせないのと同様、「人類社会の法（lex humanae societatis）」に反するもので、「この犯罪者」はこの法によって有罪を宣告されるであろう[47]。

グロティウスはこう主張して、「他の者が航行することを禁止する者はいかなる法によっても守られない[48]」と断言した。国家であっても「人類社会の法」を犯すものについては、海賊と同様に「人類の敵」とみなし得るという認識がここに示されている。

海賊が人類の敵である最大の理由

グロティウスはこうして、不正なポルトガルやスペインに対して戦争を行っても、それは正戦だと主張し、こう記した。正しい裁判官はオランダ人に通商の自由を認める判決をくだし、その自由を妨げるポルトガルなどに、他の人々に対して「強力を行使するのを禁止し、生じた損害の償いをなすことを命令するであろう」。もしそのような判決がえられない場合には、「それは正当な戦争によって強制される」。アウグスティヌスがいうように、「相手の不正が正当戦争を行わせる」からである、と。

ここでは、国家間における戦争であっても正・不正の区別があるとされていること、その正当原因のなかに人類という視点が示されていることが注目される。自然が人類に対して共有物として提供しているものについて、それを私有化し、使用を独占することは不正だ、というのがここでの正戦の根拠となる。したがって、その不正に対して戦う者は、個別の利害ではなく、人類の利害を代表する者にほかならない。

グロティウスはローマの例を挙げている。ローマ国民は近隣の海域の海賊を討伐したが、これは、彼らが海を領有していたからではない。ローマ国民が持っていたのは「保護」と「管轄」の権利にすぎなかった。ローマは航行を守るために艦隊を維持し、海賊と戦い、捕らえられた海賊を処罰した。しかし、それはローマ帝国に帰属する独自の権利と利害によってではなく、「他の自由な諸民族もまた海に対して有する共通の権利にもとづいて」実行したにすぎない。海賊は人類の法を犯す犯罪者、「人類の敵」として誰によっても捕らえられ、断罪され得る存在であるから、人類に代わって、ローマが法を執行したにすぎない。同じ論理は、人類の法を犯す場合には、国家に対しても適用される。

『自由海論』は彼の祖国オランダ共和国のために書き、公刊したものであることは間違いない。その意味で、『自由海論』をただ人類の観点からのみ評価するのは適切ではないだろう。しかし、ここでグロティウスが示した論拠はやはり歴史的重要性をもっている。なぜなら、その論拠とされたのが、自然法の名のもとに主張された、国際的な航行の自由と通商の自由だからである。

新しい価値観

戦争の原因はいろいろある。とりわけ中世ヨーロッパでは名誉が重視された。オットー・ブルンナーによれば、中世ヨーロッパの戦争つまりフェーデ（私戦）は「権利つまり名誉のための戦い」にほかならなかった[49]。ホッブズの言葉を借りれば、「名誉あること」とは「どんなものを所有することであれ、どんな行為であれ、またどんな性質であれ、力の証拠でありしるしとなるもの」のことである。「互いに価値を付与しあう価値の表明」によって名誉付けが行われる。したがって、「一語一笑、意見の相違、その他すべての過小評価のしるしのごとき、些末事に関して、それが直接にかれらの人格にむけられたものか、間接にかれらの親戚、友人、国民、職業、名称に向けられたかをとわず」、不名誉と感じられた場合には、人はただちに暴力に奔る。(50) これは主観的で、騎士的な倫理観と結びついている。

しかし、航行の自由と通商の自由はそれとはまったく異なった価値観を表現している。それは、市民あるいは商人の価値観である。市民たちの商業を重視する思想がその根底にある。商業活動、通商の自由が人類の普遍的規範である、という認識は、それまでの騎士的価値観とは、まったく異なったものだった。海賊が人類の敵として否定されるのも、実は結社の目的が盗にあるということだけではない。グロティウスは『自由海論』でより大きな理由を次のように示している。

したがって、なおさらのこと、ともに通商を望んでいる諸国民が、その諸国民に対して、またその通商のための道についてなんの権限ももたない者たちの活動によって遮断されるならば、それ以上に不当なことがあるだろうか。たしかにわれわれが盗賊や海賊を忌み嫌うのも、かれらが人々相互の往来を領有し、妨害するということを最大の理由とするからではないか。(51)

グロティウスにとって、海賊が人類の敵であるのは、彼らが人類の利益のために不可欠である航行・通商の自由を妨げるからである。グロティウスは、「盗賊や海賊を憎む」もっとも大きな理由を「人々相互の往来」の占領と妨害だといいきっている。海賊は犯罪である。人から生命と財産を奪う。これに対して刑罰が科せられるのは当然であろう。しかし、グロティウスはより大きな視点から、海賊による「人々相互の往来」の領有と妨害をむしろその最大の理由として挙げている。ここに見られるのは人々相互の平和的交流と通商の自由をとくに重視する姿勢である。これは、境界を超える、互恵的商業社会の思想にほかならない。

結び——商業社会の思想

商業の倫理的使命

グロティウスが『自由海論』で訴えようとした本来の主題は、オランダ共和国の自由な海外交易を可能にすることであった。なぜなら、『自由海論』をその第一二章として描かれた『捕獲法論』はオランダ東インド会社の要請によって、シンガポール海峡で行われたオランダ東インド会社の船舶によるポルトガル船サンタ・カタリナ号の拿捕、捕獲の正当化のために、執筆されたものだったからである。『捕獲法論』の第一四章にこうある。

ポルトガル人たちは、商人を装ってはいるが、海賊と大幅に異なることはない。もし「海賊」という名称が海を封鎖し、諸国民の商業を脅かす者たちに対して用いられるのが適当だとすれば、ヨーロッパのすべての国民を（そして戦争の原因を与えたことのない国民ですら）海洋から、そしてインドへの道筋から力ずくで防止しようとするポルトガル人たちを同じ名称のもとに含めて悪いことはないのではないか[52]。

グロティウスのオランダに対する愛国的姿勢は明らかである。しかし、グロティウス自身が認識しているように、オランダ人の利益は諸国民相互の商業活動という「全人類の利益（totius humani generis utilitas）」と深く結びついていた[53]。重要なことは、ここでのグロティウスの主張は「人類」の観点のもとに、ヨーロッパにおいて進展する、きたるべき時代と活動を予告していた、あるいはその先駆だった、ということである。全人類に利益をもたらすと主張された、その活動とは交換を基軸とする国際的商業である。

たしかに、グロティウスよりも前に、スペインの神学者フランシスコ・ビトリアもまた「自然的な社会と交通の権利」あるいは「通商の権利」を自然法上の権利であることを明らかにしていた。グロティウスがこの面でビトリアの影響を受けたことは明らかである[54]。しかし、ビトリアの説は、「野蛮人たちがスペイン人の支配に服せしめられることができた権原について」講義した際に示されたもので、人類一般少なくともヨーロッパ諸国の利益のためという視点は弱く、むしろスペイン人たちが野蛮人たちを戦争によって支配したことを正当化するための論拠という性格が強いように思われる(55)。

これに対して、グロティウスはまさのその権利を独占しようとしたスペインとポルトガルに対して、航行と通商の権利を自然法上の権利として主張し、その限りですべての民族がその権利をもつということを強調している。人の自由な交流と物の交換は人間社会の基本である。オランダ人が東インド諸島に航行し、そこの住民と直接に通商を行うことは万民法の第一の規則、「ある民族が他のどこかの民族のところへゆき、これと取引をすることは許される」という規則のうちに根拠を有する。そのことは神が「自然」を通じて語っている。神は、人間の生活に必要なすべてのものがあらゆる場所で満たされるのを望まず、それぞれの民族が得意な技術をもち、あるところで生産されたものを相互に交換するようにされた。足りないものを補うために人は他者を必要とするから、そのことによって、人々の間で「友情」が温められることを神は欲したからである、とグロティウスは主張する(56)。これは、交換という商業活動を神の意思、計画と結合し、商業に高い倫理的使命を与える新思想であった。

神の摂理と通商

『自由海論』で語られた航海・通商の自由は商業、国際交易の重要性を前面に出している点で画期的で、近代を切り拓くものであった。しかも、その主張は、ジェイコブ・ヴァイナーのいう「通商の摂理機能理論」に驚くほど合致している。この理論では、通商は、中世ヨーロッパにおいてしばしば非難されてきたように不道徳で罪深いものではなく、「神自身の手仕事、神の大計画の結果」だった。ヴァイナーによれば、それは四世紀の修辞学者リバニオスによって次のように定型化されたという。

神はすべての産物を地球上のすべての部分に与えられず、人々が社会的関係を耕すことができるように、その贈り物を異なった地域に配分された。人が他者の助けを必要とするためである。そうして、神は、すべての人々が、どこで生産されようとも地球の果実を共通して享有できるように、通商をこの世に召されたのである[57]。

グロティウスが『自由海論』で強調したのはまさにこのことだった。グロティウス理論における「通商」の重要性をひときわ強調したポラスが指摘しているように、「通商の摂理機能理論」のもとでは、神の究極の目的は、人間が社会的であること、「社会的関係を耕す」ことだった。国家、民族、地域が完全に自足できなければ、他の国家、民族、地域と交換し、交流することが不可欠となる。孤立ではなく、関係がそこに生まれる。「そして、調和、友好、愛すらこの関係のうちにあった。神が通商をもたらされたのは、人々に友愛をもたらすためであった[58]」。

むろん、この理論は世界の諸民族の同等な関係、相互の豊かな交流を求める。神自身が万民の交流を期待しているのであるから、信仰の違いは戦争の正当原因とはならない。「トマス・アクィナスが適切に語っているように」とグロティウスはいう。「信仰は、完全な所有権の根拠となる自然法または人法を無効とはしない。それどころか、異教徒は自分たちの財産の所有者ではないと信ずることは、異端である。まさに異教徒であるということを理由として、彼らが占有している財産を彼らから奪い取ることは、キリスト教徒に対してなす場合と同様に、窃盗であり掠奪である[59]」。

『自由海論』では、地球上のすべての国民、つまり万民が自由に相互に通商し、交換することを神の意思に基づく行為と評価している。自由な航行を無くする者たちは「かのもっとも称賛に値する人類社会（societas humani generis）を無くし、相互に恩恵を与える機会を無くし、結局は自然そのものを侵害する者たちである[60]」。なぜなら、神は自然によって、人々が交流する地理的環境を創られたからだ、とグロティウスは主張した。

ヴァイナーによって「通商の摂理機能理論」の定型とされたリバニオスの言葉は、実はグロティウスの『戦争と平和の法』第二巻第二章第一三節で、そっくりそのまま紹介されている。ヴァイナーはリバニオスの文章の出典をその著作である『祈禱』と書いているが、ヴァイナーが用いているリバニオスの英文そのものは、グロティウスの『戦争と平和の法』のケルシー版英語訳のものと同一である[61]。ヴァイナーは『戦争と平和の法』からこの部分を引用したのだが、グロティウスが航行・通商の自由と人権の利益を結合した思想として伝えたリバニオスの文章をヴァイナーが「通商の摂理機能理論」の典型的表現と考えたのは適切であった。なぜなら、グロティウスが挙げたリバニオスの文章はその後「いくぶん紋切り型の様相を呈するようになり」、多くの著者たちによって商業論の中で絶えず同じように繰り返されることになったからである[62]。

商業社会と文明社会

人類社会に属する人々が、海を媒介として交易を行い、その互恵的関係を進めることは神の望まれたことだ、それゆえこの関係を破壊する海賊は「人類の敵」であり、同様の行為を行う国家もまたそれと異ならない、というグロティウスの主張は明快であるだけでなく、優れて倫理的かつ宗教的だった。それは、掠奪と名誉を基軸とする中世騎士社会のエートスに対抗する、交換と自由を基軸とする近代商業社会のエートスといってもよいように思う。このエートスは、むろんオランダの商業国家としての覇権やヨーロッパ植民地主義に通ずるものであったが[63]、個別国家の利害を超えた、近代市民社会を生み出す新しい精神でもあった。

この精神はやがて、商業社会の発展を重視したデイヴィッド・ヒュームやアダム・スミスなどの「文明社会」論、さらにはカントのコスモポリタニズム的平和論にもつながっていくことになる。私はそう考えているが、いまはその可能性を指摘するにとどめておきたい[64]。

(1)　これについては、次のような適切な説明がある。「すでに便宜置籍船の問題が起こる以前から、広大な公海の秩序維持に旗国主義だけでは不十分なことは明らかであった。海上で略奪行為に従事する海賊は古くから人類共通の敵とされ、あらゆる国の軍艦、公船に、海賊禁圧のため他国籍の船舶を含むすべての私船を臨検、拿捕し、自国の国内法に基づいて訴追・裁判し、処罰する権利が認められていた。これは今日も国連海洋法条約上明文で認められており（97、105、109、111条）、一般国際法上の権利と考えられる」（大沼保昭『国際法　はじめて学ぶ人のための』東信堂、二〇〇五年、二五五頁）。国連海洋法条約第105条は次のとおりである。「105条　海賊船舶又は海賊航空機の拿捕　いずれの国も、公海その他いずれの国の管轄権にも服さない場所において、海賊船舶、海賊航空機又は海賊行為によって奪取され、かつ、海賊の支配下にある船舶又は航空機を拿捕し及び当該船舶又は航空機内の人を逮捕し又は財産を押収することができる。拿捕を行った国の裁判所は、科すべき刑罰を決定することができるものとし、また、善意の第三者の権利を尊重することを条件として、当該船舶、航空機又は財産についてとるべき措置を決定することができる」。海賊行為に関する歴史的、法的研究としては、飯田忠雄『海賊行為の法律的研究』（有信堂、一九六七年）という本格的な労作がある。

（2）Elimma C. Ezeani, The 21st Century Terrorist: Hostis Humani Generis?, *Beijing Law Review*, 2012, 3, pp.158ff.

（3）キケロー／泉井久之助訳『義務について』（岩波文庫、一九六一年）二〇二～三頁。ラテン語の表記は引用者が付加した。また、pirataという言葉だけ「賊」を「海賊」と変更した。

（4）Emily Sohmer Tai, Marking Water: Piracy and Property in the Pre-Modern West, *History Cooperative's Conference Proceedings*, American Historical Association, 2003. Library of Congress, Washington, D.C. Internet. URL: http://www.webdoc.sub.dwdg.de/ebook/p/2005/history_cooperative/www.historycooperative.org/proceedings/seascapes/tai.html. マイケル・ケンペによれば、「人類の敵」という言葉そのものは一六四四年にエドワード・コークによって「海賊は人類の敵である（pirata est hostis humani generis）」と宣言され（The Third Part of the Institutes of the Law of England, London, 1644）、その後ヨーロッパにおける立法や海賊裁判によって定式化されていった。Michael Kempe, 'Even in the Remotest Corners of the World: Globalized Piracy and International Law, 1500-1900, *Journal of Global History* 5, 2010, p.356.

（5）「海賊に対して戦争を行うのは正しい。ローマ人はイリュリア人、バレアレス人、シシリア人たちに対して、たとえローマ人、その同盟者、ローマ人と結びついた何者かと接触しなかった場合でも、武器をとった。なぜなら、海賊は共通の万民法を侵害していたからである。……海賊は万民法と人間社会の絆に反している。したがって、海賊に対する戦争は万民によって行われねばならない」（Alberico Gentili, *De iure belli libri tres* (1612), Oxford, 1933, p.201-2.）

（6） Michael Kempe, *op. cit.*, p.356. cf. M.Kempe, Beyond the Law. The Image of Piracy in the Legal Writings of Hugo Grotius, *Grotiana* 26/27/28, 2007, pp.378ff.

（7） そのような視点も含んだ初期グロティウス研究として、前掲注（6）の*Grotiana* 26/27/28を書籍化したHans W. Blom (ed.), *Property, Piracy and Punishment: Hugo Grotius on War and Booty in De iure praedae—Concepts and Contexts*, Leiden & Boston, 2009を挙げることができる。

（8） Georges Duby, *Guerriers et paysans, VII*^{e}*–XII*^{e} *siècle: premier essor de l'économie eurpéenne*, Paris, 1973, p.400.

（9） アウグスティヌス／服部英次郎訳『神の国（一）』（岩波文庫、一九八二年）二七三頁。

（10） ヘロドトスはスキタイ人がメディアを破り、全アジアを席巻した時のことについて、こう記している。「スキュタイ人のアジア支配は二十八年にわたって続いたが、アジア全土は彼らの乱暴で投げやりな統治のため、荒廃に帰してしまった。住民の一人一人に課税して取り立て、貢税のほかに各地を廻って、個人の財産を略奪したのである」（ヘロドトス／松平千秋訳『歴史』岩波文庫、一九七二年、八六頁）。

（11） Hugo Grotius, *De iure belli ac pacis* , Leiden, 1939, pp.391-2. グローチウス／一又正雄訳『戦争と平和の法』（酒井書店、一九八九年）五八九頁。

（12） トゥーキュディデース／久保正彰訳『戦史（上）』（岩波文庫、一九六六年）五九頁。モンテスキューもまた「初期のギリシア人は皆海賊であった」（モンテスキュー／野田良之、稲本洋之助、上原行雄他訳『法の精神　中』岩波文庫、一九八九年、二二八頁）と伝えている。

（13） Marcus Iunianus Iustinus, *M. Iuniani Iustini epitome Historiarum Phillipicarum Pompei Trogi*, Stuttgart, 1985, p.292.

（14） プルタルコスはこう記述している。黒海南岸のビーテュニアーからの帰途、ミレートス付近の「大艦隊と無数の運送船を以って地中海を支配していた海賊」にカエサルは捕らえられ、身代金20タラントを要求された。しかし、カエサルはこれを「少ない」と言って50タラントにあげた。身代金が到達するまで「海賊に監禁されているというよりも護衛されている形で過ごし」、少しも臆することなく、海賊にむかって「絞刑に処するぞ」と脅したという。身代金を払って釈放されると、今度は船を用意して海賊を襲い、その大部分を捕らえた。「財物は手に収め」、海賊たちをその地区の総督のもとに預けたが、総督が何もしない様子をみて、ペルガモンの牢獄に赴き、「海賊を引き出して全部磔刑に処し、島で度々冗談のよう言って置いたことを実行した」（河野與一訳『プルターク英雄伝（九）』岩波書店、一九五六年、一〇六頁）。グロティウスはこの逸話を紹介した後に、「書かれた法律ではなく、万民法によって治められている海では、このような行為が決して犯罪とはなりえないのは明らかだった」（Hugo Grotius, *De iure praedae* (1868), New Jersey (The Lawbook Exchange), 2003, p.94.）と記している。

（15）D.50.16.118. Hugo Grotius, *De iure belli ac pacis*, p.645.　邦訳：前掲注（11）九五〇頁。

（16）D.49.15.24. Hugo Grotius, *ibid.*

（17）マックス・カーザー／柴田光蔵訳『ローマ私法概説』（創文社、一九七九年）一三八頁。

（18）アウグスティヌス前掲注（9）。

（19）キケローもまた、こう記している。「……正義の力の偉大なことは、悪行罪業を重ねてわずかに生きるものさえ、正義の一片を欠いては世にあることができないほどである。ともに強盗をはたらく一味のひとりが仲間のものを何か盗み、または奪えば、もう彼は強盗の仲間においてさえ位置を保つことができないであろうし、いわゆる「海の賊将」も、獲物を公平に分けなければ、仲間に殺され或いは遺棄せられるであろう。いや強盗にさえ、服従し遵守する法律があるというではないか」（キケロー前掲注（3）一〇九頁）。

（20）グロティウスは『戦争と平和の法』の第二巻第一章第一節でアウグスティヌスのこの言葉に触れている。

（21）Hugo Grotius, *op. cit.*, p.646.　邦訳：前掲注（11）九五〇頁。グロティウスは「国家 civitas」を「権利を享有し、共通の利益のために結合する自由人たちから成る完全な共同体」（『戦争と平和の法』第一巻第一章第一四節）と定義している。

（22）キケローはその理由をこう記している。「なぜなら、僭主あるいは党派がそれをわが物とするなら、それは国民の「物」ではなく、また国民が不正であるなら、それ自体すでに国民ではないからである。すなわち、それは、国民の定義としてあげられた、法の合意と利益の共有によって結合された民衆ではなくなるからである」（キケロー／岡道男訳

「国家について」、『キケロー選集8』岩波書店、一九九九年、一〇九頁）。
(23) H.Grotius, *op.cit.*, p.648. 邦訳：前掲注(11)九五一頁。
(24) 山内進『掠奪の法観念史』（東京大学出版会、一九九三年）参照。
(25) この言葉は、グロティウスが『戦争と平和の法』でウェルギリウスから引いている（Hugo Grotius, *op. cit.*, p.656. 邦訳：前掲注(11)九六四頁）。ウェルギリウス／泉井久之助訳『アエネーイス（下）』（岩波文庫、一九七六年）一四九頁参照。
(26) H.Grotius, *op.cit.*, p.673. 邦訳：前掲注(11)九八八頁。
(27) *Ibid.*, p.680. 邦訳：前掲注(11)九九七頁。
(28) H. Grotius, *op. cit*, p.659. 邦訳：前掲注(11)九六八頁。
(29) カール・シュミット／新田邦夫訳『大地のノモス　ヨーロッパ公法という国際法における』（慈学社、二〇〇七年）一八九頁。
(30) 山内進「グロティウスははたして近代的か」（『法学研究』八二巻一号、慶應義塾大学、二〇〇九年、九六三頁以下）。
(31) H. Grotius, *op.cit.*, p.734. 邦訳：前掲注(11)一〇七二頁。
(32) カール・シュミット前掲注(29)一九一頁。
(33) トマス・アクィナス／大鹿一正・大森正樹・小沢孝訳『神学大全17（第Ⅱ-2部）』（創文社、一九九七年）八一頁。山内進編『「正しい戦争」という思想』（勁草書房、二〇〇六年）二一～二三頁、一一二～一一三頁参照。
(34) 山内前掲注(30)九七二頁以下参照。
(35) Hugo Grotius, *op. cit.*, p.169. 邦訳：前掲注(11)二四四頁。
(36) Hugo Grotius, *op. cit.*, pp.554-577. 邦訳：前掲注(11)八二二～四〇頁。
(37) ルイス・ハンケ／佐々木昭夫訳『アリストテレスとアメリカ・インディアン』（岩波新書、一九七四年）参照。
(38) セプールベダ／染田秀藤訳『征服戦争は是か非か』（岩波書店、一九九二年）参照。
(39) この分割の意味については、カール・シュミット前掲注(29)七六頁以下を参照のこと。
(40) Hugo Grotius, *De jure praedae commentarius*, Clark, 2003, p.169. 英訳として、Hugo Grotius, *Commentary on the*

Law of Prize and Booty, Indianapolis, 2006 がある。

（41）これについては、きわめて詳細な研究がある。Martine Julia van Ittersum, *Profit and Principle: Hugo Grotius, Natural Rights Theories and the Rise of Dutch Power in the East Indies (1595-1615)*, Leiden and Boston, 2006, pp.189ff.

（42）Hugo Grotius, *The Freedom of the Seas or the Right which belongs to the Dutch to take part in the East Indian Trade*, New Jersey (The Lawbook Exchange), 2001,p. 4.　この版はラテン語原文と英語訳が併記されている。邦訳としては、伊藤不二男訳「グロティウスの自由海論・原典の邦訳」（同『グロティウスの自由海論』有斐閣、二〇〇五年）がある。以下、伊藤と表記する。『自由海論』については、日本では論文と翻訳を収録している本書が依然として最良の研究書である。海外での新しい研究を概観するには、"*Grotiana*" Vol.30 (2009) の特集号が有益である。

（43）各章の題目の訳は、伊藤訳にしたがった。

（44）近代法では、共有というのは各人に持ち分があり、各人はその持ち分を譲渡できるという意味で用いられるが、ここでの共有とは、各人がそれぞれの持ち分を有するという意味ではなく、全員が全体で所有し、各人はその全体に属するものとして使用ができるだけという意味のものである。

（45）この用語は『自由海論』と『捕獲法論』のもので、『戦争と平和の法』の認識とは異なっている。『自由海論』そしてそれを含んでいる『捕獲法論』では、自然法は第一と第二の自然法、万民法は第一の万民法と第二の万民法に分かれ、第一の万民法と第二の自然法は同じものと理解されている。第一の万民法＝第二の自然法とは、「全民族の同意（consensio ominium gentium）」（キケロー）であり、神の意思の表れである第一の自然法の、人間世界への適用としての、全人類に共通の法と理解される。したがって、第一の万民法は全民族の同意であるだけでなく、神の意思に起源を有する点で規範性が非常に高い。H.Grotius, *De jure praedae*, p.12.

（46）Hugo Grotius, *The Freedom of the Seas*, p.53.　邦訳：前掲注（42）二五一頁。

（47）*Ibid*., p.38.　同右、二三六頁。

（48）*Ibid*., p.44.　同右、二四二頁。

（49）Otto Brunner, *Land und Herrshaft* (5th ed.), Darmstadt, 1973, S.72.

(50) ホッブズ／水田洋訳『リヴァイアサン（一）』（岩波文庫、一九五四年）一五三頁、二〇二頁。「一語一笑」の部分はgloryに関する説明で「ほこり」と訳されているが、内容から名誉と同一と考えた。

(51) Hugo Grotius, *op.cit*, p.10. 邦訳：前掲注(42)二〇六頁。

(52) Hugo Grotius. *De iure praedae*, p.308. 東アジアの海をめぐる争いとカタリナ号事件そして『捕獲法論』の概要と理解については、Peter Borschberg, *Hugo Grotius, the Portuguese and Free Trade in the East Indies*, Singapore, 2011 が最新の著作である。本書は、現地の政権とポルトガル、オランダとの関係に視点を定めた秀作である。

(53) Hugo Grotius, *The Freedom of the Seas*, p. 70. 邦訳：前掲注(42)二七一頁。

(54) 伊藤不二男『ビトリアの国際法理論』（有斐閣、一九六五年）九三頁以下。ビトリアについては、松森奈津子『野蛮から秩序へ　インディアス問題とサラマンカ学派』（名古屋大学出版会、二〇〇九年）が優れた分析と問題提起を行っている。

(55) もっとも、グロティウスもビトリアのその説明は認めている。Cf. Grotius, *op.cit*, p. 9. 邦訳：前掲注(42)二〇五頁。

(56) H.Grotius, *op.cit*, p.7. 邦訳：前掲注(42)二〇三頁。

(57) Jacob Viner, *The Roll of Divine Providence in the Social Order: An Essay in Intellectual History*, Princeton, 1972, pp.36-37. ジェイコブ・ヴァイナー／根岸隆、根岸愛子訳『キリスト教と経済思想』（有斐閣、一九八〇年）四七頁。

(58) Ileana M. Porras, Constructing International Law in the East Indean Seas: Property, Sovereignty, Commerce and War in Hugo Grotius' De Iure Praedae—The Law of Prize and Booty, or "On How to Distinguish Merchants from Pirates", *Brooklin Journal of International Law*, 2005-2006, p.761.

(59) H.Grotius, *op.cit*, p.13. 邦訳：前掲注(42)二〇九頁。

(60) H.Gtotius, *op.cit.*, p.8. 邦訳：前掲注(42)二〇四頁。

(61) Hugo Grotius, *On the Law of War and Peace*, English Translation of 1646 Edition, translated by Francis W. Kelsey, Washington, 1913, pp.199-200.

(62) J・ヴァイナー／久保芳和他訳『キリスト教思想と経済社会』（嵯峨野書院、一九八一年）四一頁。リバニオスとその弟子たちの思想のグロティウスへの影響はこれまでほとんど注目されてこなかったといってよい。しかし、グロティウスの商業社会的思想とこの流れとの関係について、より注意を払うべきであろう。実際、グロティウスは『戦争と平和の法』で、リバニオスの弟子でコンスタンティノポリス主教となったクリュソストモスをかなり多く引用している。その「通商の摂理機能理論」だけでなく、グロティウスの基本的思想である「社交性」についても、グロティウスは、社交性にふれている「プロレゴメナ6」への註で、「クリュソストモス「ロマ書註解」（第一章第三一節に関する説話第五巻第一章）：「人間は自然によって人間と社交性（オイケイオイシス）を有している。野獣ですら、互いにこれを有しているのだから、当然である」（H. Grotius, de iure belli ac pacis, p.7. 邦訳：前掲注(11)三三頁）と、クリュソストモスを引用して、自身の主張を根拠づけている。

(63)　この側面については、山内進「近世ヨーロッパのフロンティアと国際法の思想——オランダ東インド会社とフーゴー・グロティウスの自然法的私戦論」（同編『フロンティアのヨーロッパ』国際書院、二〇〇八年、一七～四五頁）参照。

(64)　以下を参照。坂本達也『ヒュームの文明社会』（創文社、一九九五年）。水田洋『アダム・スミス論集』（ミネルヴァ書房、二〇〇九年）。野原慎司『アダム・スミスの近代性の根源』（京都大学学術出版会、二〇一三年）。ジェームズ・ボーマン、マティアス・ルッツ-バッハマン／紺野茂樹他訳『カントと永遠平和　世界市民という理念について』（未来社、二〇〇六年）。Cf. Benedict Kingsbury & Benjamin Straumann, The State of Nature and Commercial Sociability in the Early Modern International Legal Thought, *Grotiana* 31, 2010, pp.22ff. M. N. S. Sellers (ed.), Parochialism, Cosmopolitanism, and the Foundatioms of International Law, Cambridge, 2012.

略奪品か戦利品か——一六一五年のサント・アントニオ号拿捕事件と幕府の対応

フレデリック・クレインス

はじめに

一四九四年にポルトガルとスペインとの間で結ばれたトルデシリャス条約[1]において、ヨーロッパ以外の新領土がポルトガルとスペインとの間で分割された。さらに、教皇アレクサンデル六世の承認を根拠に、両国は他のヨーロッパ諸国の船によるこれらの領土での航海および通商を禁止する権利を主張していた[2]。同条約は排他的なものであった。従って、イベリア諸国が独占しようとしていた海域に出ただけで、オランダやイギリスの船は自動的に海賊船と見なされた。特に、オランダ人がスペイン王に対して独立戦争を行っていた十六世紀後半には、スペイン王の支配下にあったポルトガルを含むイベリア諸国は、海賊船であることを大義名分として、数多くのオランダ商船を没収した[3]。

「国際法の父」と称されるヒューゴー・グローティウスは「捕獲法論」(一六〇五年成る)において、このような無法な没収自体が海賊行為に当たると断定して[4]、オランダ人にはポルトガル人によって被った損失の賠償としてポルトガル人の財産を奪取する法的権利があると主張した[5]。そして、その権利は損失の賠償に限定されるもの

図1　オランダの海賊ファン・ノールトによる日本船の拿捕（ファン・ノールト『世界一周紀行』、1610年刊／国際日本文化研究センター蔵）

ではなく、正当な戦争において、敵国の軍事力を弱める手段としても認められるべきであると力説した。(6)

一六〇二年に設立されたオランダ東インド会社は、アジアにおいて貿易を行うだけでなく、スペイン王に対する独立戦争の一環として、ポルトガル船に対する海賊行為を積極的に行うようになった。(7) 海賊行為について、当時の両者のそれぞれの立場から見ると、その捉え方には逆説的な関係がある。すなわち、ポルトガル人からみると、アジアにおける通商の独占を保持するための手段としてオランダ船を海賊船とみなして取り締まっていたのであり、他方、オランダ人にとっては、その独占を打破するための手段が海賊行為の実行であったと言える（図1）。

ほどなくして、オランダとポルトガルとの間の紛争は日本近海にまで持ち込まれた。マカオと長崎との間でポルトガル人が行っていた貿易に目を付けたオランダ人は、オランダ東インド会社の商館が置かれていた平戸を拠点に、長崎に向かうポルトガル船を積極的に追跡していた。オランダ人が最初に拿捕に成功したポルトガル船は、一六一五年にチャンパ（現ベトナム中部沿海地方）から長崎に向かっていたサント・アントニオ号というジャンク船であった。

このサント・アントニオ号の拿捕事件をめぐる幕府との交渉に関する詳細な記録が、同船を拿捕したオランダ船ヤカトラ号の決議録の中に見いだされる。(8) 本稿では、同船の決議録が中心的な検討材料になるため、本論に入る前に、ここで決議録について若干の説明を加えておく。

オランダ東インド会社の各船では、重要な案件がある時に、各船に配属されている上級商務員、船長、下級商務員、第一舵手、甲板長から成る委員会による会議が開かれ、処理すべき案件について審議された。そして、各会議における決定事項の記録が決議録という形で書記によって作成され、会議に参加した各委員がそれに署名をした。また、複数の船が合同で会議を開く場合には、総括する艦隊の提督、各船の上級商務員と船長が委員会の構成員となった。なお、商館の置かれている港で会議を行う場合は、当該地の商館長も加わった。

ヤカトラ号の決議録のうち、同船が一六一五年八月十八日から一六一六年二月二十日まで平戸に寄港していた時に日本で開催された会議の決議録十六通分（平戸オランダ商館長スペックスが下級商務員ワウテルセンと京都や大津で開催した会議の決議録三通を含む）が、「アジアからオランダの本部に送付された書簡やその付録」と呼ばれる史料群に含まれる形で現存し、現在オランダのハーグ国立文書館に所蔵されている（請求記号 VOC1061）。

また、商館長スペックスが送受信したいくつかの書簡の中にも同事件についての記述がある。これらの書簡はハーグ国立文書館所蔵「日本オランダ商館文書ＮＦＪ」および「東インド会社文書ＶＯＣ」という二つの史料群に混在した形で含まれている。本稿では、これらの決議録および書簡に記された同事件に関連する記録を拾い出し、その内容分析を中心に論述を進めていく。

なお、日本近海におけるオランダ人の海賊行為について、これまでに詳細に論究された唯一の論攷として、アダム・クルーローの研究が挙げられる(9)。ヤカトラ号の決議録を詳細に分析したのもクルーローが最初である。クルーローはサント・アントニオ号事件について主に国際法的枠組の中で論じ、大局的な視点から捉えている。それに対して、本稿では、決議録および書簡に記された内容を丹念に分析することに専念し、同事件の経緯を可能な限り詳細に再現することに努め、その作業を通じて、同事件に関わった各当事者の行動とその背景を具体的に探っていく。

一　サント・アントニオ号拿捕の背景とオランダ人の政策

一六一五年八月十八日（慶長二十年閏六月二十四日、以下グレゴリオ暦のみを示す）に、河内浦という平戸近くの錨地に停泊中の哨戒艇ヤカトラ号において会議が行われた。(10)議題は女島付近で拿捕したポルトガルのジャンク船サント・アントニオ号の処置についてであった。サント・アントニオ号の船長や舵手、船員の取り調べの後に、活発な議論が行われた。委員たちは、ひとまずポルトガル人をヤカトラ号の中に閉じ込め、昼夜に十分な警備を付けて、エンクハイゼン号の到着を待つことにした。ヤカトラ号とエンクハイゼン号は元々行動を共にしていたが、台湾の周辺で離れ離れとなっていた。

エンクハイゼン号の到着を待っている間に、商館長ジャック・スペックス（図2）は小舟で平戸へ戻ることになり、そこで、家康の側近である本多正純および平戸藩主松浦隆信宛ての和文の書簡を作成した。両者とも大坂の陣のために家康と共に入京していたので、書簡は京都へ送信された。この書簡の原本自体は現存していないが、その内容は前述の会議の決議録で報告されているので、以下に和訳する。(11)（　）の中は原文の括弧を転写したもので、〔　〕の中は筆者の補注である（以下同様）。

図２　ジャック・スペックス肖像
（アムステルダム国立美術館蔵）

以前に〔スペイン人へ〕通知済みの、締結された停戦協定およびその通知について、スペイン王の諸約束に反して、カスティリャ人およびポルトガル人は守っておらず、至るところで不当に約束を破り、我々にできるだけ多くの損害を与えているため、同等の復讐をするように、彼らにできる限り戦争を持ちかけ、被害を与えるように我々の王子から再び特別に命令が出された。従って、海上においてカスティリャ人あるいはポルトガル人〔の船〕と遭遇すれば、そのまま通過させることは許されない。そのため、哨戒艇〔ヤカトラ号〕は同ジャンク船を最初に女島周辺で発見した時、それを追跡し、ポルトガル人から奪い取った。彼らが我々の敵であるが故に、これを陛下〔将軍〕には隠さない。それは、同船をすぐに平戸へ移送したことから十分に示されている。

スペックスがこの書簡の中で言及している「停戦協定」は、一六〇九年にアントワープで締結された「十二年停戦協定」を指している。同協定において、スペインに支配されて以来、初めてオランダに主権が与えられた上、陸海両方で十二年間、スペインとオランダとの間のすべての敵対行為を停止することが定められている[12]。この協定の内容によると、サント・アントニオ号の拿捕は協定に違反していることになるが、スペックスの書簡によると、最初に協定に違反したのはスペイン人とポルトガル人の方であった。

実際には、オランダ側・イベリア側双方ともアジアにおいてはこの停戦協定をあまり守っていなかった。敵対行為の発生回数が全体的に減少したものの、貿易上戦略的な地域においては、両者の衝突は避けられないものであった。そして日本近海はそのような地域の一つであった。オランダ東インド会社にとっては日本と中国を結ぶ中継貿易を確立することが当時の重要な課題であったが、中国の海禁政策により、オランダ人はその中継貿易に必要不可欠であった中国の絹を調達することができなかった。そのため、オランダ人に残された唯一の方策は、毎年長崎へ向かうポルトガルの大型カラック船を拿捕し、奪った積荷を日本へ運び込んで売ることであった。また、そこから得られるであろう利益により、東インド会社の経常赤字が幾分か補塡されるであろうとの期待も強かった[13]。

一方、一六〇九年にフィリピンに新たに就任したスペインの総督フアン・ダ・シルバは、オランダ人をモルッカ諸島から一掃するための軍事遠征を試み[14]、オランダ人のいくつかの拠点を征服した。これ以降、オランダ人の間で新たなスペイン艦隊の到来が常に恐れられていた[15]。このような状況の下で、イベリア人による敵対行為については、一六一〇年にもすでにオランダに報告が伝わっていて、定期的にオランダ連邦議会の議題に上がっていた[16]。

一六一一年三月二十四日および一六一二年七月三十一日のオランダ連邦議会の決議録の中で、連邦議会はイベリア人による敵対行為を理由に、東インド会社が自らを防衛し、敵へ損害を与えるべく必要な処置を取ることを認めたと記されている[17]。これらの決議を受けて、東インド会社のすべての船長に対して、アジアにおいてスペインおよびポルトガルの船を拿捕せよという指令が発布されている[18]。サント・アントニオ号拿捕事件の際に、スペックスが先の書簡の中で「我々の王子から再び特別に命令が出された」ことに言及しているが、それはこの指令のことであろう[19]。

また、一六一五年八月十八日付のヤカトラ号の決議録には、ポルトガル人が長崎を拠点としていることから、長崎奉行長谷川権六にもスペックスからこの事件に関する書簡を送付することが決められたことが記されている。ただし、同決議録によると、前述の幕府高官への書簡に記す内容は、日本近海で起きた事件ではあるものの、幕府側の判決を求めるのではなく、あくまでもこの事件についての意見を伺うだけに留めるべきであるという方針が打ち出されていた。そこには、「より重要な船を拿捕すれば、どのような〔規則に〕従わなければならないのかを確実に知ることができ、そして、我々はこれら〔の規則〕に対して、さらに確かな見込みをもって、対処することができる」[20]という戦略的意図があった。

翌日の八月十九日にエンクハイゼン号も河内浦に到着し、両船合同の会議が行われ、前日の決議が承認された。

同日に両船は平戸に向かい、拿捕されたジャンク船が引き船によって平戸港内に運ばれた[21]。

二　ポルトガル人の対応

サント・アントニオ号拿捕事件以前から、ポルトガル人はオランダ人が海賊であると幕府に対して一貫して主張していた。イギリス人舵手ウィリアム・アダムスの書簡によると、彼が乗っていたリーフデ号が一六〇〇年に豊後に漂着した時も、リーフデ号の乗組員が海賊であり、彼らを死刑にすべきであるとポルトガル人は家康に訴えていた[22]。しかし、家康はリーフデ号の乗組員から害を被っていないという理由でこの訴えに応じず、彼らを自由の身にしただけでなく、厚遇したほどであった。

とはいえ、ポルトガル人によるこのような訴えはまったく根拠のないものでもなかった。以下に説明する通り、確かにリーフデ号は海賊船に違いなかった。同船は一五九八年にロッテルダムから出航したマヒューおよびコルデスの指揮下にあった五隻から成る艦隊に所属していた。この艦隊は、マゼラン海峡を通過し、南米海岸に位置するスペインの基地や船を略奪した後、中国や日本に渡航し、略奪品で物々交換するという任務を帯びていた[23]。リーフデ号が単なる商船ではなかったことは、その積荷から明らかであった。というのも、同船には重い銅製大砲十九門および数門の軽い大砲、鉄砲五百丁、鉄砲弾五千発、鎖弾三百発、火薬などの武器や拿捕専用の道具が豊富に積まれていたというイエズス会士の記録が残っている[24]。また、オランダ側史料および日本側史料にもリーフデ号が重武装された船であったことが記録されている[25]。従って、リーフデ号を検察した幕府高官にとって、リーフデ号の本当の任務が何かは一目瞭然であったはずである。しかし、この事実は家康のオランダ人に対する処遇に影響を与えなかったようである。

次にオランダ船が日本へ渡航したのは一六〇九年である。その年にローデレーウ・メット・ペイレン号およびグリフィユーン号が平戸に到着した。両船の任務は、アジアにおいて十二年停戦が実施される前に、できるだけ多くのアジアの君主と条約を結んで通商関係を確立しておくことのほか、マカオから高価な積荷を載せて日本へ渡航するポルトガルのカラック船を拿捕し、略奪した積荷を日本で売りさばくことであった。[26] しかし、両船はポルトガルのカラック船を探しながら航海したものの、結局発見できず、積荷がほとんどない状態で平戸に到着した。

オランダ船の到着の知らせを受けて、ポルトガル人は幕府に働きかけた。当時のポルトガル側の取った対応の様子がイエズス会日本管区長によるスペイン王への書簡に左記の通りに記されている。[27]

この二隻の船が日本に到着し、平戸に来航してすぐに、これらの反逆者が港の前に来ることを容認すべきではなく、どんな形でも受け入れるべきではないと日本の君主〔将軍〕に教えることに努めた。君主にオランダ人の性格を説明した。つまり、彼らは海賊であり、日本にとってあまりにも重要な貿易を破壊する者である。また、この二隻が平戸から出航することも認めるべきではないことを君主に懇願した。というのも、それらが出航すれば、マカオの船を拿捕したり、ほかの大きな悪行をしたりするに違いないからである。これまでもそのような悪行をすでに行っている。

それにもかかわらず、君主は、漂着した後にこの帝国にここ数年留まって、日本に滞在していた数人のオランダ人から間違った情報を得ていた。というのも、君主は、利害関係やすべての国々が彼の国〔日本〕と貿易するという願望に動かされ、また、マカオの我々の船と同様に中国の商品をいっぱい積んだ彼らの国の船〔オランダ船〕が来航するというオランダ人の約束（このようにオランダ人は中国との貿易を開始できることを希望している）に誘惑されていた。また、貴族や一般民衆は彼らを海賊と見なしているのに、彼らが〔将軍によって〕優遇されていることを良く思わないにもかかわらず、王子〔将軍〕は彼らを快く歓迎し、貿易するために四隻の船で自国に来航し、商館を開設することを許している（また、これはすでに平戸で開設され、六～七人がそこに居残っている）。

このように、ポルトガル人は、オランダ人が海賊であり、排除すべき対象であることを幕府に対して躍起になって訴えていた。なお、この時のポルトガル人の動向については当時のオランダ側の使節の日記にも記録されている。それによると、使節が駿河に到着する三日前に、カラック船より三人のポルトガル人がその従者と共に、家康に贈物を献上するために到着し、早期の謁見を要求していたが、オランダ人の謁見が先に行われた。その四日後にポルトガル人が家康に謁見した際、オランダ人が海賊であることを強く訴えたが、聞き入れてもらえなかったという(28)。

ちなみに、このカラック船の船長ペッソアは、前年にマカオでポルトガル人と有馬晴信の朱印船の日本人乗組員との間で抗争が起こった際、当時のマカオ長官として武力で介入したことから、幕府側で問題となった人物であった。今回、船長としてペッソアが来航した目的は、貿易のほかに、その事件について釈明するためでもあったが、長崎に到着したペッソアと長崎奉行の長谷川左兵衛との間の関係はギクシャクしていた。そして、ペッソアが長崎港外へ脱出しようとしたところ、ペッソアの船は、家康から復讐の許可を得ていた有馬晴信の軍勢から攻撃を受け、四日間の戦いの末、爆沈するという事件が起こった(29)。この二つの事件をきっかけに、家康のポルトガル人に対する不快感が一段と強まった(30)。

このように、一六一〇年前後におけるポルトガル人の日本での立場は、オランダ人の評判を悪くするほどの影響力があるものではなかった。それどころか、ポルトガル人に対して不快感を抱いていた家康は、彼らに代わって、オランダ人が中国の商品を日本へ提供してくれることを期待していた(31)。それでも、貿易再開の許可を得るために一六一一年に日本へ派遣された使節ヌーノ・ソトマヨールを始めとして、ポルトガル人は依然としてオランダ人が海賊であるとして、その追放を要求していたが[32]、この訴えは、ポルトガル人の独占を排除しようとしていた家康の政策に相反するものであり、むしろポルトガル人の立場をさらに危ういものにする要因の一つになったに違いない。

なお、家康がポルトガル人に対して不快感を抱いていたということのほかに、ポルトガル人にとってその交渉の立場を極めて不利にしたもう一つの要素があった。それは、それまでポルトガル人と将軍との間の通訳や仲介者としての役割を担っていたジョアン・ロドリゲス神父が、おそらくマードレ・デ・デウス号事件が原因で、日本から追放されたことであった[33]。これにより、ポルトガル人はその立場を弁明できる仲介者を失うことになった。また、さらなる逆風として、ロドリゲスに代わって、幕府において通訳を担う人物として、オランダ人側の立場に立つウィリアム・アダムスが起用されるようになる[34]。

以上のように、ポルトガル人に対する家康の不快感、ポルトガル人の代わりにオランダ人が中国商品を供給してくれるという幕府側の期待、ポルトガル側の立場に立った通訳者に代わるオランダ側の立場に立つ通訳者の起用という三つの条件により、サント・アントニオ号事件に際して、オランダ人にとって極めて有利な交渉環境が整うことになった。

三　京都への参府

オランダ人がサント・アントニオ号を拿捕してから数週間経った九月十日付の平戸商館およびヤカトラ号、エンクハイゼン号の合同会議の決議録に、その事件に関連した新たな情報が見られる。同決議録には、慣例に従って将軍や幕府高官へ拝礼するための京都への参府についての段取りが記されていると共に、この京都への参府を幕府に対してサント・アントニオ号拿捕についての弁明をするための機会として利用することが決められたとも記されている。[35]

オランダ人がこのように積極的に京都で弁明の機会を持つことを決めた理由の一つとして、ポルトガル人およびその仲裁者が、拿捕された船の返還を求めて幕府に働きかけているという情報がオランダ人にも届いていたことが挙げられる。[36] オランダ人が京都での交渉の成り行きを重視するようになった背景や戦略的な狙いについて、同決議録に記された次の文章が詳しく伝えている。[37]

ポルトガル人がこれについて努力を惜しまないであろうことは明らかである。というのも、彼等にとっては〔この件に関して〕その損害よりも、その結果や彼らの評判の方があらゆる点において重要であるからである。また、こちらとしても十分に考慮すべきものである。なぜなら、神のお助けによりマカオから日本へのカラック船もいつか攻撃できることが期待されるからである。

それにあたって、西南の季節風との関連でこれ〔カラック船への攻撃に成功すること〕を最も確実なものにし、最も大きな利益を得るために、〔我々はその拿捕船を引き連れて〕日本へも渡航しなければならないので、この〔交渉〕過程および議論は、その〔カラック船の拿捕という〕事柄が起こる時にどのような指針に従うべきなのかを知る模範となるであろう。また、このジャンク船の損失によって、〔ジャンク船に投資した〕日本人の間でその信頼を失い、〔このようなジャンク船の〕渡航への投資のリスクを負わなくなるのであろうという意見を皆が共有していた。というのも、これまでポルトガル人はこのようにマカオ貿易への毎年の大きな〔資金的な〕補完を彼ら〔日本人〕より得ていた。これは去年八万タエル以上の輸入に上っていた。広東の中国人の負担投資をこれに加えると、毎年相当な額となり、大きな積荷ができ、それをポルトガル人がマラッカや主に日本へ売り込む。前述のように投資家たちは彼らのジャンク船や〔大型〕船の損失により、それを補填することができなくなり、彼ら〔ポルトガル人〕にこれだけの投資をすることは確実に減少するであろう。そのため、多くの論議、議論や話し合いを重ねた上で、東インド会社にとって特別な贈物等の経費がかかったとしても、ポルトガル人およびその味方に対して、前述したジャンク船の保持の権利をあらゆる方法で堅持し、持ちこたえることを全員一致で決定した。

この記述からは、ジャンク船の拿捕よりもずっと重大な事案となるであろうカラック船の獲得への期待と、それに成功した場合にどのような指針に従うことになるのかについての関心が窺えると共に、オランダ人によるポルトガル船の拿捕は、単に貿易商品の略奪のみを目的として行われたのではなく、マカオと長崎との間のポルトガル人の貿易を支えていた日本人と中国人の投資を断念させることによって、ポルトガル人に代わって、オランダ人が市場に食い込むという貿易戦略上の狙いがあったことが分かる。このような作戦に効果があったことは、イエズス会日本管区長よりスペイン王への書簡の内容によっても裏付けられる。そこには、オランダ人に対する恐怖のため、ある年において中国から日本への商船の渡航が行われなくなり、それがマカオにとって多大な損失を生み出していると書かれている(38)。

九月十日時点で、すでにオランダ人はスペックスが差し出した書簡に対する好意的な返事を本多正純および松浦隆信から受けていたが、拿捕船の返還命令が下されることに対しての不安がなお残っていたため、交渉を有利に進めることができるように、幕府高官に献上する贈物として特別な品物を追加することも決定されていた(39)。このような贈物の献上は、ポルトガル人やイギリス人と同様に、オランダ人からも、毎年の将軍謁見の際に慣例に従って幕府高官に対して行われていたが、オランダ人はそれらの贈物を、日本での取引を許可してもらうための一種の関税として捉えていた(40)。

なお、同決議録には次のような決定事項についても記されている。すなわち、家康へ拝礼し、贈物を献上するために、これらの贈物を携えて京都へ参府する適任者として商館長スペックスが選ばれたこと、交渉の進め方についてはスペックスの独断に委ねること、また、京都では、〔そこに駐在し、幕府とのやりとりの窓口となっていた〕下級商務員エルベルト・ワウテルセンの助言を受けることであった。そのほかに、ヤン・ヨーステン・ファン・ローデンステインに同行を依頼することが決定されたが、それは、彼が家康や幕府高官と直接面会できる人物だったからである。

四　幕府の対応

スペックスから京都に届いた八月十九日付の書簡からサント・アントニオ号拿捕についての事情を知ったワウテルセンは、九月五日にこの書簡に対する返書を平戸へ送っている（図3）。その中で、ワウテルセンは、幕府内部におけるサント・アントニオ号拿捕事件への対応の動向について次の通りに言及している[41]。

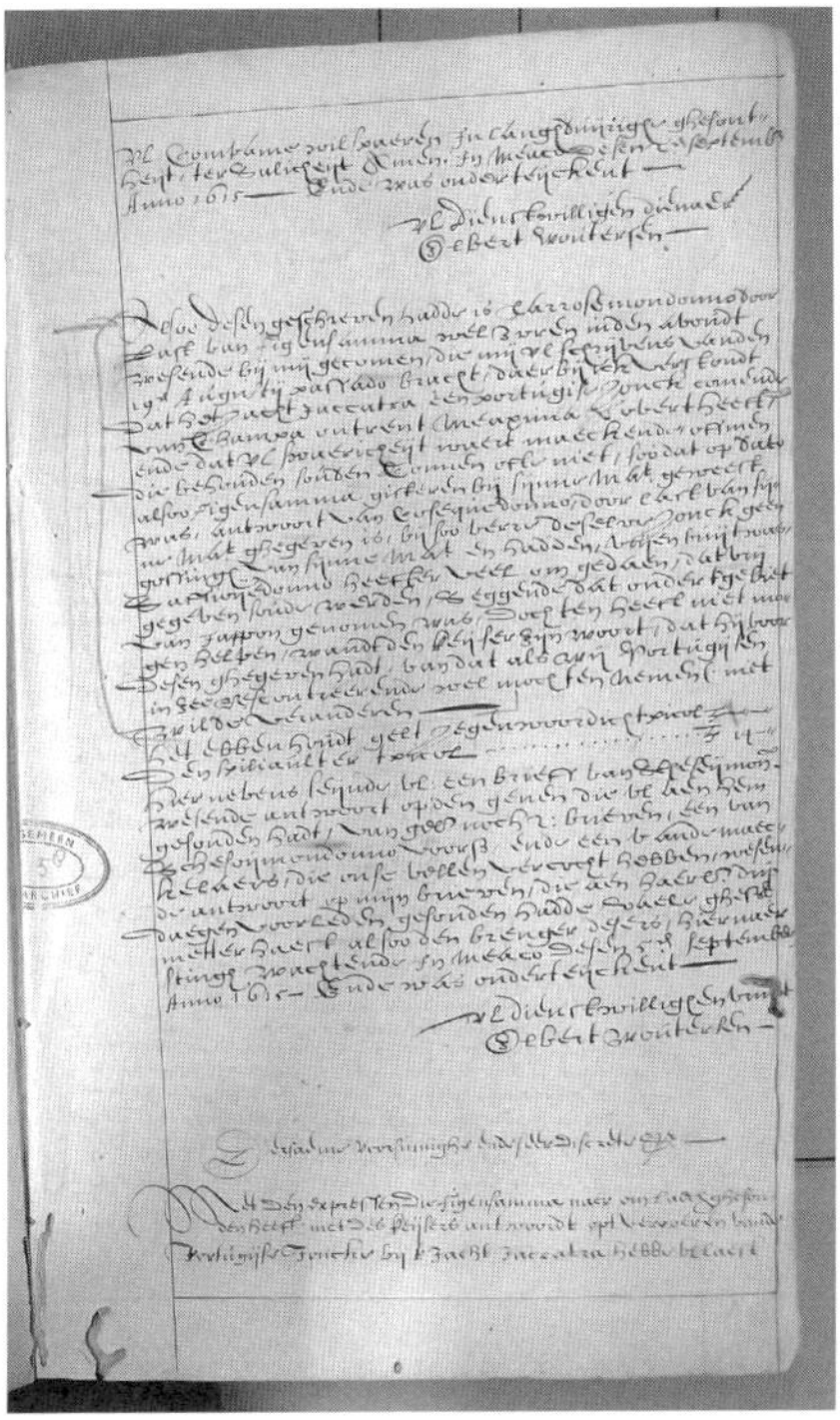

図3　幕府の対応についての情報を伝えるワウテルセンの書簡（ハーグ国立文書館蔵）

肥前様〔平戸藩主松浦隆信〕の指示により、太郎左衛門が夜の三時に、八月十九日付の貴殿の書簡を持って私のところに来た。その書簡から、哨戒艇ヤカトラ号が、チャンパから来たポルトガルのジャンク船を女島あたりで拿捕し、また、そのジャンク船を保持できるかどうかについて心配しておられることが分かった。これを受けて、昨日肥前様が陛下〔家康〕に謁見し、〔その後〕陛下〔家康〕が上野介殿〔本多正純〕を通じて回答した。つまり、同ジャンク船が陛下〔家康〕の朱印状を携帯していないなら、戦利品として保持して構わない。〔長谷川〕左兵衛は、〔同ジャンク船が〕日本の領土内で拿捕されたことを理由に、その船を返還させるために努力を惜しまなかった。しかし、〔左兵衛の努力は〕実らなかった。というのも、皇帝〔家康〕は、我々が海上でポルトガル人〔の船〕に遭遇すれば、拿捕して良いという以前に出した約束を変えようとしなかったから。

この文章の中で最も重要な部分は、「朱印状を携帯していないなら、戦利品として保持して構わない」という家康の回答を伝えた記述である。なぜなら、そこには、家康が問題としたのは、朱印状の携帯の有無であったことが明確に示されているからである。

また、この文章の内容から、サント・アントニオ号事件をめぐって、幕府内に二つの派閥が存在していたことが分かる。その内の一方である長崎奉行の長谷川左兵衛は、前述のマードレ・デ・デウス号事件が原因で、ポルトガル人との関係がギクシャクしていたにもかかわらず、依然としてポルトガル人の側に立って、ジャンク船の返還を強く求めていた。この理由として、一六一五年十月二十八日に作成された平戸オランダ商館の決議録には、左兵衛がポルトガル人との貿易によって得ていた膨大な利益と深く関係しているからであろうと記されている(42)。もう一方の派閥側に立ってオランダ人を擁護していた平戸藩主は、一六一五年十一月七日付の平戸オランダ商館の決議録によると、「特別な骨折りや尽力をもって、京都において、同ジャンク船の保持のために上野介殿に対して熱心に弁明し、彼とポルトガル人の友である左兵衛殿との間に大喧嘩が起きた」という(43)。

なお、この書簡には注目すべきもう一つの重要な情報が確認できることを指摘しておきたい。それは、引用の最後の部分、つまり、「皇帝〔家康〕は、我々が海上でポルトガル人〔の船〕に遭遇すれば、拿捕して良いという以前に出した約束を変えようとしなかった」という記述であり、今回のサントニオ号拿捕事件の背景を知る上での極めて重要な要素となっている。なぜなら、この記述を踏まえると、そのような約束があったことは、家康が拿捕という行為自体ではなく、サント・アントニオ号の朱印状携帯の有無を問題としていた理由の説明として筋が通るからである。マードレ・デ・デウス号事件の際にも見られたように、家康の認可を受けていた朱印船に対して不当な扱いが行われた事案については、幕府は常に過剰なまでの反応を示していた。

一六一五年九月二十四日付の平戸オランダ商館の決議録によると、サント・アントニオ号が朱印状を保有しているかどうかを調べさせるために、家康は平戸藩主松浦隆信を平戸へ派遣している(44)。隆信が平戸に到着したのは九月十七日の早朝であったが、彼は九月四日に京都で家康に謁見しているので、最大でも十二日以内に平戸へ戻ったということになり、彼が道中をいかに急いだかを物語っている。隆信の平戸到着時の様子については、スペックスの留守中に平戸オランダ商館の常務を担っていたマテイス・テン・ブルッケとレオナルト・カンプス連名による京都への道中にいるスペックスに宛てた一六一五年九月十九日付の書簡の中に次のように記されている(45)。

〔前略〕我々は早朝にトランペット奏者と共に〔小舟で〕肥前様を出迎えに行き、彼に敬礼した。また、彼が商館の前を通った時には、陸にあった大砲から三発を、エンクハイゼン号の大砲から十五発を、そしてマスケット銃から複数回に渡る祝砲の一巡を捧げた。〔中略〕

十七日の午後に我々は奉行〔隆信〕のところを訪れて、ワイン五本とチーズ一個を持って、ジャンク船〔の拿捕事件〕に関する隆信の骨折りおよび努力に謹んで感謝し、何なりと奉仕すると申し出た。同奉行は、朱印状について尋ねるように皇帝〔家康〕から命令を受けたため、拿捕されたジャンク船の二人のポルトガル人と面会するために明日商館を訪れたいと言った。次の日の朝に、奉行は商館を訪れないので、ジャンク船の二人のポルトガル人〔の乗組員〕を我々が陛下〔隆信〕へ連れていくように命令を受けて、そこで我々のいる前で、〔そのポルトガル人が〕朱印状の有無について問われた。〔ポルトガル人は〕朱印状はないし、あったことがないと答えた。彼らは多くの苦情を訴え、この地が〔隆信の〕管轄にあり、船で〔の監禁〕はあまり快適でないため、彼らを擁護し、陸に上げてくれるように求めた。これに奉行は笑って、彼ら〔ポルトガル人〕とは何の関係もなく、何か要求があれば、長崎でポルトガル人を擁護している左兵衛に求めれば良いと答えた。

この文章からも、サント・アントニオ号拿捕事件に関する、家康にとっての最も重要な判断材料が「朱印状の有無」であったことが読み取れる。そして、この時の尋問の結果、サント・アントニオ号には朱印状がないということが確定した。

一方、スペックスは、隆信とちょうど行き違う形で、伏見で合流したワウテルセンと共に九月二十四日に京都に到着し、その後、ヤン・ヨーステンもそこで合流して、速やかに家康に拝礼を済ませている。このことが記録されているスペックスおよびワウテルセンによる一六一五年九月二十四日付の決議録には、すでに数日前に京都に到着していたポルトガル人が拝礼まで数日間も待たされていたことについても記されているが(46)、これは、オランダ人とポルトガル人との間で家康から受ける待遇に大きな違いがあったことを示すものである。パジェスの『日本におけるキリスト教史』によると、確かにこの時期にマカオの船が長崎に到着し、慣習に従って、家康に贈物を献上するために、京都へ使者が派遣されている。しかし、その前年からキリシタン弾圧が厳しくなったなどの理由で、船長は船から降りることを恐れ、自らは行かなかったという(47)。このような状況からも、ポルトガル人の交渉力がかなり弱体化していたことは想像に難くない。

五　スペックスの弁明と家康の判決

家康（図4）への拝礼の後に、スペックスは正純に和文で書かれた書簡を渡しているが、その内容は主にポルトガル船の拿捕に関する弁明を記したものであった。この和文書簡は現存していないが、一六一五年九月二十四日付の決議録の中に、その書簡に記された内容の控えが残されているので、弁明の内容が次のようなものであったことが分かる(48)。

皇帝陛下〔家康〕に謹んで申し上げる。つまり、スペイン王およびその臣下、スペイン人とポルトガル人が約束を破り、モルッカ諸島や他の場所において不適当な行為をしたため、オランダ王子が新たな命令を出し、彼らに陸海においてできる限り損害を与え、特に彼らの船に遭遇すれば、どこであっても、戦わずに通す訳にはいかず、死ぬ覚悟で可能な限りそれを拿捕すべきであり、それ〔ポルトガル船とスペイン船〕を追いかけない者は厳しく罰せられ、場合によっては死刑に処せられると。そのため、我々が将軍様の国の周辺でポルトガル人あるいはカスティリア人に遭遇すれば、できる限りの被害を加え、攻撃を仕掛けて、あるいはいくつかの船を拿捕することを〔許してくれるように〕将軍様に謹んで請願する。というのも、これは戦争している敵との間で必然的に行われるものである。しかし、皇帝陛下の港で投錨している場合、陛下のご意向であれば、我々の側からは喧嘩や攻撃を

図4　徳川家康肖像（大阪城天守閣蔵）

持ちかけることはしない。なぜなら、陛下の国において、我々の商売を減少させるのではなく、むしろできる限り増やしたいと考えているからである。

従って、我々が日本人や中国人と海上で遭遇しても、何か被害を加えたというようなことについて陛下は一切知らされることはないだろう。むしろ、食料や帆、錨、縄あるいはほかの物が必要であれば、我々はあらゆる手助けや支援をする。これは、長崎に到着した中国人について、今年〔我々の〕大型船が海上で彼らに遭遇し、彼らが飢えていたので、食料やほかの物が与えられ、そのため無事に港に到着したことから明らかである。なおまた、彼らはそれを権六へ話し、権六は中国人の代わりに我々に感謝の意を示した。

小型船〔哨戒艇〕によって女島あたりで拿捕され、現在平戸にあるポルトガルのジャンク船を、その乗組員も含めて、我々はオランダの大型船と共にできるだけ早急にバンタムかモルッカ諸島へ送りたいと思っている。それらの乗組員を、マニラあるいはモルッカ諸島でスペイン人によって捕虜となり、ガレー船において非常に厳重に締められた重い枷をかけられた我々の国民と交換し、これ〔オランダ船と戦うガレー船の漕ぎ手になること〕により、同スペイン人によって、強制的に自分の国に敵対して利用されている我々の国民を解放したいと思う。

この書簡において、スペックスはポルトガル船拿捕の弁明として、再びオランダ連邦議会の指令書を持ち出し、戦争相手国としての攻撃の必然性を強く主張している。さらに、サント・アントニオ号の乗組員を捕虜交換に使いたいという要請を交渉の材料として持ち出すことによって、両者間の戦争においてイベリア人の方からもオランダ側が相当の被害を受けていることを巧みに印象づけている。他方、オランダ人が海賊ではないことを示すために、イベリア船以外には一切危害を加えないことを強調しているが、これは、当時の東インド会社総督が出していた日本船と中国船を拿捕してはいけないという指令の内容と一致するものである(49)。また、この書簡の中でもう一つの重要な点は、日本の港で投錨しているイベリア船は攻撃しないという内容である。この内容と前述のワウテルセンの書簡で言及されていた「海上でポルトガル人〔の船〕に遭遇すれば、拿捕して良いという以前に出した約束」の二点を考え合わせると、日本の港での攻撃さえしなければ、日本近海であってもポルトガル船を拿捕して良いとの認識が共有されていたという推測が成り立つ。

この弁明の書簡がスペックスから正純に渡された二日後に、家康からヤン・ヨーステンに直接伝えられた判決についての知らせがスペックスの元に届いている。これについては一六一五年九月二十六日付の決議録に記されている。それによると、判決の内容は、「ジャンク船とその乗組員および積荷の所有が我々〔オランダ人〕に与えられ、好きなように扱うことができる」というものであった[50]。

ところで、オランダ側史料においては、仲介者としてヤン・ヨーステンが果たした役割のみにしか言及がない。一方、平戸イギリス商館長リチャード・コックスよりイギリス東インド会社の本部に宛てられた書簡には、下記のようにアダムスの役割および家康の考え方について詳細に記されている[51]。

しかし、彼らを最もいら立たせたのは、オランダ人が日本の海岸近くでポルトガルのジャンク船を拿捕したことである。その積荷は黒檀が大部分を占め、錫およびいくつかの金の延べ棒、そして多くの食料である。皇帝〔家康〕はこのジャンク船およびその中身、乗組員も含めてすべてを戦利品として与えた。また、皇帝をそのよう〔な決定〕に動かしたのは、ウィリアム・アダムスが主要な要因であると考えられるべきである。

というのは、彼〔家康〕はまず、スペイン人とオランダ人の間にそのような憎しみがなぜ存在しているのかとアダムスに尋ねた。というのも、世界のほかの場所では、両国の王子や総督が友人であるのに、ここでは敵であることが妙に思われるからである。それに対して、アダムスは次のように答えた。つまり、近年、イギリス王やそのほかの君主の仲介により、彼らが友人になったことは本当であるが、それにも拘わらずスペイン王はフィリピンやインド〔アジア〕のほかの地域に足場を築いたため、世界のこの地域においてほかのキリスト教の国々よりも権利があると考え、ほかの国々がこの地域で貿易することを武力で防ごうとしている。

これに対して、皇帝の答えは次のようであった。つまり、スペイン人にはそのような根拠がなく、従って、これは我々外国人の間の意見の相違あるいは紛争であり、彼はこの件に介入せず、両国の王子に決めてもらうと。しかし、（彼が言うには、）なぜ彼らは商品を奪うだけでなく人も捕虜にするのか。（アダムスが答えて、）それは、スペイン人がオランダ人を捕らえて、フィリピンには百五十人から二百人の捕虜がいるからであり、この機会を用いて、オランダ人は彼らに対して同様の扱いをし、人と人を、商品と商品を交換する。これに対して皇帝は、彼ら〔オランダ人〕に根拠があると答えた。

以上のコックスの書簡によると、この件について、家康はアダムスの意見を求め、両国の関係についての問答を通じて、アダムスの意見に導かれる形で、この件に介入しないという決断をしたという。そして、その結果、拿捕したサント・アントニオ号とその乗組員や積荷を戦利品として獲得することについて、オランダ人に根拠があると認められ、同船の返還は求められず、基本的にスペックスの主張が聞き入れられることになった。

この時のアダムスと家康との問答の内容の信憑性について検証すると、この件に関して第三者であるアダムスが同国人に情報を伝えるにあたって、虚偽を言う必要がないこと、またその内容を書簡において記述しているコックスも同様に第三者の立場にあるため、事実を曲げて伝える必要がなく、むしろ、イギリス人の対日政策の方針を決めるためには家康の考えを正確に把握する必要があったというのが実情であろう。よって、この記述は十分史料批判に耐え得るものと認めてよいと考えられる。

従って、家康がポルトガル人とオランダ人との間の紛争に介入しないという姿勢を示していたことは明らかであり、これを前提にして、サント・アントニオ号拿捕事件を再検証してみると、第二節で論証したように、家康がポルトガル人に対して不快感を抱くきっかけとなる二つの事件が起きる一方で、オランダ人に対しては好意的な態度が示される状況の中、第一節および第五節で確認したように、戦争状態であるがゆえの攻撃の必然性を訴えたオランダ側の弁明が行われ、そして、第四節でみたように、家康が隆信を急遽平戸に派遣して朱印状携帯の有無を調べさせていることから、この事件に関して家康が持った最大の関心事項であり、唯一問題にした点は、同船が朱印船であったかどうかということであったと結論づけることができよう。それゆえ、ポルトガル船の拿捕がたとえ日本近海で行われたとしても、将軍の権力との直接的な関連を示す朱印状の存在がないと分かった時点で、その事件は家康の考慮の対象外となった。[52]家康のこのような対応は、前述のワウテルセンの書簡に書かれていた「皇帝〔家康〕は、我々が海上でポルトガル人〔の船〕に遭遇すれば、拿捕して良いという以前に出した約束」と合致したものである。[53]ただ、外国船に対するこのような対応は家康特有のものであり、彼の死後には後継者に継承されなかったが、このことについては後述する。

結び

サント・アントニオ号がオランダ人に与えられた後に、同船およびその積荷と乗組員がどうなったのかについて最後に触れておきたい。まず、ジャック・スペックスおよびエルベルト・ワウテルセンによる一六一五年九月二十九日付の京都で作成された決議録によると、封印されていた同船の船倉が開けられ、積荷の目録が作成された。[54]完成した目録が一六一五年十一月七日に平戸商館において開催された会議の決議録に掲載されており、それによると、前述のコックスの記述でも示されていたように、その積荷は主に黒檀や錫、そして若干の金の腕輪などから成っていた。[55]ジャンク船自体の価値も含む利益の総額は一五、三一三ギルダーであった。同決議録によると、利益の一部は拿捕に携わったヤカトラ号の乗組員に分配され、残りは東インド会社の所有となった。強固な大型ジャンク船であったサント・アントニオ号はその後「ホープ号」と改名され、東インド会社の貿易のために平戸とシャムとの間を複数回に渡って航行していたことがその後に書かれたスペックスの複数の書簡の内容から知られる(56)。

次に、サント・アントニオ号の乗組員の運命については、一六一五年十一月二十四日に平戸商館で作成された決議録に記載されている。同船に乗っていた中国人の乗組員は、船の修復に従事させられた後に、相応の施し銭と衣服、長崎奉行への推薦状が渡され、中国へ戻れるように長崎へ送られた。また、七人のポルトガル人の乗組員はエンクハイゼン号に乗せられて、東インド会社が本拠地を構えていたバンタムへ送られた(57)。

その後も、オランダ船は商務総監（一六一七年十月以降総督(58)）クーンの指令の下で、毎年日本近海で巡航し、ポルトガルのカラック船の拿捕を狙っていた。また、一六一九年に「英蘭防衛同盟」が結ばれてからは、オランダ人とイギリス人が協力し、平戸を基地にして、ポルトガル船を組織的に追跡するようになったが、結局、カラック船の拿捕には成功しなかった(59)。

その後、一六一六年における家康の死をきっかけとして、オランダ人とイギリス人の置かれた状況に大きな変化が訪れた。この時期にワウテルセンが京都から平戸商館へ至急便で送った書簡は、その変化した事項およびそれに対するオランダ人の対応と動揺した様子を具体的に伝えているので、その内容についても触れておく(60)。ちなみに、この書簡は、あまりにも動揺して書かれたためか、日付を欠いているが、当時の平戸商館の書簡綴りの順番および書簡の内容から、一六一六年九月末頃に書かれたものであると推測できる。ワウテルセンは、京都や大坂においてオランダ人、イギリス人、ポルトガル人、スペイン人が商売してはいけないという禁令が将軍から出され、これら外国人による商売が、国ごとにそれぞれの船の到着港として割り振られた平戸と長崎だけに限定されたと記している。同書簡によると、ワウテルセンは大急ぎで江戸へ赴いて、幕府に直接その理由について尋ね、オランダ人とイギリス人の立場を説明したが、聞き入れてもらえなかった上に、その年の江戸参府に同行した後、平戸へ下ることを余儀なくされた。同時期にアダムスやヤン・ヨーステンより平戸商館に宛てられた書簡にも、この禁令に対する反応として、ワウテルセンが示したのと同じような動揺が見受けられる。[61] 両者はワウテルセンと違って、平戸へ追放させられはしなかったが、幕府に対して持っていた彼らの影響力がかなり弱くなっていた様子が、彼らの書簡の内容から読み取ることができる。

このように状況が変化していく中で、オランダ人とイギリス人は家康の時代に受けていたような好意を期待できなくなった。英蘭防衛艦隊の委員会によって一六二〇年八月五日に平戸で作成された決議録には、英蘭防衛艦隊が日本近海で巡航し、ポルトガル船を追跡していることについて、将軍〔秀忠〕および幕府高官の間でかなりの不満が募っていると長崎奉行から伝えられたという報告が記載されている。[62] このような状況の中で、遂に秀忠は一六二一年に、オランダ人とイギリス人に対して五箇条から成る新たな禁令を出した。この五箇条は平戸藩主によってオランダ人とイギリス人の前で読み上げられたという。[63] その時読み上げられた五箇条の禁令の「覚」が松浦史料博物館に現存しており（図5）、その中の第三条として次の通り記されている。[64]

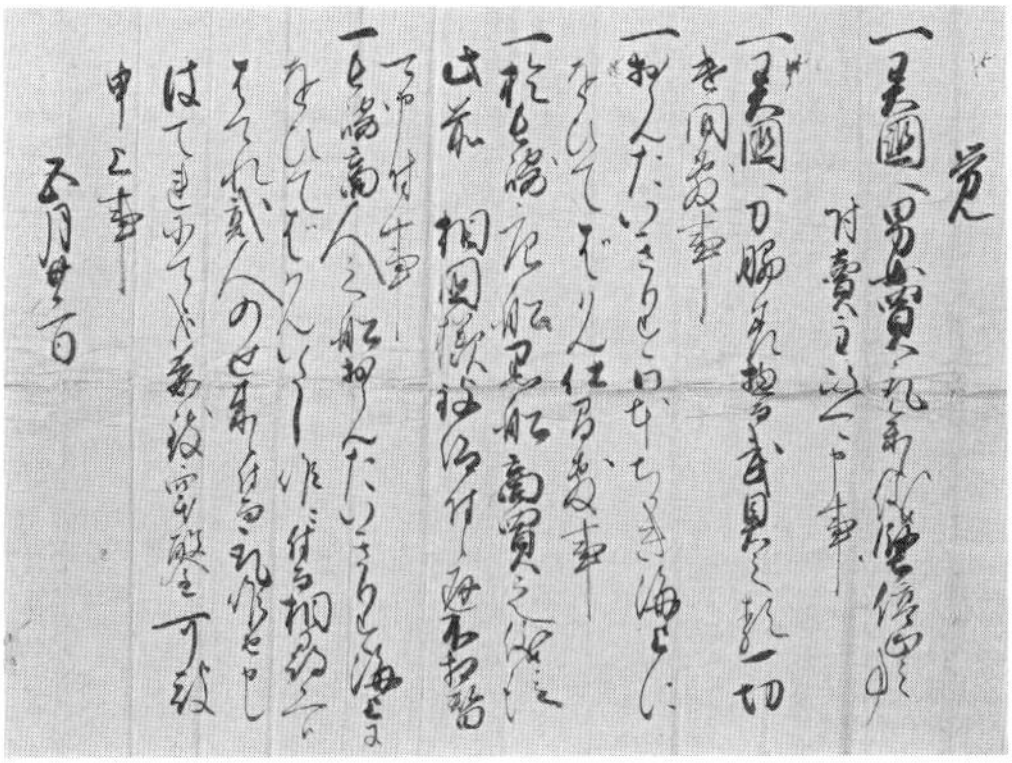

図5　「元和七年覚」（松浦史料博物館蔵）

一おらんたいきりす日本ちかき海上にをいてばはん仕間敷事

この条に出てくる「ばはん」、すなわち「八幡」という用語は「海賊行為」を意味する。この用語をわざわざ持ち出してそれを禁じる前提として、家康と違って、秀忠には、オランダ人およびイギリス人が海賊行為を行っているという認識があったのに違いない。この禁令によって、オランダ人は日本近海での海賊行為を控えるようになった。皮肉にも、禁令の出された一六二一年は、十二年停戦条約が終了し、ヨーロッパ本土においてオランダとイベリア諸国との戦争が再燃した年であった。

東インド会社の職員たちが日本近海で行っていたポルトガル船の拿捕活動は海賊行為であったのか、それとも戦争の一環であったのか。この問いに対する答えとして、東インド会社総督アントニオ・ファン・ディーメンが一六四二年に幕府に宛てた書簡において記している言葉を引用して本稿を締めくくる。「自分の権利を武器で保持する者を盗賊と呼べば、この世の中に多くの盗賊を見つけることができ、王子や王は少ないであろう」[65]。

（1）Frances Gardiner Davenport, *European treaties bearing on the history of the United States and its dependencies to 1648*. Washington : Carnegie Institution of Washington, 1917, pp. 84-100.

（2）Seraphino de Freitas, *De iusto imperio Lusitanorum Asiatico*. Vallisoleti : ex officina Hieronymi Morillo, 1625. バイエルン国立図書館所蔵本。Hugo Grotius, *Mare Liberum*. Lugduni Batavorum : ex officinal Ludovici Elzevirij, 1609, chapter XII. オランダ王立図書館所蔵本。

（3）Hugo Grotius, *Commentary on the law of prize and booty*. Edited and with an introduction by Martine Julia van Ittersum. Indianapolis : Liberty Fund, c2006, pp. 252 et seq.

（4）*Ibid*., p. 449.

（5）*Ibid*., p. 10.

（6）*Ibid*., pp. 68-76.

（7）Pieter van Dam, *Beschryvinge van de Oostindische Compagnie*. 's-Gravenhage : Martinus Nijhoff, 1929, eerste boek, deel II, p.485.

（8）ヤカトラ号（Jaccatra）はアジアで造られた船であり、主に平戸とパタニとの間を往復していた。ジャック・スペックスより商務総監ヤン・ピーテルスゾーン・クーン宛書簡、平戸、一六一四年十二月二十九日付。W. Ph. Coolhaas (ed.), *Jan Pietersz. Coen : Bescheiden omtrent zijn bedrijf in Indië.* 's-Gravenhage : Martinus Nijhoff, 1952, vol. 7, pp. 6–17.

（9）Adam Clulow, *The Company and the Shogun : the Dutch encounter with Tokugawa Japan.* New York : Columbia University Press, 2014. Adam Clulow, Pirating in the Shogun's waters : the Dutch East India Company and the Santo Antonio incident. *Bulletin of Portuguese-Japanese Studies,* vol. 13, 2006, pp. 65–80.

（10）ヤカトラ号の決議録、河内浦、一六一五年八月十八日付。ハーグ国立文書館所蔵（VOC 1061, fo. 247）。

（11）同右。

（12）*Tractaet van t'Bestant.* s'Gravenhaghe : Hillebrant Iacobsz, 1609, f. 3r. バイエルン国立図書館所蔵本。

（13）商務総監ヤン・ピーテルスゾーン・クーンよりジャック・スペックス宛書簡、バンタム、一六一五年六月十日付。Coolhaas, *op. cit.,* vol. 2, 1920, p. 7.

（14）フィリピン総督ダ・シルバよりフェリペ三世宛書簡、カヴィテ（フィリピン）、一六一〇年九月九日付。Emma Helen Blair and James Alexander Robertson (ed.), *The Philippine Islands 1493–1898, vol. XVII : 1609–1616.* Cleveland, Ohio : The Arthur H. Clark Company, 1904, pp. 144–150.

（15）このような事態は一六一六年に現実のものとなった。Sloos, *De Nederlanders in de Philippijnsche wateren voor 1626.* Amsterdam : J. H. De Wit, 1898, pp. 27–33.

（16）オランダ連邦議会の一六一〇年十一月十六日付決議録や一六一一年三月二十四日付の決議録など。*Resolutiën der Staten-Generaal.* Nieuwe reeks : eerste deel, 1610–1612. 's-Gravenhage : Martinus Nijhof, 1971, p. 254, p. 350.

（17）*Ibid.*, p. 703.

（18）J. A. van der Chijs (ed.), *Nederlandsch-Indisch plakaatboek.* Eerste deel. Batavia : Landsdrukkerij ; 's Hage : M. Nijhoff, 1885, pp. 26–28. 発布の日付は一六一四年三月四日となっている。

（19）なお、指令書の発布元は「オランダ連邦議会」Staten-Generael となっているが、アジアとの外交において東インド会社は連邦議会の代表者として常にマウリッツ王子の名前を用いていた。そのため、スペックスが王子による発布であるとしているのは不自然なことではない。

(20) 前掲注(10)。

(21) 平戸商館・ヤカトラ号・エンクハイゼン号の決議録、平戸、一六一五年八月十九日付。ハーグ国立文書館所蔵(VOC 1061, fo. 247)。

(22) アダムスよりイギリスの妻宛書簡、日本、一六〇五年頃。アダムスよりバンタムにいる未知の友人および同国人宛書簡、平戸、一六一一年十月二十三日付。Anthony Farrington (ed.), *The English Factory in Japan 1613-1623*. London : The British Library, 1991, pp. 53, 69.

(23) Emanuel van Meteren, *Memorien der Belgische ofte Nederlandsche historie, van onsen tijden*. Delf : Jacob Cornelisz. Vennecool, 1599, f. 407. アムステルダム大学図書館所蔵本。なお、艦隊の派遣目的に関する詳細な分析については、ウィーデルを参照。F.C. Wieder, *De reis van Mahu en De Cordes door de straat van Magalhães naar Zuid-Amerika en Japan*. LV 24, 's-Gravenhage : Martinus Nijhoff, 1925, vol. 1, pp. 19-27.

(24) Diogo do Couto, *Da Asia. Decada XII*. Lisboa : Na Regia Officina Typografica, 1788, p. 448.

(25) Wieder, *op. cit.*, pp. 28-32.「当代紀」(『史籍雑纂　第二』続群書類従完成会、一九九五年、七四頁)。

(26) ピーテル・ウィレムス・フェルフーフ提督の指令書、バンタム、一六〇九年二月二十五日付。M. E. van Opstall, *De reis van de vloot van Pieter Willemsz Verhoeff naar Azie 1607-1612*. 's-Gravenhage : Martinus Nijhoff, 1972, pp. 327-331.

(27) イエズス会日本管区長(準管区長フランチェスコ・パジオのことか)よりスペイン王宛書簡、長崎、一六〇九年十月十日付。Léon Pagés, *Histoire de la religion Chrétienne au Japon*. Paris : Charles Douniol, 1870, vol. 2, pp. 96-97.

(28) ニコラース・ポイクの駿河参府日記、一六〇九年八月十三日〜十八日。M. E. van Opstall, *op. cit.*, pp. 351-352.

(29) この事件の詳細については、五野井隆史「一六一〇年長崎沖におけるマードレ・デ・デウス号焼打に関する報告書」(『キリシタン研究』第十六輯、一九七六年、三〇一〜三六四頁)を参照。

(30) 同右、三二〇頁。

(31) 同右、三二〇頁。

(32) 村上直次郎訳注『増訂異国日記抄』(雄松堂書店、一九六六年)八三頁。イエズス会日本管区長ヴァレンティン・カルヴァリョの報告書「オランダ人の日本への到着およびその後の出来事についての情報」マカオ、一六一五年二月八日付。Léon Pagés, *op. cit.*, pp. 162-165.

（33）ロドリゲスの追放については諸説ある。五野井やクーパーによると、ロドリゲスはマードレ・デ・デウス号事件が原因で一六一〇年にマカオに追放された（五野井隆史『日本キリスト教史』吉川弘文館、一九九〇年、一九九頁。Michael Cooper, *Rodrigues the interpreter*. New York : Weatherhill, 1974, pp. 267-268）。それに対して、シースリックによると、ロドリゲスは一六一一年に一度日本から中国へ渡り、その後、貿易再開の交渉のために一時再び日本に渡航し、一六一二年に追放された（Hubert Cieslik, Father Joao Rodriguez, "the Interpreter", *Misionary Bulletin*, 9, 1955, pp. 404-409）。

（34）Pagés, *op. cit.*, p. 163.

（35）平戸商館・ヤカトラ号・エンクハイゼン号の決議録、平戸、一六一五年九月十日付。ハーグ国立文書館所蔵（VOC 1061, fo. 248v）。クルーローは、京都への参府がジャンク船の拿捕の正当性を直接将軍に訴える目的で考案されたと解釈している（Clulow, *op. cit.*, 2014, p. 156）が、これは不正確である。というのも、決議録には「慣例に従って拝礼を行うため（volgens de ordonnantien costuijmen de reverentie te gaen doen）」と明記されているからである。

（36）同右、平戸商館・ヤカトラ号・エンクハイゼン号の決議録、平戸、一六一五年九月十日付。

（37）同右。

（38）イエズス会日本管区長よりスペイン王宛書簡、長崎、一六〇九年十月十日付。Léon Pagés, *op. cit.*, vol. 2, p. 95.

（39）平戸商館・ヤカトラ号・エンクハイゼン号の決議録、平戸、一六一五年九月十日付。ハーグ国立文書館所蔵（VOC 1061, fo. 248v）。

（40）幕府高官への贈物は関税として位置づけられていたことは同決議録前掲注(35)に明記されている。

（41）エルベルト・ワウテルセンより〔平戸商館宛て〕書簡、京都、一六一五年九月五日付。ハーグ国立文書館所蔵（NFJ276）。

（42）平戸商館・エンクハイゼン号・ヤカトラ号の決議録、平戸、一六一五年十月二十八日付。ハーグ国立文書館所蔵（VOC 1061, fo. 249v）。

（43）平戸商館・エンクハイゼン号・ヤカトラ号の決議録、平戸、一六一五年十一月七日付。ハーグ国立文書館所蔵（VOC

1061, fo. 252r)。

(44) エンクハイゼン号の決議録、平戸、一六一五年九月二十四日付。ハーグ国立文書館所蔵（VOC 1061, fo. 249r)。

(45) マテイス・テン・ブルッケとレオナルト・カンプスより〔スペックス宛て〕書簡、平戸、一六一五年九月十九日付。ハーグ国立文書館所蔵（NFJ276)。以下、隆信における平戸訪問についての情報はこの書簡による。

(46) ジャック・スペックスおよびエルベルト・ワウテルセンによる決議録、京都、一六一五年九月二十四日付。ハーグ国立文書館所蔵（VOC 1061, fo. 250r)。

(47) Pagés, *op. cit.*, pp. 328-329.

(48) 前掲注(46)。

(49) 例えば、商務総監ヤン・ピーテルスゾーン・クーンよりズワルテン・レーウ号の上級商務員マルティン・ファン・デル・ストリンゲンおよび船長コルネーリス・クラーゼン宛指令書、一六一六年五月十四日付を参照。Coolhaas, *op. cit.*, vol. 2, 1920, pp. 113-114.

(50) ジャック・スペックスおよびエルベルト・ワウテルセンによる決議録、大津、一六一五年九月二十六日付。ハーグ国立文書館所蔵（VOC 1061, fo. 251r)。

(51) リッチャード・コックスよりイギリス東インド会社の本部宛書簡、平戸、一六一六年二月二十五日付。Farrington, *op. cit.*, p. 378.

(52) クルーローはこの事件についての論考において、この判決を下すことによって幕府が事実上判定者としての権利を策定したという説を示しているが、上記のコックスの書簡の記述は彼の説を完全にくつがえす内容である。Clulow, *op. cit.*, 2014, p. 160.

(53) この記述は女島の近海は日本の一部であり、将軍の統治下にあると〔幕府が〕確定したというクルーローの説を否定している。Clulow, *op. cit.*, 2014, p. 159.

(54) ジャック・スペックスおよびエルベルト・ワウテルセンによる決議録、京都、一六一五年九月二十九日付。ハーグ国立文書館所蔵（VOC 1061, fo. 251r)。

(55) 平戸商館・エンクハイゼン号・ヤカトラ号の決議録、平戸、一六一五年十一月七日付（VOC 1061, fo. 252r)。

(56) ジャック・スペックスより商務総監ヤン・ピーテルスゾーン・クーン宛書簡、平戸、一六一六年十月一日付および一六一七年十月十二日付（Coolhaas, *op. cit.*, vol. 7, p. 186, p. 291）、および、商務総監ヤン・ピーテルスゾーン・クーンより十七人会宛書簡、バンタム、一六一六年十月十日付（Coolhaas, *op. cit.*, vol. 2, p. 203）。

(57) 平戸商館・エンクハイゼン号・ヤカトラ号・フォルタイン号船長の決議録、平戸、一六一五年十一月二十四日付（ハーグ国立文書館所蔵、VOC 1061, fo. 253v）。

(58) 一六一七年十月二十五日付辞令で、その通知がクーンの手元に届いたのは一六一八年四月三十日である。

(59) これについては、英蘭艦隊およびオランダ商館・イギリス商館の決議録、平戸、一六二〇年八月五日～一六二一年五月二十五日付（ハーグ国立文書館所蔵、NFJ3）に詳しい。

(60) エルベルト・ワウテルセンより〔平戸商館宛て〕書簡、京都、〔一六一六年〕。ハーグ国立文書館所蔵（NFJ276）。

(61) アダムスより平戸オランダ商館宛書簡、江戸、一六一六年十月十四日付（ユリウス暦）。（Farrington, *op. cit.*, pp. 516-517）。ヤン・ヨーステンより〔平戸オランダ商館宛〕書簡、〔一六一六年〕和暦九月十七日付。ハーグ国立文書館所蔵（NFJ276）。

(62) 英蘭艦隊およびオランダ商館・イギリス商館の決議録、平戸、一六二〇年八月五日付（ハーグ国立文書館所蔵、NFJ3）。

(63) ウィレム・ヤンスゾーンより総督ヤン・ピーテルスゾーン・クーン宛書簡、平戸、一六二一年十月十二日付（Coolhaas, *op. cit.*, vol. 7, p. 785）。

(64) 松浦史料博物館の御好意により、「覚」の写真を送付頂いた。

(65) 総督アントニオ・ファン・ディーメンより幕府宛書簡、バタフィア、一六四二年六月二十八日付。『オランダ商館長日記』原文編之六、東京大学史料編纂所、一九八六年、二〇八頁。

〔謝辞〕 本稿の成るに当たっては、多くの方々のご協力・ご支援を頂き、深く謝意を表したい。文献資料の閲覧にご便宜を頂いたハーグ国立文書館および国際日本文化研究センター図書館、バイエルン国立図書館の方々に厚くお礼申し上げる。稲賀繁美氏には興味深い課題と論文執筆の機会を与えて頂いた。シンシア・フィアレ氏は、オランダ側文献の情報を提供し、決議録や書簡の解読作業に全面的に協力し、多くの有意義なご指摘を与えて下さった。光平有希氏および片岡真伊氏には史料調査に協力して頂いた。妻桂子は原稿の校閲をはじめ、論理の合理性を追求して、論述における問題点を適宜修正し、本論文の成立に全面的に協力した。改めて厚く感謝申し上げる。

悪石島の寄船大明神とその周辺

榎本　渉

はじめに

二〇一四年八月、私は神戸女子大学の山内晋次氏ら五人とともに、トカラ（吐噶喇）列島の調査を行なった。その主な調査地は中之島と宝島である。中之島へは鹿児島港発奄美大島行の深夜便を利用し、宝島から奄美大島へ向かう際にも同じ便を利用したが、定期便の運航が平均三日一便だったため、中之島・宝島間の移動に当たっては、村営の高速観光船なしまをチャーターすることにした。列島の北から二番目に位置する中之島（最北端は口之島）から最南端の有人島である宝島（その南には無人の上ノ根島・横当島がある）の間を移動する際、我々は臥蛇島《がじゃじま》・小臥蛇島・諏訪之瀬島・平島・悪石島・小宝島を海上から眺め、当海域で常時島影を見ながら移動することが可能であることを確認した。

この時船長のご厚意で、途中一島だけ立ち寄ってもらえることになったため、我々は悪石島での停泊をお願いし、島で唯一の港である、やすら浜港周辺の散策を行なった。港には、悪石島の盆の祭礼で登場する特異な仮面神ボゼ［下野敏見　二〇〇九：三二六～三四一］の絵が、島のシンボルとして描かれていた。

寄港地として悪石島を選んだ理由の一つは、一九九五年発行『十島村誌』三四一頁の「悪石島の集落内家屋分布（悪石小・中学校作成）」と題する島の地図で、「寄船大明神」なる神祠が港の北岸に示されていることに興味を持ったことだった。一八九五年に大島島司の笹森儀助が著した『拾島状況録』の二七三頁[1]に、「舟着場ノ上ニ寄舟神社アリ、木札ニ寄舟権現と記シタルヲ神體トス」（傍点筆者）とあるものと同じと見られる。寄船大明神に関する前近代の関連資料は現状では見出していないが、この神祠の存在が意味するところを、語義および地理環境から推測し、併せて前近代の海域交流におけるトカラの位置を一考することが、拙文の目的である。

一　中世の寄船

寄船大明神とはいかなる神なのだろうか。この名称を持つ神は、私の狭い見聞の中には他になく、少なくとも全国的に分布するメジャーな神ではないと思われる。『拾島状況録』二七三頁は同神の由来について、「斯神《この》、昔本島に漂着シタルモノト為ス」とし、また近年の調査に拠れば、「流木につかまって助かった人を祀る」という由来も伝わっているらしい[2]。漂着した人間を神として祀ったものだろうか。この場合「寄船」とは、民俗学でいうところのヨリガミ（漂着神）が乗った船を意味していることになる。

一方で「寄船（ヨリフネ）」といえば、日本中世史研究者ならば誰でもピンと来る名辞である。すなわち中世には漂着した難破船を寄船、流れ着いた漂着物を寄物と言い、しばしば漂着地の住民や領主の拾得物とされた。寄船大明神がこの慣行と関わる名辞である場合、ヨリガミ説も踏まえれば、漂着船という（島民の獲得物となる）財宝を伴って来航した財神（実際には漂流民）とも考えられる。これを祀る行為の目的は、新たな財宝＝寄船の招来だろう。ただし後述する通り、現在同神は豊漁を祈る神とされているが、これは中世から長い時間を経て漂着船の獲得が困難になった近現代になって、海からの富をもたらすという共通項を保ちつつ、属性に微調整が加えられたものと考えておきたい。

寄船大明神について詳しく見る前に、まず本節では中世の寄船・寄物について、先学の説を踏まえつつ略述しておきたい。寄物についてよく知られるものとしては、鎌倉時代の筑前宗像大社の事例がある。宗像大社が一二三一年に朝廷に提出した解状に拠れば、大社は天照大神降来の霊地、日域無双の神祠として、料田を寄付されて式日の神事を勤行してきたが、大小七〇余社の修理費については、昔から遠賀郡葦屋津から糟屋郡新宮浜の間に漂着した寄物で沙汰してきたという。だがこのたび往阿弥陀仏なる勧進聖が漂流の難を憐れんで、鐘崎に孤島を築いて往還の船の助けとし、風波の煩いを防いだため、社殿の修理費が不足しているとして、鎌倉幕府を通じて宗像郡東郷内の曲村四〇町の田地を要求し、朝廷の認可を得た。宗像大社はさらに翌年、四〇町では不足として、幕府に東郷一五〇町全体の寄進を要求している〔『鎌倉遺文』四一二〇・四一二一・四三四八、宗像神社文書〕。

この事例からは、中世の宗像大社が近隣の寄物を社殿修理費用として取得する権利を有したことが知られるが、それ以上に興味深いのは、鐘崎の築島のため海船の遭難が減ったせいで、寄物が得られなくなったとして、新たな所領を要求するという、宗像大社の行動である。船の難破を防止する社会事業を既得権益の侵害とするこの要求は、現代人から見ると極めて非道徳的なものに感じられるが、中世においては朝廷・幕府すら容易に突き返すことができない説得力を持っていた。中世後期の海事慣習法とされる『廻船式目』には、「寄船・流船は、其の所の神社仏寺の造営の為にすべき事（寄船・流船者、其所之神社仏寺之可為造営事）」との条があり、寄船は漂着地の社寺造営費に充てるという法理がうかがわれるが、これは宗像大社の主張と相通じるものがある。

『廻船式目』の同条には、「若《も》し其の船に水手一人にても残ることこれ在るにおいては、其の者の次第たるべき事（若其船に水手一人にても残於在之者、可為其者次第事）」と続き、船に生存者がいる場合はその者の意志を優先すべきとされている。だが財貨を求める人々が船内に生存者を見出した時に、人道的立場からこれを救助し船や積荷を保護するケースは、それほど多くなかっただろう。一二三一年、鎌倉幕府の執権北条泰時・連署北条時房は京都の六波羅探題に宛てて、「一、海路往反船事」と題する以下の如き法令を出している［『中世法制史料集』一、鎌倉幕府追加法三二］。

右、或は漂倒に及び、或は難風に遭い、自然吹き寄するの処、所々の地頭ら寄船と号し、左右《そう》無く押領するの由、其の聞こえ有り。所行の企て、太《はなは》だ以て無道なり。縦《たと》い先例たりと雖も、諸人の歎きなり。何ぞ非拠を以て、証跡に備うべけんや。自今以後、慥《たし》かに聞き及ぶに随いて、且《かつ》うは彼の押領を停止せしめ、且うは損物を糺し返さるべきなり。若し尚お事を左右に遁《のが》れ、制法に拘《こだわ》らざれば、交名《きょうみょう》（名簿）を注進せらるべきの状、鎌倉殿（将軍九条頼経）の仰せに依りて、執達件の如し。

（右、或及漂倒、或遭難風、自然吹寄之処、所々地頭等号寄船、無左右押領之由、有其聞。所行之企、太以無道也。縦雖為先例、諸人之歎也。何以非拠、可備証跡哉。自今以後、慥随聞及、且令停止彼押領、且可被糺返損物也。若尚遁事於左右、不拘制法者、可被注進交名之状、依鎌倉殿仰、執達如件）

漂着船を寄船と号して押領する事態が、この頃頻発し問題視されていたことが知られる。幕府はこうした事態を無道として、先例であっても従うべきではないとし、六波羅探題に対して、今後このようなことを聞いたら押領を止め、奪われた物を究明し返却させよとの指示を出している。この指示の前提として、掠奪品の返却相手、すなわち生存者がいても、寄船という扱いにして積荷を押領する事態があったと見られる。しかも「先例たりと雖も」とあるように、こうした所行も先例として正当化されることがあったらしい。このような場合、生存者が抵抗して殺害されることもあったことは想像に難くない。戦国時代、日吉大夫なる猿楽師が海路能登に向かうに先立ち、本願寺の証如に対して、船が漂着した場合の生命・積荷の保護を加賀の本願寺門徒に伝えるように求めたのも、このような事態を想定したものだろう［証如『天文日記』天文五年正月二一日条］。

トカラ列島における寄船の事例として有名なものに、一四五〇年、臥蛇島への朝鮮人漂流民の件がある。六人の朝鮮人の乗った船が臥蛇島に漂着した時、二人は病死、二人は薩摩人が獲得、二人は喜界島（奄美大島の東の島）に出兵中だった琉球国王の弟に購入されて琉球国王に献上された。博多商人道安は琉球国王の依頼を受けて、この二人を朝鮮に送還している。その顚末は『朝鮮端宗実録』端宗元年五月丁卯条の記すところだが、この時に朝鮮人漂流民が薩摩・琉球に分配されたのは、当時臥蛇島が琉球・薩摩に半属する島とされていたことに依る［村井章介　二〇一三a］。この場合の臥蛇島は船の漂着地だが、おそらくこの船は寄船として、島に権益を持つ二つの勢力によって積荷などが分割され、漂流民自身もその一部として折半されたのだろう(3)。中世において漂着地に権益を持つ複数の勢力がいる場合、寄船・寄物が折半その他の比率で分配されたことは、先学の指摘する通りであり［新城常三　一九九四：八二四〜八二九］、薩琉間での漂流民折半もこの一例と見ることができる。また漂着船に生存者がいれば積荷は奪わないという法理が必ずしも機能しなかった例としても見ることができる。

一四三六年には、トカラ列島の北にある竹島の籠浦で、琉球からの帰路に立ち寄った博多の船が難破するという事件があったが、同島を知行する種子島時長は島津忠国に対し、船と船員は海中に沈んでしまったと報告した。しかし別の者から、時長が漂着船の船員を殺害して積荷を奪ったとの讒言があり、このため時長は硫黄島・竹島・黒島の知行を失ったと、『種子島家譜』は記す［村井章介　二〇一三b］。讒言の内容の実否ははっきりしないが、こうした話が生まれる背景として、当海域で漂着船からの掠奪が珍しくなかったことを思わせる。

漂着地住人による寄物・寄船の取得慣行に対し、戦国期から大名権力の介入が見られるようになること、近世にはこれが禁止され、沿岸諸浦に海難救助が義務付けられるようになることは、すでに指摘されている通りである［金指正三　一九六八、新城常三　一九九四、黒嶋敏　二〇一三］。ただし実際には近世になっても、暴風雨の夜に船を着けられない岩場の前で火を焚いて岸に近づかせ、座礁させて積荷を略奪するという類の話には事欠かず、寄船の慣習は各地で法外に継続していたと見られる［新城常三　一九九四］。その残滓は明治維新後も続いており、一八八三年三月二日付け『東京日日新聞』には、突風のために渥美半島の若見村の暗礁に乗り上げた船の船員が村民に助けを求めたところ、村民がその求めに応じず掠奪を始めたという事件が見える［石井忠　一九九九：二六六］。この事例は船員が警吏に保護を求め、警吏によって実行犯の取り調べが行なわれたために表沙汰になったものだが、明治の世ですらかくの如しとなれば、江戸時代では同様の事態はなおさら珍しくなかったと見られる。

悪石島の寄船大明神とは、このような漂着船掠奪の慣行を前提として祀られ、さらなる漂着船来航（による財産の獲得）を期待する島民の心理を反映したものと考えたい。近代においても、各地の沿岸集落で船の難破を望んで行なう年始行事が伝わっていたことが報告されていることを考えると［『日本残酷物語』一巻、海辺の窮民、八～九頁］、船の難破を期待した祈りがあったことは、何ら不思議なことではない。もっとも漂着船からの掠奪は、近世・近代ではあくまでも公権力の目の届かないところで法外に行なわれたものであって、中世のように権利として公然と主張できるものではなかった。そう考えれば、「寄船」を冠する神を近世になっておおっぴらに祀り始めることは考え難く、寄船大明神の起源は中世に遡る可能性が高い。少なくとも中世的な慣行の名残りを留める名称と考えることは、それほど的外れではないだろう。寄船大明神に関する近現代の語りが、ことごとく「寄船」の意味に直接言及しないのは、あるいは近世の間に原義が意図的に伏せられたことの結果かもしれない。

二　トカラ海域の中の寄船大明神

寄船大明神を祀る悪石島や、同島を含むトカラ列島が、海域の中でどのような位置にあったのか確認してみよう。トカラ列島は大隅諸島の南、奄美大島の北に位置する一二の小さな島々で構成され、現在は鹿児島県鹿児島郡十島村として一つの行政区を成している。有人島は七島あるが（一九七〇年までは臥蛇島を含め八島）、陸地をすべて合わせても一〇〇㎢程度の規模に過ぎない。最大の中之島でも面積は三四・五㎢で、口之島(一三・三㎢)・諏訪之瀬島(二七・七㎢)を除けば、他は一〇㎢にも満たないごく小規模な島々である(有人島で最小は一㎢の小宝島)。だが同列島は前近代において、鹿児島—奄美大島—沖縄を結ぶ航路中に位置する重要な島々だった。一四七一年に朝鮮の申叔舟が編纂した『海東諸国紀』に収める「日本国西海道九州之図」や、その原図と近い関係にあると考えられている『琉球国図』には、トカラ列島の島々が極めて詳細に描かれているが、これも航海における列島の重要性を反映したものと見られる[上里・深瀬・渡辺 二〇〇五、村井章介 二〇一三a]。列島の海民たちは七島衆と呼ばれたが、彼らは戦国期から江戸初期にかけて、薩琉間の海上交通や情報伝達に活躍した[深瀬公一郎 二〇〇七、紙屋敦之 二〇一三]。

ただしトカラ列島に貿易船が集中するという事態は基本的になく、列島は薩琉交通の通過地点であり続けたようだ。というのも、列島は黒潮の急流が西から東によぎる海域に当たり、現代の大型船でさえも揺れる日本有数の難所として知られる[長嶋俊介 二〇〇九]。またトカラの島々は火山島で、海岸は断崖に囲まれて岩礁も多い。加えて南の宝島・小宝島では、サンゴ礁が島を取り囲んで船の着岸を困難にしている(4)。近世にトカラ列島に船が流れ着いた時、船を収容・保護すべき港がないことがしばしば問題とされており、トカラ列島は「港の無い島々」として認識されていた[渡辺美季 二〇〇四]。つまりトカラ列島は島民以外の海民にとって、薩琉間に点在する貿易の要衝ではなく、否応なく通過せざるを得ない恐怖の難破地帯だったのである。七島衆が海上交通において活躍を始めるに当たっては、海の難所を知悉《ちしつ》する水先案内人としての役割が大きかったと考えられている[深瀬公一郎 二〇〇七]。

かくの如きトカラ列島の環境は、悪石島についても例外ではない。『拾島状況録』二六二頁に、「沿岸ノ状況臥蛇島ニ似テ、四壁大概岩石ヲ回ラシ、其壁直チニ海ヨリ屹立シ、高サ数十間ヨリ数百間ニ及ヘリ」とあるように、悪石島は周囲を断崖絶壁に覆われている。船が泊められるのは島の西南にある大浦泊（今のやすら浜港）のみで、その他の海岸は「砂浜ヲ為スト雖《いえど》モ、暗礁出没少ク、風浪立タバ其周辺ニ近《ちかづ》ク能ハス」というように、波の上には現れない暗礁が海面下に多く散在していたため、容易に接岸できなかった。大浦泊については「御岳南面ノ麓ニアリ西ニ面シ、東部荷崎ヨリ、西部赤キノ岬トノ間海水少ク、陸ニ入リ弓状ヲ為ス」と記し、島の北部にある御岳の南の麓にあって、船着場は海に西面していた（南北に走る海岸の東岸に船着き場があった）。港内には大きな石が散在し、「大風ニ際シ湾内碇泊スル者、皆破船スト云フ」といわれている。一八八四年に記された白野夏雲『七島問答』には、「満潮ヲ待ツニアラサレハ、五間以上ノ釣舟ト雖共《いえども》、岸ニ達スルヲ得ス」とあり、満潮時以外には釣船さえも着岸できない危険な港だった。なお現在は港の南に東西方向の防波堤が設けられ、船はこの防波堤の北側に停泊する。船着き場の海底にもコンクリートが敷かれるなど、船が暗礁にひっかかることを防止すべく整備されている（図1）。

図1　西の神祠前から南東方向に見たやすら浜港（筆者撮影）

潮の流れの速い海域の中で断崖絶壁の島々が続く中、数少ない船着場でありながら、座礁の危険性が高い港。その港に鎮座する寄船大明神を、漂着船という財宝を呼び寄せる神として見ることは、地理環境の上でも名称の上でもよく適合しているといえるだろう。

悪石島の近況については、明治大学の大胡修教授のゼミで一九八九～九一年に行なったフィールドワークに基づく調査レポートがある（『野帖』四～六号掲載）。これに拠れば悪石島では、大漁祈願の際に船にいる船玉様という女神に御神酒を捧げ、ついでえびす神社のえびす様に御神酒を捧げ、その後寄船大明神に集まって日の丸の旗を交差して立て、焼酎と肴を飲み食いしてから帰るという（四号一九頁）。これを見るに、現在の寄船大明神は漁神とされているらしい。また寄船大明神は浜の神の異称で、ミトヨセ八幡・ジュウヨセのゴゼ・イマヨシの前・ギョーバラのゴゼを合祀しているという。ジュウヨセのゴゼは龍神ともいわれる。ミトヨセは「御戸寄」で港に立つ神、見張りをする番神であり、他所の船の出入りの際に悪を断つ神という（四号二六頁）。『十島村誌』九三四頁にも同様の記載があるが、ジュウヨセを「漁寄せ」、ギョーバラを「漁原」としており、この翻字に根拠があるならば両神は漁神ということになる。また『十島村誌』では、寄船大明神と合祀される神に玉寄の御前も加えられている。いずれにしろこれら港の神々の多くは「ヨリ」「ヨセ（ヨシ）」を含む名辞を持ち、漂着物にせよ漁獲物にせよ、海から富を呼び寄せる神と見て良いだろう。

大胡ゼミのレポートには、やすら浜港に祀られる他の神々についての調査記録もある（四号二七頁）。一つはトマイゴの大権現で泊のかしらにあり、一つはコトシロヌシの神社でエビス様とも言い、一つは西の宮若エベスと言い、一つは西の宮スケ三郎と言う。寄船大明神・トマイゴの大権現・コトシロヌシの神社は小宮に祀るのに対し、西の宮若エベスと西の宮スケ三郎は社屋がなく、前者は平たい石、後者は御幣を立てるのみという。

四号三〇頁の悪石島地図（図2）には各神祠の位置も記され、港の北岸には西から寄船大明神・トマイゴの大権現・西の宮若エビスが並び、三社よりも少し内陸寄りにエビス様（コトシロヌシの神社）、西の宮若エビスから少し離れて港の南に西の宮スケ三郎、となっている。ただし一九九五年発行の『十島村誌』三四一頁に載せる地図では、西からエビス神社・泊り頭の大権現（トマイゴの大権現）・寄船大明神、少し内陸寄りに浜ノ宮となっており、五三五頁（小園公雄執筆）の地図では、西から海岸沿いに寄船神社・恵比寿神社・泊頭神社となっている。西の宮や浜ノ宮は措くとしても、エビス・トマイゴ・寄船の三社の位置関係は明らかに異なる。また『拾島状況録』二七三頁は、寄舟権現の東に恵美須《エビス》神社があるとする。

図2 悪石島地図([大胡修ゼミナール1990]より、1989年調査による)

※トビ瀬の対岸近くにある根神(ネガミ)山を実際よりもかなり北に描くなど、本図には調査ミスによる誤りが含まれている可能性がある。

地図・地誌によって神祠の配置がまちまちなのは、すでに現地の記憶も曖昧になっているためとも考えられる。(7)また防波堤の整備時などに動かされたものもあるのかもしれず、現状の配置に深い意味を見出すことは控えるべきかもしれない。(8)だがとりあえず参考までに、二〇一四年の踏査時の様子も述べておくことにしよう。港の北の海岸にはコンクリート製の三つの神祠が確認されたが、神名などを記すものはなかった。これらを仮にそれぞれ西・中・東の神祠と呼ぶことにしよう。西の神祠と中の神祠へは、海岸から登る一本の参道がある。道の突き当りの位置とこれに向き合う位置にはそれぞれ木製の鳥居があり(図3)、それらの奥には中の神祠と西の神祠がある。(9)これに対して東の神祠には鳥居も参道も無く、三祠中では扱いが低いようである。西・中の神祠の横には酒瓶が置かれていたが(図4)、これは一九八九年の調査レポートに、エビスに御神酒を捧げ、寄船大明神の前で酒盛りをする、とあることを反映するものかもしれない。

西・中の神祠に相当するものは、『野帖』四号の地図では寄船大明神とトマイゴの大権現、『十島村誌』の地図

図3　中の神祠の前の鳥居
（筆者撮影、以下同様）

図4　西の神祠。中には神体と思しき丸石の他にサンゴも置かれている。

図5　中の神祠とその摂社

ではエビス神社と泊り頭の大権現（トマイゴの大権現）、または寄船神社と恵比寿神社である。だがフェリーとしまで得た十島村発行の現行のトカラ列島地図には、やすら浜港の北岸に二祠を描き、西をエビス様、東を寄船大明神としている。省かれている一祠に当たるのが鳥居のない東の神祠だとすれば、西の神祠がエビス様、中の神祠が寄船大明神ということになる。そこで中の神祠を見てみると、すぐ後ろには四神を合祠する祠が設けられていることに気付く（西・東の神祠は、主神の神体を収める空間のみ）。これはミトヨセ八幡以下の四神ないし五神を合祀する寄船大明神に当たるものと思われ、少なくとも二〇一四年の時点では、これが寄船大明神の祠として祀られていたものと思われる（図5）。東の神祠が何に当たるのかははっきりしないが、いずれにしろこれら諸神は港の北岸で海を見下ろす位置にあり、港と密接な関係を持つ神々と見ることができる。

これに付け加えれば、私が悪石島の次に調査に訪れた宝島も、興味深い神々を港に祀っている。宝島の集落は島の中心のイマキラ岳の北麓にあるが、この集落から海岸に下りる坂の途中に上の宮、ふもとに下の宮がある。下の宮の目の前にある前籠港は、現在宝島の中心的な港だが、『拾島状況録』二七六頁に拠れば、明治頃までは港としては主にその東の大籠港が用いられたという（前籠港は小規模で、島民が漁港として用いた）。大籠・前籠いずれの港も、島を取り囲むサンゴ礁を開削して作った港である。宝島ではこのサンゴ礁が入出港時の障害となり、しばしば座礁の原因となった。『拾島状況録』では、大籠港は干潮の時は干潟となり、満潮の時はサンゴ礁が暗礁となるため、島の地理に詳しい者でないと出入りは困難だとしている。

集落の鎮守として祀られている上の宮（鎮守大明神と称す）に対して、下の宮は別称を玉寄権現という。『拾島状況録』二九三頁に拠れば、島民はこれを龍宮と称し、漁神であるとする。当時は漁の時に釣り上げられたサンゴ数百個が古墳の如く積まれていたというが、これも漁神としての性格に基づくものだろう。一方『十島村誌』九三四頁は、玉寄権現を海の幸を招き寄せる神とし、漂着物などはここに納めるならわしだったことを記す。さらに寄木・寄物は宝物であり神でもあるとし、民俗学のヨリガミの論を前提に、「玉寄権現は、そうした漂着物＝寄り神を祀る祠であろう。同時に、そうした物＝神をもたらす海のかなたの大神を祀る社であろう」とする〔下野敏見執筆〕。つまり玉寄権現は必ずしも漁獲物に限らず、海から得られる富への期待を神の形で体現したもので、その点で悪石島の寄船大明神に近い性格の神と考えられる。おそらく寄船にも期待するところがあり、他所の船が島に流れ着きサンゴ礁で座礁することも、望むところだったのだろう。

下の宮には主神の玉寄権現以外にも、三神が合祠されている。社殿にはその名を記した木札があり、御戸寄権現・今寄権現・今宮権現という神号が知られる。前節で見た通り、悪石島には寄船大明神とともにミトヨセ八幡・ジュウヨセのゴゼ・イマヨシの前・ギョーバラのゴゼが合祠され、異説ではさらに玉寄の御前も合祠されていた。この中でミトヨセ八幡・イマヨシの前・玉寄の御前の三神の名称は、下の宮に祀る玉寄権現・御戸寄権現・今寄権現と酷似する。悪石島の寄船大明神と宝島の玉寄権現は、港の目の前という立地だけでなく、祀られる神々の組み合わせの点から見ても、近い性格を持っていたと見られる。

以上に加え、筆者は確認していないが、『十島村誌』九三四頁に拠れば、口之島には寄宮権現なる神が祀られており、玉寄権現に近い性格の神と考えられている。さらに中之島の南西には寄木浜の地名がある〔石井忠　一九九九：二八八〕。寄木は寄物の一種だが、建材となる大木に乏しいトカラの島々にとっては貴重な資源であり、特に小さな小宝島などでは、昭和初期でも流木を蓄え建材として用いていた〔櫻田勝徳　一九六二〕。このようにトカラ列島では、至る所に寄船・寄物を思わせる神名・地名が確認できる。寄船・寄物に期待する心性は悪石島に限らず、列島で広く見られたものだったのだろう。

なお『拾島状況録』はトカラ列島の各島について「難破船」の項目を立てるが、同書がトカラ列島と共に記す竹島・硫黄島・黒島〔現三島村〕については難破船の項目がなく、海難はトカラ列島近海で特に目立つ事態だったようである。同書からは、江戸後期から明治前期にかけての難破船の具体例の他、救助費用に充てる手当てが用心米や備米などの称で薩摩藩や鹿児島県から出ていたことも知られる。江戸時代のトカラ列島では、藩から口之島・中之島・宝島に藩士が派遣され、遠見番所などで船の漂着を監視する体制が採られていたから［渡辺美季二〇〇四］、島民による漂流船の私的掠奪は困難だったと考えられる。また藩・県から与えられる経済的保証は、島民にとって海難救助の動機にもなったであろう。(10) だが仮にこうした監視体制や経済的保障がなかったならば、島民たちが人手のかかる（時には島民の命が失われる恐れもある）救助活動を進んで行ない、貴重な衣食を提供して漂流民を保護・送還する動機が生まれたかは、大いに疑問である。日本近海の海上交通に対する規制が強まる江戸時代以前、難破船は救うべきものというよりも、獲得すべきものと見られることが多かったと考えられるが、寄船大明神・玉寄権現・寄宮神社などトカラの港の神社群は、おそらくその名残りなのだろう。

三　船載品の分布から見たトカラ列島と甑島

中之島にはトカラ列島全域の歴史・民俗を対象とする十島村歴史民俗資料館がある。二〇一四年の調査の折、私はここにも訪問したが、そこで目についたのは多くの陶磁器の展示だった。展示品には、宋代から清代に到る多くの中国製陶磁器や、一六・一七世紀前後と見られる東南アジア製陶器、中近世の日本・琉球の陶磁器が含まれる。具体的な採集地は明記されないものの、一九七〇年に無人島となった臥蛇島のものが中心だった。(11)諏訪之瀬島で収集された白磁・宋銭・鏡など宋代の遺物の展示もあった。さらに悪石島にも宋代以後の外国製陶磁器が、完品も含め主に神社への奉納品の形で少なからず伝来していることが報告されており、その中には他に他に日本での出土例がないものもある［白木原和美　一九八五］。

亀井明徳氏は、トカラ列島で見出されている外国製陶磁器を網羅的に紹介した上で、日常品ではなく奉納品・

祭祀品としての性格が強いことを指摘する。それらは大量にまとめてではなく、単品でもたらされたものであり、時期的には断続的、生産地は中国・朝鮮・タイなどまとまりがないことから、その流入には「偶然的・偶発的要素の影が色濃く感じられる」とする。そこでトカラ列島が航路上の難所であることも考慮して、「寄船のようなこと」が入手の契機として考えられるとしている［亀井　一九九三：三四～三五］。トカラ列島の島々が良港を欠き、貿易拠点としては不適であることは先に述べた通りだが、ならば種々の外国製陶磁器の流入の背景の一つとして、

図6　甑島地図

亀井が言うように寄船・寄物があったことは、十分に想定できよう。

　外国製品の不自然な伝来に関して言えば、筆者がトカラ列島と同年に踏査を行なった鹿児島県甑島も気になるところである。甑島は、正確には北から上甑島・中甑島・下甑島で構成される、総面積一二〇km²足らずの群島で、川内の西、天草諸島の南の海中に浮かんでいる（図6）。遣唐使や渤海使の漂着が知られるように［『続日本紀』宝亀九年一一月一三日条、『日本三代実録』貞観一五年五月二七日条］、甑島は古くから外洋船が流れ着く地である。一三〇一年にも謎の異国船が甑島に現れて警戒を受けている［吉田経長『吉続記』正安三年一二月十日条］。また一三五

〇年代、中国の元末内乱による博多—慶元（寧波）ルートの混乱を受けて、福建—肥後高瀬ルートが用いられるようになった時も、寄港地として甑島が現れる〔『大拙和尚年譜』延文三年条〕〔榎本渉　二〇〇七：一九〇〕。南九州が海域交流の場として特ににぎわった一六世紀半ばから一七世紀前半にかけては、寄船掠奪の事例も知られ、一五七四年には甑島で積荷を奪われた唐人が、鹿児島港に来航して訴えを起こしている〔『上井覚軒日記』天正二年閏一一月一三日条・二四日条・一二月二二日条〕。

近世には薩摩藩の支配拠点として、上甑島中心部の中甑（まぎらわしいが、中甑は中甑島ではなく上甑島にある）、上甑島の東岸にあり九州方面に近い里、下甑島南端に位置する手打の三カ所に地頭仮屋が置かれた。これらは近世甑島の中心的集落と考えられる。一八四三年編纂の『三国名勝図絵』巻三〇が、上甑（上甑島・中甑島の総称）を「山林少く、四面に海湾多して、良港あり」、下甑（下甑島）を「大抵山林にして、海湾なく」と対照的に記すように、南の下甑は北の上甑と比べて着岸地としての条件は良くなかった。実際に『三国名勝図絵』は、上甑について東浦（里港）・眺浦（長目浦）・中甑港・浦内港（桑之浦）・平港（平良港）の五港を挙げるのに対し、下甑についてはは手打港を挙げるのみである。

これらの港は上・中甑島間の海峡に面した場所か（中甑港・浦内港・平港）、上甑島東岸（東浦）・北岸（眺浦）・下甑島南岸（手打港）に位置し、外洋に面する西岸には代表的な港が存在しない。筆者は二〇一四年一月二四日の踏査時、船に乗って下甑島西岸を一通り視認したが、船を付けることは考えも及ばない断崖が続き、岩礁も散在していることが確認できた（図7）。外洋からこの海域に到来した船は、断崖の傍を通過する場合も多かっただろうが、着岸するためには各島の間の海峡を通過して東に入るか、南から手打港に入ることが必要である。

近世に外洋船の着岸地とされたのは中甑港である。『三国名勝図絵』はこの港について「甑島中頗る輻輳の処なり。唐船漂着の時も此港に泊繫す」とし、外国船が漂着した時はここに停泊すると記している。中甑港は上・

図７　下甑島西岸の様子（壁立の南の辺り）

図８　甑島大明神を南西の橋上より撮影
（奥に見えているのは中甑港）

中甑島間の串瀬戸と呼ばれる狭い海峡を通過してすぐの場所にあるが、その際に目印になったのが、串瀬戸の北に甑大明神として古来祀られている奇巌である（図８）。この巌が甑の形をしていることが甑島の語源であると『三国名勝図絵』は述べる。外洋船が中甑港に入るのは、多分に地理的制約に因るものであり、中世においても事情は大きくは変わらないだろう。この想定を裏付けるかのように、二〇一四年の踏査時には、上甑郷土館に所蔵する江石（中甑東南の集落）の表採品から、宋代頃のものと見られる数片の陶磁器片を見出すことができた。国内流通を通じて九州方面からもたらされた可能性も否定できないが、外洋から入った貿易船によるものかもしれない。

　上甑島に比べて良港の少ない下甑島では、外洋船の入港も少なかったと推測される。近世に琉球船が薩摩や福州との間を航海する途上で甑島に漂着した一五例の中で、具体的な島名が分かるのは六例あるが、三例は中甑島、三例は上甑島で、下甑島の事例はない［深澤秋人　二〇〇四］。ただし下甑島にも南岸には手打港があり、さらに西岸にも瀬々野浦・片野浦という漁村が存在する。その中で片野浦の前の浜田湾は西岸唯一の砂浜だが、遠浅の上に岩礁が多く季節風も強いため、停泊が困難になることも多いという［『下甑村郷土誌』四二頁］。浦の住民が潮や風を見ながら漁に出ることはできるとしても、他所の船が安全裏に入港することは困難だっただろう。大型の外洋船についてはなおさらである。

ところがこの片野浦には意外にも、島内でも珍しい外国製品伝世の場である。片野浦には浜田湾に面する浜田と、内陸の高台にある岡の両集落があるが、浜田の恵比須（蛭子）神社の神体は宋代の湖州鏡である。湖州鏡の伝世はこれが甑島で唯一だという［『鹿児島県の地名』平凡社、三六一・三六三頁］。また乙御子大明神には神具として白磁の灯明台一つと青磁の花瓶一つ、地蔵堂には龍の取手のある白磁の花瓶が納められている［『下甑村郷土誌』三四九・三五一頁］。筆者は実見していないが、これら青磁・白磁も中国製か朝鮮製だろう。神社への奉納品として完品の舶載品が伝来する点は、悪石島と共通する。

中甑港と異なり、着岸困難な難所である片野浦に伝わる複数の舶載品は、断崖の続く島の西岸の中にあるという立地も考えても、寄船・寄物としてもたらされた可能性がある。先に触れた一五七四年の寄船の事例では、島津義久が甑島領主の小川有季に調査を命じたものの、有季は詳細を明らかにすることができず面目を失う事態となっているが［黒嶋敏 二〇一三：一五六〜一六〇］、中世甑島の浦々では漂着船の掠奪がたびたび行なわれ、そこには島津氏も小川氏も把握できない島民主導のものが含まれていたらしい。片野浦の白磁・青磁や湖州鏡もそのようにしてもたらされたものと見ることは、可能性の一つとして考えておいても良いと思う。

おわりに

以上、二〇一四年に行なったトカラ列島・甑島の踏査を踏まえ、九州―琉球間の航路沿いに存在した難所の島々の神祠や舶載品を見て、それらと寄船・寄物の関係を考えてみた。文献資料が限られた地域ゆえ、神名・遺物・地理環境くらいしか考察の素材がなく、想像に頼り過ぎた嫌いはぬぐえないし、確実な結論を出せたとも思われない。だがこれらの島々をめぐる海域交流の重要性を鑑みて、本稿ではあえて蛮勇を振るった次第である。

今後の議論の叩き台になれば幸いである。

（1）以下『拾島状況録』の頁数は、『日本庶民生活史料集成』第一巻（三一書房、一九六八年）に拠る。

（2）原田信之代表二〇一一『南西諸島における文化叙事伝説の調査研究』平成一九年度～二二年度科学研究費補助金基盤研究（C）研究成果報告書。

（3）一五世紀には、朝鮮人漂流民や被虜人を朝鮮に送還することで、朝鮮王から多額の回賜品を得たり、以後の朝鮮通交の権利を認められたりすることが期待されたため、時には人身売買などの手段を講じてもこれを確保し送還を行なう勢力も現れた［関周一　二〇〇二］。朝鮮への漂流民送還も、送還者側からすれば一種の人身貿易だった。

（4）特に小宝島は大船を入れるためのサンゴの掘削が困難で、定期船の着岸が実現したのは一九九〇年のことだった［福澄孝博　二〇〇九］。なお沖縄島の国際貿易港として那覇が台頭したことの背景として、サンゴ礁の分布の問題により、大型外洋船の入港可能な港が那覇と運天しか存在しなかったという、地理的な事情が指摘されている［上里隆史　二〇一二］。

（5）なお五号三九頁では、ジュウヨセのゴゼをジュウシノゴゼとする。

（6）『十島村誌』第三編、民俗文化の第一章から第二章第十節まで（七九三～一〇三〇頁）は下野敏見の執筆であり、［下野敏見　二〇〇九］にも再録されているが、本稿では『十島村誌』の頁数によって参照することにする。

（7）今思うと、この点につき、島を訪れた時に島民に確認を行なうべきであったが、港には人影がなかった上に、寄港の事情からも滞在時間は限られていたため、叶わなかった。

（8）フェリーとしまにて入手した十島村発行の地図では、道路を越えた北の方に泊頭大権現（トマイゴの大権現）が記され、大胡ゼミ四号三二頁の地図でも同じ位置にトマイゴの大権現が記される。だがその位置は「泊の頭」というのは不可能で、道路を通した際に旧在地から内陸寄りに移転したものかもしれない。

（9）なお一九八九年の大胡ゼミの調査（四号二七頁）に拠れば、寄船大明神とトマイゴの大権現が笹葺きの小宮に祀られていたというが、現状の海岸の神祠は、すべてコンクリート製の新しいものである。平成に入ってから新調されたのだろう。

(10)　江戸時代には沿海民による海難救助報酬として、船の積荷の一部を与えることが広く行なわれており［金指正三　一九六八第二節］、トカラ列島の島民たちはそうした役得も期待していただろう。

(11)　外国製の鏡は二枚ある。展示解説に拠れば、一枚は宋代の湖州鏡だが、もう一枚は宋代の鏡の可能性の他、高麗鏡の可能性もあるとの由である。

〔引用文献〕

石井忠　一九九九『新編漂着物事典』（海鳥社）

上里隆史　二〇一一「古琉球社会の特徴と沖縄島の港湾機能」（『沖縄文化』四五―二）

上里隆史・深瀬公一郎・渡辺美季　二〇〇五「沖縄県立博物館所蔵『琉球國圖』――その史料的価値と『海東諸国紀』との関連性について――」（『古文書研究』六〇）

榎本渉　二〇〇七「元末内乱期の日元交通」（『東アジア海域と日中交流――九～一四世紀――』吉川弘文館）

大胡修ゼミナール　一九九〇～九二「悪石島予備調査報告Ⅰ～Ⅲ――鹿児島県鹿児島郡十島村悪石島――」（『野帖』四～六）

金指正三　一九六八『近世海難救助制度の研究』（吉川弘文館）

紙屋敦之　二〇一三「七島・七島衆と東アジア海域」（『東アジアのなかの琉球と薩摩藩』校倉書房）

亀井明徳　一九九三「南西諸島における貿易陶磁器の流通経路」（『上智アジア学』一一）

黒嶋敏　二〇一三『海の武士団　水軍と海賊のあいだ』（講談社選書メチエ）

下野敏見　二〇〇九『南日本の民俗文化誌3　トカラ列島』（南方新社）

櫻田勝徳　一九六一「宝島の寄物」（『民間伝承』一五―一一）

白木原和美　一九八五「悪石島の外国陶磁」（『熊本大学文学部論叢』一七）

新城常三　一九九四「寄船・寄物考」（『中世水運史の研究』塙書房）

関周一　二〇〇二「朝鮮人漂流人送還体制の形成と特質」（『中世日朝海域史の研究』吉川弘文館）

長嶋俊介　二〇〇九「黒潮と交通」（『日本一長い村トカラ』梓書院）
深澤秋人　二〇〇四「琉球・薩摩交流史の痕跡――トカラ列島の北西部海域をめぐる調査報告――」高良倉吉代表『琉球と日本本土の遷移地域としてのトカラ列島の歴史的位置づけをめぐる総合的研究』平成一三～一五年度科学研究費補助金基盤研究（B）研究成果報告書
深瀬公一郎　二〇〇七「十六・十七世紀における琉球・南九州海域と海商」（『史観』一五七）
福澄孝博　二〇〇九「島々と暮らし：小宝島」（『日本一長い村トカラ』梓書院）
村井章介　二〇一三a「中世国家の境界と琉球・蝦夷」（『日本中世境界史論』岩波書店）
村井章介　二〇一三b「中世日本と古琉球のはざま」（『日本中世境界史論』岩波書店）
渡辺美季　二〇〇四「近世トカラと漂流・漂着――中国・朝鮮との関わりを中心に――」高良倉吉代表『琉球と日本本土の遷移地域としてのトカラ列島の歴史的位置づけをめぐる総合的研究』平成一三～一五年度科学研究費補助金基盤研究（B）研究成果報告書

コラム　一六世紀宣教師記録に見る海賊

滝澤　修身

はじめに

倭寇とは、倭人による略奪行為である。最も重大な倭寇の活動は二つあるが、一つは一四世紀中葉から一五世紀初めにかけてのものである。もう一つは、一六世紀初めから中葉にかけての活動である。[1]これを鑑みると、第二期は日本にキリスト教宣教師が到来した時期と合致することになる。筆者は、キリシタン研究を専門とするが、豊臣秀吉の海上賊船禁止令が発布される以前のイエズス会宣教師の記録を読むと、度々倭寇に関する文章が登場することに以前から気付いていた。そこで、今回「一六世紀宣教師記録に見る海賊」というテーマで、宣教師が書いた記録の中に登場する倭寇、海賊に関する記述を整理してみることにした。キリシタン研究では、「宣教師記録に見る海賊」は未踏のテーマであるので、まず手始めに史料整理を行い、若干の分析、仮説を述べることにする。今後の海賊研究発展の糸口となれば幸いである。

一　パステルス『16・17世紀日本・スペイン交渉史』

倭寇を記録するイエズス会宣教師の記録として、イエズス会士であったパブロ・パステルスを挙げることができる。[2]パステルスは、フィリピンと日本との関係史に関する史料を、スペイン人のアジア進出から江戸時代の高山右近の追放まで編纂した。この記録が扱う期間、一五七一年にスペインはマニラを攻略し、メキシコからの太平洋横断航路を確立したが、この時代はフィリピンでは倭寇活動が顕著となる時期であった。[3]パステルスは、この時期の倭寇の活動を次のように記録している。

日本船が、かの日本諸島からフィリピンの所々に来航して略奪を行い大損害を与えた。私たちのもとに届いた情報では、それらの船は多くない時でも彼らは原住民の間にできる限りの攻撃を加え、略奪をし、それらの土地を急襲し、時にスペイン人を殺害した。スペイン人らは日本人海賊が乗ってきた船はシナ風のものであったから、彼らは味方であるシナ人だと思い、取り引きするためにその海賊船のところへ行く結果となった。彼らはこうした策略によってスペイン人を殺害し、その帆船を焼いた。このようにして七名のスペイン人が殺されたが、その一人はルソン島北部のイロコスから米を運搬してきた者であり、二名はルソン島東部のカマリーネスから、四名は同様にイロコスから一隻の帆船で陛下の脱穀した米四〇〇ファネガス（fanegas）、およびガレオン船の帆に用いる棉布六百反を輸送してきた人々だった。以上が、私たちに生じた損害であるが、彼らは追跡した人たちによって捕えることができなかった。(4)

（傍線筆者、以下同様）

二　メンデス・ピント『東洋遍歴記』

フェルナンド・メンデス・ピントは、一六世紀半ば、東洋で活躍したポルトガル人の冒険商人である。一五〇九年から一五一二年の間に生まれたと考えられ、当時のポルトガル青年の例に漏れず一攫千金を夢見てインドに向かい、マラッカを拠点にスマトラ、モルッカ、シャム、中国、日本の間を何度となく往復し、巨万の富を獲得した。東洋布教中フランシスコ・ザビエルの人柄に触れ、イエズス会士と親交を深めたことで、帰国を前にして突如回心し、全財産を捨ててイエズス会に入会した。その後インド副王使節としてイエズス会士とともに日本の豊後を訪れるが、間もなく還俗して帰国、リスボン近くのアルマダに隠れ住み余生を『東洋遍歴記』の執筆に捧げ、一五八三年に没した。(5)このメンデス・ピントの『東洋遍歴記』には、中国海賊の姿が描かれている。当時、倭寇には中国人も交じって活動していたが彼らの様子をよく描き出している。

穏やかな風と波に恵まれラマウ海岸に沿って航海し始めて二日経った時、我らの主の嘉したもうことには、偶然にも琉球人のもとから来たパタネのジャンク船に出会った。それはポルトガル人と大変親密で、ポルトガルの習慣と服装をひどく愛好するキアイ・パンジャンというシナ海賊のものであって、三〇人のポルトガル人が乗り組んでいたが、いずれも彼が手当を払って連れて歩いている精鋭の兵であり、手当のほかに彼らは彼〔パタネ〕から絶えず他の多くの利益を蒙っていたので、みな富裕であった。
このジャンク船は、こちらを認めるや、ポルトガル人とは思わなかったので、襲撃することにし、このような海賊行為に慣れた古武士《ふるつわもの》らしく、こちらの船を引掛鉤で引寄せようとして、帆をいっぱいに揚げ横風で進み、こちらの進路からほぼ三方位（一方位は一一度一五分）離れた風上に止まった。そして船尾で狙いを定めながら、斜め後方から風を受け帆桁を回転させて、ベルソ砲一射程余りの距離にまで風下に方向を転じ、大砲一五門を放ったが、ほとんどが鷹砲と射石砲だったので、私たちは皆ひどく狼狽した。(6)

（〔　〕内は筆者補注、以下同様）

以上である。

三　ルイス・フロイス『日本史』

ルイス・フロイスが日本で布教していた時期は、まさに《大倭寇》の時代に当たる。この倭寇は、浙江省・福建省の富豪層によって組織された武装商人団が中核となり、北部九州を中心とする西日本各地の人々が武装勢力として加わった。浙江省で密貿易を行っていた武装商人団は、一六世紀中葉、明軍の攻撃により破滅的な打撃を受けると、王直《おうちょく》（明代の貿易商人、後述四節）のように九州各地に拠点を移し、日本人を雇い大船団を組織して中国大陸沿岸・朝鮮半島南端を攻撃した。(7)ルイス・フロイスの『日本史』(8)のなかでは、二カ所であるが明に関連した海賊についての記録が見られる。フロイスの『日本史』は、当時の日本の姿を克明に描く物語的な歴史書でもあるので、海賊の姿を捉えるためにも彼の文章を直接引用するのが良いと考えられる。

①ぱあでれコスメ・デ・トルレスが私に命じたこと、すなわち、婦人たちは皆鍵のかかった一室にいること、人望のある男二人がその鍵をもち、婦人たちの世話をすることを彼等が処理し終わってから、彼等自身は数日後に出帆しようとしていたからで

あった。すなわち、彼等は非常に廉価で日本人たちから買い取った婦人たちを大勢船中に乗せていた。そうして、日本人たちは日本人たちで彼女等をシナで奪い取ってきては、後で売っていた。[9]

②長崎の港から約二レグア離れて港の入口に、深堀殿という殿が城と封地をもっている。諫早殿の弟、ドン・バルトロメウの妻の兄で、その人の性質は次のようである。その容貌と体つきとが甚だ醜く滑稽であると同様に、彼の所業もまた相応なものである。彼は異教徒で、デウスの教えの大敵であり、極めて貪欲で、海上で船舶を捕獲することによって、公然たる海賊、大略奪者になった。彼は同国人の船だけでなく、商売をするためにソマ船に乗って日本に来るシナ商人たちの船までも捕えた。この異国人たちは他ではすべての地方で、自由に日本の諸港で彼等の商品を販売購入する特許を与えられているのである。しかし、この殿は欺瞞や貪欲をもって彼等を海上に待伏せ、そこで彼等を殺して、彼等から一切の物を略奪し、彼等の船を奪うのである。[10]

以上は、明に関連する倭寇の史料であったが、フロイスの『日本史』は日本国内の海賊行為を記録した箇所が八カ所ほど見られる。その場所を特定すると、関西周辺の堺、尼崎、安土、九州西部の度島、口之津から高津、五島、その他は岩国、[11]室（津）である。[12]九州西部においては、松浦、深堀の海賊がおり、なかには明に関連している海賊の可能性もある。その他の地域に関しては、各氏の水軍に属す海賊か、他の船から金銭や貨物を略奪する一般の海賊であると考えられる。以下にその例を挙げる。

①室（津）（第一部二二章）

我らの主なるデウスは、人々がそれまでに司祭に対して行って来た妨害や侮辱や虐待を罰せずに済ませておかず、最初の船が後に廻って盗賊の手に陥り、彼らから逃れ得るためには多額の金を払わねばならぬように取り計らい給うた。そして司祭の乗船が室（津）に着いた後、翌日になって別の乗船の船も到着したが、彼らは盗賊たちに遭遇したことについてひどく悲しみ機嫌を損じていた。[13]

②度島（第一部五〇章）

それから二日後になって、新しい苦労が始まった。盗賊や、殿が戦っている平戸の敵どもに対して警戒しなければならなかった。すなわち、そこには人が少なく、海賊どもがときどきそこを襲って、略奪し、人びとを捕虜にし連れ去ることが常であった。[14]

③堺（第一部五六章）

彼らが塩飽についたところ、堺へ連れて行ってくれる船がなかった。そこで彼らは一艘の小舟に乗って、一四里離れた別の港に運ばれるのを余儀なくされた。実は人々から、そこへ行けば、きっと航海を続ける便を見つけることができるであろうと言われたのであった。だがこの間には大勢の海賊がいたので、彼らはやはりそこに行く別の一船といっしょに航行した。しかるに航海中にその船は彼らから離れてしまった。こうして彼らは単独で航海を続けたのであるが、一同は海賊の船団に出会いはしまいかと恐怖に閉ざされていた。しかし主なるデウスは、彼らが目指す港に到達することを嘉したもうた。[15]

④尼崎（第一部八五章）

ところが、そこの沿岸にはこういう機会を待っていた海賊船が多数いたので、陸に沿って進み、あちこちの湾にこういう盗賊の小舟が幾つか隠れていないかを見るために、この船に乗っていた人たちは前もってマンシュア〔船の型〕一艘を送った。

彼等がもう中途まで行った時、そのマンシュアが大急ぎでもどって来て、たいそう装備のよい船舶一一艘がもう出航を初めていて、それは今彼等が居る地点から火縄銃一射程をあまり超えない距離にいることを知らせた。忽ち船上では、女子供と少数の男たちまでの大きな悲嘆と慟哭とがおこった。皆が人間業ではこれほど明らかな危険から逃れることはできないと覚ったからであった。異教徒たちは、男も女も、彼等の数珠を手に持って、双手をあげて、各自が属する宗派にしたがって彼等の偶像に哀願した。ぱあでれはたった一人の同宿と彼に同伴した一人のキリシタンとが側にいるだけであった。堺では或る貴人が高価な刀一振りの保管を彼に託していたが、ぱあでれはその貴人のためにその刀を譲るべく、今もそれを持ってきていた。ぱあでれはそれを取って腰に差し、船の舳へ行ってそこに立ち、今は謂れもなく希望を失う時ではない、それよりも、漕げるだけ漕ぐ努力をすべきであると言って、人びとの勇気を鼓舞しようとした。しかし、ぱあでれも同様に度たびゼズス・マリアの聖名を呼びかけ、その御恵みと御助けを請うて、我が身を衛る策を講じた。

海賊船は勢よく彼等を追跡し始め、船内の者は振り向きもせずに力のかぎり漕ぎ進んだ。その時突然濃霧が彼等を襲い、船はもう全く互いに何も見えず、ただ櫂の音が聞こえるばかりであった。その後、海賊船は残りの二レグア彼等を追跡した。彼等を助けに来ることができた尼ヶ崎の町がもう見えた頃、霧ははれて、賊は目的を果たさず後へもどり、船は危害なしに港にはいった。(16)

⑤口之津から高津にかけて（第一部九三章）

私たちが船から下りなければならなかったある港に着いた時に、海賊船一艘が私たちをめがけてやって来ました。私どもの船は小さく、したがって彼等は我等の船から何の抵抗も受けなかったので、彼等は私どもが持っていた物を悉く奪いました。彼等はまっさきに私に襲いかかりました。ある者は私からマントを脱がせ、他の者は着物を、またある者は襦袢を、そうして四人目は肌着を奪いました。そうして、彼等は、私どもといっしょに来たいるまんヴィセンテやその他の道伴れのひとたちに対しても、同じことをしました。彼等は櫂、帆、碇等、船の備品までも奪い、陸に着くことができるように櫂二、三本を請うと、殺すぞと嚇して、いくつも、したたか殴打しました。

私どもの船をこのように略奪し終わってから、彼等は笑って、また、私どもが残された状態を嘲笑いながら、その獲物に満足して去っていきました。(17)

⑥五島（第一部九六章）

その時、海賊を乗せた船が一艘たまたまそこに来た。彼等はぱあでれが出発の用意ができているのを見て、ぱあでれからきっとよい獲物が得られるであろうと考えた。それ故、ぱあでれを安心させようとして、彼等はぱあでれを訪ね、乾した日本の無花果を少しばかり土産に持って行った。ぱあでれは日本に来て日はあさかったが、それでも、彼等を見た時すぐに、この人たちは怪し気だと思われた。けれども、ほかに致し方もなかったし、また、彼等の意図について何も確かなことがわかっていたわけでもなかったので、直ちに平戸と五島の島じまとの間にある海峡を渡るために乗船した。海賊どもは一時間前に出帆したので、その湾を横断した。しかし、ぱあでれは逆風にあって、もうほとんど半分まで行っていた時、もう一度島へ戻らなければならなかった。其処で彼は四、五日の間航海に好都合な天候を待っていたのであるが、海賊どもは、ぱあでれは長く待たせることもあるまいと考え、其処に居ればぱあでれは自分たちの手に陥るであろうことを期待して、平戸のある入海に碇をおろした。五島へ行こうとした別の船がたまたま平戸から出帆して、彼等のそばを通り過ぎた時、忽ち携帯していた所有物を悉く奪われ、海賊どもはこの獲物を得て去った。それ故、ぱあでれが六、七日後に再び航海を始めて平戸に着いた時、彼は事件を聞き、彼をあの危険から護るために我等の御主デウスがあの逆風を送りたもうた次第を知った。(18)

⑦岩国（第一部一〇二章）

ぱえでれが堺へ行くためにそこで船に乗ろうとした時に、この港で頼ることができる者は一人の盗賊以外に誰もいなかった。この盗賊はぱあでれを安全に渡そうと申し出たクロエモンという異教徒の海賊であった。(19)

⑧堺付近（第二部五二章）

インドの伴天連たちの司が、莫大な財宝を携えてこの辺りを通過するとの噂がたった。その噂は早々と多くの地方に弘まったので、付近の海を海賊となって荒らしていた海賊たちは、我らを絶好の獲物とすることに決めた。彼らは、我らが堺から六、七里距たったある港に入ることを知ると集結し、その一部の者は、我らを難なくその港で捕らえようと示し合わせた。我らの乗船は、折からの順風を帆に受けて、その港に向かい直航していた。ところで巡察師〔イエズス会の宣教師の称号〕はその日のうちに堺に到着することを希望していたので、上記の港に立ち寄るとそれが不可能になることを憂慮して、船頭に対して、この順風を失うことなく、堺に直航してもらいたいと懇願させた。船頭はその仲間とともに、通行税を払いに行く必要がある、それを果たさないと、その地の殿〔大名〕とまずいことになる、と言って当初は反対した。だがついには巡察師に同情して、堺から税金を支払わせることにすると言った。海賊どもは、伴天連たちの船が直航することが判ると、主として、我らの船よりはるかに大きい彼らの船隊のうち二隻が、猛烈な勢いで我らを追跡し始めた。この状況にあった時に、風が凪ぎ、皆は櫓漕ぎに変えた。我らの船上の人々は、盗賊たちが追って来ているのを見て、一同少なからぬ恐怖に駆られた。そして兵士たちは、戦おうとして談合し、その間、水夫らは一段と漕ぐ手を速めたので、船はあたかも飛んでいるかのように見えた。だが我らを追跡してくる者どもも、それに劣ることなく、漕ぎ手にひけをとらぬばかりか異常な速度で我らに迫ってきた。彼らはそのようにして、八里、または十里にわたって我らを追跡した。それがために、我らの船が堺の港に現れた時には、盗賊の船は、すでに我らに追いついていた、そして盗賊たちの二隻の大船は、我らと一射程距離のところに達していた。我らが助かったのは、（第一には）水夫の備えが良かったこと、（第二には）船頭が万事につけ懸命の努力をしたこと、（第三には）我らの船は彼らの船より小さかったために、より海の深いところを走っていた海賊たちの他の二隻よりも早く陸に達し得たためであった。だが航路がもっと長ければ、この争いは敵の手に勝利が帰したであろうし、我らの同行者の力は対等ではなかったから、我らは大いなる損害を被らざるを得なかったであろう[20]。

⑨安土から三、四里の島（第二部五七章）

泥棒が住んでいるその島に到着すると、海賊らは家財の半ばを取り上げると言い、たちまち、その毒性を現わし始め、我らは道理をもって抵抗した。そして彼らとそのような約束はしてはいない、ただ、彼らとの間で協定してあったように、彼らには手数料を支払うだけだ、と言った。泥棒らは、我らが彼に行ったことを聞き入れず、家財の半分を手交するようにと再度強く迫った。人々を同所へ連行した男がこの計略の張本人であったが、彼は奸知に長けており、恐るべき欺瞞者であったので、司祭や修道士たちの前では別人になりすまして、彼らを守護しているかのように親切と愛情を示し、一方、彼らの仲間とは密かに取引きをして、彼らに対しいかに処すべきかを教えていた。そして、ふつうなら、安土から三、四里の同島までの船賃は一タンガか二タンガに過ぎぬのに、我々は彼に七〇クルサードあまりを支払った。我らが囚われの身となると、海賊どもは、我らが多くの宝物を隠し持っているものと想像したが、それらを奪うことは困難であり、安心してそれらを入手し、後にその事件の報道者を一人も残さぬためには、全員を殺す以外にはないと彼らには思われた[21]。

この他、フロイスの『日本史』には、豊臣秀吉の海上賊船禁止令に関する文章が見られる。海上賊船禁止令は、豊臣秀吉が国内統一の際、島津征伐の翌年（一五八八）に発した海賊取締令である。秀吉は、インド副王に向けた書簡のなかで、自らの海賊取締政策をアピールしている。

⑩関白がインド副王に宛てた書簡（第三部二六章）

予はその命によりて、当日本の諸国おしなべてこの君に従うべきように完備の将軍たるの実権を行い、かつこれを声明せり。邪曲非道の徒を殺し、海陸の盗賊を除きて、この諸国ことごとく地、家、民を安穏に過さしむ。(22)

四 今後の研究に向けて

以上、「宣教師記録にみる海賊」というテーマのもと、主にパステルス『16・17世紀 日本・スペイン交渉史』、メンデス・ピント『東洋遍歴記』、ルイス・フロイス『日本史』内の倭寇・海賊に関する史料整理を行ってきたが、倭寇や海賊を記録する宣教師記録は非常に少ないことに気付かされる。この三書の他には、数名（ルイス・デ・アルメイダ、バルタサル・ロペスなど）のイエズス会宣教師の書簡に若干の記録が残るのみである。

「宣教師記録にみる海賊」の内容を分析してみると、（1）フィリピン周辺での倭寇の活動、（2）明との関係における倭寇の略奪行為、（3）日本国内の海賊行為の三つに大別できることが理解できた。以上、宣教師が記した海賊に関する文書は非常に少ないが、今回整理した史料が、今後の海賊研究に活用されることとなれば幸いである。

ここで、今回の史料収集をもとに、筆者の仮説を提示してみたい。まず、日本にイエズス会宣教師がやって来た頃の倭寇を定義し直すことから話を進めてみよう。東京大学史料編纂所が二〇一四年に公刊した『描かれた倭寇』に従うと、

一六世紀半ばの倭寇は、中国沿海部で大きく展開された後期倭寇と言われるものである。一五世紀初頭に確立した明朝の海禁政策を基礎とする東アジア海域秩序は、一六世紀になると次第に崩壊へ向かっていった。密貿易が横行し、華人の密貿易ネットワークに、倭人のみならず、ポルトガル人など新来の勢力までもが参入してくるという時代状況となった。江蘇・福建などの沿海部で展開される、官憲と各密貿易集団との軋轢、あるいは密貿易集団同士の抗争などが「倭寇」の主な実態で

あった。[23]

筆者は、右記の定義の中で傍線を引いた部分に注目したい。後期倭寇が活躍する時代は、いわゆる大航海時代で、ヨーロッパ人がアジアに進出し、中国や日本にまで進出しようとしていた時期である。[24] 時には、ポルトガル人、スペイン人をも巻き込んで、東シナ海での活動が展開されていた。[25] メンデス・ピントの『東洋遍歴記』にも、中国沿海岸部で海賊行為を働くポルトガル人がしばしば登場する。[26] 筆者は、このポルトガル人、スペイン人の後期倭寇への参入によって、中国の沿岸部と九州北部の海域を始めとする、その後の東・南シナ海を中心とする海域のダイナミズムに大変化が生じたのではないかと仮定したい。[27] 今までの、倭寇研究では、その構成員であるアジア人が注目されてきたのであるが、筆者はあまり注目されることのなかったイベリア勢（ポルトガル人、スペイン人）とその宣教によって改宗した中国人カトリック教徒に注目してみたい。

筆者の仮説は、以下の通りである。後期倭寇以降、一七世紀にかけての東・南シナ海の海域の覇権には、実はイベリア勢の布教によって改宗した中国人カトリック教徒と密接に関連しているのではないかということである。勿論、後期倭寇が衰退した後には、シナ海にはオランダが進出し勢力を拡大するが、一七四〇年代まで中国人カトリック教徒は活動していた。[28] 具体的には、後期倭寇から一七世紀の東・南シナ海を治めた人物としては、後期倭寇の首領である王直、李旦《りたん》、中国明末期の武将である鄭芝竜《ていしりゅう》、その息子であり明の遺臣で武将の鄭成功《ていせいこう》が挙げられる。彼らは時期を異にするが、連続的に出現した人物であり、東・南シナ海の覇権を次々と握っていった。実は、彼らのうち王直、李旦、鄭芝竜は、イベリア勢に関わりを持つか、もしくは自らがカトリック教徒であったことが指摘できる。ここでは、東・南シナ海を治めた男達、王直、李旦、鄭芝竜、鄭成功をイベリア勢と中国人カトリック教徒との関わりの中で分析してみることにしよう。

①王直

王直は後期倭寇の頭目のなかで一番よく知られた人物である。中国の安徽省の出身であった。彼は当初塩商であったが、商売に失敗し、若いころから密貿易に転じた。王直は広州へ行き、同地で大型船を造船し、当時は輸出禁止であった硫黄や生糸、真棉などの貨物を積んでシャムや呂宋、安南、マラッカ、日本などに出かけて、巨万の富を蓄財した。その後、福江島の宇久盛定は倭寇の頭目である王直との間に通商の密約を結んだ。領主盛定は喜んで王直らに屋敷地七五〇坪を与え優遇した[29]。一五四二年には、王直は平戸へ移った。平戸松浦家の松浦隆信は彼を優遇し、平戸の中心にある勝尾岳の東麓に土地を与えた[30]。

一五四三年、種子島への鉄砲伝来を導いたのも王直であると考えられている。『鉄砲記』には、船主の五峰[31]という中国人（王直であろう）が、三人の南蛮人を連れてやってきて鉄砲を伝えたことが記されている[32]。その後、一五五〇年六月にポルトガル船は平戸に来航し、松浦氏の歓迎を受ける。これが、カトリック布教と結び付いた「南蛮貿易」の始まりとなったが、これを手引きしたのは王直であった。王直はそれまでにポルトガル密貿易商人とネットワークを築いていたのであった。その後、王直は東シナ海の密貿易を牛耳る人物となった[33]。以上のようにカトリック勢力を日本に接触させたのは、間違いなく王直であったことが理解できる。

その後、王直は部下二、〇〇〇余人を擁し、三六島の逸民を指揮し、微王[34]と呼ばれた。五三年に中国での拠点である浙江省瀝港を追放された後、嘉靖の大倭寇と呼ばれる海賊活動を起こし、数百隻の船団で中国沿岸を襲撃した。しかし、五七年総督胡宗憲《こそうけん》の勧めに応じて投降し、二年後に斬首された[35]。

②李旦

李旦は、福建省泉州の商人である[36]。江戸初期、幕府の明人優遇により、平戸・長崎方面に移住する者が増える中、李旦もすでにマニラに移住した中国人の頭領として活躍する[37]。ポルトガル人たちは、李旦をアンドレア・ディッスと呼んだが[38]、これは彼がカトリック教徒であった証であろう。李旦は、平戸に来住することになったが、同地の長野松左衛門一家と互いに縁結び、一六一四年から毎年商館を台湾・コーチ方面に派遣して盛んに貿易を営み澎湖《ほうこ》島ではオランダとも接触した[39]。オランダは、一六〇九年に平戸に商館を設立し、東シナ海にも進出していた[40]。オランダ人が澎湖島を撤去して台湾に根拠地を築く際には、中国官憲との仲介を行った[41]。その後、李旦は一六二五年の夏、平戸で死去した[42]。このように李旦は、カトリック教徒であった可能性が高く、中国と日本を結んだ海商であった。

③鄭芝竜

鄭芝竜は、李旦の生前から彼の配下として働き、李旦亡き後、その勢力を引き継ぐことになった人物である。鄭芝竜は、福建省安南生まれで、幼少期にマカオに渡った[43]。当時、マカオはポルトガルの植民地であったことから、鄭芝竜はマカオに居住するうちに、カトリックの洗礼を受け、神父からニコラス・ガスパルドという洗礼名を受けた(44)。明国人の間ではニコラス一官と呼ばれ、外国人との交易の必要からポルトガル語とオランダ語を学んだ(45)。その後、日本に居住し、平戸の田川七左衛門の娘(46)と結婚し、二子をもうけた。

一六二八年に福建巡撫の招撫を受けて海防遊撃に、一六三〇年に都督に任命された。その後、南シナ海の海上権を握るとともに、一六四四年の明滅亡後は南京の福王、福州の唐王に従い、清朝に抵抗して明の復興を図った。一六四六年清に降伏したが、子の成功の順撫に失敗し処刑された(47)。以上のように、鄭芝竜もカトリック教徒であり、南シナの海上権を握った人物であった。

④鄭成功

明の遺臣で武将である。父は鄭芝竜、母は日本人田川氏であった。鄭成功は、平戸で生まれ、日本では国姓爺として知られた。七歳の時に明に渡り南京で学んだ。明の滅亡後は唐王に仕え、国姓である朱を賜り成功と改名した。父芝竜の降清後も南シナ海貿易・日本貿易の実権を握り、復明運動の軍資金とした他、日本にも数回請援の使者を送った。南京攻略に失敗した後、一六六一年オランダ人を駆逐した(48)。ここに鄭氏海上王国が確立したのであった(49)。台湾に渡ったが翌年病死した(50)。

おわりに

ここまで、王直、李旦、鄭芝竜、鄭成功をイベリア勢と中国人のカトリックへの改宗との関わりにおいて分析してきた。王直は、ポルトガル人の日本到来を導き、日本とポルトガルとの「南蛮貿易」を用意し、その後、東シナ海の密貿易を牛耳る人物となっていく。李旦、鄭芝竜ともに、カトリック教徒であり、シナ海の覇権を手中に治めた人物であった。中国人と日本人との混血児であった鄭成功も、鄭芝竜を引き継ぎ、南シナ・日本の実権を握った。

当時のカトリックの布教方法を鑑みると、首領がキリスト教徒であった場合、その配下の者達がキリスト教になるというのは自然な成り行きである。この点が非常に重要なのである。李旦や鄭芝竜がカトリック教徒の場合、その配下もカトリック教徒であった可能性は大いにある。メンデス・ピントの『東洋遍歴記』に従うと「一六世紀の双嶼（リャンポー）には、一〇〇〇戸以上の集落があり、ポルトガル人の有力者や役人によって統治されていた。そこには立派な教会があり、オルガンの伴奏でミサがあげられ、多くの噴水をしつらえたはなやかな広場もあった[51]」という。こうしたことから、一六世紀以降、密貿易の根拠地では中国人が容易に洗礼を受ける土壌は用意されていたはずである。倭寇の構成員が中国沿岸部の者が多かったことを考慮すると、言い過ぎかもしれないが、後期倭寇からその後の東・南シナ海の交易活動は、中国の沿岸部の者を主とするキリスト教徒集団によって導かれたのではなかったのだろうか？少なくとも、今回の論文を通じて、後期倭寇、その後の東・南シナ海の動きは、中国のカトリック布教と中国人カトリック教徒と密接に関係していたことは明らかにできたと思う。

（1）　国史大辞典編集委員会『国史大辞典』14（吉川弘文館、一九九三年）八八六頁。

（2）　パステルは、一八四六年にジェノヴァで生まれたイタリア人で、二九歳の時にイエズス会員としてフィリピンに渡った。ついでフィリピン史研究のためにセビリアのインディアス総合文書館に派遣され、長年にわたって同館架蔵の古文書の研究に専念し、一九三二年八月にタラゴーナで逝去した。（パステルス／松田毅一訳『16・17世紀　日本・スペイン交渉史』大修館書店、一九九四年、ⅱ頁）。

（3）　伊川健二『大航海時代の東アジア』（吉川弘文館、二〇〇七年）二三八頁。

（4）　パステルス／松田毅一訳『16・17世紀　日本・スペイン交渉史』（大修館書店、一九九四年）二八頁。

（5）　メンデス・ピント／岡村多希子訳『東洋遍歴記』一（平凡社、一九七九年）ⅰ～ⅱ頁。

（6）　同右、一八八～一八九頁。

（7）　永原慶二監修『岩波　日本史辞典』（岩波書店、一九九九年）一二一四頁。

（8）　ここでルイス・フロイスの日本語訳関してコメントしたいが、同書の日本語訳に関しては、柳谷武夫氏による東洋文庫五冊の『日本史』、川崎桃太氏と松田毅一氏らによる『完訳フロイス日本史』一二冊がある。前者はゲオルグ・シュールハンメル氏によるドイツ語版からの第一部の重訳であり、後者はポルトガル諸古文書館に散在する『日本史』の手稿から日本語訳を試みたものである。以上二つの日本語訳は、章立てが一致していない個所があることから、本稿では両方の版から引用させていただいた。

（9）　ルイス・フロイス／柳谷武夫訳『日本史』二巻（平凡社、一九六五年）九五頁。伊川健二氏は、著書『大航海時代の東アジア』のなかで、フロイス『日本史』と環シナ海域の関係を述べられている。その中で、ルイス・フロイスの記録も基に、倭寇、海賊について幾つか叙述されておられる。筆者は、本稿を書くに当たって参考にさせていただいた。

(10) ルイス・フロイス／柳谷武夫訳『日本史』五巻（平凡社、一九七八年）八六頁。

(11) 尾崎朝二『拓かれた五島』（長崎新聞社、二〇一三年）二二四～二二七頁。

(12) 平幸治『肥前国　深堀の歴史』（長崎新聞社、二〇一四年）二二三～二二二頁。

(13) ルイス・フロイス／川崎桃太・松田毅一訳『完訳フロイス日本史Ⅰ』（中公文庫、二〇〇〇年）四三頁。

(14) 前掲注(9)『日本史』二巻、二九七頁。

(15) 前掲注(13)二〇四頁。

(16) ルイス・フロイス／柳谷武夫訳『日本史』四巻（平凡社、一九七〇年）一七九～一八〇頁。

(17) 前掲注(10)一八～一九頁。

(18) 前掲注(10)五四～五五頁。

(19) 前掲注(10)一〇五～一〇六頁。

(20) 川崎桃太・松田毅一訳『完訳フロイス日本史Ⅲ』（中公文庫、二〇〇〇年）九五～九六頁。

(21) 同右、一五七頁。

(22) 川崎桃太・松田毅一訳『完訳フロイス日本史Ⅱ』（中公文庫、二〇〇〇年）一四二頁。

(23) 東京大学史料編纂所編『描かれた倭寇』（吉川弘文館、二〇一四年）四頁。

(24) 三宅亨「倭寇と王直」（『桃山学院大学総合研究所紀要』三七巻三号、二〇一二年）一八四頁。

(25) 同右、一七四頁。

(26) メンデス・ピント前掲注(5)参照。

(27) 筆者は、この仮説を導くに当たり、長崎純心大学人文学部の石井のぞむ氏（中国研究家）に当時の中国の社会状況や倭寇に関するご教示をいただいた。この場を借り、感謝の意を表させていただきたい。

(28) 矢沢利彦『中国とキリスト教』（近藤出版社、一九七二年）二七八頁。

(29) 尾崎前掲注(11)二二四頁。

(30) 同右、一八九頁。

(31) 東洋文庫編『東インド会社とアジアの海賊』（勉誠出版、二〇一五年）一五六頁。中村楽章氏は「王直は一五四〇年ごろから、広東と東南アジア・日本を往来して、「五峰船主」と呼ばれていた」と説明している。

(32) 片岡弥吉『日本キリスト教殉教史』（時事通信社、一九七九年）六～七頁。三宅亨氏は彼の論文の中で、「王直は種子島に意図的に来航した。王直は鉄砲の弾薬に不可欠な硝石を日本では産出できないこと、したがって日本への硝石輸出が莫大な利益をもたらすことを知っていた。種子島へ鉄砲が伝来したことは、王直にとって日本での大きな商機となったのであったことから、ポルトガル人を誘い、彼らを種子島に導いたのであった。」としている。（三宅前掲注(24)一八九頁）。

(33) 三宅前掲注(24)一八九～一九〇頁。

(34) 前掲注(31)一六四頁。参照。

(35) 『日本史広辞典』（山川出版社、一九九七年）二八四～二八五頁。

(36) 岩生成一「明末日本人僑寓支那人甲必李旦考」（『東洋学報』二三、一九三六年、一一八頁）。

(37) 前掲注(1)五五一頁。

(38) 岩生前掲注(36)六五頁。

(39) 前掲注(1)五五一頁。

(40) 前掲注(31)一七七頁。

(41) 岩生前掲注(36)六三頁。

(42) 前掲注(1)五五一頁。

(43) 前掲注(35)一四六七頁。

(44) 森本繁『台湾の開祖国姓爺鄭成功』（国書刊行会、二〇一四年）二七頁。

(45) 同右。

(46) 『大航海時代の冒険者たち』（平戸市、二〇〇一年）一三二頁。

(47) 前掲注(35)一四六七頁。

(48) 前掲注(35)一四六七頁。

(49) 前掲注(31)一七八頁。

(50) 前掲注(35)一四六七頁。

(51) 前掲注(31)一四四頁。

コラム　タイと「海賊」

平松　秀樹

一　海賊とタイ

タイと「海賊」という結び付きで、まず思い浮かぶのは、白石一郎『海王伝』（一九九〇）であろうか。前作『海狼伝』を受け継ぎ、村上海賊の船大将となった呼子（三島）笛太郎は、明の海賊との激戦のすえ黄金丸で暹羅（シャム）にわたり、そこで過去を捨てて今や明国海賊の頭目となっている実の父親と対決する。その間、タイ史上のちに大王と称されることになるナレースワン皇太子と遭遇するのである。

当時のアユタヤはビルマ支配下であり、ナレースワンは独立回復の期待を一身に背負う。笛太郎は行きがかり上、ビルマ側に傷つけられた皇太子を庇うこととなり「拝謁」する。「全身に生気を漲らせている男だった。寝ているくせに全く病人とは見えない。（中略）視線も鋭いというより、覇気に満ちて輝いて見える。」［『海王伝』：二九二］との感想を得る。現地在住の日本人頭領から、皇太子について「自分はシャムをビルマから救い出すように仏に命じられている。そのことにつとめている限り、仏の加護がある。誰人も自分を殺すことはできぬ」といつも口にすると教えられる［同：二九四］。また「この国の人たちにはわしはときどき感心する。どんなに大きな心配ごとを抱えていても、それはそれとして遊ぶ。日本人のようにきりきり突きつめて、錐のようになって心配ごとをほじくるような真似はせぬ。何事も最後は仏の知恵にゆだねる。こうありたいと思うことがしばしばじゃ」［同：三〇四］と同じ日本人頭領は笛太郎に述べるが、これを聴いて、日本でも大きく報道された近年のタイの大洪水を思い出すのは筆者だけであろうか。日本での報道の深刻な様子とは大きく隔たり、意外にもバンコク都民が、冠水した街の真ん中で釣りなどして気晴らしをしていた姿を思い出させる。

その後、皇太子を助けたお礼に、笛太郎はシャムが所持している明国発行の勘合符の一つを下賜されたりするが、チャオプラヤー川河口のバンコック（原文ママ）を拠点としている海賊頭目たる実父との対決は、決着がつかず幕を閉じる。ちなみにナレースワン大王の時代にビルマとの戦いに日本人義勇兵が従事し、大勢で行進している様子がお寺の壁絵に残されている。また最近の研究では、ナレースワンは秀吉の朝鮮出兵（一五九二）の知らせを聞いて、「義憤」から豊臣討伐軍に参加する派兵計画を立てていたらしい。もし仮に実現していたら、水軍派兵で周辺地域にいる海賊の力を結集せざるを得なかったであろうか。

同じ白石一郎の作品に山田長政（一五九〇？～一六三〇）の生涯を描いた『風雲児』（一九九四）がある。資料を上手く蒐めているが、毒殺を始めとする長政の通説をもとにしているので、流れとしては映画『山田長政　王者の剣』（一九五九）ほか、これまでの日本の山田長政イメージを受け継ぐものといえよう。タイ研究の側からみるとかなりの違和感は残るであろうが。(1)仁左衛門（長政）が台湾（高山国）を経て、アユタヤ朝のシャムに渡る話だが、高山国への船（御朱印船荒木丸）では、「倭寇」と称される海賊衆と同乗する。同船者の説明によれば「倭寇は御朱印船の警護役として傭われた海武士だ。九州の松浦党、瀬戸内海の村上海賊などから選りすぐって集められたそうだ」［『風雲児』上：一六六～一六七］とのことである。本作でもまた、台湾近海で明国海賊と交戦するのであるが、長政は当地でしばらく商いをした後、やがて、海賊の根拠地と何ら変わらない密貿易の基地、高山国に見切りをつけて［『風雲児』上：二二八］、シャムに赴くのである。

それ以前、「異国では日本人は姓名を名乗る。異国の人は日本人といえば皆、サムライだと思っている」「倭寇のおかげで異国では日本人といえばサムライ、サムライは喧嘩につよいと思い込んでいる」［同：一七七～一七八］と船主の荒木宗太郎にいわれて、山田（仁左衛門）長政と名乗るに至る。長政はアユタヤのソンタム王の庇護のもと出世栄達し、ついにはオークヤー・セーナーピムックという位階・欽賜名の栄誉にあずかる。最後はマレー系のパタニ王国と抗争するナコン・シータマラート（旧名：リゴール、六昆）の国王（太守）となり毒殺される。後述するがパタニは、タイにとって海賊イメージが大きい場所でもあろう。

二　タイのヤマダ・ナガマサ

逆にタイにおける山田長政のイメージはどうであろうか。かつては一般にヤマダ・ナガマサという呼び名では通じることは殆どなかった（アユタヤの日本人町跡での物売りの商売人等を除く）。オークヤー・セーナーピムックという位階・欽賜名だと、歴史に興味があるタイ人はピンとくる程度であった。ところが、『ヤマダアユタヤのサムライ』（『サムライ・アヨータヤー　Yamada（ซามูไร อโยธยา Yamada）』（二〇一〇））という映画が作られて知名度が広がり、今ではかなり浸透した。『一休さん』に似たタイ人沙弥（少年僧）が主人公である最近の3Dアニメに登場する、新右衛門さん風のアユタヤ朝の日本人サムライの名もヤマダというらしい[2]。先ほどの『風雲児』中の台詞ではないが、日本人といえばサムライなのであろうか。ところで、この映画の時代設定はかなりいい加減で、実際に長政がアユタヤにいた時代とは隔たりがある。もっともこの映画は歴史物というわけではなくて、シャムに漂着した長政が国王（ナレースワン大王）親衛隊のムエタイの達人たちと切磋琢磨し（日本ではK-1でもおなじみのブアカーオも出演）、最終的に「ムエタイ・マスター」となりシャムを悪者の陰謀から救う話である[3]。

ちなみにタイの通説ではナレースワン大王が、ムエタイの創始者とされているが、そのナレースワンの幼少よりの人生を描いた連作映画『キング・ナレスワン』（『ナレースワン大王紀（ตำนานสมเด็จพระนเรศวรมหาราช）』（二〇〇七〜））に、皇太子時代より王に仕えるナコン・シータマラートの日本人オークヤー・セーナーピムックが登場する。先述の通り山田長政を指しているものと考えられるが、長政が活躍するのはソンタム王の治世であり、ここでも時代が相違するのはいうまでもないであろう（もっとも、「オークヤー・セーナーピムック」という言及が山田長政と一〇〇％同一であるとは限らないという人もいる。しかしタイ人の場合であれば複数の存在も考えられるが、いままでに発掘された資料の範囲内では、歴史上オークヤー・セーナーピムックという位階・欽賜名を得た日本人は山田長政のみと考えるのが妥当であろう）。

またこのヤマダ・ナガマサが登場する興味深い映画がもうひとつある。『ランカスカ海戦　パイレーツ・ウォー』（『大砲・海賊の頭目（ปืนใหญ่ จอมสลัด）』（二〇〇八））（図1）であり、原作はウィン・リオワーリンという東南アジア文学賞を二度受賞した著名な売れっ子の作家である。一七世紀冒頭のランカスカ国の女王と王位簒奪を狙う先王の側室の子の対決が話の軸である。側室の王子は海賊と手を組むのであるが、その中に日本の海賊「倭寇」という言葉やその「倭寇」たる忍者が登場し、手裏剣技まで披露する。またのちには海賊同盟として「倭寇」の鎧兜姿のサムライも登場する。悪者に味方する日本人がいる一方、話の冒頭部分（一六〇〇年頃と思われる）では女王側へ日本からの派遣使節として裃姿のサムライ（長政）[4]が登場し、謁見する場面が描かれているが、そこで長政は突然来襲した王子側の刺客を一蹴する活躍をみせる。

図1　『ランカスカ海戦　パイレーツ・ウォー』DVDジャケット(左)日本語版／(右)タイ語版

　加えてそれから一〇年ほど経た後の、女王の妹である王女の婚礼に、徳川将軍からの日本人使節が献上品を届ける場面も描かれている。長政との時代関係（一六〇〇年頃だと二〇歳前後）、およびランカスカ（タイ語・サンスクリット語で語源的に「楽島」の意味）王国の存在した時期については、ここでも史実と齟齬がありはするものの（ランカスカ王国は滅亡して久しく、当時はマレー系のパタニ王国の筈である。『風雲児』のところでも少し触れたが一六二九年にパタニ制圧のためナコン・シータマラートに山田長政がアユタヤ朝より派遣されている。また当時女王が続いたというパタニ王国の歴史にも符合する）[5]、フィクションゆえもはや不問にしておきたい。大団円は、ハーマン・メルヴィルの『白鯨』に出てくるような（マッコウ？）クジラによって悪の海賊船団同盟が成敗される。

三　タイの海賊

ところでタイ語で「海賊」は「チョーン・サラッ

ト」、または「サラット」と呼ばれる。「チョーン」は「賊」の意味で、「サラット」はマラユ語由来の言葉で、語源はSelatあるいはSalatとされる。Selatであれば「海峡」の意味で、マラッカ海峡あたりに出没した海賊を指し、西洋語にあるCellattesとも同源とされる。もともとはマラッカ海峡やアンダマン海あたりの海賊のイメージであろう。その近辺に位置するパタニ王国あたりにも、やはり先の『ランカスカ海戦　パイレーツ・ウォー』のように、海賊や冒険のイメージが付随しているが、実際に海賊に悩まされ、一六〇六年に太泥国（パタニ）の国王から家康に国書が送られ、その中には前年に日本船倭寇により海賊被害を受けたことに対する非難の言葉がみえるらしい［石井・吉川　一九八七：四六］。

　アンダマン海周辺は神秘的で冒険欲を誘う場所でもある。海賊は出てこないものの『マッハ！エンジェル』（『美麗（ไฉไล）』（二〇〇六））では海底に沈んだ「アンダマンの女王」と呼ばれる世界の生態系を守る真珠の行方を追って、日本人の血を受け継ぐ子供がカギを握る。指令を受けた「チャイライ」エンジェル（いうまでもなくチャーリーズ・エンジェルの模倣であろう、ここでは五人であるが）たちがその子供を悪の手から守るのである。

「サラット」の名前を冠した映画作品はほかに『サラット・ターディオ・カップ・デック・200ター』（『片目の海賊と200目の子供（สลัดตาเดียวกับเด็ก 200 ตา）』（二〇〇八））という作品があり（図2）、大型船から離れて、孤島に漂着した子供たちが、結果的に海賊と組んで、悪を退治する話である。『パイレーツ・オブ・カリビアン』のジャック・スパローばりの海賊船長が登場するのが特徴で、話の設定としてアンダマン海の伝説の海賊頭目らしい。最後は大タコや巨大カニに苦しめられるものの（タイの伝説や説話では巨大ガニが登場することがある）、団結して悪を撃つ。最後に子供たちに名を訊かれ、「（リット）スパロー」とお茶目に片目の海賊船長は答える。何とも陽気な「海賊版」的海賊映画である。

　またタイ人作者による英語で書かれた小説*The Pirates of Tartao*（1994）がある。日本語訳（『業火の海　タルタオ島の海賊』）やタイ語訳も出ているが、タルタオ島はやはりアンダマンに浮かぶ島でマラッカ海峡に近く、かつてタイの囚人島でもあった場所で、様々な曰くのある土地である。

　タイでもスパロー船長は人気者で、そっくりさんも

図2 『片目の海賊と200目の子供』DVDジャケット

図3 タイ版『フルアヘッド！ココ』単行本表紙

複数いてよくテレビなどに出演もしている。またお土産屋で見かけることもあり、お店の盛況に貢献しているようである（もっとも有名なのはメーホンソーン県パーイ郡の「スパロー」）。もちろん日本のマンガ・アニメ『ONE PIECE』のキャラクターもタイで人気を博しており、それ以前では同じく日本の海賊冒険マンガの『フルアヘッド！ココ（FULL AHEAD! COCO）』も一部のサークルで人気があった（図3）。

ここで日本マンガ・アニメの話をもう少し続けよう。『Black Lagoon』（月刊サンデージェネックス連載）では、海沿いに位置するタイのある街が舞台（架空の港湾都市ロアナプラ）で、主人公のラグーン商会の運び屋たる「今風」の海賊たちが活躍する。一見この街は無国籍あるいは多国籍で国の判別が難しいが、詳しくチェックしてみると、警官の名前がタイ人名であったり、事故現場の進入禁止の文字がタイ語であったりする。またアニメ版では、犯罪都市へと至る港の入江にはさびれた大仏が象徴的に立っている（しかしながら、日本風、あるいは中国風であり、少なくともタイ風の仏像ではない）。海賊を始めとするあらゆる悪人のたむろする巣窟となっているのだが、日本人にとっては、『海王伝』もそうであるが、タイ沿岸には海賊の拠点があるといったイメージが働くのであろうか。(6)

四 「海賊版」

ここで「海賊版」の話に移りたい。某国際放送では、現在でもタイで出版される日本マンガのコミックス出版の三分の二はいまだコピーライトをとらない pirated edition だといっていたが、正規の許可をとらず複製される「そっくりな」海賊製品以外にも、菓子、

図4　『ダイろーもーん』単行本表紙

電気製品、生活雑貨などで日貨製品を模した「似た」商品や製品を探せば、多岐多様に見つかるであろう。そんな中、タヌキのような動物を模した主人公が登場する『ドラえもん』もどきの『ダイろーもーん（ไดโรมอน）』は興味深い（図4）。のび太は「チャオ・ウェン（メガネ君）」、しずかちゃんは「メム（マダム）」、スネ夫は「チャオ・オー（オー君）」、ジャイアンは、ジャイを取って「アン」である。現在は出版社がなくなり発売されていない。古本コミック屋（Seacon Square内）の事情に詳しそうな古株の店員に聞きとりをしたところ、一〇年くらい前に夜逃げ同然になくなってしまったが、版権の関係で問題が生じたのではないか、と語ってくれた。版権の圧力がかかったのか、あるいは単に『ダイろーもーん』の売れ行きが悪かっただけかもしれないが。数年ぐらい前まではＶＣＤ版も売っていたのを場末の小さなＤＶＤ屋で見かけたが、近日筆者が、バンコクで売っていそうな界隈をくまなく探索したものの、残念ながら一枚も見つからなかった。

たしかに『ダイろーもーん』はいかにも模倣品に映るが、頑張り次第では、もう少しでオリジナルな商品になった可能性もあるのではないかといった気もする。たとえば、ドラえもんもどきの主人公の発想や行動に、タイ的仏教的な観念なども挿入するなどすれば、模倣を超えてタイ発のオリジナルなったのではないか、と考えると無責任ではあるがすこし楽しい。実際、日本マンガやアニメから多大なインスピレーションを受けて、日本的タッチの模写・模倣から始まり「自立して」一家を成したタイのマンガコミックも多いからである。オリジナルな域に達したか否かを測る「基準」は筆者のような素人目には極めて曖昧である。単なるまねから一歩踏み出したタイ化した「ドラえもん」、あるいは独立した一つのパロディとして存在することはできなかったであろうか、と考えてしまう。(7)

たとえば、タイ版『羅生門』の『パームアンの洞窟』（『ウモーン・パームアン（อุโมงค์ผาเมือง）』（二〇一一））を黒澤映画の海賊版とは誰もみなさないであろう（図５）。同作品は映画『羅生門』の英語版脚本の影響を受けたククリット・プラモートの原作で、北タイを舞台に展開し、還俗する前に住職の勧めにより遊行に出た若い僧侶をめぐるテーマに主題が置き換えられている。結局、盗賊による殺人に対してそれぞれがエゴイズムにみちた証言をする俗世に違和感を感じて、還俗するのを思いとどまり、出家生活を続ける決心をするのである[8]。また『蝶々夫人』のタイ翻案物や日本映画『転校生』のタイ版などもあるが、舞台設定ほかにおいて、かなりの程度でオリジナルな作品となっている。

　ドラえもんに話を戻せば、ドラえもんは、タイで、地獄を描いたお寺の壁画の煮えたぎる大釜の中にも登場する（スパンブリー県）。釜茹に加えられて、犠牲になり、善行善果・悪行悪果を諭す民衆教化の一役を買っているのである（図６）。さらに最近では、雨乞いのための生贄として本物の猫の身代わりにもなっている（プレー県）。動物虐待回避のためドラえもんのぬいぐるみが活躍したそうである。実際に雨が降ってきたわけではなかったらしいが、その後ドラえもんはお寺に安置・奉納されたとのことである。これらに関しては、今のところ著作権の問題は発生していないようだ。

図５　『パームアンの洞窟』DVDジャケット

図６　「ドラえもんの地獄絵」
（http://www.painaidii.com/diary/diary-detail/001359/lang/th/）

　さて、タイと日本にまつわる版権の問題といえば、ウルトラマンと白猿神の英雄ハヌマーンが共闘して怪

図8　『暁の寺の夜叉とジャンボーグA』VCDジャケット

図7　『ハヌマーンと7ウルトラマン』DVDジャケット

獣と戦い地球を守る有名な映画を思い出す人も多いであろう。タイでの題名は『ハヌマーンと7ウルトラマン』〔『ハヌマーン・ポップ・7ヨート・マヌット（หนุมาน พบ 7ยอดมนุษย์）』（一九七四）〕（図7）、日本での公開タイトルは『ウルトラ6兄弟vs怪獣軍団』（一九七九）。共同制作であるが実際には円谷英二とも面識のあったチャイヨー・プロダクション創立者が制作している。これは海賊版ではない。それどころか現在では、判決によりタイ版が正規品であり、日本版の販売・上映は行われない状態となり、すなわち日本版が「海賊版」として扱われる状況となっている。同プロダクション制作の映画にはほかに『暁の寺の夜叉とジャンボーグA』〔『ヤック・ワットチェーン・ポップ・ジャムボー・エー（ยักษ์วัดแจ้งพบจัมโบ้เอ）』（一九七四）〕（図8）や『ハヌマーンと5仮面ライダー』〔『ハヌマーン・ポップ・5アイ・モットデーン（หนุมาน พบ 5ไอ้มดแดง）』（一九七五）〕などもあるが、前者が正規、後者は非正規品となっている。さらには、チャイヨー・プロは、近年、ムエタイ技を使う青い目をした「ウルトラマン・ミレニアム」なるものも独自制作しているが、まだ争論の渦中にあり、正統性は証明されていない。加えて興味深いのは、初代ウルトラマンの面のモデルは、日本では概ね弥勒菩薩と古代ギリシアのアルカイック・スマイルの融合ということになっているが、タイでは「アユタヤの仏像」という説が存在する。当時日本に映画留学して円谷のもとで修業中だった上記プロダクション創立者がデザインを進言したと喧伝している（ちなみに中国にもまた、モデルの中国起源説が存在するらしい）。それにより、逆に、面のタイ仏像説を信じるタイ在住の日本人も多いのは、表情が似ているからか。

五　英雄的「海賊版」時代の終焉

海賊版の功罪を一概に問うことは、難しい問題である。おわりにかえて本コラムでは『あの店長』（『The Master』（二〇一四））という映画を紹介したい。タイで一般上映はされず、ＤＶＤも販売されていない。日本では先日、大阪アジアン映画祭で上映された（二〇一六年三月七日及び一一日）。バンコクのウィークエンド・マーケットの入り組んだ一角にある一軒の海賊版ビデオ店の伝説的な店長の話である（そのマーケット自体が「人間以外は何でも売っている」との異名をとる巨大マーケットでもある。先の偽スパローも時々みかける）。まだ海外の主だった「アート系」の映画等がタイでアクセス不可能だった時代に、その店は海外のオリジナルを購入して、コピーし、海賊版ＶＨＳを売り始めた。単なるコピーだけではなく、表紙カヴァーにプロの新聞雑誌記者も顔負けの簡潔かつ的を射た内容解説なども載せ販売した。

映画『あの店長』はインタビュー形式で構成されているが、現在有名になったタイの映画監督や芸術家たちが出演し、皆口を揃えて「あの店長」（タイ語では「ピー・コンナン」、あの兄）に敬愛の情を示し、眼識の高さを讃えている。品揃えも群を抜くその店に足繁く通いお世話になり、芸術的にも育てられていったと、異口同音にインタビューで証言していく。なかにはジブリ映画が当時タイで知れ渡ったのもその店がなければ不可能だったろうと、語るものもいた。もちろん皆、認識としては、違法行為で悪であるのはいうまでもないとしているが、ある人物のインタビューでは「必要悪」という日本語字幕が出ていた。しかしのちには他の多くの店にコピーされ、海賊品のさらなる海賊版がでまわっていくこととなる。海賊が「海賊」被害にあったわけである。さらに最後は警察に逮捕されたらしいが、それよりもおそらく、違法コピーを売買するという海賊行為自体がインターネットから直接ダウンロードする時代にとって代わられたことで、「あの店長」の役割は幕を降ろすこととなったのであろう。タイのロマン主義的、あるいは英雄時代的な「海賊版」時代は終止符を打ったのである。

(1) 日本で描かれる長政の怨敵カラーホーム（プラサートトーン王）は、タイでは悪者ではなく、たとえばその伝記小説『チャオ・ライ（เจ้าไล）』は初等教育局により二〇〇〇年度の学校図書に選定されている。

(2) チュラーロンコーン大学文学部ナムティップ・メータセート氏のご教示による。調べてみると、3チャンネル放送局の子供向け教育アニメ番組で、沙弥を主人公に善悪を説き、「アユタヤ編」のほか「海賊編」というのもあった。

(3) ちなみにDVDプレミアム版の付録も、（期待して開けてみると）ムエタイ技の紹介書であった。

(4) 台詞の中にヤマダ・ナガマサという言及はないが、映画の最後のクレジットにヤマダ・ナガマサと名が書かれている。

(5) しかし仮に映画でパタニ王国とした場合、現在分離闘争などが盛んなムスリムの多いタイ深南部パッターニー県地域でもあり、外敵から独立を確保するというテーマは現代の政治的なデリケートな問題に抵触してしまうかもしれない。【追記】本稿脱稿後、原作者・脚本のウィン氏に直接尋ねたところ、原作での舞台設定は「パタニ」であったが、映画製作会社（投資家）の意向で「ランカスカ」に変えられた、と力強く回答してくれた（二〇一六年四月一日。於：シリキットセンターでの国際ブックフェア）。原作本は現在絶版状態で店頭になく、出版社に問い合わせても品切れ在庫なし再版の予定なし、とのことであった。ただし既に図書館等に所蔵されている本にはアクセス可能である。

(6) ついでに言えば、『ゴルゴ13』も「ミッドナイト・エンジェル」編で、タイが舞台となってはいるのであるが、残念ながら「海賊」は出てこない。『Black Lagoon』に関しては、大阪大学文学部助教小橋怜治氏に資料提供いただいた。ここに記して感謝したい。

(7) ちなみに「ドラえもん」のタイ語綴りでの名称は、以前は「ドーレーもーん（โดเรมอน, Doremon）」であり（現在は修正されて「ドーラーえーもーん（โดราเอมอน）」）、日本語における響き以上にタイ語では「ダイろーもーん（Dairomon）」は本家本元と名前が近似して聞こえる。結果、より偽物っぽく響く。

(8) 先ほど「思いとどまり」と書いたが、タイでは還俗することは決して否定的でなく、その後に社会に役立つ期待も込めて極めて肯定的に捉えられる。

〔参考資料〕

〈日本語〉

石井米雄・吉川利治『日・タイ交流600年史』（講談社、一九八七年）

白石一郎『海王伝』（文春文庫、一九九三年）

白石一郎『風雲児（上）・（下）』（文春文庫、一九九八年）

広江礼威『Black Lagoon』一～一〇巻（小学館、二〇〇二年～）

ポール・アディレックス／野中耕一訳『業火の海　タルタオ島の海賊』（燦々社、二〇〇一年）

『The King 序章～アユタヤの若き英雄～／～アユタヤの勝利と栄光～』［DVD］（二〇〇九年）

『マッハ！エンジェル』［DVD］（二〇〇八年）

『ランカスカ海戦　パイレーツ・ウォー』［DVD］（二〇一一年）

『あの店長』（二〇一六年三月、第一一回大阪アジアン映画祭上映）

〈タイ語〉

『ไดโรมอน（ダイろーもーん）』（Tmy 出版、作者・出版年の記載なし）

『ซามูไร อโยธยา Yamada（ヤマダ　アユタヤのサムライ）』［DVD］（二〇一〇年）

『สลัดตาเดียวกับเด็ก 200 ตา（片目の海賊と200目の子供）』［DVD］（二〇〇八年）

『อุโมงค์ผาเมือง（パームアンの洞窟）』［DVD］（二〇一一年）

「ドラえもんの地獄絵」『painaidii』〈http://www.painaidii.com/diary/diary-detail/001359/lang/th/〉（最終閲覧日：二〇一六年三月二二日）

コラム　広州十三行

劉　建輝

　周知の通り、清王朝が成立した当初、鄭成功《ていせいこう》治下の台湾を始め、周辺の在来勢力がきわめて活発に抵抗活動を展開していたため、一時海外との交流・交易をすべて断ち切る「遷海令」という海禁令を出した。その後、幾度かの内部の反乱を平定し、また台湾の鄭氏一族の投降を受けて、康熙二三年（一六八四）、かつての「遷海令」を海外との交流、交易を許可する「展海令」に変え、上海、寧波《ニンポー》、廈門《アモイ》、広州の四都市に海関（税関）を設け、積極的な対外交易政策を取り始めた。そしてこの四海関交易体制は、さまざまな問題を抱えながらも康熙から雍正、さらに乾隆時代までおよそ七〇年以上続いた。ところが、乾隆二〇年（一七五〇）代になると、粤《えつ》（広東）海関管轄官僚の増大する一方の贈賄要求にイギリスを始めとする外国商人がついに不満を爆発させ、直接乾隆帝に抗議する一方、粤海関を避け、閩《びん》（廈門）海関、さらに浙《せつ》（寧波）海関にまで廻り、従来ほとんど交渉のない北方地域において交易活動を始めた。不意を突かれた乾隆帝は、海防上の不安や内地への影響を危惧し、ただちにその阻止に乗り出し、乾隆二二年（一七五七）に西洋諸国とのあらゆる交易を広州の粤海関だけに限定するという勅令を出した。以来、江（上海）海関と浙海関（実際は浙江乍浦港）がおもに日本、閩海関（実際は福州港）がおもに琉球、そして粤海関がその他のあらゆる南洋また西洋諸国との交易関係を担当するいわゆる「一口通商」体制が明確に成立し、阿片戦争の敗北に基づく一八四二年の「五港通商」開始までおよそ八〇年近く存続した。

　後に広東システムと呼ばれたこの貿易体制は、粤海関の成立から「五港通商」の開始までの約一六〇年間、広東、つまり広州において西洋各国の東インド会社と清王朝が指定した対外貿易商――十三行商人の間で行われた両者による独占的な交易システムであり、その具体的な仕組みはおおよそ以下のようになっている。

まず各国の貿易船が広州に来航し、交易を行おうとする場合、かならず十三行商人の中から一名の「保商」（保証人）を選び、その管轄下で輸出入の業務を進めなければならない。舶来した商品を保商に委託して販売してもらい、そして購入しようとする商品を保商を通じて買い集め、上納すべき関税も彼らを通して「海関」に納入する。保商の下には通事（輸出入、関税関連書類の作成、提出等を担当）、買弁（財務管理、商品確認、滞在期間中の生活上の世話等を担当）などがおり、あらゆる方便を提供する一方、完全に相手を監督することにもなっている。対して、各貿易船の船長また代表は、大班と呼ばれていたが、来航中に保商から租借した十三行商館（中国側は夷館と呼ぶ）に滞在し、所属会社の商品売買業務を進めながら、割り当てられた個人自由売買商品の処理や保商を通しての税関監督との交渉、部下や船員の管理、また場合によっては地方、中央官吏への賄賂も行わなければならない。

ただ、以上はあくまで十三行貿易の基本的な仕組みで、一六〇年の間、時期と情況によってその運営にはかなりの違いも見られた。たとえば、両者の独占できる商品品目は当初は相当広い範囲にわたっていたが、最終的にはおもに茶葉と生糸に限られていた。また双方とも当初の単独運営からそれぞれ組織的に連帯責任を持つ十三行公行と全体的責任を持つ管理委員会（初期は現地の大班だけで構成したが、後に英国東インド会社本部派遣のメンバーを含めた特選委員会となる）が立ち上げられた。そして初期の規定では、大班たちは航行に有利な貿易季節（九月頃～一月頃）の間は業務執行上、十三行に滞在し、それ以外の期間はマカオに退去しなければならなかったが、いつの間にか通年で滞在するようになり、一時の租借地でありながらその空間を完全に外国人商館街に仕立て上げたのである（図1・2）。

粤海関設立後、最初に広州貿易を始めたのはオランダ人だったが、なぜかおよそ四〇年後の一七二七年にようやく十三行に正式に商館を設けた。それに比べ、イギリス東インド会社は早くも一七一六年に大規模の商館を構え、積極的にイギリス―インド―広州航路の交易を進めた。イギリス、オランダに次いで一七二八年にフランス東インド会社、また一七三二年にスウェーデン東インド会社、そして一七七二年にデンマークアジア会社もそれぞれ商館を設立した。最後にやってきたのはアメリカ（一七八六年、広州に担当領事を置く）だったが、しかし後述するように、その貿易量は新興国の逞しい上昇力に相応して、またたく間にイギリスと肩を並べ、広州貿易を支えるもう一つの主役となったのである。

十三行は、正式には外洋行と言い、数量的にもつねに増減があり、かならずしも十三行とは限らない。最多時は二六軒（一七五七）もあり、最少時はただの四軒（一七八一）しかなかった[1]。その資格は、まず相当の資本＝資産がなければならず、それに有力な推薦人（官僚または既存洋行商人）の保証に基づき、地方政府の審査を経てはじめて認められるのである。十三行商人は外国商人との交渉においてすべての責任を負わされ、なかば「官商」、なかば「外交官」的な性格を持っているが、その上には粤海関監督、広東巡撫、さらに両広総督がつねに君臨しており、内外に挟まれたその立場はきわめて弱い。そして相当豊潤な利益（取引商品の購入価格と売却価格による十数％から数十％の差額および手数料など）を稼ぐことができた一方、中央また地方公共事業への献金、連帯責任による破産同業者債務の返済、朝廷貢品（主に西洋船来贅沢品）の負担、災害時等の公益事業への寄付などが大きな重圧となり、突然破産するケースも多々見られた。ただ、それでも有力な商人はやはり莫大な富を築き、想像を絶するような贅沢な生活を送っていた。ちなみに、一九世紀

図１　広州十三行全貌

図２　十三行同文街

図3　怡和行行商―伍秉鑑《ごへいかん》
（1769～1843）

初頭の十三行において、潘氏一族の同文行、伍氏一族の怡和行（図3）、盧氏一族の広利行、梁氏一族の天宝行などがもっとも有力な洋行とされており、なかでも、怡和行はアメリカ本土の保険、証券、鉄道建設などにまで投資を広げ、当時の世界の最大の資産家として広く名を轟かせていたのである。

以上はつまり十三行貿易＝広東システムの大まかな制度的特徴と運営状況であるが、しかしおよそ一二〇年以上も続いていたこの交易体制が一九世紀に入ると、にわかに各方面から挑戦を受け、あっけなく崩壊し始めたのである。きっかけは、外部では従来イギリス東インド会社の下請けを担当してきた港脚商（おもにインド・広州間の貿易に従事した商人グループ）や、新たに現れた個人貿易商人（当初は東インド会社の認可が必要）、新参入者のアメリカ人商人などの「散商」の台頭、内部ではこちらもおもに十三行商人の下請けを務めてきたいわゆる「行外商」や阿片等の密輸入に従事する地方商人の勢力の拡大であるが、一八一三年のインドにおけるイギリス東インド会社独占権の廃止と一八三三年の広州における同会社独占権の廃止という制度上の転換がそれを決定的なものにしたと言える。

ただ、個人貿易商人を始めとする「散商」の動向について、その多くは特に現地で会社を構えていなかったため、全体像がきわめて把握し難い。ここでは、広州に本店か支店を置き、比較的長く活躍したものに限って簡単に紹介しておく。

十三行における散商たちの経営形態はそれぞれ資本規模が小さいためか当初から統廃合を繰り返し、そしてその幾つかがあたかも雪だるまのようにどんどん勢力を拡大し、最終的にはとうとう貿易全体を左右する大商社に発展していったのである。

たとえば、一七八二年に柯克斯（Cox）、比爾（Beale）、理徳（Reid）の三人によって設立された柯克斯・理徳洋行（Cox. Beale & Co. 当初は本部がマカオ、支店が広州にあった）が一七九一年に柯克斯の死去によって理徳・比爾行（Reid, Beale & Co.）に、その後一八〇三年に今度は麦尼克（Magnic）の加入によって比爾・麦尼克洋行（Beale, Magnic & Co.）に、そして一八一九年に比爾の脱退によって単独麦尼克洋行（Magnic & Co.）へ、さらに一八二五年の渣甸（Jardine, 一八一九年来粤）の加入、一八二八年の馬地臣（Matheson, 一八一九年の泰勒・馬地臣洋行Taylor, Matheson & Co.、一八二一年の伊沙瑞行Yrissari & Co.を経て）の加入、一八三一年の麦尼克の脱退を受けて、ついに一八三二年にかの有名な渣甸・馬地臣行（Jardine, Matheson & Co.ジャーディン・マセソン商会、後、中国名怡和洋行を名乗る）に発展したのである。

　また、一八〇七年にイギリス東インド会社の大班巴林（Baring）によって創設された巴林洋行（Baring & Co.）が、その後同じ大班の仲間である莫隆奈（Moloneg）、羅伯茨（Robarts）の参加によって、巴林・莫隆奈・羅伯茨洋行（Baring, Molone & Robarts & Co.）となり、そして大班の個人経営が東インド会社によって禁止されてから、新たに加入した達衛森（Davidson）の手に移って達衛森行（Davidson & Co.）として再スタートし、一八二三年の顛地（Dent）の加入を経て、翌一八二四年に顛地行（Dent & Co.デント商会、中国名宝順洋行）へと変身したのである。

　以上は全部イギリス人、とりわけスコットランド出身者が経営する洋行の移り変わりであるが、その複雑な統廃合に比べ、新参入者、アメリカ系の商人の進出は比較的単純である。一八一八年に創立された羅素行（Samuel Russell & Co.）が一八二四年に旗昌洋行（Russell & Co.ラッセル商会）に変更しただけで、また一八二八年に成立した奥立芬洋行（Olyphant & Co.オリファント商会、中国名同孚洋行）は最後まで設立当初の体制を維持していた。ちなみにかならずしも正確な数字ではないが、一八三二年の段階で広州にはすでに大小六六社の洋行が存在し、その五年後の一八三七年になると一気に一五〇社にまで増加したという。そしてやや遡るが、一八二八年の中英貿易において、中国への輸出では、二、〇三〇万ドルの内、東インド会社が四五〇万ドルを占め、残りの一五八〇万ドルは全部散商によるもの（無論その大半は阿片の密輸）で、逆に英国への輸出では、一、八一〇万ドルの内、東インド会社が八五〇万ドル、散商が九六〇万ドルをそれぞれ占め、こちらも若干散商が上回っている(2)。在来の広東システムがもうなかば機能しなくなり、いよいよ散商＝自由貿易者の時代が到来したと言えよう（図4）。

外国散商のこれらの活躍に対して、中国側の行外商も負けていない。中でも小商舗はもともと十三行商人の独占する大宗商品（茶、生糸など）以外の雑貨（陶磁器、薬材、地方特産品など）を取り扱う店舗として一七五五年の時点ですでに百軒以上[3]が存在し、その一部が行商の下請けや提供商としても活躍していた。ただ在来の東インド会社と行商が断然優遇される体制の下ではその経営できる商品品目が大きく制限され、長い間きわめて低い地位に甘んじさせられてきた。しかし、前記のイギリスやアメリカの散商がだんだん頭角を現し、東インド会社以上に貿易量を増やすにつれ、彼らの行外商と直接、自由に交易しようとする要望に応える形でどんどん勢力を増し、一八〇七年の段階では少なくとも二百軒以上も確認できるようになっていた。そしてウィリアム・ジャーディン（図5）によれば、彼が広州に来た当初（一八二〇年前後）、すでに行商より行外商との取引の方が量的に上回っていたという[4]。

行外商は、行商とそれによる貿易システムを脅かす存在として、その後ろにある清朝政府からの管理、監督は時にきわめて厳しいものがあった。しかしその都度、外国人散商の支援や官僚への贈賄などによって一時の苦境を乗り越えたばかりか、だんだんと行商の権益を奪い取り、その独占してきた商品品目をす

図4　広州に向かう外国商船（1830年頃）

図5　最大の英国散商ウィリアム・ジャーディン（左）とジェームス・マセソン（右）

こしずつ自らのものにしていった。特に彼らが最大の「輸入品」である阿片に加え、最大の輸出品である茶葉と生糸を合法、非合法的に扱うようになり、そしてそれらの莫大な利益に引き寄せられて、もともと行商の下にいた通事や買弁たちもその仲間につぎつぎと参入してきたところで、百数十年続いてきた「広東システム」はその後の廃止決定を待たず、もうほとんど死に体も同然となったのである。

さて、この行商や行外商らの活躍する舞台となった十三行商館街だが、粤海関設立の当初から広州郊外南西方の珠江に面する一角に位置し、東西約三一五メートル、南北約一七〇メートルで、総面積は約五万一千平方メートル強となっている。ここに、南北に三つのストリート（同文街、靖遠街、新荳欄街）が走り、それを挟んで十三の洋行商館がひしめいている。当局の規則上、ここは貿易季節期間中の一時的な取引場で、商人以外はもちろん、商人でも長期滞在ができないことになっていた。しかし現実には一八三〇年代、この商館内に最大時、三百人の外国人、八百人の中国人関係者（通事、買弁、使用人、番人等）が生活していたのである。ちなみに、当時の長崎の出島は一万三千平方メートルで、常住のオランダ人は九人から一三人の間だったと言われている。面積的には十三行の方は四倍近くとなっている。

そして、このけっして広いとは言えない空間に、闇の「銀行」、出版所、学習塾、病院、またミニ図書館（約一万冊の蔵書）、ダンスホール（英国館）、教会などがなかば公然と立ち並び、そしてその周りには輸出画用の工房＝画室（約三〇軒）や行商会館が併設され、現地知識人との交流の場となる文欄書院なども存在し、制度的な制限をはるかに越えた「近代性」が現出している。ちなみに、ここで流通しているのはいわゆる「広東英語」で、英語の単語を中国語順に並べて使うこの言語は「鬼話」と呼ばれ、二百年近く東西の交易を支えてきたのである。

一八四二年、アヘン戦争後に結ばれた「南京条約」により、広州十三行制度が正式に廃止され、いわゆる「五口通商」の時代を迎えるようになった。かつてここで活躍していた十三行商人や買弁たち、また外国人の個人商人や宣教師たちが相次いでこの場所を離れ、まず上海や香港、そして二〇年後にはさらに長崎や横浜へと進出していった。上海における彼らの活躍は別稿を参照されたいが、今、一つだけ記しておきたいのは、ここで醸成されたさまざまな近代的「装置」がその後、実に大きな力となって、陰に陽に東アジア全体の進路を左右するものとなったことである。たとえば、ジャーディン・マセソン商会は、一八四〇年代に香港と上海に移り、その両地で大々的に近代的ビジネスを展開しながら、一八五〇年代には日本の開国に合わせていち早く長崎に代理店（グラバー商会）、また横浜居留地の一番地に支店を開設し、薩摩、長州の両藩に大量の武器を輸出したばかりでなく、長州藩の伊藤博文、井上馨らの密出国をも手伝っている。一方、もともと行外商出身で、一八三〇年代にいきなり代表的な行商の一人となった呉健彰《ごけんしょう》という人が、アヘン戦争後上海に進出し、莫大な富を築き上げたのみならず、その財力で上海地方長官（蘇松太道）にまでのしあがり、初期租界制度の充実や租界そのものの拡張などにもずいぶんと力を寄せていた。この広州、上海、そして長崎、横浜という彼らの足跡は、つまりそのまま西洋近代が東アジア進出時にたどったモダンロードでもあったと言える所以である。

（1）　陳伯堅「広州十三行商貿概況」（広州歴史文化名城研究会等編『広州十三行滄桑』広州省地図出版社、二〇〇一年）。

（2）　格林堡（Michael Greenberg）『鴉片戦争前中英通商史』（商務印書館、一九五六年）。

（3）　管亜東「清代前期広州口岸中西貿易的行外商人」『広州十三行滄桑』（前掲注（1）参照）。

（4）　前掲注（2）参照。

（5）　劉建輝『増補　魔都上海――日本知識人の「近代」体験』（ちくま学芸文庫、二〇一〇年）。

第Ⅳ部　認知か越境か？——近代国民国家体制の制度的綻びと海賊的侵犯行為と

植民地美術行政における海賊的境界侵犯
――インドシナ美術学校とベトナム画家の「怪帆の術」

二村　淳子

はじめに

フランス統治下に設立されたインドシナ美術学校（L'École des Beaux-Arts de l'Indochine／東洋高等美術学堂）は、一九二四年のインドシナ総督の条例《アレテ》[1]により高等教育機関として創設が決定、翌年の一九二五年一一月に開校された。設立者は、フランス芸術家植民地協会（la société coloniale des artistes français）に所属する画家、ヴィクトール・タルデュー（Victor Tardieu, 1870-1937）（図1）である。たった二〇年間という短命の官制学校ではあったものの、数々のベトナム画家を輩出した機関であった[2]。

この学校についての研究は一九九〇年代後半に着手されたばかりであり、未だ議論されるべき多くの点を残している[3]。例えば、この学校の制度や設立目的に関しても未だほとんどが解明されていない。Beaux-Arts《ボザール》と冠されたこの学校名から連想されるのは、画家や彫刻家を養成する、フランスの美術学校《ボザール》をモデルとした機関だ。実際のところ、多くの先行研究がそれを前提として議論をしている[4]。ただし、関係資料を丹念に読んでいくと、本当に美術学校《ボザール》だったのかという疑問が沸いてくる[5]。

図１　インドシナ美術学校の第一期生たち
タルデュー（中央）、レ・フォー（左端）、マイ・トゥ（左から二人目）。

この問いを立てることは、「美術」や「画家」という概念をめぐるフランスとベトナムの隔たりと、そこに絡んだ双方の思惑、文化間翻訳の構造などを確認することに繋がる。フランス側からみた場合、ベトナム人たちは手先が器用で、殖産興業政策を布くのに適した民族であり、美術学校よりも、むしろ、装飾や工芸を扱う応用美術（arts appliqués）の教育機関[(6)]を創設したかったと想像できる。その一方、ベトナムの側では、「画家（họa sĩ）」[(7)]への憧れが強かったことが確認されている。[(8)]

　これまで、インドシナ美術学校は、こうした枠組みにおいては考察されてこなかった。まずは、複数の文献から、この学校の性質を明らかにしてみたい。そのうえで、本稿は、この学校の一貫性のなさ、その不明瞭さが招いた結果を明示する。この作業を行うことは、フランスとベトナムという異なる言語間に、「美術」をめぐるどれほどの等価性があったのかを問うことでもあり、フランス語の「美術《ボザール》」という秩序化された概念と、そこから排除されてしまったものの境目を確認することに他ならない。こうした、文化間翻訳が引き起こした、二〇世紀初頭のベトナムにおける曖昧で多義的な「美術」というグレーゾーンについて一考察を加えることが本稿の目的である。

　構成は、次の手順に従う。まず、第一節では、公文書や報告書から、インドシナ美術学校が名称通りの美術学校であったのかを吟味する。ここから判明できることは、当校は、純粋な画家の養成ではなく、むしろインドシナの殖産興業政策を支える公務員の育成がその主眼にあったということである。それを踏まえ、第二節では、なぜ、応用美術学校なのに「美術学校《ボザール》」となりえるのかという二枚の看板のからくり（フランス側の認識）と、なぜ、「美術学校《ボザール》」と名乗ったのかという二つの問題を取り上げる。

第三節では、この学校の一貫性のなさがもたらした結果をフランスとベトナムの双方の側から確認し、逆説的な結果をもたらした「怪帆の術」について論じたい。

一　インドシナ美術学校のその制度について

公文書にみる学校の在り方

まずは、条例からインドシナ美術学校の制度を確認してみよう。インドシナ美術学校の創立は、一九二四年一〇月二七日、メルラン総督によって条例として発布された。条例の一条目には、次のようにかかれている。

> 第一条　ハノイに設けられた「インドシナ美術学校」は、デッサンに基づく諸芸術の高等教育機関（l'enseignement supérieur des arts du dessin）である。この学校の卒業証書を持つ生徒たちのなかで、装飾職業学校や、補足的教育機関のデッサン教師が採用される。[9]

当校は「デッサンに基づく諸芸術（les arts du dessin）の高等教育機関」と定義されている。「デッサンに基づく諸芸術」とは、シャルル・ブラン（Charles Blanc, 1813-1882）によれば、色ではなく、デッサンが必要不可欠である三大芸術（建築、彫刻、絵画）を指す言葉であるという。[10] また、条例には、養成するのは装飾学校や他の施設の「教師」と書かれており、画家や彫刻家といった造形作家を輩出するという旨は記載されていない。

また、この条例が発布される一七日前には、当時のインドシナ公共教育長（Le directeur de l'Instruction publique en Indochine）が「設立に関する報告書」を総督に提出しており、そこには、設立趣旨とその目的が次のように明記されている。

インドシナの芸術的発展と、商品と安南人の趣味に好ましい影響を与えることに寄与しえる現地人のメートル（maîtres indigènes）を植民地にもたらすことをめざし、デッサンに基づく諸芸術の高等教育の普及という使命を担う、世に認められている才能ある人物の監督下に置かれた学校を創設する（略）[11]。

ここでも、やはり、再びこの学校が「デッサンに基づく芸術の高等教育機関」であるという位置づけがある。また、その設立の目的は、現地の「メートル」の輩出を旨としていると明記されている。「メートル」は多義語であり、この文脈では、著名な芸術家、デッサンの腕が確かな人物、デザイナーなどを指しえるが[12]、その意味は限定されていない。

資料「インドシナ美術学校、その位置づけと管理」による学校の存在意義

先に挙げた二つの公文書のほかに、インドシナ総督府に保存されていた文書「インドシナ美術学校、その位置づけと管理[13]」を確認してみたい。この文書では、当校が芸術家を養成する場であるということが明確に否定されている[14]。

この美術学校が芸術家（artistes）を養成するためのものだと考えることは間違いである。学校は、メートル（maîtres）や教師（professeurs）を養成するために設立された[15]。

インドシナ美術学校の主軸は、芸術家の養成ではなく、「メートル」と「教師」の育成にあるという。この文書には、五年間の修養を経て卒業したインドシナ人たちの名前と、彼らの当時の職業リストが添付されているが、ほとんどの卒業生は「教師」になっていることがリストから確認できる[16]。また、この資料には、当校が「専門的研究の経験を持つ」、「しかるべき資格」がある人物によって、正統的なデッサン授業をしているということが強調されている[17]。

ちなみに、この学校に携わった元公共教育長アンリ・グルドン（Henri Gourdon, 1876–1943）の著書『安南芸術』にも、この文書と同様の見解が記されている。グルドンは、当校は現地の「職人たちを統率・教育・指導する」コーチ役（moniteurs）をつくるために創られたと記している(18)。

安南工芸改革と学校の関係

では、学校設立の条例第一条に述べられている、インドシナ美術学校が養成する「教師」とは、どのような役割が与えられているポストなのだろう。

フランス国立美術史研究所には、この問いを明らかにする文書が保存されている。タルデューが書いた「インドシナ美術学校、一九三一年」だ。これは一九三一年の九月に行われた間植民地教育会議(19)における発表の草稿だが、ここには、ハノイ市内だけでなく、ベトナム全土を巻き込む大規模な工芸改革のプロジェクトが記されており、当校はこのプロジェクトと連動して創立された旨が述べられている。その「安南工芸改革」の概要を手短に説明したい。

①手工業者の作品の質を向上させるため、装飾に関するあらゆる問題を解決できる安南人を養成する学校、つまり、インドシナ美術学校を創立する。

②インドシナ美術学校の卒業生は、ベトナム各地の地方の教育施設などに配置され、デッサン教師としての肩書を与えられる。現地では、手工業者のために開かれる夜間クラスも担当する。

③教師［すなわち卒業生］らは、手工業者の製作現場を定期的に視察する。作り手たちの自発性を残しておくのが好ましいので、彼らに雛形を与えなくてもよいが、彼らの作品を、少なくとも伝統的な形に修正する。

④視察を課された教師は、植民地代表者の監視下、優秀作品を事務所に集め、フランスに輸出し、フランチャ

イズ販売を行う[20]。

この工芸改革のために各地に配置されるのが、先に述べた「教師」たちである。タルデューによれば、この「教師」は、一八三〇年代から始まったフランスの「農耕教師（professeur départemental d'agriculture）[21]」を手本として考案されたという。その「農耕教師」とは、現地の農家たちを対象に科学的・合理的な農法に関する無料の講座や個別アドバイスを行う公務員である[22]。インドシナ政府は、これに倣い、ベトナムの農民たちにも、作品について相談でき、意見・協力を求めることができる「教師」をベトナム各地に配置しようとしたのだ。この「教師」を育てるのが、ほかならぬインドシナ美術学校だったわけである。

この「教師」の存在によって、安南の人々は、輸出に適する商品、つまり、フランス人たちの好みに合うものを作るようになるというわけである。

モデル、そして、ライバルとしての日本

以上の資料からインドシナ美術学校の設立が殖産興業に密接に関わっていることが見えてきたと思うが、実のところ、この工芸改革案そのものは、日本の殖産興業をヒントにしたものであった。先に挙げた間植民地教育会議のための草稿「インドシナ美術学校、一九三一年」では、筆者のタルデューは「植民地の芸術家・工芸家たちを守るために日本の例に倣おう」と呼びかけている[23]。

当時のベトナムは都市部の人口が少なく、圧倒的な大多数を占めていたのは地方に散在する農民たちであった。その農村部の人々を動員させるという安南工芸改革案は、農閑期などの手仕事であったいわゆる「副業」を奨励した日本の農村工業（村落工業[24]）をモデルにしたというわけだ[25]。

学校設立前に書かれたタルデューによる報告書「インドシナ美術学校［設立］に関する報告書」からは、こう

した農村工業による手工芸品を売り込もうとした先が、欧州、とりわけフランスであったことが理解できる。欧州において、とりわけフランスでは、極東の工芸の流行は日増しに強まっている。とるに足らない税金しかかからない私たちインドシナ工芸家たちの作品を、中国や日本産の工芸品と比肩しうる状態にするように努力を重ねるべきではないか。[26]

そのためには、産業面での多大な努力が必要なのは疑いない。すでにそのための活動も始められている。しかし、美的な質があまりも劣っていたら、それは成功しまい。（中略）安南国が平和であるよう我々が努め、徐々に現実化しつつある豊かさが存在すれば、安南の工芸家は、彼等の親類である日本の芸術家たちの好敵手になりえよう。[27]

一九世紀後半以降のジャポニスム、そして、二〇世紀初頭の中国美術・骨董ブームに続く第三のブームをフランスで仕掛けるべきだとタルデューは仄めかす。実際、二匹目、三匹目のドジョウを柳の下で希望する声は、タルデュー特有のものではなく、かなり早いうちからインドシナの美術愛好家の間で語られてきたものである。[28]ベトナム人の手先の器用さを生かした、こうした対外貿易の試みは二〇世紀初頭から考案されていたものの、なかなか期待通りには進まなかった。[29]インドシナ美術学校の設立計画は、この問題に本格的に再挑戦する試みだったと考えることができよう。

「私たちのインドシナ芸術家」

ここまでの議論で、このインドシナ美術学校は、工芸による殖産興業という経済的利益を視野に入れながら「応用美術学校」として創設されたという主張が的外れなものではないことが証明できたと思う。ところが、それとは裏腹に、インドシナ美術学校を取りあげた雑誌や新聞記事は、この学校の「美術学校的」な性格を前面に出して称賛しているものも少なくない。

例えば、日刊紙『トンキンの未来（L'avenir du Tonkin）』に掲載されたイヴォンヌ・シュルツ（Yvonne Schultz）の記事「絵画と彫刻の新たな流派――安南派(30)」は、一九二九年の一一月一五日に行われた学生の展覧会を取りあげたものだが、彼女が称賛しているのは専ら絵画と彫刻だ。

『ル・プティ・ジュルナル』の「我々が育てたインドシナ芸術家(31)」という一九三一年四月二九日の記事は、この学校の「東西交流」という理想主義的な面を強調している。一九三三年三月一〇日の日刊紙『フィガロ』では、ト・ゴック・ヴァン（蘇玉雲／Tô Ngọc Vân, 1906-1954）がモンパルナスの画家たちより価値があると称賛されている(32)。一九三九年四月の『ル・モンド・コロニアル・イリュストレ』に取り上げられた記事『インドシナの画家――ヴ・カオ・ダン(33)』では、ヴ・カオ・ダン（武高談／Vũ Cao Đàm, 1908-2000）をフランスが育てた才能豊かな「真の芸術家(34)」として紹介している。これを読む限りにおいてはこの学校が「応用美術学校」であるとは想像することさえできない。

ただ、これだけインドシナ美術学校の「美術」の面がアピールされ、称えられているのにも関わらず、実際の作品の売り上げにはつながらず、一九三二年の一二月にパリのインドシナ経済局ギャラリー（ＡＧＩＮＤＯ(35)）で行われた展覧会では、「売上は、ほぼゼロ」であった(36)。

学生たちがいかなる方法で教育されていたかという学校のプログラムも確認しておこう。タルデューの「インドシナ美術学校［設立］に関する報告書」によれば、それは、デッサンを集中的に行うという方法である。当校では、人体デッサンや、静物デッサンが実施され(37)、それに加え、オラース・ルコック・ド・ボワボードラン（Horace Lecoq de Boisbaudran, 1802-1897）による「画の記憶力訓練（L'Education de la mémoire pittoresque）」(38)（記憶によってイマージュを描く訓練）が行われていたことがわかる。この方法は、提案者自身の弁によれば、装飾芸術家に向いているデッサン法であるという。[39]

以上、第一節で行った文献調査からは、当校には、「応用美術」という顔と、「美術学校」という二つの顔があったことが確認できる。条例や報告書などの公文書を読む限り、「応用美術」がこの学校の主眼であったように思えるのだが、ベトナムの手工芸類（いわゆる「美術的なもの」）は、はたして、その「応用美術」というフランス出自の概念の教育法にどれだけ適合しえるのだろうか。確かなデッサンの腕は本当にベトナムの手工芸分野に必要とされていたのだろうか。当学校が設立される前、フランス人たちは、ベトナムの工芸や職人技を「装飾芸術（arts décoratifs）」[40]の同義語のように用いていた。例えば、北部の伝統工芸は、マルセイユ植民地博覧会において『トンキンの装飾芸術』[41]として紹介されている。建築の技や紋様・形は、一九二五年の装飾美術博覧会にて『安南の装飾』[42]として紹介された。当時、ベトナムの手工芸や技術が、「装飾美術（arts décoratifs）」というフランス語によって再編成・再配列されていたことを見逃してはならないだろう。

二　Beaux-artsである根拠、およびその理由

「産業に応用される美術中央学校」？

前節では、この学校が、「応用美術学校」的性格を多分に持っていたことを指摘した。

フランス本土においては、産業に美術を適用する「応用美術」の必要性が叫ばれ始めたのが、ロンドン万博（万国工業産品大展覧会）開催（一八五一）の直後である。主軸を美術に置くのではなく、産業・手工業に置く、近代的な「応用美術」教育案がフランスで構想された時期でもあった。こうした応用美術教育の歴史を遡ってみると、一八五二年にシャバル＝デュシュルジュ（Pierre Chabal-Dussurgey, 1819–1902）が構想した「産業に応用される美術中央学校（École centrale spéciale de Beaux-Arts appliqués à l'industrie）」[43]の存在が目に留まる。

このシャバル＝デュシュルジュの学校は、「美術学校」とは名乗るものの、画家や彫刻家といった造形芸術家の輩出は目的としていない。また、中央学校（école centrale）という名称からも理解できるように、スペシャリストではなくジェネラリスト――あらゆる領域の産業に美術を応用できるアーティスト、つまり、応用美術芸術家――の養成をめざしていた学校である。インドシナ美術学校は、このシャバル＝デュシュルジュの構想した学校に、その性格が極めて近いのではないだろうか(44)。

学校設立の条例書には、当校は「デッサンに基づく諸芸術（les arts du dessin）の高等教育」と定義されていたことを思い出したい。この「デッサンに基づく諸芸術」という表現は、イタリアのルネサンス期にまで遡る(45)。ジョルジョ・ヴァザーリによれば、デッサンとは、芸術家の「心のうちに生じた着想、あるいは、あたまのなかで想像し、観念の中でつくり上げた着想を外に表明し明確化したもの(46)」という。美は、芸術家によるデッサンを通じてこの世に初めて表出されるというわけであり、それゆえ、「デッサンに基づく諸芸術」は、フランスやイタリアでは、一九世紀まで、専門・技術的な職人ではなく、深い教養を持ち、総合的な思考ができる芸術家に委ねられるとされ、この理屈は美術アカデミーによって長らく守られてきた(47)。

そのデッサンを従来の特権的地位から降ろし、世俗化したのが、先に挙げたシャバル＝デュシュルジュの「産業に応用される美術中央学校」の考え方である。これまで大芸術の独占物だったデッサン――いわゆる「高等なデッサン」――を、「小芸術」と呼ばれてきた他の芸術ジャンルに応用させ、既存の装飾の継承にとどまらない斬新な品々を産みだしていこうと展望が、デッサン世俗化の背景にあった(48)。タルデューも、こうした認識に沿ってデッサンを当校のカリキュラムの柱として据えている。

デッサンができるか、できないか、二つにひとつである。同様に、デッサンを教えるには二つの方法――Artと呼ばれる習慣がある高等のものと、もう一つは産業に適応させるための下等なもの――があるわけではない。唯一の、そして同じ教育が、原則として、すべての学生に、一様に与えられるべきである。[49]

実際のところ、デッサン芸術教育における、その唯一の基礎は、デッサンそのものである。芸術オブジェを制作する前に、その計画（projet）を立てる。それがデッサン（あえて古い綴りを用いるならdessein となる）だ。[50]

dessein（計画、構想）は、dessin（素描）の旧綴りであり、この二語は同源だとタルデューは主張している。従来、装飾や工芸の領域のための「デッサン」は、「幾何学デッサン（dessin géometrique）」と呼ばれる類のものであり、[51]ボザールで教授されていた芸術的デッサンに劣る「下等な」[52]デッサンとされていた。タルデューは、デッサン教育には「下等」も「高等」もないとし、すべての学生に「美術《ボザール》」の基礎である人体デッサンをさせた。つまり、タルデューにとっては、「デッサンに基づく諸芸術《レ・ザール・デュ・デッサン》」とは、三つの芸術（建築、彫刻、絵画）に限られるものではなく、装飾や工芸を扱う応用美術も視野に入れたものなのである。[53]殖産興業のためにインドシナ美術学校が創設されたとしても、「デッサンに基づく諸芸術」を扱う学校である限り、美術学校《ボザール》でもある根拠はここにある。

このように、古典美術教育の基幹であるデッサンによって手工業や産業工芸の商品の質を向上させようとするタルデューの考え方は、フランス式の応用美術教育の考え方そのものだ。それは、工学的なデザイン教育を支持したドイツ式とも、職人側に寄り添おうとするイギリスのアーツ・アンド・クラフツ運動とも異なり、[54]デザイン（つまりデッサン）によって手工業の質を向上させるというフランスのやり方であった。

デザイン＝デッサンという、こうしたフランスの応用美術の概念からみれば、応用美術は、「デッサンに基づく諸芸術」という伸縮可能な袋に入れることができるわけである。その袋に「美術学校《ボザール》」とだけ表記したのが、タルデューの、このインドシナ美術学校だったと考えられる。

何故「ボザール」なのか

インドシナ美術学校は、以上のように、本来の「美術」の境界を動かしながら二つの顔を持ちえる学校だった。しかし、何故、「美術学校《ボザール》」とだけ表記し、名称を「ハノイ・デッサン中央学校（l'École centrale de dessin à Hanoi）」、あるいは、「産業に応用される美術学校（Beaux-Arts appliqués à l'industrie）」、もしくは「装飾美術学校（École d'arts décorative）」などとしなかったのだろうか。シャバル＝デュシュルジュの構想した（l'École centrale spéciale de Beaux-Arts appliqués à l'industrie）も、従来の Beaux-Arts と混同しないように、しかるべき区別をしている。また、既に「装飾芸術（arts décoratifs）」という言葉も、応用美術学校「国立装飾藝術学校（l'École nationale des arts décoratifs）」の存在とともに定着していた事実を考慮すると、敢えて L'Ecole de Beaux-Arts と名付けたその行為には何らかの理由があったように思われる。

第一に推測できる理由は、それがベトナム側の欲求だったからというものだ。先述したように、学生たちは作家としての画家を志望しており、国の精華としての美術を渇望する声もあった[55]。これを受け、フィリップ・パリヤールは、設立者タルデューがベトナム側に立ち、ベトナム側の「近代化《モデルニザシオン》」を支援したと主張している[56]。タルデューという人物がベトナムの側を配慮し、支援した寛大な人物だったことに関しては、筆者もいささかも疑いを持たない。だが、一九二〇年代といえば、フランス式教育を受けて長じたエリート知識人たちが、植民地政府に不満を募らせ、独立のための画策を始めた時期にあたる。「美術学校」という命名は、一種の懐柔政策だったと考えることができるだろう。

二つ目の推測は、「美術学校」の看板を掲げたほうが、フランスの「文化的使命」をよりアピールできるという政治宣伝的な理由である。インドシナ美術学校が、フランスの植民地拡大と発展のプロパガンダ的性質を持っていたことは、ナディンヌ・アンドレ＝パロワが既に指摘している[57]。だが、このプロパガンダは、単なる「芸術の学校」ではなく、「美術学校《ボザール》」であることに意味があったと捉えなくてはならない。

タルデューは、当校の設立にあたって、ライバルであったイギリスの植民地における美術教育と美術理論を研究した形跡がみられる。[58] 大英帝国下、イギリスによって作られたカルカッタ美術学校（Government School of Art）では、アバニンドラナート・タゴール主導による「ベンガル派」と呼ばれる現地人による新たな様式を持つ絵画の萌芽が一九一〇年代から既に始まり、芸術の「ルネサンス」との呼び声が高かった。[59] このカルカッタ美術学校の存在と業績は、「文明化使命」を掲げながらインドシナに進出していたフランスを刺激していたと思われる。

イギリスに比べれば、フランス美術の一番の強みは、やはり、デッサンという正統的な美術の概念を核とした教育法を開発・保持してきたということにある。美術アカデミーは一五世紀のイタリアにおいて誕生したが、それを教育体系として整えたのはフランスだ。[60] 一八世紀以降にこれらの制度を踏襲していく欧州他国に比べれば、フランスの美術教育は伝統に裏打ちされた正統的なものであるというわけだ。[61] デッサン教育が当校において強調されていた理由はここにある。要は、「美術学校《ボザール》」という名称は、極東におけるフランスの存在感を誇示する一翼を担っていたというわけなのだ。[62]

これを裏付けるのが、一九三九年四月の『ル・モンド・コロニアル・イリュストレ』のガブリエル・ムーレの記事「我々インドシナの芸術家たち」である。

> 私たちハノイの美術学校［インドシナ美術学校のこと］の最優秀画家と彫刻家の作品を選び、巡回展をすることが好ましく思える。豊穣な文明普及者としての役割をフランスが失っていないということや、保護する国々の母親役であるということをヨーロッパ美術界に知らしめるために（略）[63]。

こうした対国外に向けられた宣伝のほか、当校は、フランス国内において、外国人画家排斥のための言説にも用いられた。インドシナ美術学校の学生たちは、愛国主義的な美術評論家らによって、モンパルナスの画家たちとの対極の存在として位置付けられた。次に挙げる記事は、一九三二年一〇月一八日に日刊紙『フィガロ』に掲載されたカミーユ・モクレールの記事である。

> 現在、ボエティ通りにあるインドシナ政府局にて（中略）センスの感じられる絹画シリーズが展示されている。それらの価値ある色の感覚、構図の単純化は、洗練された、甘美なアンティミスムに一役買っている。これら絵画は、あらゆる「前衛の」展示よりも、はるかに優秀だ。（中略）だが、批評家たちはあまり「彼らを」取り上げていない。（中略）だからこそ、フィガロは彼らに称賛を贈りたい。そして、フランスの天分《ジェニ》の愛——よそ者《メテック》たちが我々の国で評判を落としてしまったが——の中で、その才能や精神を表明することなく実現した見事な努力を報じたい。攻撃的で、くだらぬものが並べられた街のなか、一瞬、インドシナ政府局「のギャラリー」に足を踏み入れてみれば、そこに見出せるのは休息と美と夢の主題だ。[64]

右記のモクレールの言説は、ベトナム画家への称賛というより、むしろ、フランス美術の伝統と正統性にその焦点が置かれている。極端に言えば、インドシナ人画家は、フランス美術の栄光を映し出すからこそ褒められていたのである。

三　曖昧な正体が及ぼした結果——フランス側とベトナム側のバランスシート

揺れ動く境界線が生み出したもの

「美術学校《ボザール》」という看板は、宗主国の偉大な姿を映し出す鏡だったことを前節で指摘した。また、その一方で、当校は、第一節で示したように殖産興業を視野に入れて創られていたことも確認した。その定義が「美術学校」とも「美術応用学校」とも公文書に記されていなかったインドシナ美術学校は、その曖昧・多義的な性格によって、二つの異なる目的を同時に適えようとしていたといえる。

ただ、だからといって、植民地主義的、或いは帝国主義的な欲望のみによってインドシナ美術学校における「美術」の境界操作が行われていたわけではない。「美術」の境界侵犯は一九世紀から前衛的な画家たちによって既に試みられてきたことである。とりわけ、一九世紀後半のジャポニスムや、二〇世紀初頭の中国美術熱といった非西洋圏との邂逅は、西洋における「美術」という本来の言葉の意味を既に拡大させていた。

こうした揺れ動く境界を持つ「美術」は、ベトナム人画家にはどのように作用したのだろうか。実のところ、ベトナムを視座とすれば、この学校の曖昧性・多義性は、現地人に「画家」としての道を開く唯一のエアポケットを提供しえたことになる。主眼は応用美術だったとしても、美術学校《ボザール》としての顔をインドシナ美術学校が持っている限り、そこには強固な境界線があったわけではない。つまり、画家志望の学生たちにとっては、希望が閉ざされているわけではないのだ。実際、この空白地帯から、数人の卒業生が「画家」としての地位を確立している。

先述したように、この学校では、五年間の修業後、大半の卒業生は、「教師」となって安南工芸改革に参画することになっていた。こうした「教師」に甘んじることに満足できない卒業生たちがいたことは想像に難くない。当時のベトナムには、「絵画」のためのマーケットが存在しておらず[65]、また、それ以前に「美術《ミートゥアット》（mỹ thuật）」の概念も一般的に定着していなかった[66]。彼らの希望であった「画家」となるためには、その市場があるフランスへと行くのが手っ取り早い道だった。こうして、海を越えてパリへと活動の地を求めた卒業生たちが数人いた。それが、現在「パリ仏越派」と呼ばれている、レ・フォー（黎譜／Lê Phổ, 1907–2001）、ヴ・カオ・ダン、そして、マイ・トゥことマイ・チュン・トゥ（梅忠恕／Mai Trung Thứ, 1906–1980）といった初期の卒業生たちである[67]。

二枚の看板の隙間――行間で表現する

確固たるデッサンの腕を持っていたとはいえ、フランスで活躍の場を見出そうとしたベトナム人画家たちが、フランス本国の画家たちに比べて劣勢な立場に置かれていたことは容易に想像できる。

例えば、タルデューの最初の弟子であったグエン・ナム・ソン（阮南山／Nguyễn Nam Sơn, 1899-1973）[68]は、一九三二年、フランス芸術家協会のサロン（Salon des Artistes Français）にて銀メダルを受賞している（図２）。確実な彼の油画の腕が、フランスに認められたわけである。しかし、褒章を得ることと、フランスにおいて商業的に成功することは、別の次元の話であった。《母の肖像》に見るように、三〇年代のナム・ソンの作品は、主題は極東的なものだったが、彼の技術と方法は他ならぬアカデミックなものである。彼をフランスで売り出す窓口であったインドシナ政府ギャラリーからの一九三三年七月二八日付の手紙には、「《母の肖像》を収容する場所」が、パリジャンたちの「狭い、現代的なアパルトマンにはない」という指摘がある。[69]パリ側は、むしろ、経済的な成功を博した《白鷺と金魚》（図３）のような、極東的な版画を希望していたのである。[70]ナム・ソンが「本場」で

図２　ナム・ソン《母の肖像》

図３　ナム・ソン《白鷺と金魚》

獲得した本格的な油画の技術と様式は、この後、ベトナムの外での活躍ではなく、国内での美術教育・美術奨励へと向かっていくことになる。[71]

フェノロサ(Ernest Fenollosa, 1853-1908)によれば、「日本におけるすべての美術」は「装飾」であり、「生活を美にする考へ」であるゆえに西洋に受け入れられ、「大いに日本に風化」されたのだという。[72]当時、西洋において、「美術」という聖域ではなく、その周辺において東洋が称賛される傾向にあったことは、ジャポニスムの現象をみても明らかだ。周縁からやってきたベトナム人が美術の中心地で「画家」と認知され、活躍の場を得るにも、装飾や工芸といった要素が不可欠となる。つまるところ、インドシナ美術学校と同じ手段、つまり、曖昧な旗を掲げるという方法が有効なのだ。

一九三七年にパリに渡ったレ・フォーとマイ・トゥは、ベトナムにおいてこれまで用いていたキャンバスと油絵具を捨て、絹・面相筆・水彩を手にし、大規模な展覧会場には映えなくても、極東風の家具を配した部屋に適合する作品を制作していく。主眼であった「画家」ではなく、「装飾画家」という名札を彼らは自らに付けたわけである。フェノロサの言葉を拠り所にすれば、ベトナム画家がこの名札をつけることは、西洋の画壇において、彼らが「極東の芸術家」であることの証左になる。また、彼らがそのような極東性を持つベトナム人画家であることは、フランス側からすれば、「我々インドシナの芸術家」であること、つまり、フランス文化の影響力の強さ・フランス帝国の威光を裏付ける存在だった。

マイ・トゥは、生涯に亘って「装飾性」を意識しながら制作した画家だった。浮世絵を思わせる奥行のない平面性、限られた数の着色。「偉大」や「壮大」という男らしさとは対極的な、アンティミテ(親密さ)の感覚(図4)。買い求めやすい、小さなサイズの絵画(図5)や、複製芸術。また、ベトナムの大衆版画の唐子たちの再解釈(図6、7)。どの作品群も、「美術」の周辺にさまよっていながらも、そこから排除されているベトナムの視

図５　1950年代頃、マイ・トゥの作品のサイズが小さくなっていった。

図４　マイ・トゥ
《身支度をする女性たち》

◀図６　マイ・トゥ《書道》

▲図７　マイ・トゥ《休み時間》

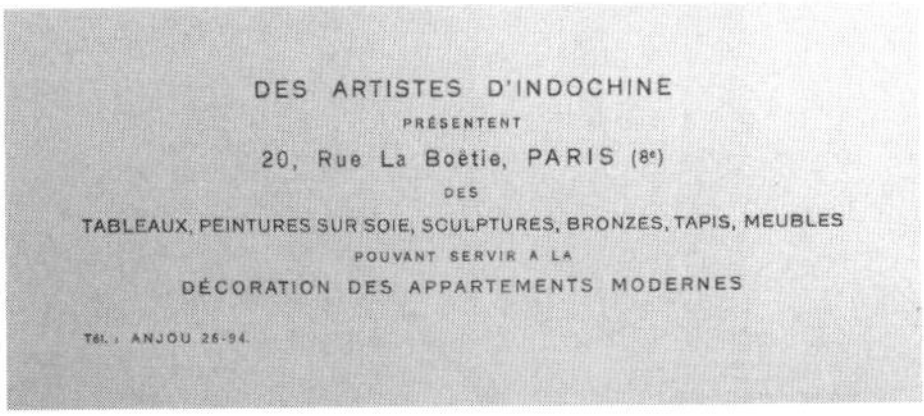

DES ARTISTES D'INDOCHINE
PRÉSENTENT
20, Rue La Boëtie, PARIS (8e)
DES
TABLEAUX, PEINTURES SUR SOIE, SCULPTURES, BRONZES, TAPIS, MEUBLES
POUVANT SERVIR A LA
DÉCORATION DES APPARTEMENTS MODERNES
Tél. : ANJOU 26-94.

図9　パリ８区にあった、インドシナ経済局ギャラリーのレターパッド。「モダンな集合住宅の室内装飾になる、絵画・絹画・彫刻・ブロンズ・絨毯・家具」と印刷されている。

図8　マイ・トゥ《お茶の時間》

覚文化の要素を表現している。

マイ・トゥの作品には、画中画がしばしば登場する（図8）。トゥールーズ＝ロートレックやエドゥアール・ヴュイヤールといった、装飾と芸術の境界を揺さぶっていた一九世紀のモダニストたちの作品にも、カケモノや屏風が描き込まれていたことを思い出したい。「カケモノ」とは、一九世紀後半のフランスでkakémonoとして定着した言葉である。[73]「絵画ではなく装飾を」というスローガンのもとに従来の価値観を乗り越えようとしていたナビたちにとっては、絵画と装飾というせめぎ合いを止揚するものがカケモノや屏風であったのだろう。[74]ベトナムにも縦長の軸装が存在したのにもかかわらず、インドシナ美術学校においても、カケモノは、kakémonoというフランス経由の日本語で呼ばれ、インドシナ美術学校においても、この日本語が用いられていた。[75]マイ・トゥとレ・フォーに関しては、一九三〇年代、実際にカケモノの制作もしている。[76]このことは、当校が、ジャポニスム発祥の地であるフランス経由で、極東の「装飾」的な要素を継承しようとしていたことを意味しているように思われる。

レ・フォーに関しては、フランスにおける彼の最初の拠点、インドシナ経済局ギャラリーが「装飾絵画」を売る場であったことを指摘しておきたい（図9）。

図10　レ・フォー《聖母子像》

図11　レ・フォー《母子像》

つまり、インテリアのためのオブジェとして紹介されていたわけであり、作品の画の奥行のなさ、柔和な線と限られた色も、多分に装飾的である。また、マイ・トゥ同様に、初期ルネサンスの聖母子画とベトナムの観音像が混淆したような多義的なスタイルも彼の特徴だ（図10、11）。憂いを含みながらも穏やかな女性の表情、そして、様式化された優美なシルエットは、ベトナムで人気が高い観音像の造形、とりわけ子安観音を彷彿とさせる。インドシナにおいては専ら崇拝の対象であったこうした仏像が、フランス人の到来によって「美術品」と置き換えられていた事実が彼の作品から呼び覚まされる。

レ・フォーは、一九六三年にアメリカのフィンドレー画廊と専属契約をすることになった。制作地はパリで、販売はアメリカという形において活動することになったレ・フォーは、Vietnamese painter ではなく、French Vietnamese painter と形容される。アメリカでは、彼は、フランス美術の正統性と権威を手に入れた画家だと認知されたわけである。もはや曖昧な旗を掲げる必要がなくなった彼は、これを機に絹画を捨て、キャンバスへと再び向かう。

レ・フォーやマイ・トゥは、「美術」の中心ではなく、その行間において制作することにより、権力者の検閲の目を逃れ、西洋の美術市場に参画することができた。エキゾティックなベトナム的な要素を取り入れた絹画作品は、西洋から見た場合、極東の、「我々フランスの」植民地画家という修辞にふさわしいものである。フランス側からすれば、純粋な「絵画」の範疇には属さない、植民地出身の作品の出来によって輝きを増すのは、「中心である、彼らの宗主国の」フランス美術に他ならない。

ここで、油画を専攻していたレ・フォーとマイ・トゥが洋筆を捨てて専念することになった絹画について触れておこう。彼らの絹画は、中国古来のものとは異なる技法であり、造形的には西洋の技法を取り入れながらも、東洋的な部分を重視している新しい絵画ジャンルである。こうした新しい絹画のパイオニアがグエン・ファン・チャン（阮潘正／Nguyễn Phan Chánh, 1892-1984）であることは周知のとおりである。[77] ただ、後発のマイ・トゥたちは、ファン・チャンとは異なり、大衆版画・工芸・宗教といった、ベトナムの前近代的な「美術的なもの」を絹の上に表現しながら作品を創作していった。美術を受け入れることによって抹消されていく命運にあったものを絹の上に蘇生させることで、マイ・トゥは「絵画とは何か」と、鑑賞者に問いただしていたように思われる。ただ、絹画は、何百年という耐久性に優れた油画に比べると、不安で儚い寿命を運命づけられている。[78] そこで、インドシナ美術学校では、一九三〇年代半ば頃から「漆画」なる新しいもう一つのジャンルを創出することになる。[79]

「美術」と「応用美術」の境界を曖昧にしていたインドシナ美術学校によって養成されたマイ・トゥやレ・フォーたちは、ほかならぬ、こうしたグレーゾーンによって、フランスの市場に参入していったわけである。

「怪帆船」としてのインドシナ美術学校とベトナム作家

インドシナ美術学校も、ベトナム画家たちも、時と場合に応じ、二枚の旗を掲げて前進して行ったことをこれまでに確認した。その両者の行為は、「怪帆船」、つまり「海賊船」にたとえられよう。

第一章で確認したように、インドシナ美術学校は、「美術」と「美術的なるもの」を都合よく操作した。それによって、現地の工芸類を組織的に植民者の趣味に合わせてデザインし直す、つまり、従来はベトナムのものである伝統芸術を横領する行為（安南工芸改革）を行っていた。しかし、この侵犯行為は、植民地支配という形態の中で「悪」とはみなされない。

だが、その一方、権力者のお墨付きのない逆の行為は「横領」であり、許しがたいものとされる。ベトナム人が制作するタブローは、たとえそれが確かなデッサンの技術に裏打ちされた精巧な作品であったとしても――また、それがフランスのサロンにおいて認められることがあったとしても(80)――、あくまでもフランスの生徒という位置に留まるものだった。周縁からやってきた画家たちが、美術の中心地へと向かい、その中心に入り込もうとすれば、迫害・弾圧・排除の憂き目にあう。東欧からやってきたモンパルナスの画家たちがモクレールによそ者《メテック》扱いをされていた件を思い出したい。

本来であれば、レ・フォーやマイ・トゥもモンパルナスの画家たちと同様の侵犯者なのだが、同じ土俵上で体当たりするのではなく、彼らは、植民地の装飾画家という二重の周縁性――中心を意識させ、彩り、活気づける存在――を保持することによって中心に近づくことができた。逆説的なアプローチによって、警戒されることなく、目的を果たすというトリックスターを演じたわけである。

境界は、多義的で曖昧な場所だと山口昌男は言う(81)。境界には、言葉には収まらないものの、「培養することが欲せられるような様々なイメージ」がそこには仮託されており、それらイメージは「絶えず発生し、変形を行っている」[82]。彼のこうした境界論を引用するまでもなく、フランスの「美術《ボザール》」とベトナムの「美術《ミー・トゥアット》」はすり合わせて統一の認識を得たことはなく、その行間には、豊穣なイメージが存在していたことを想像することは難しくない。ベトナム側からみれば、例えばそこには、書、大衆版画、吉祥文様、陶器などの図柄、掛け軸や衝立といった室内家具や、仏教、あるいは、美徳[83]といった倫理概念までも潜在的に押し込められていた。管見の限り、「美術《ミー・トゥアット》」という言葉は、ベトナムにおいては一九一七年に初出し、当校設立とともに関係者に流通され、一九三〇年代初頭に漸く一般に流通し始めた新語である[84]。外国語との「言語横断的相互作用」[85]を通じて出現したこの新語は、表向きには「美術《ボザール》」の訳語となっているが、実のところ、便宜的な仮想の等価でしかなく、原語であるフランスものと比較すれば、非常に多義的で曖昧なものだったはずだ。こうした水面下のイメージは、そのまま消え去っていくのではなく、他文化と接触する過程で新しい意味を帯び、押し付けられた型に抗おうと、弁証法的な統合をしようと蠢めいていた。画家たちによって掬い上げられ、表現されたのは、まさにそれらなのだ。

レ・フォーやマイ・トゥは、国境を超えただけではなく、「美術」の境界の内と外を往復しながら、その仲介者となった。「ベトナム人は創造力がない」[86]という当時の支配的な見方を崩し、文化のヘゲモニーを越えて活躍した。英雄は、しばしば文化の境界線からやってくると言われるが[87]、今現在、彼らも偉大な画家としてベトナム史に残る存在として認識され始めている。曖昧で多義的な行間を行くという「怪帆の術」が、有効な抵抗文化となりえた一例である。

おわりに

本稿は、インドシナ美術学校と、その卒業生たちの営為を検討しながら、「美術」の境界侵犯について論じた。インドシナ政府が作った官立校インドシナ美術学校は、「美術」の境界線をフレキシブルに操作させてきた。

フランスにとっては、「美術」と「美術的なもの」の境界をあえて曖昧にすることは、殖産興業を図りつつ、フランスの帝国主義を強化／正当化するのに有益であった。その一方、ベトナムにとっては、この揺らいだ境界は、支配から解放され、新たな文化の確立としての戦略になる網の目であった。

このように、「怪帆の術」は、やり方次第では、劣性の状態に置かれた者の有力な戦略となりえる。植民地支配という秩序のなかで新しい状況を生み出したベトナムの画家たちは、こうした曖昧な境界から生まれ、その曖昧性によって、本来フランスの独占物であったはずの特権を手に入れたわけである。

近代以降、時計の針をあわせるように、東アジアの国々は西洋の「美術」の価値基準に追従しようとした。「美術」をベトナムより一足先に移植した日本において起きた様々な混乱——言葉をめぐる問題や、範疇論争、裸体論争など——を思い浮かべたい。これらは、ベトナムでも同様に起きた問題でもある。(88) 美術行政が植民者によって行われたという大きな相異はあるものの、これら論争・問題においては、日越両国の根本的な相違はなく、いずれも、東アジアにおける「美術」という価値の同調作業がいかに不自然であり、急に行われたかということを物語っている。また、国の外と内では切り札が異なっていたので、外貨獲得のための勧業的な美術政策と、国家や帝国の統一・強化のための美術政策を並行して行ってきたという二面性も似ている。(89)

ただ、ベトナム近代美術の最大の特異性は、「絹画」や「漆画」という独自の絵画ジャンルを生み出したという点にある。純粋に過去のものでもなく、また純粋な「絵画」でもなく、「工芸」や「装飾」でもない、新しい形式の第三の絵画。日本でも、こうした第三の絵画は、実験的に生まれてはいたものの、根付くことはなかった。(90) ベトナムの「絹画」や「漆画」といったジャンルは、「美術」を受け入れたことによって排除された「美術的なもの」が、押し付けられた境界に抵抗しながら、過去のものでもなく、西洋のものでもない、思いもよらないユニークな形として結晶化された文化間翻訳的な産物であるといえよう。

「美術」という概念は、極東とフランスを果てしなく隔てさせており、正規の船で運ぼうとしても、座礁や拿捕の憂き目にあうのがおちだろう。此岸と彼岸を結ぶための有効な羅針盤となりえるのが、境界につきまとう曖昧性・多義性なのではないだろうか。

（1） L'arrêté du 27 octobre 1924 instituant une École des Beaux-Arts à Hanoi, signé par M.Merlin. CAOM (Centre des archives d'outre-mer), Indo. GGI. A/11/350.

（2） Quang Phòng, *Các họa sĩ Trường cao đẳng mỹ thuật Đông dương*, Nhà xuất bản Mỹ thuật, Hanoi, 1998.

（3） 先鞭をつけた研究は、カン・フォンの前掲注（2）、そして、アンドレ・パロワによる研究である（Nadine André-Pallois, *L'Indochine : un lieu d'échange culturel ?*, Presse de l'EFEO, 1997）。

（4） アンドレ・パロワ前掲注（3）論文、ボイ・チャン・ヒュイン論文は当校がいわゆる「ボザール」であることを前提に議論をしている（Nadine André-Pallois, *op.cit.*, p.15 ; Boi Tran Huynh, Vietnamese Aesthetics from 1925 Onwards, Sydney College of the Arts, University of Sydney, 2005, p.118）。テイラー論文には職人を教育するために設立されたという一文があり、カン・フォン前掲注（2）論文には当校が「輸出を目的とした美術」の作成をその目的としていたという一文があるが、その理由や背景などは述べられていない（Nora Taylor, *Painters in Hanoi: An Ethnography of Vietnamese Art*, University of Hawaii, 2009, p.28 ; Quang Phòng, *op.cit.*, p.117）。

（5） 学長が交代した一九三七年のシラバスには「美術」と「応用美術」が分化されて表示されている。Anonyme, *Les Écoles d'art en Indochine*, Imprimerie d'Extrême-Orient, 1937.

（6） 産業に芸術を応用するという意図は、時代によってその名称が変化する。単にdessinと呼ばれることもあれば、dessin appliqué, arts appliqués, arts décoratifs, esthétique industrielle, design などが存在するが、ここでは一般的な名称である arts appliqués の訳である「応用美術」という日本語訳を当てた（Stéphane Laurent, *Les arts appliqués en France*, Paris, Edition du C.T.H.S., 1999, p.15）。日本における「応用美術」の概念は以下の資料に詳しい。（安倍公正「『応用美術』の概念について」、『特許研究』二号、一九八六年、六〜一一頁）。

（7）仏語のartiste-peintreの訳である。それ以前のベトナムではこの言葉は使われていなかった（Boi Tran Huynh, op. cit., p.118）。また、この言葉が、新しく流通した訳語であることにも留意をしたい。柳父によれば、新しい言葉は既存の体系に収まる場所を持たず、意味が極めて脆弱・不明瞭だという。まずは形だけが受け入れられるこうした新語や訳語は、必然的に余分な価値を帯びているという（柳父章『ゴットと上帝』、筑摩書房、一九八六年、二三九〜二四五頁）。

（8）二代目校長のジョンシェール（Évariste Jonchère, 1892-1956）は工業を視座として学校を運営し、学校名も「インドシナ美術及び応用美術学校（L'École des Beaux-arts et des Arts appliqués de l'Indochine）」と改名し、学生の反感を買ったという（Boi Tran Huynh, *op.cit*, p.118）。

（9）L'arrêté du 27 octobre 1924. また、条例の第二条には、当校は、フランス芸術家植民地協会の主催するインドシナ賞を受賞した人物が校長となることが望ましいと記されていることも確認しておきたい。

（10）Charles Blanc, *Grammaire des arts du dessin*, Paris, Librairie Renouard, 1876, p. 21. フェノロサによれば、そこには「詩歌」が入るという（フェノロサによる明治二三年の講義「美学　フェノロサ講述」、『岡倉天心全集八』、平凡社、四五〇〜四七五頁）。

（11）Rapport à Monsieur le Gouverneur Général de l'Indochine, au sujet de la création d'une École des Beaux-Arts, signé par Blanchard de la Brosse. CAOM, Indo. GGI, A/11/350.

（12）この文書の冒頭部を読むと、既に職人養成のための機関が設立されていると書かれているので、メートルは「熟練した職人」以外の意味において使われていると思われる。

（13）L'École des Beaux-Arts de l'Indochine, Légation et administration Beaux-Arts. CAOM, Indo. GGI /51.0328. この文書には日付がないが、内容からは一九三一年頃だと推定できる。この学校の報告書のようだが、何のために誰が書いたのかは不明である。現在はフランス海外公文書館に保存されている。

（14）次の報告書にも「教師」の養成という目的が明示されている（Rapport à Monsieur le Gouverneur Général de l'Indochine, au sujet de la création d'une École des Beaux-arts）。

（15）L'École des Beaux-Arts de l'Indochine, *Légation et administration Beaux-Arts*.

（16）画家（artiste-peintre）と記されているのは第一期生のル・ヴァン・デ（Lê Văn Đệ, 1906-1966）一人のみ。

(17) L'École des Beaux-Arts de L'Indochine, Légation et administration Beaux-Arts. 同様の主張がタルデュー文書「インドシナ美術学校［の設立］に関する報告書」（Tardieu, Rapport au sujet de l'École de l'Indochine, CAOM, Indo. GGI//51.039）に見出せる。

(18) Henri Gourdon, *L'art de L'Annam*, Paris, E. de Boccard, 1933, p.67.

(19) 間植民地教育会議（le congrès intercolonial de l'enseignement）は、植民地博開催中の一九三一年の九月に行われていた。

(20) Victor Tardieu, L'École des Beaux-Arts de l'Indochine, 1931, p.17 (32 pages dactylographiées). Bibliothèque de L'INHA, Fond Tardieu archive 125.（以下、L'École des Beaux-Arts de l'Indochine, 1931と省略）。

(21) 「農耕教師」の考案者であり、最初の「農耕教師」でもあった人物は、ボルドーのオーギュスト・プティ・ラフィットである（Auguste Petit-Lafitte, *Discours d'ouverture et programme du cours général d'agriculture*, 11 février 1838. Bordeaux, Teycheney, 1838）。

(22) L'École des Beaux-Arts de l'Indochine, 1931.

(23) L'Ecole des Beaux-Arts de l'Indochine, 1931.

(24) 浜田琢司『民芸運動と地域文化』（思文閣出版、二〇〇六年）三二頁。

(25) 当時の日本は、監視委員会を作り、一定の基準に見合う品質の商品のみを海外に輸出していた（浜田前掲注(24)三二頁）。こうした体制を「是非模倣したい例だ」とタルデューは述べている（L'École des Beaux-Arts de l'Indochine, 1931, p.12）。また、明治大正期の内職や副業奨励に関しては次の資料がある。永藤清子「明治大正期の副業と上流・中流家庭の家庭内職の検討」（『甲子園短期大学紀要』三二号、二〇一四年、一～八頁）。

(26) 浜田前掲注(24)三二頁。

(27) Victor Tardieu, Rapport au sujet de l'École de l'Indochine.

(28) モリス・コック、ジョルジュ・グロリエ、マルセル・ベルナノーズらが、日本熱を引き合いにだし、それに続こうと提案している（Maurice Koch, « La sixième exposition de l'Amicale artistique franco-annamite », *La Revue indochinoise*, 1916, p.12-13； Georges Groslier, «Questions d'art indigène », *Bulletin des Amis du Vieux-Hué*, octobre-

décembre 1920, p. 444-452 ; Camille Mauclair, « Angkor, source d'art français », *Le phare*, Nantes, le 20 juillet 1921 ; Marcel Bernanose, *Les arts décoratifs au Tonkin, Paris, H. Laurens*, 1922, p.12-13.

（29）例えば、ハノイの職業学校（L'École professionnelle de Hanoi）は、外貨獲得を目指して一九〇二年に創立された学校であり、東京美術学校漆科の卒業生、石河壽衛彦（生没年不明）と石川浩洋（石川巳七雄とも。生没年不明）を日本から教師として呼び寄せている（Rapport au sujet des artistes japonais engagés à l'École professionnelle de Hanoi 1901-1906. CAOM. Indo. GGI// 21.161 ; 吉田千鶴子『近代東アジア留学生の研究』ゆまに書房、二〇〇九年、一二七〜一二八頁）。インドシナ政府は、日本工芸の高度な技術を取り入れようとして、二人の日本人教師に規定外の高給を支払っていた（Lettre de M. Harmaud adressée au gouverneur général du 21 mars 1903. CAOM. Indo. GGI// 21.161）が、ハノイ市内の職工のみを対象としていたこの職業学校では、学修期間も短く、国が潤うほどの大きな成果を出すことはできなかった。タルデューによれば、ハノイの職業学校は「フランスのプログラムに似すぎたものであり、地方の条件と伝統に理解がなかった」ことと、養成機関が短すぎて「芸術的な活動はほとんど付随的なものでしかない」ことが原因で、「卒業した職人たちには雛形を作る能力はなかった」という（L'École des Beaux-Arts de l'Indochine, 1931, p11）。

（30）雑誌『南風』に転載された。Yvonne Schultz, « Une nouvelle école de peinture et de sculpture: l'École Annamite », *Nam-Phong (supplément en français)*, n.145, déc., 1929, p. 50.

（31）Louis Paillard, « Avec les artistes d'Indochine que nous avons formés », *Le Petit Journal*, le 29 avril, 1931.

（32）Camille Mauclair, « Exposition», *Le Figaro*, le 10 mars, 1933, p.5.

（33）Jeannine Auboyer, « Un peintre indochinois, Vu Cao Dam », *Le monde colonial illustré*, avril, 1939, p.591-593.

（34）Jeannine Auboyer, *op.cit.*, p.591.

（35）一九一八年から四〇年まで、インドシナの工芸作品をフランスに売り込むための「窓口」として機能していたパリのボエティ通り二〇番にあったギャラリー。Agence économique de l'Indochine (AGINDO)

（36）Lettre du Récteur d'Académie, au Gouvernement Général de l'Indochine, le 12 décembre 1932, Légation et administration Beaux-Arts. CAOM. Indo. GGI //51.0328.

(37) Tardieu, Rapport au sujet de l'École de l'Indochine.

(38) Horace Lecoq de Boisbaudran (auteur) et L.D. Luard (compilation, préface), *L'Éducation de la mémoire pittoresque et la formation de l'artiste*, Paris, Laurens, 1920.

(39) Horace Lecoq de Boisbaudran, *op.cit.*, p. 32.

(40) 「装飾」という言葉は、フランスでは、一九世紀半ば以降に新しく使われるようになった言葉。天野知香によれば、この言葉は、それまで「建築や室内の装飾に関して用いられていた「産業藝術（les arts industriels）」という語に置き換わる新たな概念とな」り、イギリスに立ち遅れたフランスの産業藝術の振興を鼓舞するなかで定着したものだったという（天野知香『装飾／工藝』ブリュッケ、二〇〇一年、七一～七三頁）。

(41) Marcel Bernanose, *op.cit.*

(42) *Décoration Annamite*, Paris, Librarie des arts décoratifs,1925.

(43) シャバル＝デュシュルジュは、ジェネラリストの養成をめざし、技能面を切り捨て、デッサン教育のみを行う学校を提唱した（Stéphane Laurent, *op.cit.*, p.85-92）。

(44) タルデューによるインドシナ美術学校の設立のための報告書「インドシナ美術学校［設立］に関する報告書」には、この学校は「デッサン中央学校（l'Ecole centrale de dessin）」的な性格と持つという旨と、ジェネラリストを養成するという旨が書かれている（Tardieu, Rapport au sujet de l'École de l'Indochine）。

(45) ヴァザーリの『列伝』の序には、「三つのディセーニョの芸術、すなわち、建築・絵画・彫刻についての序文」と題されている（ヴァザーリ研究会『ヴァザーリの芸術論』平凡社、一九八〇年、二六二頁）。

(46) ヴァザーリ研究会前掲注(45)一一七頁。

(47) Claire Barbillon, « Lesthétique pratique de Charles Blanc », Charles Blanc, *Grammaire des arts du dessin*, Paris, École nationale supérieure des Beaux-arts, 2000, p.15-16.

(48) 天野前掲注(40)六三頁。

(49) Tardieu, Rapport au sujet de l'École de l'Indochine.

(50) 同右。

（51）　Renaud d' Enfert, *L'enseignement du dessin en France: figure humaine et dessin géométrique 1750-1850*, Belin, 2003, p.170-176.

（52）　前掲注(49)。

（53）　フェロノサによれば、画家と装飾家の区別は本来なかったというが、「ひとつの美術なる名の下に、その性質が相反せる二種の者を置かんことの非」から、美術と装飾術（応用美術）はしかるべく区別されたという（フェノロサ講義録前掲注(10)四五五、四六〇頁）。

（54）　菅靖子『イギリスの社会とデザイン』（彩流社、二〇〇五年）五三頁。Stéphane Laurent, *Les arts appliqués en France*, Paris, Edition du CTHS, 1999, p.9.　ロランによれば、フランスの応用美術のルーツは一八世紀に設立された国立素描学校にあるという。

（55）　Boi Tran Huynh, *opt.cit*, p.118.

（56）　Pierre Paliard, *Un art vietnamien: penser d'autres modernités*, Paris, L'Harmattan, 2014, p.65-73.　ここには、フランスの近代化がアカデミーからの離反であるのに対し、極東における近代化がアカデミーへの接近であるという見解が書かれている。パリヤールは、「近代化」の意味が東西で異なることには気づいていても、フランスとベトナムの間を隔てている「美術」や「芸術」という言葉を等価とする前提のうえでタルデューが発話していたことには気づいていない。

（57）　Nadine André-Pallois, *L'Indochine: un lieu d'échange culturel ? : les peintres français et indochinois*, Paris, L'École française d'Extrême-Orient, 1997, p.16.

（58）　タルデューの文書には、ラビンドラナート・タゴールへの言及やアナンダ・クマラスワミへの言及がある。（Lettre de M. Silice à M. le Gouverneur Général au sujet de l'arrêté du 27 octobre 1924 créant l'Ecole des Beaux-Arts de l'Indochine, 11 pages dactylophiées. CAOM, Indo. GGI // 51.039. doc. 4)。ちなみに、フランスでは一九二一年に初めてタゴールの訳書（*Sadanga, Art et Anatomie hindous*）が出版されている。

（59）　M.Hollebecque, *op.cit.*, p.66：安見明季香「近代インド美術における民族主義とアカデミズム」（『日本女子大学大学院人間社会研究科紀要』二〇号、二〇一四年、二二六頁）。

(60) 河上真理『工部美術学校の研究――イタリア王国の美術外交と日本』（二〇一一年、中央公論美術出版）三〇二頁。
(61) 美術の発祥の地であることを自認していたイタリアは、これによる「美術外交」を行っていたという。（河上前掲注(60)三〇二～三一七頁）。
(62) 実際、インドシナ美術学校は、インドシナ人だけではなく、中国からの学生も受け入れている（Nadine André-Pallois, *op.cit.*, p.218）。
(63) Gabriel Mourey, « Nos artistes indochinois », *Le Monde colonial illustré*, avril 1939, p.167.
(64) Camille Mauclair, « Artistes indochinois », *Le Figaro*, le 18 octobre, 1932, p.5.
(65) もっとも、観光客相手の古美術店で、ベトナム人による水彩画が売られていたという記録がある（anonyme, « La Foire de Hanoï », *l'éveil économique de l'Indochine*, 18 mars 1923）。
(66) ベトナムの知識人ファム・クインは、自ら主筆を務めた雑誌『南風』で「美術（mĩ thuật）」という言葉を用いている（Pham Quynh, « Đẹp là gì? », *Nam Phong*, tháng mười hai, 1917, p.378-378）。ちなみに、「芸術」という単語においても、三〇年代後半まで混乱があったようだ。一九三八年の出版物『新仏安随筆（*Nouveau Essais Franco-Annamites*）』（par Pham Quynh, Hué, Bui Huy-Tin,1938, p.103）には、日本語の「実業」が「藝術」と訳されている。この誤りは誤植表にも記載されておらず、「美術」のみならず「藝術」の意味にも揺れがあったのではないかと推測される。
(67) レ・フォー、マイ・トゥに関しては、次の論文がある。二村淳子『パリ仏越派のアオザイ美人像――二〇世紀ベトナム絵画への一考察』（『東京大学大学院総合文化研究科超域文化科学紀要』第一七号、二〇一二年、一五五～一七九頁）。
(68) ナム・ソンは、中国の徐悲鴻《じょひこう》（Xu Beihong, 1895-1953）とも親交があった。北京の徐悲鴻記念館はナム・ソンの肖像画を所蔵している、
(69) Lettre pour Tardieu, 28 Juillet, 1933, peinture et sculptures des anciens élèves, Agence FOM C613/907, ANOM (Archives nationales d'outre mer). この手紙の送り主は、ブロンシャール・ド・ラ・ブロスである。
(70) 《母の肖像》のサイズは、六〇×九五cmであった。サイズもさながら、アカデミックな画風が、当時のパリの室内装飾に合致しなかったと考えられよう。

（71）Ngô Kim-Khôi, « Nguyen Nam-Son, sa vie - son oeuvre», manuscrit non publié, 1999.
（72）フェノロサ講義録前掲注(10)四五六〜四五八頁。
（73）ただし、「カケモノ」は日本の掛物とは異なり、西洋には目新しかった縦型のフォーマットを指す言葉でもある。
（74）稲賀繁美『絵画の東方』（名古屋大学出版会、一九九九年）三一八頁。
（75）Nam Son, *La peinture chinoise. Technique et symbolisme - manière spéciale des Chinois d'interpréter la nature*, Hanoi, Le Van Phuc, 1930, pp.3-5.
（76）Rapport sur la Participation de l'École des Beaux-Arts de l'Indochine.
（77）*Tranh lụa Nguyễn Phan Chánh*, Bảo tàng mỹ Thuật Việt Nam, 1992.
（78）彼らの絹画が、如何に耐久性にかけるものであったかという事実は、修復必要性を強く訴える一九三五年四月一五日付けの Le FOL（当時の AGINDO 局長）からの手紙からよく理解できる。また、ファン・チャン（Nguyễn Phan Chánh）自身も「きめ細かく華奢な絹が、その美しさを永遠に保てるものなのか！」と絹画の儚さを嘆いている（「グエン・ファン・チャンの独白」藤田繁訳、白鳥正夫『ベトナム絹画を蘇らせた日本人』三五館、二八頁収録）。
（79）Alix Ayme, « technique de la laque », *France-Illistration*, n°190, 1949, pp.54-56 : Quang Việt, *Hội họa sơn mài Việt Nam*, Hà Nội, Nhà xuất bản Mỹ thuật, 2006.
（80）ナム・ソンは一九三二年のサロン・デ・ザーティスト出展油画《母の肖像 Portrait de ma mère 》で銀メダルを受賞した（Ngô Kim-Khôi, « Nguyen Nam-Son, sa vie - son oeuvre», manuscrit non publié, 1999）。
（81）山口昌男『文化と両義性』（岩波書店、一九七五年）七六頁、八一頁。
（82）山口前掲注(81)九〇頁。
（83）Nguyen van Nho, « Que devons-nous faire pour encourager les poètes et les artistes à cultiver le Beau? » *Nam Phong*, juin, 1922, p.20.
（84）Pham Quynh, « Đẹp là gì? » , *Nam Phong*, tháng mười hai, 1917, pp.378-378.
（85）Lydia He Liu, *Translingual Practice: Literature, National Culture, and Translated Modernity: China, 1900-1937*, Stanford University Press, 1995.

（86）新知識人クアは、安南人が模倣ばかりで創造性がないと言われていたことを嘆いている。Ưng Quả, « Il y a une renaissance annamite », *Nam-phong*, n°173, juin 1932, pp.63-70.

（87）山口前掲注（81）八八〜八九頁。

（88）ベトナムの裸体論争に関しては次の資料を挙げることができる。Alfred Raquez, *Entrée* gratuite, Saigon, Claude&Cie, 1903, p.31; Pierre Mille, « Nue », *Excelsior*, Paris, le 8 septembre 1920. 範疇論および言葉をめぐる問題は、Nguyen van Nho の前掲注（83）、また、Pham Quynh の前掲注（84）を参照。

（89）日本の美術行政に関しては次の書籍を参考とした。野呂田純一『幕末・明治の美意識と美術政策』（宮帯出版社、二〇一五年）。

（90）日本でも、ベトナムとほぼ同時期に松岡太和が漆画を提唱し（「日本漆絵の独立」、『アトリエ』昭和一〇年一月号）、後に「日本漆絵協会」を結成しているものの、日本では漆絵はジャンルとしては一般化されなかった。

〔挿図一覧〕

図1　インドシナ美術学校の第一期生たち　Collection particulière de Mme. Mai Lan.

図2　ナム・ソン《母の肖像》一九三〇年　六〇×九五cm　油画　一九三二年ル・サロン銀メダル受賞作品。Collection particulière de Mr. SAMBUC. C* Dinh Trong-Hiêu. Avec la permission de M. Ngô Kim Khôi.

図3　ナム・ソン《白鷺と金魚》一九二七年　七七×四七cm　七色刷り木版　Collection M. Ngô Kim Khôi. (Catalogue d'exposition au Musée Cernuchi, Du fleuve Rouge au Mékong, Prais-Musée, 2012)

図4　マイ・トゥ《身支度をする女性たち》一九四二年　四五×三〇cm　絹にインクとグワッシュ　個人蔵（Sotheby's, *Modern and Contemporary Southeast Asian Praintings*, 29 April 2007）

図5　一九五〇年代頃、マイ・トゥの作品のサイズが小さくなっていった。Collection particulière de Mme. Mai Lan.

図6　マイ・トゥ《書道》一九五六年　絹にインクとグワッシュ　ユニセフのポスト・カードに複製された。

図7　マイ・トゥ《休み時間》一九六一年　九五×三三cm　絹にインクとグワッシュ　Edition Braun 社によるポスターに複製されている〈http://www.editionsbraun.fr/fr/boutique/rubrique/mai-thu-61/〉（最終閲覧日：二〇一六年九月八日）。

図8　マイ・トゥ《お茶の時間》、一九四三年　四四・四五×二六・七cm　絹にインクとグワッシュ　個人蔵（Sotheby's, *Modern and Contemporary Southeast Asian Paintings*, 29 April 2007）
図9　パリ8区にあった、インドシナ局のギャラリーのレターパッド。「モダンな集合住宅の室内装飾になる、絵画・絹画・彫刻・ブロンズ・絨毯・家具」と印刷されている。Peintures et sculptures des anciens élèves, Archives nationales d'Outre-Mer, Agence FOM , C613/907.
図10　レ・フォー《聖母子像》一九三八年頃　六二・二三×四五・七二cm　絹にインクとグワッシュ（Sotheby's, *An Important Collection of Vietnamese Paintings: Featuring the Philip NG Collection*, Hong Kong, 8 April 2008）
図11　レ・フォー《母子像》一九四〇年頃　二六×二二cm　絹にインクとグワッシュ（Sotheby's, *Modern and Contemporary Southeast Asian Paintings*, Hong Kong, Tuesday, October 06, 2008）

アントニン・レーモンドとル・コルビュジエ、建築における海賊行為
――形式ではなく精神性が与えた影響についての考察

ヘレナ・チャプコヴァー（訳：青木直哉）

船のない現代の文明においては、夢は潰え、スパイ行為が冒険に取って代わり、警察が海賊の代わりとなる(1)

――ミシェル・フーコー「他なる場について」

はじめに

本論では、二つの世界大戦間に日本とヨーロッパを股にかけて活躍した二人の建築家の仕事から、知財と著作権に関連する「海賊行為」について考える。具体的には、主にアントニン・レーモンド（一八八八～一九七六）の手になる作品を扱う。彼が日本で建築家として成功を収めたのは、才能と独自性を持ち合わせていたからには違いないのだが、それは実は洗練された「海賊行為」によるものとも言えるのだ。そこで、あるひとつのプロジェクトと人間関係を見ることで、特にデザインの過程とモダニズムにおいてアイデアの独自性と統合にはどのような意味があるのか、その複雑さをひも解いていく。その過程において、レーモンドとル・コルビュジエ（一八八九～一九六五）の関係性、そして一九三五年に建てられた軽井沢にある別荘兼アトリエ「夏の家」の、悪名高い

「デザイン盗用事件」についても新しい光を当てられるはずである。

一　建築における海賊行為

今、建築における海賊行為（デザインの盗用）が事象としてより広く認識されてきている。それに併せて、海賊行為であると言えるケースも次々に見つかっている。しかしその発見の多くが、言語が翻訳される機会の少なさ故に、並行する歴史の中に埋もれてしまっていることもまた確かだ。

海賊は様々なものを超越する。法律、貿易、領地などあらゆる概念から自由な身であり、世界の通商地域を行き来している。海賊行為は、近代国家間の物理的、理念的国境線の移り変わりをも浮かび上がらせる。国境はもはや帝国の絶対的主権による不変の地上の線ではなくなり、開かれた平等な交渉によって決定される、明確な線を持たない領域を指すようになっている。

建築、文学、海運の歴史、都市計画と、全てが多面的に結びついた状況を解き明かすため、海賊行為は普遍的な現象として議論されているのである(2)。

つい最近取り沙汰された建築の海賊行為、つまりは建造物全体がコピーされた事例は、ザハ・ハディドの広州オペラハウスのデザインが中国国内で模倣された件だ。建築評論家のケラー・イースターリング（Keller Easterling）は、*Enduring Innocence: Globalization and Its Political Masquerades*（2005）において、グローバリズムの流行の変遷に対応して変化する建築を説明するための比喩として海賊行為を用い(3)、研究を行っている。たとえばこれは、中国でのハディドのデザインへの海賊行為にも対応している。北京にある望京SOHOコンプレックスのデザインが盗用され、最終的に本物とコピーのどちらが早く建物として完成するかを競り合っているような状況になっていたのだ。

この過程でデジタルデータの脆弱性は、海賊行為と深い関係を持っていた。ザハ・ハディド事務所のプロジェクトディレクターである大橋諭は、プロジェクトに関連するデータの一部を中国の開発業者がなんらかの形で手に入れた可能性も視野に入れている。さらに *Dezeen* 誌の記事では、この事件の法的側面が分析されている。中国の知財法によると「現在に至るまで中国では、建築における著作権に関した特別な規定はない」とのことである。加えて記事では、開発業者が次のように盗作の非難を退けているという。

これは盗作ではなくて、ただよりよいものを作りたかっただけである。(4)

二　レーモンドが行った海賊行為

チェコ系アメリカ人の建築家アントニン・レーモンドとその妻ノエミ（一八八九〜一九八〇）は、海賊行為によって得たアイデアはインスピレーションの源である、と考えていた。そのような考え方に彼ら本来のアプローチを織り交ぜて、様々なプロジェクトを実現するための基本としていた。最近刊行されたレーモンドの仕事に関する本 *Crafting a Modern World; The Architecture and Design of Antonin and Noémi Raymond* では、夫妻の作品群や歴史が輝かしくまとめられており、それはレーモンド夫妻の優しく博学なイメージを作り出し、その才能と、当時業界に与えていた影響を捉えている。(5)

この小論では、アントニン・レーモンドがどれだけ他の人間からアイデアを借りていたか、そしてそれをいかに彼の事務所の成功につなげていたのかについても示す。大衆的な読み物の中では「盗んだ」という事実だけがやや誇張されていることが多い。たが実際にはその事実は、彼が日本において重要なモダニズム建築家であったことを覆すわけではない。というよりも、レーモンドは自身でしっかりと「建築的に借りる」という概念を、広い意味で創造プロセスの欠かせない一部として使っていたことを公言している。そのため、レーモンドの業績を見ていくにあたり、わざわざ「盗用」を無視する必要もまたない。なぜなら、そのことは彼の建築とデザインにおける重要性と価値をなんら貶めるものでもないからである。

レーモンドが「海賊」として初めて行った行為は、若い頃に働いた詐欺であろう。だが一方でそれによってアメリカへの扉を開いたとも言える。レーモンドは若い頃、裕福とは言えない生活をしていた。しかし建築科の学生としてのやる気は十分すぎるほど持っており、製図の才能もあった。この組み合わせの結果として、当時会計係をしていた建築家学生会（ＳＰＡ）から、金銭を盗んでしまう。そして一九一四年にチェコから逃げ出し、ニューヨークへと向かった。ニューヨークに移り住んだあと、現地のチェコスロヴァキア人のコミュニティの助けを得つつ、当時力のあったキャス・ギルバート（Cass Gilbert）の事務所での仕事を手に入れることに成功する。

後年になって彼はこの時の行為を心から反省し、盗み取った金額の実に倍以上の金額を支払っている。だがその結果は残念なもので、その行為が明るみに出た途端彼の評判は大変に悪くなり、チェコにおける建築家間での人気はつい最近まで落ち込んだままであった。だがこの「海賊」事件無くして、彼の国際的な成功は決して得られることはなかったということもまた事実である(6)。

一九三五年、レーモンドは自身の業績の中でも特に評価の高い、日本での建築を完成させる。それは、長野県にある軽井沢の別荘兼アトリエ、「夏の家」（一九三三～一九三五）（図1～3）である。この建物は、日本特有の建築と当時の国際的モダニズムの潮流を繊細に融合させた格好の例だ。実際には鉄筋コンクリート造りであるが、明確な形でコルビュジエのサーキュレーション（動線）理論を採用しており、外装はその地で採れる素材を使用している。たとえば、西洋スギ、クリ、藁、そういったものを用いることで、静謐な山々の壮大な風景に溶け込ませることに成功している。また、開放的で雄大な風景の中に佇むことで、建築と自然、つまり人間と自然の関係を描き出しているとも言える。レーモンドはこの作品を、日本の家屋建築の中心にあると捉えていた左記のよ

図1　アントニン・レーモンド「夏の家」(1933)

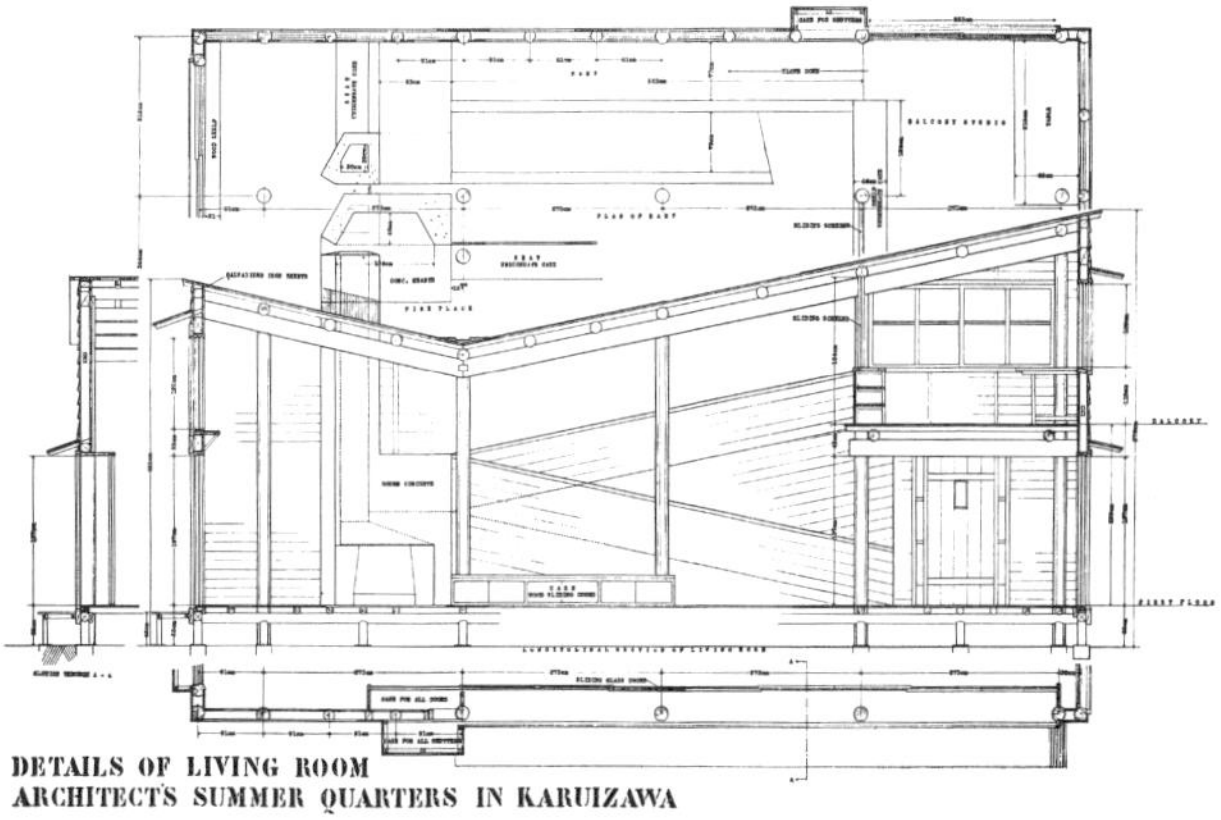

図2　「夏の家」断面図

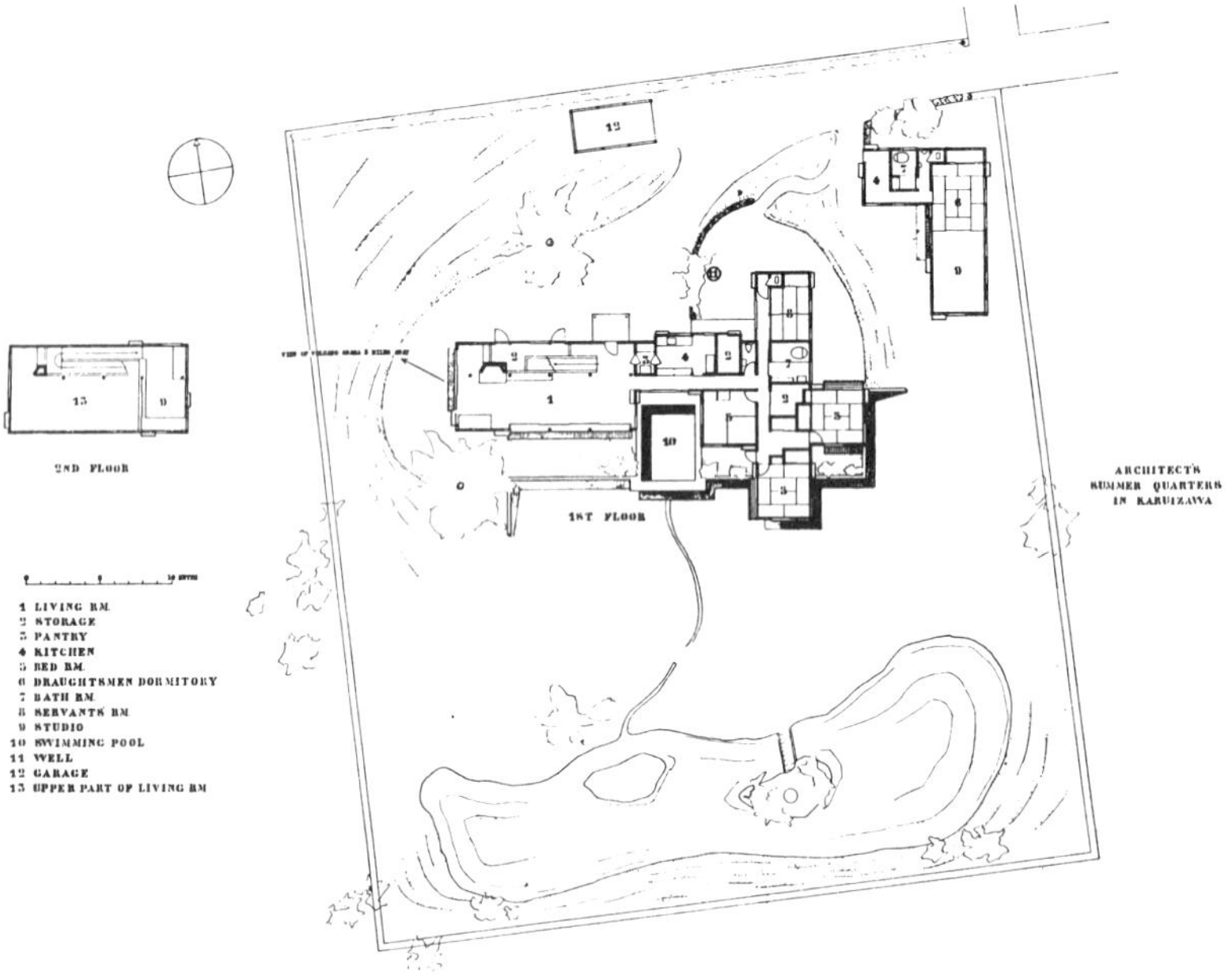

図3　「夏の家」平面図

うな「考え方」への回答としている。

日本人の家屋は、自然の進化とよく似ている。どの点を取っても、そこには内的動機からもたらされる最適解が選択されているのだ。実用的なだけではなく、生命の真の価値を深く理解していることもまた表現されている。（中略）その日本人と比べたら、我々の自然への愛など実に表層的なものである。日本人にとっては、自然は、生命の神秘を解く鍵そのものなのである。（中略）日本人は、自然と調和する材質を選ぶ。木は素のままを用い、藁を足元に敷き、壁には砂が使われている。(7)

さて、その軽井沢の別荘のデザインと奇妙な一致を見たル・コルビュジエの未完のプロジェクトである、チリのマティアス・エラスリス（Mattias Errázuris）邸（一九二九～一九三〇）との関係は、未だに議論の的となっている。ル・コルビュジエは、軽井沢の別荘の存在を知って驚き、レーモンドに向けて手紙を書いて、家を建設する前に相談してくれるべきだった、との進言をした。だが同時に彼はレーモンドのスタイルと感性を認めてもいて、*Oeuvre Complet* 第三版（一九三五）において、それを取り上げてもいる。ル・コルビュジエはデザインを見たのち、一九三五年五月七日にパリから送ったレーモンド宛の手紙の中でこう示している。

拝啓

四月八日付の手紙を受け取りました。ちょうど海外旅行から帰ってきたところでした。

まず、あなたのお知らせを嬉しく思います。私たちの間に、なんら悪い感情は芽生えていないこと、ご承知おきください。

ですがあなたがおっしゃるように、あなたの方に多少の過ちもまたあったと思います。それは、東京であの家を発表した時に私に対して何も言わなかったことです。家はとても素晴らしいものでしたよ。私の元に届くレビューを読む時間はありませんが、図を見たとき、それは眼福でありました。

そして、なにかしなければ、という気分になったので――その時ちょうど私はボジガーが編集している本（Willy Boesiger, *Le Corbusier et Pierre Jeanneret. Oeuvre Complete 1929-1934*. Girsberger, 1935――訳者補注）の注釈を口述していたのですが――これを利用して、読者をハッとさせるためのちょっとした矢を放つことにしたのです。ついでに言うと、それは意地の悪い注釈ではありません。

むしろそれは、日本の技術の高さと、あなたの解釈のセンスを褒め称えるものでさえあります。いえ、もっと言っても良いでしょう、あなたがした解釈はそれは素晴らしいもので、おそらくボジガーの本の五二頁は、本の中でも最も良い部分であるとさえ言えます。

まだ誉めさせてください。私は、自分の作品が色々なレビューにおいて出版されることをよしとしています。アイデアがただスケッチのままで埋もれていくことは、望むところではないのです。それは逆に言うと、有用に使われることもありうるということであり、盗用されることも時折あります。しかしそれは、とんでもなく劣悪に、不器用に、知性のない形で、です。そこで、今回の賞賛が出てくるわけです。あなたがした私の構想の解釈では、きちんと真意を汲んでありました。本当に。喜んでくれればと思います。

それはともかくとして、これは本当に確かです。レーモンドさん、私はあなたになんの恨みも抱いていません。抱くことはほとんど無理だと言ってもいいくらいです。あなたの手紙の締めくくりによれば、私になんらかの介入をして欲しいようでしたが、それがいまいち私にはわかりません。ここでしたためた言葉は全て、好きなように使っていただいて構いません。

今度はこちらからあなたが納得いくようにこの手紙を自由に使っていただく権利を与える番です。

どうか、私が悪く思っていないことを信じていただけますよう。

ル・コルビュジエ(8)

手紙の中でル・コルビュジエはレーモンドのデザインに対して、自身の構想を「適切に解釈してくれた」例だと言っている。手紙全体に溢れる友好的な言葉遣いを抜きにしても、この手紙の中には、ル・コルビュジエの偉大さと、同時にレーモンドが建築の世界で「海賊行為」を行ったことが端的に表されている。

ただ、共通の友人もいた二人の建築家の間で交わされた書簡はこれだけではない。

たとえばレーモンド夫妻と仲の良かった、*L'Architecture vivante* という高名な建築雑誌の編集者ジャン・バドヴィッチ（Jean Badovici, 1893–1956）は、ル・コルビュジエがレーモンドの建築に対して書簡で送った賛辞について述べている。二人の建築家は、相互に尊敬を抱いていた。このことは、繰り返し語られる「悪名高き」エラスリス邸の問題を複雑にしている。ル・コルビュジエからレーモンドに、一九四〇年一月七日にパリより送られた書簡にもその尊敬の念は表れている。手書きで非公式に書かれた手紙にはこのようにある。

親愛なるレーモンドへ

どうしても受け入れてほしい頼みごとがあるのですが、聞いてもらえますか。トルコ政府から、スミュルナ（現イズミル――訳者注）の都市計画を考案してくれないかとの打診がありました。じきにトルコへ発ちます。

その地域は、地震が発生するところです。まだこの問題についての研究はしていません。できれば、このことに関して日本であなたがまとめている資料を送ってもらえませんか？ 地震に関する出版物は数多くあるのでしょうが、あなたの経験をぜひ頼ってみたいのです。

そちらはいかがお過ごしですか？ 元気にお過ごしだと良いのですが。私の方は、将来のことを考えて期待を抱いています。もし私の友人に会うことがあったら、よろしく言っておいてください。

ご親切に感謝しています。

心からの気持ちを込めて。

ル・コルビュジエ(9)

三　レーモンドの考え方

レーモンドが建てた軽井沢の別荘は、日本の伝統的な数寄屋造りや民家が彼の美的価値観に特に影響を与えたことの宣言、また、他からのインスピレーションと、ル・コルビュジエが描いた未完のエラスリス邸からの引用を掛けあわせるというデザイン手法の象徴とも捉えられる。

軽井沢の別荘に対するル・コルビュジエの貢献の価値は計り知れない。この建物の設計図とヴォリュームの決定において根幹をなしていると言ってもよい。しかしながらそれは、別荘を形作った要因のうちのひとつでしかないことも事実だ。なぜならその別荘は、一九三三年から三五年の間に受けた「インターナショナル・スタイル」の影響下でデザインされた多くのシリーズのひとつでもあるからである。

だが、軽井沢の別荘についてヨラ・グロアゲン（Yola Gloaguen）は、「エラスリス邸が白い一枚岩のブロックのようなものとしてデザインされたのに対し、軽井沢の別荘は、木造建築をモダンな住宅デザインに溶けこませる、レーモンドの実験の端緒を示すものである。これにより、自身のキャリアの中で新しいデザインの時代に突入したことを示した[10]」と述べている。レーモンドが言うところには「設計図は四週間で仕上げ、手際がよく理解のいい大工たちのおかげで家は六週間で竣工した[11]」そうである。レーモンドは日本の大工の腕と技術に深く敬意を払っており、才能溢れる協力者を常にそばに置いていた。その中には、イタリア大使館の日光の別荘（一九二九）のような、この時期のレーモンドが建てた珠玉の作品を含む多くのプロジェクトに関わった大工もいる。このチームのおかげで、レーモンドは「日本の大工の、丸太を完璧なものへと仕上げる素晴らしい能力を活用できた[12]」のである。

一九三五年、日本到着から一六年後、レーモンドは最初の自著の冒頭にこう書いている。

日本で働く建築家は、自国の建築と文明の根幹的な原理が、すでに自分たちの前に実在している。ゆえにそれを再発見することが現代建築の目標となる。西洋人は、深く染み付いた物質主義に邪魔をされて、このような原理を純粋に実現することができないでいる。それには精神性に基づいた考え方が必要なのだ。（中略）「機能性」や「形状と物質」のような問題を我々は必死になって考えているが、日本人は正しい見方をしているおかげでそのような理想を形にすることができ、比較にならないほど簡単に問題が解決されている[13]

レーモンドが「精神性に基づいた」とか、のちに「哲学的である」と評するようになるこの理想は、デザインの目標となった。この「理想」は、「単純さ」「経済性」「誠意」「直接性」というものから実現されるということに、日本家屋建築の観察を通してレーモンドは気づいたのだ。これは彼の建築の鍵となっているだけではなく、敷衍《ふえん》され、建築事務所の原理ともなっていく(14)。

軽井沢の別荘のデザインの意図に関して、レーモンドは、「もしも機会を得て、我々夫妻が暮らしたいと望むような生活にぴったりと合致した建築を建てることを許されたら、どのようになるのか、それが見たかった」(15)と述べている。この言葉は、レーモンドが同じ文章の中で引用しているル・コルビュジエの「現代建築とは、生き方のことだ！」(16)という宣言を反映したものである。ル・コルビュジエはこの考え方を、彼のマニフェストとも言える本、*Towards a New Achitecture* 第二版（一九二四、仏語版）の冒頭で展開している。

自伝でレーモンドが主張するところによると、ル・コルビュジエの設計図を採用しているのは、リビングに限っている、とのことだ(17)。しかし二つの設計図を比べると、L字型の部分からもインスピレーションを受けていることがわかる。キッチンの配置も似ている。だが、外のサーキュレーション（動線）は内側に移され、そして空間の余白を使うアイデアも、プールを設計図の真ん中に置くことに表れている。

家は夏のためにデザインされたものではあるが、レーモンドは暖炉を取り入れている。コンクリートで建てられた暖炉は、少し肌寒い夜などに暖かい印象を与え、家族生活の中心となってくれる。もちろん、日本の民家にある囲炉裏の考え方を模して作られたことは疑いようがない。暖炉がいつでもフランク・ロイド・ライトの家の中心として据えられていたことも思い起こさせるし、実際レーモンドはその暖炉を、タリアセンに一九一六年の五月から一二月に滞在した際、直に見ているはずである。

グロアゲンが行った分析では二つの家の設計図と日本の伝統家屋の原理を比較しており、ル・コルビュジエの設計図をレーモンドがどのように日本の伝統的家屋の配置構造と融合したかがうかがえる(18)。

数寄屋造りの建築原理によれば、畳の単位は設計図の上だけでなく立面図においても使用される。レーモンドとル・コルビュジエのリビング部分を比較すると、軽井沢の別荘の天井の最も低いところの高さは、エラスリス邸と完全に一致している。だが一方で、軽井沢の別荘に畳を重ね合わせてみると、東西両端の高さはどちらも畳を基準にした仕組みに直接基づいていることがわかる。(19)

レーモンドは自著の中で、軽井沢の別荘で使われている素材とその使われ方について詳細に書いている。擁壁《ようへき》やその他の部分に使われているコンクリート部分の骨材には、溶岩石を地中から掘り出して使っている。(20)支柱にはクリの木の灰色の幹を用い、天井の梁にはヒノキを用い、スギの壁や板を用い、ブリキの屋根には、カラマツの藁が葺かれている。(21)

レーモンドは軽井沢の土地で採れる素材を用いて、彼の目指す「自然さ」や「経済性」を実現しようとした。その意味では、同様にその土地で採れる自然素材を用いる民家に直接的な影響を受けているとも言える。

軽井沢の別荘は、レーモンドが一九三三年から建築について学んだことの完璧な統合と言うべきだろう。フランク・ロイド・ライトとの仕事、日本建築の研究、そして、ベドジフ・フォイエルシュタイン、前川國男など、オーギュスト・ペレ（Auguste Perret）やル・コルビュジエの下で修行をした人々と共に仕事をしたことから受けた影響がある。

軽井沢の別荘は、日本の伝統的建築と欧米のモダン建築を融合した成果として建っており、それによって、両者に共通する基盤と互換性を再認識させるものとなっている。日本の伝統的家屋への忠誠を試すものでありながら、ル・コルビュジエの方法論を用いることによって、モダン建築家の一員でありたいというレーモンドの思いが強烈で明らかなかたちで宣言されているのだと言える。

ル・コルビュジエの数少ない弟子である前川國男と牧野正巳は、レーモンドと共に仕事をした過程を、大事なヨーロッパでの経験の一部として書いている。

牧野は一九二八年に、ル・コルビュジエの下で働き、『国際建築』という建築雑誌にこう書いている。伝統というのは変わりゆくものであって、たとえば茶道であればそれが日本の典型的習慣として象徴的に扱われているのは、欧米文化との衝突と、欧米による日本の解釈の下でしかない。また、ル・コルビュジエの作品に見られる標準化とシンプルさは、多くの日本の建築家のそれよりも、よほど日本の建築伝統に近い。だから「日本の伝統」を主張する人は多いが、実はモダニズムこそ日本の伝統からそれほど遠いものではないのだ、と。[22] 牧野は日本でブルーノ・タウトと共に仕事をして、川喜田煉七郎が創始した銀座の三木ビルディングにある日本バウハウスでも教鞭を取っていた。[23]

レーモンドは自伝で、ル・コルビュジエに関して、戦後日本の建築美術界に多大な影響を与えた偉大な人物である、と評している。特にインドにおけるプロジェクトについては特筆している。

ル・コルビュジエがレーモンド自身にいかに影響を与えたかということについて、まずは例として一般に「霊南坂の家」と呼ばれる東京の自邸（一九二四〜一九二六）を挙げている。そして三〇年代のものでは、朝霞に建てられた東京ゴルフクラブの建設を挙げる。一九三八年に出版された傑作、レーモンドの *Architectual Details* がル・コルビュジエの考えを取り込んでおり、レーモンドによれば、それは日本人やその他の建築家の影響の源泉にもなっていたようである。

またル・コルビュジエと日本の大事なつながりとして、インドはポンディシェリにあるスリ・オーロビンドのアシュラムのためのゴルコンデ寄宿舎の建設に参加した若き建築家のフランチシェク・サマー（František Sammer）が、モスクワから日本に一九三七年に訪れている。

レーモンドから見ると、ル・コルビュジエが日本で果たした影響がより効果的だったのは、戦前、実験的に行われたコンクリート建築に対してであって、戦後はどちらかというと悪影響であり、「不揃いでやたらに野性派」な創造を促したのではないかと言っている。[24]

おわりに

最後に、建築やデザインといった世界で、構想の解釈、統合、弁証はいかになされるのかということを少し考えて、本論を終わりたいと思う。

フリードリヒ・D・シュライアマハー（Friedrich D. Schleiermacher）によれば、解釈というのはいつでも誤解から始まるものではあるけれども、芸術的観点からみると実りが多いこともある、という。それはこうともとれるだろう。対話するものの純粋でシンプルな他者性が、均衡を崩す。その崩れた均衡を保つために、そこに手が加えられ、再構築される必要があるのだ。[25]

ヴァルター・ベンヤミンは「翻訳者の使命」というエッセイにおいて、「言語とそれが指す内容は、原文では果物の中身とその皮のように一定の統一性を持つ。だが翻訳における言語は、その意味内容を豪華なローブで何重にも包んでいる」[26]と述べた。ホミ・バーバ（Homi Bhabha）はこれを補足するように、このように「包まれる」こと、翻訳された言葉同士の微妙な差異は、新しい見方やコンテクストを与えてくれる、と書いている。言い換えると、ノウム（novum、新しきもの）を世界にもたらすのである、と言っている。[27]

シュライアマハーの解釈プロセスの捉え方は、ベンヤミンの「包まれる」ことやバーバのノウムと関係がある。加えて、バート・ウィンザー・タマキ（Bert Winther-Tamaki）は、日米文化間の思想、モチーフ、個人、物資の往来によってバーバがクリエイティブであると考えるようなハイブリッドな文化が生まれたが、これは同時代に生きた人々によってなされたものではなかった[28]、と自著の中で述べている。

この意味において、ル・コルビュジエがレーモンドの耐震構造家屋に関する経験を評価しており、レーモンドはル・コルビュジエの、日本文化や建築の文脈にぴったりと合うチリのモダンな家屋をよい形で解釈した、という二人の建築家の関係性も捉え直せるだろう。

ル・コルビュジエがレーモンドに与えた強い影響を指摘したのは、アメリカの評論家であった。だが実はこのことが、モダニストデザインの文脈における構想の解釈という、より大きな問題提起を促したのだ、とカート・ヘルフリヒ（Kurt Helfrich）は述べている。(29)

レーモンドの海賊行為に関する議論は、雑誌 *Architectual Forum* に掲載された一九三五年のモノグラフ *Antonin Raymond: His Work in Japan, 1920-1935* へのレビューにおいて、軽井沢の別荘が明らかにエラスリス邸に似通っていることを指摘したところから始まった。その批判的論調にレーモンドは同誌の編集者に反論として以下に挙げる手紙を書いた。

どうもあなたは、私の作品を価値あるものにしている大事な要素を看過し、フランク・ロイド・ライトやコルビュジエが与えた影響を問題視しすぎているような気がする。日本から私が受けた影響の見方にしても、単に表面的な部分を見ているにすぎない。確かに日本の影響を強く受けていることに間違いはない。だがそれは考え方の問題であって、形式だけ真似ているわけではない。すでにあるものや、他から受ける影響を恐れていたら何もなすことはできない。どこから何を持ってくるかが問題なのではない。それを使って何をするかが問題なのだ。(30)

レーモンドがかく語ったことに、彼の芸術的な態度がはっきりと表れている。何かを作り出すときに恐れていたのは、アイデアを借りることではなかった。むしろ、何も作れないということをこそ、恐れていたのだ。

(1) Michel Foucault, "Of Other Spaces," *Diacritics* 16 (Spring 1986), p. 27.

(2) Shannon Lee Dawdy and Joe Bonni, "Towards a General Theory of Piracy," *Anthropological Quarterly* 85, no. 3 (2012); James Clifford, Routes: Travel and Translation in the Late Twentieth Century (Cambridge, Mass.: Harvard University Press, 1997).

(3) Keller Easterling, "Seas" and "Piracy" in *Enduring Innocence: Global Architecture and Its Political Masquerades* (Cambridge, Mass.: MIT Press, 2005).

(4) 『Dezeen』ウェブサイト〈http://www.dezeen.com/2013/01/02/zaha-hadid-building-pirated-in-china/〉（最終閲覧日：二〇一五年一二月一七日）。

(5) Kurt F. Helfrich and William Whitaker, ed., *Crafting a Modern World: the Architecture and Design of Antonin and Noémi Raymond* (exh. cat.) (New York: Princeton Architectural Press, 2006).

(6) 詳細は Case Reimann, in: Helena Čapková, *Bedřich Feuerstein: Cesta do nejvýtvarnější země světa* (Prague: Aula and KANT publishers, 2014), pp. 46–47.

(7) A. Raymond, "An Architect's experience in designing modern residences for Japan", in: *Antonin Raymond : his work in Japan 1920–1935*. preface by Elie Faure and an article by Antonin and Noémi P. Raymond. (Tokyo, Jonan Shoin, 1936), pp. 1–2.

(8) 原文はフランス語。英訳版はノエミ・レーモンドによる。手書き文とタイプ文はどちらもペンシルベニア大学の建築アーカイブ内、レーモンド関係の記録資料に保管されている。

(9) この英訳文の手紙はペンシルベニア大学の建築アーカイブに保存された、筆者のものである。

(10) Yola Gloaguen, Towards a definition of Antonin Raymond's "Architectural identity", PhD. Thesis, Kyoto, Kyoto University, 2008, p. 89. 〈http://repository.kulib.kyotou.ac.jp/dspace/bitstream/2433/57260/1/D_Gloaguen_Yola.pdf〉（最終閲覧日：二〇一五年一二月三一日）。

(11) A. Raymond, *An Autobiography* (Rutland, Vt.: Charles E. Tuttle, 1973), p. 130.

(12) A. Raymond, ibid., p.130.

(13) A. Raymond, "An Architect's experience in designing modern residences for Japan", pp. 1- 2, 1935.

(14) A. Raymond, "Lasting Values in Design", Kitazawa collection, pp. 7–11, 1949.

(15) A. Raymond, "Principles in Japanese Architecture" or "The Common Ground of Traditional Japanese Architecture and Modern Architecture" (the Japan Institute of New York での講演), Kitazawa collection, 1940, p. 12.

(16) A. Raymond, "Principles in Japanese Architecture" or "The Common Ground of Traditional Japanese Architecture and Modern Architecture" (the Japan Institute of New York での講演), Kitazawa collection, 1940, p. 1.

(17) A. Raymond, *An Autobiography*, p. 130.

(18) Yola Gloaguen, Towards a definition of Antonin Raymond's "Architectural identity", PhD. Thesis, Kyoto, Kyoto University, 2008, pp. 93–98.

(19) Gloaguen, Towards a definition of Antonin Raymond's "Architectural identity", p. 97.

(20) A. Raymond, *Autobiography*, 1973, p. 134.

(21) A. Raymond, "Principles in Japanese Architecture", 1940, p. 13.

(22) 牧野正巳「ル・コルビジェを語り日本に及ぶ」(国際建築協会編『ル・コルビュジェ』国際建築協会、一九二九年、六七〜七五頁)。

(23) Akio Izutsu, *The Bauhaus. A Japanese Perspective and A Profile of Hans and Florence Schust Knoll*, p. 26.

(24) A. Raymond, *An Autobiography*, pp. 247–248.

(25) Friedrich D. Schleiermacher, Hermeneutics: The Handwritten Manuscripts, ed. by Heinz Kimmerle (Missoula MT.: Scholars Press for the American Academy of Religion, 1977).

(26) Walter Benjamin, "The Task of the Translator," in *Illuminations: Essays and Reflections*, ed. Hannah Arendt (New York: Schocken Books, 1968), p. 75.

(27) Homi K. Bhabha, "How Newness Enters the World. Postmodern Space, Postcolonial Times, and the Trials of Cultural Translation," in Bhabha, Homi K., *The Location of Culture* (London and New York: Routledge, 1994), pp. 212–235.

（28）Bert Winther-Tamaki, Art in the Encounter of Nations: *Japanese and American Artists in the Early Postwar Years* (Honolulu:University of Hawai'i Press. 2001), p. 5.

（29）Kurt F. Helfrich and William Whitaker, ed., *Crafting a Modern World: the Architecture and Design of Antonin and Noémi Raymond* (exh. cat.) (New York: Princeton Architectural Press, 2006), pp. 26, 27, 154.

（30）Ibid., p. 26.

〔付記〕本文中の引用文の翻訳は本論翻訳者による。

〔挿図一覧〕

図1　アントニン・レーモンド「夏の家」（1933）（Kurt F. Helfrich and William Whitaker, ed., *Crafting a Modern World: the Architecture and Design of Antonin and Noémi Raymond*, New York: Princeton Architectural Press, 2006）

図2　「夏の家」断面図（『アントニン・レイモンド作品集』城南書院、一九三五年）

図3　「夏の家」平面図（『アントニン・レイモンド作品集』城南書院、一九三五年）

フランスにおける「任意の地区評議会」
――海賊党の液体民主主義と近年の民主主義運用のふたつの動向から

江口　久美

はじめに

二〇〇六年、スウェーデンで海賊党が生まれた(1)。これは、インターネットを使って旧来の政治システムを変えようとする政治的集団であるが、瞬く間にヨーロッパで一大ブームを巻き起こした。彼らは「液体民主主義」と名付けた政治システムの実現を要求している(2)。この内容については後で詳述するが、直接民主主義と間接民主主義を融合させ、欠点を補ったシステムであることが指摘されている。

一方、都市計画行政の先進国であるフランスでは近年、フランス革命以降長年の民主主義の理念に裏打ちされた地方分権が進められている。特に、二〇〇二年の近隣民主主義に関する法律（Loi relative à la démocratie de proximité、以下、「二〇〇二年法」とする）により、地区評議会（Conseil de quartier、以下、「CQ」とする）の設置が義務または任意で可能となり(3)、これは大きな脚光を浴びている。しかしながら、本制度の内容や実効性は本国フランスでもまだあまり明らかになっていない。日本でも高村（二〇〇四）による制度の概要に関する研究(4)、江口による設置が義務づけられた四七コミューヌにおけるCQの状況に関する一連の研究(5)、中田による近隣民主主義に関する研究(6)などがあるに留まっている。

一見、全く異なる二つの潮流がヨーロッパに存在しているように思われる。だが、フランスの地方分権の延長線上に結実した近隣民主主義もまた、実は海賊党の主張する液体民主主義の一種に他ならないのではないか。そのような疑念が、本稿の出発点となる問題意識である。

本稿では、海賊党の液体民主主義について概観したのち、フランスにおいて、CQの設置が任意で可能となっているコミューヌのうち(7)、上位約1／3を占める人口四万人以上の一二〇コミューヌにおけるCQの設置状況及び概要を明らかにし、これを液体民主主義の視点から分析することを目的とする。

順序として、まず海賊党と液体民主主義について整理する。次に、二〇〇二年法におけるCQの定義について述べたのち、一二〇コミューヌの概要及び独自の制度について明らかにする。その後、政治的風土を異にするもののCQの活発な活動が展開されているアルビ市とシュレンヌ市における状況についてケーススタディを行う。最後に、結論をまとめる。

一　海賊党と液体民主主義

海賊党生誕のきっかけは、二〇〇五年にスウェーデンでインターネット上での著作物の共有が著作権侵害とされた事件である。若者たちは、インターネット上のプライベートのファイル共有は無料であるべきであり、インターネット時代に即して著作権の現行制度を変革しようと政治の場で主張する目的のため、「海賊党(*Piratpartiet*)」を結成した。「海賊」の名称は、違法コピーなどを指す「海賊版」から取ったものである。彼らの主張は、ヨーロッパから世界に広がり、Pirate Party International のウェブサイトを覗くと、現在海賊党が結成されている国は四〇カ国を超える(8)。海賊党の活動の歴史において大きな転機となったのは、二〇一一年ベルリン市議会選挙でのドイツ海賊党の主張であった。ネット社会の自由という主張から、政治的意思形成にもっと透明性を与え、政治参加を促すべきであるという主張を打ち出したのである。この戦略が成功し、選挙では一五議席を獲得し、支持を増やした。この「透明性」と「政治参加促進」こそが液体民主主義の要である。

まずその中身について概観してみたい。「透明性」について、ドイツ海賊党はほとんどすべての活動・議論をインターネットを通じてオープンにしている。また、各議員もツイッターなどを通じて情報発信を行う。この情報のプラットフォームに対して「政治参加の促進」が行われる。その様は、まさにヒエラルキー排除による「液体化(Liquidation)」である。液体化は党内から始まる。海賊党では、オープン・リーダーシップ方式を採用しており、少数の支部長を除いて、党員の発言権は同等である。この「液体」の中から、テーマ原案が発議され、一般市民がこれに対してオンラインでテスト投票を行う。この結果が党にフィードバック(液体フィードバック)され、党内討論・改変・凍結期間を経たのち、党で採決される。

従来の間接民主主義制では党もしくは政治家ごとにパッケージ化された政策立案にむけて、市民は権利を委託する。そうした間接民主主義の弱点は、「透明化」によるインターネットの情報プラットフォームの作成、および上下ヒエラルキーの「液体化」により解消される。こうして直接民主主義の強みを実現すること。そこに液体民主主義生誕の理由が理解できる。

一つの例として、フランス海賊党を覗いてみよう。フランス海賊党は「液体化」のため、以下のように分類されたプログラムを有している：農業、文化、民主主義、基本的権利、生態系、経済、教育、雇用と職業教育、ヨーロッパ、家族、移民、裁判、自然(動物と生物多様性)、退職、健康、治安。(9) このように自然科学から人文系に渡るまでの多様なメニューを用意し、あらゆる分野での議論に漏れがないように配慮されている様子が読み取れる。

二　フランスの地区評議会に関する法的定義

ではここで今一度、フランスの近隣民主主義の具体事例に目を向けてみよう。ＣＱは二〇〇二年法により左記の様に定義されている。

L.2143-1条―八万人以上の住民を持つコミューヌにおいて、市会はコミューヌを構成する各地区の区域を決定する。各地区にはＣＱが設立される。市会はＣＱの名称で行われるものの準備、活用及び評価についてＣＱを参加させることができる。市会はＣＱをある地域に配属させ、彼らの役割に関する信頼を毎年認めることができる。人口が二万人以上八万人未満のコミューヌは、規定を適用することができる。その場合、L.2122-2-1及びL.2122-18-1条が適用される。

なお、地方団体に関する一般法典（Code général des collectivités territoriales）L.2122-2-1条については、左記の通りである。

人口八万人以上のコミューヌにおいて、L.2122-2条により固定された限界を超えて、主に一つまたは複数の地区の助役ポストを増設することができるが、市議会の合法的定員数の一〇%を超えてはならない(10)。L.2122-2条においては、「市議会は市長助役を指名できるが、市議会の合法的定員数の三〇%を超えてはならない」(11)と規定されている。L.2122-18-1条については、「地区担当の助役は、担当地区の主要な問題について問題すべてを熟知する。そして、住民の情報に注意を払い、地区での生活に彼らが参加できるよう奨励する」(12)とされている。

表2　人口4万人以上の任意のCQ設置コミューヌの全国分布状況

順位	県名称	分布数	地域圏
1	セーヌ＝サン＝ドニ	8	イル＝ド＝フランス
2	オー＝ド＝セーヌ	7	イル＝ド＝フランス
3	ノール	4	ノール＝パ・ド・カレー
	ヴァル＝ド＝マルヌ	4	イル＝ド＝フランス
5	ブーシュ＝デュ＝ローヌ	3	プロヴァンス＝アルプ＝コート・ダジュール
	エソンヌ	3	イル＝ド＝フランス
7	ロワール＝アトランティック	2	ペイ・ド・ラ・ロワール
	ローヌ及びメトロポール・ド・リヨン	2	ローヌ＝アルプ
	イヴリーヌ	2	イル＝ド＝フランス
	ヴァール	2	プロヴァンス＝アルプ＝コート・ダジュール
	ヴァル＝ドワーズ	2	イル＝ド＝フランス

三　「任意の地区評議会」その分布状況

二〇〇二年法によりCQの設置が任意で認められている人口二万人以上八万人未満のコミューヌのうち、ここでは人口四万人以上八万人未満の一二〇コミューヌを対象として、二〇〇二年法に基づいたCQの設置状況について、以下に明らかにしたい。コミューヌとは、フランスの基礎自治体であり日本の市町村にあたる。名称として、例えばパリであれば、パリ市のように表記される。研究手法としては、各コミューヌのHPから情報や議事録を収集し、分析を試みた(五二一〜五二九頁表1)。

まず、該当する一二〇コミューヌうち、CQの設置が確認できたのは六八コミューヌであった。それらについて県単位での分布を整理してみると、最も分布数が多かったのがセーヌ＝サン＝ドニ県で、八市において確認できた(表2)。続いて、七市がオー＝ド＝セーヌ県、四市がノール県及びヴァル＝ド＝マルヌ県に確認できた。上位三位四県のうち、三県が首都パリを中心としたイル＝ド＝フランス地域圏に位置しており、首都周辺でも地方分権が進められていることがわかる。

最もCQ数が多いのは、人口八万人未満の都市の中では人口

図1　CQに関する主要都市の位置

が二番目に多い（七九、七九八人）ピレネー＝アトランティック県のポー市（図1）。ここでのCQ数は二七であり[13]、CQ一つ当たり人口は二、九五五人となる。その設立年度は二〇〇九年であり、設立時の市長は社会党（PS）のマルティーヌ・リニエール＝カスー（Martine Lignières-Cassou）であった[14]。CQ数について、第二位は、人口第六位で七四、九九八人のインド洋上に位置するレユニオン県のル・タンポン市で二五である[15]。一CQ当たり人口は三、〇〇〇人である。CQにはここでは独自の名称が付けられており、地区市民評議会（Conseil citoyen de quartier、以下、「CCQ」とする）と呼ばれている。後述するが、このように市の方針等により、CQとは別の名称が付けられている組織も散見される。第三位は、人口第三九位で五六、五三六人のタルヌ＝エ＝ガロンヌ県のモントーバン市で二四である[16]。一CQ当たり人口は二、三五六人である。また、ル・タンポン市と同様にCQの独自名称があり、地区諮問評議会（Conseil consultatif de quartier、以下、「CCQ2」とする）とされ、その設立年度は、二〇〇一年である。CCQ2設立当時の市長は保守・中道右派政党である国民運動連合（UMP）所属のブリジット・バレージュ（Brigitte Barèges）であった。CQ構成メンバーについては、アソシアシオン及び住民と規定されている。

一CQ当たりの人口が少ない順に見てみると、順にモントーバン市、ポー市、ル・タンポン市である。なお、モントーバン市はフランス文化通信省により「美術・歴史都市」に指定されている。ポー市は、ピレネー山脈を望むリゾート地であり、アンリ四世の生誕地である。また、ル・タンポン市は、レユニオン島の南部に位置している。

設立年度について見てみると、二〇〇二年法施行以前にすでにCQを設置していたコミューヌが一八、二〇〇二年法以降に導入したコミューヌを一九確認できた。最も早くCQに当たる組織を設けたのが、表1中にグレーで示したラ・ロシェル市であり、人口第七位でシャラント＝マリティム県に位置する。ここには早くも一九〇三年にアソシアシオンの形態で地区委員会（Comité de quartier、以下、「CQ2」とする）が設立されている。[17] これは、一九〇一年に施行されたアソシアシオン法に従い、市民が利益の保護と地区の活性化を狙った目的があった。現在では、二〇のCQ2が存在しているが、それらはさらに三つのセクターに分かれている。また、セクター評議会（Conseil de secteur、以下、「CS」とする）も存在する。二〇〇二年以前にCQを設置していたコミューヌには、一九七〇年代に設置したものとしてコート＝ダルモール県のサン＝ブリユー市、[18] 一九八三年のテリトワール・ド・ベルフォール県、ベルフォール市、[19] 一九八九年にはオー＝ド＝セーヌ県のイシー＝レ＝ムリノー市[20]及びノール県のヴァランシエンヌ市[21]が続いている。

CQを設立した当時の各コミューヌの市長の所属政党を見ると、社会党（PS）が最も多いことがわかる。それではそれらのCQは、どのような構成をとっているのだろうか。明らかに住民がCQの構成員の過半数以上を占め、住民主導の合意形成が可能であるのは表1中にグレーで示した三五市である。[22] また、CQと別の名称の組織が確認できたのは、表3に示したコミューヌにおいてであった。[23] CCQ2やCQ2は、首都圏であるイル＝ド＝フランス地域圏から北部にかけての分布が多く見られる。また、特殊な設置形態として、アルル市の村評議会はCQに併設され、シャトールー市の大地区評議会は、郊外も含めた大都市圏エリアに設置されている。

CQに加えて独自の制度が確認された市は以下の通りである。セクターごとにCQがまとめられているのは、

表3　CQと別の名称を有する組織一覧

名称	コミューヌ数	所在コミューヌ
地区諮問評議会(CCQ2)	7	ノワジー＝ル＝グラン、モントーバン、ボンディ、モー、シュレンヌ、サン＝テルブラン、マント＝ラ＝ジョリー
地区委員会(CQ2)	6	ラ・ロシェル、スヴラン、サン＝ブリユー、サン＝マロ、ヴァランシエンヌ、ワットルロー
地区市民評議会(CCQ)	2	ル・タンポン、エヴリー
市民地区評議会(Conseil de quartier citoyen)	1	シャンベリ
地域発議評議会(Conseil d'initiative locale)	1	セルジー
村評議会(Conseil de village)	1	アルル
市民評議会(Conseil citoyen)	1	ナルボンヌ
住民評議会(Conseil d'habitant)	1	シャルルヴィル＝メジエール
大地区評議会(Conseil de grand quartier)	1	シャトールー
地区利益委員会(Comité d'Intérêt de quartier)	1	サロン＝ド＝プロヴァンス

ラ・ロシェル市及びシャルルヴィル＝メジエール市である。なお、セクターとは、配電や選挙などのために分割された区域であり、地区の集合により形成される。さらに、地区ごとに会館(Maison)が設けられているのは、ドランシー市(24)及びクラマール市(25)そしてアルビ市である。一九〇一年法に基づいたアソシアシオンからCQへと移行したのはメリニャック市(26)とヴィルヌーヴ・ダスク市(27)においてである。現在でもアソシアシオンの形態をとっているのは、ブリーヴ＝ラ＝ガイヤルド市及びヴァランシエンヌ市であり、後者はフランスにおいて最も早く普通選挙でオフィスメンバーを選出した歴史がある。

以上、フランスの人口四万人以上のコミューヌにおいては半数以上の六八がCQを設置しており、政治的風土としてはPSの影響が強いことが分かった。その内二六がイル＝ド＝フランス地域圏に集中している。また、六八の内半数以上にのぼる三五のコミューヌでは、CQの過半数以上を行政職員等ではなく住民が占めている。また、設立年度については、一八市において二〇〇二年法より前にCQにあたる組織が設立されていたことが分かった。いくつかのコミューヌでは、会館など二〇〇二年法の規定以上の制度を設けたり、CCQなど名称を独自のものにしたりしていることが明らかになった。

四　具体例の検討

以下に、具体例としてアルビ市とシュレンヌ市の事例を検討する。

（1）アルビ市

アルビ市は、フランス南部タルヌ県に位置する人口四九、一七九人の世界遺産の中世都市で、面積は約四四㎢である。地方都市で革新派の特質を持っているため、ここに事例として取り上げる。

アルビ市には、現在CQが一二設置されており（図2）、一CQ当たり人口は四、〇九八人である。

CQ設置の経緯を見てみよう。二〇〇二年法の施行を受けて、法律にその名前が冠された「近隣民主主義」を進めるため、二〇〇五年からアルビ市は一二地区での市民間の議論を促進した。その中身は、「地区プロジェクト――未来プロジェクト」であった。二〇〇七年には同プロジェクトをうけて一二地区における協定を作成した。二〇〇八年、この流れを継承して、各地区にCQが設立された。

CQの目的は、「プロジェクトの共同見解を明らかにし、地域公共政策の準備から実行の全プロセスへのアルビ市民の参加を促進すること」とされている。

各CQは、既存の未来アトリエに参加した住民または重要人物、選挙人名簿から抽選で選出されたアルビ市民、ボランティアのアルビ市民から構成されている。未来アトリエとは、アソシアシオンの代表や住民により構成された、地区プロジェクトに関する議論のためのプラットフォームである。

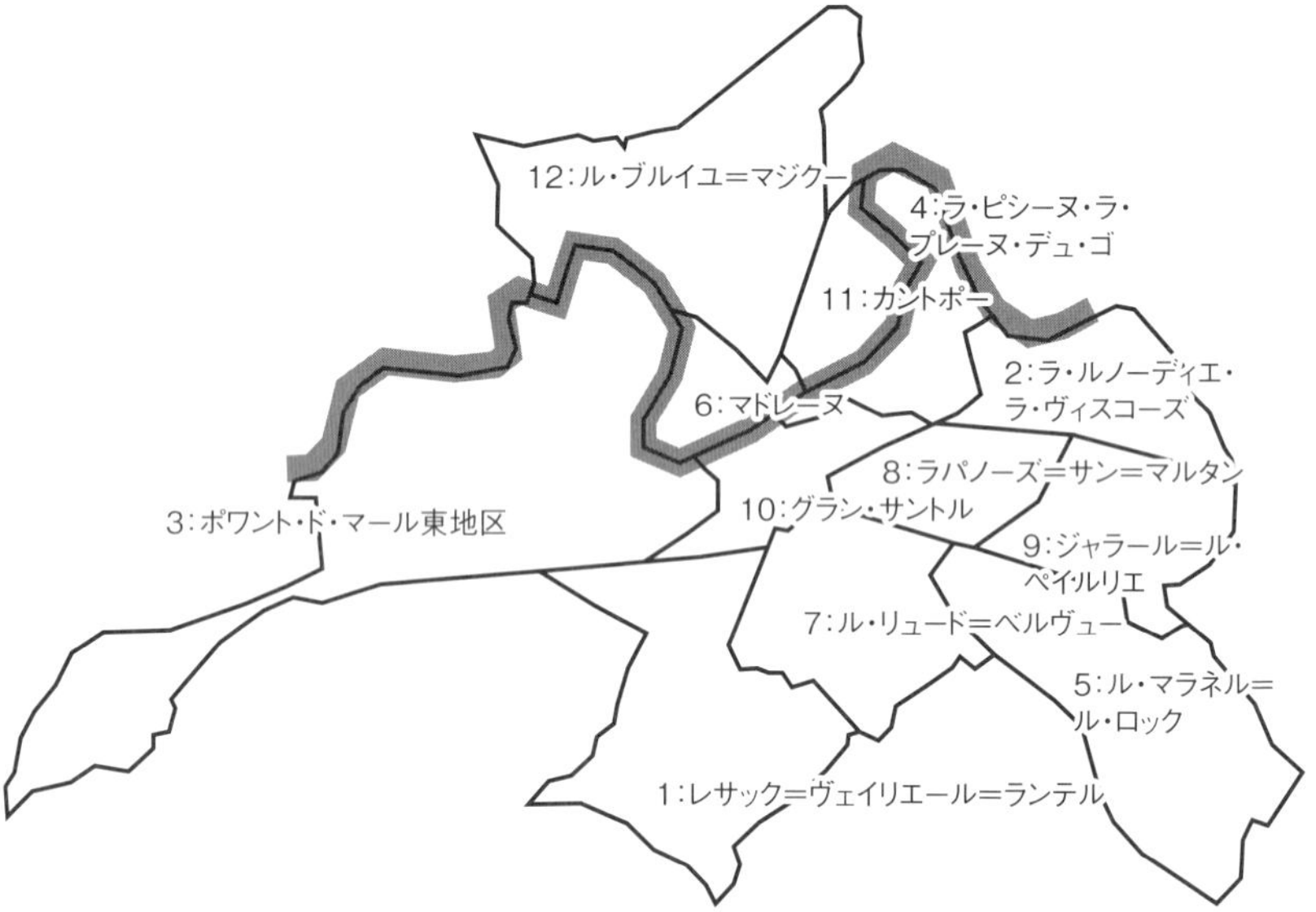

図２　アルビ市のCQ

ＣＱは一年に二回の会議を以下を目的として開くとされている：「意見を発信し地区に利益を与えるプロジェクトに提案を表明する」「住民の参加に貢献する」「各一二地区において介入の優先課題を決定する」。また、近隣民主主義を推進するため、各地区の一三名の議員がＣＱの意見を聞き、議論をリードすることに携わる。

二〇〇八年以降、ＣＱの住民の参加率は増加しており、二〇〇八年から二〇一四年の六年間の任期内で三〇％増加し、これまで四〇六名がＣＱに登録してきた。第二世代のＣＱ委員は六〇％の更新率で、合計一五〇名の住民が増加した。

右記の状況をみると、近年、住民と行政との合意形成において、ＣＱが重要な役割を担うことが明らかになった。これには政府が二〇一四年に施行した以下の法が関連している。すなわち、「都市のプログラムと都市連携に関する二〇一四年二月二一日法」、通称都市政策改善法（Loi du 21 février 2014 de programmation pour la ville et la cohésion urbaine, dite réforme de la

表4　都市政策改善法に基づく3地区のCQの日程

年月	予　定
2015年1月-2月	地区ごとの3回に渡る診断(プロセス説明、統合会議、3地区全体会議)
3月-4月	方針の決定、テーマごとの作業グループの設置
6月	草稿、協定へのサイン
6月以降	協定の発効、3地区における活動開始

表5　3地区のCQにより初回の会議で指摘された事項

地区	指摘された事項
カントポー	雇用。地区のネガティブなイメージと認知。社会的・経済的難題の増加。よりよく関わるための組織・アソシアシオンへの共同とコミュニケーションに関する難題。活動と居住における社会的・文化的共生の欠如。フランス語使用の問題。外部からの悪いイメージにショックを受ける住民。戸建て住宅住民と集合住宅住民間の地理的隔たり。
ラパノーズ	住民間のコミュニケーションの問題。一部の若者の無作法・退廃。相互扶助を進めるための隣人間交流の必要。テレビドラマによる地区とエドゥアール小学校の悪いイメージ。地区の魅力強化の必要。教育の問題。地区の中心の欠如。幼児の遊び場の危険性。子供の保護に関する難題。フランス語使用の問題。交通改善の必要性。文化へのアクセス改善。
ヴェイリエール	近隣商業の不足。ヴェイリエールとレサックの2つのセクターは一つのアイデンティティーで異なる力学を持っている。アソシアシオンの衰退。ある種の人々にとっての移動性の悪さ。ある住民(戸建と集合住宅)間の隔離の状況。社会的弱者が排除されているという感覚。公共空間におけるなごやかさの欠如。特にヴェイリエール地区における治安悪化の感覚。

politique de la ville）である。[28] 同法は「社会連携、経済発展と雇用、生活と都市更新」を立て直すことを主眼としている。[29] 同法制定の背景には、フランス南東部ローヌ県に位置する、リヨン市郊外のヴェニシュー市における都市問題に端を発する、一九七〇年代以来の全国的な住民からの不満の表明があった。ヴェニシュー市は、爆発的な人口増加により、マンゲット地区に低所得者用の適正家賃住　宅（Habitation à Loyer Modéré：HLM）が建設され、その後都市暴動が起きた。政府は、同法に基づき全国一、三〇〇地区を「優先」または「集中」地区として選定した。アルビ市においてはカントポー、ラパノーズ、ヴェイリエールの三地区が選ばれた。これらの地区は表4の日

程で、住民と行政間の合意形成作業を進めている。

三地区のCQの初回の会議において改善の必要が指摘された事項は表5の通りである。

（2）シュレンヌ市

シュレンヌ市は、パリ近郊のオー＝ド＝セーヌ県に位置する人口四六、八七六人の都市で、面積は約四㎢であり、一九一七年には最初期の田園都市計画の対象地となった(30)。首都圏に位置し保守派の政治的風土を持ち、アルビ市と対照的な事例であるため、ここに取り上げる。

シュレンヌ市には、二〇〇二年よりCCQ2が六設置されており（図3）、一CCQ2当たり人口は七、八一三人である。当時の市長クリスチャン・デュピュイ（Christian Dupuy）は国民運動連合（UMP）所属である。UMPは、保守派の中道右派政党である。

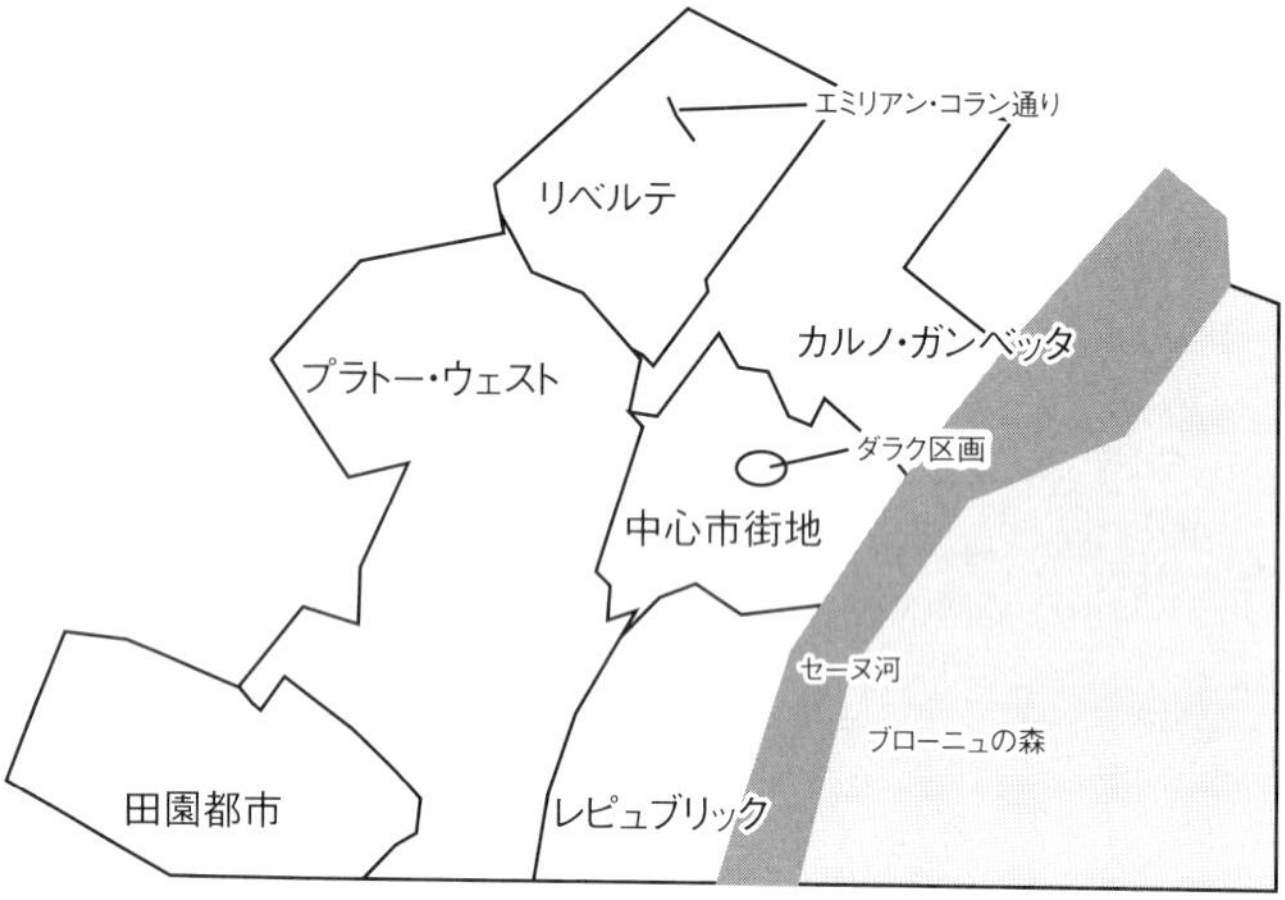

図3　シュレンヌ市のCCQ2

CCQ2の目的は、シュレンヌ市民と議員間のアプローチ、地区活動への住民参加の促進、新居者の同化、相互コミュニケーションの促進とされている。

各CCQ2は、①選挙人名簿から抽選で選出された住民グループ、②重要人物グループの二者から構成されており、代表は地区代表議員が務めることと規定されている(31)。また、会議は非公開とのことが明記されている。

近年のＣＣＱ２の主要な活動事例の一つは、リベルテ地区のコラン通りに面するバルダン区画という公共の緑地空間の整備についてである。市の建築学校の学生と行政によって三つの提案がなされた。このうち、二〇一二年七月の会議でＣＣＱ２は、住居地区間を区画によりつなぐ一案と、記念碑的階段を創設する二案の半分を選択した。その後、数回にわたる行政と住民間との公聴会を経て、二〇一三年の五月から工事に着工し、一二月に計画は完成した。(32) もう一つは、中心市街地地区のダラク区画の整備計画であり、託児所を含む約一、一六三㎡を敷地として、そこに余暇センターと市議会室とが再整備されることになり、ＣＣＱ２を通じて行政と住民との合意形成が図られた。二〇一三年上旬には、行政が提案した周囲の自動車速度制限と緑化壁設置などの美観整備方針が情報発信を通じて市民に承認され、一〇月の市民参加型の公聴会でのＣＣＱ２らによる意見を考慮し、翌年一月から工事が着工されることとなった。

五　「近隣民主主義」と「液体民主主義」

アルビ市の事例では、行政が積極的に近隣民主主義を推進していく中で、ＣＱは様々なレヴェルの問題について、行政が見落としてしまいがちな住民目線の意見を発信し、住民と行政との合意形成のきっかけを作っていることが明らかになった。シュレンヌ市ではＣＣＱ２の機能は限定されているものの、都市計画決定の際の行政と住民の合意形成ツールとして活用されていることが明らかになった。

これを液体民主主義の視点から考察してみよう。ケーススタディのシュレンヌ市の事例に代表されるように、会議や活動が非公開とされている場合もあるため、「透明化」は徹底して行われているとはいえない。しかしながら、ＣＱの過半数以上が住民参加によって成立していること、会館やセクターによる上位組織の構築は、権利の分散ではなく、上下ヒエラルキーをできるだけ近接させており、これらは「液体化」のプロセスの一部として捉えることもできるのではないだろうか。「液体化」は、アルビ市における実際の合意形成プロセスからも読み取ることができる。CQは住民の「政治参加を促進」しているが、議員はあくまで議論をリードするにとどまり、複数回の会議を経て政策を決定する。これは「液体フィードバック」と解釈できるのではあるまいか。

いうまでもなく間接民主主義への反発から産声をあげた海賊党の主張する「液体民主主義」と、フランスの地方分権政策の一つの結実としての近隣民主主義とは、その出自においては真逆である。液体民主主義はインターネットを利用して、間接民主主義と直接民主主義の溝を埋めようとする市民発意の試みであった。近隣民主主義は、フランス革命以降、上からの権力を丁寧に細分化することで実現されたシステムである。これら二者の性質にはトップダウンとボトムアップという大きな違いが存在する。しかしながら、現実の事例を分析してみると、法のあいだにすき間ができ、そこで政治的な幻想を共有して新たな力が育つという点は「海賊的」な類似として捉えることができるのではないだろうか。液体民主主義では、「液体化」と「透明化」が実践されているという「幻想」を前提として、市民は海賊党に権利を委託する。CQでは、政治的な幻想の共有を実現する手法として、「液体化フィードバック」としても解釈できるシステムを構築した。これは、二〇〇二年法で意図されている以上に組織の多様化を実現した。それらの中に、市民発意のアソシアシオンを出自としコミューヌにCQとして認可されたものや、アソシアシオンの資格のままの組織も見受けられたという事実も、国の意図する枠内での謙虚な間接民主主義の範疇に収まりきらない市民の政治的幻想が、フランスにおいて一七八九年フランス革命から時を経て、再び「海賊的」に蠢き出したようにも見える。今後、二者の幻想の行き着く先を注視していきたいと考える。

（1）　西田亮介『ネット選挙とデジタル・デモクラシー』（NHK出版、二〇一三年）付章。

(2) 浜本隆志『海賊党の思想』(白水社、二〇一五年) 4-1、5-3。

(3) Le gouvernement de la France,"legifrance",〈http://www.legifrance.gouv.fr/affichTexte.do?cidTexte=JORFTEXT000000593100&categorieLien=id〉.

(4) 高村学人「フランス都市法における「近隣」と「アソシアシオン」の役割」(『現代都市法の新展開』東京大学社会科学研究所、一八三~二一三頁)。

(5) 江口久美「パリにおける近隣住区評議会による都市保全に関する研究――3区、4区、11区、12区における動向――」(『日本建築学会大会学術講演梗概集』、F-1分冊、日本建築学会、二〇一二年、一二〇三~一二〇四頁)、同「フランスの近隣住区評議会の現状に関する研究――人口8万人以上の47コミューヌに関して――」(『日本建築学会近畿支部研究報告集』五四号・計画系、日本建築学会、二〇一四年、二六一~二六四頁)。

(6) 中田晋自『市民社会を鍛える政治の模索』(御茶の水書房、二〇一五年)。

(7) INSEE, « Population en 2011 », *Chiffres clés–Évolution et structure de la population*, INSEE, 2014.

(8) PP-International,"PP-International",〈http://www.pp-international.net/about〉.

(9) Parti Pirate,"Portail :programme",〈https://wiki.partipirate.org/Portail:programme〉.

(10) Le gouvernement de la France,"legifrance",〈http://www.legifrance.gouv.fr/affichCodeArticle.do?cidTexte=LEGITEXT000006070633&idArticle=LEGIARTI000006389911〉.

(11) Le gouvernement de la France,"legifrance",〈http://www.legifrance.gouv.fr/affichCodeArticle.do;jsessionid=503C296C928247EF52DF0FB4FCC04723.tpdila13v_2?cidTexte=LEGITEXT000006070633&idArticle=LEGIARTI000006389910&dateTexte=&categorieLien=cid〉.

(12) Le gouvernement de la France,"legifrance",〈http://www.legifrance.gouv.fr/affichCodeArticle.do?cidTexte=LEGITEXT000006070633&idArticle=LEGIARTI000006389943〉.

(13) La ville de Pau,"La ville de Pau",〈http://www.pau.fr/evenement/2977/7-vingt-sept-villages-dans-la-ville.htm〉.

(14) なお、設立年度は、各市HPに明記してある情報を参照した。

(15) La ville du Tampon,"La ville du Tampon",〈http://www.letampon.fr/component/content/article/2-non-

categorise/208-vie-citoyenne〉.

（16） La ville de Montauban, "La ville de Montauban", 〈http://www.montauban.com/Vie_des_quartiers-98.html〉.

（17） La ville de La Rochelle, "La ville de La Rochelle", 〈http://www.ville-larochelle.fr/lamairie/democratie-de-proximite/comites-de-quartiers.html〉.

（18） La ville de Saint-Brieuc, "La ville de Saint-Brieuc", 〈http://www.saint-brieuc.fr/Tout-sur-mon-quartier.638.0.html〉（最終閲覧日：二〇一五年四月二六日）。

（19） La ville de Belfort, "La ville de Belfort", 〈http://www.ville-belfort.fr/fr_implication_citoyenne_les_instances.html〉.

（20） La ville d' Issy-les-Moulineaux, "La ville d' Issy-les-Moulineaux", 〈http://www.issy.com/vie-citoyenne/conseils-de-quartier〉.

（21） La ville de Valenciennes, "La ville de Valenciennes", 〈http://www.valenciennes.fr/fr/minisites/vie-municipale/votre-mairie/les-services-municipaux/les-quartiers.html〉（最終閲覧日：二〇一五年四月二六日）。

（22） 三五市は、各市ＨＰを参照した。

（23） La ville de Bondy, "La ville de Bondy", 〈http://www.ville-bondy.fr/mairie/conseils-de-quartier/〉（最終閲覧日：二〇一五年四月二七日）；La ville de Saint-Herblain, "La ville de Saint-Herblain", 〈http://www.saint-herblain.fr/democratie-locale/〉（最終閲覧日：二〇一五年四月二七日）；La ville de Saint-Malo, "La ville de Saint-Malo", 〈http://www.ville-saint-malo.fr/les-quartiers/les-comites-de-quartier/〉（最終閲覧日：二〇一五年四月二七日）；La ville de Wattrelos, "La ville de Wattrelos", 〈http://www.ville-wattrelos.fr/Cadre-de-vie/Comites-de-quartiers〉；La ville d'Arles, "La ville d'Arles", 〈http://www.ville-arles.fr/mairie/democratie-participative/conseil-de-quartier-de-village/les-conseils-de-quartier-et-de-village.php〉；La ville de Châteauroux, "La ville de Châteauroux", 〈http://www.chateauroux-metropole.fr/decouvrir-le-territoire/les-conseils-de-grand-quartier-109.html〉；La ville de Salon-de-Provence, "La ville de Salon-de-Provence", 〈http://www.salondeprovence.fr/index.php/ciqinforment〉.

（24） La ville de Drancy, "La ville de Drancy", 〈http://www.drancy.net/index.php/Les-conseils-de-quartiers?idpage=38〉.

（25） La ville de Clamart, "La ville de Clamart", 〈http://www.clamart.fr/decouvrir-clamart/vie-des-quartiers/〉.

(26) La ville de Mérignac, "La ville de Mérignac", 〈http://www.merignac.com/d%C3%A9mocratie-locale/conseil-de-quartier-0〉.

(27) La ville de Villeneuve-d'Ascq, "La ville de Villeneuve-d'Ascq", 〈http://www.villeneuvedascq.fr/plan_quartiers_vda.html〉.

(28) Le gouvernement de la France, "legifrance", 〈http://www.legifrance.gouv.fr/affichTexte.do?cidTexte=JORFTEXT000028636804&categorieLien=id〉.

(29) Conseil de quartier Varières Rayssac Ranteil. *La réunion du mardi 27 janvier 2015*, Ville d'Albi, 2015, pp.8-16, Conseil de quartier Lapanouse Saint-Martin Val de Caussels. *La réunion du jeudi 22 janvier 2015*, Ville d'Albi, 2015, pp.8-32, Conseil de quartier Cantepau. *La réunion du mardi 20 janvier 2015*, Ville d'Albi, 2015, pp.3-20.

(30) 土居義岳、ガル・エルワン「シュレンヌ市田園都市形成に関する研究」(『住宅総合研究財団研究論文集』№31、住宅総合研究財団、二〇〇四年、五五～六六頁)。

(31) Ville de Susrenes. *Règlement intérieur des Conseils Consultatifs de Quartiers de la Ville de Suresnes*, Ville de Susrenes, 2002.

(32) Ville de Susrenes. *Les infos de votre quartier Liberté No.3*, Ville de Susrenes, 2012, Ville de Susrenes. *Les infos de votre quartier Liberté No.5*, Ville de Susrenes, 2013, Ville de Susrenes. *Les infos de votre quartier Liberté No.6*, Ville de Susrenes, 2013, Ville de Susrenes. *Les infos de votre quartier Centre ville No.1*, Ville de Susrenes, Ville de Susrenes. *Les infos de votre quartier Centre ville No.5*, Ville de Susrenes, 2013, Ville de Susrenes. *Les infos de votre quartier Centre ville No.6*, Ville de Susrenes, 2013.

〔謝辞〕 本研究は、日本学術振興会特別研究員奨励費の助成により行われました。ここに記して謝意を表します。

〔付記〕 本稿に反映された関連ウェブサイトの最終閲覧日は、脚注に表記されていない限り、二〇一七年二月三日とする。

各CQ構成員	設立年度	設立時の市長
明	2009	マルティーヌ・リニエール＝カッソー
政職員。選挙人名簿から抽選で４～５名の住民。	1996	ジャン＝ルイ・バルジェロ
民または通勤者なら誰でも参加可能	1997	ジャック・ラリット
明	2008	ジャン・レオネッティ
明	不明	不明
明	1903	アルシド・シャルル・ジャン・ドルビニー
ランスを考えた３グループ（議員、アソシアシオン、住民）ら構成	不明	不明
民の希望者から抽選で32名（性別・世代のバランスをとる）。ソシアオン。	不明	不明
明	不明	不明
長、市会議員４名、住民代表24名と代理人12名	2008	セルジュ・ルペルティエ
連セクターの地区助役。市長に指名された議員。アソシアオンまたは地区の代表的人物から選ばれた５～10名。住民希望者から抽選で５～10名。	1997	ミシェル・サント＝マリー
会から６名。住民代表８名（上層部から指名４名、住民か当選者４名）。	1989	アンドレ・サンティニ
選に当選した住民。住民またはアソシアシオンの代表によボランティア	2002	アラン・ジェラール
挙人名簿に登録してある住民。住居のある外国人。影響力ある活動をしているアソシアシオン。機関。	不明	不明
選により15名。市の指名による５名。	不明	不明
民。アソシアシオン代表。市会議員。	2001	ジャン＝ミシェル・スティーヴナール
１グループ（最大40名の住民）。第２グループ（最大10名のソシアシオン）。第３グループ（最大10名の社会職能層）。	不明	不明
口により６、８または10名の地区の代表者	2008	アンドレ・ジェラン
グループ（住民・専門家・アソシアシオン・議員）により構された31名	2009	フランソワ・バロワン
明	1999	ジル・カトワール
大60名（１/３が選挙人名簿・青年調査目録・社会的リー－名簿から抽選に当選した住民。１/３がボランティア住　１/３がアソシアシオン代表。）	2015	ミシェル・ダンタン

表1　人口4万人以上のコミューヌにおける任意のCQの設置状況

順位	コミューヌ	コミューヌ原語表記	人口	CQ数	CQあたり人口	党派
2	ポー	Pau	79,798	27	2,955	PS
3	シャンピニー＝シュル＝マルヌ	Champigny-sur-Marne	75,800	10	7,580	PS
4	オーベルヴィリエ	Aubervilliers	75,598	8	9,450	PCF
5	アンティーブ	Antibes	75,176	5	15,035	UDF-RAD らUMPへ
6	ル・タンポン	Le Tampon	74,998	25	3,000	不明
7	ラ・ロシェル	La Rochelle	74,880	20	3,744	不明
8	サン＝モール＝デ＝フォッセ	Saint-Maur-des-Fossés	74,818	2	37,409	不明
13	サン＝ナゼール	Saint-Nazaire	67,097	7	9,585	不明
15	ドランシー	Drancy	66,635	6	11,106	不明
16	ブールジュ	Bourges	66,602	6	11,100	UMP, PR
17	メリニャック	Mérignac	65,882	10	6,588	PS
18	イシー＝レ＝ムリノー	Issy-les-Moulineaux	65,326	4	16,332	PSDからU その後、NC
20	カンペール	Quimper	63,235	4	15,809	RPR
21	ヴァランス	Valence	63,148	2	31,574	不明
22	ノワジー＝ル＝グラン	Noisy-le-Grand	62,970	5	12,594	不明
23	ヴィルヌーヴ・ダスク	Villeneuve-d'Ascq	62,681	7	8,954	PS
24	ラ・セーヌ＝シュル＝メール	La Seyne-sur-Mer	62,640	4	15,660	不明
27	ヴェニシュー	Vénissieux	60,159	13	4,628	PCF
28	トロワ	Troyes	60,013	5	12,003	RPR, UMP
29	クリシー	Clichy	59,458	4	14,865	PS
32	シャンベリ	Chambéry	58,437	6	9,740	UMP

各CQ構成員	設立年度	設立時の市長
明	1996	ドミニク・シュトラウス＝カーン
歳以上の地区に興味がある住民全員。近隣のアソシアシオ 、近隣の経済的アクター。	2000	ドミニク・ルフェーブル
ソシアシオンと住民	2001	ブリジット・バレージュ
民10名。アソシアシオン・社会職能層4名。	2015	ジル・ブルドゥレ
歳以上住民ボランティア6名。18～25歳2名。市長指名者 名。市会議員2名。	2003	ベルトラン・ケルン
明	2001	ジルベール・ロジェ
記の3グループ（ボランティアの住民、選挙人名簿から抽選 抽出された住民、アソシアシオン代表）	2002	ジャック・オーシエット
明	不明	不明
民または専門家は参加できるが、その他の構成は不明。15 までに制限を推奨。	1996	ルイ・バイエルト
明	1995	ミシェル・ヴォーゼル
明	不明	不明
望する住民全員	不明	不明
同代表（議員1名。地区担当助役。住民1名。）副代表。4 ループ（議員、住民、アソシアシオン、専門家）。	2001	マニュエル・ヴォルス
民グループ（ボランティアとバランスを尊重した抽選）、地 アクター（ボランティアと抽選）	不明	不明
く10名のボランティア住民によるオフィスを含む。全体は 明。	1983	ジャン＝ピエール・シュヴェヌマン
歳以上の18名の参加を希望する住民。バランスの基準を考 える（男女比、青年の参加、異なる街からの参加）	不明	不明
グループ（市会議員、成人住民、未成年住民）による20名以	2004	クラウディヌ・ルドゥー
年の未来アトリエに参加した住民または重要人物。選挙人 簿から抽選で選出されたアルビ市民。ボランティアのアル 市民。	2008	フィリップ・ボンヌカレール
または議員1名。指名された地区のアソシアシオン代表 。指名された商業アソシアシオン代表1名。指名された アソシアシオン代表1名。選挙人名簿から抽選で選出さ 意した住民4名。	不明	不明
人名簿に登録してある住民全員が権利がある	2014	フレデリック・スリエ

順位	コミューヌ	コミューヌ原語表記	人口	CQ数	CQあたり人口	党派
33	サルセル	Sarcelles	58,398	11	5,309	PS
34	セルジー	Cergy	58,341	4	14,585	PS
39	モントーバン	Montauban	56,536	24	2,356	UMP
44	ショレ	Cholet	54,421	4	13,605	CNIP
46	パンタン	Pantin	53,797	5	10,759	PS
48	ボンディ	Bondy	53,051	5	10,610	PS
51	ラ・ロッシュ＝シュル＝ヨン	La Roche-sur-Yon	52,773	5	10,555	PS
52	クラマール	Clamart	52,731	7	7,533	不明
53	フォントネー＝スー＝ボワ	Fontenay-sous-Bois	52,723	13	4,056	PCF
55	アルル	Arles	52,510	9	5,834	PS
56	フレジュス	Fréjus	52,344	11	4,759	不明
57	モー	Meaux	52,225	10	5,223	不明
58	エヴリー	Évry	52,184	8	6,523	PS
61	ナルボンヌ	Narbonne	51,546	7	7,364	不明
65	ベルフォール	Belfort	50,128	10	5,013	PSからMD
66	スヴラン	Sevran	50,053	7	7,150	不明
67	シャルルヴィル＝メジエール	Charleville-Mézières	49,433	5	9,887	PS
69	アルビ	Albi	49,179	12	4,098	UDI
70	モンルージュ	Montrouge	48,710	6	8,118	不明
72	ブリーヴ＝ラ＝ガイヤルド	Brive-la-Gaillarde	48,267	16	3,017	UMP

各CQ構成員	設立年度	設立時の市長
グループによる構成（選挙人名簿から抽選で選出された住グループ、重要人物グループ）	2002	クリスチャン・デュピュイ
グループ（地区の住民、地区の活力、地区の友人（地区外の物も可））から構成	2001	ニコラ・ペリュショ
月	1970年代から	イヴ・ル・フォル
月	不明	不明
月	不明	不明
月	不明	不明
区の内希望者から抽選で選出される（住民８名、アソシアオン代表４名）	2010	クリストフ・シルグ
区に指名された議員。青年コミューヌ評議会から抽選で選されたメンバー。	2005	ジョエル・セカルディ＝レノー
グループ（議員及び指名者、アソシアシオン代表及び経済クター、住民代表）から構成	不明	不明
ソシアシオンはCQメンバーから構成	1989	ジャン＝ルイ・ボルロ
名の住民とアクター代表	不明	フランスソワ・コマネ
月	不明	不明
名（住民、組合・友好協会・借家人評議会・地区のアソシオン・経済アクターの代表）	不明	不明
民12名、アソシアシオンと社会職能層12名、議員14名	不明	不明
民55名、経済アクター４名、アソシアシオン８名	2015	ジル・シメオニ
区の助役・野党議員を含む35名	不明	不明
月	不明	不明
ンティア住民代表12名、市長指名議員６名	不明	不明
歳以上の住民または通勤者なら誰でも可能	2002	ブルーノ・ポルガ
	不明	不明
	2014	フレデリック・シェロー
ループ（議員８名、16歳以上の住民・通勤者、社会職能	不明	不明
代表議員、与党の場合地区助役、代表議員、地区の社会借人、公共サービス、地区のアソシアシオン、関連住民	2002	ドミニク・ベール

順位	コミューヌ	コミューヌ原語表記	人口	CQ数	CQあたり人口	党派
77	シュレンヌ	Suresnes	46,876	6	7,813	UMP
79	ブロワ	Blois	46,390	5	9,278	UDFからL
80	サン=ブリユー	Saint-Brieuc	46,173	4	11,543	PSU
82	シャトールー	Châteauroux	45,521	7	6,503	不明
83	サン=マロ	Saint-Malo	45,201	15	3,013	不明
84	シャロン=アン=シャンパーニュ	Châlons-en-Champagne	45,153	12	3,763	不明
86	シャロン=シュル=ソーヌ	Chalon-sur-Saône	44,847	4	11,212	PS
87	ピュトー	Puteaux	44,683	10	4,468	UMP
90	コルベイユ=エソンヌ	Corbeil-Essonnes	44,223	7	6,318	不明
91	ヴァランシエンヌ	Valenciennes	43,471	6	7,245	Parti rad UMP
92	セット	Sète	43,408	7	6,201	UMP
93	サン=テルブラン	Saint-Herblain	43,082	4	10,771	不明
94	マシー	Massy	43,006	5	8,601	不明
95	イストル	Istres	42,943	4	10,736	不明
96	バスティア	Bastia	42,912	1	42,912	自治国家主
97	タルブ	Tarbes	42,888	4	10,722	不明
98	サロン=ド=プロヴァンス	Salon-de-Provence	42,812	12	3,568	不明
100	マント=ラ=ジョリー	Mantes-la-Jolie	42,727	8	5,341	不明
103	サン=プリースト	Saint-Priest	42,535	8	5,317	PS
106	ジュヌヴィリエ	Gennevilliers	41,930	7	5,990	不明
107	ドゥエー	Douai	41,915	10	4,192	PS
108	アングレーム	Angoulême	41,776	4	10,444	不明
109	ワットルロー	Wattrelos	41,538	7	5,934	PS, DVG

各CQ構成員	設立年度	設立時の市長
月	不明	不明
月	不明	不明
歳以上の住民なら誰でも	不明	不明
歳以上の住民、アソシアシオン代表、経済アクターなら参可能。7～21名の議員。その内毎回5名に出席義務。	2014	ロラン・リヴォワール

順位	コミューヌ	コミューヌ原語表記	人口	CQ数	CQあたり人口	党派
111	ショワジー＝ル＝ロワ	Choisy-le-Roi	41,355	6	6,893	不明
113	ロニー＝スー＝ボワ	Rosny-sous-Bois	41,254	3	13,751	不明
118	サン＝ジェルマン＝アン＝レー	Saint-Germain-en-Laye	40,653	7	5,808	不明
120	ノワジー＝ル＝セック	Noisy-le-Sec	40,232	9	4,470	UDI-FED

コラム

ユーゴスラビア内戦と「法」——ものうり人の情景

山崎　佳代子

はじめに

「法」という言葉、「海賊」という言葉を聴くと、ユーゴスラビア内戦時の国際連合による経済文化制裁が思い出される。世界の火薬庫ともよばれるバルカン半島の多民族国家、ユーゴスラビア社会主義連邦共和国の解体が始まったのは一九九一年のこと。国連制裁は、連邦維持を主張したセルビアとモンテネグロ（当時ユーゴスラビア）に科せられた。一九九二年五月三〇日から一九九六年一〇月二日まで続いたが、一九九九年にはNATOによる空爆があり、セルビアとモンテネグロに住んでいる者たちは赤ちゃんからお年寄りまで、集団として罰せられたことになる。裁判所で控訴するすべもなく、国際社会から……。交通制裁もあり、ドナウの水路も、空路も閉ざされ、国は巨大な強制収容所となった感じだった。

多民族国家の解体劇には、長い歴史の背景がある。カトリック、セルビア（ギリシャ）正教、イスラム教。東西ローマ帝国、オスマン帝国とハプスブルグ帝国など、大きな力が絶えずこの土地を引き裂き、三つの異なる宗教がもたらされた土地。異文化の出会いの豊穣は、戦争という悲劇も生みつづけた。このたびの内戦も、一人の独裁者が引き起こしたとは言い難く、最低限、各々の共和国の大統領に責任があったはずだ。しかし、冷戦構造の終結には、別の筋書きが用意されていた。ある広告代理店がユーゴスラビア内戦に関するアメリカのメディア対策を担当したといわれる。だが、ここで記したいことは、国連経済文化制裁下、内戦下のセルビアの日々の暮らし。内戦下の国家の表ではなく、裏について記したい。

国連制裁の対象となったものは、じつに多様だった。輸出入規制、水路と空路を含む交通制裁、文化・スポーツ制裁……。制裁の対象の長いリスト。外国人がセルビアかモンテネグロの国際会議や国際文学祭に参加すれば、それは国連制裁破りということになる。セルビア人が海外の国際会議に参加することは、極めて難しくなった。ビザを取るのが困難になった。

制裁の決定が下されたときのこと。「輸入原料に頼るものは、すべて製造ができなくなる。とくに薬品については深刻な事態が発生する。医療は混乱するだろう。だが、ユーゴスラビアは半島に位置する。陸路で隣国とつながっている。制裁破りが様々な形ではじまるのは、これまでの歴史を見ても明らかである。しかし制裁破りは、地下経済を活性化させ、治安が乱れ、長期にわたる政治危機をもたらす。また国民の孤立感と不公平感をあおり、現在の政権をますます長期化させるだろう。内戦の解決には結びつかない」と、グラフやイラスト入りで、P紙の論説委員が解説したのを思い出す。ユーゴスラビア時代は東欧圏で有数の工業国だったが、次々に、大手企業が倒れ、銀行が倒産していった。団地の家具直しの職人は、外国為替を扱うエリート銀行員だ。リストラで早期退職、家具直しの店を開いた。タクシーの運転手には、ドナウ河の航海をしていた大型船の船長もいた。

一　SMOKE GETS IN YOUR EYES　煙が目に沁みる

「ツィガーレ、ツィガーレ、煙草、煙草はいかが」と、路上販売の煙草の売り子の声が雑踏に響く。売り子は、若い娘から初老の女性まで、女が多い。こっそり煙草を売り買いする人々。内戦と制裁、この商売で巨万の富を築いた者たちは、国境を越えて大量の煙草を動かす元締めの者たち、地下組織である。

制裁と内戦、東欧諸国は混乱、ユーゴスラビアの大企業では輸出入もできず製造は困難になり、多くの人が自宅待機となった。事実上のリストラ、失業も同然である。内戦で難民となってセルビアに来た人には就職の機会が少ない。農家の手伝い、建築現場の土木作業、清掃……。きつい、汚い、危険な仕事の日雇い。煙草の不法販売は、元締めをやる者が、難民となった人やリストラで失職した人を動員し、大きな組織になっていた。

路上に、段ボールの箱で粗末な屋台を作り、煙草を並べる。洋モクかその模造品。インスペクターと呼ばれる市の役人がやって来ると、売り手は、あらかじめ打ち合わせておいた店に避難する。段ボールの屋台を速やかに隠して、素知らぬ顔で店に入る。お店の人も煙草売りと仲良しだ。店に勤務しても安月給、苦労をともにする仲間なのだし。店の雇い主も、何も言わない。規則に対する緩さがこの土地にはあり、厳しい時代の緩衝材となっていた。こんな緩さは、なにもかもが組織立っている日本では見られない。だが混乱期には、緩さに頼るしかない場合がある。日本の戦後の闇市のように……。

一九九九年、NATOの空爆が始まった春のこと、大学に行く途中、美しい箱のペパーミント入りの煙草を手にして、ロマ人（ジプシー）の美しい娘が「ツィガーレ（煙草）」と囁く。このころは取り締まりも厳しくなっていた。だから、小声。友達にプレゼントしようかと思ったのがいけない。ひと箱ちょうだい、と言うと、表通りから、さらに裏通りへ招かれた。ひやりとする。後悔は遅い。そこで買うことになった。娘が手にしていたのは、見本品。手入れがあったときに被害が及ばぬように、商品は奥の段ボールに隠してあったのだった。屋台なしの商法。苦労して手に入れた煙草は、同僚たちに届けた。私の苦労は、ペパーミントの香りとともに、研究室の窓から空へ、煙となって消えたはず。

二　アドリア海キラキラと流れていくもの

煙草の密輸は大きな商売で、誰もが知っているマフィアの派閥を生み出した。そして様々な伝説が生まれた。内戦も収まった二〇〇六年、モンテネグロの海で夏を過ごした時のこと。アドリア海の浜辺で知り合いの女たちと海水浴を楽しんでいた。トランプをしながら、おしゃべりがはじまる。「数年前のこと。ここで海水浴していたらね、沖から、白くてキラキラしたものがたくさん流れてくるじゃないの。何だったと思う？ 大量の煙草なの。きっと沖でイタリア警察からの手入れがあったのね。大慌てで密輸しようとしていた煙草を船からアドリア海に捨てたらしいのよ。おっかしいでしょ、はっはっはー」その日は、煙草は流れ着かなかった。静かな海だった。それにしても、魚たちも迷惑だったろう。煙草が魚の身体にいいわけはない。環境汚染だ。食物連鎖だ。

その海岸の裏の丘に、蒼い水の光を見つめるように、ファシストに殺されたパルティザン一家の記念碑もあった。一九四五年の一月一三日と記されていたと思う。ファシストおよび国内の裏切り者によって命を落としたと刻まれていた。モンテネグロは、第二次大戦中、イタリアのファシストに対する祖国解放が繰り広げられた激戦地であった。解放戦線に命を捧げた一家の魂は、夏の海に白くキラキラと流れていくものを、どんな思いで見つめていたのかしら。

三　ノビ・ベオグラード　ENJUB商店街

制裁が始まってしばらくして、だったと思う。ベオグラードのベッドタウン、我が家の団地の空き地に、ショッピング・モールが完成した。ENJUBという名前だが、何の略称なのか、私も含めて多くの人にはわからない。所有者は、当時の大統領の実兄というが確かではない。トタン屋根の安普請の二階建てである。一二階の我が家のテラスから見下ろすと、二〇余年の歴史を誇る建物の屋根は、パッチワークのように見える。雨漏りのたびに、ありあわせのトタン板で修理を続けたから、煉瓦色、草色、銀色、群青と、現代アートみたいだ。当時の活気こそないが、肉屋、文房具屋、エステサロン、美容院などが今もある。制裁中には造園業を兼ねた花屋、レストラン、大きな靴屋でにぎわっていた場所は、変わり果てた。スロットマシンやルーレット、賭け事をする店が三軒も並んでしまった。内戦中、とりわけ国連制裁中、にわか仕立ての商店街は、ちょっとした庶民の楽しみの場所で、なかなかの繁盛ぶりだった。二階には子供たちを誘惑してやまないゲームセンターがあった。「あんなところ、いっちゃだめよ」という私の声にもかかわらず、息子たちも「密輪」ならぬ「密入場」をしていたはずだ。それくらいできなくては、この国で生きていけないのだが。

女たちの楽しみは、なんといってもブティックだった。店にそれぞれ名前がついていたかもしれないが覚えていない。あったとしても意味はなかった。オーナーたちは女、いわゆるグレーゾーンから商品を運び入れていた。制裁破りといえるかもしれない。女たちも、しっかりしていた。

一軒目はイタリア衣料専門、夫はモンテネグロ人で外国船の船乗りだから、何か仕入れのルートがあったのだろうか。この店の商品は、少し高価だが、ミニマリズムで優雅なものをそろえていた。ベーシックな色、天然素材。女主人のナーダはすらりと背が高く、都会的な人だった。気さくだけど控えめ、お雇いの店員さんもセンスがいい。鏡の中の私を見て、似合うかどうか、しっかりと見ていてくれた。灰色の木綿のアンサンブル、深紅の毛糸のアンサンブル、花模様の夏のスカート。このお店は、二〇〇〇年、内戦が終結したあと、オーナーは別の人に変わり、トルコの木綿製の品物をそろえた店になってしまった。

二軒目はアジア専門、タイやフィリピンの製品、バティックの染物などが中心だった。オーナーのベスナは元スチュワーデス。空路が制裁で閉じられてからリストラで航空会社を引退、外国の路線で働きはじめた元同僚たちが、品物を運んできていたらしい。ふくよかな優しい人。文学作品などもよく読んでいた。今度は、何を書いているの、と私に話しかけてくれたりして。新聞の文化欄は必ず目を通していた人だった。今は、ほとんど雇われの店員さんに仕事を任せてしまったので、もう店には行かない。品物もさることながら、彼女の人柄が素敵だったのだから。

三軒目と四軒目は北京ルート。北京には、世界各国から集まるバイヤーたちのために、巨大な市場があったと聞く。そこからオーナーたちは直接、仕入れてくる。まずハンガリーまで陸路、そこから北京に飛ぶ。往復の旅費を払っても、割が合うということになる。店に並べられた品物は、当時、ちょっと無理をすれば買うことができる値段だ。たいていは小切手を使って、分割払いでやりくりをする。あるいは外貨のヘソクリによる現金。当時は懐かしのドイツ・マルク、あるいは米ドルだった。

三軒目のオーナーはドラギツァ。金髪に染めた髪はぱさぱさ、どこか影のある人だった。そこで買ったのは、P社の深紅のジャンパー、黒の袖なしジャケット。そしての木綿のバッグ。ブランドのことなど分からないが、たまたま気に入ったから求めた。後から知ったが、本来はとても高価なものだということだ。黒地に赤の縁取りがあり、A4判が入る。バッグは、一度、日本の専門店で褒められたことがある。まだ日本では出ていないデザインですね、と。そういうことが大切な世界がある。

オリジナルだけど値段は破格。「北京の工場にはね、オリジナル流しがある。イタリアの本社から製造の発注があるでしょ。材料は、たいてい少し余分に来るわけ。それを使って、余分に生産する。意図的に数多く生産する場合もあるけど。ここにあるのは本物、この値段では手に入らないよ」と彼女が説明する。

今は、あのころとは違う。ブランド商品のコピーの取り調べが厳しい。最後に店に立ち寄ったのは七年ほど前のこと。「この品物はオリジナルと同じ、精密なコピーだけど、外国に持っていったらいけないよ。あんたが取り調べられるからね」と、彼女。今は、彼女のお店には行かない。制裁のときは大繁盛していたが、このごろは品物もぱっとしない。色男にだまされて貢いで借金をかかえ、苦労しているという噂を聞いた。

四軒目のオーナーは、母と娘だった。母はゴルダナ、娘はミリツァ。お母さんは太っていて、娘は細い。お母さんは賑やか、娘は内気。商店街の一階、入口から一番目、場所がよいこと、ほかより安いこともあり賑わっていた。お店の前に、品物をハンガーにかけて出すのも、他と違っていた。母も娘も、なかなかの美女たちで、たくましく独りで生きている印象を与えた。内戦の時代に、家族が食べていくということは、並大抵ではなかった。

飛行機で北京へ仕入れに行くのは娘だった。大きなトランクに詰めるだけ詰めて戻るのよ、と彼女。税関も、かなり甘かったらしい。自分が出向けぬときは、仕入れを専門にしている人たちがあり、そこから買うということだった。「北京のバイヤーのための市場には、色とりどりの絹のスカーフがあってね」と、眼をきらきらさせて話す彼女は、ほんとうに買い付けを楽しんでいて、洋服とかハンドバックとかアクセサリーを愛しているということがわかる。

素材とデザインがよく、あまり高価ではないものを選んでくる。品物によっては、タグのところが切り取られている。税関を潜り抜ける様々な仕組みらしかった。タグを切り取られたところで、ブランドのオリジナルではなくなる。身分証明書を失った旅人みたいに。彼女自身が、少し着てみて、洗ってアイロンをかけて店に出したらしいな、という絹のブラウスもあった。すべては適当、細かいことが意味のない時代の不思議な決まりができあがっていた。

いつごろからか、愛想のいい素敵な女の人が雇われて、店番をするようになった。銀行のリストラで失職、ここに流れついた。ある日、赤と黒のタータンチェックの純毛のプリーツスカートが店頭に出た。迷った末に買う。すると、店員さんはとても喜んだ。「これはね、イギリスの親戚が私のために送ってくれたのだけど、私には小さい。とても上等な品物よ。売ることにした。あなたが着てくれるなんて、嬉しい」と言う。なんだか、子供時代の昭和を思い出した。季節の変わり目に、横浜の年上の従姉妹たちから段ボール箱に一杯、おさがりが届く楽しさに似ていた。

このお店の品々は、素敵だった。麻の黒の袖なしワンピースは、裾の中国らしい刺繍が涼しげだった。やはり麻の紺色のワンピースは、片側にスリットが入っていて、紺色の糸で刺繍が胸に施されていた。どちらも大切に着たあと、友人に譲った。仲良しの花屋の店員さんも、ここで衣装を選んでいた。厳しい時代の楽しい思い出の店。買うかどうかわからないけど、いろいろと試す女たちに、店の人たちは寛容だった。ときには、がらんとした店で、とりとめないお話がはじまることもある。

一番、覚えているのは、黒い鞄。冬の夕刻、日没は早い。あたりは、すっかり暗く、寒々としていた。客が誰もいない店に、お母さんがいる。店にちょっと立ち寄る。お母さんは、元気がない。「明日までに税金を収めなくちゃならないけど、売り上げが思うようになくて」と言う。大変な時代ですよね、と私。すると黒の革鞄が出ている。シンプルなのに、どこか女性らしい。素敵、と私。あなたに似合うわよ、買わなくていいから、手にもって鏡の前に立ってごらん、といつもの手口。鞄を持って、鏡の前に立つ。「大きさといい、形といい、あなたにピッタリ。P社のオリジナルなの。ちょっと値は張るけど、この値段では買えないわよ」とお母さん。あなたなら値引きしておく、とたたみかける。うーん、じゃあ、ちょっと待ってね、と私。商店街の目の前が、我が家のある集合住宅なのだ。急いで、一二階までもどり、タンス預金をおろして店に戻る。ドイツ・マルクの現金で商談成立。お母さんも私も、とても幸せな気持ちになった。この鞄は、大切な時にしか持っていかないので、一度だけ取っ手を直したが、今も元気でいてくれる。それにしても、制裁や内戦という時代がなかったら、きっとこの黒の鞄と私の出会いもなかったに違いない。

このお店は、団地のご近所の女たちから惜しまれて閉店した。別の団地に移るということだった。内戦後も、セルビアの経済は少しも良くなる気配はないから、商店街も冴えない。彼女たちのあとは、サンドイッチ屋、牛乳屋、美容院といろいろな店が入っては消えた。考えてみると、制裁時代、内戦時代が一番、元気だった商店街なのだ。花屋の店員さんに久しぶりに会うと、この店の話になった。「あの店の洋服はよかったわね、今もまだ着ているものもあるし。でも、あの時代のほうが、すべて素材も縫製も質がよかったと思わない？どんどん、世の中が粗雑になっていくわね。最初から、早くダメになればいい、という風に作られているわね」と言った。

四　チャイナ・タウン

この商店街と同じ構造のＥＮＪＵＢは、同じ時期に、隣の団地にもできた。こちらは、制裁中に中国人たちが住みつき、今は立派な中華街になった。当時の政府が、中国との友好関係に力を入れていたこともある。店の人たちは、中国の山奥の村から出てきて、出稼ぎに来ているらしい。中国人たちは、隣の団地に住んでいる。当初は、ハンガリーやモンテネグロ経由で、「運び屋」の商売をやっていた。今日の中華街は、衣類や日用品の卸市場の役目を担う、ちょっとした商業センターに発展した。地方都市から、仕入れにやって来る。中華料理の店もある。利用者の大半は、ここで働く中国人だが、最近はセルビア人たちも目立つ。豆腐や白菜など、野菜を売る食材屋もできた。空港の近くには、中国人が経営する野菜のプランタージュがあって、新鮮なもやしや大根もある。日本のせんべいやインスタント・ラーメンのフェイクもある。中国語新聞、医者、弁護士など、中国人ネットワークが隣の団地に形成された。

まだ内戦が続いていたころ、リストラでラジオ会社を辞めたエンジニアの夫妻は、中国人の若夫婦から、幼い子供を預かる仕事をしていた。子供は預けられっぱなし、親たちは週末だけ会いに来る。彼ら夫婦だけではない。中国人の子供を預かるのは、年金生活者の仕事になっていた。団地の散歩道を歩いていると、中国人の女の子が三輪車を運転している。子守りは初老のセルビア人の女性。中国人の女の子は、セルビア語を流暢に話していた。丁寧な育児ぶり、子供たちは中国語よりセルビア語を先に覚えていった。いまも、そんなベビーシッターたちを団地の川岸で見かけることがある。

中国からの人々はどんなルートで入国するのだろう。内戦も終わって国が落ち着いた数年前のこと。成田からベオグラードに戻ると、旅券審査のところで、パスポートの不備があったらしく、中国人の一行が足止めを食らっている。段ボールの箱を潰したものを拡げて、そこに座り込み、長旅のあと、ぐったりとしていた。小さな子供から初老の人まで家族なのだろうか、一二人はいた。彼らはどうしただろうか。

五　紙の屋台

スボティツァは、ハンガリーとの国境の町である。ここから国境のハンガリーの町セゲディまで、すぐそこ。国境の付近の町には、国家間協定みたいなものがあり、国境付近の住民には入出国に関する便宜がはかられている。国連制裁のころ、スボティツァの町には、運び屋さんが活躍する大きな市場があった。一度だけ、制裁のころの市場を訪ねたことがある。電池、トランジスタ・ラジオ、安価な衣類や玩具の類、そしてハンガリー名産のチーズ、ハムやソーセージ類、マーガリン、チョコレート、ココア……。値段をみるとベオグラードより安い。この市場で大量に仕入れて、ベオグラードに運んで売れば、いくばくかのお金になる。

たしかに、ベオグラードの市場にも、ここで見る商品が並んでいる。団地の路上でも、段ボールの屋台に並べてスボティツァから運んだ品々を売る人たちがいた。団地に売りに来るのは、年配の女と中年の男、内戦で難民となってベオグラードに移り住み、路上販売でなんとか生きている。

ノビ・ベオグラードのこの団地の中心は、スーパーマーケットの前の小さな通りである。内戦が始まり、国連制裁が始まったころから、路上販売がさかんになった。それまでも、路上販売はないわけではなかった。週末に、近郊の村から、お百姓さんが、新鮮なチーズ、野菜や卵、花などを運んでくる。手作りの野菜ペーストやジャムもある。違法と言えば違法行為である。納税しないのだから。果物や野菜が採れる季節、それもたいていは週末だった。仲良しのお百姓さんから、無農薬の新鮮な食材を手にする。それが、内戦と国連制裁と、激動の時代のなかで、ものを売る姿のひとつの形として発展していった。

内戦が長引くにつれて、路上販売は毎日の情景となった。卵と野菜と果物を売るドラギツァは、クロアチアのボロボ・セロで小学校の先生をしていた人だ。内戦で難民となった。卵を売って家族を養ってきた。難民となる決心をした日のことなど、聞かせてもらったこともある。青い瞳の優しい人、ときどき長話をする。

野菜売りのなかで、私が大好きなおばさんはスパソヤさんだ。彼女の名は「救い」という意味で、信仰のあつい人。白髪頭をネッカチーフで包んで、エプロンをかけて、大きなポケットにお金を入れている。彼女はボスニアから難民となって来た。彼女が初めて路上で野菜を売り出した日のこと。夏の朝、少しばかりの茄と胡瓜とズッキーニを並べている。いかにも美味しそうで新しい。「おはよう、茄《なす》をくださいな」と言うと、秤にかけて「おいしく召し上がれ、お達者で」と言う。物売りの古風な言い方だ。あなたは最初のお客だからね、とおまけしてくれた。冬の日になると、男物の古い背広を着て店を出す。ご主人の形見なのだろうか。

路上には、レース編みを並べる女の人たちもいる。これも法律の外なのだけど美しい。ミルカおばさんは、いつも編み針の手を動かしながら、元気だ。娘さんは法律家で大きな孫息子もいる。ミルカさんから買ったレース編みで、忘れられないものがある。それは蜘蛛の糸のように細い絹糸で、コソボ地方に伝わるやり方で編み上げたコースターだった。この技術を持つ人は、今は稀である。いくらかと訊くと、たったの五〇ディナール、つまり五〇円。「お隣さんがね、コソボから来た難民のお婆さんで、薬を買うお金に困ったから、売ってきてちょうだいと頼まれたの」とミルカさんが言った。金色のようにツヤのある糸、芸術である。大切にしている。

今はなくなったが、内戦中、制裁中では、海賊版のCDなどを路上販売するという商売もあった。ビートルズ、懐かしのユーゴ・ロック、キース・ジャレット、ビリー・ホリデイ、ショパン、マーラー……。ジャケットも粗末な白黒コピー。ショートカットの似合うのっぽの娘が、午後になると段ボール箱にCDをのせて売っていた。ボスニアから難民となってきた人だった。ある日のこと、日刊紙に私の詩が掲載された。花嫁についての詩だ。「あなたの詩を読んだわ」と、通りがかりの私を呼び止める。私の詩を、私だけのために夕闇のなかで朗読してくれた。瑞々しい声だった。そして「こんど会うときには、暗唱するからね」と言った。すぐ横のキオスクのベスナさんは、いつも文化欄を見ていて、私の記事が出ると、周りの人たちに見せていたから、それで知ったのかもしれない。でも、娘を見かけたのは、それが最後だった。晩秋のことだ。苦労の絶えない難民生活、外国にでも行ってしまったのだろうか。利発な人、感情が豊かだった。幸せになっているかな。時々、彼女を思い出す。

六　キノコ商店街

団地には、段ボールの屋台よりは、少しは立派な「キノコ商店街」もある。ベオグラード市は、制裁でいよいよ厳しい時代を迎えると、キノコと呼ばれる簡素な鉄製の店舗を団地や都心の通りに設置し、そこに店を出す者からテナント料を取ることで収入を得ることになった。赤や緑のペンキが塗られている。ミニマリズム建築の極致。小さなスペースには、商品を並べるタナがあり、屋根の部分にも商品を吊るすフックがついている。屋根の部分は、店じまいするとき、店舗の扉ならぬ蓋となり、鍵がかけられる。商品の倉庫に早変わりするのだ。

社会主義時代の市民生活の象徴ともいえる団地は七〇年代に造られ、サバ河の岸辺の瀟洒なデザインは「太陽の町」と呼ばれていた。保健所、図書館、学校、レストラン、郵便局、集会場、スーパーマーケットなどが揃っていた。当然のことながら、「キノコ商店街」は、当初の都市計画には描きこまれてなかった。

八百屋、トイレットペーパー等を売るドラッグ・ストアならぬ雑貨屋、下着や子供用品、婦人服を売る衣料品の店など、ざっと一〇軒。一九九二年ころに生まれたのだから、二五年以上もの歳月が流れた。セルビア風ハモニカ横丁の情景。店主のほとんどが、ボスニア、クロアチア、コソボなどから民族浄化にあい、難民となってきた人々で、ロマ人もいる。仮店舗みたいな風情があり、何一つ永遠ではないという無常をただよわせている。

今日の「キノコ商店街」は、みんな大きな青果市場や卸市場から仕入れている。仕入れのルートは違法なルートではない。店主たちは、税金も納めなくてはならない。早朝は、みなトラックで仕入れに出かける。夕方になると裸電球に灯がぽっと灯る。冬は冷たい風、夏は厳しい熱風に耐えて、品物を売る人々のシルエットが路上に浮かび上がる。つましい情景は、内戦、制裁が生み出したものだ。すっかり団地の人々の生活に溶け込んでしまった。私たち家族も、トイレットペーパーはミーラさんの店でと決めている。量販の安い店には行かない。少しの値段の差なら、笑顔の彼女と言葉を交わすほうがいい。

商店街からは、名士ともいうべき人気者も現れた。八百屋の店主のジューロさんは、クロアチアのセルビア人地区の故郷では国会議員をしていた人、のっぽでバスケットの選手もしていた。気高い人柄だったが物静かで謙虚だった。夫妻は団地の人気者で、野菜を買うというより、二人の魅力にひかれて買いに来る人々が多かった。二人の笑顔は何にも代えがたい。妻のスラビツァからは、料理の作り方を教わり、家族の問題についてお互いに打ち明けて相談しあったものだ。東北の大震災のときには、売り上げから一、〇〇〇ディナールの寄付をいただいた。内戦のとき、日本国民から援助をいただいたから、と。ジューロさんは、三年前に癌で亡くなられた。葬儀には、ジューロさんの死を悼み、千人もの人が集まったと聞いた。スラビツァは、年老いた伯母の介護に忙しく、今は、息子さんが店を継いでいる。

かつて、青函連絡船があったころ、青森港の近くで深夜も林檎を売る屋台のおばさんたちがいた。あの夜の情景が、「キノコ商店街」の冬の夕暮れに重なる。法律とか国家とか、大きな仕組みの話ではない。小さなものの売り買い、そこに生まれる人々の関係という情景には、どの土地にも悲哀と笑いが滲んでいる。

七　暗闇のピカチュウ

一九九九年一〇月のはじめ、NATOの空爆が終わって四ヶ月後、ミロシェビッチ政権が倒れる夕刻のこと。国はふたたび混乱、町の通りにはデモ隊があふれ、夕刻からは停電となった。炭鉱の労働者のストが原因だったらしい。すっかり人影が消えた団地のキノコ商店街の片隅で、暗闇から声がする。黒いスカーフのお婆さんが、小さなダンボール箱の上に、マッチ箱といっしょにゴム人形を並べて、「買っておくれ、買っておくれ」と言っている。よく見ると、黄色のゴム人形のキーホルダー。ピカチュウだ。腹を押すとキュウと啼く。買うことにすると、お婆さんはとても喜んでくれた。暗闇を一二階まで、手すりをたよりに、ゆっくりと歩いて上る。夫にプレゼントした。このときから、ひとつの時代が終わり、別のゲームの法則に基づく政治が始まったのだった。

八　ある者には戦争、ある者には兄貴

「ある者には戦争、ある者には兄貴」という俚諺《りげん》がセルビア語にはある。戦争という混乱は、多くの人にとって戦争そのものであり悲劇である。だがある者にとっては、巨万の富をもたらす頼もしい兄貴のような存在なのだ。

制裁破りには、いろいろな形があったはずだが、思い出すのは、長距離トラックの運転手のインタヴューだ。いかにして、合法的に輸出入をするのか。まず隣の国へ出る、それから次の国へ移るという具合に、トラックがいくつも国境をこえていくうちに、たくさんの書類が準備され、書き換えられていき、最後の地点

で合法化されるということだったが、私にはよく解らなかった。魔術みたい。制裁そのものの意味が解らないのと同じように、解らなかった。一時輸入の手続きとか、相手国のパートナーの会社とか、様々な形の複雑な合法化の仕組みだったらしい。

そういえば、内戦後に頭角をあらわしたコワモテの女性政治家が、国連制裁当時を想い出して語っていた。ベオグラード大学の経済学部を卒業、大手の食品会社でグリーンピースなど冷凍食品の輸出を担当していた彼女の最初の仕事は、どんな書類を揃えれば輸出を合法化できるかで、完璧にそれを成し遂げた、と。父親とともに、大きな仕事を動かす人になった。親子にとって、戦争は頼りがいのある兄貴だったに違いない。

制裁破りの伝説は、ドラマチックなものが多かった。まるで口承文芸の叙事詩である。いきつけの美容院では、銀行員から聞いたというお話を聞いた。国庫の外貨は、ヘリコプターでキプロスの銀行に運ばれたという。その量たるやすごい、と。なんと大胆な話。実際、外国に会社を登録することで、様々なことができたのは事実である。

しかし、私が心をひかれるのは、戦争が兄貴であった人々のことではない。戦争がまさに戦争そのものであった人々のことである。国連制裁の混乱期で、インシュリンが病院になくなり、それがもとで妻を亡くした友人。一九九九年の初夏、NATOの空爆によって、トルステニツァ市の橋が落とされ、土曜日の市場に向かう途中で亡くなった人々、数学者になりたかった高校生の女の子……。難民に配布される人道物資援助の小麦粉や食用油を段ボール箱に乗せて、買い手を待つ女の人は、子供のノートを買う現金が必要だった。

キノコ商店街で野菜や果物を買い、ENJUBのショッピング・モールで気晴らしのお買い物を楽しんでいた私たちは、呑気な存在だったといえる。

おわりに

バルカン半島の多民族国家ユーゴスラビアの解体と内戦、世紀末の戦争を体験していたら、日本にいたらきっと見えなかったものが立ち現れてきた。これまで日本人がイメージしてきた「ヨーロッパ」は、強くて富める国々のヨーロッパである。しかし、ヨーロッパの辺境、バルカン半島までやってくると、ヨーロッパは別の表情を見せる。七世紀あたりにバルカン半島に南下したスラブ人たち。帝国の興亡を織り込んだ歴史が刻みこまれた民族のるつぼに、今もしたたかに生きる。この土地の人々は、「法」に対して抱くイメージの多様性を見せてくれる。

「法」にくるまれた国家。しかしその皮膚は、感じやすく、あんがい脆《もろ》い。どの国にも、裏と表があり、動的な関係で結ばれている。国とは、いわば氷山のようなもので、水の下に沈んで見えない部分も重く大きい。地下の部分のエネルギーは、国を蝕《むしば》むこともあるが、国を変化させ再生する力にもなってきた。

二一世紀のグローバリズム。「海賊」をキーワードとして、「法」とはなにか、を考えるとき、イメージの多様性を観察することなしに、その本質は明らかにならない。国家という氷山の見える部分だけではなく、水面下の見えない部分も観察すること。それが、とても大切な時代に入っている。

コラム

一九〇〇年、パリ——模造された大韓帝国

李　建志

はじめに

一九〇〇年というと、西暦で新しい百年がはじまる画期になるのだが、この年、ふたつの大きな出来事が、東西で起こっている。いわずと知れたことだが、パリで開かれた万博およびオリンピックと、そして中国で起きた、反西洋文明としての大規模な戦争＝義和団事件である。これらに朝鮮がさまざまな形で影響されたのは、いうまでもない。

まずパリ万博だが、佐野真由子氏編著の『万国博覧会と人間の歴史』（思文閣出版、二〇一五）においても充分な頁数を割いて言及されている。これはパリにおける三度目の万国博覧会であり、一九〇〇年四月一五日から一一月五日までの二〇〇日以上にわたって開催されたもので、「二〇世紀を迎える重要な行事で、一九世紀の一〇〇年間の産業、芸術、科学技術を回顧し、それから二〇世紀の展望を見せ」ることを目的としたものだった〔陳　二〇〇八：六〇〕。この万博ではオリンピックも同時に開催されており、文字通りフランスが国家の威信をかけた大きな催しだったといっていい。朝鮮は一八九三年のシカゴ万博に参加しているものの、「この博覧会の『朝鮮館』は、『製造と教養館』というテーマ館の南側に位置し、総規模八九九ft^{2}で日本館や中国館に比べてよほど小さな規模で」、「仮設建物程度に貧弱であった」〔陳　二〇〇八：六〇〕。つまり、それまでは万国博に参加したはいいが、かえって国家の体面を傷つけていた可能性さえあったのだ。

朝鮮に関していえば、この一八九〇年代後半から一九〇〇年にかけての朝鮮は、大韓帝国を宣言し（一八九七）、国王の高宗は「皇帝」へと即位したものの、

西洋からはむしろ「欠落」として見られていたといっていい。大韓帝国とは、清国と日本という朝鮮を取り囲むふたつの東洋の「帝国」の間にある国であり、「清国と日本の中間ぐらいの文化、歴史を持つ国」という「想像」をかき立ててしまうほどに、あまりにも「小さな国」としてシカゴに登場してしまったのである。そういった意味で、朝鮮は清国や日本はもちろん、ロシアや英国と対等な「帝国」であることを目指しながら、地理的には日本と清国の間にある「場所（中継地）」として、また政治的にはロシアと日本のかけひきが行われる「場所（政治的空白地）」として西洋社会に想像されがちな存在として見られていたといえまいか。朝鮮はシカゴ万博で、自己イメージの構築に失敗したといっていい。

一　パリ万博の韓国館

　このような状況を打破すべく、「大韓帝国」の皇帝高宗は、一九〇〇年のパリ万博において満を持して国家の威信を示す展示館を出すと決断する。それは単なる中継地として想起されてしまう「場所」性や、列強の政治的進出が可能な「空白地」としての「場所」性を払拭するための命がけの行動であったとさえいえよう。先にも述べたとおり朝鮮は、一八九七年に大韓帝国を宣言したとはいえ、諸外国にそれが認定されるのは少し遅れた。「皇帝即位問題について最も積極的だったのがロシアで、フランスがそれに同調し」、「日本はかつて自らが『皇帝進号』問題に関わった関係上」承認していくものの、他の西洋列強や清国は消極的だったという〔月脚　二〇〇九：一六〇〜一六一〕。しかし清国も一八九九年九月に「『大韓国大皇帝』と『大清国大皇帝』との対等条約としての韓清通商条約が締結され、条約の上での『独立』が完結した」〔月脚　二〇〇九：一五七〕。ちなみに、高宗の立てようとした皇帝像は「中華世界的皇帝像を維持しつつ、ヨーロッパ・日本と互換可能な皇帝・帝国像」であり、一九〇二年に「ドイツ人軍学教師フランツ・エッケルト作曲による宮廷雅楽風のメロディーの国歌が制定された」が、それは「皇帝の長寿と威厳を祈念するもので、日本の『君が代』と性格の似たもの」〔月脚　二〇〇九：一六一〜一六三〕、すなわち日本の天皇との互換を視野に入れていることが見えてくる。

　ただし、この万博に先立つ一八九九年八月に制定した「大韓帝国国制」によれば、高宗は皇帝として「無限の君権」をもつとされ、議会も開かず、憲法を制定する意志もなく、内閣は事実上皇帝の諮問機関であったことから、むしろ歴代清朝の皇帝や、ロシア皇帝に近い存在として規定されていることは留意していい。なぜならば、せっかく独自のイメージを立ち上げようと奮闘しながらも、皇帝高宗の行ったことには、日本の近代国家建設の流用的な側面が透けて見え、その上で皇帝の立ち位置は「アジア的」（マルクス）を地でいくようなものであったことから、やはり先に述べたような「中間」性、すなわち政治的にも地理的にも他の帝国の中間にある「場所」性を、むしろ充実しかねない行動だったという皮肉な結果を生んでしまっているのだから。

それはともかく、こうして立ち上げた大韓帝国そしてその君主たる皇帝高宗の存在を世界に知らしめる格好の舞台が、このパリ万博だった。もっとも、パリ万博参加の意思を最初に伝えたのは一八九六年一月であり、そのときはまだ高宗は皇帝になっていないばかりか、まだ露館播遷（日清戦争以後、日本によって強引な開化派政権が樹立されたが、それに反発した高宗がロシア公使館に逃げ込んだ事件。一八九六年。）以前の親日開化派政権の頃のことなので、もしかしたら西洋との関係を強化することで事態の打開をはかろうとした高宗の切った札だったのかも知れない。ロシアとの関係でいえば、フランスはロシアと軍事同盟を結んでおり（一八九四）、高宗のロシア傾斜がこの裏に見え隠れする。

さらに「博覧会展示のための組織委員の選定及び決定は、一八九八年六月三日に駐韓公使プランシ（Victor Collin de Plancy）がフランス外務省長官に送った公文書で、フランス側のグレオン男爵（Baron Delort de Gleon）を代表とする韓国委員会及びソウル事務所が設置される」［陳　二〇〇八：六二］ことに決定した。朝鮮政府（大韓帝国政府）は財政的に苦しく、単独では展示館を出すことができなかったため、「グレオン男爵がパリ博覧会『韓国館』の建築費用を負担する」［陳　二〇〇八：六二］ことで、なんとか参加できる状態だった。ここで注意しておきたいのは、大韓帝国は「大日本帝国や大清帝国」などと肩を並べる帝国として自らを規定しておきながら、独力で博覧会に出展することもままならなかったという事実である。はたしてこれが他国と対等な「帝国」の名に値するのか、かなり疑わしいといえまいか。

ただしグレオン男爵の構想は興味深く、「『韓国館』を『公的な部分』と『珍しくて娯楽的な部分』の二つの部分テーマ」にわけ、「公的な部分」は「政府のコレクション、近代と過去の芸術品、そして農業、鉱山、産業、商業、その他の特別な朝鮮の生産品を展示する主展示館」で、「高宗皇帝の『夏宮殿』の形態」（陳景敦氏によれば、この「高宗皇帝の夏宮殿」がどこのどのような建物なのか、「現在は資料の不足で正確に把握することが不可能」〔陳　二〇〇八：七一〕だという）を模したもので、「珍しくて娯楽的な部分」は「韓国の活気あふれる道、すなわち仁川済物浦租界地に形成された朝鮮の横町を具現する」〔陳　二〇〇八：六三～六四〕ことを目指した館となる予定だった。これはロシア帝国の朝鮮進出という政治的な思惑を、露仏同盟の関係からフランス社会が後押ししているがゆえに可能だった構想ではあれども、朝鮮のイメージ＝「中間的な場所」を払拭する可能性を秘めたものだ。しかし、残念なことにこれは実現されずに終わる。パリ万博直前の一八九九年一一月にグレオン男爵が急死してしまったためである。

　グレオン男爵死後、建設途中だった韓国館は撤去され、契約はいったん解除されてしまう。要するに、韓国の出展はフランスにいる「朝鮮に関心を持つ人物」に丸投げ的にまかせていたのは明白で、はたしてこれが本当の意味での「韓国館」だったのか疑わしい、いや、いっそいかがわしいとさえ思えてしまう。そのいかがわしさの最たるものが「朝鮮の横町」の復元ではないか。そして、朝鮮のために設計から金策まで請け負うという、奇特というより酔狂といってしまいたい人物たるグレオン男爵が急死するや、韓国館の出展そのものがうやむやになってしまったのである。

　このような経緯があったあとも、大韓帝国としては万博参加自体を放棄することはできないので、英語が堪能でフランス語にも通じている閔泳瓚《ミン・ヨンチャン》を送り込み（一九〇〇年二月到着）、グレオン男爵の後任となったミムレル伯爵（Comte de Mimerel）に対して「朝鮮半島で算出される主要な生産品の展示に使われる公式展示館だけを建設することを条件として、事業を再び引き受けることを要請」した〔陳　二〇〇八：六六～六七〕。これもまたいかがわしい。金文子氏によれば、「韓国のパリ万博事務局が、名誉総裁の閔泳瓚を筆頭に、七名のフランス人スタッフで構成されていたことが記載されている。清国の事務局がフランス人事務官長一名のみであることに比べれば、韓国のパリ万博にかける意気込みが想像されよう」〔金　二〇一四：四一七〕とある。この当時、閔泳瓚は数え年で二八歳で、政府要人たる閔泳煥《ミン・ヨンファン》の実弟だ。二人の父は「大院君の妻である驪興府大夫人、つまり高宗の生母」の弟であるため、二人は高宗の従兄弟でもある。それゆえか、パリ万博における彼の肖像写真には「S. Exc. LE PRINCE MIN-YOUNG-CHAN（プリンス閔泳瓚閣下）」と記された〔金　二〇一四：四一八〕。露館播遷以後の高宗専制期には、このように外国通の若い官僚が登用された時代でもあったといえる。もちろん、駐露公使を勤めた李範晋《イ・ボムジン》同様、高宗の信任厚い人物すなわち血縁の親しい者へと集中しがちな嫌いがあったことは、その限界として指摘しておく必要があるが。

二　国家の威信をかけて

さて、万博の開始までいくらもない時期に計画をやり直すことになったため、どうしても規模は縮小せざるを得なくなり、韓国館は「グレオン男爵の計画案の規模からしてほぼ2／3程度に大幅に縮小されて建てられた」〔陳　二〇〇八：六七〕という。このグレオン男爵案の韓国館と、実際につくられた韓国館の間には規模の面だけでない大きな違いが存在した。それはグレオン男爵案では「全くの伝統建築とはいえない異国的なデザインと装飾、そして重層で構成された点は、フランス側の朝鮮の伝統に関する一方的な理解と認識、すなわちオリエンタリズム的な意識が表出されたもの」あるいは「異国的で無国籍的な娯楽性の強い展示館」〔陳　二〇〇八：七〇～七一〕が構想されており、とくに「済物浦にある一つの道を表現している」「珍しくて娯楽的な部分」には、「大衆が通行するその場で造った生産品を売っている実際の土着民の家族が、露天商人と野外曲芸師たちと共に居住」し、「最大四〇㎡の空間の酒屋一棟を建てることを許可する」とある〔陳　二〇〇八：六四〕。もしもこれが開館していたら、当時のフランス人が朝鮮をどのように見ていたかをうかがい知ることができるすぐれた例になっていただろう。

それに対して、実際に出展された韓国館をつくるべく派遣された閔泳瓚は、二人の朝鮮人の労働者を連れており、これが「間違いなく朝鮮伝統建築に精通した大工であっただろう」〔陳　二〇〇八：六八〕ということから、大韓帝国政府がより主導的に建築過程に参加する「初期の計画案（グレオン男爵案——引用者補）のような建築的表現はほとんど見られない」〔陳　二〇〇八：七二〕ものとなっている。そして完成した韓国館は、正王宮である「景福宮勤政殿を模倣し」た建物だった。それは「緊急な事情のためデザインに関する十分な議論がなかったことと、敷地の規模が以前の2／3くらいに縮小されたことから」、「モデルとなった建物をそのまま模倣するのが最も早く展示館を建てる方法であったかも知れない」〔陳　二〇〇八：七一〕という現実的な側面から実現されたものではあるが、結果的に高宗の威信を伝える＝王宮建築をパリで展示することができたともいえるかもしれない。ただし、これだけでは「中間的な場所」という「想像の暴力」を払拭することは難しかっただろう。そこに生きた朝鮮人がいるわけでもなく、単に「東洋風の王宮」があるだけでは、金閣寺を模した日本館とどれほど違うものであるかを強く印象づけるのは難しかっただろうと考えるからだ。そこには、やはり日本や清国に「似た」国としての朝鮮が、いっそう印象深く西洋社会にすり込まれてしまった可能性が高いのではないか。

このように、国際的に徐々に認められつつあった大韓帝国という国号と、高宗の皇帝即位というふたつの問題を、より幅広く世界中に承認させるためのひとつの広報の手段として、パリ万博への参加は行われていたといっていいだろう。しかし、その韓国館の建築案は、当初はフランス人の見た朝鮮といういかがわしいものであり、その後に実際に展示されたものは朝鮮の宮廷建築の縮小版という、はたして当時の世界にどれほどの印象を与えられたのかかなり微妙なものになってしまったのだ。

この国家の威信という問題は、パリ万博のほかにも表出している。例えばこの年の九月、ソウルに奨忠壇という祀堂がつくられているが、これは日本軍が景福宮を襲い、閔妃が殺された「乙未事変」で死んだ忠臣を祀るためのものだった。大韓帝国国制を発布して専制君主となった高宗が、国内外で自らの威信を高めようとしていることがよくわかる事例のひとつだ。もちろんそれが、経済的にも軍事的にも裏打ちされない、いや、むしろ大韓帝国の宮廷事情が、諸外国就中《なかんずく》西洋列強に向けて発信されるメディアとしての博覧会にまでにじみ出てしまうという、悲しい結果を招いてしまったといえよう。

三　朝鮮という「中間的な場所」

ここで少し視点を変えてみよう。一九〇〇年のパリ万博の事例から大韓帝国の国際関係をのぞいてみたが、本来ならもっと注目されるべき問題がこの時期に朝鮮半島の隣の中国で起こっていたからだ。その問題とは「義和団事件」と呼ばれるものであり、東洋対西洋という枠組みで行われた大きな戦争だといっていい事件を指す。これは清国の農民たちとキリスト教の対立に発する大きな戦争であり、そもそもは少林寺拳法から派生した義和拳とそれを学ぶ人びと――義和団が起こしたものだ。一九世紀末の中国では、外交特権を最大限悪用していた当時のドイツ、アメリカ、イギリスなどの西洋列強の意向で、キリスト教を信奉する人びと（教民）とその他の郷民との間に深刻な対立が生まれていた。そのため、彼らは義和拳から派生した義和団と呼ばれる組織をつくり、反キリスト教――反西洋社会の反乱を起こした。そこで清朝政府もこれに乗じ、一九〇〇年六月に西洋列強へ宣戦布告し、八月に西太后と光緒帝が西安への脱出するまでの、いわゆる「北京の五五日」の間、農民や都市における義和団とともに反西欧の戦闘を行った事件であった。

詳しくは別稿にゆずるが、清国とはもともと「近代的な国民国家ではなく、（国土も民も皇帝の家産であり、行政幹部が管理する――引用者補）家産官僚制的な古代的文化帝国」［三石　一九九六：二三］であり、この文化帝国とは「文化的程度の高い中国が、恭順なる野蛮人に十分な下賜物を与え」るという外交戦略を内包している社会だという［三石　一九九六：二一］。天下を支配する天子は、自らに逆らったり、自らを裏切ったりするものを人格的に懲罰する「懲治」という処罰をするのであり、外交特権を悪用して中国で好き勝手なことをしていたキリスト教および西洋に「懲治」を行ったのがこの義和団事件の際の清朝政府の行動原理だといえる。

ただし、当然のことながら西洋社会も「もともと神秘的なヘブライズム（宗教）と理性的なヘレニズムという二つの焦点をもつ『楕円』の文明であるが、いまや、その一方の焦点、合理主義の流れが、宗教と政治と産業の革命を経て、進歩の思想、工業主義、人民主権主義などの武器を満載して、全世界を征服しようとしていた」［三石　一九九六：一六］。だから義和団事件と前後する時期に、清国と西洋諸国との戦争・摩擦は、古代文化帝国という中華思想と全世界征服を目指す近代的帝国主義の衝突としてとらえることができる。この「文化帝国主義」とは、次のような特徴を持つという。

①広大な領域を支配する。「天下」を支配し、近代的な意味での「国境」はない。

②有徳な君主による「徳治主義」の支配であって「法の支配」ではない。

③「武」ではなく儒教的「文」による統合。「文（学問）」が即権力である。
④国土も民もすべて皇帝の家産であり、行政幹部（中央と地方の官僚）が管理する。
⑤「国父」による福祉政策の実施が帝国の唯一の正当性の根拠である。
⑥「一視同仁」（すべての者を平等に愛すること）の寛容性。宗教的慣用、住み分け。
⑦民は人格も主権も持たない「赤子」とみなされ、支配の客体である。［三石　一九九六：二〇］

このような特徴は、大日本帝国にもにじみだしているが、それはさておこう。義和団事件に関連して述べるべきところは、「宗教的慣用」というところだろう。これに対して三石氏は以下のように述べている。「中華帝国は儒教を正統教学とし、キリスト教徒、回教徒、また仏教徒であれ、帝国の正統教学である儒教的価値体系に挑戦してそれに取って代わろうとしないかぎり放任したのである」［三石　一九九六：九］。だからキリスト教は、中国ではそれなりに信者を集めていたといっていい。問題は、ここに西洋列強の中国への侵略の意志が働いてしまったことなのだ。西洋列強の力を背景に、キリスト教徒と西洋人宣教師や神父などが実際に横暴なことをしており、義和団運動が起こった「山東・河北省の農村地帯では、（中略）きわめて具体的、きわめて人間的な利害の衝突の後に、闘争が激発した。しかし、巨大な都市における闘争は、匿名性、抽象性を帯びざるをえない」。すなわち「外国人一般、宣教師一般、侵略者一般が義和団の闘争目標とな」り、「文化帝国の最下層に眠る人々の義和団への参加を誘発することになった」［三石　一九九六：二二六］のである。

ここでは詳しく触れられないが、三石氏の議論のもっともすぐれたところは、この義和団の運動を「千年王国運動」としてとらえていることだ。彼によれば、千年王国とはキリスト教社会だけにあるものではなく、次の如くどこにでもあり得る運動だという。

権力それも専制的・権威的政治権力の存在するところ、そこには少数者による多数者への抑圧があり、搾取がある。少数の支配者の抑圧があり、搾取があるところ、そこには被抑圧者の反抗があり、抵抗がある。千年王国はこの抑圧されたる者の、現存する体制への反抗、抵抗の思想と行動の神議論なのである。いかに時代が異なろうとも、いかに政治体制が異なろうとも、政治権力が専制的・

権威的・全体的であるなら、そこには、かならず、千年王国運動がある。〔三石　一九九六：三二八〕

だとすれば、義和団事件に前後して朝鮮で起こった「東学」による甲午農民戦争（一八九四）も、千年王国運動であると言えるかも知れない。しかし、キリスト教が朝鮮王朝によって弾圧されていたという事実に鑑みると、朝鮮王朝が「文化帝国」であったとは到底いえないだろう。また、農民戦争という名称からもわかるとおり、これはあくまでも農村部での運動・闘争であり、都市での「匿名性、抽象性を帯びた運動」にはいたっていない。ゆえに、よってここではこの問題にこれ以上は深入りしないこととする。

実は先に触れた「大韓帝国国制」の第四条に、「大韓国臣民が大皇帝の享有している君権を侵損する行為があった場合、その已行未行（既遂と未遂の意味）を問わず臣民の道理を失った者と考える」とある。この条文は、右に挙げた「懲治」の概念にかなり近いものであり、大韓帝国皇帝は「天子」ではないものの、大清国皇帝の似姿といっていいものだ。高宗が実際の制度上で朝鮮半島の国土と民を自らの家産であると明文化して運営していたとまでいえるかどうかはわからないが、少なくとも高宗個人の意識のなかでは朝鮮半島の国土もその民も、紛うことなく自分とその家族が所有している家産だと考えていたはずだ。このように、大韓帝国は一八九九年に法的根拠をもって家産官僚制を成立させてしまったのだ。義和団事件を経て、中国が「文化帝国」であることが否定されたそのとき、大韓帝国はひたすらに「文化帝国」化せんとして法整備をしていたといっていい。やはり大韓帝国は清国や日本のような隣国の姿によく似た、そしてそれらとは違うと主張すればするほど、西洋列強からも、いや朝鮮を取り巻く清国、日本、ロシアからも、しょせん朝鮮は清国と日本の「中間的な場所」に過ぎないという想像力をかき立ててしまう「ジグソー・パズルのひとつ欠けたピース」〔稲賀　二〇一五：二〕へと自らはまりこむような行動をしてしまっていることがわかる。

おわりに

このように、一九〇〇年を前後する時期、朝鮮は「大韓帝国」を宣言したが、それは文化帝国主義へと自らの体制を旋回させる専制体制を成立させるものであった。そして、その文化帝国としての大韓帝国を国際的に表明するべく、フランスで開かれるパリ万博に出展をしたのである。しかし、それらは「フランスが見た朝鮮」とでもいうべきいかがわしい空間が構想され、しかもグレオン男爵の死去によって泡と消えてしまう。この模倣を繰り返し、鏡像を是認する高宗皇帝の専制体制が、一九世紀末の朝鮮の姿であるといえまいか。パリ万博をめぐる問題から、そのような傾向が見えてくるようだ。

〔引用文献〕

稲賀繁美「海賊行為とジグソー・パズルの欠けたピース　海賊科研論文報告書に向けて」（二〇一五年六月二一日）
金文子『日露戦争と大韓帝国——日露開戦の「定説」をくつがえす』（高文研、二〇一四年）
陳景敦「韓国近代建築における折衷型建築の展開と設計理念についての研究」（二〇〇八年、博士学位論文、東京大学大学院工学系研究科建築学専攻）
月脚達彦「大韓帝国成立前後の対外的態度——外交儀礼を中心に——」（『朝鮮開化思想とナショナリズム　近代朝鮮の形成』、東京大学出版会、二〇〇九年）
三石善吉『中国、一九〇〇年——義和団運動の光芒』（中公新書、一九九六年）

コラム

越境的あるいは海賊的――「タタールの木」をめぐって

今泉 宣子

はじめに――大きな森の木の下で 歴史を語るということ

少し長い前置きから、この稿を始めたい。

日本トルコ友好一二五周年を迎えた二〇一五年末、「両国の絆の深さ」を描いたという映画が公開になった。『海難1890』である。一八九〇年九月、オスマン帝国の親善使節団を乗せた軍艦「エルトゥールル号」が、和歌山県大島村樫野崎（現在は串本町に行政区画変更）で座礁。台風に荒れ狂う海で、五〇〇名近い死者を出した事件のことだ。この時、地元の住民達が必死の救助活動で六九名の乗組員を救ったことが、一二五年を経て、日土友好の端緒と知られている。(1)

その明治以来の両国の結びつきを想起させるものが、明治神宮に現存する。

トルコ共和国の駐日特命全権大使として、一九三六年二月に着任したヒュスレブ・ゲレデが、明治神宮境内に記念植樹をした榊《さかき》がそれだ。同年三月二三日、午前に昭和天皇への国書捧呈を終えたゲレデ大使夫妻および大使館員ら一〇名は、午後三時、明治神宮へと到着。神前で玉串を奉奠した後、「大手参道東側祓舎南方約三十米の林苑内」に、真榊一株を手植えしたと当日の『社務日誌』に記録がある。ゲレデが明治神宮に提出した「献木願」には、その理由が次のように表現されている。(2)

惟フニ新興土耳古ノ国威発揚ニ精進シツツアルモ蓋シ帝国日本ニ於ケルガ如シ　今日此ノ佳日ヲトシ館員一同ヲ従ヘ親シク明治神宮ニ参拝シテ御祭神ノ御偉業ヲ敬慕欣仰シ奉ルハ本官ノ深ク光栄トスルトコロ　我ガ土耳古国ノ前途ノ躍進ヲ念願ス

ル所以モ亦茲ニ有之候

着任後のゲレデが名誉会長を務めることになる友好団体「日土協会」は、新任大使ゲレデの人となりを、「ケマル・アタチュルク大統領の親友」と紹介している。(3) ムスタファ・ケマル・アタチュルクは、一九二三年にイスラーム世界初の世俗主義国家として、トルコ共和国を建国した初代大統領だ。ゲレデは、「偉大なる改革者」ケマル・アタチュルクの盟友として、独立戦を戦った参謀大佐であり、大統領が信頼を寄せる人物だった。そのゲレデ駐在中の大きな任務の一つが、冒頭で紹介したエルトゥールル号海難事故の記念碑を建立することだった。この弔魂碑はトルコ政府によって樫野崎に建設が決定し、一九三六年一〇月二二日には定礎式を挙行。翌年六月には新墓碑の除幕式が行われ、そのどちらの式にも大使が足を運んでいる。(4)

だらだらと連ねたが、海難にことよせて海賊をなきものにしようというわけではない。

明治神宮の研究所に身を置くようになり、一六年が経過した。四年後には、この杜が誕生から一〇〇年を迎える。創建以来の『社務日誌』の記録を手繰りながら、いま漠然と心にあるのは、この森をさまざまに通り過ぎていった異邦人たちの視点で一〇〇年という時間を辿ってみたい、ということだ。そこには、ポール・クローデルやジャン・コクトーは勿論、チャンドラ・ボースやビルマのバー・モウ、ヒトラー・ユーゲントも登場することになるだろう。GHQに接収された時代もあった。確かなのは、これから私が対峙するのは、「この森の一〇〇年史を私はどのように語るのか」という問いであるということだ。大きな森の木の下に身を寄せて、君は何処に向かって何を語っているのか――。内からも外からも、そのような問いかけが聴こえてくる。私に海賊が必要なのは、まさにこのことだ。

これから素描するのは、日本とトルコのつながりを象徴する、もう一つの榊にまつわる物語である。境内で今も成長を続ける一本の樹木の来歴をたずねるうち、友好の絆とだけでは語りえない、ユーラシアをめぐって邦人と異邦人が交錯する歴史の断片を垣間見ることになった。そこには、あるディアスポラの存在があった。

ユーラシアを越境と変容の場としてその歴史と現在を論じたシリーズに、『ユーラシア世界』（全五巻、東京大学出版会、二〇一二年）があるが、その第二巻は「ディアスポラ論」を標題に掲げている。今なぜ「亡命」ではなく「ディアスポラ」という視点が必要なのか。編者の一人であるロシア・ポーランド文学者の沼野充義によれば、従来使われてきた「亡命者」や「難民」等の用語の多くは、接頭辞 ex- が端的に示すように、移住者にとっての「本質」はあくまでも祖国にあり、移住先での生は二次的にすぎないという考え方がその底流にあった。それに対して、接頭辞 dia- で始まる「ディアスポラ」は、あちこちに撒き散らすという意味を語源に持つ。つまり、ディアスポラ研究は移住者たちの「越境的な生の形」を総体的に描き出すことにこそ主眼があるという(5)。

さらに沼野は、このような歴史研究の動向は、昨今の文学研究における翻訳論の展開とパラレルな関係にあると指摘する。両者はともに複数の領域間の移動・伝達を扱うディシプリンであり、二〇世紀半ばくらいまでは、どちらも起点（祖国、原文）を重視する本質主義的スタンスを取ってきた。それが一九八〇年代以降の翻訳研究では、原文と翻訳の同一性より、むしろ両者に生じる差異や変形に探求の関心がおかれるように、ここでも「越境的な」テクストの形が問われることになる(6)。

故郷を喪失し、距離を跨いで「うつろう」生。ここで、稲賀繁美の比喩を借りて、「海賊船」へと思索を巡らす(7)。秩序の庇護から見捨てられ、時空を「移り」ゆく「vessel（うつわ）」とは、すなわち「vessel（海賊船）」であると稲賀はいう。それはまた、秩序というジグソー・パズルの平面にぽっかりと空いた、失われた一つのピースであると。

そこで私は、一本の榊に穿たれてぽっかりと空いた穴のむこうから、大きな森の時の流れに目を凝らしてみたい。見慣れた森の過去の歴史から、他者の声を聴くことはできるだろうか。

一　回教学校生の榊——故国を遠く逃れて

明治神宮は一九二〇年一一月、明治天皇とその皇后、昭憲皇太后を祭神に祀る神社として創建された。鬱蒼と広がる七〇万平方メートルの森は、全国から寄せられた約一〇万本、三六五種の樹木で造成された人工林である。その植林にあたっては、一〇〇年を超える時間軸で徐々に天然の森へと近づけようとする、当時の林学者たちの周到な計画があった。彼らの計画では、特段の事情がない限り、創建後にさらに植林することを制限している。しかし、明治神宮の記録によれば、一九二〇年以後少なくとも二三本の樹木が新たに境内に植えられたことが分かっている[8]。これは「大前十間参道沿特種奉納榊楠」と称し、特例として実現した記念植樹に相当する。明治神宮の森において、献木の経緯や植栽位置が特定できる樹木は珍しい。

その二三本のうちの一本が、さきのゲレデ大使の献木であり、このコラムの主人公である榊もまた、その一本に該当する。一九三七年七月五日、大使の植林から約一年三ヶ月後に実現した、東京回教学校校長とその生徒達による記念樹だ。その「献納願」の文面を、当日の『社務日誌』に知ることができる[9]。

献納願

東京市渋谷区代々木上原一・九八番地
東京回教学校々長ム、ガ、クルバンガリー

一、榊　壹本

我々回教徒ハ今ヨリ拾数年手前ニ日本へ亡命シテ来タ者デアリマスガ、御稜威ノ基ニ住居ヲ得ラレテ安穏ニ生活ヲ営ムデ居リマス　其ノ上ニ日本デ生レマシタ子供達ヲ教育スル為ニ学校モ建設スルコトガ出来マシタ　此ノ東京回教学校ハ明治神宮ニ程近イ代々木富ヶ谷ニアリマス　去五月八日ハ学校ノ創立満十周年ニ当リマシタ　日本ノ名士ノ方々ガ多数御来臨下サイマシテ盛大ナ祝賀会ヲ挙行致シマシタ　我々ハ日本ノ方々ノ厚イ御同情ニ深ク感銘致シテ居リマス　此ノ感謝ノ心ヲ表ス為ニ学校ノ十周年祝典ヲ機会ニ記念樹ヲ献納致シ度イ願デアリマス　幸ニ御許ヲ得マシタナラ生徒一同揃ヒマシテ　神域ニ植樹サセテ戴マス　何卒御許下サイマス様願上マス

昭和十二年六月十五日

ム、ガ、クルバンガリー

明治神宮宮司有馬良橘閣下

当日の様子を取材した『東京朝日新聞』は、「故国

図1　1937年7月5日、東京回教学校創立10周年を記念して明治神宮に榊を植えるタタール移民の子供達（『東京朝日新聞』1937年7月5日付夕刊）

なき子らの感傷　〝第二の故郷〟に献木」と題して、夕刊に写真入りで紹介している（図1）[10]。曰く、「ここの生徒たちは皆ロシヤから亡命したトルコ・タタール族の子供達で生れてまだ故郷を知らず、一族の団結も亦明治神宮に近い同校に通ふ子供たちによつてのみ結ばれてゐるところから　同族一同がこの渋谷区を第二の故郷と定めようといふ意味でこの献木となつたもの」。

渋谷の回教学校創立一〇周年を記念して、明治神宮への献木を実現したのは、ロシアから日本に亡命したトルコ・タタール族のイスラーム教徒、その子弟たちだった。日本で生まれ育った子ども達はいまだ故国を知らず、この渋谷を第二の故郷と思い定めての植樹という。

それから約八〇年の月日を経て、正参道が社殿に向かい直角に右折する枡形沿いの林苑に、今まっすぐに伸びる榊の姿を確認できる。日本に逃れた亡命トルコ・タタール達は、「安穏な生活」を続けることができただろうか。子らは故国の土を踏んだか。そもそもタタール族とはどのような存在なのか。

二　ディアスポラ――在日タタール人の出現

日清（一八九四～一八九五）・日露（一九〇四～一九〇五）の両戦争における日本の勝利は、帝政ロシアの支配下にあったイスラーム系諸民族を驚嘆させた。ロシア領内のカザン州を中心に居住していたタタール人も、そのような民族の一つであった。

一九一七年、ロシア革命が勃発し、後にソビエト社会主義共和国連邦が成立すると、民族独立運動に参加していたムスリムたちは厳しい迫害を受けることになる。圧政から逃れるため、彼らはロシアから満州に避難し、朝鮮半島を経由して日本に渡ってきた。その最初の移住者が渡日したのが一九二一年頃といい、滞日ムスリム人口がピークを迎えた一九三〇年代後半には、亡命タタール人の数も四〇〇～六〇〇人程度にまで膨らんだ[11]。

当時、在日タタール人は東京だけでなく、名古屋・神戸・熊本などに居住しコミュニティーを形成していたというが、現在その事実を知る者は多くない。しかし、日土関係史を専門とするアンカラ大学教授のメルトハン・デュンダルが、このトルコ・タタール人のディアスポラの重要性を指摘するように、戦間期・戦時下の国際情勢における日本の立ち位置を考えるうえでも、この在日タタール人の存在は無視できない問題だ[12]。

東京に出現したタタール・コミュニティーが組織化するのは、一九二四年にムハンマド・アブデュルハイ・クルバンガリーが来日したことによる。帝政下ロシアのバシキール人に生まれた汎イスラーム主義の亡命者、クルバンガリーこそ、一九三七年に生徒らとともに明治神宮を訪れた回教学校の校長である。

クルバンガリーは、内戦期のロシアで、ボリシェヴィキ軍（赤軍）に対抗してツァーリ（白軍）の側につくも敗走。その後、日本軍支配下の地域に移動すると、まず大連の満鉄で通訳として働き、日本側の支持者を得て来日したものであった。滞留タタール人の指導者として、クルバンガリーは精力的に活動を開始した(13)。

まず一九二五年一一月、タタール人同士の親睦を目的とした「東京回教団」を設立。一九二七年には、子弟の教育のため新大久保百人町に「東京回教学校」を誕生させている。この学校は、一九三一年に渋谷区代々木富ヶ谷に移転し、敷地内には東京回教印刷所も新設された。ここでは、トルコ共和国では禁止となったアラビア文字の活字を用い、タタール語の教科書や雑誌、宗教書を印刷し、それらは海外にも配布された。

この東京回教学校は、その後渋谷区大山にある代々木上原に移転し、現在に至っている。この同じ代々木上原の地に、同じくクルバンガリーの奔走によって建設されることになるのが、東京で最初の回教礼拝堂、いわゆるモスクだ。現在も東京ジャーミイの名で、急増する在日イスラーム教徒の礼拝の場となっている。このモスクが起工したのが一九三五年、完成し竣工を祝ったのは一九三八年五月のことだった（図2）。

図2　1938年５月、東京モスクの完成を祝う在日タタール人とその支援者たち（メルトハン・デュンダル氏蔵）

一九三七年、東京回教学校の創立一〇周年を祝うクルバンガリーは、在日タタール人の指導者としてその絶頂にあったかのように思われる[14]。しかし、その植樹から一年足らず、待望の東京モスク竣工式にも姿を見せることなく、クルバンガリーは日本を後にしている。それは、何故か。

三　クルバンガリーと頭山満
——汎イスラームとアジア主義

ここに、一枚の写真がある（図3）。亡命ムスリムの活動家ムハンマド・クルバンガリー（後列左）が、日本人支援者らとともに犬養毅の墓詣での最中だ。一九三三年一〇月一六日朝、青山墓地での一場面である。墓前で頭を垂れているのは、玄洋社の統帥にしてアジア主義の主唱者、頭山満だ[15]。頭山の背後に立つもう一人のムスリムは、トルコ系タタール人のアブデュルレシト・イブラヒムという。一九〇二年の初来日以後、幾度も日本を訪れることになるイブラヒムは、アジアにおけるムスリム諸民族の独立運動を、全アジアの解放を唱える頭山達の超国家主義と結びつけた最初のトルコ・タタール人である。事実一九〇九年、イブラヒムは頭山や他の日本人有力者とともに、アジア主義の結社「亜細亜義会」を設立。犬養毅もその一員だった[16]。

図3　1933年10月、犬養毅の墓を詣でる頭山満と在日タタール移民の指導者達（メルトハン・デュンダル氏蔵）

明治神宮への献木願書で、クルバンガリーが「日本ノ名士ノ方々」に感謝の意を表したように、回教学校や東京モスクの建設資金を支援したのは、三菱銀行頭取・瀬下清ら財界人や頭山のような在野のアジア主義者達だった。日本側には、反共・反ソの立場からも、日本の対イスラーム政策としてムスリム諸民族を味方につけることが重要であるとの認識があった。

しかし在日タタール人コミュニティーの結束も一枚岩ではなかった。

強烈な個性の持ち主で、時に強引でもあったクルバンガリーに反発する者も多かった。このような軋轢は、一九三三年一〇月、かねてよりタタール民族主義者として著名であった、アヤズ・イスハキーが来日したことで一気に表面化する。日本の在留タタール人社会は、クルバンガリー派とイスハキー派に二分し対立状態に入る。

イスハキーの動向に詳しい松長昭によれば、クルバンガリーが国粋主義団体や陸軍、政治家等に人脈を構築し、彼らに在日タタール人の将来を託そうとしたのに対し、イスハキーはトルコに頼るべきことを主張していた。また、世俗主義を選択したトルコのケマル政府にとって、汎イスラームを唱えるクルバンガリーは厄介者であり、この点からも駐日トルコ大使館はイスハキーの支持に回った[17]。

そのような情況下に勃発したのが、盧溝橋事件だった。一九三七年七月七日。これを発端に、日本は中国との全面戦争へと突入する。この時期の在日タタール工作について『外事警察概況』資料をもとに丹念に辿った西山克典によれば、本格的な大陸政策が急務となった日本にとって、クルバンガリー対イスハキーのヘゲモニー争いは、在留回教徒の統一を阻む元凶とみなされた[18]。このことが、外務省の在日タタール工作を本格化させ、クルバンガリーは一九三八年五月五日に逮捕、そして翌六月一四日には日本追放へと追い込まれる。日本の回教政策とクルバンガリーの立場を転換させた盧溝橋事件が起きた日が、彼が生徒らとともに明治神宮を訪れた、わずか二日後であるのは印象的だ。

一九三八年五月一二日、この日開堂式を迎えた東京モスクには、イエメンのフセイン王子や各国ムスリム代表をはじめ、頭山満や陸軍大将・松井石根らの姿があった。モスクの初代イマーム（導師）として記念写真の中央におさまったのは、クルバンガリーでもイスハキーでもなく、在留ムスリムの統合という日本側の意をうけたアブデュルレシト・イブラヒムだった。

四　タタールとトルコのあいだで

――サファ一家の日本

――私は、トルコ人じゃない、タタール人だよ。

回教徒の明治神宮献木について話を聞いたことがあるという、ラマザン・サファさんにお目にかかり、最初に注意されたのが、このことだった。一九三八年一二月生まれのラマザンは、現在七七歳。日本で生まれ育った、在日タタール人二世である。

ラマザンの父、アイナン・サファは一八九八年、ウラン山脈の西にあるロシアの都市ペルミで生まれた。

ロシア革命では、クルバンガリーとともに反革命軍に身を投じ、命からがら敗走した。ロシアを発つ列車の下側に捕まって、なんとか満州へと亡命したという。日本に渡ってきたのは一九二六年のことだ。

──父は宗教家の家に生まれたから、神様はキリスト教で違うけれども、革命軍ではなく王様（ツァーリ）の方についたんだ。

ロシアでも日本でもクルバンガリーと命運をともにした父親に倣い、ラマザンは明確に自らをイスハキー派ではなくクルバンガリー派の流れを汲む者だと位置づけている。トルコじゃない、自分はタタール人だという発言も、ここにつながっている。戦前、無国籍だった在日亡命者たちにトルコ国籍を取得させようとしたイスハキーとは対照的に、クルバンガリーはむしろ反共・反ソの点で白系ロシア人と結びついたという事情もあった[19]。

アイナン・サファ一家は、上野御徒町の長屋に居を定める。日本に移り住んだタタール人の多くがそうであったように、アイナンも羊毛の羅紗売りとして行商を生業にした。そのかたわら、在京タタール人の礼拝では、イマームであるクルバンガリーの補佐役（ムアジン）を務め、クルバンガリーの追放後もモスクを預かってきたのだ。

サファ一家が、御徒町からモスクがある代々木上原に移ったのは戦時下のことだ。

──御徒町で焼かれて、逃げた先の渋谷でも空襲にあって。二回焼かれたあと軽井沢に行ってね。

戦時下、無国籍のタタール人は旧露国避難民として外事警察の監視対象となった。そのため日本を離れる者もあったが、一九四三年の時点で少なくとも三八家族一四三名のタタール人が東京に在住していたという[20]。しかし、戦争が激化する一九四四年頃、彼らは駐日外国人として強制疎開の対象となり軽井沢へ移動させられた。

──強制疎開で。

とだけ、ラマザンは言った。その内実を知ったのは、後日ラマザンの兄弟について書かれたものを読んでからだ。ハンサン・サファ。芸名をロイ・ジェームスという。ある年代以上であれば、べらんめえ調の日本語が達者な白人タレントを記憶されている方も多いだろう。彼は、プロレスラーのユセフ・トルコ（本名、ユセフ・オマル）とともに、最もよくその名を知られた在日タタール人の一人である[21]。そして、ハンサンはサファ家六人兄弟（幼少時に二人死去）の長男にあたる

図4　アイナン・サファ夫妻とその子供たち。後列左がラマザン、隣がロイ・ジェームス(ラマザン・サファ氏蔵)

(図4)。

一九八二年、五三歳でこの世を去ったロイ・ジェームスと親交があった作家、山口瞳は「蒼い目の日本人」と題した追悼文を残した。山口はロイに対して、言うに言われぬある種のうしろめたさを感じていたという。

戦時中、外国人は、強制的に軽井沢に集合させられていた。おなじ外国人でも、ドイツ人イタリヤ人は扱いが違う。ロイ・ジェームスはトルコ人《〔ママ〕》だった。

少年であったロイは、軽井沢の駅で(通)の仕事を手伝わされた。日当はパン一斤である。(通)の仕事のないときは草軽電鉄に乗って山へ入り、樵の仕事をやらされた。薪を造るのである。[22]

山口はまた、軽井沢へ集合させられる前に、ロイとその父親の身に起きた「もっとひどい」体験についても記している。焼け出された御徒町から代々木上原へと引越しの途中、二人は軍人会館に連行されたのだという。地下室では荒縄で逆さに吊られて竹刀で殴られた。

目が蒼いために、彼は何度も殺されかかったのである。私もそのなかの一人だったと思わないわけにはいかない。彼が、あんなに日本と日本人を愛した訳が、私にはわからない。[23]

一九四五年夏、軽井沢から戻ったサファ家を含むタタール人は、代々木上原の回教学校校舎を住処にして、戦後を始めることになった。無国籍だった在日タタール人が国籍を取得したのは、一九五三年のことだ。サファ一家も、この時、トルコ国籍になった。冷戦下、トルコ政府はこれまでの方針を転換し、海外に在住するトルコ系の人々にも国籍の付与を認めたのだ。日本を離れる同胞も多いなか、サファ一家だけは回教学校の一角に住み続けた。

父アイナン・サファは、宗教者として在日ムスリムのまとめ役となり、一九六九年から一〇年間、モスクの五代目イマームも担った。一九八四年没。多磨霊園外国人墓地の一角にあるムスリム墓地に葬られた。

息子ロイ・ジェームスも、霊園の同じ区画に眠っている。父親よりも二年先に旅立った。ムスリムは葬儀もモスクで行い、遺影を置かないこと、火葬をしないことが必須になっている。このことが、日本人であるロイの妻を悲しませたことは、本人である湯浅あつ子が自著『ロイと鏡子』（中央公論社、一九八四年）で語るところだ。――ロイと鏡子。妻・湯浅あつ子は、三島由紀夫の小説『鏡子の家』（新潮社、一九五九年）に登場する女性のモデルで、ロイとあつ子は三島の友人でもあった。

火葬を何よりも恐れた夫と、回教寺院大僧正の、八十四歳になる義父のためとはいっても、病院からあんなに帰りたがった自宅にも寄れずに、一路、大山町のトルコ回教寺院に運ばれてしまった夫！戸籍では立派に夫婦であるのに、しきたりで喪主にもなれず、「コーラン」も分らず、写真も花も駄目と、主人の弟に言われ、日本籍の夫は、きっと、「かんべんしろよな」と、非現実的に自分をなぐさめるべく、言っていると無理に思いこんだ。(24)

「主人の弟」とは、ラマザンのことに他ならない。しかし、彼にはまた別の思いがあったようだ。

回教学校を卒業後、ラマザンは横浜のインターナショナル・スクールで中学高校時代を過ごした。得意の英語を活かし、立川の基地で働くことから始め、最後は航空会社のパン・アメリカンで六五歳の定年を迎えた。二番目の兄や妹はアメリカに移住したが、ラマザンは日本に残った。一九六〇年代初頭に閉校した旧回教学校校舎の一角に今も一人で住んでいる。父も母も兄も眠るイスラーム墓地を守りたいという思いがある。浪花節が大好きで「浪花節のうなり声はコーランの朗誦と一緒だ」と、あくまで日本に馴染もうとした父アイナンの口癖を、今は自分が繰り返している。

――嫌な目にあっても、人を恨まないこと。それは神さまがそうなさっているのだから。

クルバンガリーとその流れを汲むタタール人の存在は、「忘却の淵」に追いやられた。西山克典はその要因の一つに、戦前の日本人イスラーム研究者が、クルバンガリーと対立するイスハキーに賛同し、クルバンガリーを意図的に無視した事情があったことを指摘している。[25] さらに、戦後の日本人イスラーム研究者は、国策と結びついた戦前の対回教政策をタブーとし、在日タタール人の歴史に触れるのを避けた。[26] いまや、彼らの存在を伝える二世、三世の世代そのものが姿を消しつつある。

ここで再び、冒頭で想起したジグソー・パズルの失われたピースの比喩に戻る。

パズルという秩序平面に穿たれた穴は、実はシステム全体の矛盾がそこに集約され、欠如として表現された空隙である、と稲賀はいう。[27] その欠けたピースに如何なる葛藤が集約されているのか。今後必要なのは、「矛盾の結節点を腑分けして、そこに全体の歪みの力学がどのように錯綜しているのか」を、地道に検討する作業だ。[28]

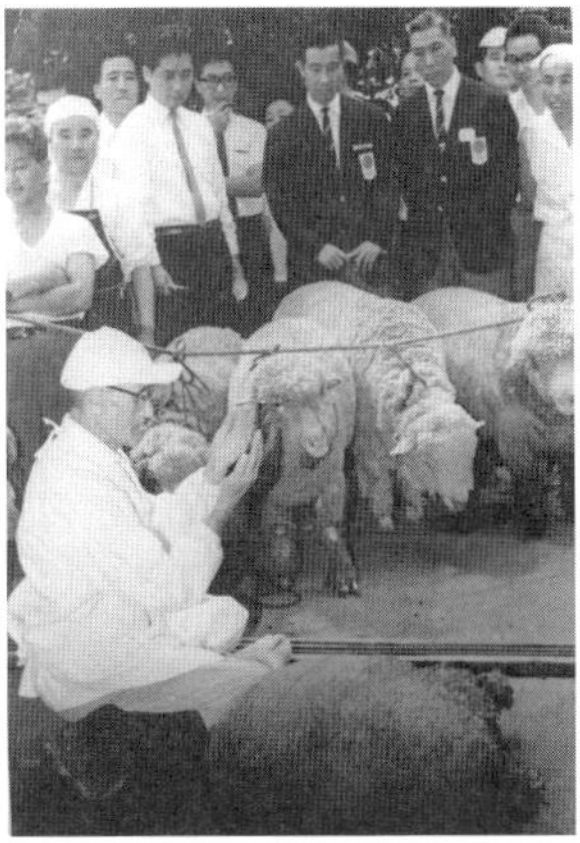

図５　東京オリンピックのためにハラール処理を行うイマームのアイナン・サファ（ラマザン・サファ氏蔵）

ラマザンによれば、父アイナン・サファは、イスラーム規範に則ったハラール食肉の処理も行い、ラマザンら兄弟はタタール移民宅への配達を手伝ったものだという。実に一九六四年の東京オリンピックでは、アイナンが代々木選手村で使う食材のハラール証明を手がけた（図５）[29]。当時の日本の「国際性」は、かつての無国籍者の存在なくして実現しえなかったという事実を忘れてはならない。そして、そのシステムの歪みは二〇二〇年へと続いている。

おわりに——邦人と異邦人のあいだで

一九八六年、東京モスクは老朽化のために取り壊しが決まり、跡地がトルコ共和国政府に寄進された。トルコ政府は、国民から喜捨を募って、二〇〇〇年に新たなモスクを建設した。東京ジャーミイと呼ばれるこの新しい回教礼拝堂は、現在トルコ共和国の管轄下にある。[30]

実はラマザンが住む旧東京回教学校校舎も近く取り壊しが決まっている。しかし、現在までラマザンには一つの連絡も入っていないという。

——トルコにしてみたら、こっちがタタール、タタールっていうのが気に入らないんだろう。

校舎が解体されたらどこに住むのか、なにも決まっていない。

八〇年前、父アイナン・サファが後にした故郷は、今はタタールスタン共和国に属する。ロシア連邦地域管轄区のひとつだ。これまでに二度、かつて父が過ごした町を訪ねた。一度目は、働き始めたパン・アメリカンの飛行機に父親を乗せて。一〇年前には、アメリカに住む兄妹と三人で。追われるように町を離れたサファ一家が当時住んでいた家が、今もそのまま残っているという。

――サファさんにとって、祖国とはどこなのでしょうか。

その問いは何度も声にしようとしたが、尋ねることができなかった。尋ねることができないという、この私の躊躇はどこから来るのか。また、流暢な日本語を話すが、ラマザンは読むのは苦手だ。他者を語ったこの小文を、私はどのようなかたちで彼に手渡すことができるだろうか。

大きな森の木の下で、邦人と異邦人のあいだを行き過ぎた一〇〇年を語ると心に決めたなら、今はただ、この身の置き所のなさの所在をこそ問いながら、私は書きたいと思う。

（1）　中央防災会議災害教訓の継承に関する専門委員会『1890 エルトゥールル号事件報告書』（二〇〇五年）。

（2）　明治神宮所蔵『昭和十一年　社務日誌』。

（3）　「新駐日土耳其特命全権大使ヒュスレヴ・ゲレデ氏略歴」（『日土協會會報』一九号、一九三六年）三八頁。『日土協會會報』については、三沢伸生監修CD-ROM版Ver.1（二〇〇九年）を利用した。

（4）　中央防災会議前掲注（1）一三〇頁。内田定槌「土耳其軍艦エルトグルール号殉難者の弔魂碑除幕式と慰霊祭に参加して」（『日土協會會報』二一号、一九三七年、九二～九六頁）。エルトゥールル号事件の弔魂碑建立およびヒュスレブ・ゲレデ等に関しては、東洋大学社会学部の三沢伸生教授に貴重な助言と資料を提供いただいた。

（5）　沼野充義「総論　ディアスポラ論」（塩川伸明・小松久男・沼野充義編『ユーラシア世界2　ディアスポラ論』東京大学出版会、二〇一二年、四～六頁）。

（6）　同右、七～八頁。

（7）　稲賀繁美『接触造形論　触れあう魂、紡がれる形』（名古屋大学出版会、二〇一六年）一六一～一六五頁。

(8) 本郷高徳『明治神宮御境内林苑計画』(一九二一年、明治神宮所蔵)。
(9) 明治神宮所蔵『昭和十二年　社務日誌』。
(10) 『東京朝日新聞』一九三七年七月五日付夕刊。
(11) 在日タタールについては、鴨澤巌「在日タタール人についての記録」(一)・(二)(『法政大学文学部紀要』二八号(一九八三年)、二九号(一九八四年))、松長昭『在日タタール人――歴史に翻弄されたイスラーム教徒たち――』(東洋書店、二〇〇九年)、店田廣文『日本のモスク――滞日ムスリムの社会的活動――』(山川書店、二〇一五年)等参照。
(12) メルトハン・デュンダル「私は夢も日本語で見ていた」前掲注(5)『ユーラシア世界2　ディアスポラ論』所収、二〇五頁。デュンダル氏には、本コラム執筆にあたり、貴重な助言と資料を提供いただいた。
(13) クルバンガリーについては、西山克典「クルバン・ガリー略伝――戦間期在留回教徒の問題に寄せて――」(『ロシア革命史研究資料』三号、一九九六年)、同「帝国の「東方」支配――「同化」と「異化」によせて――」(『ロシア史研究』七二号、二〇〇三年)、同「クルバンガリー追尋――国際情勢に待機して――」(1)・(2)(『国際関係・比較文化研究』四―二(二〇〇六年)・五―一(二〇〇六年))等参照。
(14) 山田生記「東京回教学校満十年祝賀会記事」(『日本及日本人』三四九号、一九三七年)五八~六二頁。
(15) 「盟友・犬養毅を墓前にしのぶ」(『東京朝日新聞』一九三三年一〇月一六日付)。
(16) 小松久男『イブラヒム、日本への旅――ロシア・オスマン帝国・日本――』(刀水書房、二〇〇八年)八〇~八九頁。
(17) 松長前掲注(11)一六~一七頁。西山前掲注(13)「クルバンガリー略伝」一四頁。
(18) 西山前掲注(13)「クルバンガリー略伝」一九頁。
(19) 松長前掲注(11)一六、二八頁。
(20) 沼田彩誉子「東京のタタール移民関連写真資料――1940年代から60年代まで――」(『アジア文化研究所研究年報』四八号、二〇一三年)二三一~二三二頁。
(21) 三沢伸生「1950年代における在日タタール人に関する史料――データベース化すべき私文書史料一例――」(『アジア文化研究所研究年報』四八号、二〇一三年)二二四頁。
(22) 山口瞳「蒼い目の日本人」(山口瞳著/中野朗編『追悼』論創社、二〇一〇年)二三頁。㊣とは鉄道荷役の作業を指す。
(23) 同右、二六頁。

（24）　湯浅あつ子『ロイと鏡子』（中央公論社、一九八四年）一一～一二頁。
（25）　西山克典前掲注（13）「クルバンガリー追尋（1）」三二六頁。
（26）　松長前掲注（11）六一～六二頁。
（27）　稲賀前掲注（7）一六〇頁。
（28）　稲賀繁美「海賊行為とジグソー・パズルの欠けたピース　海賊科研論文報告書にむけて」（二〇一五年六月二二日）七頁。
（29）　店田前掲注（11）九八～九九頁。
（30）　店田前掲注（11）二九頁。

コラム

京都における人と野良猫の関係史

春藤　献一

はじめに

飼い猫、どら猫、野良猫、山猫、これらはいずれも生物学的には同じ種であるイエネコを指す日本語である。「飼い猫」は人に飼われているイエネコ、サザエさんの主題歌でお馴染みの「どら猫」は盗み食いなどの悪さをするイエネコ、「野良猫」は飼主のいないイエネコを指す。「山猫」はツシマヤマネコなどのヤマネコを指す他に、山中で自立して生きるイエネコという意味を持つ。こうしてみると、猫の呼び方の違いは、人との関わり方の違いだということがよくわかる。

しかし人と猫との関わり方は、ここ数十年で大きく変化してきた。かつては猫の飼い方といえば、家の内と外を自由に出入りできるような放し飼いが一般的だったが、近年では家の外には一切出さない完全室内飼いが推奨され、都市部ではかなり受け入れられているように思える。

一方で野良猫はどうだろうか。完全室内飼いが推奨される飼い猫とは違い、野良猫は相変わらず家の外、つまり人と同じ生活圏の中で、飼い主はいないものの人と密接に関わりながら生きている。筆者はそんな野良猫は、海賊的な要素を持つ存在ではないかと思うのである。

法律、条令、規則等、人間社会には多くの法があるが、これらは何れも人間に対して何かしらのことを定めたものである。つまり野良猫は人様の家に侵入したとしても、庭を掘り返したりしても、悪臭を漂わせる落とし物をしたとしても、車に傷をつけたりしても、罪に問われることはない。野良猫は人と重なる生活圏を持っているものの、人間社会のルールからは外れた存在なのである。そのために、ただ生きたいように生きている彼らは、人が決めた境界を自由に越境し、時には人の財産や生活環境を侵害する等、いわば無自覚の内に海賊行為を行う存在と言える。

このコラムでは、このように海賊的側面を持つ野良猫と人はどのように関わってきたのかということについて、京都市を例に、野良猫に関係する法や制度の歴史を振り返ってみたい。なお京都市を例とする理由は二つある。一つ目は、人と猫の関係史を考えるときには、地方自治体の存在が非常に大きいので、どこかの自治体を例とする必要があるということ。二つ目は、京都市は二〇一五年に制定した条例で野良猫への餌やりに関して規制を行い、これが全国的にも話題になったので例として適当だろうということである。

一　無法の時代

一九七二年の『京都新聞』朝刊一面に、「捨て猫」というコラムが掲載された。執筆者は、国際政治学者で京都大学教授の高坂正堯である。以下に一部を引用しよう。

私は今の高野川沿いの家に三十年以上住んでいるが、その間捨てネコには随分悩まされ、腹の立つことがあった（中略）。ガリガリになって死ぬ寸前の子ネコを見るのは、とてもあわれで、いやなものだったし、それらが生きながらえて大きくなると、家の中にはいって来て盗みを働いて困った。このごろは食料が豊富になったから、野良ネコに少々盗みを働かれてもまだよいが、十五年ほど前は大問題で、ために、種々工夫をこらして野良ネコを捕え、大学病院に持って行って、実験材料に使ってもらったこともあった。そして、そのたびごとに、日本人はどうして、川原や森といった公共の場所にものを捨てるのかと考え、日本人の公共精神の欠如を思ったこともあった。(1)

高野川というのは京都市左京区を流れる川で、出町柳で賀茂川と合流し鴨川となる川である。高坂の言う「十五年ほど前」というと、一九五〇年代後半あたりだろうか。当時の日本には動物保護法と言えるような法律は存在せず、ただ軽犯罪法に「牛馬その他の動物を殴打し、酷使し、必要な飲食物を与えないなどの仕方で虐待した者」を拘留又は科料に処すと定めるのみであった。この規定は、動物の虐待防止にはほとんど効果が無かったと考えられている。

当時の猫という存在は、基本的に行政が扱うような対象ではなかったのである。そのため、当時は誰しもが気軽に猫を捨てることができた時代であった。これは狂犬病予防法によって野犬の捕獲が行われていた犬の境遇とは、全く対照的である。

二　京都府市による保護・管理の始まり

しかし一九七一年になると状況は一変する。京都府が動物の愛護と管理を目的とした全国初の条例として、「動物の飼養管理に関する条例」を制定したのである。第一条には、その目的が次のように定められた。

この条例は、動物の適正な取扱いを通じ、動物愛護の意識を高めるとともに、人に対する危害と生活環境の汚染を防止し、社会生活の安全と公衆衛生の向上を図ることを目的とする。

条例は、動物愛護意識の向上と、人々の安全や公衆衛生の向上を目的として制定された。続く第二条では、犬、ねこ、そして条例が定めるライオン等の特定動物の所有者に対して、動物の健康と安全を保持することや、人に危害を加えたり、生活環境を汚染したりしないようにすることを努力義務として定めている。

条例では猫に関して重大な規定が二つ定められた。一つ目は、捨てることの禁止である。違反した場合は科料に処すと定められ、これにより京都では気軽に猫を捨てることができなくなった。

二つ目は、行政による猫の引取りが定められたことである。第十六条から、一部を引用しよう。

第十六条　ねこの所有者は、そのねこが不用となり、みずから処分できないときは、知事にその引取りを求めることができる。

二　知事は、前項の規定に基づく引取りの申し出があったときは、これを引き取るものとする。

所有者が猫を引き取ってほしいと申し出たときは、府が引き取ると定められている。「引き取るものとする」とあるので、第十六条一項の規定に基づく限り、府は引取りを拒むことはできない。

条例は一九七二年七月二八日に施行され、この日を境に京都府では猫を捨てることができなくなった。これと同時に始まったのが、飼い猫の引取り制度である。当時の『京都新聞』は、京都市における猫の引取り制度の始まりを次のように伝えている。

「ネコを引き取って」――七月二十八日、条例施行とともに、この声が保健所など関係方面の窓口に相次いだ。招かざる子ネコの誕生などでその処置に困っていた大人たちが待ちかねたらしい。府では三台の回収車を仕立て、週一回は府下十二保健所をまわれるスケジュールで〝ネコの引き取り〟に応じているが、一ヵ月に引き取ったネコは約百五十匹。ネコたちは老ノ坂の畜犬指導所へ。一方、京都市でも「火—金の午前十一時まで」と、日時を指定して南区西九条の飼犬指導所で受け付けているが、これまでにすでに百匹をオーバー。忙しくて「ネコの手も借りたい」担当職員に「のらネコを退治して」と〝条例外〟の訴えまで。「そこまではとても」と説明するのがまた一仕事という[2]。

猫の引取り業務は、京都市を除く府下については府が、京都市については市が行う業務であった。府から市への事務委任は一一月一日であったが、市はそれに先行して八月からテスト期間として猫の引取りを始めている。一〇月二八日の『京都新聞』によれば、市が引取った猫は、八月一七八匹、九月二八〇匹、一〇月は一五日までの集計で一一七匹であった。市は条例の事務委任に合わせて、飼犬指導所としていた施設の名称を飼養動物管理指導所に改めた。

こうして京都では、「動物の飼養管理に関する条例」制定に伴い、捨て猫が禁止され、これまでどこかに捨てられていた猫の受け皿として飼い猫の引取り制度が始められた。行政による不要猫処分の始まりである。

これと同時に、京都市民の意識にも変化があったと考えられる。引用した記事に、市に「のらネコを退治して」との相談が寄せられたという記述がある。この相談をした市民は、条例の内容についてはよく理解していない。そのため「猫については行政に言えばいい」という条例への曖昧な意識が、市への相談という行動の背景にはあるだろう。つまり条例の制定は、制度を整えるのみでなく、京都で暮らす人々に、「猫は行政が扱うものだ」という認識を形成させる契機となったとも考えられるのである。

三　国による保護・管理の始まり

京都府に遅れること二年、一九七三年に「動物の保護及び管理に関する法律」（以下、「動物保護管理法」とする）が国会を通過した。同法は府条例と同様に動物の愛護と管理を目的とする法律である。条例は同法に二年先行したものの、同法の立法運動は一九六〇年代から行われていたことから、条例は動物愛護関連団体や関係省庁等の間で検討されていた法案に沿って作られたと考えられる。

そのため条例と同様に、法律においても、猫の引取り制度が定められた。第七条を抜粋して引用しよう。

第七条　都道府県又は政令で定める市（以下「都道府県等」という。）は、犬又はねこの引取りをその所有者から求められたときは、これを引き取らなければならない。（後略）

二　前項の規定は、都道府県等が所有者の判明しない犬又はねこの引取りをその拾得者その他の者から求められた場合に準用する。

第二項に注目していただきたい。第一項が条例と同様に飼い猫に限定した引取り義務を定めるものであったのに対し、第二項では、所有者のわからない猫、つまり野良猫が産んだ子猫等についても、飼い猫同様に都道府県等に引取り義務があることが定められた。これが京都における、所有者不明猫の行政引取りの制度上の始まりである。なお全国的には、同法の施行によって猫の引取りそのものが始められたと考えられる(3)。

この法において他に猫と関連するところでは、猫は法律で定める「保護動物」の一つとして罰則付きで虐待・遺棄が禁止され、また努力義務ではあるものの、できる限り苦痛を与えない方法で殺すこと、適切な飼養を受ける機会を与えることが難しくなる時には手術等で繁殖を防止すること、公共の場で負傷したり死んだりしているのを見つけた人は都道府県等に通報すること、そして通報を受けた都道府県等はその動物を収容する義務があることなどが定められた。

つまり、「動物保護管理法」によって、猫は保護・管理される動物であることが法文上明記され、そのための業務を都道府県と政令指定都市が行うことになったのである。

四　京都の猫はどうなったか

再び京都に焦点を当てよう。条例の施行から八年、法律の施行から六年が経った一九八〇年度に、京都市は八、九一四頭の猫を引取り、その内八、八五五頭を殺処分した。残りの五九頭は、教育試験研究のために譲渡されている。一般への譲渡は行われておらず、負傷した猫の収容実績もゼロであった。市は一九七九年に開所した家庭動物相談所及び一一の保健所で猫を引取り、週三回の頻度で保健所から相談所へ移送、一日保管した後に処分し、死体は専用焼却場で処理された(4)。

一方で、全国で「動物保護管理法」に違反したとして起訴されたのは、一九八〇年の一年間で、たったの二件であった[5]。

もうおわかりだろう。動物の愛護と管理を目的とする法律・条令によって京都の猫にもたらされたのは、行政への引取り義務と、それに伴う殺処分という酷な現実であった。ただこの現実は、法律や条例によって生まれたものではない。法律や条令が無かった時代には、猫は気軽に捨てられていた。捨てることが禁止され、市が引取る義務を課されたことによって、それまでうかがい知ることのできなかった捨て猫の数の一部が見えるようになったと考えるべきだろう。

その後の経過も見てみよう。図1は京都市が引取った猫の頭数と新しい飼主へ譲渡された数をグラフ化したものである。一九八〇年度から二〇一〇年度までは五年おき、それ以降は各年の数値を示している。一見して、引取数は強い減少傾向にあることが見て取れる。しかし引取数と比較して譲渡数はあまりにも少ない。京都市が新しい飼主になってくれる人に対して猫の譲渡を始めたのは二〇〇九年

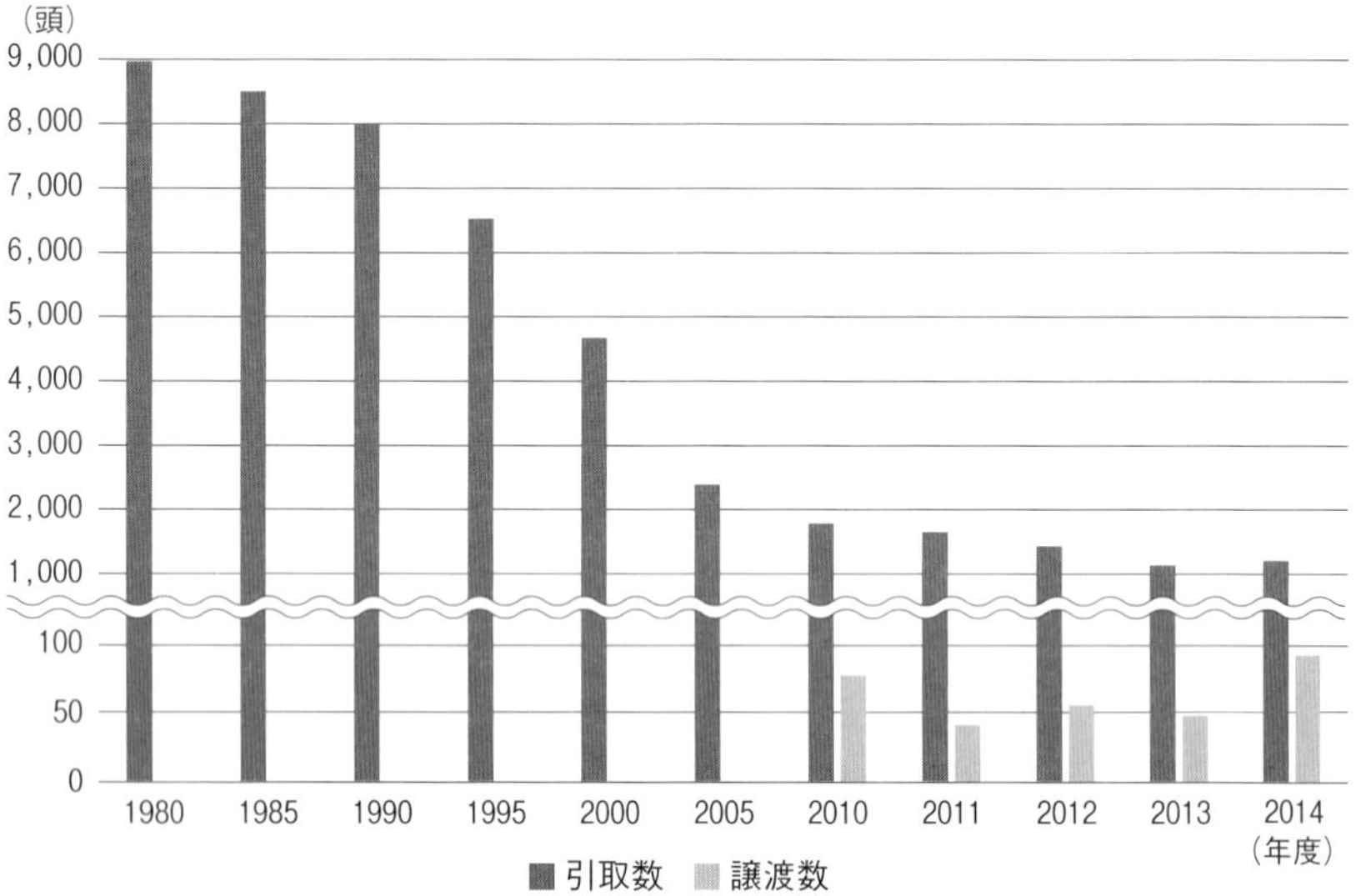

注）以下の各資料から筆者が作成した。
1980～2005年度：京都市「京都市動物愛護行動計画～都（みやこ）・どうぶつ共生プラン～」(2009年)
2010～2014年度：京都市保健福祉局保健衛生推進室京都動物愛護センター「数値実績」(2015年７月29日)〈http://www.city.kyoto.lg.jp/hokenfukushi/page/0000102460.html〉(2016年２月18日取得)

図１　京都市における猫の引取数と一般譲渡数の推移

度からであるが、二〇一四年度までに一〇〇頭を超えた年はない。引取数そのものは三四年間で八割以上削減されたものの、未だに一、〇〇〇頭を超える猫を引取っており、その多くを殺処分せざるを得ない状況はあまり変わっていないのである。

このような状況を引き起こしている大きな要因が、野良猫の存在である。京都市が二〇一三年度に引取った猫一、一三四頭の内、飼主から引取ったのは一一五頭であり、残りの一、〇一九頭は飼主不明の猫であった。飼主のわからない猫の内、九九四頭は子猫である(6)。これは猫の引取数全体の八三％にあたり、その多くは野良猫が産んだ子猫だと考えられている。野良猫は衛生状態が悪い環境で生きることも多いため、市が引取った際には既に衰弱していたり、感染症にかかっていたりして手の施しようがない場合も多い。また、目も開いていない、離乳前の多くの子猫を世話をする余裕も市には無い。そのために、市はやむを得ず一頭ずつ麻酔薬を注射することによって安楽死処分を行っている。処分を行うのは、京都市職員の獣医師である。

五　殺処分を減らすために

京都市は二〇〇九年に「京都市動物愛護行動計画」を策定、「人と動物が共生できるうるおいのある豊かな社会」の実現を目標として、動物愛護行政を推進している(7)。

引取る猫の多くが野良の子猫という状況にある市は、この状況を改善するためにいくつかの事業を行っている。その一つが、市が京都市獣医師会と共同で行う「まちねこ活動支援事業」である。

この事業は、野良猫に不妊去勢手術を施術し、地域住民が世話をする「まちねこ」にすることで、野良猫による糞尿等の被害の低減や、繁殖を防止することを目的とする地域猫活動支援事業である。

市民は野良猫のいる地域住民を含む二人以上のグループを作り、「自治会等の理解を得たルール(餌をあげたら片付ける、猫用トイレを設置する等)に沿って猫の世話をする」と市に申請することで、無償で野良猫に不妊去勢手術を施術することができる。そのため猫は世話を受けながら一代限りの生を全うすることができ、また世話をする人がいることで猫による迷惑や被害も低減される。繁殖をしないため地域の猫は減少していき、やがては猫による様々な迷惑や被害を完全になくすこともできるというものである。

市と獣医師会は二〇一〇年度の事業開始から二〇一

四年度までの累計で、七三六頭の猫に手術を施した。二〇一五年現在、一一四の地域で「まちねこ活動」が行われている(8)。

さらに京都府市は、二〇一四年に「子猫の一時預り在宅ボランティア」として、これまではその多くが殺処分対象となっていた生後間もない子猫を生後八週齢程度まで自宅で育てる個人ボランティアを募集し、現在二〇名が活動をしている。ボランティアは二〇一五年に京都府市が共同で設置した京都動物愛護センターから子猫を預かり、自宅で世話をした後にセンターに返還、センターから京都府全域を対象として譲渡をしようという事業である(9)。

このようにして京都では、誰にも管理されず繁殖を繰り返していた野良猫を、地域住民に管理され繁殖することのない「まちねこ」にし、また市が引取った子猫を飼い猫として譲渡するという事業が進められている。

京都における野良猫という存在は、これらの事業によって、「アウトロー」という文字通り人間の法や秩序の外にある存在から、人間社会にとって善良な存在へと変質されようとしていると言える。

六　「京都市動物との共生に向けたマナー等に関する条例」

野良猫を善良な存在へと変えようとする動きは、二〇一五年にさらに加速した。市が「京都市動物との共生に向けたマナー等に関する条例」を制定したのである。条例は「まちねこ活動支援事業」で申請者に対して求めていた、「ルールに基づいて野良猫の世話をする」ということを、観光客を含む市民全体に対して「マナー」として求めるものであった。

条例は、犬、猫などの糞尿被害の主な原因となっている一部のマナーの悪い人に対する抑止力として、罰則等の実効性のある措置を定める必要があるという市の見解に基づいて定められた(10)。条例は、条例や条例に基づいて定められた「京都市動物との共生に向けたマナー等に関する条例第九条第二項の規定に基づく適切な給餌の方法に関し市民等が遵守すべき基準」に従わずに行われた餌やりによって「周辺の住民の生活環境に支障が生じていると認めるとき(11)」は、市長は必要な措置をとることを勧告することができると定めた。さらに、勧告された措置をとらなかった者には措置をとるよう命令することができ、この命令に違反した場合は五万円以下の過料に処すと定めている。なお基準に沿わない方法による餌やりについても、近隣住民の迷惑とならず住民の理解が得られている場合は認められる。

条例の制定前に開かれた市による市民説明会では、野良猫について次のような市の見解が述べられている。

野良猫につきましては、放し飼いの猫以上に厳しい環境に置かれており、人にとっても猫にとっても望ましくない、猫の不適切飼養の典型といえます。本市では、今後、野良猫をへらし、最終的にはゼロを目指していく取組、これが必要と考えております。(12)

このように京都市は、野良猫ゼロを目指す取組が必要だと明言している。かつて法の外にあった野良猫はいまや、行政によって「ゼロを目指す」と公言される存在となったのである。

七　管理か愛護か

このような人と猫の関わりの歴史を見てくると、「これは人による猫の管理の歴史だ、愛護を口実とした管理の歴史だ」という感想を持つ人もいるだろう。しかしこれは、管理の歴史であると同時に、愛護の歴史であると筆者は考えている。

ここで動物愛護という概念について少し考えてみよう。動物愛護という概念は、動物愛護精神と呼ばれるような、愛情や優しさ、思いやりの心を持って、動物を（習性等に配慮して）適正に取り扱う・飼育するという、人の心のあり方と、人が動物に対して行う行為とが不可分に結びついた概念である。動物を適切に取扱ったり、人との摩擦が起きないように管理したりすることも、動物愛護の一つの形と言える。

このような動物愛護概念の理解は、「動物保護管理法」が「動物の愛護及び管理に関する法律」へと改正される立法過程において議論されたものである。(13)法律はその後も改正されてはいるものの、基本的にはこのような動物愛護の理解に基づいており、同法や同法の趣旨に沿って動物愛護管理業務を行う京都市も、この理解を共有していると言えるだろう。なお動物愛護が概念的には管理を含むものであるのに、法律の名称が「愛護及び管理」となっているのは、動物による人等への危害や迷惑の防止といった動物の管理を社会的に確保することが重要であるため、特に明記されていると考えられている。(14)

ここで京都市の先ほどの発言を、動物愛護概念を念頭に置きながらもう一度見てみよう。市が野良猫の置かれている状況を「厳しい環境」と表現した背後には、交通事故のリスクや、猫白血病ウイルス感染症や猫免疫不全ウイルス感染症（猫エイズ）といった伝染病が野良猫の間で蔓延していること、そして何より、飼い主による安定した世話を、野良猫はほとんど受けられないということがあるだろう。猫をこのような環境に置くことは、動物愛護の考え方では「不適切飼養」にあたり、その状況は改善されなければならない。飼い主を持たず、そして常に戸外で生活する野良猫は、適正な飼養を受けることは困難である。そのために野良猫は減らしていき、ゼロを目指す必要があるのだ、という市の理屈は、動物愛護の考え方に基づいたものであると言える。

おわりに

これまで京都という街を舞台に、野良猫と人が、そして野良猫と行政がどのように関わってきたのかということを見てきた。そこで見えてきたのは、法や秩序の外側にあった野良猫という存在が、動物愛護の考え方の下に「人間社会の秩序の内にあるべきもの」として捉えられ、人に管理される善良な存在へと変質されようとしているということである。

その過程では、一九七〇年代前半にまず条例や法律によって猫を街に捨てることが禁止され、それと同時に不要な猫を行政が引取る制度が設けられた。当時、行政が猫を引取るということは、基本的にはその猫を殺処分するということである。この時点において猫は行政が扱う存在となり、行政は不要な猫に死を与える責任を引き受けたと言える。

野良猫を善良な猫にしようという二〇一〇年以降の市の様々な動きは、野良猫と関わる人に対して、繁殖の制限を中心とする近隣住民に迷惑をかけない野良猫との関わり方を市が示し、それを支援するという形で進められてきた。

野良猫という存在がアウトローから善良な存在へ、秩序の「外」から「内」へと移ろうとしていることは、まず、二つの理由によって野良猫の存在が否定されたことに始まる。つまり街が野良猫による迷惑を許容できなくなったのと同時に、動物愛護の観点からも、野良猫を厳しい環境に置いたままにしておくことをよしとすることができなくなったのである。

このように存在を否定された野良猫に対して行われる政策は、捕獲と処分というような野犬に対して行われた「排除」の政策ではなく、繁殖を制限し迷惑の低減を図るという「変質」の政策である。野良猫から善良な存在へと変質した猫は、京都の社会の秩序の内へと組み込まれはじめている。京都における人と野良猫の関係は、行政が積極的に関与することで、大きな変化が起きようとしていると言えるだろう。

（1）　高坂正堯「捨て猫」（『京都新聞』一九七二年七月二九日付朝刊）。

（2）「ペット条例軌道に乗る　猫二五〇匹を越す　保健所正しく飼うＰＲ」（『京都新聞』一九七二年八月三〇日付朝刊）。

（3）　しかし地域によっては住民の求めに応じる形でこれ以前から猫を引取っていた自治体もあったようである。例えば東京都は、一九六九年以降、保健所に持ち込まれた猫を引取っていた記録が残っている（東京都犬管理事務所『事業概要』、一九七五年、五五頁）。

（4）　総理府内閣総理大臣官房管理室『動物保護管理行政事務提要』（昭和五六年度、一九八一年、二〇八～二〇九、二一二～二一三頁）。なお京都市が動物愛護行動計画で発表した統計では、八、九八四頭の猫を引取ったとしており、数値にはばらつきがある。

（5）　動物愛護管理法令研究会『動物愛護管理業務必携』（大成出版社、二〇〇六年）三四七頁。

（6）　京都市「京都市の動物愛護に係わる事業の概要、実績等」（二〇一五年）一頁。〈http://www.city.kyoto.lg.jp/hokenfukushi/cmsfiles/contents/0000181/181226/07_sankou3.pdf〉（最終閲覧日：二〇一六年二月一八日）。

（7）　京都市「～都（みやこ）・どうぶつ共生プラン～京都市動物愛護行動計画」（二〇〇九年）。

（8）　京都市「京都市動物愛護行動計画改定案に関する市民意見募集」（二〇一五年）二頁。

（9）　京都動物愛護センター「子猫の一時預り在宅ボランティア活動」〈http://kyoto-ani-love.com/volunteer/activity/house/〉（最終閲覧日：二〇一六年二月一八日）。

（10）　京都市「「京都市動物による迷惑等の防止に関する条例（案）」に係わる市民説明会　摘録」（二〇一五年）二頁。〈http://www.city.kyoto.lg.jp/hokenfukushi/cmsfiles/contents/0000181/181226/setsumeikai_tekiroku.pdf〉（最終閲覧日：二〇一六年二月一八日）。

（11）「京都市動物との共生に向けたマナー等に関する条例」第十条一項。

（12）　京都市「「京都市動物による迷惑等の防止に関する

条例（案）」に係わる市民説明会　摘録」四頁。

（13）動物愛護管理法令研究会『改正動物愛護管理法―解説と法令・資料』（青木書院、二〇〇一年）四三～四四頁。

（14）同右、三七頁。

第V部　海賊の修辞学——暗喩と交通

修辞学における西洋と日本と中国——その受容と変容をめぐって

テレングト・アイトル

はじめに

欧米人文学システムにおける基礎的ジャンルの修辞学は、一九世紀後半、歴史の晴れ舞台から徐々に退く傾向にあった。その同じ時期、日本はそれを受容し、二〇世紀初頭までのわずか半世紀という短期間に、西洋の哲学、美学、詩学、文学評論、心理学、論理学、言語学、文章学、文体、文法などを網羅する高度な成熟した総合的な修辞学を発展させたのである。しかしそれは二〇世紀二〇年代後半から急速に衰微してしまった。その代わり、中国は日本から修辞学を学び始め、三〇年代には独自の修辞学を展開するようになる。戦争と政治的な混乱の時期の研究の停滞を除き、中国の修辞学は言語教育や研究において継続して進展し、中国語の近代化と標準化をサポートしてきた。とくに修辞学の弁論術の実践において、文化大革命の初期は、プロパガンダや政治宣伝やアジテーション、弁論が最も盛んになり、一般民衆にまで普及した。文革後、修辞学の実践は落ち着きを見せたが、一九八〇年代から修辞学の入門書や教科書が増え、多くの大学で講義を開講するようになる。近年、修辞学関係の書物も多く編纂され、そして現在、中国のメディアや外交などにおいて、欧米との弁論の場面に修辞学的な技法を駆使して議論することは決して珍しいことではなくなっている。

本稿はそういった日中修辞学の受容と盛衰のプロセスと展開を改めて検証する。かつて古代ギリシア修辞学がローマ、中世、ルネサンスを通して時代ごとに西欧諸言語の規範化と標準化ないし知的対話、弁論などに役割を果たしてきた。しかし、その役割と機能はなぜか日本の人文学、あるいは日本語の近代化において継続して適合して必要とされなかったのである。その代わり、それは中国に受容され、今や急速な発展をみせ、少なくとも現在のグローバル化のなか、現代中国語の規範化、標準化とともに、マスメディアにおけるプロパガンダや外国語としての中国語のコミュニケーションの一環をも担って実践されている。こういった修辞学の諸相を踏まえ、その展開を検証して、改めて修辞学にまつわる諸々の問いかけを喚起したい。とりわけ、修辞学の受容と拒絶にまつわる諸相と、修辞学の起源において内包されていた知の抵抗として、その現代の意味における「海賊」的な現象について改めて問いかけをしたい。

一　日本における修辞学の盛衰

西欧についての知識は漢字圏において一三世紀にはすでに散見されるようになっていた。しかし実際、その知識が体系化して本格的に東洋に入ってきたのは、周知のように一九世紀後半になってからのことである。そして、欧米の人文学がさまざまなルートで漢字圏に入ってきたが、体系的に受容されるようになったのは、まず明治日本においてであり、それから徐々に中国に移植されるようになったのである。

そういった西学東漸のなか、古代ギリシアを源泉に、アリストテレスらによって整えられたレトリック（修辞学・弁論術）は、欧米人文学の体系にとって欠かすことのできない重要な基礎的部分を成す。それを体系的に明確に把握し、最初に翻訳して紹介したのは、明治三年（一八七〇）、西周（一八二九～一八九七）の『百学連環』[1]『美妙学説』などであった。ただし、当時の漢文を背景にした知識層はそれをどこまで意識して確実に認識していたのか明確ではない。「Rhetoric」が「文辞学」[2]と訳出されたように、西周を始め、「修辞学」について表記の仕方から意味まで、あるいはその用語の意訳や直訳などの移植において統一されることはなかったのだ。例えば「レトウリカ」「レトーリカ」「レトリッキ」、「議論学」「論理」「論理術」「文論学」「善論述」「口才」「華文学」「善論之理」「修辞学」「講説法」「修文法」「弁論」「演術法」などのように、多様にわたって訳出され、それが正確に理解され、把握されるようになるのには、さらに時間が必要だったのである。というのも、修辞学の受容以前に明治初期まで、西洋学の受容において、漢文や和漢混淆文、文語文、後の雅文・俗文・雅俗折衷文など、いずれも欧米の文献を翻訳するのには困難さが伴っていただけでなく、読者も西学全般を正確に理解し、円滑に読み解くことは難しかった。いってみれば、漢字文化圏には「修辞学」という「知のシステム」はかつて存在していなかったものである。

確かに、しばしば指摘されてきたように、欧米修辞学に匹敵するような言葉を修辞する工夫や論考は、漢文や和文脈にも伝統があり、[3]ひいては言葉さえ存在すれば、言葉の「アヤ」に工夫を施す伝統は、どんな始原的な言語にも存在していたはずで、口承文芸とは、それ自体は言葉の修辞を施した宝庫そのものである。従って、東洋において、西洋修辞学のような言葉の「アヤ」に対して工夫をする伝統が存在していたのは、事実である。しかしそれが直ちに西洋修辞学のような体系化された分野があったことを意味するとはいい難い。東洋における言葉の「アヤ」を施す分野は、西洋の修辞学とは別個の分野であり、別個の問題として扱われるべきである。実際、明治期において、例えば『文鏡秘府論』や『文筆眼心抄』などの詩歌の創作法や、仏教説話などに見られる説教の技術などの伝統を生かして、当時の西洋学の受容ないし修辞学の受容において、認知の基準として、あるいは科目や枠組として西洋修辞学を受け入れたとは、とても考えられない(現在の中国古典教育・研究の現場においてすら『文心彫龍』の分類作法をもって欧米人文学の修辞学を解釈するどころか、依然として欧米の修辞学の枠組において『文心彫龍』の解釈を施している。つまり、その根底にはそもそも今まで東洋には修辞学が存在したかどうかの問題ではなく、それぞれ相違なる別の思考体系だったことが無視され、依然として西洋修辞学と同じようなものとして見做し、西洋の基準で『文心彫龍』などを理解しており、中国古典の作法で解釈していない）。

したがって、明治期、欧米の知のシステムの受容において、まず眼前にわだかまっていたのは、文法や修辞学ないし論理学など西洋人文学の基礎を欧文から漢字圏にどのように移植するか、それにまつわる言語の諸課題だった。もちろん、そのなかに、民衆の口語と支配階層の文章語、あるいは近代語と古語、話し言葉と書き言葉との対立の問題はすでに存在し、また新たに表出されてもいたが、しかし何よりも明治期において官民共に、あるいは支配階層と被支配階層とが共にまず克服せねばならなかったのは、いかに速やかに西洋学を受容するかの問題であった。つまり明治期、日本語文法の再編成と日本語それ自体の文章体と口語体との一致、いわば「言文一致」（一八八六）など言語の改革から思考様式までにわたって西洋化・近代化が喫緊の問題として差し迫っていたのである。それは日本だけではなかった。中国にとってそれはもっと深刻な問題であった（日本の「言文一致」の言語改革運動は緩やかに行われていたが、それとは対照的に、のちの中国では「文学革命」として展開される。日本では比較的平和な形で西洋学受容と共に現代日本語が形成されていくが、中国では、古語・旧体制を守ろうとする保守系と新体制を創出しようとする急進派との対立がそのまま革命運動につながり、死活問題となったのだ）。

こういった西欧受容という喫緊の時代の要請により、日本において早くも江戸末期から言語改革が主張され、明治時代に入って機運がますます高まる。政府と共に民間からもさまざまな提案が出され、改革が施行されるようになる。例えば「漢字御廃止之議」（一八六六）、「修国語論」（一八七二）、「日本語廃止・英語採用論」（一八七二）、「文法会」の設立（一八七七）、「かなのとも」の設立（一八八二）、「羅馬字会」の設立（一八八四）、「言文一致」の運動、「簡易日本語文法（現代書き言葉）」（一八八六）[4]の成立、『口語日本語ハンドブック』（一八八八）の出版など[5]のように、国字・国語・国文に対してさまざまな改革が施されるようになる。

このような西学東漸という、未曾有の文化的な大移動・大移植のプロジェクトにおいて、修辞学も上陸し、尾崎行雄（一八五八～一九五四）の『公会演説法』（一八七七）を皮切りに翻訳されて導入されるようになる。次に、菊池大麓（一八五五～一九一七）の「修辞及華文」（一八八〇）や黒岩大（一八六八～一九二〇）の『雄弁美辞法』（一八八三）などが刊行される。『公会演説法』と『雄弁美辞法』はいずれも修辞学の演説の方法や説得力について紹介した。これらはいわば古典「弁論術」のフレームワークに属するものだったが、そのなかでも「修辞及華文」は、格別に注目され、その後の修辞学の受容に対して大きな影響を与えた。

「修辞及華文」とは、イギリスのチェンバース兄弟[6]によって編集された二巻本の *Information for the People*（万人の知識[7]）に収録された「RHETORIC AND BELLES-LETTERS」という項目の和訳[8]である。この和訳文は、実際、日本修辞学の創出の土台になっただけではなく、日本の近代文学理論の概念整備や枠組においても、一種の方向づけと普及の役割をも果たした。そもそもその『百科全書』の翻訳は、一八七二年から出版し始めた国家的なプロジェクトであるが、その一項目の「修辞及華文」の原本は、もともと英国一般市民を啓蒙する目的で編集された『知恵蔵』のようなもので[9]、その趣旨と内容は西学の導入に懸命だった幕末・明治において、うってつけの啓蒙書・教科書であった。この「修辞及華文」の翻訳はケンブリッジ大学留学帰りの菊池の手による。彼はのちに有力な教育者となり大学総長、勅選議員などを歴任し政治的な影響力が強かったことから、その「修辞及華文」は明治初期の修辞学と文学にとって、ほとんど水先案内に等しい役割を果たし、知の基準として扱われたほどであった。そして、何よりも指摘すべきは「修辞及華文」を通してアリストテレスの『修辞学（弁論術）』のみならず、その『詩学』が初めて平易かつ簡潔な形で日本に移植されたことであろう。例えば、「修辞及華文」で、

「一般文体ノ品格ヲ論ズ」「行旅日記」「歴史文章」「証明記文」などのように品詞から技巧ないし文章のスタイル、ジャンルなど、修辞学に属する諸々のものが説明され、それが全体のスペースの四分の三を占め、残りの四分の一のスペースは「詩文ノ術」（詩作の方法）に割かれていた。そこでは文学について言及し、その「詩文ノ術」では、「楽詩《リリク》、即ち小曲《ポエートリー》」（抒情詩）、「史詩《エピック》」（叙事詩）、「戯曲《ドラマ》」（劇）、「感動ノ放開」（感情の解放）と「禮度ノアル對言ノ術」（節度のある話し方）が紹介されている。アリストテレスの詩学の三大ジャンルの「抒情詩、叙事詩、劇」が、初めてわかりやすく一般読者向きの形で移植されたのである。

ところが、この「修辞及華文」は、本来のオーソドックスな修辞学にとどまらず、さらに文体論、文章作法、作品ジャンルと詩学など、簡潔な百科事典の機能を果たしたもので、いわば、網羅的に文章技術一般を含め、詩学まで総合的に一括して編集されたものであった。その結果、最初の影響力のある「修辞及華文」としてのレトリック（修辞学）は、『詩学』と『弁論術』というアリストテレスの二つの違う分野が混合された形で受容され、認知され、その二つのジャンルが一つの分野として方向付けられるようになる。現在のジャンル分けから見れば、詩学・文学理論・文学批評を修辞学として扱い、あるいは修辞学を詩学・文学理論・文学批評と同一ジャンルとして、訳述し、受容することになる（実際、一五世紀末、一時期西欧においても『詩学』が文体・文章作法を扱うレトリックに属してみなされた事実もある）。

しかも、「修辞及華文」は単なる百科事典の一項目ではなかった。それはまた啓蒙家、著名な論理学の教授アレクサンダー・ベイン（一八一八～一九〇三）の *English Composition and Rhetoric: a manual*（英作文と修辞学の手引・マニュアル）（一八六六）を援用したもの[10]なので、それは学生の英作文の指導書を目的にしたものでもあった。従って、明治期の日本の修辞学の導入は、つまり、まずこのベインの英作文の学生指導書――総合性と啓蒙性、または教育性のあるものによって、その目的が達成されることから始まったのである。

ベインの『英作文と修辞学』は、当時イギリスのみならず、北米の各大学にも採用され、大方歓迎された教科書だった(11)。その「前書」でベインは次のように言明する。

英作文における方法論の指導書は今まで数多く試行され、現在もなお刊行されつつある。それらはいずれも明確な二つの異なるものを学生にもたらす。一つは豊かな表現力を促すこと、もう一つはより繊細にして良い文章と悪文とを識別できる鑑賞力を植え付けることである。

前者について(中略)

後者の目的——良い文か悪文かを識別する鑑賞力——は、指導要領を圧縮して原則化する必要があり、慎重に例文を選ぶことによってその文章の掟を表現することができる。教師はここではトレーナーであり、簡潔な例文で文章の掟を伝えるが、トレーナーを抜きにしたら吸収が遅くなるか、あるいは全く伝わらない。私の考えによれば、文章を教える教師にとってこの文章の掟はその教える本命である。

すべての作文の掟やルールは、私に言わせてみれば、文章技能に向かわせるもので、そのために寄与し、支援しているものだ。そのために諸原則・掟を集約して、注意書きのような実用的な用語などを削除し、その企てを達成するため、私が努力した結果、本書は、大方の最近の英作文の指導書よりもむしろキャンベルの『修辞学の哲学』、ブレアの『修辞学講義』とホエートリーの『修辞学』に近いものとなったのだ。従って、私は本書を二つの部分に分けることにした。第一部分は、作文一般に関係するもので、第二部分は、特殊な五つの種類の文章によって構成されたものである。つまり、記述文、物語文、説明文、説得文と詩文である。

(中略)

修辞学的な構文の分析、例文の応用、文章の原則と修辞学的なルールに従って熟慮したものを絶え間なく練習して書くようにすれば、たとえ英語ではなくても、その形式を学生の内面に心得させさえすれば、普遍の理想的な作文ができるわけである(12)。

三百頁を超えるこの指導書は、「前書」の通り前半と後半と、均等に配分されているが、輝かしい啓蒙教育の業績で知られていたベインならではというべきか、諸々のジャンルの文章に関する知識においてバランスがとれている点で、現在から見ても疑問の余地は少ない。しかし、あまりにも総合的かつ基礎的な実用のために書かれた本で、それまでの単純な英作文の指導書とは一線を画しており、かつまた修辞学の本でもなければ、文学理論の詩学の本でもなかった。つまり、英作文のためにあらゆる文章に関わる各分野の知を結集したもので、れっきとした優秀な英作文の手引でありながら、文章の鑑賞力・識別力を高めるための「掟」が示された、最適の教科書だったのである。これがそのまま明治期日本の最先端の修辞学の受容、詩学や文学評論ないし文章創作と理解の啓蒙書として、文字通り「マニュアル」になった。たしかに、総合性、啓蒙性の目的を達成するためには、恰好の良い入門書であるが、しかし長期的な展望において修辞学や文学理論ないし詩学を発展させるという点から考えれば、あまりにも初歩的なものだったのであろう。ちなみに、ベインが好んで参照したヒュー・ブレア(Hugh Blair, 1718-1800)の『修辞学講義』(一七八三)は、出版時から一九一一年まで、一三〇版も刊行されたもので、美しい文章を身につける読解書として推奨され、学生の鑑賞力・識別力を高めるのに最も人気があった教科書であった(13)。

総合的な「修辞及華文」が導入されてから九年目、高田早苗(一八六〇〜一九三八)は、ベインなどの影響のもと、古今東西の美文と鑑賞を融合しようとした『美辞学』(一八八九)を刊行する。それは、東京専門学校(早稲田大学前身)を拠点とする日本の修辞学の展開の始まりを意味するが、高田は、西洋の詩学、修辞学、美学などを総合し、さらに東洋の伝統をも融合して、その東西の総合性を定義する場合、それを「修辞学」と命名しなかった。その総合性に苦心して、むしろ「美辞学」という鍵語を創出した。その「美辞学」とは、当時も現在も実際「修辞学」か「レトリック」のことを指すが、高田早苗はもっと広い意味を持たせようと考えていた。『美辞学』の「緒言」で、次のように語る。

著者は大に美辞学上術語の妥当なる訳字を看出す能わざるに窘みたり斯書の題名なる美辞学の文字と雖尚恐らくは全く非難を免るゝ能はざる可し況んや其他の術語をや世間或は斯学を以て修辞学と名くる者あり然れ共修辞の文字たる古来東洋に存在したる者にして「レトリック」なる学問の訳語にあらず故に古く修辞通と題したる如き小冊子ありと雖其説く所の範囲極めて狭隘にして決して著作談論批評を能くするを教ふる学問と全一の者に非ず故に著者は世の誤解を来たさん事を恐れ別に美辞学なる名称を用ひたり読者乞ふ故なくして強て新奇の語を用ひたりと罵る事勿れ(14)。

すなわち、当時の西洋修辞学の範囲は、高田早苗が表現しようとしたものを狭めてしまうのだという。その範囲を広げて、あえて「美辞学」と命名して創出しようとしたのは、より総合的な修辞学で、より網羅的な詩学の分野であった。例えば、その「前篇」の章立てから見ると、嗜好(Taste)、嗜好の快楽(Pleasure)、崇高(Sublime)、優美(The Beautiful)、可笑(Ludicrous)、詼諧(Wit)、滑稽(Humour)及び嘲謔(Ridicule)などの項目があるが、これらは、いずれも西洋美学のジャンルに扱われる研究対象か、美学と修辞学両方に跨る領域で、その他の内容は、むしろ既存の修辞学か、中国の文話詩話や詩賦詩品において扱われても不思議でない程度のものであった。本書は漢字圏において最初に試みたものだっただけに、「西洋のレトリックを基にして、日本人が書いた(試作した)レトリックの最初の優れた書(15)」だと高く評価され、絶賛される。しかし、書名は「美辞学」として表明されたその目的には、「緒言」にあったように「著作談論批評を能くするを教ふる学問」で、「古来不朽不滅の文と称せらるるものを取り、細嚼玩味仔細に之を分析したらんには必ず之をして不朽不滅の文たらしむる所以の元素の其内に存在するを見るならん。美辞学の目的たるや、この諸元素を蒐集して之に説明を加へ、談論著作批評に従事する人々をして其方針を知らしめ其参考に資せしむるに在るなり」[16]というものであった。このように「緒言」において言明したにもかかわらず、この本は、当時から修辞学・レトリックとしても扱われていた。同じ早稲田系の盟友の坪内逍遥（一八五九～一九三五）も「美辞論稿」[17]において、それを「修辞学」として認知しており、のちの武島又次郎（一八七二～一九六七）も『修辞学』（一八九八）の「緒言」において「我国の学問は之を西洋と比べて、皆稺容あるが中に、修辞学の如きは其甚しきものの一つ也。之を邦文もて著述したるもの、明治二十一年に成りたる高田早苗氏の美辞学のほか、今日に至るまで、一の注意に足るべきもの出たるを聞かず」[18]と、この書をれっきとした修辞学だと高く評価する。以来、『美辞学』は、日本修辞学史において草分けの役割を果たしたものとして位置づけられてきた。

かくして、既存の「文を属し詩を賦し歌を詠ずるを教ふるの書」、「文章詩歌を批評したる書」、「文話詩話」を語る書物の伝統のなか、「秩然たる一科の学問として以て談論著作批評を能くするを教ふる」総合的な分野が、修辞学として確立されるようになる。それは同時に、文学批評、詩学、美学と修辞学とのジャンルの混合が成立されたことをも意味する。したがって、日本の修辞学とは、創出の時点からさまざまなジャンルを包含する膨大な領域だったのである。

一八九三年、坪内逍遥は「美辞論稿」の「緒言」において、その分野をさらに広めるように促す。つまり「予が美辞論の区域は、いと広し。下は、国語学、論理法、論理学に密接し、上は、審美学に密接せり」と、文法から美学まで網羅し、むしろ詩学・美学の枠すら超えて、世に書かれた文章・作品一般までにも及ぶようになる。一方、逍遥は当時、東京専門学校で「修辞学」という講義（一八九〇～一八九一）[19]をしていたが、しかし、その主要な内容は、実際、アリストテレスの『詩学』そのものだった。つまり、逍遥にとっての修辞学とは、詩学と同一の分野であって、アリストテレスの『Poetic』と『Rhetoric』とは同一講義となっていたのである。いってみれば「美辞論」、「修辞学」、「詩学」というようなジャンル分けは、逍遥の文学論にとって問題にはならなかった。東京専門学校を拠点にして、徐々に文学批評・創作の指導的な立場を確立した逍遥の見解が、のちの早稲田大学を中心とする日本修辞学の発展にとって、どれほど多大な影響を与えたかは詳細に検証すべきことだが、早稲田大学の修辞学が広範なジャンルを含む包括的な領域として発展していったのは、逍遥との密接な関係を抜きにしては考えられない。いうまでもなく、その背景、あるいはその知の基礎的根拠としていたのは、菊池大麓の「修辞及華文」であり、高田早苗の『美辞学』があり、ベインの『英文作と修辞学』[20]であり、また直接的な影響を受けたところには、ハーバード・スペンサー(一八二〇~一九〇三)の『文章哲学』[21]であり、または『ブリタニカ』(一八五九)第十九巻の影響[22]が大きかったことを忘れてはならない。

東京専門学校を卒業した第二期生島村抱月(瀧太郎、一八七一~一九一八)は、そういった総合的な「美辞論」を継承して、『新美辞学』(一九〇二)を刊行する。坪内逍遥の構想していた広い修辞学を発展させ、それを一つの形にして定着させていく。坪内逍遥はその『新美辞学』の「序」において島村を以下のように称える。

沈思精研の餘に成れる抱月君が新美辞学一篇は我が国に於ては空前の好修辞論たり、彼方の類著に比するも周到なる修辞法に兼ねるに創新なる美辞哲学を以てしたる、證例の雅俗にわたりて富瞻なる、その例空し、斯学に志すの士は此の書にすがりて益する所いと多かるべし[23]。

この『新美辞学』は、「辞」と、音声学・文字学・文法学・意味論・修辞学・論理学・文章などとの関係を考察しながら、「美辞学」の基盤を固め、東西の「美辞学(レトリック)」をも踏まえ、さらに美学、心理学、哲学との関係性を論じるが、当時として、初めての一大総合的な学を試みて創出したものであった。くわえて、のちにそれが「体系的にも美学・心理学・論理学・言語学・文学の諸原理を総合した、まさに『早稲田美辞学』の集大成を図ろうとした画期的な理論の書であった[24]」と賞賛されるほどであった。

『新美辞学』は、書名として高田早苗の『美辞学』の援用だったが、しかしその「緒言」の「第一章、美辞学の名称」において、初めて、明確に「美辞学とは、英語にレトリック（Rhetoric）といへるを意味せるなり」と表明し、「其の他、修辞学といふ名亦一般に用ひらる」と確認したのである。そして、「修辞学」の由来を述べ、「修辞といへる語は、何人も知る如く、『易』の乾卦文言の條に「君子進徳修業。忠信所以進得也。修辞立其誠、所以居業也」とあるを始めとし、支那にても早くより熟して用ひられ、之れを書名にしては、『修辞鑑衡』など名づけたるあり。我が邦にても、一種の語法書に『修辞通』など命名したるものあるを見る[25]」と言及して、初めて「修辞」の起源と、「修辞学」の定義を施す。つまり、西周の「文辞学」を始め、「議論学」「論理術」「善論述」「口才」「華文学」「善論之理」「講説法」「修文法」「弁論」「演術法」など、さまざまな名称の取捨選択のなか、まさに島村の名称と概念の言及によって、初めて「修辞学」が確立されたのだといえる。

『新美辞学』は文字通り、『美辞学』を継承したもので、それは文法と修辞を兼ね、美学から哲学まで網羅し、古今東西の文章論を広く引用して雅俗とも視野に入れた、包括的な大著である。しかし、まさにその包括的な諸長所が欠点に転じたのか、その拡張性と総合性と網羅性は、修辞学の領域の境界を曖昧にさせ、その範囲の広がりが逆に煩雑さと多義性をもたらしたのである。つまり、それは欧米の修辞学のような伝統的なジャンルに基づいて他の分野にまで横断した、学際的な広がりでもなければ、中国古典の伝統に見られるような、さまざまな流派を総合した詩論や文章論でもなかった。早稲田大学を中心に、西欧の文法から哲学までの枠組を取り入れた、まさしく古今東西の各分野を横断して縦横に論じる独特な総合的な修辞学が形成されたのである。

そしてさらに一九〇九年、近代日本修辞史上の集大成、東京専門学校第三期生五十嵐力（一八七四〜一九四七）の『新文章講話』（一九〇九）が刊行される。それはアリストテレスの『弁論術』、劉勰の『文心彫龍』と空海の

『文鏡秘府論』というように、和漢洋の修辞論の歴史を踏まえ、近代の森鷗外、二葉亭四迷、尾崎紅葉、国木田独歩、夏目漱石、島崎藤村などはいうまでもなく、様々な分野の人物の文章用例を網羅して、修辞学と文章論を兼ねたもので、空前にして絶後の大著となる(六八〇頁)。ただし、五十嵐はその「緒言」において、「今迄の作文書といふものには組織が無い、深さが無い、力が無い、熱がない、光が無い、新しみがない、要するに命が無い(26)」と批判し、その「序言」において「要するに吾等の理想とすべきは立派な名文(27)を求めたいところにあるといい、本書はそれまでの美学・文学批評よりも、本来の修辞学と文章作法に力点を置き、口語・標準語・文章の組立を強調するようになった。たしかに、『新文章講話』は文章の作法と学校教育には、最も適したものだったといえる。五十嵐は、その大著の延長上には教育用の普及版をも複数にわたって刊行し、実際、五十嵐自身も早稲田大学の教育現場で修辞学の講義を通じて実践をしていた(その修辞学の講座は形を変えながらも現在まで継続している)。

しかし、一九二〇年代修辞学にさらなる普及が必要とされたとき、修辞学の大家になった五十嵐は、逆に悲観的な言葉を漏らす。一九二五年に『文章概論』において五十嵐は「実は私が文章の研究に関わり出してから十幾年、私の文章論に対する心は殆んど麻痺してしまいました。従って如何なる文章論も珍奇新鮮という感じを与えなくなり、同時に文章論を書くという事が私に取って非常に苦痛となってまいりました。でここでは甚だ勝手がましい仕方ではありますけれども、組織立った文章論はしばらく御免しを願って卑近な注意を一つ書き述べて見たいと思います(28)」という(しばしば教育現場において修辞学・文章論は高度な自立した専門性などがあるかどうかが疑問視されることも確かだが)。一見、これは一個人的な心境を語ったようなことである(なぜ日本修辞学に対して悲観的になったのか、それについて改めて個人の境遇とその伝記的研究を通じて明らかにすべきことだ)が、しかし、その心境と志向の転向は、あたかも、『美辞学』から始まりその延長上で「美辞論稿」によって発祥された日本修辞学の未来を予言したかのようなものであった。

事実、日本の修辞学や文章の修辞法は一九世紀末から二〇世紀の二〇年代までの間に急速に発展し、欧米の修辞学の枠組を取り入れたうえで、古今東西の修辞法を融合して、現代日本語の形成と文章の規範化を促したのである。大正初期まで輝かしい発展をみせ、総合的な一大体系が作り上げられ、初等教育まで開花させていた。しかし、数多くの不朽の名に値する名著を生み出しながらも、修辞学はその後、急速に衰微し、昭和になっても一向に復興の気配を見せなかった。現在、数少ない専門家を除き、現代日本語教育、言語学研究の領域においてはほとんど言及されることもなく、むしろ言語コミュニケーション理論に吸収され、明確なアカデミックな拠点すら見られなくなった。

それでは、なぜ修辞学が日本において急激に衰微したのか。これはただちに複数の分野に関わる大きな問題となり、ひいては日本の思考様式、メンタリティー、美意識などにまで波及する問題である。しかも、それは単なる修辞学とその周辺で収まらず、該当の時代の文壇や写実主義、自然主義、私小説などにも直接関係し、また修辞学に携わっていた当該の研究者や教員の学問的な位置づけや評価というような現実的な職種につながる問題でもある。

文章学研究者の森岡健二はいう。「日本におけるレトリックが一時に開花し、急激にしぼんでしまったのには、レトリックの伝統がなかったこと、標準語法が確立していなかったこと、口語の文学が未成熟であったこと、自然主義の思潮が風靡したこと、レトリックを学として建設する立場が優勢になり行き詰まったことなど、いろいろの理由があげられよう」(29)と、五つの点を挙げているが、日本修辞学の衰退に相まって、当時、欧米全体における修辞学も衰えていく傾向にあり、それが追い風になったのも事実であろう。実際、先述のイギリスのブレアの『修辞学講義』を先頭に伝統的な口頭の弁論術から書き言葉を重視するコンポジション（英作文）に傾き、とりわけ、南北戦争後、時代が急速に変わり、北米は率先して旧レトリックからコンポジションに脱皮して、専門性の強い現代的な大学や学部が増えるにつれて、口頭弁論よりも書言葉と技術的な文章の必要性が高まっていく。[30]そのなか、旧修辞学の諸機能は、むしろ徐々にコンポジション、いわば文章表現の基礎体系に吸収されて、その延命が維持されてきたのだといえる。そして「修辞学と作文」の教員は、北米においても五十嵐力と共通する悩みを抱えていた。例えば英作文教育現場において、「一八九四年ミシガン大学では四名の英語教師と二名の大学院助手は一一九八名の学生を相手に、あるいはハーバード大学でさえ二〇名の教員は二〇〇〇名の学生に対して責任を持つ[31]」という困難を強いられた。「修辞学と作文」を教える教員は、主として文章添削という他の分野とは違った異色の領域として展開され、その領域の境界と専門性が問題になっていた。

そもそも明治初期、修辞学の受容において、アレクサンダー・ベインの『英作文と修辞学』などの網羅的、総合的な性格のある学生指導書の影響が強すぎたのか、それとも「レトリックを学として建設する立場が優勢になり」すぎたのか、もしくは論理的に行き過ぎた文章表現やレトリックを敬遠しがちなメンタリティーによって左右されたのか、未だに不明確だが、現に詩学や文学理論において、日本には確かにそういった堅苦しい理論・形式張った文章表現を拒む、情動的な何かがあることは間違いのない事実であろう。あるいは修辞学の起源において内包されていた自己警戒やアンチ・テーゼが、日本の修辞学の拒絶において、一種の警戒やアンチ・テーゼとして表象されてきたのであろうか。

しかし、以上のような修辞学の衰微についての言及は、いずれも推測や憶測の域を出ないもので、さらなる詳細な検証が必要とされよう。日本修辞学の急激な衰退の原因の探求は、一個の独立した大きな研究課題として見なされるべきである。

二　中国における修辞学の受容と形成

「修辞」という言葉は、中国の歴史において古代ギリシアの「Rhetoric」に匹敵するぐらい古い。しかし、数多くの中国語の用語のなかで、「修辞」という言葉を「Rhetoric」に結びつけて命名した明治の先学たちには、先見の明があって、孔子の言葉を接続したのは間違いのない賢明な選択である。一方、「修辞」はあくまでも「Rhetoric」という言葉を漢字に翻訳し、移植し、置き換えることにおいて最も適した言葉であって、高田早苗が曹植の「辯道論」から「美辞」を借用して「美辞学」と置き換えていたのも間違いだとは言えない。というのは、「修辞」という言葉を選択して移植して「Rhetoric」に置き換えたといっても、それだけで、中国は古来すでに、かつて古代ギリシアと同じように、「Rhetoric」の体系が存在していたということにはならない。つまり、中国は日本を経由した西洋の体系的な「Rhetoric」によって、西洋のそれに触発され、新たな枠組のなかにおいて照らし出されて、改めて中国の歴史上の諸現象を照合して組成させた上でこそ、中国の修辞学も位置付けられて誕生できたのである。その意味で、「哲学」という用語が西周によって創出され、その後、哲学という分野が西洋の哲学分野の枠組に従って、徐々に再発見され、再創出されたこととときわめて似ている。もし、「修辞」という言葉によって文章・詩歌を評する文章論・詩論・詩評、あるいはその方法・技術について言及した修辞法を指すなら、中国にはその伝統があり、かつ長い。しかし、その「修辞」が直ちに欧米の伝統の修辞学「Rhetoric」に対応する体系的な分野、あるいは自立した領域であり、それが対比して存在していたとは考え難い。

そして、「修辞」という古語を摘出して古代ギリシアの「Rhetoric」に対応させて考案して解釈を施したのは、まず明治日本だったということ、しかも前述したように、「修辞」という言葉の由来である孔子の『易』の「忠信所以進徳也。修辞立其誠、所以居業也」という意味を踏まえた上で、「Rhetoric」を「修辞学」だとはっきり定義を試み、それを正式に言明したのは島村抱月であったということは、まず明確に指摘すべき事実であろう（「修辞学」という概念の成立については別途に検討すべき課題であるが）。次に、現在の日本語の環境において、また中国語の環境においても、われわれが名指す「修辞学」という名称は、かつて西周によって翻訳して創出した「文章学」や「文辞学」によって置き換えられても、あるいは高田早苗が曹植の言葉を引用して「美辞学」によって置き換えられても、ひいては中国の詩歌作法の書『文心彫龍』を略して「文彫学」として名指されても、あるいは「弁論術」としても、西洋の「Rhetoric」という体系を翻訳して受容することには、それらはいずれも差し支えのない名称である。どの名称を用いても、西洋の「Rhetoric」を一分野として受容して、それを成立させるには妨げのないことである。つまり、「Rhetoric」は、以上のどの名称によって翻訳されて名指されても、それは西洋人文学システムのなかの一環であり、漢字圏の思考には存在していなかった一体系であり、東洋とは違っていた別個の思考様式であることは、変わりはない。したがって、現在の「修辞学」の「修辞」は、西洋の「Rhetoric」を移植する過程において、明治期、模索しているうちに、結果として孔子の「修辞」という言葉を見つけ、それをもって翻訳し、再発見されただけのことである。決して孔子の「修辞学」が先にすでに存在していて、その「修辞学」をもって西洋の「Rhetoric」に対応させ、翻訳したものではない。

一方、仏教においても、欧米修辞学のような体系的な言葉や詩歌の用法・技術・あや・効果などについての「修辞学」が存在していた。そして「仏典漢訳」の翻訳過程と影響のもとで『文心彫龍』のような体系的な詩歌論・修辞論が生まれてきたのである。[32] しかし、それで直ちに欧米の「Rhetoric」として対比して、等しいものだと解釈することは明らかに無理である。前述したように、それぞれ思考体系が違っており、同等なものとしてみなすことはできない。しかも『文心彫龍』ですら西洋修辞学の枠組のもとで再発見され、再評価され、西学が東漸してから新たに位置づけられるようになった結果である。つまり、北京大学で西洋の新しい学問作法を身につけた範文蘭（一八九三〜一九六九）は、初めて近代の作法に基づいて『文心彫龍』を解読し、改めて光をあてて、その再発見された結果が『文心雕龍講疏』（一九二五）である。いってみれば、これはある思考体系のモデルがあって、それに基づいて他の思考体系を解読し、意味づけをし、改めて評価したことであろう。しかし、その逆に『文心彫龍』の枠組をもって西洋修辞学を解読して評価しようとする文化的なプロジェクトがあってもいいはずであるが、残念ながら未だに見当たらない。したがって、『文心彫龍』の枠組をもって現代中国語を測り、その枠組でアリストテレスの『弁論術』やクインティリアヌスの『弁論家の教育』を裁断してその良し悪しを検証し、再評価することは、未だに行われていない（そのような学的作業があってもいいが）。

実際、中国は、まさに西洋修辞学を受容した日本の修辞学を習得してから、それをさらに現代中国語ないし古代中国語において適合させ、新たな構築を施した。その結果、中国の現在の修辞学が誕生したのである。その起源は二〇世紀初期にあたり、日本修辞学が体系化されてからの出来事である。この点において現在の中国修辞学研究は日本修辞学との影響関係を未だに正面から認知して取り組もうとしていない。

事実、中国の西学受容が日本よりほぼ半世紀ほど遅れ、本格的にスタートをしたのは、一九一七年の「新文学運動」あるいは「文学革命」以降のことだった。その運動にかかわり、あるいはその前後西洋受容において重要な役割を果たしたのは、まず日本、アメリカ、ヨーロッパに留学か、亡命の体験をもつ人々であった。彼らによって引き起こされたいくつかの重要な出来事を取り上げてみると、欧米の人文学がどのように体系的に中国に移植されていったのか、おおよそその構造が見えてくる。

まず、率先して時代を画す出来事として指摘しなければならないのは、三回にわたって日本留学を果たし、早稲田大学などで学んだ陳独秀（一八七九〜一九四二）を筆頭に口語雑誌『新青年』（一九一五）を発行したことであろう。それが導火線となり、その雑誌に載せた一連の呼びかけのエッセイや小説が「文学革命」のきっかけになったのである。

次に、重要な出来事としては、「新文学運動」以前に、フランス留学帰りの馬建忠(一八四五〜一九〇〇)は、フランス語とラテン語の文法に基づいて一八九八年『文通』(通称『馬氏文通』)を著したことであろう。いわゆる三千年もの間使用されてきた中国「文言文」(古典文語)に、史上初めてラテン語に基づいた文法・規範が与えられることになる。それによって、中国古典文語は、初めて西洋式の規範と構造によって再形成され、再整序されたのだ。それは、それまで「中体西用」と掲げられていたにもかかわらず、西洋のリベラル・アーツの最も基礎となる文法は、ここでようやく漢字にメスを入れて漢字圏に忍び込んでくることとなったわけである。これはそののちの現代中国語文法の創出の基礎を築くことにつながるが、中国語の言語・思考システムは、まず、この基礎的な部分から変容させられるようになったといってよい。ここで思考システムが重要である。例えば、梁啓超(一八七三〜一九二九)、王国維(一八七七〜一九二七)、魯迅(一八八一〜一九三六)、胡適(一八九一〜一九六二)、陳望道(一八九一〜一九七七)など、それぞれフランス、日本、アメリカ留学・亡命の体験のもと、西洋をモデルにして中国伝統の再発見をはかり、それぞれ文化的プロジェクトに取り組んでいたが、西洋と同じような人文学、リベラル・アーツを再構築しようとしたのだ。

その次の出来事は、一八九八年、政治的な改革運動「戊戌の変法」(一八九八)に端を発する失敗によって引き起こされた一連のことである。その「変法」の失敗によって中国の知識人の伝統への懐疑と批判が促され、ついに言語・概念・思考様式・世界観ないし文化体系には問題と障害があるのではないかという危惧が自覚される。そのなかで梁啓超(一八七三〜一九二九)は「変法」の失敗で日本に亡命し、一九〇四年横浜で発刊した雑誌『新民叢報』に「子墨子学説」(33)を発表した。それは、西洋の人文学の体系的な枠組と構造に基づいて、中国の思考様式において、初めてロジック(論理学)を再発見し、それを再構築しようとしたものだった。これは、いみじくも西洋リベラル・アーツのもう一つの基礎となる弁証学と重なる分野で哲学に属するロジック（論理学）が中国の思考システムに介入し始めたことを意味する。

さらにまた、文学と文学批評において、王国維や魯迅は、重要な役割を果たす。上海の日本語翻訳者育成のための学校「東文学堂」[34]で日本語を学んだ王国維は、そこで日本人教員、哲学専攻の田岡嶺雲（佐代治）（一八七〇〜一九一二）の本に、「汗徳」（カント）、「叔本華」（ショーペンハウアー）があるのを目撃した。その偶然から、中国の新しい世代はドイツ観念論を展開させたイマニュエル・カント（一七二四〜一八〇四）と、アルトゥル・ショーペンハウアー（一七八八〜一八六〇）の知識に出会うこととなり、それをきっかけにドイツ系統の哲学・美学に傾倒し、フリードリヒ・フォン・シラー（一七五九〜一八〇五）とフリードリヒ・ニーチェ（一八四四〜一九〇〇）などの著作を読み、王国維は彼らの美学や文学観から触発を受けることになる。従って、その知のシステムの枠組から悲劇理論を含む近代文学評論が構築され、『紅楼夢評論』（一九〇四）、『人間詞話』（一九〇八）を世に送り出すにつながった。いわば、近代文学の理論と評論のスタートである。

そして、日本の「言文一致」と同じように、もっと抜本的な「文字改革」「文学改革」を促したのは、コロンビア大学でジョン・デューイ（一八五九〜一九五二）に師事し、プラグマティズムを仕込まれた胡適であろう。そのエッセイ「文学改良芻議」（一九一七）は、従来の思考様式、修辞法、叙述方法（八股文など）を変え、難解な文語文を廃して、口語に基づく西洋的な思考様式の受容を唱え、「白話運動」（口語運動）を推奨した。とりわけ文章を改革するという意味で、中国文化に基礎から揺さぶりをかけたのだった。かたや胡適はコロンビア大学の博士論文[35]に手を加え、中国語で『中国哲学史大綱』（一九一九）を出版する。史上、初めて西洋の枠組と方法論に基づいて分析された中国哲学史の誕生である。たとえ再発見され、再構築されて創出された哲学史だったとはいえ、中国哲学分野にとって創出の濫觴（源）と見なされ、「哲学史専門分野の成立」、「歴史の実証主義の確立」

と「思想の啓蒙」[36]という三つの面から評価されている。ちなみに、胡適に先んじて、一八七七年東京大学文学部にはすでに哲学学科が設立され、「東洋哲学」「支那哲学」研究において、旧式の「訓詁学」や「経学」[37]や「三玄学」[38]なども、徐々に新しい西洋哲学的な方法論によって刷新されていた。

かくして、中国は、一九世紀末から二〇世紀初頭において、西洋の文法をフランス経由で受容し、論理学と文学批評は日本経由で受容し、哲学はアメリカ経由で再組成され、みずから変容を計り、基礎的な思考様式から塗り替えられていったわけである。

三　陳望道と『修辞学発凡』

以上のような背景のなかで、陳望道は、一九一五年から一九一九年まで、日本に留学し、最初は早稲田大学、のち東洋大学で学び、最後に中央大学で法学士の学位を取得する。その間、日本の美辞学・修辞学の碩学高田早苗、坪内逍遥、島村抱月の著作に触れ、五十嵐力の講義と指導のもと、修辞学の基礎を叩き込まれる[39]。帰国後、一〇年も中国語教育の実践を通じて模索し、最初は浙江第一師範学校で教え、一九二二年、早速上海大学[40]で修辞学の授業を開講する。その修辞学の教科書となる『修辞学発凡』は、最初に一九二三年ガリ版で印刷されたもので、教育実践のなか一〇年余りもの模索を経る。それが正式に一九三二年に印刷されるまでは、五回にわたって大幅に修正され、かつ多くの知り合いの国語教員に教材として使用され、意見と訂正を求めた[41]という。

一九三二年『修辞学発凡』が上梓されるが、その分類と枠組、理論から方法ないしタームまでは、みごとに日本の修辞学の影響のもとで構成されたものである。そして、「白話運動」のなかで生まれてきた現代中国語の形成とその基礎教育においては、『修辞学発凡』が言葉の標準的な解釈、測定の基準を与えることにおいて、欠かすことのできない役割を果したのだ。初版の「序言」において、詩人・文筆家・復旦大学教授の劉大白(一八八〇～一九三二）は、賛嘆をきわめ、次のように言う。

中国人は言葉を喋り、何百万年が経ち、言葉を修め、また、何千年も作文を作って辞を修めてきただろうが、しかし、いわゆるシステマティックな修辞学がかつてあったとはまったく知らなかった。一九三二年、陳望道先生の『修辞学発凡』が誕生したからこそ、中国は初めてようやく古文と現代口語を兼ねた、システマティックな修辞学を有するようになったのだ。[42]（引用者訳）

しかし、『修辞学発凡』も決して順風満帆に船出したわけではなかった。事実、西学東漸の初期段階で、日本と中国において、いずれも伝統と現代、保守派と推進派、あるいは和洋・東西折衷といったような対立・折衷関係は、ほぼあらゆる分野に見られていた現象だった。修辞学もその例外ではなかった。陳望道の『修辞学発凡』が日本を経由して欧米の修辞学を受容する背景にも、「東洋派」、「西洋派」、「本土派」と「古今中外派」という四つの流派に分かれて、[43]互いに対立していた。

そのなか「東洋派」とは最も早く日本の修辞学を導入した人々を指し、かつ影響力があった。その代表的な著作には湯振常の『修詞学教科書』（一九〇五）、龍伯純の『文字発凡・修辞』、王易の『修辞学』と『修辞学通詮』、張弓の『中国修辞学』、陳介白の『新著修辞学』などがある。初めて中国で刊行された『修辞学教科書』は、武島又次郎の『修辞学』をモデルにし、児島献吉郎の『漢文典』、佐々政一の『修辞法』、島村抱月の『新美辞学』を参考にしたもので、龍伯純、王易、張弓、陳介白の著作は、いずれも島村、武島と五十嵐の理論か枠組を採用し、模倣したものである。

「西洋派」の修辞学の著作は比較的遅れて世に現われる。代表的な著作のなかでは、唐鉞の『修辞格』（一九二三）は、主にイギリスの John Collinson Nesfield（1836-1919）の *Senior Course of English Composition*（1889）[44]などを参考にして書かれたものである。さらに遅れて宮廷璋の『修辞学挙例・風格篇』（一九三三）があり、主として唐鉞の『修辞格』を参考にして、John Scott Clark の *A Practical Rhetoric: for Instruction in English Composition in Colleges and Intermediate School.*（1886）[45]と、John Franklin Genung の *The Working Principles of Rhetoric*（1901）[46]などを参考に構成している本である（ちなみに、「西洋派」の受容した以上の修辞学の文献は、いずれも日本の島村抱月、武島又次郎と五十嵐力などがそれぞれの実践と応用において参考にした範囲内にある）。

「本土派」の最も影響力のあるものには、鄭奠の『中国修辞学研究法』（一九二〇頃）と楊樹達の『中国修辞法』（一九三三）がある。前者は北京大学のガリ版の教科書で、正式に発行されなかったものの、広く知られ、中国宋・明・清の伝統的な修辞法に基づいて編まれたもので、後者は自民族の伝統を強調し、外来の修辞学を批判し、歴代の典籍から修辞法と修辞についての論説を集めて解釈し、論評したものである。

「古今中外派」といわれる学派は、最も代表的な著作が陳望道の『修辞学発凡』（一九三二）である。この『修辞学発凡』の刊行は、現代中国修辞学の基礎となり、ほぼ現代までの修辞学の発展の大まかな方向性を指し示したといえる。

実際、『修辞学発凡』は、内容の分類と枠組において日本修辞学の影響を受け、その理論、方法ないしタームまで日本修辞学を取り入れたのだ。例えば、「消極修辞の要件や文章体裁・形式の諸篇など、多くのものは島村龍太郎の『新美辞学』と五十嵐力の『修辞学講話』を応用・引用しており、その辞格という概念の名称もこの二書のものを用いたのである」[47]と、中国修辞学史において指摘し、それが従来の「東洋派」「西洋派」「本土派」の偏りを乗り越え、教育実践から出発して、実践のなかで中国の現代修辞学の目的・範囲・概念・分類・枠組を示したのである。一方、『修辞学発凡』は日本修辞学の強い影響を受けながらも、いわゆる日本修辞学において切り開いた美辞学——美学・文学批評・作文・文字学ないし古今の文章を美学のもとで論じるという巨大な構造と煩雑さを回避していた。口語化という「白話運動」のただなかにおいて、『修辞学発凡』は、総合的な教科書よりも、単純に国語のテキストとして使われ、現代中国語の形成とその基礎教育の現場において、修辞学という新しい分野から現代中国標準語に対して客観的な解釈の基準を与えるという役割を果たした。実際、『修辞学発凡』の出版後、それまで現代修辞学にまつわる各派の論争はほぼ収まったという。

一方、陳望道は中国現代修辞学の礎を築き、修辞学の教育実践に携わっただけでなく、彼はまたすぐれた翻訳者でもあり、のちには思想家、社会活動家、教育家にして言語学者と称されるようになる。そして、その政治的な立場が『修辞学発凡』を不動のものにし、それが中国共産党系の文章・書類・著作ないしマスコミの口語化の解釈の基準と規範に根拠を与えるような役割を果たすようになる。何よりもまず中国の政治史において、初めてマルクス、エンゲルスの『共産党宣言』の完全版を幸徳秋水と堺利彦の日本語訳から現代中国語に翻訳したのは彼の手によるもの（一九二〇年八月）[48]だった。その翻訳の修辞的な厳密さと明晰さは、直接、初期の中国共産党の組織の拡大と発展につながったという。中国共産党の発起人の李大釗（一八八九～一九二七）と陳独秀（一八七九～一九四二）は共に、陳望道の翻訳を応援したが[49]、その翻訳文が魯迅に絶賛される。毛沢東も後にマルクス思想の信仰への影響を与えた三冊の本の一冊が陳望道訳の『共産党宣言』だったといい、また鄧小平、陳毅ら多くの共産党の主要なリーダー達がその翻訳文を通じて『共産党宣言』を理解し、それに啓蒙されて中国共産党に入党したという[50]。とくに劉少奇は「私はまだ共産党に参加していなかったとき、入党について考えていたが、その『共産党宣言』を何回も何回も読んで、この本から共産党は何を目的にし、どういう党で、党のために人生を捧げる価値があるかどうか、深く考えた後、最後に共産党に参加し、そのために献身しようと決めたのだ」と、当時の陳望道の翻訳の『共産党宣言』との出会いを回顧している。事実、それまでいくつかの翻訳文はあったものの、読みづらく、マルクス理論勉強会を組織していた李大釗も陳独秀もその文体に悩んでいたという。

そういった陳望道の効果的な翻訳文は、当時、多くの左翼系の読者に求められたと同時に、国民党側から出版禁止令が出され、訳者の陳望道も指名手配されるに至る。当時の出版禁止を逃れるため『共産党宣言』は一九二〇年八月初版から一九三八年の最後版まで、三回書名を改め、四回訳者名を変え、六回も出版社の交替を強いられたという。[51] 陳望道の言語の才能が中国現代修辞学の創出と運命を決定したが、それと同時に、その修辞学的な言語の才能が口語体の翻訳を通じて、いみじくも中国の政治的な運命の行方の決定づけにも関わったのである。

元来、修辞学は古代ギリシアの創出の時代から政治・権力と深く関わっていた。雄弁家のイソクラテス（前四三六～三三八）からソクラテス（前四六九～三九九）まで、あるいはアリストテレスは実際にアレクサンダー大王（前三五六～三二三）の家庭教師をし、修辞学・弁論術を施し、『アレクサンダー大王宛修辞学』（著者がアリストテレスだと信じられてきたという説もあり）を書いたという。いずれも、修辞学が起源から政治・権力と密接に関わっていたことを物語っている。それと同様、ギリシア修辞学の本来の宿命的な姿が、いみじくも二〇世紀中国における陳望道の政治的な関わり方において表象されたのだ。いわば、修辞学は中国の政治的行方・運命を決定したといえ、しかも、忘れてはならないのは、中国現代修辞学は、古代ギリシアと同じように、その誕生のときから教育と啓蒙という実践と共に発展してきたことだ。これは修辞学が決して単に古代ギリシアのデモクラシーのなかで誕生し、デモクラシーのために奉仕してきただけのものではなく、あらゆる形の政治・権力のために役立つ道具でもあったことの立証である。

四　中国化された修辞学の変容

そもそも、古代ギリシアにおいて修辞学は、神話におけるペイト（Peitho; Πειθώ）を雄弁の女神とし、説得・魅惑の化身として信仰していた。したがって雄弁・説得の才能のある人は、ペイト・雄弁（persuasion）の女神に寵愛された人だと崇められていた。イソクラテスは雄弁家として修辞学を教え、雄弁術をもつ人とは自然に誠実、公正かつ善良な人だと信頼されていた。しかしソクラテスは修辞学の教育的、技術的な面を肯定しながらも、それに対して懐疑的で、修辞学はだれもが駆使できるものではなく、それは人々を惑わせる側面を持ち合わせ、その点において修辞学は認識を真実に導くことはできないという。一方、みずからまたホメロスと同じようにムーサに祈って神がかりの狂気のなかで見事にエロスへの賛歌をささげ、雄弁のありかたを見せ示したのである。ソクラテスの弟子の弟子であるアリストテレスは『修辞学』において弁論術を定着させ、都市国家アテネの自由市民にとって必要な基礎教養として教育し、真理を捉えるための「守護神」（方法・技術）にしていたのだったという。のち修辞学はローマのキケロ（前一〇六～四三）によって賞賛され、クインティリアヌス（三五～一〇〇）の教育と普及を通じて、中世において人間を無知から解放してくれる自由七学科の一科目となるにいたる。その後、古典修辞学の伝統それ自体が欧米では一九世紀後期から廃れ始め、語学教育と弁論のトレーニングと融合され、コンポジションに吸収されて展開していく。

古代ギリシアから創出された修辞学は、二四〇〇年も経ち、興亡盛衰をたどってきたが、前述のように、日本では一九世紀末から二〇世紀初期に勃興する。しかしその後、急速に衰微していくが、そのかわりに日本修辞学は中国に受容され、三〇年代から発展し、のちの戦争の時期や文化大革命の時期には研究の停滞を除き、ほとんど滞りがなく進展を遂げてきた。とりわけ、文化大革命の期間、マスコミと演説において修辞学的な弁論の実践が白熱化し、全中国は演説熱に浸かっていたともいえる。そして、一九八三年までおおよそ一六〇冊の専門の著書が世に現われ[52]、全体の特徴は、修辞学を研究するだけにとどまらず、現代中国語の教育と標準化・規範化とつねに密接に連携して展開してきたのである。とくに一九八三年以降、修辞学の授業を開講する大学が増え、二二大学による修辞学教科書の共同編集[53]も推進するようになる（この修辞学教科書の共同開発は世界修辞学の歴史上においても珍しいことである）。修辞学は現代中国語にとって文体の規範を示しただけではなく、言語学に関連する諸分野に連携され、メディア修辞学、コミュニケーション修辞学、認知修辞学などのように展開され、外国人に中国語を教える分野にも活用されている。また、現代の学校教育において役割を果たしているだけでなく、とりわけ現在、新聞メディア、パブリック言説、行政的公文、政治宣伝、外交のディスクールなどにおいて重要な役割を果たしている。

したがって、今や西洋の修辞学の起源を想起し、東洋において日本を経由して中国に移植されたこの一四〇年以上にもわたる歩みを振り返って、今まで修辞学にまつわる諸々の問いかけを改めて喚起して検討する必要があろう。

つまり、修辞学はどんな人が、どんな伝統に、またどんな時代に、どういう状況において必要とされるのか?あるいはどういう状況において必要とされず拒否されるのか?それは一過性の教育装置化か、それとも常に教育を施さなければならぬ基礎教育科目なのか?言語が一旦現代化の洗礼を受け、現代社会において成熟したコミュニケーションの道具になったら、修辞学はまだ必要なのか?修辞学はコスモポリタンになるための必須とされる言語技法や教養なのか?修辞学はどういう状況においてナショナリズムに利用されるのか?また、かつてソクラテスが問いかけていたように、真実のための修辞学には、どうして「神々」が必要とされるのか?

現在、グローバリゼーションの衝撃のなかで、有無を言わず各国の言語、思考様式、表現形式ないし言葉の感受性において、意識的あるいは無意識的に変化が強いられている。しかし言葉と表現を中心に考えてきた欧米修辞学は、この変化に積極的に応答しているとはいえず、かつての古代と中世の修辞学と比較してみれば、むしろ今は隠遁しているともいえる。

もちろん、修辞学はまったく衰微したのではなく、欧米の大学か研究機関での研究は依然として生きながらえている。国際的な学会として「国際修辞学史学会(International Society for the History of Rhetoric)」があり、二〇一二年七月「二一世紀におけるインターアクティヴ修辞学」というテーマのもと、オックスフォード大学が二〇ヶ国の修辞学者を招いて、サミット式でシンポジウムを開いた[54]。欧米において修辞学専門、学科、コースはいまだに多くの大学に存続している。中世のような修辞学は欧米において表舞台から退いたとしても、それは基礎教育、作文や日常言語において生きており、言語やコミュニケーションの規範化には役立っている（演説か公的な発言をする人は、もし一定の修辞学的な教養、規則、能力がなかったら、パブリックではまず認められがたい）。いってみれば、修辞学自体が問題として問いかけられるよりは、むしろ二四〇〇年以上の伝統が静かに欧米の日常言語生活に染み込んでいるといえる。

しかし、東洋においてそれは違う様相を見せている。とりわけ二〇世紀後半から二一世紀に入って、修辞学は中国において大きな進展をなしてきた。言語学、教育学、中国語学、中国語教育学などの諸分野で修辞学が重視されるようになり、教育と実践を通じて独自の展開をみせている。そのなか特筆すべきことは、一九八〇年中国修辞学学会が創立され、二〇〇〇年に入ってからさらに活発化し、二〇〇七年七月の「国際修辞学史学会」第一六回年会（フランスのストラスブール市で開催）をきっかけに一つの転機を迎えた。つまり中国修辞学会代表がこの学会に招待され、会議中「国際修辞学史学会」の協力・参与のもと、「世界中国語修辞学会（Chinese Rhetoric Society of the World）」を創立する。翌年七月曲阜師範大学で世界中国語修辞学会第一回年会、二〇一〇年七月香港教育大学で第二回年会、二〇一一年一〇月札幌大学で国際シンポジウム、二〇一二年一〇月韓国仁川大学で第三回年会が開かれて、その後の年会は米国オレゴン大学での開催が予定されていた[55]。

なお、仁川大学での会期中、中国代表がリードして「グローバル修辞学学会（The Global Rhetoric Society）」という、日本と韓国を含め、欧米一三ヶ国の理事によって運営される史上発の世界修辞学学会が創立された（この学会が創立後、どのような進展があったのか、追跡調査は必要とされるが）。

これらの諸国際会議において、伝統的な修辞学、一般修辞学や中国語修辞学、韓国修辞学などの諸課題が取り上げられたほか、際だって特徴づけられたのは、修辞学が隣接分野に連携され、例えばコミュニケーション修辞学、メディア修辞学、認知修辞学、国家修辞学、比較修辞学など、今まであまり見聞きしない新しい分野の研究発表が多く盛り込まれたことである。

ちなみに、そういった中国修辞学の近年の全体的な展開について、アメリカの修辞学教授デヴィッド・フランク（元国際修辞学史学会会長）の要約をみるのがもっとも簡潔明瞭かもしれない。

デヴィッド・フランクは中国メディア修辞学研究者の諸論を踏まえ、欧米修辞学の視点からみて、二一世紀において中国修辞学は、欧米修辞学に対して六つの試金石を送り出しているといい、それは東西修辞学の比較研究に値するという。その六つの試金石とは、つまり、①現代中国修辞学の研究はその修辞学の起源を紀元前五世紀まで遡れるようにしているという事実、②欧米の修辞学と同じように、中国の修辞学も始終倫理・道徳についての議論がつきまとっているのが明らかにされていること、③また欧米修辞学と同じようにその倫理・道徳がつねに原則と規則に基づいていたこと、④しかもその修辞学は掟・文典・法典として成立されていたこと、⑤二〇世紀、中国は日本と欧米の修辞学を受容してスタートしたが、今や拡張されて幅広い分野として展開されつつあること、⑥欧米修辞学と同じように、中国修辞学も現在、哲学・理論としての修辞学が必要とされていること、という六つの面である。現在、欧米修辞学は、以上の六つの試金石によって試されており、フランクは、比較修辞学の視点から以下の二点について念を押して、欧米修辞学と中国修辞学との接近を促す。つまり、その一つ目は、ローカル・地域の修辞学とグローバルな修辞学の相違・異同についての比較研究は、その最終目的においてあくまでも戦争より修辞学に基づいて国際コミュニケーションをするために奉仕すべきであり、ローカル・地域の修辞学の伝統文化にとって代わるものではない。その二つ目は、東西比較研究を通じて、修辞学はコスモポリタニズムの言説を構築し、国際理解と平和、戦争対立の回避への貢献につながるべきだという[56]。

また、中国修辞学の研究者は先述の「二一世紀におけるインターアクティヴ修辞学」において、欧米修辞学重鎮のサー・ブリアン・ビックルスとの東西修辞学のディスカッションを行なったが、そこで中国は世界修辞学に参与し、武力と戦争の代わりに修辞学的コミュニケーションを求めたいといい、したがって欧米は古典修辞学から歩みだし、アジアの修辞学に目を向けるべきだと呼びかけたところ、参加者に賛同を得たという[57]（実際、具体的に、修辞学教育において、二〇一一年中国史上初の「修辞学・コミュニケーション学」博士専攻が北京航空航天大学でスタートし、中・米両国の教授によって共同で指導が進められている）。

以上のように、中国の修辞学研究が国際的に展開されるようになったが、そのなかで最大の進展といえば（私見によれば）、恐らく東西において修辞学には本質的な相違が存在するということが明らかにされたことであろう。つまり、修辞学には「公共的修辞」と「私的修辞」という二種類があって、欧米の修辞学は起源から「公共的修辞」と弁論の性格をもつことに対して、東方の修辞的な実践は、最初から「私的修辞」の性格をもっていたことを明らかにしたことであろう。その説によれば、この「公共的修辞」と「私的修辞」は、「それぞれ二つの異なる修辞的現象で、二つの文化伝統、形態である。それは二つの組織の方式で、それぞれの形でコミュニケートし、それぞれの社会はそれぞれの秩序とモデルをもち、それぞれの社会権力と社会制度を反映している。（中略）古代ギリシアの公共的演説の修辞学は公共デモクラシーに基づいて公共的事業の決定の秩序が作られ、比較的公平・公正なコミュニケーションのシステムを形成してきたが、（中略）中国の古代及び現代修辞学的な実践は、中国の社会的コミュニケーションと発展システムを選択したことを反映している」[58]という。

この「私的修辞」という概念は、確かに中国にも古来修辞法が存在し、その性格が定義されたが、それは同時に、中国の伝統的な修辞学はあくまでも私的、個人に集約されたもので、非パブリックな欠陥をもつという、その限界と劣性を露呈し、指摘したことでもある。したがって、中国において「公共的修辞」が必要とされ、「グローバル時代に、新しいメディア環境のもと、中国の民主制がさらに進み、公共的権力の構築、公共的政策の決定、公共的事業の処理などにおいて、公共的意思表示と意思集中がますます重視されるようになっている」という。また「インターネットなどの新しいメディア環境のもと、中国の公共的修辞の研究と、新しい公共的修辞の秩序の構築と、公共的修辞学的な発展は、中国修辞学発展の新しい空間と方向である」(59)と、中国修辞学の今後の発展の方向性を示している。

いずれにせよ、中国修辞学の一連の展開は、欧米修辞学の枠組とグラマーと作法のもとで組成され、その原理に基づいて営まれている。たとえ現代の中国修辞学の「修辞」という用語の起源を紀元前五世紀の『論語』にまで遡ろうとも、それは欧米修辞学の仕組に従って構成され、再構築されており、また東西の修辞学が、「それぞれ二つの異なる修辞的現象で、二つの文化伝統、形態である。それは二つの組織の方式で、それぞれの形でコミュニケートし、それぞれの社会はそれぞれの秩序とモデルをもち、それぞれの社会権力と社会制度の反映」だと表明されても、中国の「修辞的現象」「形態」「組織の方式」「秩序」「モデル」などの諸々のものは、別個の体系として自立しているのではなく、いずれも欧米修辞学の構造と体系と仕組を基礎にして測られ、認知され、再発見され、再構築されているのである。

おわりに

以上、中国修辞学の国内外における展開と、かつて日本修辞学の衰退について考察してきたが、それに対して、比較文学、比較修辞学的な視点から、以下の二点について問いかけをして、東洋にとって修辞学とはいったい何を意味しているかを改めて考えたい。

一つ目は、もし「公共的修辞」という概念が東洋において受容され、グローバル化のなか普遍的価値のあるものとして、共通の認識を得ることができるならば、エドワード・サイードの『オリエンタリズム』や、ジョン・トムリンソンの『文化帝国主義』などにおいて提唱してきた諸命題にどのように応答すべきか。つまり、西学東漸が進み、かつての文化的帝国主義、あるいは現代のグローバリゼーションによって、非欧米地域におけるネイティヴの伝統的な価値体系が塗り替えられ、刷りかえられることに警戒すべきだというような諸警告に対して、どのように応答すべきなのか。いわば伝統的な修辞的価値――「私的修辞」をどのように扱うべきか、あるいは中国はすでに偏狭な自己愛・ナショナリズム、あるいは素朴なオリエント自己愛を乗り越える心理的な用意ができたのであろうか。つまり、サイードらの問いかけは、東方・東洋にとって有益かどうか、それらを改めて考えるべきことであろう。弁論・弁証・思弁の伝統がなかった東洋のネイティヴにとって、一定の原理のため、いかように「公共的修辞」を施すかが問われるのである。それに対して、日本の修辞学の衰退は、違う様相を呈示している。歴史的なスパンにおいて見ると、結果的には、少なくとも修辞学において、その懸念は解消され、深刻に受け止めなくても済むことであろう。

二つ目は、西欧の「公共的修辞」を受容し、その普遍的な価値を認めるならば、どのようにその体系の根源にある重要な命題まで受容し、理解して解釈するのであろうか。ここでいう命題とは、ソクラテスがパイドロスとの対話において示した――修辞学自体はどのように真理、真実を極められるか、あるいは真理、真実を極めるのに、どのように修辞学を扱うのか（プラトン『パイドロス』237A〜253C）という命題である。言い換えれば、ソクラテスによって呈示された命題――修辞学と霊的・神がかり・インスピレーション・狂気――との関係は、一体どのように看做すべきかという、それは西欧修辞学それ自体の起源から継承されてきた命題でもある。というのも、西欧修辞学はその誕生のときから、『パイドロス』で表象されたように、修辞学は他の分野に隷属された道具・

形式として扱われたり、その価値を下げられたり、単なる術として扱われたりすることもあれば、そうではなくて、ソクラテス自身が演説で見せたように、知恵の神「ダイモン」や雄弁の神「ペイト」を崇め、「超越的」な能力(神々)によって修辞学が真実・真理を探究することもありうる、ということを示した。後者は、人間の言葉を規範化して一定のシステムの中に拘束することに対してのアンチ・テーゼだが、修辞学は、まさにその誕生のときから両面性が兼ねられたジャンルであった。言い換えれば、修辞学とは、一種の道具か、それとも真実・真理を探究する分野なのかという相反の命題を抱え論争してきた分野である。ソクラテスの時代から修辞学はその基礎教育と日常生活における道具としての役割を果たし、むしろ対話、弁論を通じて、弁証法を生み出し、それによって、一自律的な学科としてその伝統が継承されてきた。

したがって、もし東洋においても一自律した知的な営みとしての修辞学を確立させようとするならば、まずそれらの対立した命題の受容と理解と再解釈が必要とされよう。さもなければ修辞学は、いかなる政治体制にも利用されうるような道具に成り下がりかねず、とくに政治悪に利用されやすい可能性があろう。というのも、かつてヒトラーやスターリン時代の言語政策において修辞学が悪用されたケースは未だに記憶に新しいからだ。

ところが、日本は修辞学に対して懐疑的で、それを拒否したのは、はからずも修辞学の起源におけるソクラテスの抵抗の命題をおのずから顕現したこととも見て取れる。いわば「神々」の不在の修辞学は、真なるものとしては値しないということの表出だったかもしれない(ただし、修辞学への拒絶によって、日本語にどれほど自由をもたらしたかについて検証作業が必要とされよう)。

実際、ソクラテスは晩年、自分の信じるところの知の神に従って修辞学を駆使し、真理・真実のために自己「弁明」をしたが、それは皮肉にもアテナイ議会と市民に対立し、異端とされ、死刑を宣告される。その出来事がきわめてアイロニー的で、象徴的に表象されたことである。実際、それが現にわれわれを取り囲む現代社会、グローバル化する世界、あるいは修辞学を道具として運用する世界において、象徴的に反復しているとも考えられる。たしかに、かつてソクラテスの弁明において信じていた「ダイモン」は、今やわれわれの「近代国家の視点からは、前論理的な――進化に失敗した――死んだ過去の惨敗とみなされている」[60]のだが、しかし、現実に対する批判的精神をもちさえすれば、その抵抗の命題は一種のスピリチュアルな「海賊」としてわれわれのなかにともにあり、つねに対抗的、批判的知・原理として継承されるのであろう。そして、修辞学がいかなる地域でいかなる形で展開されても、その起源において秘められていた抵抗の命題、「海賊」の原理を忘れてはならない。

（1）大久保利謙編『西周全集』第四巻（宗高書房、一九八一年）。

（2）同右、九〇頁。

（3）Massimiliano Tomasi. *Rhetoric in Modern Japan: Western Influences on the Development of Narrative and Oratorical Style*. University of Hawaii Press (p.25).

（4）Chamberlain, Basil Hall. *A Simplified Grammar of the Japanese Language (Modern Written Style)* Trubner, London. 1886.

（5）Chamberlain, Basil Hall. *A Handbook of Colloquial Japanese*. Trubner, London. 1888.

（6）William Chambers, 1800~1883. Robert Chambers, 1802~1871.

（7）W. & R. Chamber. *Information for the People*. 5th Editon. 1874~1875.

（8）菊池大麓訳『修辞及華文』（文部省印行、一八七九年）。

（9）William And Rorbert Chambers. "Preface", *Information for the People*. Vol.I, Philadelphia: J. B. Lippincott & Co. 1857. 'that the "*INFORMATION FOR THE PEOPLE*" is not an encyclopaedia in the comprehends meaning of the word, but rather one embracing only the more important departments of general knowledge.' from "Preface".この「人々のための知識」とは、総合的な意味の用語の百科事典ではなく、むしろ一般知識の重要な部分を収録したもので

ある。

(10) Ibid., *Rhetoric in Modern Japan: Western Influences on the Development of Narrative and Oratorical Style.* (p.22).

(11) Ibid., (p.22).

(12) Alexander Bain. *English Composition and Rhetoric: a Manual.* D. Appleton and Company, New York, 1867. (p.3~6).

(13) Steven Lynn. *Rhetoric and Composition: an Introduction.* Cambridge University Press, 2010. (p.18).

(14) 高田早苗『美辞学』（金港堂、一八八九年）前編・緒言三頁。

(15) 速水博司『近代日本修辞学史』（有朋堂、一九八八年）五九頁。

(16) 高田前掲注(14)一頁。

(17) 坪内逍遥「美辞論稿」『早稲田文学』（一八九三年）。

(18) 武島又次郎『修辞学』（博文館、一八九八年）三頁。

(19) 坪内逍遥講述、白髭武三次筆記『修辞学』（早稲田大学古典総合データベース）。

(20) 菅谷廣美『「修辞及華文」の研究』（教育出版センター、一九七八年）三四六~三四七頁。

(21) 同右、三三四頁。

(22) 柳田泉『「小説神髄」の研究』（春秋社、一九六六年）四五頁。

(23) 島村瀧太郎『新美辞学』（早稲田叢書、東京専門学校出版部、一九〇二年）序。

(24) 原子朗『修辞学の史的研究』（早稲田大学出版部、一九九四年）六二頁。

(25) 島村前掲注(23)二~三頁。

(26) 五十嵐力『新文章講話』（早稲田大学出版会、一九〇九年）五頁。

(27) 同右、三九頁。

(28) 速水博司『近代日本修辞学史——西洋修辞学の導入から挫折まで』（有朋堂、一九八八年）二八〇頁。

(29) 森岡健二『文章構成法』（至文堂、一九六三年）三七九頁。

(30) Ibid. *Rhetoric and Composition: an Introduction.* Cambridge University Press, 2010. (p.17).

(31) Ibid. (pp.20~21).

（32）北村彰秀「仏典漢訳史における劉勰と文心彫龍」（『翻訳研究への招待』No.9、日本通訳翻訳学会、二〇一三年）。
（33）鄭傑文『二〇世紀墨子研究史』（北京清華大学出版部、二〇〇二年）四四頁。
（34）劉建雲『中国人の日本語学習史——清末の東文学堂』（学術出版会、二〇〇五年）一〇一頁。
（35）Antonio S. Cua "The Emergence of the History of Chinese Philosophy", *Routledge History of World Philosophies: History of Chinese Philosophy*. Vol.3. p.48.
（36）耿雲志・王法周「『中国哲学史大綱』導読」（胡適『中国哲学史大綱』上海古籍出版社、一九九七年、一三～一五頁）。
（37）四書五経を研究する学問を指す。
（38）「老子」、「荘子」と「易書」のことを指す。
（39）鄭子瑜『中国修辞学史稿』（上海教育出版社、一九八四年）四九四～四九五頁。
（40）上海大学の公式サイト〈http://www.shu.edu.cn/Default.aspx?tabid=10589〉（最終閲覧日：二〇一六年八月二七日）。この「上海大学」はかつて一九二二年に創立され、一九二七年閉鎖された。現在の「上海大学」（一九九四年創立）とは異なる。
（41）『百度百科』「陳望道」〈http://baike.baidu.com/view/5499.htm〉（最終閲覧日：二〇一六年八月二七日）。
（42）劉大白「初版劉序」（陳望道『修辞学発凡』上海教育出版社、一九七六年、二八八頁）。
（43）呉禮権『中国現代修辞学通論』（台湾商務印書館、一九九八年、四二頁）。
（44）Nesfield, John Collinson. *Senior Course of English Composition* London: Macmillan. 1898.
（45）Clark, John Scott. *A Practical Rhetoric for Instruction in English Composition in Colleges and Intermediate Schools.* New York: Henry Hold. 1886.
（46）Genung, John Franklin. *The Working Principles of Rhetoric*. Boston: Athenaeum press. 1901.
（47）鄭子瑜『中国修辞学史稿』（上海教育出版社、一九八四年）四九五頁。
（48）石川禎浩『中国共産党成立史』（岩波書店、二〇〇一年）五九～六二頁。
（49）『中国共産党新聞網』〈http://cpc.people.com.cn/BIG5/68742/84762/84763/6900448.html〉（最終閲覧日：二〇一六年八月二七日）。

(50) 同右。
(51) 同右。
(52) 呉禮権『中国現代修辞学通論』(台湾商務印書館、一九九八年)二~四頁。
(53) 宋振華ほか編『現代漢語修辞学』(吉林人民出版社、一九八四年)(全国二二大学教材共同編集)。
(54) "Rhetoric in the Twenty-First Century" At the Centre for Medieval & Renaissance Studies, Oxford University (July 3-7, 2012).
(55) 「世界中国語修辞学会」(Chinese Rhetoric Society of the World)の学会年報『国際修辞学研究』は英語・中国語二ヶ国語によるもので、理事と顧問は、中国・韓国・アメリカ・カナダ・フランスなどの修辞学専門家によって運営されている。
(56) David A. Frank "The Problem of Rhetoric and the Rhetoric of Problems: Developing a Global Rhetoric"(『国際修辞学研究』第二号、世界中国語修辞学会、高等教育出版社、二〇一二年)pp.13~16.
(57) David A. Frank "Three Contributions Made by the Chinese Rhetoric Society of the World". *International Rhetoric Studies at the Time of Global-cultural Amalgamation and Conflict: East Asia and World*. The Third Biennial Conference of the Chinese Rhetoric Society of the World & International. Conference on Rhetoric (p.2). In Inchon University, Korean. October 26-28th, 2012.
(58) 陳汝東「論公共修辞学的理論建設」(『国際修辞学研究』第二号、世界中国語修辞学会、高等教育出版社、二〇一二年)五頁。
(59) 同右、一〇頁。
(60) ピーター・ランボーン・ウィルソン/孤田真介訳『海賊ユートピア』(以文社、二〇一三年)一〇頁。

〔付記〕 本稿の主要な論旨は、かつて韓国修辞学学会『修辞学』第二一号(二〇一四年、中国語版)・北海学園大学『人文論集』第五四号(二〇一三年、日本語版)に掲載されたが、今回、論旨をさらに鮮明にするため資料を整え大幅に手を加えた。

"Immature poets imitate; mature poets steal"
——テクストの／における〈海賊行為〉にかんする予備的考察

三原　芳秋

作品は、それが作品であるかぎり、かならず生に袋小路からの出口を教え、敷石と敷石の隙間に一筋の道を通してくれるものです。

——ジル・ドゥルーズ

定義一　〈テクスト〉とは、せめぎ合う意味作用の諸力が織りなす差延的な痕跡の構造があるところではどこにでもあるもの、と解する。(1)

説明　わたしは、「テクストとは・・・である／でない」とは言わないで、「・・・があるところではどこにでもあるもの」と言う。なぜなら、本試論が取り組もうとする〈問い〉は、「テクストとはなにか」ではなく、「テクストがあるとはどういうことか——いったいいかなる存在の仕方においてテクストはテクストとしてそのつど存在するのか」(2)という単純な〈問い〉だからである。そこで、プラグマティックに（「戦略的」に）「どこにでもある」と言うことには、テクストの限界線の「外部」に〈意味〉といった）なにものかがあるという主張を、さしあたり封じ込めておく効果がある。

定義二　〈海賊行為〉とは、ある法＝秩序が支配する領域の外部に出自を有する侵犯行為のうちで、その法＝秩序によっては行為主体が特定できない（＝特定の「敵」として同定しえない）[3]もの、と解する。

公理一　〈テクストの外部〉なるものは、ない。

公理二　〈海賊行為〉は、内部と外部が互いに互いを決定しえないような未分化の領域[4]を作り出す。

定　理　テクストの〈海賊行為〉なるものは、ない。

証　明　〈海賊行為〉は、内部／外部の分割を前提とする（定義二および公理二により）。他方、〈テクストの外部〉なるものは、ない（公理一により）。ゆえに、「テクストの〈海賊行為〉」なるものもまた、ない。*Q.e.d.*

備考一　しかし読者の多くはおそらく、〈テクスト一般〉（「一般的テクスト」）などと大仰にかまえずに、現に目の前にある個々のテクスト（「フェノ＝テクスト〔phéno-texte〕」）における〈海賊行為〉について語るのがむしろ穏当である、と思うことだろう。現存するひとつのテクストがそれ自身の境界線によって囲まれた個体であると想定することができれば、そこに、内部（このテクスト）／外部（他のテクスト）の分割を見出すことができる。すると、常識的に考えて、あるテクストが、先行する（または同時代的な）他のテクストと関係をもつ際に生じる、ある種の境界侵犯行為（剽窃、改竄、など）を取り扱うべきである、ということになるだろう（間テクスト性〔intertextualité〕の問題）[5]。

「間テクスト性」という用語ならびに概念は、通常、ジュリア・クリステヴァの発案になるとされる。しかし、クリステヴァ本人がのちに不快感を隠しえなかったように[6]、それはしばしば、たんなる「典拠探し」《ソース・ハンティング》に堕しがちである。あるいは、多少「理論」的装いをもって「影響の不安」（ハロルド・ブルーム）が語られることもあるが[7]、その〈強い主体〉間におけるオイディプス・コンプレクスの物語と、「主体の外にあり、時間の外におかれた場」である「ジェノ＝テクスト〔géno-texte〕」の実在性を基盤とする「間テクスト性」の理論とは、まったくもって似て非なるものである――

> ジェノ＝テクストは、構造化されたものでもなく、構造化するものでもないから、そこには主体というものはない。主体の外にあるのだから、主体を無化する否定項でさえない。というのは、ジェノ＝テクストは、主体の手前と彼方で作用する、主体の他者なのである。主体の外にあり、時間の外におかれた場（主体も時間も、それらを貫く広大な機能の働きの副産物のように現れてくるにすぎない）であるジェノ＝テクストは、言語《ラング》の歴史と、その歴史が認識しうる意味実践の装置〔*dispositif*〕として表わされうるであろう。現にあり、これから現われてくる具体的な言語《ラング》すべて〔toutes les langues concrètes existantes et à venir〕のもつ可能性が、フェノ＝テクストとして仮面をつけ、検閲されて定着する前に、ジェノ＝テクストのなかに「与えられて〔données〕」いるのである。
>
> （「定式の産出」『セメイオチケ　二』一七二頁）

「典拠探し」や「影響の不安」においては、それぞれ個別の〈作品〉や〈作家〉という実体化された単位を基礎として時間軸に沿って先行者と後発者との関係が俎上に載せられるのに対し、「間テクスト性」が対象とするのは、すでに現働化されている（フェノ＝）テクスト――〈作品〉や〈作者〉も、当然ここに含まれる――のみならず、来たるべき〔à venir〕テクスト、すなわち、いまだ現働化されていないテクストの「すべて」＝潜在的《ヴァーチャル》な全体性であり、そこにおいて記述が試みられるのは、「時間の外」(8)にある「潜在的無限性〔infinité potentielle〕における連結のメカニズム」（「パラグラムの記号学のために」『セメイオチケ　一』一一六頁）ということになる。そこでは、直線的な時間軸上に相前後する狭義の「テクスト」（フェノ＝テクスト）のあいだの一対一対応――すなわち、権力〔*potestas*〕関係――の束が問題となっているのではなく、フェノ＝テクストという「現象」のうちに登記〔inscrire〕されるジェノ＝テクストという「潜在的無限性」――すなわち、無限集合の「濃度〔puissance＝潜勢力・力能 *potentia*〕」――が問われているのである――

> テクストは言語現象ではない。いいかえれば、それは、平板な構造とみなされている言語資料体として現れる構造化された意味作用ではないのである。それは、意味作用の産出である。この産出は、言語「現象」、フェノ＝テクストのなかに記載〔inscrit＝登記〕されている。フェノ＝テクストは、印刷されたテクストにはちがいないが、それを読みとるには、（一）その言語カテゴリーの、（二）意味を産む行為のトポロジーの創出をとおして垂直に遡ってゆくことが必要とされるのだ。だから、意味産出は二重に、（一）言語《ラング》の織物の産出、（二）意味産出を提示する身構えをしている「わたし《ジュ》」の産出、として捉えることができることになる。この垂直線に切り開かれるもの、それはフェノ＝テクストの生成〔génération〕という（言語的）操作である。この操作を、われわれはジェノ＝テクストと呼ぶことにしよう。したがって、テクストの概念は、フェノ＝テクストとジェノ＝テクスト（表面と地、意味された構造と意味を産む生産性）とに二重化される。

（「定式の産出」『セメイオチケ　一』一六六頁）

クリステヴァが、バフチン論において、〈テクスト〉がこのようにして「垂直線」に貫かれてある事態を「対立するものの併存〔ambivalence〕」と呼び、そこから「間テクスト性」の概念を案出したことは、周知の事実だろう。「間テクスト性」理論が凝視しているのは、（狭義の／現象としての／フェノ＝）テクスト同士の（水平的な）影響関係ではなく、フェノ＝テクストとジェノ＝テクストの（垂直的な）〈あいだ〉――テクストと生との〈あいだ〉(9)の領域――すなわち、〈あいだ〉としての〈テクスト〉なのである。

ここで、ベルクソンの記憶論――「潜在的共存としての記憶」（ドゥルーズ）の存在論――を引き合いにだすのは、きわめて妥当なことであると思われる。ベルクソンが「純粋記憶」という〈潜在的《ヴァーチャル》な全体性〉を導入することによって「存在論への飛躍」を敢行したのとまったく同じことが、クリステヴァの「間テクスト性」においてもなされていると考えられるからである――

したがって、特定の現在の特殊な過去でないような《過去一般》が存在する。この過去一般は、存在論的要素としてあり、永遠でつねに存在する過去であり、あらゆる個別的な現在の《通過》のための条件である。あらゆる過去を可能にするものは、この過去一般である。ベルクソンは、われわれはまず第一に過去一般のなかにおのれを移行させると言っている。このようにして彼が記述しているのは、存在論への飛躍である。われわれは、存在、即自存在、過去の即自存在のなかへと実際に飛躍するのだ。　（ドゥルーズ『ベルクソンの哲学』五七～八頁）

《過去一般》は、現象学的分析を始動させるために措定されるリクール的な「留保《エポケー》」(10)のたまものではなく、あくまで「存在論的要素」として実在し、その「過去のなかにわれわれはただちに身を置く」(11)ことから始める点が強調されなければならない。そのうえで、ベルクソンの「純粋記憶」＝《過去一般》を参照することにより、「主体の外にあり、時間の外におかれた場」である「ジェノ＝テクスト」の地位が明確になるとともに、「間テクスト性」理論の存在論的――ひいては、生命論的――射程が正確に捉えられるということについて、もはやこれ以上の贅言は要しないであろう。

では、「表象しえないけれども実在する無限〔*infinité réelle* impossible à représenter〕」[12]――メルロ＝ポンティが《l'invisible est *là* sans être *objet*》[13]と研究ノートに書きつけ、ドゥルーズが好んで引用するプルーストが《réels sans être actuels》[14]と表現した次元――に臨んで、現実にある〔actuel〕狭義の（フェノ＝）テクストのみが与えられているわれわれにとって、この「存在論的飛躍」――クリステヴァの言う「垂直に遡ってゆくこと」――を敢行するための契機は、いかにして見出されるのだろうか。

その契機は、個々のテクスト読解において「侵犯〔transgression〕」「（不法）侵入〔effraction〕」「（突発的）侵入〔irruption〕」などの語彙で表現される事態――「境界は、ル・サンボリックのなかへのル・セミオティックの流入〔afflux〕によって、取り返しのつかないほどに揺さぶられる〔irrémédiablement secouée〕」[15]といったような、すぐれて〈海賊的〉な事態――の痕跡として、テクストのそこかしこに刻みこまれている。この痕跡に切りこみ、一気呵成に「垂直に遡ってゆくこと」が、「存在論的飛躍」につながるはずだ。より実践的に言えば、（フェノ＝）テクストのうちに「異質性〔hétérogénéité〕」を発見し、それがジェノ＝テクストによって「垂直線に切り開かれ」た亀裂であると直観する、ということになるだろう[16]。

ピエール・バイヤールの、一見すると奇をてらっただけの言葉遊びとも思える「前もっての剽窃〔le plagiat par anticipation〕」という概念も、このような観点から捉えなければならない。英語圏の読者にはなじみの深い「シェイクスピアにたいするT・S・エリオットの影響を研究しているんです」という、研究者を小ばかにしたような自己紹介[17]を題辞に掲げた、二〇〇九年に上梓された好著『前もっての剽窃』は、たとえばソフォクレスの『オイディプス王』が、二千年後にフロイトにより「発見」されるオイディプス・コンプレクスや探偵推理小説の技法といったものを「前もって剽窃」していたと、言葉のあやではなく額面通りに主張する。その他にも、ジョイスやヌーボー・ロマンを気ままに剽窃するローレンス・スターン、プルーストを剽窃するモーパッサン、『シャーロック・ホームズ』を剽窃するヴォルテールのコントなど、本書の魅力はその多彩な事例の数々にあるのだが――そちらは、今後の邦訳・紹介を待つこととしよう――ここでは、このような奇矯な主張の根拠となっているバイヤールの歴史観、すなわち、「互いに異質的で両立しない〔hétérogènes et non conciliables〕真理の体制《レジーム》に従う二つの歴史」（一一七頁）という考え方に焦点をあてたい――

十分な厳密さを望むなら、〔歴史家が諸事件を時系列に沿って記述するような〕出来事の歴史〔*l'histoire événementielle*〕と文学の歴史〔*l'histoire littéraire*〕とをきっぱりと切り離し、作家や芸術家は実際に二重の時間性〔une *double chronologie*〕に属していることを認める決心が必要だ。創作家は、自分が生きる時代のまったき市民であると同時に、他なる時間〔un autre temps〕――それ固有のリズムに従う文学や芸術の時間――にも同等の権利をもって所属しているのである。

（一〇八頁、拙訳）

この「二重の時間性」においては、前者の意味での同時代者とのあいだに生じる不協和〔dissonance〕や異質性〔hétérogénéité〕の感覚が、かえって後者の意味における時空を超えた同時代性――「前もっての剽窃」――を保証することになる。バイヤールが導きの糸としているボルヘスのエッセイ「カフカとその先駆者たち」の〔より穏当な〕言い回しを借りるなら、「それぞれの作家が自らの先駆者を創造する」――「カフカがもし何も書いていなかったら、われわれはそうした〔「先駆者たち」の作品がもつカフカ的な〕特徴に気づかなかったにちがいない。つまり、そうした特徴は存在しないということなのだ」（二五六頁）――ということになるわけだが、バイヤールのテーゼのラディカルさは、「固有のリズム」を有する「他なる時間」の実在をきっぱりと〔une fois pour toutes〕認める決心を要請するところにある。

この「二重の時間性」への〈信〉〔*foi*〕は、すぐれてベルクソン＝クリステヴァ的な「存在論的飛躍」であるといえる(18)。たとえば、ベルクソンがデジャ・ヴュ――知覚における「前もっての剽窃」――の分析から導き出す「知覚と記憶〔souvenir＝想起〕の二重化〔dédoublement〕」の図式は、この相同性をよくあらわしている――

> 私たちの生のすべての瞬間は二つの面をもつ。現実態〔actuel〕と潜在態〔virtuel〕、知覚の面と記憶の面である。私たちの生はあらわれると同時に分裂する。というより、分裂することにおいてあらわれる〔il consiste dans cette scission même〕。〔というのも、〕すでにない直前の過去といまだない未来とのあいだの逃げ去る境界〔limite fuyante〕として進行してやまない現在の瞬間は、知覚をたえず記憶に映して動く鏡でないとしたら単なる抽象に還元されるだろう〔からである〕。
>
> （「現在の記憶と誤った再認」『精神のエネルギー』一三六頁）

この引用箇所に続いて、「日付を持っておらず、今後も持つことはない」ような「過去一般〔le passé *en général*〕」の概念が導入されるが、これはバイヤールの「他なる時間」とともに、ここまでに論じてきた〈潜在的《ヴァーチャル》な全体性〉と「同じ濃度〔＝力能〕」を持つものと考えられるだろう。そして、「潜在的なもの〔virtuel〕として、この想起〔souvenir〕は、それを引き寄せる知覚によってしか現実的なもの〔actuel〕となりえない」一方で、「イマージュへと現実化された想起〔le souvenir actualisé en image〕は、この純粋想起とは根底的に異なっている」（『物質と記憶』一七一～二頁、二〇一頁）ために、「私たちの生」は、「分裂そのもの〔scission même〕」の相の下においてのみ捉えることができるのである。

ここでクリステヴァに話を戻せば、すでに引用した「テクストの概念は、フェノ＝テクストとジェノ＝テクストとに二重化〔dédoublant〕される」という定式が、この存在論的〈信〉をテクスト理論に〈翻訳〉したものであり、また、その理論を発展させつつ「分裂そのもの」としての現実（現働）的存在様態を動的に表現したのが（これまたすでに引用した）「境界は、ル・サンボリックのなかへのル・セミオティックの流入〔afflux〕によって取り返しのつかないほどに揺さぶられるのだ」という観察である、と言えるだろう。クリステヴァは、さらに、この理論的観察を、より実践的に「意味生成の過程＝訴訟〔le procès de la signifiance〕」として分析している――

ル・セミオティックは、根源的にル・サンボリックの条件ではあるのだが、意味実践においてはル・サンボリックへの侵犯〔transgression〕の結果として機能する、とさしあたり言っておこう。であるからして、シンボル化に「先立つ」ル・セミオティック〔という言い回し〕は、記述の必要から正当化されるに過ぎない理論的仮説にほかならない。実践的な場面では、ル・セミオティックはル・サンボリックに内在しており、われわれが音楽や詩のような実践のなかでル・セミオティックに認める複雑性〔complexité＝無数の襞〔pli〕が折り畳まれてあること〕の分節＝接続には〔ル・サンボリックによる〕切断〔coupure〕が必要とされるのだ。（中略）この切断のあとに〔をもとにして〕再帰的に産出されるル・セミオティックは、ル・サンボリックにおける欲動の機能性の「第二の」回帰として、シンボル秩序に導入される否定性として、シンボル秩序の侵犯として、表象されなければならない。（『詩的言語の革命』六七～八頁、翻訳は適宜変更した）

「ル・サンボリックにおけるル・セミオティックの炸裂〔explosion〕」とも表現される、この「侵犯」の否定性は、「〔ル・サンボリックによる〕切断」によって措定される「定立相〔la phase thétique〕」の否定（＝否定の否定）として〔ヘーゲル的に〕理解されてはならない――なぜなら、それは、「切断」以前の実体化につながりかねないから――とクリステヴァは釘をさす。定立的措定の際に生じる矛盾を止揚するのではなく、「この措定自体を創出した矛盾」を「逆しまに再活性化〔une réactivation à rebours〕」するのが、この「侵犯」の正体なのである。

ここにおいて「芸術」――その範例が「詩的言語」である――が特権化されることには、十分な正当性がある――

「芸術」の本領は、侵犯の否定性によって定立を砕き潰し〔pulvérisant〕ながら、定立もまた手放さないというところにある。これが定立を侵犯する唯一の方法であり、否定性の襲撃をうけてなおシンボル機能を維持する困難さを踏まえて、テクストの実践が主体に対して示す危険をはかることができる。われわれにテクストの機能のはたらきに内在するフェティッシュ化として映ったものが、いまでは否定性にブレーキ〔freine〕をかけて、鬱滞として定位させ、シンボルの措定を一掃してしまわないように計らう、構造的に不可欠の防御物として現れる。（六八頁）

シンボル秩序を粉砕〔pulvériser〕しつつ歯止め〔frein〕の役も果たす「芸術」――ここでクリステヴァは、文化人類学の知見を取り入れ、「供犠」と「芸術」との構造的な連関に議論を発展させ、「テクストの実践」という課題が、シンボル秩序への「享楽の流入〔l'afflux de la jouissance〕」一般の問題へと接続される——

> 芸術——このル・サンボリックのル・セミオティック化——は、こうして言語のなかへの享楽の流入を表わす。供犠がシンボルと社会の秩序のなかに享楽の生産的な限界〔*limite*〕を指定するのに対して、芸術は、享楽がその身を守りつつこの秩序に浸透するための（唯一の）方途を明確にしている。つまり、この秩序に亀裂を走らせ〔fissurant〕、切断線を刻みこみ〔coupant〕、語彙、統辞さらには語そのものをも変形し、その下から、声と身振りの差異がもたらす欲動を取り出すことによって、享楽が社会―シンボル秩序を突き抜けて導きいれられるのだ。言語が社会―シンボル秩序のなかに享楽を導入するのに適していること、定立はかならずしも神学的供犠を前提としないこと——これこそ、供犠に向き合った詩が言わんとしていることなのだ。（八〇頁、翻訳は適宜変更した）

ここにいたって、テクストの問題は、通常の意味での「（狭義の／フェノ＝）テクスト」の問題ではもはやありえず、「社会秩序の存続と革命の条件にほかならない」とまで断言されることとなる——

> 言語と社会に向きあって詩が出会うのは、定立的なものを呼び起こす供犠ではなくて、定立そのもの（論理―言語―社会）なのだから、詩はもはや「詩」としてとどまるだけではすまされない。それは、定立の措定をとおして定立と享楽が対決する明白な場となる。いいかえれば、言語の秩序自体のなかへの欲動の疎通〔frayage 通道〕を明示するための恒常的な闘いとなるのだ。（中略）すでに閉じたとはいわずとも縫合された〔saturé〕この社会―シンボル秩序のなかにあって、詩は——より正確に、詩的言語は——すでにはじめから自分の機能であったものを喚起する。すなわち、ル・サンボリックを横断しながら、それに働きかけ、それを貫通し、その脅威となるようなものを導き入れるということだ。いいかえれば、社会秩序の内部でそれにさからって、無意識理論が探求し、

詩的言語が実践しているもの、つまり社会秩序の変革あるいは顚覆の究極の手段、社会秩序の存続と革命の条件にほかならない。（八一〜二頁、翻訳は適宜変更した）

詩的言語——ここではひろく〈テクスト〉ととる——が、社会—シンボル秩序のなかで道を拓く〔frayer〕と、そこに「享楽〔jouissance〕」の生命＝生殖的奔流がおしよせる——ここで、frayer には、「卵に精液をかける」という意味もあることに注意しておこう。そこは、定立と享楽——フェノ＝テクストとジェノ＝テクスト、「（現働化された）個」と「潜在的無限性」——の恒常的な闘争の場となる。そして、その恒常的な闘争（「書くこと—読むこと」[19]）においては、「無限に対して置かれる境界石〔une borne à l'infini〕」（クリステヴァが好んで引くマラルメのことば）に〈ふれる〉という「カタストロフィック」な経験（坂部恵[20]）が不断にくりかえされるのだ。

テクストは、もはや、一個の《例外状態》だ。あるテクストが他のテクストに〈海賊行為〉をはたらくのではなく、テクストが、フェノ＝テクストとして現働化するかぎりにおいて、つねに・すでにジェノ＝テクストの（不法）侵入〔effraction〕に曝されているという意味で、その存在自体が〈海賊行為〉そのものなのだ。〈剽窃〉についても、もはや、時間軸にそって後発者が先行者のテクストを「盗む〔steal〕」という他動詞的＝能動態的認識が問題なのではなく、テクスト内の〈異質性〉が開く「亀裂」や「切断線」を抜けて「他なる時間」が忍び込んでくる〔steal into ／ sich stehlen〕という〈中動態〉的経験——その相互嵌入的な場が「前もっての剽窃」を可能にする——こそが問題なのだ。これが、存在論的＝中動態的「間テクスト性」理論が要請する結論であり、この結論に従って、本試論冒頭に示した「定理」を代補する「系」が付加されなければならないだろう。

備考二

先へ進む前にここで、本試論のタイトル「未熟な詩人は真似る、成熟した詩人は盗む」について説明しておこう。この格言は、T・S・エリオットの書評「フィリップ・マッシンジャー」（一九二〇）[21]からの「借用」である――そして、それ自体もまた、若きエリオットが味読したであろうラルフ・ウォルドー・エマソンからの「借用」と考えてさしつかえはないだろう[22]。マイナーな出典[23]そのものは忘れられ、印象的なフレーズだけが生き残り、文脈が知られぬまま論文に引用されたり大学院入試で使用されたりする、典型的な例である。まずは、その文脈ごと訳出しておく――

〔詩人の優劣をはかる〕もっともたしかなテストのひとつは、詩人が借用する〔borrow〕その仕方をみることだ。未熟な詩人は真似る〔imitate〕、成熟した詩人は盗む〔steal〕。拙い詩人はそうやって手に入れたものを台無しにしてしまうが、巧い詩人はそれをより良いなにか、すくなくともなにか違ったものに、変えてみせる。巧い詩人は盗品を溶接して、盗んだ元の作品とはまったく異なるユニークな感情の統一体〔a whole of feeling〕に仕上げるが、拙い詩人はそれを、ばらばらでまとまりのないなかに放り込んでしまう。そして、巧い詩人は、たいてい、遠い昔に生きていたり、異質な言語で書いていたり、関心が一致しなかったりする作家から、借用するものなのだ。

（*The Sacred Wood*、一二五頁、拙訳）

これは、言うまでもなく、目下準備中の長編詩『荒地』（一九二二）における前代未聞の盗用行為を自己正当化するくだりとして読むことができるとともに、前年冬に執筆され後世に圧倒的な影響力を持つことになる「伝統と個人の才能」（一九一九）で展開された「理論」の反響を聴き取ることができるだろう[24]。先行するテクストから「借用」する――テクスト「内部」への「外部」の侵入を許す――際に「（巧い詩人が）盗む」のと「（拙い詩人が）真似る」のとの決定的な差は、後者が「まとまりのない〔no cohesion〕」なか（内部）に模倣品（外部）をただ放り込むだけなのに対して、前者は、「盗品」（外部）を「なにか違ったもの〔something different〕」に変容させ、もととはまったく違うユニークな「感情の統一体＝〈全体〉〔a whole of feeling〕」（内部）のなかに「溶接する〔weld〕」能力を持っていることにある。先行テクストからの剽窃（「借用」）は、もっとも素朴な意味において〈海賊行為〉の一種であり、剽窃者の巧拙にかかわりなく同断であると感じられるむきもあるだろうが、エリオットはそれを質的に腑分けしているのだ。本試論冒頭の定義に照らしてみれば、内部と外部のあいだになんらの接合〔co-hesion〕も生じない「真似る」は〈海賊行為〉の名に値しないのにたいして、「盗む」のほうは、内部と外部の「溶接」の過程で「未分化の領域」が——たとえ灼熱の刹那の出来事であるとしても——生じるという意味で、すぐれて〈海賊行為〉的であると、とりあえずは言えそうである。(25)

実際にエリオット自身、この「変容」をともなう「溶接」の過程を「危機〔crisis〕」——臨界点＝批評の地点〔critical point〕に通じる——と表現している文章がある。盟友エズラ・パウンドが編集する『エゴイスト』誌に連載していた「現代詩にかんする省察」の最終回（第四回、一九一九年七月号）で、同誌の次号（九月号）に発表する「伝統と個人の才能」の「下書き」ともいえる書評である。このマイナーな文章は、後年エリオットの文芸批評の代名詞ともなる「伝統論」に少なからぬ痕跡を残すものであるとともに、ある重要な意味において、その「伝統論」の正典化〔canonization〕の過程で「抑圧」されたものだともいえる。(26)冒頭、例によって個別の書評に入る前に詩作にかんする一般論が展開されるわけだが、そこで、駆け出しの詩人が先達ととり結ぶ関係について、「賞賛が模倣につながる」のとは質的に異なる関係性がある、としたうえで——

わたしが言うところの、この異なる関係性において〔他の〕作家とあい対するとき、わたしたちはその作家を模倣〔imitate〕しはしない。もちろん、模倣の罪を着せられることはおおいにありうることだが、そのような告発に狼狽するいわれはまったくない。この関係性とは、他人――おそらくは、すでに鬼籍に入っている作家――とのあいだに生まれる深い血縁関係〔profound kinship〕、いやむしろ、奇妙な私的親密さ〔a peculiar personal intimacy〕の感覚である。その関係は、唐突にわたしたちを圧倒するかもしれない――それが起こるのは、出会ったその瞬間かもしれないし、長くつきあった後のことかもしれない。それは、たしかに危機にちがいない。若い作家がこの手の情熱にはじめて捕らわれるとき、その若者には変化〔changed〕が、ほとんど変身〔metamorphosed〕といってもいいような変化が、それもほんの数週間のうちに、訪れるかもしれない。（六六頁、拙訳）

このようにして、「死者〔死んだ男〕とのあいだに交わされる、この秘密の知恵〔this secret knowledge〕、この親密な関係〔this intimacy〕」が、あきらかに〔同〕性愛的なメタファーにのせて――また、暗にオカルト的レトリックを用いて[27]――語られていくが、それが最終的には「伝統」と結びつけられることになる――

すばらしい愛人同士、というわけにはいかないかもしれない。しかし、大小の差はあれ真の詩人とのあいだに純粋な愛人関係〔a genuine affair〕を持つという経験があれば、ほんとうは恋に落ちてはいないときに〔偽りの関係を〕回避するための警告装置を手に入れたことにはなるだろう。さらに、間接的にではあるが、ほかにも得るところがあるはずだ。わたしたちは、この交友〔friendship〕によって、その友人が活動の場としている社交界への入会〔an introduction to the society〕を許されるだろう。その起源と終末〔its origins and its endings〕を学ぶことになるだろう。そして、わたしたちは拡げられるのだ〔we are broadened〕。わたしたちは真似をする〔imitate〕のではない、変化させられる〔changed〕のだ。すると、わたしたちの作品は、変化した者の作品となる。わたしたちは借用〔borrow〕したのではない、奮い勃たされた〔quickened〕のだ。こうして、わたしたちは、伝統の担ぎ手〔bearers of a tradition〕となる。（六七頁、拙訳）

こうして若者は、外部から唐突に、暴力的に侵入してくる過去のテクスト（「死んだ男」）にその身を開き、受け入れ、そのテクストを「盗む」行為によって変容させつつ自らも「変身」し、そして、このイニシエーションを経て「伝統の担ぎ手」となる。[28] かくして、この（同）性愛的・オカルト的比喩＝乗り換え(meta-phorein = trans-port)[29] によって、テクストを「盗む」（海賊）行為は、「伝統論」に接続される。

こういった秘教的《エソテリック》な接続を垣間見れば、エリオットの描き出す「盗む」行為のダイナミクスと「伝統論」のメカニズムとのあいだに同型性を見出すことが可能であることにも、納得がいくだろう。伝統とは、たんに受け継がれるものではなく、個々人が「たいへんな労力をはらって」自ら獲得しなければならないものである、とする「伝統と個人の才能」のエリオットは、そのようにして伝統の「内部」に参入してくる新参者が「先行するすべての芸術作品」によって構成される〈全体〉ととり結ぶ関係を、双方向的でダイナミックなものと捉えている——

既存の記念碑的作品群〔the existing monuments〕は、お互いのあいだで理想的な秩序を形成しているが、新しい（真に新しい）芸術作品がそれらの中へ投じられることによって、変化をこうむる。新たな作品があらわれる以前に既存の秩序は完結しているわけだが、新奇なるものの侵入の後にも秩序を保つためには、既存の秩序の全体〔*whole*〕が——たとえ、ほんのわずかであっても——変容しなければならない。そのことによって、それぞれの芸術作品が全体〔the whole〕にたいして持つ関係・均斉そして価値といったものが再調整されるのだ。これが、古きものと新しきものとの調和〔conformity〕なのである。

（*The Sacred Wood*、五〇頁、拙訳）

一見すると、後発の詩人が先行作品から「盗む」ことと、既存の作品群がなす〈全体〉が新参者を受け入れることとでは、ヴェクトルが真逆のように思えるかもしれない。しかし、〈思考の型〉という意味では、既存の秩序を保つ「内部」（〈全体〉A）⇒「外部」からの侵入／との接触による〈全体〉的変容⇒「内部」における秩序の再調整（〈全体〉A´）という（弁証法的(30)あるいはコムニタス論的(31)）展開は、まったく同型と言える。その意味では、「盗む」行為のうちに、「変身」という個人の人格・存在を「危機」に追い込むような潜勢力が秘められていたのと同様に、保守的文学理論の代表とみなされがちな「伝統論」にも、潜在的には、ラディカルで破壊的な性格があるのではないか――「伝統論」を「〈海賊行為〉論」に読み替えることができるのではないか――と予想されてしかるべきである。むろん、上に図式化した〈思考の型〉は、強調点を「変容」におくか「再調整」におくかで、現実には対蹠的な結果（「誤読(32)」）を生むことが推論されるわけだが、ここではあくまで、その危機＝批評的《クリティカル》〈潜在性〉の次元を探ってみたい。

「伝統論」の〈潜在性〉の次元を考えるうえで鍵になるのは、繰り返し出てくる〈全体〔the whole〕〉という用語＝概念であろう。才能ある個人が「伝統的」となるための条件として、エリオットは「歴史的感覚／意識〔a historical sense〕」――「過去の過去性のみならず過去の現在性をも知覚する〔a perception, not only of the pastness of the past, but of its presence〕」センス――を持つことを挙げている。さらにその前提となっているのが、過去の芸術作品〈全体〔the whole〕〉が「同時的〔simultaneous〕存在」として「同時的秩序」をなしている、という事実である。この発想は、おそらく、ベルクソンの記憶論からヒントを得た（「盗んだ」）ものであろうと考えられる(33)。そして、ちょうどベルクソンの「潜在的共存としての記憶」という概念が「存在論への飛躍」というラディカルな切断をもたらしたように――この点については「備考一」で詳述した――エリオットの「伝統論」も、高度に存在論的な――つまり、ベルクソン＝クリステヴァ的な――テクスト論につながる潜在性を秘めている、とはいえないだろうか。実際、文学伝統の〈全体〉はつねに「変化〔change〕」の相にありながらも、その「変化」とは「途上でなにものをも遺棄することのない、つまりシェイクスピアやホメロスや旧石器時代の岩絵やらを時代遅れとして放擲することのない、そのような展開〔development〕」のことであるとする考え方は、ベルクソンの言う「真の記憶〔mémoire vraie〕」やバイヤールの言う「他の時間」（「文学の歴史」）に通ずるところがありそうだ――

> もう一方が、真の記憶である。意識と同じだけの伸張を有したものとして、この記憶は、われわれの諸状態が生じるにつれて、そのすべてを記憶に留め、それぞれを次々に併置するのだが、その際にこの記憶は、各々の事実にその場所を与え、ひいては各々の事実に日付を刻み、第一の記憶のように不断に再開される現在のなかでではなく、決定的な過去のなかでまさに現実に活動している。
> （『物質と記憶』二一六～七頁）

過去の芸術作品すべて（＝芸術の「記憶」）を（潜在性の次元に）蓄積し続ける〈全体〉――それは必然的に、〈潜在的《ヴァーチャル》な全体性〉となる――を「伝統」と呼ぶとき、この「伝統論」は、もはや、あれやこれやの伝統の種類・性質を問う認識論ではなく、〈潜在的《ヴァーチャル》な全体性〉とその現働化を問う存在論とならざるをえないであろう。「歴史的感覚／意識」は、一方向に流れる歴史的〈時間〉とはなんらかかわりのない、ベルクソンの提示する「純粋持続」の直観とならざるをえないであろう。すると、クリステヴァの「間テクスト性」理論のターゲットが現存する個別テクスト間の眼に見えるやりとりにあるのではなく、

「潜在的無限性」――無限集合の「濃度〔puissance ＝潜勢力・力能〕」――としてのジェノ＝テクストが、フェノ＝テクストとして現働化〔顕在化〕しつつそのフェノ＝テクストのそこかしこに〔不法〕侵入〔effraction〕を繰り返して〈危機〉の領域を開くものであったことのアナロジーとして、一見保守的なエリオットの「伝統論」も、〈潜在的《ヴァーチャル》な全体性〉としての「伝統」と現働化のエージェントとしての「個人の才能」との〈あいだ〉――「互いに互いを決定しえないでいるような未分化の領域」――に掉さす存在論＝生命論的〈海賊行為〉論である、ということになるはずなのである。

しかしながら、エリオットは、詩作においてはウパニシャドから仏典まで自由に「盗む」習慣を持っていたにもかかわらず、「伝統論」においてはその〈全体〉を「ヨーロッパの精神」と名指す〔「決定」する〕ことによって、「潜在的共存」という「存在論への飛躍」の可能性を台無しにしてしまった。さらに、「記念碑〔monuments〕」の比喩――語源的にも「記憶に値するもの」という選択的価値判断を示唆する[34]――を用いたうえで、その〈記憶に値するものたちの集合〉への「適合〔fitting in〕」の度合いが「作品の価値の指標となる」と断定するに至っては、もはやこの「伝統論」は純然たる「正典〔canon〕」イデオロギーの表明であり、後年の「古典主義」さらには「正統主義〔orthodoxy〕」へと道を拓くものとなっている。こうして、「テクストの存在論」――ベルクソンの思想的展開のアナロジーでいえば、「テクストの生命論」――の〈約束〉は裏切られ、個々の作品の価値的序列化〔正典化〔canonization〕〕の問題[35]に帰着する。潜在的〈海賊行為〉としての「伝統論」も、〈潜在性〉〔存在論的力能〔*potentia*〕〕の次元をうしない、序列化する境界線引きとその攪乱〔および再統合〕という、あくまで現象面における権力〔*potestas*〕関係によって規定されるものとなる。これを〈海賊論〉的に言いかえるならば、《例外状態》の常態化としての〈海賊〉的「伝統」――そして、その潜勢力＝力能〔Vermögen〕を流入させる

〈あいだ〉の領域を切り拓く「盗む」行為――というラディカルな存在論的テーゼが、現世的時間軸にもとづく発想である「古きものと新しきものとの調和」の名の下に、時系列的・地政学的権力〔Macht〕関係にほかならない「正典《キャノン》」イデオロギー――そこでは、目に見える（狭義の）〈海賊行為〉のエージェントが、「再調整」によってかえって権力を強化する煽動工作員〔agent provocateur〕だと判明することだろう――に転化した、ということになる。ことほどさように、同じ現象（フェノ＝テクスト）に向き合っていても、〈潜在的《ヴァーチャル》な全体性〉（ジェノ＝テクスト）への〈信〉〔*foi*〕の有無によって、生産される理論には本性上の差異が生じるのである。本備考で扱ったエリオットの「伝統論」において見出された〈異質性〔hétérogénéité〕〉が指し示すのは、「T・S・エリオット」という〈テクスト〉のなかで演じられる「空白をめぐる巨人族の戦い」[36]なのである。

なお、前述のピエール・バイヤール『前もっての剽窃』も、ボルヘス「カフカとその先駆者たち」も、エリオットの「伝統論」に言及している。両者とも、出典を明らかにする適切な注釈をつけている以上、剽窃の罪に問われることはない。むしろ、エリオットの方が、この両者にたいして、恥ずかしげもなく「前もっての剽窃」を行っているのは疑いもないことだ[37]。

系　テクストは、それがテクストとして現働化するかぎりにおいて、つねに・すでに〈海賊行為〉そのものである。

備考一　その〈海賊〉の名は、〈生〉であろう。

備考二

ここで読者は、「定理」と「系」のあからさまな矛盾に困惑することだろう。〈テクスト〉に内部／外部の境界が特定できないことを根拠に「テクストの〈海賊行為〉は存在しない」としていたものが、いまでは「あらゆるテクストが〈海賊行為〉そのものだ」と主張され、また、「外部」は特定できないとされていたものが、「その名は〈生〉であろう」と明言されるのであってみれば、そのような困惑も無理のないことである。この点にかんしては、「他なる時間」「〈潜在的《ヴァーチャル》な全体性〉」といった概念（＝別の次元）を導入してすでに十分説明したと信じるのであるが、それにしても「定義二」にある「外部に出自を有する」の解釈（の変容）が腑に落ちない向きがあるのも、十分理解される。ここでは、これ以上くどく説明を重ねる代わりに、ドゥルーズがフーコーに「背後から近づいて、子供をこしらえてや」った結果生まれたテクストから、「外部性〔l'extériorité〕と外〔le dehors〕とは区別しなくてはならない」（『フーコー』一五九頁）という要請を紹介しておくこととする。「まだひとつの形態〔encore une forme〕にすぎない「外部性」にたいして、「外は力〔la force〕に関わる」――「形態の歴史とは決して一致しない力の生成が存在するのである。この生成は、別の次元で行なわれるからである。どんな外部世界よりも、またどんな外部性の形態よりも、なお遠い一つの外、そのために限りなく近いものである一つの外[38]。そして、より近く、より遠いこのような外がなければ、どのようにして、二つの外部性の形態は、たがいに外部にありえようか」（一六〇頁）――「力は力に関わるのだが、それは外から関わるのだ。だから、形態の外部性、つまりそれぞれの形態にとっての外部性と、形態の相互関係にとっての外部性を『説明する〔explique＝襞 *pli* を開く〕』ものは、外なのである」（二一二頁）[39]。

内部／外部という二分法より「なお遠い」〈外〉は、「別の次元（＝潜在性の次元）」における「力の生成」にかかわるが（垂直的な〈あいだ〉としてのジェノ＝テクスト）、それは同時に「環境〔milieu〕と中間

〔entre-deux〕」――すなわち、水平的な〈となり〉――として「限りなく近い」ところにあり、「外からやってくる力、動揺や、攪乱や、再編成や、突然変異の状態でしか存在することのない様々な力を解き放つ」（一六二頁）潜在的契機を無数に折り畳んだ〔im*plic*are〕「〈海賊行為〉そのもの」として現象する（フェノ＝テクスト）・・・と、この「系」は理解されうる。そのうえで、「テクストとして現働化されるかぎりにおいて」という挿入句は、この「〈外〉の力」（＝潜勢力）が、無数の〈襞 *pli*〉が縺れ合い絡み合う〔com*plic*atio〕様態〔modus〕へと変状する〔affectio = modificatio〕ことによってそのつど〔jewels〕自己を表出〔表現〕する、という個体化のメカニズムを説明するために置かれている（表現の問題）。このような理解によれば、「間テクスト性」とは、畢竟、あらゆる（フェノ＝）テクストの本質／原因であるところの「〈外〉の力」を知覚する――「音韻」や「意味」といった属性〔attributum〕を通じて、無数に折り畳まれた〈襞〉を開くことによって、知覚する――ための操作概念の謂いであったと考えられる。「系」は「定理」と矛盾するのではなく、むしろ代補しているのだ。

　以上をもって本試論において必要な説明は尽くされたと信じるが、(40) 最後に「付録」として、具体的な〈間〉テクストを俎上にのせて、そのような〈襞〉をほんの少し開いてみせる、ささやかな試みを行ってみたいと思う。

〈付録〉

「四月はもっとも残酷な月だ」は、T・S・エリオットの長編詩『荒地』の冒頭第一行である――この常套句は、ことに学年歴が四月に始まる本邦においては、なかなかの人気である。英文学史の知識を多少なりとも持っているディレッタントなら、さらに、「これは、チョーサー『カンタベリー物語』の「総序」冒頭の「本歌取り」である（ゆえに、英文学史の古典として「記念碑的」なものである）」とでもつけ足すだろうか。

しかし、この命題は――常套句を「命題」扱いする野暮をお許しいただけるならば――ふたつの理由で偽である。ひとつは弱い理由で、もうひとつは強い理由。まず、弱い理由としては、『荒地草稿』においてその詩行はもともと「冒頭」ではなかった、ということにある――なぜ「弱い」のかといえば、『荒地』と『荒地草稿』とは、むろん別個のテクストであって、一方が他方に虚偽申告を行ういわれはないからである。ともあれ、ニューヨーク公立図書館バーグ・コレクション所蔵の『荒地草稿』を見ると、「四月はもっとも残酷な月」の前には"First we had a couple of feelers down at Tom's place," から始まり"So I got out to see the sunrise, and walked home." に終わる五五行が（すでにタイプ原稿の形で）置かれており、そこでは夜更けのボストンを徘徊し売春宿へ通う"we" の姿が描かれている。[41] ここで（狭義の）「間テクスト性」を云々するのならば、『カンタベリー物語』という英文学の大古典よりはむしろ、善良なる同時代読者の意識を逆なでしたジェイムズ・ジョイスの前衛的実験作『進行中の作品』（のちに『ユリシーズ』として『荒地』と同年に刊行）の「キルケー」エピソードが引き合いに出されるべきだろう。[42] エズラ・パウンドによる「帝王切開」を経ずに、『荒地草稿』がこのままの形で出版されていたならば、『荒地』の冒頭――もっとも、それならタイトルも『荒地』ではなく『かれはさまざまな声色で警察官のまねをする』だったわけだが――が読者に与える印象が、まったく違ったものになっていたことは間違いない。

強い理由にかんして言えば、「『四月はもっとも残酷な月だ』は、T・S・エリオットの長編詩『荒地』の冒頭第一行である」という命題は、明白に偽である。実際に詩集を手に取ってみれば、誰にでもわかることである――

April is the cruellest month, breeding

これが、『荒地』の第一行——つまり、“, breeding” まで含めて、「第一行」なのである。むろん、ここでも、日本語の訳詩を原詩とは別個のテクストと考えれば——当然そのように考えられてしかるべきだ——また話は違ってくるが[43]、ひとまずこのまま話を続けよう。

他動詞 “breed” は、アンジャンブマン〔enjambement 句跨ぎ〕のさきに目的語を要請する。また、これが詩行である以上、“ing” は脚韻の相棒を〔すくなくとも権利上は〕要求することができる。つまり、この「第一行」のおわりに——「四月はもっとも残酷な月だ」という常套句の〈となり〉に——この “, breeding” という〈異質なもの〔hétérogénéité〕〉がおかれることによって、ふたつの意味〔統辞論的および音韻論的意味〕において、「前もっての剽窃」と似た事態が生じているのである。そして、これこそがまさに常套句と詩行とを区別するもので、詩の詩たるゆえんでもある[44]。

では、このアンジャンブマンと脚韻にしばらくつきあってみよう——

April is the cruellest month, breeding
Lilacs out of the dead land, mixing
Memory and desire, stirring
Dull roots with spring rain.
Winter kept us warm, covering
Earth in forgetful snow, feeding
A little life with dried tubers.

『カンタベリー物語』「総序」の冒頭部分と並べてみよう——

Whan that Aprill, with his shoures soote

The droghte of March hath perced to the roote
And bathed every veyne in swich licour,
Of which vertu engendred is the flour;

『カンタベリー物語』の冒頭で――つまり、少々おおげさな言い方をすれば、英文学史の劈頭で――言祝がれた「四月」、恵みの雨が根っ子〔roote〕までしみわたり、その力能〔vertu〕によって花々が咲きはじめるこの「四月」を「もっとも残酷な月」と名指し、生まれさせられることの苦痛と全面化する不能〔*im-potentia*〕を語ったのであれば、たしかに『荒地』の「本歌取り」は、クリステヴァがロートレアモンのパロディにかんして「異和的連接〔alter-jonction〕」[45]と呼んだものの、もっとも効果的な事例のひとつであると言えるだろう。この「本歌取り」の成功により、『荒地』は、その冒頭からすでに「英文学の古典」の地位を確かなものとしている、というわけだ。

ここで、もうひとつ、少々奇妙《クィア》な冒頭句《インキピト》を紹介しておこう――

April is the queerest month, breeding
Easter lilies out of the fertilizer, mixing
Influenza and hosanna. stirring
Drab roofs with spring cleaning.
Winter kept us warm, covering
New England with Gamalalian psychology
Feeding a little coal with broken slate.

これは、『荒地草稿』とともにニューヨーク公立図書館バーグ・コレクションに〔文字通り〕眠っている、「〈エリオット氏がボストン在住であったならば書かれていたかもしれない）荒地」というタイトルのパロディ詩の冒頭である。作者は、ジャーナリストのエリオット・ポール(46)で、おそらく私的に書かれた戯れ歌であったと思われる。もしも、『荒地草稿』の冒頭がボストンの夜歩きだったと知ったら、きっとエリオット・ポールも驚いたに違いない――ある意味で、すでに書かれているがいまだ読まれていない『荒地草稿』を「前もって剽窃」していたことになる。いずれにせよ、この「古典入り」どころか「お蔵入り」状態の長編詩が、なんらかの奇妙な理由で世に出ることがあったとしても、そこで取りざたされる「間テクスト性」は、『荒地』の露骨なパロディとしてのそれで、それ以外のなにものでもないのであって、まさか『カンタベリー物語』が引き合いに出されることはないだろう。炭鉱ストをおさえこんだハーディング大統領（ミドル・ネームは、六行目に言及されているGamaliel）とワット・タイラーと面会したリチャード二世（『カンタベリー物語』の時代背景）――そして、二人とも「任期中」に倒れた――を比べてみようなどとは、誰も思いつきはしないことだろう。「文学史」という正典化〔canonize〕する権力〔*potestas*〕は、かような「意味づけ」のネットワーク（「包摂と排除」の構造）によって機能するのである。

この奇妙なパロディ詩を、あと二行だけ引用することをお許し願いたい――

Summer surprised us, coming over the Cape Cod Canal
With a shower of soot; we stopped at the Marliave

これも、もちろん、『荒地』の "Summer surprised us, coming over the Starnbergersee / With a shower of rain; we stopped in the colonnade," の「忠実」なパロディである――ところで、Cape Cod Canal や老舗レストラン Marliave は、きっと、学生時代をボストンで過ごしたエリオットにとっても懐かしい名前であったに違いない。ミュンヘンの「にわか雨〔a shower of rain〕」をボストンの「にわか煤〔a shower of soot〕」に置き換えたのは、直前の炭鉱への言及とも呼応して、「巧い詩人は盗む」と言ってもよさそうな「本歌取り」である。しかし――

この"a shower of soot"は、『カンタベリー物語』冒頭第一行の"shoures soote"を、それこそ無媒介的に、呼び込んでは来ないだろうか――まさに、「間テクスト性」の力能＝潜勢力〔*potentia*〕が発動する瞬間である。チョーサーが使っていたミドル・イングリッシュで"soote"は"sweet"の意味であり、意味論的には"soot"とまったく関係がない。だが、音韻論的にはまちがいなく、互いの名を呼び合っている。ここで、ヴァレリーの有名な詩の定義を思い出してもいいだろう――「詩――音と意味とのあいだの、この引き延ばされた躊躇〔Le poème — cette hésitation prolongée entre le son et le sens〕」――ここで、「音〔le son〕」と「意味〔le sens〕」とが、やはり、互いの名を呼び合っていることにも、聴き耳をたてておきたい。

躊躇し、それを引き延ばしていくことが、肝要なのだ。『荒地』の冒頭句《インキピト》についても、常套句と正典化の権力による「意味」づけを前に躊躇し、潜勢力の奔流を呼び込むかもしれない「音韻」に耳を澄ましてみるのは、どうだろうか・・・ingの不格好な連続脚韻に耳を澄ますと、わたしには、E・A・ポー「大鴉」の冒頭近くの耳障りな"While I nodded, nearly napping, suddenly there came a tapping, / As of some one gently rapping, rapping at my chamber door."（ll.2-3）が聴こえる――このような指摘は耳にしたことがないし、ポーをヘボ詩人と呼んで憚らなかったエリオット本人が認めるはずもないが[47]――ロマーン・ヤーコブソンは、ポーのこのingの連呼を論じる際に、ヴァレリーの「音と意味とのあいだの躊躇」を導き手としている（「言語学と詩学」）――アガンベンは先ほど引用した「詩の結句」を、ヴァレリーを引用するヤーコブソンに言及するところから始めている――そのヤーコブソンの引用は、ボリンゲン版の英訳からだが、その版に序文を書いているのはエリオットである――その「序文」においてエリオットは、「よそでも述べたが」と前置きしつつ、ポーの詩の拙さを貶す――その「よそ」にあたる講演「ポーからヴァレリーへ」（一九四八）において、「ただしい音〔*sound*〕を持つ語を選ぶに際しても、ポーは、その語がただしい意味〔*sense*〕を持つかどうかにはまったく注意を払わない」と批判している――その講演でも、エリオットは、ポーがフランスの大詩人たちに決定的な影響を与えたという事実が、英語を母語とする詩の愛読者たちにはにわかに理解しがたいだろうと言っているが、クリステヴァに言わせれば「ポー＝ボードレール＝マラルメを結ぶ詩の実践は、今日多くの例が見られるこの異和的連接〔alter-jonction〕のもっとも印象的な例である」（『セメイオチケ　二』二四九頁）――マラルメによる「大鴉」のフランス語訳においては、ぎこちない ing の連続韻が失われ、代わりに fois – faible – fatigue – fit – frappant – frappant のなめらかな頭韻の流れができている――冒頭《インキピト》の “Once upon a midnight dreary” はマラルメによって “UNE fois, par un minuit lugubre” と〈翻訳〉されているが、ポーの原文にはないコンマを打つことによって切断〔caesura〕を持ち込み “fois” という語が切り出されている[48]――そして、この切り出された「音」は、本試論の鍵語である〈*foi*〉[49]の名を呼び出さずにはおかない（本試論を「前もって剽窃」するマラルメの訳詩）・・・

こうやって、自由連想とも妄想とも見まごう〈横滑り〉[50]は、わたし（という記憶＝テクスト）において、延々と続けていくことが可能である。なぜなら、（フェノ＝）テクストには「潜在的無限性」としてのジェノ＝テクストが無数の襞として折り畳まれているという、〈潜在的《ヴァーチャル》な全体性〉への〈信〉〔*foi*〕が、わたしにはあるからだ。常套句や正典化の権力による意味づけ＝固定化を認めることに躊躇し、その躊躇を引き延ばすことさえできれば――“I would prefer not to”――そして、あとは適切な装置さえあれば――押韻は、そのもっとも有効な装置のひとつにちがいない[51]――この無数の襞をひとつひとつ開いていくことができるはずだ。

「四月はもっとも残酷な月だ」という常套句の〈となり〉にある“breeding”を切り捨てるのではなく、「むしろ愛をもって」(52)それに接し（ふれ／ふれられ）、そこに開かれる〈あいだ〉＝「未分化の領域」――そこには〈生〉という名の海賊が顔をのぞかせている――における無限の繁殖〔breeding〕(53)＝生成の流れを言祝ぐこと――〈生〉の流れに〈コト（言・事）〉が立ち、かつ消えかつ結ぶさまを祝《ホ》くこと――これこそが、「〈海賊行為〉としてのテクスト」理論の〈約束〉なのである。(54)

（1）この「定義」は、あくまで本試論における考察の用に供するために案出したものであり、このテクストを越えて〔beyond *this* text〕十全性を主張するものではないし、その必要もない――スピノザがド・フリースの質問に答えて言ったように、「定義は十分理解され得るものでさえあればよいのであって公理のように真理に関しなくともよい」（『スピノザ往復書簡集』五〇頁）と考えるからである（そもそも、テクスト一般の十全な定義がなされたとしたならば、その定義自体は〈テクストの外部〉ということにならないのだろうか？　他方、後期ド・マンの顰に倣って、その「定義不可能性」によってテクストを「定義」する方向性も考えられるが（『読むことのアレゴリー』三五〇頁）、本試論の目的は、ド・マンのようにテクストがどのように作動するかを分析する――文法（機械）と比喩（意味）のアポリアが不断の自己―脱構築を上演＝行為遂行するさまを観察する――ことにではなく、（本定義の「説明」に記したように）「テクストがあるということはどういうことか」という〈問い〉――テクストの存在論――に取り組むことにあるため、あくまで「可能」でプラグマティックな定義によって始めるのが得策と考えた）。

　では、この案出された「定義」が何の用に供するのかというと、本試論における考察の端緒となる「定理」を証明するために必要な「公理一〈テクストの外部〉なるものは、ない」を引き出すことにある。そして、この「公理」がジャック・デリダからのあからさまな剽窃〔*il n'y a pas de hors-texte*〕である以上、「定義」にも同様の態度で臨むことが得策と考え、デリダのさまざまなテクストから引用の織物を編むこととした次第である。以下、参考までに、筆者がとくに参考にした箇所を引用することにより剽窃の科を免れたいと思う（本試論の文脈に合わせるため翻訳に多少の変更を加えたケースがあることを、あらかじめ断っておく)――

「それはもう一度別の仕方で、テクストの外というものはないということを喚起しています。このことが言おうとしているのは、人々がそれを装ったり、しばしば素朴にそう信じて私を非難したりするように、あらゆる参照項が書物のうちに宙吊りにされ否定され閉じ込められるということではありません。そうではなく、いかなる参照項も、いかなる現実も差延的な痕跡の構造を有しており、ひとは解釈的な経験のなかでしかこうした現実的なものに関係しえないということなのです」(『有限責任会社』三一八頁)――「そこで起こったことは、それが起こったとしたならば、ある種のはみ出し〔*overrun / débordement*(超過)〕であり、それによって〔かつて「テクスト」と呼びならわされていたものが持つ〕あらゆる境界や分割は無化され、われわれは「テクスト」(いまだにわたしが「テクスト」と呼ぶところのもの)の一般的に受け入れられた支配的な概念を、戦略的な理由から、部分的に拡大するよう強いられる――こうして「テクスト」は、もはや書かれたもの《エクリチュール》の閉じられた全体、書物やその余白に閉じこめられた内容といったものではなく、差延のネットワーク、すなわち、それ自身以外のなにものか(他なる差延の痕跡)を絶え間なく指示〔refer〕する痕跡の織物となるのだ」("Living On" 八三~四頁、拙訳)――「私がテクストと呼んでいるものは、そのような言説の諸限界を『実践的に』書きこみ、そこからはみ出すようなものでもあるのです。そのような言説とその次元に属することども(本質、意味、真理、意義作用、意識、観念性、等々)がはみ出される〔*débordés*(超過される)〕ところではどこにおいても(つまり、どんなところでもそうだということですが)、そういった一般的テクストがある〔*il y a*〕のです。言いかえれば、そのような言説とその次元に属することどもの審級が、ある連鎖のなかで標記〔marque〕の位置に置きなおされるところでは、どこにおいても、ということです」(『ポジシオン』八八頁)――「(これは他の著作でずいぶんと紙幅を費やして述べたことではありますが)テクストをほとんど限界のない、いずれにしても現前したり知覚したりできる限界のない、つまりあるといえるようないかなる限界線のないものにまで一般化することによって、テクストの概念を再定義することが必要であるとわたしが考えたのは、まさに戦略的な理由からなのです。そのために、『テクストを越えて〔*beyond the text*〕』は、なにものもないのです。そのために、南アフリカもアパルトヘイトも、ちょうどあなた方やわたしと同じように、この一般的テクストの部分ということになるのですが、だからといって、この一般的テクストが本を読むように読まれることができるということではありません。そのために、テクストはつねに諸力のせめぎ合う場《フィールド》——異他的で差延的で開かれていて、などなど、といった場——なのです。そのために、脱構築的読みやエクリチュールは、図書館の本や諸言説や概念的・意味論的内容などといったもののみにかかわるのではないのです」（"But, beyond . . ." 一六七～八頁、拙訳）——「無意識のテクストはすでに純粋な痕跡、差異によって織りなされている。そこでは意味と力が結合しており、これは、つねにすでに転記であるような複数の古文書によって構成された、どこにも現前しないテクストである」（『エクリチュールと差異』四二七～八頁）——「もし襞がないとすれば、あるいは、襞が、標記《マルク》、余白《マルジュ》ないし辺境《マルシュ》（閾、境界、限界）としてのみずから以外の限界を、どこかにもつということになれば、テクストなどありはしないだろう。ところが、テクストなるものが文字通りには〔厳密には〕実在しないとしても、おそらく一つのテクストがある。一つの進行中《アン・マルシュ》の〔辺境における〕テクストが。それと付き合わなければならない」（『散種』四三二頁）、ほか多数の箇所を参照のこと。

　ところで、スピノザは、あるべき「定義」の諸条件について語っているが（『知性改善論』九五～九八段落）、それによれば、定義が事物のある特性〔propria〕を明らかにするだけでは不十分で（たとえば、「中心から円周へ引かれた諸線の相等しい図形」という円の定義）、それは「最も近い原因〔causa proximata〕」を含まなければならない（たとえば、「一端が固定し他端が運動する任意の線によって描かれた図形」という円の定義）。ここには、エウクレイデスを批判するホッブスの「定義」論、すなわち「特性」ではなく「生成〔generatio〕」による事物の定義という思考の影響が指摘されている（De Dijn 参照）。この観点からするならば、クリステヴァによる「テクスト」定義——バルトも有名な世界百科事典（一九七三）の項目で、そのまま引用したもの——が、より「あるべき定義」に近いと言えそうである——「テクストとは、端的な情報を目指す伝達的な言葉《パロル》を、先行の、もしくは共時的な、多種の言表類型と関連づけることによって、言語《ラング》の秩序を配分し直す超—言語的装置〔言語学を横断＝超出する装置 appareil translinguistique〕である、と定義しておく。したがって、テクストとは一種の生産性なのである」（『テクストとしての小説』一八頁）。このあと本文で論じるように、クリステヴァの「間テクスト性」理論とは、まさに（ホッブス的な）「生成による定義」の条件とみなすこともでき、その意味で本試論の筋道は、デリダから借用した初発の「定義」から、クリステヴァの（間）テクスト理論にもとづく「生成による定義」へと乗り換える行程である、とみなすことができるかもしれない。（いうまでもないことだが、デリダからの偏った「借用」によるパッチワークである「定義」をもって、デリダ本人の思想を代表させる気は毛頭ない。むしろ、フランチェスコ・ヴィターレの最近の仕事(「テクストと生物」)に代表されるように、デリダのテクスト論を〈生命〉論に接続する研究が目下進んでおり、これはまさに本試論を「予備的考察」として筆者が企図する後述の「生態学的文学理論」と軌を一にするものとなるであろうと、大いに期待している。)

(2) この定式はハイデガーから借用したものである――「けれども、存在の真理が、思索にとって、思索されるのに一値するものとなったあかつきには、言葉の本質への省察も、これまでとは別の位階に達せざるをえないであろう。言葉への省察は、もはや、たんなる言語哲学であることはできないであろう。ひとえにそうであるからこそ、『存在と時間』(第三四節)は、言葉の本質次元への指摘を含み、また、いったいいかなる存在の仕方において言葉は言葉としてそのつど存在するのかという〔in welcher Weise des Seins denn die Sprache als Sprache jeweils ist〕、単純な問いに触れているのである」(『「ヒューマニズム」について』二七頁)。

(3) そのためキケロは、海賊を「万民共通の敵〔communis hostis omnium〕」と定義した。このキケロの定義からはじめ「海賊的パラダイム」を系譜学的にたどりなおすことによりその現代的意義を考察した、ダニエル・ヘラー=ローゼンの *The Enemy of All: Piracy and the Law of Nations* (2009) を参照のこと。

(4) この「未分化の領域」にかんする記述は、ジョルジョ・アガンベンによる「例外状態」のそれを借用したものである――「実際には、例外状態は法秩序の外部でも内部でもないのであって、その定義の問題は、まさにひとつの閾〔una soglia〕にかかわっているのである。言いかえれば、内部と外部が互いに排除しあうのではなく、互いに互いを決定しえないでいるような未分化の領域〔una zona di indifferenza〕にかかわっているのである」(『例外状態』五〇頁)。

アガンベンは、《例外状態》にかんするこの研究を始めるにあたって、「公法と政治的事実とのあいだ、また法秩序と生〔la vita〕とのあいだにある、この無主の地〔terra di nessuno〕こそ、今回の探究が調べようとする対象である」(八頁)と述べている。アガンベンの顰に倣って言えば、本試論は、「テクストと生との〈あいだ〉」にある「この無主の地」を探索する企図――それを筆者は「生態学的文学理論」と呼ぶことを提案したいのだが――の端緒を開くための予備的考察である。

(5) 「間テクスト性」の問題を本格的に扱った、日本語で読める――かならずしも日本語に限る必要はないが――モノグラフに、土田知則『間テクスト性の戦略』がある。筆者が本書の存在を知ったのは本試論を脱稿した後であったため、その議論を本文に取り込むことができなかった不始末に己の不明を恥じるばかりであるが、それが「間テクスト性」をめぐる思索の方向性を多くの点で本試論と共有する——その意味では「前もっての剽窃」ともいえる——一方で、微妙な（しかし根本的な）差異を有するものであるため、本書をめぐる注釈をこの段階で加えておくことは、本試論の筆者にとっては総括として、読者にとっては梗概として、有効であると考えられる。

『間テクスト性』という考え方は、比較研究、影響研究、実証研究などに与する概念装置であるという誤解を生んだが、実はまったくそうではない。むしろそうした研究方法に疑問を突きつけるものとして登場してきたのである」（四九頁）という基本的認識は本試論とまったく同一のものであり、また、クリステヴァ、バルト、デリダ、ドゥルーズといった参照枠が共通するのはある程度の必然性があるにせよ、T・S・エリオットの「伝統論」を主題的に扱う点でも興味深い一致が見られる。（さらに言えば、「できることなら、全体がすべて引用だけからなるような書物を書きたいと思った」（二四四頁）という「あとがき」冒頭のベンヤミン的独白に見られるある種の倒錯したテクスト的欲望も、本試論をすべて脚注からなるテクストにしたかった筆者の欲望と、どこか通底するところがあるように思われる。）このように基本的な認識・枠組をほぼ全面的に共有しているにもかかわらず、そこから引き出される帰結・焦点のあて方に少なからぬ差異があるという事実を考察することによって、両者が抱く根本的な〈問い〉が明るみに出されるように思われる。

すぐれてド・マン的な身振りによって「間テクスト性」を〈（脱構築的）読み〉の問題に接続する土田の議論には、おもに仏・米における文学理論の諸成果を自由に横断しながら、究極的には〈読む〉行為を〈根源的＝アナーキックな〉「自由」の実践として称揚するという強い意志を感じとることができる。実際、本書においては、「間テクスト性」理論の骨頂をその「水平的」＝「換喩的」モメントに見出し、その批評的戦略の使命は「垂直的」で「権力的・位階的な思考装置」を脱構築することにあるということが、くりかえし強調される。「間テクスト性」理論をユダヤ＝ラビ的〈読み〉の実践へと接続する刺激的な議論において（第四章）その「宗教的アナーキー」が強調されるのも、つづく第五章においてドゥルーズ＝ガタリの「リゾーム」が召喚されるのも、土田が構想する「間テクスト性の戦略」の根底に「いわばテクスト論的アナーキーとでも称すべき性質のもの」（一七九〜一八〇頁）が厳然としてあることを示している——そして、この点において、本試論の筆者は深い共感を抱いているということをまず表明しておきたい。

そのうえで、しかし、本試論はふたたび「垂直線」を導入する――ただし、これが、「間テクスト性」理論の「水平的＝換喩的」モメントが脱構築した「権力的・位階的」な〈垂直〉とは本性上の差異を有するものであることは、いうまでもない。いわば、権力的（*potestas*）〈垂直〉を脱構築しつくした内在平面に（痕跡として）浮かび上がる、潜勢的〈*potentia*〉な〈垂直〉への跳躍――「潜在的《ヴァーチャル》な全体性」との直接《コンタクト》――を試みる、ということになるだろうか。（本試論の議論で使用されるタームを先取りして言えば、それは、（顕在的な）権力＝位階制としてある〈垂直〉を拒絶する「水平的な〈となり〉」に折り畳まれている（潜勢的な）無数の襞のうちに「垂直的な〈あいだ〉」を直観する態度であるともいえる。）その際に焦点化されるのが「ジェノ＝テクスト」であるが、そのタームが土田の議論においてまったく登場しないのは、両者の〈問い〉の根源的差異の徴候であるとみてさしつかえないだろう。同様の差異は、それぞれのエリオット「伝統論」の読みにも表れている。土田は、その「伝統論」をバルトの「作者の死」に接続しつつ、一般的には「垂直的なヒエラルキー階梯」と見なされがちなものを「水平的、脱階梯的な関係への移行」（一五三頁）の一面を持つものとして評価する――ちなみに筆者自身も、同様の読みかえの可能性を、「Meta-Oikos 的」結構（八紘一宇）のうちに潜在する「mata-oikos 的」変容のモメントとして、かつて論じたことがある（「Metoikos たちの帝国」）。それに対して本試論は、エリオットの「伝統」をベルクソンの「（純粋）記憶」と接続し、そこに「存在論への飛躍」の可能性を読みこむことを試みる。土田の提唱する「インター・リーディング」が「影響関係、つまりはクロノロジカルな時間観念を徹底的に脱構築すること」（一一九頁）と規定され、その「反―歴史」的モメントに「間テクスト性の戦略」の批評的エッジが見出されているとするならば、本試論はそのエッジを全面的に受け入れつつもそれを超えて、歴史／反―歴史の対立とは「別の次元」としてのベルクソン的「持続」の相の下に文学理論を構想する――フェリックス・ガタリの言う「エコゾフィー」、すなわち「潜在的なもののエコロジーの総体」（『エコゾフィーとは何か』五九頁）を〈問う〉ことができるテクスト理論を構築する――ための予備的考察であり、これは前注に示した「テクストと生との〈あいだ〉」という視座にも通じるものであると考えている。（その関連で言えば、別の箇所において土田は、「反―宗教」「反―神学」としての「間テクスト性の戦略」を語っているが、ここでもまた、その戦略の意義に全面的に同意しつつもそれを超えて〈宗教的なるもの〈the religious〉〉の潜勢力を導入することが、この来たるべき文学理論の課題となるであろう。）

なお、土田はその後の著作（『ポール・ド・マン　言語の不可能性、倫理の可能性』）において、ド・マン晩年の思想に寄り添うかたちで、「現象性」と根源的に対立しつつ不即不離の関係にある「（文字の）物質性」といった問題へと思索を展開しており、「テクスト論的アナーキー」の〈かなた〉を模索しているようにも見うけられる。これは、（フェノ＝）テクストのうちに絶えずジェノ＝テクスト（の痕跡）を見る本試論と、その思索の方向性を共有していると言えそうである。ただ、ド・マンに随って「不可能性」の否定神学的態度をとる土田に対して、こちらはあくまで「潜勢力＝潜在性の次元」という《力》の充溢を〈信〉じ〔*foi*〕ている点で、やはり、そこには根源的差異があるものと考えられる。この点で興味深いのはド・マンの「パラ―フィギュラルな次元」という難解な表現の解釈で、土田はこの「パラ」を「・・・に反する」もしくは「・・・から防ぐ」と解釈しデリダ＝ド・マンが「不可能の可能性」を探り続ける戦略を読みこむ（一三三～四頁）が、本試論の筆者ならば「パラ」＝〈となり〉に開かれる「潜在性の次元」を問う契機を見いだすであろう。（ここで筆者の念頭にあるのは、最晩年のメルロ＝ポンティが準備していた「制度化」の議論で、偶然的にふと生起した「偏差」が予想外の「次元の開け」を生むという構図――「記号のふちで生まれ出でるこの意味、部分における全体の切迫」（「間接的言語と沈黙の声」六〇頁。ただし、邦訳では「切迫〔imminence〕」を「内在〔immanence〕」と取り違えているので訂正した）――である。メルロ＝ポンティの「制度化」については、「次元の開けとしての制度化」ほか廣瀬浩司による一連の論考を参照のこと。）

（6）「相互テクスト性〔間テクスト性〕」という用語が往々にして、あるテクストの『典拠の研究』というありきたりの意味に受け取られてきたことを考えると、われわれはそれに替えて転位＝措定移行〔transposition〕という用語を選ぶ」（クリステヴァ『詩的言語の革命』五六頁）。

（7）ハロルド・ブルームの「影響の不安」（一九七三）と、クリステヴァの「間テクスト性」との混同を批判した最初期のものに、Jonathan Culler, "Presupposition and Intertextuality" (1976)（*The Pursuit of Signs* 所収）がある。

（8）これをもって「非歴史的＝非政治的」と非難するのは、あまりに拙速であろう。むしろ、クリステヴァ自身も言うように、「先行するあるいは共にする時代の文学の資料全体〔corpus〕を読みながら書いてゆくというそのやり方によって、作者は歴史のなかに生きており、社会はテクストのなかに書きこまれる」（『セメイオチケ　一』一一七頁）のである。逆に、「影響の不安」のようにオイディプス三角形といった〈構造〉に回収される構図が歴史・社会的コンテクストを捨象するのにつながることは、エドワード・サイードの指摘する通りである——「わたしが主張したいのは、この論争、もしくはブルームがあれほどの洞察と明敏さをもって論じるインターテクスチュアリティは、ロマン派詩人を包摂しまた可能にしている、文化の物質的生産媒体をすべて軽んじているということです」（『権力、政治、文化（上）』四四頁）。

俗流の「政治的批評」を旗印にするテクスト読解にしばしば見られるのは、ある作品が歴史的・政治的情況を代理＝表象する——顚覆的であれ、反動的であれ——さまを暴露してこと足れりとする〈隠喩的〉態度だが、それもクリステヴァに言わせれば、「エクリチュール〔書くこと〕という生産性に眼を閉ざして、作品という結果のみを受け入れている」（「テクストといわれる生産性」『セメイオチケ　二』一六六頁）点において、「作者の意図」を探す旧態依然とした態度と大差はない。社会／作品の二分法にもとづく〈表象主義〉と訣別し、「テクストといわれる生産性」の〈表現主義〉（ドゥルーズ『スピノザと表現の問題』参照）への飛躍を標榜する文学理論は、ドゥルーズ＝ガタリ『アンチ・オイディプス』における社会／欲望の生産（の無媒介的同一性（ヴィヴェイロス・デ・カストロ参照））にかんする以下の記述のうちに、ひとつのモデルを見出すことだろう——「一方に現実の社会的生産、他方に幻想の欲望的生産があるわけではない。これら二つの生産の間に、注入や投影といった二次的関係が確立されるわけではない。もしそうなら、あたかも社会的実践が内面化された心的実践に重なり、あるいはまた心的実践が社会的システムに投影されるだけで、これらはたがいに決して侵食しあわないかのようである。（中略）本当は、社会的生産は規定された諸条件においては、もっぱら欲望的生産そのものなのである。社会的領野は直接的に欲望に横断され、それは歴史的に規定された欲望の産物であり、リビドーは、生産力と生産関係を備給するために、いかなる媒介も、いかなる昇華も、いかなる心理的操作も、いかなる変形も必要としない、と私たちは主張する」（『アンチ・オイディプス』（上）、六一〜六二頁）。同様にクリステヴァが「生産」の場面にこだわるのは、言うまでもなく、すぐれて唯物論的な関心によるものであり、そうであるからこそ、以下のようなさりげない譬えも現れるのだ——「テクスト生産性は文学の（テクストの）内的尺度であるが、文学（テクスト）そのものではない。ちょうど、それぞれの労働が価値の内的尺度であっても、価値そのものではないように」（『セメイオチケ　二』二一七頁）。

（9）〈あいだ〉の生命論的解釈にかんして、筆者は、近くは木村敏の一連の著作に、遠くはスピノザの「共通概念

〔notiones communes〕」論に、多くを負っている。たとえば、以下のふたつの引用を参考にされたい――

個人の「生」Lebenということを、その人の出生から死までのあいだの人生と考えるにせよ、その個体の受精ないし生殖から死までのあいだの生命と考えるにせよ、それはいずれにしても時間軸上の延長に沿った「水平」あるいは「横」の「あいだ」の出来事である。個々の個人あるいは個体は、それぞれが主観／主体として、自己と他者の人生あるいは生命どうしのあいだで、水平あるいは横の間主観的・相互主体的な出会いを生きている。／これに対して、個人がその人生や生存の各瞬間に自己自身の生を生きている局面においては、この生はつねに個人以前の「生命の根拠」との、つまり〈生〉そのものとの「根拠関係」に根ざしていて、個人の存在の絶対的外部から絶えず流れ込んでいる〈生〉の「はたらき」によって生かされつづけている。そしてその個人の身体が〈生〉を受容する機能を失うと、〈生〉は〈死〉と名を換えて、個人はその生命を失い、その人生を閉じることになる。これを時間軸上の各瞬間における「垂直」あるいは「縦」の構造と見なすとすれば、ここでもやはり、「水平」あるいは「横」の「あいだ」の出来事である生命が、「垂直」あるいは「縦」の「あいだ」の関係によって担われていることになる。

（木村敏『あいだと生命』一〇四～五頁）

私がここで存在というのは持続のことではない。すなわち、抽象的に考えられる限りの存在、いわば一種の量として考えられる限りの存在のことではない。なぜなら私は、存在の本性そのものについて――神の本性の永遠なる必然性から無限に多くのものが無限に多くの仕方で生ずる（第一部定理一六を見よ）がゆえに個物〔res singularis〕に付与される存在の本性そのものについて語っているのだから。つまり私は、神の中に存する限りにおける個物の存在そのものについて語っているのである。というのは、おのおのの個物は他の個物から一定の仕方で存在するように決定されているとはいえ、各個物が存在に固執する力はやはり神の本性の永遠なる必然性から生ずるからである。

（スピノザ『エチカ』第二部 定理四五 備考）

なお、「垂直」の比喩が「超越」の契機を持ちこみかねない（注54を参照）のにたいして、スピノザが「神に関係する〔referre〕」と言う際には「内在性」が徹底されていることについては、筆者の博士論文 *Reading T. S. Eliot Reading Spinoza* (Cornell University, 2013) を参照されたい。

(10)　ポール・リクール『記憶・歴史・忘却』におけるベルクソンの「分析力」を評価する箇所を参照――「分析を始動さ

せるのに、まだイマージュ化されない『純粋回想』のようなものが存在することを認めよう」（九四頁）。

（11）「本当のところはどうかというと、記憶は現在から過去への退行のうちに存しているのではまったくなく、逆に、過去から現在への進展のうちに存しているのだ。過去のなかにわれわれはただちに身を置く」（『物質と記憶』三四一頁）。

（12）「筆記者にとっては、だから詩的言語は潜在的無限性〔infinité potentielle〕として提示される（この語はヒルベルトの概念構成の基本用語としてもっている意味で用いられている）。すなわち、〈詩的言語という〉無限集合は実現されうる可能性の集合とみなされており、この可能性のひとつひとつは別個に実現されるが、その可能性のすべてが一度に実現されるのではない、ということである。／記号論は記号論として、表象しえないけれども現実にある無限〔*infinité réelle*〕としての詩的言語という概念を自らの推論過程に導入することができるであろう」（「パラグラムの記号学のために」『セメイオチケ　一』一一六頁）。ここでの主語は「詩的言語」であるが、それが「無限のシニフィアン〔le signifiant infini〕」である「ジェノ＝テクスト」と等価――おなじ濃度〔puissance＝潜勢力・力能〕の無限――であり、「パラグラム」「間テクスト性」といった概念とも通底するものであることは、『セメイオチケ』全体を精読した読者にとって明らかであろう。

（13）「見えないものは対象であることなしにそこにあるのであり、それは存在者的仮面〔masque ontique〕なしの純粋な超越なのである。そして、『見えるもの』そのものもまた、結局のところ、ほかならぬ或る不在の核を中心に動いているのである」（『見えるものと見えないもの』三三四頁）。これは、一九六〇年一月の日付がある「研究ノート」の一節だが、同じ月の「見えないもの、否定的なもの、垂直の〈存在〉」と題された断片には、以下のようなくだりがある――「〈見えないもの〉の欠如が世界の本質的契機になっている（それは見えるものの「背後」にあり、切迫したないし卓越した可視性〔visibilité imminente ou éminente〕なのであり、それはまさしくNichturpräsentierbar〔根源的に現前しえないもの〕として、他の次元として〔comme autre dimension〕、Urpräsentiert〔根源的に現前〕しているのである）」（三三一頁）。この一節には、本試論を書かしめた〈直観〉のすべてが書きこまれている、と筆者には思われる。

（14）たとえば、〈潜在的なもの〉の〈十全な実在性〉の留保なき肯定という重大な存在論的命題をドゥルーズが開陳する、以下の箇所を参照――「潜在的なものは、実在的《レエル》なものには対立せず、ただアクチュアルなものに対立するだけである。

潜在的なものは、潜在的なものであるかぎりにおいて、或る十全な実在性を保持しているのである。潜在的なものについて、まさにプルーストが共鳴の諸状態について述定していたのと同じことを述定しなければならない。すなわち、「実在的ではあるがアクチュアルではなく、観念的ではあるが抽象的ではない」ということ、そして、象徴的ではあるが虚構ではないということ」(『差異と反復』(下)一一一頁)。

引用元は、『失われた時を求めて』の最終巻『見出された時』の中盤であるが、そこにおいてプルーストは、(「意志的記憶」と対置するかたちで)「時間の秩序から解放されたある瞬間」に「真の自我」が「目ざめ、生気をおび〔s'éveille, s'anime〕」るさまを考察している——「意志でもって築きあげられる未来とは、意志が、現在と過去との断片から築きあげられる未来で、おまけに意志は、そんな場合、現在と過去とのなかから、自分できめてかかった実用的な目的、人間の偏狭な目的にかなうものだけしか保存しないで、現在と過去とのなかの現実性を骨ぬきにしてしまうのである。ところが、すでにきいたり、かつて呼吸したりした、ある音、ある匂が、現在と過去との同時のなかで、すなわち現時ではなくて現実的であり〔réels sans être actuels〕、抽象的ではなくて観念的である二者の同時のなかで、ふたたびきかれ、ふたたび呼吸されると、たちまちにして、事物の不変なエッセンス、ふだんはかくされているエッセンスが、おのずから放出され、われわれの真の自我が——ときには長らく死んでいたように思われていたけれども、すっかり死んでいたわけではなかった真の自我が——もたらされた天上の糧を受けて、目ざめ、生気をおびてくるのだ。時間の秩序から解放されたある瞬間が、時間の秩序から解放された人間をわれわれのなかに再創造して、その瞬間を感じうるようにしたのだ。それで、この人間は、マドレーヌの単なる味にあのようなよろこびの理由が論理的にふくまれているとは思われなくても、自分のよろこびに確信をもつ〔confiant〕、ということがわれわれにうなずかれるし、「死」という言葉はこの人間に意味をなさない、ということもうなずかれる。時間の外に存在する人間だから、未来について何をおそれることがありえよう?」(『プルースト全集　一〇』二七〇頁)。

なお、プルーストの翻訳者でもあったヴァルター・ベンヤミンは、論文「ボードレールにおけるいくつかのモティーフについて」(『ベンヤミン・コレクション　一』所収)の冒頭で、「〈真の〉経験を獲得しようとする一連の試み」のなかでも「ひときわ高くそびえている記念碑的業績」としてベルクソンの『物質と記憶』を挙げ、その「経験の理論を実地に検証した」文学者としてプルーストを召喚している。ここでベンヤミンが、ベルクソンの「純粋記憶〔mémoire pure〕」とプルーストの「無意志的記憶〔mémoire involontaire〕」とを等号で結んでいることは、本試論に貴重な補助線を提供してくれているように思われる。

（15）「定立の侵犯〔transgressions〕はいずれも、意味作用を維持する限りどうしても維持してゆかねばならない真／偽の境界を踏み越えることになろう。そして、この境界は、ル・サンボリックのなかへのル・セミオティックの流入〔afflux〕によって取り返しのつかないほどに揺さぶられるのだ」「〔ル・サンボリックによる〕切断のあとに〔をもとにして〕再帰的に産出されるル・セミオティックは、ル・サンボリックにおける欲動の機能性の「第二の」回帰として、シンボル秩序に導入される否定性として、シンボル秩序の侵犯〔transgression〕として、表象されなければならない。この侵犯は、定立相〔成立〕のあとから否定性を産出する〔不法〕侵入〔effraction〕として現れる」（『詩的言語の革命』五四、六七頁、翻訳は適宜変更した）。「この多ロゴス的《私》〔ce «je» polylogique〕はある先行するもの〔*avant*〕、つまり、論理に先行するもの、言語に先行するもの、存在に先行するものについて語るからである。無意識ですらないひとつの先行するもの、まったく《無意識に先行する》ひとつの《先行するもの》——それは衝撃であり、噴出であり、死である。衝突、そして——音の停滞、次いで——《表象》、《他者》、《言語《ラング》》、《私》、《言《パロール》》・・・の異質性〔*hétérogénéité*〕、それから——衝撃・噴出・死の突入〔irruption〕」（『ポリローグ』一七六〜七頁、翻訳は適宜変更した）。

（16）この〈読み〉の技法を定式化した——スピノザ＝マルクスに淵源する〈読み〉の技法にラカンの用語を当てはめた——のが、アルチュセール学派による「徴候的読解」であるが、そこでも同様に「二つのテクストの存在」が前提とされており、顕在的テクストとは「別のテクスト」が「必然的不在〔une absence nécessaire〕のかたちで現前しており、しかし徴候の資格で、最初のテクストによってそれ自身には見えないものとして生産された不在の形で現前している」（『資本論を読む　上』四九〜五〇頁）とされる。本邦でもほぼ同時期（一九六九年）に、廣松渉が「フェノメノンの本源的な二肢的構造」として同様の認識に到達している——「フェノメノンは、即自的に、その都度すでに《インマー・ショーン》、単なる『感性的』所与以上の或るものとして現れる。（中略）このイデアールな etwas とフェノメノンにおける『所与』とは、空間的に離れ離れに存在するわけではなく、『所与』が etwas Anderes として意識される場合に、——すなわち、後者が前者として現れる場合——イデアールな etwas が、レアールな『所与』においていわば肉化 inkarnieren して現れる」

（『世界の共同主観的存在構造』三八、四三頁）。

これが、クリステヴァがソシュール＝スタロバンスキーから援用する「パラグラム〔paragram〕」の構造と相同的であることについてはもはや贅言を要しないであろうが、ここで、「間テクスト性」の理論的展開の一翼を担ったミカエル・リファテールが（同じくソシュールのアナグラム研究ノートに現れる用語から）展開した概念である「ハイポグラム〔hypogram〕」との関係については、若干注釈しておく必要はあるだろう。リファテール自身は、「パラグラムよりもハイポグラムの方が用語として適当」であるとして差異を強調しているが（『詩の記号論』二一七頁、注(16)）、リファテールにとっては個別テクスト解釈の用に供する操作概念であった「ハイポグラム」を理論的に深化させようと試みたポール・ド・マンに言わせれば、「パラグラムは間テクストを通して起こるハイポグラムの置き換えの過程のことのようにも思われるが、テクストはまさにこの置き換えによって構成されるのであるから、ハイポグラムとパラグラムの区別は決定的な問題ではないとも言える」（『理論への抵抗』一一四頁、注(11)）ということになる（なお、ド・マン自身がこの理論をボードレール読解に応用したのが、“Anthropomorphism and Trope in Lyric” である）。しかし、本試論にとってより重要なのは、クリステヴァ自身による（個別の用語法を離れた）リファテールとの本質的な差異にかんする以下の証言であろう――「わたしは、ミカエル・リファテールとは違って、記号的なるもの〔the semiotic〕を、あらゆる措定や前提に先立つ〈欲動〔drive〕〉の無意識的レベルに位置づけるが、かれはというと、意図〔志向〕的な〈迂回〉やそれ自身の鍵を含む〈なぞなぞ〉の連鎖のうちにそれを埋めこもうとする。かれは〈間テクスト性〉をテクストに登記された主体の意図〔志向〕的レベルに位置づけたが、わたしはといえば、志向性や真正性が自発的に放棄される結果主体が意味の部分的喪失を被るような場としての「記号論的コーラ」を開陳する方へと傾いていったのだった」（“Nous Deux” 九頁、拙訳）。おなじく「二つのテクストの存在〔本源的な二肢的構造〕」をみているリファテールとクリステヴァであるが、前者があくまでテクストの〈秘密を暴く鍵〉として「別のテクスト」の存在を静的／静寂主義的に捉えているのにたいして、後者はあくまでも動的／革命論的に「欲動」の次元――〈生〉の次元――に定位する。これこそまさに、リファテール的「詩の記号論」とクリステヴァ的「詩的言語の革命」とを隔絶する「存在論的飛躍」である。

(17)　デイヴィッド・ロッジ『小さな世界――アカデミック・ロマンス』の一場面。

(18) ベルクソン『思想と動くもの』「緒論・第一部」における以下の記述が、バイヤールの着想と著しく似通っていることは、もちろん偶然ではない――「われわれが今日、十九世紀のロマンティスムをすでにクラシック作家のうちにあったロマンティックなところに結びつけるのは一向に差しつかえがないが、クラシシスムのロマンティックな面が取り出されたのは、いったん現われたロマンティスムの逆行的効果〔l'effet rétroactif〕によるのである。ルソー、シャトーブリアン、ヴィニー、ヴィクトール・ユゴーのような人がいなかったとすれば、昔のクラシック作家のうちにロマンティスムの作風が認められないばかりでなく、そういうものは実際なかったわけである。というのは、クラシック作家のロマンティスムが事象化されるのは、それらの人の作品のなかからある面を切りぬくこと〔découpage〕によるので、その切りぬきの独特な形が、ロマンティスムの出現以前にクラシックの文学に実在しなかったことは、通りすぎる雲のなかに芸術家がその空想力を恣にして形の定まらない塊を整えながら認める面白いデッサンが、雲のなかに実在しないようなものである。この雲に対する芸術家のデッサンのように、ロマンティスムはクラシシスムに対して逆行的にはたらきかけた。それは逆行的に自分自身の形状を過去のうちに創造し、先行者たちによって自分自身を説明したのである」（三〇～三一頁）。

(19) 「書くこと―読むこと、パラグラマチックなエクリチュールは、攻撃を、全体的参加をめざす渇望であろう（「剽窃は必要だ」――ロートレアモン）」（「パラグラムの記号学のために」『セメイオチケ　一』一一八頁）。

(20) 坂部恵「『ふれる』ことについてのノート」の以下の記述を参照――「ふれるというもっとも根源的な経験において、われわれは、自―他、内―外、能動―受動といった区別を超えたいわば相互浸透的な場に立ち会う。たとえば『人目にふれる』というような表現において、能動―受動、主体―客体の別はいまださだかでない。あるいはお望みならば両義的であるといってもよい。われわれは、いってみれば、そこでそれらの自―他、内―外、能動―受動をはじめとする諸々の差異がそこからして発生してくる、ないしはそれまでの差異化の網の目の布置がカタストロフィックな編成変えを受けてあらためて立ち現われてくるその点、ないしは宇宙の力動性の一つの切り口とふれ合うのである」（二五五～二五六頁）――「ふれることは、したがってふれるものとふれられるものの、前もっての一方的分離を前提とするものではなく、何らかの程度において自―他の区別、内―外、能動―受動の区別を含めて、これまでの差異化弁別の体系の構造安定的な布置をあらためて無に帰し、根底から揺り動かす相互嵌入の契機を本質的に伴っている。それはいいかえれば何らかの程度においてカタストロフィックな経験である」（二七〇頁）。

この、ことばの真の意味において「エッセイ」的な坂部の「ノート」の末尾近くにおいて示唆される〈詩《ポエジー》〉、いなポイエーシス一般にかんする直観に、本試論の筆者も深く同意するものである――「ここではさまざまな聖語、憑依状態にある巫女や神官のお告げのことば（聖書にいう「異言」）などの出番である。あるいはこれほど極限的な場合を取り上げずとも、一般にいって、真の創造（ポイエーシス）の根底には、詩《ポエジー》といわず、あらゆる芸術的体験の原基となるふれるという経験があるとみることもできるだろう。おそらく、真の創造（ポイエーシス）とふれるという経験は、一つの同じものにほかならない」（二七四頁）。

ここで坂部が「あらゆる芸術的体験の原基となる〈ふれる〉という経験」という時、それが「中動態」的な経験を指していることは、おのずと明らかであろう。元来「言語の範疇」に属する「中動態」を「思考の範疇」へと拡張しつつ――さらに「存在論の範疇」をも窺っていると思われる――芸術制作の現場にしっかりと軸足を置きながら包括的かつ洞察に満ちた議論を展開した画期的研究に森田亜紀『芸術の中動態』があるが、そこでも紹介されているとおり、ロラン・バルトは「書く〔écrire〕」という動詞を「中動態」と剔抉している（『言語のざわめき』所収「書くは自動詞か？」）。「読む」もまた、もっとも根源的な意味において「中動態」であると本試論の筆者は考えるのであるが――バルトが読者を「恋愛主体と神秘主義的な主体」になぞらえていることは（同書所収「読書について」）ゆくりなくもこの見解を支持しているように思われる――そうであるならば、「書くこと―読むこと」（前注の引用参照）とは、畢竟、テクストに〈ふれ／ふれられる〉というひとつの「中動態」的な経験――ベンヤミンが「魔術的〔magisch〕」と呼ぶ直接性の経験（細見和之を参照）――であり、さらにいえば、本試論が構想する「生態学的文学理論」が「（間）テクスト性」理論の再考を通じて接近を試みている（対象＝客体たらざる）対象は、「恋愛主体と神秘主義的な主体」が立ち上がる〔se lever〕「中動態」的な場であるところの（神秘的）〈生〉と不二であると考えられる。

（21）　*Times Literary Supplement*, 958 (27 May 1920) および *Athenaeum*, 4702 (11 June 1920) に発表された、一冊の研究書（A. H. Cruickshank, *Philip Massinger* (1920)）にたいする二本の書評（前者は匿名）をひとつにまとめて、処女評論集 *The Sacred Wood: Essays on Poetry and Criticism* (1920) に収録されたもの。引用箇所は、*TLS* 書評の部分より。

（22）　実際、インターテクスチュアリティ的な発想は、エマソンの『代表的＝代理表象的人間〔*Representative Men*〕』を貫く経糸である。たとえば、第一論文「プラトン――または、哲学者」の冒頭近くの以下のくだりを参照――「本当の独創家だけが、他人から借りる〔borrow〕術を心得ているのだ。（中略）どんな書物もしょせんは引用にすぎず、どのような家も、あらゆる森と鉱山と石切場からの引用であり、どのような人間も、彼のあらゆる先祖たちからの引用にすぎぬ。こうしてこの貪欲な独創家はあらゆる民族に助力をしいるのである」（『代表的人間像』六～七頁）。

(23) 前掲注(21)に示したとおり、この書評論文はエリオットの処女評論集に収録されたものであるが、その後、エリオット本人が編集して世界中で多くの読者を獲得した *Selected Essays* (1932) に再録され、さらには、エリオット没後にフランク・カーモウドが編集した *Selected Prose of T. S. Eliot* (1975) にも（一部省略のうえ）収録されていることからして、決して「マイナーな書評にすぎない」と断ずることはできず、むしろ、「玄人好み」と言うべきだろうか。

(24) エリオットは、自分の批評活動を振り返る最晩年の講演「批評家を批評する」において、「金銭的な必要にかられて書いていた」というこれら初期の書評・論文の目的は「わたし自身やわたしの友人たちが書いていた種類の詩を擁護する」ことにあった、と断言している。また、それらの批評活動を、「一般化のエッセイ」と「個別作家の評価」とに分類し、後者の方こそが未来の読者にとってなにかしらの価値を有し続けるだろう、と述べている。皮肉なことに、現実の文学批評史においては、エリオットの希望的観測とは正反対のことが起こり、「フィリップ・マッシンジャー」のような後者の多くは忘れ去られる一方で、前者のエッセイ群（その代表格が「伝統と個人の才能」）は、アカデミズム内での「文学理論」の制度化という、およそ〈エリオット的〉ではありえない運動において、その重要な礎石となる「理論」の数々を提供することとなった。

(25) エリオットは、まるで、クリステヴァの「間テクスト性」理論を「前もって剽窃」しているかのようだ――「模倣〔imitation〕は、模倣されるもの（反復されるもの）を額面どおりに受け取り、それを自分のものにし、相対化することなく専有するのである。対立するものを同時に含む言葉〔mots ambivalents〕のこの〔第一の〕カテゴリーの特徴は、作者が他者の言葉を活用するけれども、そこに含まれている思想を自分の目的のために損なうことがないという点にある。作者は自分の方向に従うのであるが、方向は相対化されている。対立するものを同時に含む言葉の第二のカテゴリーは、その見本としてパロディを挙げることができるが、それとはまったく異なっている。作者は、他者の言葉に対立する意味を導入するのである。隠れた内面の論争を見本として挙げることのできる、対立するものを同時に含む言葉の第三のカテゴリーについていえば、その特徴は、他者の言葉が作者の言葉に積極的な（すなわち変更を及ぼす〔modifiante〕）影響を与えているということにある。「語っている」のは作者であるが、外からくる言説〔discours étranger〕がこの語ることばにつねに現存して、それを変形〔déforme〕している」（『セメイオチケ　一』七四～五頁）。

（26）単行本に再録されることもなく長年忘却の淵にあったこの文章も、二〇一四年に刊行が始まった *The Complete Prose of T. S. Eliot: The Critical Edition* 第二巻に収録され、ついに日の目を見ることとなった。

（27）この"secret knowledge"はもとより、次の引用にある"friendship""introduction to the society""its origins and its endings"といった表現は、当時ヨーロッパの芸術・思想界に大きな影響力を持っていた神智学協会（the Theosophical Society）――創始者ブラヴァツキー夫人の主著の英語タイトルは *The Secret Doctrine* である――を、少なくともレトリックのレベルでは、彷彿とさせるものである。エリオットが『荒地』の種本としたJesse Weston, *From Ritual to Romance* が隠れもなき神智学思想の書であることや、エリオットの周囲には A. R. Orage といった重要な神智学徒が少なからずいたことなどを考え合わせると、これらの表現が（たとえその意図がパロディであろうとも）神智学思想圏からの「借用」であることは、ほぼ確実であろうと思われる。その意味では、「伝統（Tradition）」という鍵語そのものに神智学の影を見ることすら、不可能ではないだろう。

（28）先行テクストとの（同）性愛的関係という点ではなはだ興味深い比較対象として、ドゥルーズの発言を紹介しておこう。「哲学史によって虐殺されたにひとしい最後の世代」に属すると自己規定するドゥルーズは、先行テクストとの関係を「おかまを掘る〔enculage〕」と表現している――「私が当時の状況を切り抜けるにあたって、哲学史とは『おかまを掘る』ようなものだ、というか、これも結局は同じことになるけれども、処女懐胎のようなものだ、と考えていたということだ。私は哲学者に背後から近づいて、子供をこしらえてやる。その子供はたしかに哲学者の子供にはちがいないけれども、それに加えてどこかしら怪物的な面をもっている。とまあ、そんなふうに考えてみたわけだ。子供がたしかに当該の哲学者のものだということはとても重要だ。私が語らせようとしたことを、その哲学者が余すところなく、そのとおりに語ってくれなければ困るからね。しかし、子供に怪物じみたところがあるということも、やはりどうしても必要だった。それは何もかも中心からずらし、横すべりさせ、すべてを破壊し、ひそかに何かを放出する必要があったからで、私にはそんなことが楽しくてしかたなかったわけだ」（『記号と事件』一七～八頁）。いずれも、旧来の「伝統」が保持する系譜学=家系図から離脱するための単性生殖幻想であるが、一方は「死んだ男」に身を開き犯されることを欲望し、他方は背後から「おかまを掘る」機会をうかがっている。前者がそうやって生まれた子（創作）を「全体」の秩序に有機的〔organic〕に統合するために「理論」を導入するのにたいし、後者は奇矯な=脱中心的《エクセントリック》な「怪物」を野放しにして浮かれ騒ぐ〔orgiastic〕ことに「哲学」の力能を感知する。ここで両者の政治的志向の違いを指摘することはたやすいが、さらに一歩進んで、〈テクスト〉をめぐる存在論的〈信〉〔*foi*〕にかんする本性上の差異を見出すことができるのではないだろうか——すなわち、〈実在〉の根拠を、現存する（フェノ=）テクストの集合がそのつど構成するであろう「全体」の秩序（エネルゲイア=エンテレケイア）に置くか、潜在的（ジェノ=）テクストという「無限の濃度=潜勢力〔puissance〕」（デュナミス）に置くかによって、「真に新しい」創造がなされる際に、それを「伝統」（というテクスト）が生産的に発展するための過渡的なプロセスと見るか、テクスト生産プロセスそのものの範例的表出と見るかの、本性上の差異が生じることになる。これは、たとえば、両者によるD・H・ロレンス評価の違いといった場面にも表れる差異であるといえる。

(29) ポール・ド・マンは、最晩年の“Anthropomorphism and Trope in Lyric”におけるボードレールの詩「万物照応」の卓抜な読解において、meta-phoreinを語源的にtrans-portと結びつけ、さらに後者がパリの地下鉄では「乗り換え」を意味することと戯れてみせた。

(30) マルクス主義批評家フレドリック・ジェイムソンは、『弁証法的批評の冒険』において、エリオット伝統論の同箇所を引用したうえで、「これはもちろん、完全に弁証法的な考え方である。実際、この概念の弁証法的性格は、それとははっきり名指されているわけではないが、それが新たな、いっそうダイナミックな事物の見方として、読者に巧みに伝えられているところに、この文章のもつ修辞的魅力があるだろう」（二二七頁）と評価している。

(31) 「コムニタス」は、人類学者ヴィクター・ターナーが『儀礼の過程』（一九六九年）で最初に提唱した概念。部族社会の供犠・祭礼の研究をとおしてターナーが案出した「コムニタスとリミナリティ」のダイナミックな理論的枠組によれば、「構造」にはかならずある種の境界性（リミナリティ：limen=敷居）が組み込まれていて、それが供犠や祭礼（ハレ）において瞬間的に「反構造」（いまだ組織化されていない、自由で平等な協同性にもとづく根源的な社会的きずな）を噴出させ「構造」を一時的に不安定化するが、それによってかえって「構造」が活性化され再統合される、ということになる。この理論について、ターナー自身、コーネル大学在職中に同僚の文学理論家などとのあいだで活発に行われた異分野交流のたまものであると証言しているが、実際、この「コムニタス」「リミナリティ（境界性）」の概念は多くの重要な批評理論ターム――たとえば、エドワード・サイードの「故郷喪失者《エグザイル》」やメアリー・ルイーズ・プラットの「コンタクト・ゾーン」、さらにはミハエル・バフチンが「クロノトポス」と呼びそれをフーコーが「他の場所」として展開したようなトポス／トピカ――へと接続が可能であり、筆者の（ややアクロバティックな）考えでは、エリオット「伝統論」についても（潜在的に）通底するものである。

（32）この「伝統論」は、後年、エリオット本人が「秩序」を強調する「正統主義〔orthodoxy〕」へと読み替えていく一方で、帝国日本／植民地朝鮮ではまったく違った形で「誤読」されていく。拙論「Metoikos たちの帝国――T・S・エリオット、西田幾多郎、崔載瑞」を参照。

（33）「さてそこで私は次のように主張する。記憶の形成は知覚〔perception＝現在の事物についてのすべての意識〕の形成のあとではなく、それと同時〔contemporain〕である」（ベルクソン『精神のエネルギー』一八七頁）。記憶（過去）と知覚（現在）の同時性にかんするこの有名な箇所は、エリオットが「歴史的感覚／意識〔a historical sense〕」を説明するくだりに用いられる"perception," "contemporaneity" といった用語が著しく類似するため（ただし、その意味内容は一致しない）、「伝統論」執筆の直前に出版されたベルクソンの同書からエリオットが用語を「盗用」したと想像したくなるところだが、その事実関係はさして重要ではない。むしろ問題は、哲学徒時代に学術論文の対象にさえしたことのある『物質と記憶』から着想の一端を得たであろう「現在と過去の同時性」という考え方から、エリオットが、「決定的な結論」をひきだすことができたか否か、ということにある――「現在と過去の同時性という考え方からは、決定的な結論が生まれる。過去は、かつての現在と共存しているだけではない。過去はそれ自体を保存するので（現在は過ぎて行くが）――それぞれの現在と共存するのは、全体としての、統合的な過去であり、われわれのすべての過去である。有名な円錐体の隠喩は、共存のこの完全な状態を表象している」（ドゥルーズ『ベルクソンの哲学』六一頁）。
なお、エリオットによる「ベルクソン主義への一時的な改宗」、すなわち、哲学徒エリオットによるベルクソン研究の内実および射程については、筆者の博士論文 *Reading T. S. Eliot Reading Spinoza*（Cornell University, 2013）を参照されたい。

（34）「記念碑」という表現（および「歴史的感覚（der historische Sinn）」）にかんして、筆者は、ニーチェの『反時代的考察』第二論文「生に対する歴史の利害について」からエリオットが着想を得たのではないかと考えているが——エリオットは、故国の母親に宛てた一九一五年一一月一八日付の手紙において、ニーチェの著作を集中的に読んでいることを記している——周知のとおり、同論文においてニーチェは「記念碑的歴史（die monumentale Historie）」の「利」を部分的に認めつつも、それが「現代の力ある者と偉大な者」（一四二頁）の新たな創造への意志を阻喪させるものであるとして（「歴史的感覚」にたいしてと同様に）概して批判的であり、その意味ではエリオットの用法とは相いれないものである。とはいえ、エリオットの眼目が「真に新しい作品」の誕生にあることを考えれば——用語の整合性はとりあえず措くとして——エリオットが（ことに詩作の場面において）ニーチェの批判から読みとったのはむしろ、「ただ現代の最高の力からのみ過去のものを解釈することを許される」「ただ未来の建築者として、現在の知者としてのみそれ〔過去〕を理解しうる」（一八〇、一八一頁）という命題だったのではないかと思われる。そして、ニーチェが記す「偉人の歴史」から得られる「最高の命令」、すなわち「成熟せよ」（一八二頁）という命令は、そのまま、本試論のタイトルにもある「成熟した詩人は盗む」というエリオットの命題へと引き継がれている、とは言えないだろうか。くわえて、ニーチェによる〈生〉と〈歴史〉との関係にかんする透徹した批判的思索は、本試論の根源にある問い——すなわち、〈生〉と〈テクスト〉の〈あいだ〉への問い——に通底するもので、そのニーチェが「偉大な芸術的能力（eine große künstlerische Potenz）」（一七八頁）にひとつの解を見出したことは極めて示唆的である。（なお、ニーチェ論文にたいする積極的な評価としては、ヘイドン・ホワイト『メタヒストリー』第九章およびポール・リクール『記憶・歴史・忘却』第三部を参照のこと。）

（35）この問題については、二世紀の異端者マルキオンの正典《キャノン》をめぐる文学理論的考察として、稿を改めて論じたい。

（36）アガンベン『例外状態』第四章「空白をめぐる巨人族の戦い」を参照のこと——「シュミットが自らの著作『政治神学』において展開している主張についての学説は、前節で見たベンヤミンの論考への精細な応答として読むことができる。「暴力批判論」の戦略が純粋でアノミー的な暴力の存在を確証することに向けられていたのに対して、シュミットの場合には、逆にそのような暴力を法的コンテクストのうちに引き戻すことが問題となる。例外状態というのは、彼が純粋暴力というベンヤミンの考えを捕捉し、アノミーをノモスの総体それ自体のうちに書きこもうとするさいに設定される空間なのである。シュミットに言わせれば、純粋暴力すなわち絶対的に法の外部にある暴力など存在しえない。というのも、例外状態においては、純粋暴力は自らが排除されること自体をつうじて法のうちに包摂されるからである。すなわち、例外状態というのは、全面的にアノミー的な人間の行動についてのベンヤミンの主張にシュミットが返答するために使う装置にほかならないのである」（一〇九頁）。本試論に即して言えば、「備考一」で考察した〈テクスト〉が孕む存在論的力能〔Vermögen〕（「純粋暴力」）が、「備考二」において概略を示した「伝統」に関する権力〔Macht〕的「決定」によって回収されるメカニズムということになるが、その前提として、「権力〔Macht〕と能力〔Vermögen〕とのあいだには、いかなる決定も埋めることのできない裂け目が口を開けている」（一一三頁）という非―弁証法的な認識があることが重要である。そして、この政治学的な議論は、テクスト理論に転位〔transposition〕することができる――いや、むしろ、されなければならない――「純粋存在をロゴスの編み目のなかに捕捉しようとしてきた存在―神―学的戦略に、アノミー的な暴力と法とのあいだの関係を保証するはずの例外の戦略が対応している。すなわち、あたかも、法にしてもロゴスにしても、生の世界へのそれらの指示作用を基礎づけうるためには停止というアノミー的な（あるいは無論理的な）地帯を必要としているかのようにして、万事は起きているのである。言語活動は非言語的なものを捕まえることをつうじてのみ存続しうるのと同じように、法はアノミーを捕捉することをつうじてのみ存続しうるようにみえるのだ。どちらの場合にも、抗争は空虚な空間をめぐって争われているようである。一方はアノミー、法的な空白をめぐって、他方はあらゆる規定およびあらゆる実在的な述語が抜け落ちてしまった純粋存在をめぐって」（一二〇頁）。

なお、このアナロジーに託して、「T・S・エリオットという〈テクスト〉」に対する筆者の見取り図を紹介しておくと、「暴力を法的コンテクストのうちに書きこみなおそうと事あるごとに努めている」シュミットとも見紛う〈批評家エリオット〉と、「純粋暴力としての暴力に法の外部にあっての存在を保証しようと事あるごとに努める」ベンヤミンと親和的な〈詩人エリオット〉との「空白をめぐる巨人族の戦い」、ということにでもなろうかと思う。

(37)　このオチ自体は、マリー・ダリュセック『警察調書――剽窃と世界文学』からの剽窃である――「ピエール・バイヤールが恥ずかしげもなく、二〇〇九年一月にミニュイ社から出した彼の本『前もっての剽窃』に、私の『警察調書』〔二〇一〇年一月刊行〕から剽窃したのは疑いもないことだ」（一九一―二頁）。

（38）冒頭の「定義一」に付した「説明」において、本試論の〈問い〉である「テクストの存在論」と〈後期〉ハイデガーの「存在の思索」（「存在の家」としての言葉）との親縁性をほのめかしておいたが（前掲注（2））、ここでふたたび、『「ヒューマニズム」について』から一箇所引用しておきたい――「『存在』――それは、神ではないし、また、なんらかの世界根拠でもない。存在は、あらゆる存在者よりも、より広く遥かなものでありつつ、それでいて人間には、どんな存在者よりも、より近いのである。（中略）存在は、最も近いものである。しかしながら、この近さは、人間には、あくまで、最も広く遥かなものにとどまり続けている」（五八頁）。

（39）クリステヴァのテクスト理論においても、「実在する無限の〈外〉〔un dehors réel et infini〕」と「形而上学的な外部〔une extériorité métaphysique〕」とは明確に分別されており、後者に依存するあらゆる理論（現前の形而上学）とはきっぱり訣別したうえで「生成〔*generatio*〕による定義」が試みられていることが、あらためて確認される――「テクストは、その物質的運動のなかで、実在する無限の〈外〉によって産出され（といっても〈外〉を原因とする「結果」ではない）、自らの特徴の組み合わせのなかに「受け手」を取り込んでいるのであるから、テクストが構成するのは無数の標記と間隙からなる多様性の領域〔une zone de multiplicité de marques et d'intervalles〕であって、これらの標記と間隙の登記〔inscription〕にあたって中心がなく、そこには統一されることのない多面結合〔polyvalence〕が実現しているのである。テクストにおいてみられるこのような言語の状態――このような実践――は、テクストが、たとえ志向の対象としてであれ形而上学的な外部に、したがってあらゆる表現主義、あらゆる目的性に、いっさい依存せずに済むようにしている」（『セメイオチケ　一』一三頁、翻訳を一部変更）。この「無数の標記と間隙からなる多様性の領域」とは、まさに、無数 *multi-* の〈襞 *pli*〉が〈あいだ〉の痕跡として折り畳まれてある「領域」のことで、本試論冒頭の「公理二」に示され最後の注釈でふたたび扱われることになる「未分化の領域」と呼応している。

（40）なお、この「力」は文脈に応じて〈to hen〉〈natura naturans〉〈la durée pure〉〈der fremde Gott〉〈真如〉など多様な名（仮名《けみょう》）を持つ「形而上学的窮極者」（井筒俊彦「意識の形而上学」）であるが――これは、「テクストは外〔dehors〕に名を与えることも、限定することもない」（『セメイオチケ　一』一二頁）というクリステヴァの発言にまったく矛盾しない――それを筆者がことさらに〈生〉と名指す根拠は、本試論において（注における散発的な言及をのぞいて）説明されていない。本試論が「予備的考察」と呼ばれるゆえんである。

（41）Eliot, Valerie. Ed. *The Original Draft*. p. 5.

（42）エリオットは、「キルケー」を含む三エピソードの原稿を出版前に読み、一九二一年五月二一日付のジョイス宛ての私信で感想を伝えている（*Letters* I. pp. 561-2）。

（43）試みに、数多ある『荒地』日本語訳の「第一行」を列挙してみよう――「四月は残酷極まる月だ」（西脇順三郎訳）「四月はいちばん無情な月」（深瀬基寛訳）「四月は残酷な月で、死んだ土地から」（吉田健一訳）「四月はもっとも残酷な月だ、」（中桐雅夫）「四月はこの上なく残酷な月、」（福田陸太郎訳）「四月は残酷きわまる月で、」（上田保訳）「四月は最も残酷な月、死んだ土から」（岩崎宗治訳）「四月は残酷を極める。」（城戸朱理）――ちなみに、井筒俊彦も学生時分に『荒地』を訳したと伝わっているが、どんなものであったか見てみたいものである。こうして見ると、この「命題」が日本語で提示されている以上は、むしろ「かぎりなく真に近い」と言うべきかもしれない。ところで、筆者自身が意識せずに借用していたのは、中桐雅夫が『荒地詩集　一九五三』に発表した訳詩であったことがわかるが、改めてみると、その第一行は読点で終わっており、かろうじてアンジャンブマンの名残を残している。この八つのなかで、句点を打ってアンジャンブマンを明確に拒否しているのは、もっとも新しい城戸訳のみである。

（44）「音声と意味、韻律上の区分と統辞上の区分という別の形式的対立に基礎づけないかぎり、このことの意義――おしなべていえば韻律の制度一般の意義――は理解されない。今日の研究者が、アンジャンブマンの可能性のうちに、韻文と散文を区別する唯一のたしかな根拠を認めるようになるのは、上記の対立をことのほか意識しているためである（そうすると、詩は、韻律上の制限――それ自体は散文的な文脈でも起こりうる――を、統辞論上の制限に対抗させうる言説として、逆に散文は、そうしたことが不可能な言説として、それぞれ定義されることになるだろう）」（アガンベン『イタリア的カテゴリー』六七～八頁）。

（45）「パラグラマチックな意味は、二つの文章が同時に読まれることを必要としている。ディスクールのあいだに対話をおこさせるというこういうやり方が、ロートレアモンの作物ばかりではなく、詩的テクストそのものの一部をなすほどに重要で、しかも詩的テクストの誕生に欠かせない場となっているというのがほんとうならば、こういった現象を文学史の全領域にわたって観察することだって、できるはずだ。じっさいそれは、かりにも現代性をもつと言われるほどの詩的テクストにとって、ひとつの基本法則だと言っても、けっして大げさではないほどなのである。現代的テクストは、相互テクスト的空間〔l'espace intertextuel〕に入ってくる別のテクストを吸収し、また分裂させながら作り上げられている。諸ディスクールの異和的連接がおこなわれているわけだ。ポー＝ボードレール＝マラルメを結ぶ詩の実践は、今日多くの例が見られるこの異和的連接のもっとも印象的な例である」（「詩と否定性」『セメイオチケ　二』一四九頁）。

(46) Elliot Harold Paul（一八九一～一九五八）。マサチューセッツ生まれのアメリカ人。パリではガートルード・スタインのサロンに出入りし、かの有名な「失踪」事件を起こし（『アリス・B・トクラスの自伝』に描かれている）、スペイン内戦に巻き込まれたあげくに米国に戻ると、今度は映画作家として活躍し・・・と、ありとあらゆるジャンルに手を染めたエリオット・ポールは、たんなる「ジャーナリスト」と呼ぶには、あまりに波乱万丈な生涯を送った異形の著述家である。数多くの著作のうち、吉田健一が激賞した『最後に見たパリ』（河出書房新社）は、吉田健一の長女・暁子によって日本語訳されている。

(47) 講演「ポーからヴァレリーへ」（一九四八）においてエリオットは、自分がどの詩人から影響を受け、どの詩人から受けなかったか、だいたい自分でわかっているつもりだが「ポーについてだけは、確信をもってどちらと言える日はけっして来ないだろう」（*To Criticize the Critic*、二七頁、拙訳）と言っている。

(48) 「引用は言葉を名で呼び出しこの言葉をそれが置かれている連関から破壊しつつ切り出すのだが、しかし、まさにそのことによって、引用はその破壊された言葉をその根源へと呼び戻してもいるのである。引用された言葉は韻を失うことなく、その音を響かせ、調和しながら、新しいテクストの構造のなかに姿を現わす。韻としてのその言葉は、自身のアウラに包まれて、似たものを呼び集め、名としては、孤独に、表現をもたぬまま佇んでいる。言語の前で、この二つの領域——根源と破壊——は、引用においてみずからの正統性を証明する。そして逆に、この二つの領域の浸透しあっているところで——つまり引用において——のみ、言語は完成しているのである。引用のなかには天使の言語が映し出されている」（ベンヤミン「カール・クラウス」『ベンヤミン・コレクション　二』五四四～五四五頁）。

(49) ジャン＝リュック・ナンシーは『脱閉域』所収論文のそこかしこにおいて、〈信〔foi〕〉と「信仰〔croyance〕」とが本質的に異なるものであることを強調する——「信〔foi〕の本質は、定義上、あらゆる信仰〔何らかの対象をもつ信仰、信条croyance〕、あらゆる見積もり、あらゆる自足的経済《エコノミー》、あらゆる救済といったものを超えるもの、無化するものへとひたすら語りかけるということでしかない。そこにいかなる高揚感も交えずに神秘家たちがわきまえていたように、信〔foi〕の本質は、世界そのものの他なるものへとみずからを差し送る＝語りかけること、あるいはそれへと差し送られることである。世界そのものの他なるものとは、〔単数定冠詞付きの〕世界そのもの——これはそのつど、容赦なく決定的に終焉、完結する世界である——とは他なるという意味でのみ、「他なる世界」のことである」（『慰め、悲嘆』二〇三頁）——ここで、本試論において議論した「他なる時間」も参照のこと。

さらに、「ヤコブの手紙」を読む別の論文（「ユダヤ—キリスト教的なるもの」）において〈信〉の「ポイエシス—プラクシス」的本質を論じるなかで、「この信は、その『行い〔作品 œuvre〕』と同様に、主体の所有＝固有性ではありえない。この信は願い求められるべきもの、受け取られるべきものである——（中略）信は行いのなかにある、信は行いをなし、また行いが信をなす」（一〇〇〜一〇一頁）といわれるとき、これが本試論におけるもうひとつの鍵語である〈ふれる〉の「中動態」的な経験（前掲注(20)参照）を指しているというわたしの考えに、読者は同意してくれるだろうか。

これらの鍵語を呼び出して本試論が見出そうとしてきた「テクストの存在論」とは、つまり、ジェノ＝テクストという〈潜在的《ヴァーチャル》な全体性〉の「或る十全な実在性《レアリテ》」への〈信〉は、テクストに〈ふれ／ふれられる〉という「中動態」的な経験（「書くこと—読むこと」という〈行い＝作品〉）のなかにあり、この〈信〉が〈行い＝作品〉をなし、またこの〈行い＝作品〉が〈信〉をなす、ということ——そして、この〈直観〉がそのつど〔jewels〕訪れる（あたかも恩寵のごとく・・・）ということ——だったのだ。（なお、いま一組の鍵語〈となり〉—〈あいだ〉については、注(54)で扱う。）

(50)「テクスト」概念にかんするロラン・バルトの古典的論文「作品からテクストへ」の、以下のくだりを参照——「『テクスト』を規正する論理は、了解的ではなく（作品が《言おうとすること》を定義するものではなく）、換喩的である。連合、隣接、繰越しの作業は、象徴的エネルギーの解放と一致する（このエネルギーがなければ、人間は死ぬだろう）」（『物語の構造分析』九六頁）。

(51) アガンベンによれば、押韻は、「メシア的時間」——本試論の「他なる時間」を思い起こそう——に接するための装置である（『残りの時』一四〇〜一四一頁）。

(52)「翻訳は、原作の意味にみずからを似せるのではなくて、むしろ愛をもって細部に至るまで、原作のもっている志向する仕方を己の言語のなかに形成しなければならない。そうすることによって原作と翻訳は、ちょうどあのかけらがひとつの器の破片と認められるように、ひとつのより大いなる言語の破片として認識されうるようになるのである」（ベンヤミン「翻訳者の使命」『ベンヤミン・コレクション 二』四〇五頁）。翻訳者の使命とは、すなわち、〈潜在的《ヴァーチャル》な全体性〉への〈信〉〔*foi*〕をもってテクストに接すること以外のなにものでもない。

（53） ここにわたしは、いまひとつ「間テクスト性」の〈襞〉を見出すことになる。エリオットのハーヴァード時代の恩師であり、生粋のルクレティウス＝スピノザ的自然主義者であったジョージ・サンタヤーナが *Character and Opinion in the United States* (1920) のなかで語った、きわめてスピノザ的な〈自然〉観である――「自然は物質的〔material〕であるが、物質主義的〔materialistic〕ではない。自然は生において流出〔issues in life〕し、ありとあらゆる類の温かな感情〔passions〕や無為な美を産み出す〔breed〕のだ」（九九頁）。

（54） 本試論を始めるにあたり、前掲注（4）において、アガンベンの「公法と政治的事実とのあいだ、また法秩序と生〔la vita〕とのあいだにある、この無主の地〔terra di nessuno〕こそ、今回の探究が調べようとする対象である」という言葉を紹介し、本試論は「テクストと生との〈あいだ〉」にある「この無主の地」を探索する企図の端緒を開くための予備的考察であるとの意気込みを語った。日本語においても、この「無主の地」を名指す試みは少なからずあるが――中原中也の「名辞以前の世界」や西郷信綱の「〔前論理的な〕未分の混沌たる全体性」など――なかでもそのイマージュとして実にしっくりくるものに、井筒俊彦の記述がある――

> だが、実は、言語は、従って文化は、こうした社会制度的固定性によって特徴づけられる表層次元の下に、隠れた深層構造をもっている。そこでは、言語的意味は、流動的、浮動的な未決定性を示す。本源的な意味遊動の世界。（中略）縺れ合い、絡み合う無数の『意味可能体』が、表層的『意味』の明るみに出ようとして、言語意識の薄暮のなかに相鬩ぎ、相戯れる。『無名』が、いままさに『有名』に転じようとする微妙な中間地帯。無と有のあいだ、無分節と有分節との狭間に、何かさだかならぬものの面影が仄かに揺らぐ。
>
> （「文化と言語アラヤ識」『意味の深みへ』一七二頁）

本試論の前半で主題的に取り扱ったクリステヴァの記号分析〔la sémanalyse〕の用語でいえば「ジェノ＝テクスト」――のちに「ル・セミオティック〔le sémiotique〕」「コーラ〔chora〕」として展開される――が同様の「言語存在のな

かで意味を産み出してゆくものの萌芽〔les *germes*〕が集まってくる地帯〔zone〕」（『セメイオチケ　一』一〇頁）を理論化しているわけだが、それが動的な「過程＝訴訟〔procès〕」「踏破〔parcours〕」として、また、ある種の〔潜勢的な〕「空間」とのかかわりで語られることをつけ足しておきたい――「ジェノ＝テクストはある空間を作り出す欲動エネルギーのただひとつの移動形態となるであろう。この空間とは、そのなかで、主体はいまだ、ル・サンボリックを生じさせるためにかき消えてゆく断層のはいった統一体ではなくて、生物的、社会的拘束をうけて疎通と標識からなる過程《プロセ》によってあるがままの姿で産出されるような空間である」（『詩的言語の革命』八八頁、翻訳は適宜変更した）。

　ただし筆者は、この〈あいだ〉の領域を、井筒のように深―浅の構造論的に捉えるのではなく、むしろ内在平面上に開かれる〈となり（parà）〉の空間として思考することが重要であると考えている。「深さ」の隠喩が、ともすると、ある種の「超越」の契機を呼び込んでしまうことをおそれるためである。劇場的な比喩を用いれば、〈あいだ〉は、舞台の奈落にあって下支え（sub-stantia）しているというよりも、むしろ、舞台上でコロスが劇を中断し聴衆に直接語りかけるパラバーシス〔parabasis〕＝〈となり〉の空間に、不意に開かれる領域である（メルロ＝ポンティ風に言えば、「偏差」（水平的〈となり〉）が「別の次元」（垂直的〈あいだ〉）を不意に「開く」ということになるが、ここでの「垂直的〈あいだ〉」とはあくまで「別の次元」とこの次元との接触の痕跡としてこの平面＝舞台上に現れるもので、決して「深さ」や「高さ」といった属性で表わされるものではない）。そして、それは、本試論の内容とも密接にかかわる「パロディ〔parà-oiden＝歌のとなり〕」の空間でもある――「パロディとは、言語と存在のとなりにあるものについての、あるいは、あらゆる存在およびあらゆる言説のそれら自身のとなりにある存在についての理論――および実践――である。（中略）もし存在論が――多かれ少なかれ幸福な――言語活動と世界との関係であるなら、パロディは、準存在論〔paraontologia〕であるかぎりで、言語が事物に到達することの不可能性と、事物が自らの名前を見出すことの不可能性を表現している。したがって、その空間――文学――には、必然的に、また神学的に、喪と嘲笑が記されている（論理学の空間に沈黙が記されているように）。しかしまた、このようにして、それは言語活動の唯一可能な真実と思われるものを証言しているのである」（アガンベン「パロディ」『瀆神』七〇～七一頁）。

　なお、「超越／内在」にかんして、アガンベンは、カール・シュミットの《例外状態》理論が孕む本質的な問題を剔抉している。シュミットが、「自らを憲法へと構成する権力」と「憲法へと構成された権力」との対置と、スピノザ的な「産出する自然〔natura naturans〕」と「産出された自然〔natura naturata〕」との対置のあいだに類比関係を見出していることについて、アガンベンは、「見かけ上そう見えるだけにすぎない」と喝破し、シュミットが前者に絶対的な超越性を認めるのにたいして、スピノザにおいてはあくまで「絶対的に互いが互いに内在しているという関係」であり、一切の超越は認められない、とする(『例外状態』七二~七三頁)。本試論の筆者は、このスピノザ＝アガンベン的立場にもとづき、〈生〉と〈テクスト〉とが絶対的に内在する関係にあり、なおかつその関係は決して固定されることなく、あちらこちらの〈となり〉で、不意に、〈あいだ〉の領域を開きつづけるものと考えている。

〔参考文献〕

ジョルジョ・アガンベン/上村忠男訳『残りの時　パウロ講義』(岩波書店、二〇〇五年)。

ジョルジョ・アガンベン/上村忠男ほか訳『瀆神』(月曜社、二〇〇五年)。

ジョルジョ・アガンベン/上村忠男ほか訳『例外状態』(未來社、二〇〇七年)。

ジョルジョ・アガンベン/岡田温司監訳『イタリア的カテゴリー　詩学序説』(みすず書房、二〇一〇年)。

ルイ・アルチュセールほか/今村仁司訳『資本論を読む　上』(ちくま学芸文庫、一九九六年)。

井筒俊彦『井筒俊彦全集　第八巻　意味の深みへ』(慶應義塾大学出版会、二〇一四年)。

井筒俊彦『井筒俊彦全集　第十巻　意識の形而上学』(慶應義塾大学出版会、二〇一五年)。

ポール・ヴァレリー/清水徹ほか訳『ヴァレリー全集:カイエ篇　八』(筑摩書房、一九八三年)。

エドゥアルド・ヴィヴェイロス・デ・カストロ/檜垣立哉ほか訳『食人の形而上学　ポスト構造主義的人類学への道』(洛北出版、二〇一五年)。

フランチェスコ・ヴィターレ/西山雄二ほか訳「テクストと生物:生物学と脱構築のあいだのジャック・デリダ」(『人文学報　フランス文学』五一二~五一五、二〇一六年、一六七~一九〇頁)。

エマソン/酒本雅之訳『エマソン選集六　代表的人間像』(日本教文社、一九六一年)。

フェリックス・ガタリ/杉村昌昭訳『エコゾフィーとは何か　ガタリが遺したもの』(青土社、二〇一五年)。

木村敏『あいだと生命　臨床哲学論文集』創元社、二〇一四年。

ジュリア・クリステヴァ／原田邦夫訳『セメイオチケ　一　記号の解体学』（せりか書房、一九八三年）。

ジュリア・クリステヴァ／中沢新一ほか訳『セメイオチケ　二　記号の生成論』（せりか書房、一九八四年）。

ジュリア・クリステヴァ／谷口勇訳『テクストとしての小説』（国文社、一九八五年）。

ジュリア・クリステヴァ／赤羽研三ほか訳『ポリローグ』（白水社、一九八六年）。

ジュリア・クリステヴァ／原田邦夫訳『詩的言語の革命　第一部　理論的前提』（勁草書房、一九九一年）。

エドワード・W・サイード／大橋洋一ほか訳『権力、政治、文化　上』（太田出版、二〇〇七年）。

坂部恵「『ふれる』ことについてのノート」（『坂部恵集　三』岩波書店、二〇〇七年）。

フレドリック・ジェイムソン／荒川幾男ほか訳『弁証法的批評の冒険』（晶文社、一九八〇年）。

スピノザ／畠中尚志訳『知性改善論』（岩波文庫、一九三一年）。

スピノザ／畠中尚志訳『エチカ　上』（岩波文庫、一九五一年）。

スピノザ／畠中尚志訳『スピノザ往復書簡集』（岩波文庫、一九五八年）。

ヴィクター・W・ターナー／冨倉光雄訳『儀礼の過程』（思索社、一九七六年）。

マリー・ダリュセック／高頭麻子訳『警察調書：剽窃と世界文学』（藤原書店、二〇一三年）。

土田知則『間テクスト性の戦略』（夏目書房、二〇〇〇年）。

土田知則『ポール・ド・マン――言語の不可能性、倫理の可能性』（岩波書店、二〇一二年）。

ジャック・デリダ／足立和浩訳『根源の彼方に――グラマトロジーについて（上）（下）』（現代思潮社、一九七二年）。

ジャック・デリダ／高橋允昭訳『ポジシオン』（青土社、二〇〇〇年）。

ジャック・デリダ／高橋哲也ほか訳『有限責任会社』（法政大学出版局、二〇〇二年）。

ジャック・デリダ／合田正人ほか訳『エクリチュールと差異』（法政大学出版局、二〇一三年）。

ジル・ドゥルーズ／宇波彰訳『ベルクソンの哲学』（法政大学出版局、一九七四年）。

ジル・ドゥルーズ／工藤喜作ほか訳『スピノザと表現の問題』（法政大学出版局、一九九一年）。

ジル・ドゥルーズ／宇野邦一訳『アンチ・オイディプス　資本主義と分裂症』（河出文庫、二〇〇六年）。

ジル・ドゥルーズ／財津理訳『差異と反復』（河出文庫、二〇〇七年）。

ジル・ドゥルーズ/宇野邦一訳『フーコー』(河出文庫、二〇〇七年)。

ジル・ドゥルーズ、宮林寛訳『記号と事件』(河出文庫、二〇〇七年)。

ポール・ド・マン/土田知則訳『読むことのアレゴリー』(岩波書店、二〇一二年)。

ポール・ド・マン/富山太佳夫ほか訳『理論への抵抗』(国文社、一九九二年)。

ジャン=リュック・ナンシー/大西雅一郎訳『脱閉域　キリスト教の脱構築　一』(現代企画室、二〇〇九年)。

フリードリッヒ・ニーチェ/小倉志祥訳『反時代的考察』(ちくま学芸文庫、一九九三年)。

マルティン・ハイデッガー/渡邊二郎訳『「ヒューマニズム」について』(ちくま学芸文庫、一九九七年)。

ロラン・バルト/花輪光訳『物語の構造分析』(みすず書房、一九七九年)。

ロラン・バルト/花輪光訳『言語のざわめき』(みすず書房、一九八七年)。

廣瀬浩司「次元の開けとしての制度化――メルロ=ポンティの歴史論」(『メルロ=ポンティ研究』第一八号、二〇一四年、六五~七八頁)。

廣松渉「世界の共同主観的存在構造」(『廣松渉哲学論集』熊野純彦編、平凡社ライブラリー、二〇〇九年)。

マルセル・プルースト/井上究一郎訳『プルースト全集一〇　失われた時を求めて　第七篇　見出された時』(筑摩書房、一九八九年)。

ハロルド・ブルーム/小谷野敦ほか訳『影響の不安――詩の理論のために』(新曜社、二〇〇四年)。

アンリ・ベルクソン/河野与一訳『思想と動くもの』(岩波文庫、一九九八年)。

アンリ・ベルクソン/合田正人ほか訳『物質と記憶』(ちくま学芸文庫、二〇〇七年)。

アンリ・ベルクソン/原章二訳『精神のエネルギー』(平凡社ライブラリー、二〇一二年)。

ヴァルター・ベンヤミン/浅井健二郎編訳『ベンヤミン・コレクション　一　近代の意味』(ちくま学芸文庫、一九九五年)。

ヴァルター・ベンヤミン/浅井健二郎編訳『ベンヤミン・コレクション　二　エッセイの思想』(ちくま学芸文庫、一九九六年)。

細見和之『ベンヤミン「言語一般および人間の言語について」を読む――言葉と語りえぬもの』(岩波書店、二〇〇九年)。

ルイス・ホルヘ・ボルヘス/木村榮一郎編訳「カフカとその先駆者たち」(『ボルヘス・エッセイ集』平凡社ライブラリー、

二〇一三年)。

三原芳秋「Metoikosたちの帝国――T・S・エリオット、西田幾多郎、崔載瑞」(『社会科学』四〇巻四号、二〇一一年、一〜四二頁)。

モーリス・メルロ=ポンティ/竹内芳郎ほか訳「間接的言語と沈黙の声」(『シーニュ　一』みすず書房、一九六九年)。

モーリス・メルロ=ポンティ/滝浦静雄・木田元訳『見えるものと見えないもの　付・研究ノート』(みすず書房、一九八九年)。

森田亜紀『芸術の中動態――受容/制作の基層』(萌書房、二〇一三年)。

ロマーン・ヤーコブソン/川本茂雄監修『一般言語学』(みすず書房、一九七三年)。

ポール・リクール/久米博訳『記憶・歴史・忘却』(新曜社、〈上〉二〇〇四年〈下〉二〇〇五年)。

ミカエル・リファテール/斎藤兆史訳『詩の記号論』(勁草書房、二〇〇〇年)。

Barthes, Roland. "Texte (Théorie du)". *Encyclopaedia Universalis*. Vol.23. Paris: Encyclopædia Universalis France, 2003 (1973): 518-521.
Bayard, Pierre. *Le plagiat par anticipation*. Paris: Minuit, 2009.
Culler, Jonathan. "Presupposition and Intertextuality". *The Pursuit of Signs: Semiotics, Literature, Deconstruction*. Enlarged Ed. Ithaca: Cornell UP, 2002.
De Dijn, Herman. "Historical Remarks on Spinoza's Theory of Definition". J. G. van der Bend, Ed. *Spinoza on Knowing, Being and Freedom*. Assen: Van Gorcum, 1974. 41-50.
―. "Conceptions of Philosophical Method in Spinoza: *Logica* and *Mos geometricus*". *Review of Metaphysics*, 40.1 (Sept. 1986): 55-78.
De Man, Paul. "Anthropomorphism and Trope in Lyric". *The Rhetoric of Romanticism*. New York: Columbia UP, 1984.
Derrida, Jacques. "Living On / Border Lines". Trans. James Hulbert. *Deconstruction and Criticism*. New York: Seabury Press, 1979: 75-176.

—. "But, beyond . . . (Open Letter to Anne McClintock and Rob Nixon)". Trans. Peggy Kamuf. *Critical Inquiry*, 13.1 (Autumn 1986): 155–170.

Eliot, T.S. "Reflections on Contemporary Poetry [IV]". Cuda, Anthony, and Schuchard, Ronald, Eds. *The Complete Prose of T. S. Eliot: The Critical Edition: The Perfect Critic, 1919–1926*. Baltimore: Johns Hopkins UP, 2014. Project Muse.

—. *The Sacred Wood: Essays in Poetry and Criticism*. 2nd Ed. London: Methuen, 1920, 1928.

—. *Collected Poems 1909–1962*. London: Faber, 1963.

—. *To Criticize the Critic and Other Writings*. Lincoln: U of Nebraska P, 1965.

Eliot, Valerie, Ed. *The Waste Land: A Facsimile and Transcript of the Original Drafts Including the Annotations of Ezra Pound*. San Diego: Harcourt Brace, 1971.

—, & Hugh Haughton, Eds. *The Letters of T. S. Eliot*. Vol. 1. Rev. Ed. London: Faber, 1988, 2009.

von Harnack, Adolf. *Marcion: Das Evangelium vom Fremden Gott: Eine Monographie zur Geschichte der Grundlegung der Katholischen Kirche*. Leipzig: J. C. Hinrichs'sche Buchhandlung, 1921.

Heller-Roazen, Daniel. *The Enemy of All: Piracy and the Law of Nations*. New York: Zone Books, 2009.

Kristeva, Julia. "'Nous Deux' or a (Hi) story of Intertextuality". *The Romanic Review*, 93 (1–2). New York: Columbia UP, 2003: 7–13.

Mallarmé, Stéphane. *Œuvres completes*. Paris: Gallimard, 1945.

Mihara, Yoshiaki. *Reading T. S. Eliot Reading Spinoza*. Ph.D. Dissertation. Ithaca: Cornell University, 2013.

Paul, Elliot Harold. "The waste land (as it might have been written by T. S. Eliot had he lived in Boston)". Typescript. n.d. T. S. Eliot Collection of Papers, Berg Collection, New York Public Library.

Santayana, George. *The Genteel Tradition in American Philosophy* and *Character and Opinion in the United States*. Ed. James Seaton. New Haven: Yale UP, 2009.

Valéry, Paul. *The Art of Poetry*. Trans. Denise Folliot. Intro. T. S. Eliot. New York: Bollingen, 1958.

〔付記〕　本稿はJSPS科研費15H03202（基盤研究（B）「文学理論の生態学的転回にむけた学際的共同研究」（研究代表者：三原芳秋））の助成を受けた研究成果の一部である。

二一世紀に海賊化した「邦楽」

——宮城道雄による邦楽器の改良と新しい楽曲制作でみる〈海賊活動〉

中　昌浩

はじめに

日本人が本格的な西洋音楽と出会ったのはいつだろうか。それはおそらく黒船に乗ったペリー提督が港に降り立った時であろう。ペリーは嘉永六年（一八五三）六月に久里浜や下田などに上陸する際やアメリカへ帰船する際に軍楽隊の演奏を繰り返していた。その演奏は実に愉快で軽快なものであったとペリー自身が『日本遠征記』(1)に記している。一方ペリーとは異なる立場にいた江戸時代末の日本人は、大変なカルチャーショックを受けたに違いない。

ペリーが率いて来た軍楽隊の様子は、写生画も残されており、それを見る限り軍楽隊の編成は七、八人ほどの小規模なものであった。その軍楽隊が演奏に用いていた楽器は、小太鼓・シンバル・フルート・ラッパなどのかなりシンプルなものであり、このような軍楽隊をペリーは二組連れて来日している(2)。艦隊を迎え入れていた日本人は、港に着いた黒船から降りてきた「海賊」たちが鳴らす洋楽の音に驚き、圧倒されたに違いない。

この出来事は鎖国以来頑なに閉じていた門戸を外国に開くこととなった。それから西洋の先進的な文物を取り入れ、文明開化・富国強兵へ進む道へと日本の舵を切るようになった。幕府は急ぎ足で、近代的な軍隊の創設と学校及び教育制度を整え始めた。洋風の学校を建て、教育の中身も西洋の学問体系を中心に取り入れた。学校では健全な身体をもつ兵士を育成するための「体育」や、協調性を養うための「音楽」という新しい教育を実施した。これらの教育を実現するために、日本の知識人たちは西洋から来た「海賊」たちからその手本を教わることから始めた。

日本の近代化は、教育の現場に限ったものではなく、町並みも西洋的な都市空間へと変化していた。洋風の建物が並ぶ新しい都市空間の成立は特に目立つ変化の一つであった。この目に見える変化は日本人の日常生活に大きな影響を与えた。新たに築造される洋風建物は、高層化された巨大なものが多く、日本の町並みは短期間で西洋的な都市への成長を実現させた。官公庁・駅・公会堂などの新しく建設された建物は日本の近代化や権威の象徴となった。いわゆる、多くの人々が一度に集う公共空間の成立であった。これらの建造物は地方にも多く建設され、日本全土に大きな近代的な都市空間を成立させたのであった。

この新しい都市空間では、人々を楽しませる様々な娯楽イベントもしばしば開催されていた。音楽の世界においても洋楽だけでなく、昔から親しまれていた日本の音楽の演奏会も催されることになった。しかし、この目新しい空間で演奏されていた日本の楽器は根本的に、西洋の楽器とは音の質や音量において異なるのは当然であった。日本の音楽を披露していた演奏者たちの中には、この新しい空間に合う音にするため、何らかの工夫をしなければならないことに気づいた者もいた。彼らは、広い空間を響かせるための音作りを始め、「海賊」たちが持ち込んだものを利用し、新たな日本音楽作りの挑戦を始めた。本稿は、新しい日本音楽の旗手であった宮城道雄を「海賊」と見做した上で、日本の伝統的な音楽界における海賊行為を取りあげてみたい。

一　急速な洋楽の普及と定着

西洋化の波が押し寄せる中において、娯楽としての洋楽の流行は新しいメディアであるレコードの普及に伴っていた。明治一六年（一八八三）一〇月二八日、日比谷の内幸町に日本人による西洋風の社交の場として「鹿鳴館」が誕生した。鹿鳴館では洋服を着た日本人たちが、洋楽の伴奏にあわせてダンスを踊っていた(3)。洋装や洋楽を楽しむ日本の人々は次第に増えていき、巷では洋風そのものが流行りだすのであった。

海賊達が持ち込んできた洋楽はレコードという形で教育現場や日本全土に運ばれ、隅々まで浸透していた。あちらこちらで流れる洋楽はいつの間にか、文明開化の名の下に日本人の身体に染みこんでいった。洋楽が日本の音楽として定着するのにそれほど時間はかからなかった。それ以来、日本特有の長い歴史をもっていた「邦楽の島」は海賊たちが持ち込んだ「洋楽」に乗っ取られ、「洋楽の島」へとその姿が変わってしまった。

このような西洋化が進む明治二七年（一八九五）四月、洋風の建物が建ち並ぶ神戸で、邦楽の演奏家であり作曲家である宮城道雄が生まれた。幼い宮城は生まれた場所柄や父親の影響もあってモダンな西洋の音楽に慣れ親しんでいった。宮城は病気により八歳の時完全に失明することになるが、不憫な孫の将来を案じた祖母の薦めで箏・三味線・尺八を習い始めた。もともとの旧姓は菅であったが朝鮮滞在中の結婚を機に、宮城の姓を名乗るようになった。明治・大正・昭和の時代を邦楽の星として現代邦楽界を導いた宮城は、昭和三一年（一九五六）六月二五日の未明、大阪へ講演に向かう途中で夜行急行列車「銀河」から転落し、不慮の死を遂げている(4)。今日の日本の邦楽界では、宮城を「新星」「天才」「聖楽」「現代箏曲の父」「現代邦楽の父」などと呼んでいる。

宮城が古い日本の音楽を学んでいた当時は、明治政府による西欧をモデルとした近代化政策が進んでおり、知識人たちの中には伝統文化に対して軽視する風潮も急速に広まり(5)、明確に日本の伝統文化に対する厳しい扱いや軽視する価値観が一般の人々にまで浸透していた。

このような状況になった背景について、音楽評論家である吉川英史は以下のような理由もあると述べている[6]。美術の方面では、アメリカ人フェノロサが日本美術の優秀性を説き、それに岡倉天心らの国粋主義が力を得て、日本美術の衰退を食い止めることに一応成功したのであるが、音楽の方面ではフェノロサに匹敵する救世主が現われず、また国内でも天心に相当するだけの思想を持った大物の音楽関係者が現われなかったので、伝統音楽は次第に衰退の一路を辿ることになった。

吉川が述べたように、国内外においても「誰にも日本の音楽が支持されることなく」衰退の道を歩むことになったということは的を射ているといえる。いわゆる西洋から来た海賊たちの中には、日本の邦楽に興味を持ち、日本の音楽を支える人が現れなかったという事実がある。それに加え、西洋音楽の普及は日本の学校教育課程に本格的に導入されたことが大きな理由であろう。

教育対象としての西洋音楽の導入は、アメリカで音楽教育を受けた伊沢修二[7]とルーサー・ホワイティング・メーソン[8]の力によるものであった。伊沢修二は日本で初めてアメリカに渡り現地で洋楽を学んだ人物で、教育者であり文部官僚でもあった。明治一二年（一八七九）三月に、伊沢は東京師範学校の校長となり音楽取調掛に任命された[9]。

一時は、「音楽取調所」とも呼ばれていた音楽調査掛は[10]、一八七九年から一八八七年まで存在していた文部省所属の音楽教育機関であった。音楽調査掛の設置後、伊沢の政府への働きかけにより、アメリカで伊沢に西洋音楽の基礎を教えていた師匠メーソンを日本に招き入れた。伊沢はメーソンと協力して西洋音楽を学校の教育課程に移植することに専念していた[11]。そのため音楽調査掛では、もっぱら日本へ西欧音楽を普及するための教科書作成に力を注いでいた。

音楽取調掛はその後「東京音楽学校」に発展的解消を遂げ、後の「東京藝術大学」へと続き、西洋音楽と芸術文化の拡散を教育の柱とした。近代的な教育現場では洋楽を軸とする音楽教育が取り入れられており、子供たちも自然と洋楽に慣れ親しむようになった。このことが日本社会において一層速いスピードで洋楽が普及した理由であった。日本の近代化と富国強兵政策の下で行われた教育制度の改革において取り入れられた洋楽により、日本の音楽である邦楽は人々の日々の生活から次第に排除される結果となった。

二　「邦楽」の誕生

では、ここでいう「邦楽」とは何か。「現代邦楽の父」宮城道雄が奏でていた「邦楽」とは、何であろうか。また、いつ「邦楽」という用語が成立したのかについて述べておきたい。併せて、日本の和楽器に対するイメージについても少し触れておきたい。

「邦楽」は、日本における音楽の分類用語として、「国楽」「和楽」などと同義に用いられることもあった。最も広義の「邦楽」は、日本音楽の総称である(12)。普通、「洋楽」の対語として用いられており、「洋楽」以外の日本の民族音楽すべてを指している。ただし、アイヌの音楽や沖縄の音楽は除外する場合が多い。実際には、民族性が強い、弱いという批判は非常に主観的な問題であり、用いられる楽器が洋楽器であるか、民族楽器であるかによって「邦楽」か「洋楽」を区別する場合が多い。日本の古典音楽を「純邦楽」と呼称することがあるが、これも一般的ではない(13)。

この「邦楽」という用語が一般的となったのは、皮肉にも明治四〇年(一九〇七)、東京音楽学校内に「邦楽調査掛」が設置されてからであった(14)。もっぱら東京音楽学校は、その設立当初から邦楽はほとんど問題にせず洋楽の伝習に力を入れていた教育機関であった(15)。そこに「邦楽調査掛」が設置されることにより、「邦楽」という言葉が一般に用いられるようになった。

このように「邦楽」という用語は、「洋楽」という用語が登場し、定着して行く過程とほぼ同時に成立した用語である。多くの科学用語と同様に西洋文明を受け入れていた明治期に成立した新しい言葉のひとつであった。そのため、「邦（和）楽器」の歴史や伝統音楽に対するイメージは、洋楽とは全く別の世界のことであるというべきである。楽器としての三味線や箏は、音程が不安定になりやすい楽器であり、西洋の絶対音で奏でる音楽とは異なる要素を多く含んだ音楽であるというべきである。

日本の伝統音楽を連想させる「箏（こと）」は、絃楽器の総称であった。古くは琵琶のことを「和琴（わごん）」と呼び、「箏（こと）」のことを「琴」と呼んでいた。[16] この「箏」の祖型は、遅くとも古墳時代には成立していた可能性が高いとされていた。中国や朝鮮から伝来した「箏」類の影響を受け、日本で改造されてきた。[17]「箏」は一般的には良家の子女が豊かな情操を身につけるために、生け花や茶道、書道といった教養の一部として普及してきた。[18] とくに、明治から大正にかけての女性には、嫁入り修業としてお花・お箏・お茶の三つがたしなみとされていたが、洋楽と共に広まったピアノにその座を奪われていった。

短い期間ではあったが明治期における教育の対象としての「箏」は、東京音楽学校の師範部や選科、東京盲人学校、華族女学校を始めとする高等女学校で教授されていた。各邦楽の家元の尽力や学校の科目採用によって、明治後期から大正前期においては箏に対するイメージが向上していた時期であった。[19] このような時期に、外地の朝鮮から日本に帰ってきた宮城道雄が邦楽のプロの演奏家・作曲家として、演奏会やレコード制作、ラジオへの出演など大衆メディアを利用して活動を始めた。

三　日本人が持つ邦楽器のイメージ

邦楽の音楽もしくは、楽器に対してそれぞれ異なるイメージを日本人自身が持っていたことも事実である。それは楽器としては良いイメージを持っていた箏に比べると三味線は、なぜか低俗な楽器という認識が日本には広まっていた。「三絃（さんげん）」とも呼ばれる三味線の歴史は未だ不明瞭ではあるが、祖型が中国から日本の堺港に伝来したと推測される説と琉球からの渡来説がある。日本人向きに改良された三線は江戸時代の少し前あたりから人形浄瑠璃、歌舞伎踊り、その他遊里の芸と結びついた芸事として発達していた[20]。

このように三味線は、江戸時代の庶民の間で大流行し、様々な芸能に使用され、今日に至っている[21]。庶民の道楽としての性格が強い三味線に対するイメージは、「下品」「芸娼妓を連想させる卑俗な楽器」として深く根付いていた。明治期からの総合雑誌や文芸雑誌に見られる記述には、「野卑」「淫猥」「卑陋」「卑属」「幼稚」など否定的な評価が多数見られる[22]。

このような三味線音楽に対するイメージが低俗なものであった背景に遊興風俗と深く関わっていた事実があることは否めない。それだけでなく、邦楽の演奏者たちは、「当道」「検校」と呼ばれながらも「下級社会」に属していた。「上級社会」の人々が行っていた音楽とは異なる性格を持っていた。にもかかわらず、明治以後は、娯楽としての「三味線」が人々の趣味の世界へ取り入れられることにより、広く定着するようになった。

日本の邦楽器の中で、最も特殊性が強いものは尺八である。箏がおもに女性に愛用される楽器であるのに対して、尺八は男性の専有の楽器であった。例外的に女性の尺八演奏家もいたかも知れないが、近年まで尺八を吹く女性は通常考えられないものであった。それは江戸時代から尺八は、主に普化宗の虚無僧のみが用いることを許されていたからである。

尺八は、個人が楽しむ娯楽用の楽器というよりも、法具や法器として扱われていたものであり「法竹」とも呼ばれていた。普化宗の虚無僧たちは他宗の僧が読経するような気持ちで、読経の代わりに尺八を吹いていた(23)。そのためか尺八は娯楽用の楽器としてではなく、日本仏教の一宗派を表象していた存在という印象が強いものであった。

にもかかわらず、江戸時代の一部の一般庶民の愛好家が密かに楽器としての尺八を地歌箏曲との合奏において楽しんでいた。この虚無僧の専有物であった尺八も、明治四年（一八七二）に近代化政策の一環として行われた普化宗の廃止とともに解禁され、一般の人々が楽しむ楽器となっていた(24)。以後日本の邦楽界では、箏・三味線・尺八（または胡弓）による合奏編成を三曲合奏と呼んでおり、主な演奏形態として定着している。

四　日本の伝統音楽が持つ特徴と限界

日本の伝統音楽が持つ特徴と限界にはいろいろな理由と原因が混在している。その中から、新たな音楽を作る創作行為に対する価値観について触れておきたい。それは二〇世紀以後の現代邦楽史上においても、他の分野同様に曲折に富んだ変遷と改革が行われていた。現代を生きる邦楽とはいえ、それは急激な時代変遷から取り残された古い価値体系に包まれていた。

では、なぜ邦楽家たちは思い切って古い価値体系から脱皮することができなかったのか。その一般的な理由の一つとして家元制度の風習が挙げられることが多い。家元制度は邦楽界だけでなく、日本の古典芸能社会の間に敢然と張りめぐらされた文化継承装置であり、教育制度である。それが観念的にも、経済的にも、師弟集団を支える仕組みとなっているという現実がある。

茶道界における三千家、能楽における五流を始めとして、邦楽、舞踊などでは「一人一派」ともいわれるほどに流派が分かれている。華道・生花・立花においては二千から三千の流派に分かれ、各々家元を名のっている。江戸幕府が盲人の職能家を保護するために設けた職屋敷は明治四年に解体されたはずであるが、それは家元制度として依然として残り今なお続き、逆に日本の伝統文化を象徴している。

その家元制度の中では、古典を出来るだけ原型を崩さずに弟子に伝えることが主目的となっているが、邦楽の世界でも同じである。従来の邦楽界では、作曲家を養成する目的は存在していなかった。いわゆる、新たな音楽の創作を促進する雰囲気が薄かった。むしろ、その創作行為そのものが伝統的な音楽の世界における反逆的な行為に当たるものであった(25)。

日本の伝統音楽で多くの場合作曲は、すでに存在している様々なパターンを組み合わせる行為だともよくいわれている。伝統音楽においては「演奏」が中心的なものであり「演奏」という行為が実は「聴く」という行為であるということは明白である(26)。それは大勢の人々に聴かせることを目的とする楽器でもなく、音でもなかったといえる。いわゆる公共性や大衆性の乏しい音楽であった。

二〇世紀以後の日本の音楽の歴史には、従来音楽を聴く人の「内」へ、演奏する人の「内」へ向かっていた情緒を「内」から「外」へ連れ出した海賊的な行為があったのではないか。新たな音楽を作り、邦楽器の改良や開発に積極的であった宮城は「新日本音楽随想」の中で以下のように述べている(27)。

私は邦楽の将来に対して、古い伝統のよさを保持しながら、一方では新しい道へ進みたいのである。それには楽器の改良などいろいろ問題があり、ずっと以前に、箏の絃をふやして八十絃などを作ってみたが、箏の生命は音色にあるので、絃をふやしたりすると音色が思わしくないのである。

このような新たな試みをしていた宮城のその活動範囲について簡略に述べておきたい。宮城は、西洋音楽のレコードを聞くことを好み、彼の作曲の世界は刺激的なレコードから多くのヒントを得ていた。宮城の活動範囲は幅広く、プロの邦楽の演奏活動家としてビクターレコード専属の音楽芸術家となり、昭和二三年（一九四八）には演奏家として評価され、日本芸術院会員を拝命している。新邦楽運動の作曲家として「新日本音楽運動」を導いており、多くの曲を作曲している。

宮城の音楽は大衆メディアであるラジオによって急速に普及した。その背景には、宮城が日本のラジオの仮放送初日から参加していた功労者であったこともある。また、プロの演奏家としてラジオの生放送へ度々出演しており、邦楽講座の講師としても広範囲に及び活躍していた。これらの功績が評価された宮城は、昭和二五年（一九五〇）に第一回放送文化賞を受賞した。

宮城は邦楽音楽教育家として昭和五年（一九三〇）に東京音楽学校教授、翌年（一九三一）に東京盲学校の講師として多くの後学たちを育成する仕事にも精力的に関わっていた。また、講演や文筆業[28]もこなす文化人ともいえる存在だった。本論のテーマである海賊としての宮城道雄は、新しい音楽を生み出した作曲家であり、近代的な演奏空間でより良い演奏をするための、新しい邦楽器の開発・創案者であった。宮城は、従来日本の音階にはなかった音を作り出す十七絃・大胡弓・八十絃・短箏を考案していた。

五　「個楽（個人の娯楽）」から「公楽（おおやけの娯楽）」へと変化する日本の音楽空間

明治期から大正期に入るとレコードやラジオという大衆メディアの普及により、より多くの人々の関心が新しい西洋音楽へと移行していた。

西洋的な学制が整うにつれ、また、皆で同じ動きをする「体育」の普及により、皆が同じ曲を歌うことが出来る「音楽」が根付くことになる。これらの教育によって、動的・情調的な感性が定着することにより、日本人は西洋的な身体を持つようになったと考えられる。西洋化へ進む日本と日本人の姿が目に見える形で変化をし、西洋化そのものが現実のものになっていた。

これらの現象は日本の邦楽が近代的な舞台芸術へ移行する過程にも見ることが出来る。邦楽の演奏が行われる場所にも変化が表れていた。伝統的な邦楽が演奏されていた場所は、おおむねお座敷という狭い空間であった。その狭い空間から、大勢の人々が集うより広い公共空間で演奏するように変化した。

近世では興行の形式をとる演奏会が催されており、芝居のような興行は特定の専門の場をもち、連歌や俳句の興行は社寺などの集会に適した場や、野外を利用して行われた。これらに対して、邦楽器による音楽の興行は、もっぱら広い座敷をもつ料亭などで行われた。明治以降は、寄席などの席亭が発達し、それまで料亭の座敷などにおいて行われていた三味線音楽の演奏に、場所を提供する席亭あるいは集会場も現れた。

素人による邦楽の発表・演奏会は演目によっては「おさらひ（おさらへ）」あるいは「温習会」などと呼ばれていた。明治末期になって、東京の美音倶楽部、東京音楽学校の演奏会、とくに邦楽調査掛主催の場合の邦楽演奏会、京都の国風楽会の鑑賞会、大阪の共楽会など、他の演目にまじえて鑑賞することも行われた[29]。邦楽における「演奏会」は、狭い空間から広い空間へと展開した「温習会」から「鑑賞会」という形で演奏会へと変化した。

「温習会」形式のものとは、弟子を抱えている先生の指導による正月の「初弾き」や、季節の変化に合わせた「夏の浴衣ざらえ」、故人の冥福を祈りその面影を偲ぶ「追善」、名取りとなった人のための「各披露目（芸名改名、襲名）」などがある。その他に、「床開き（舞台や稽古場などの新設）」や「おさらいかい（お復習い会）」、「月並会」、「月次会」などがある。

一方、「鑑賞会」形式のものとしては個人やグループによる演奏会、もしくはある特定の演奏家自身の「リサイタル」や「ジョイント・リサイタル」、「作品発表会（創作曲）」などがある[30]。江戸期からの伝統を引き継ぐ箏や三絃はお稽古事の対象であり、それゆえに演奏会といえば「温習会」の形式をとるものが多かった。

実際は、諸大名の屋敷や料亭において客をもてなすために、盲人を呼んで三絃や箏を演奏させたという。これらの演奏は、限られた空間の中で限られた数の人々を喜ばせることを目的に開かれる、ごくごく小規模な演奏会が一般的であった。次第にお稽古事の成果発表が鑑賞の対象として、意識されるようになり、そのような変化の中で、鑑賞を純粋な目的とする会費制の演奏会が行われるようになった。広く一般から聴衆を募り、入場料を徴収して催される演奏会の登場である。こうした演奏会は、洋楽を中心に発展した(31)。純粋に演奏だけを鑑賞するための音楽が少なかったことは、当時の鑑賞の場がそうさせていたと共に、日本人の趣味がそうさせていたのかも知れない(32)。

音楽が演奏される空間から考えると「家庭音楽」、「宴席音楽」、「劇場音楽」などに分類することが出来る(33)。「家庭音楽」「宴席音楽」などは、それほど音量の大きさは必要としないものであり、逆に大きすぎる音量は、迷惑そのものであったに違いない。さらに、本来日本の居住空間で行われていた邦楽器の演奏においては、高音のみで充分であり、低音楽器の必要性はあまりなかった。日本の近代化以後、建造された空間により、楽器を演奏する会場の多様化が生じた。そのような空間においては、より効果的に広く響く音の必要性が生じ、音の拡散を考えると低音の楽器はなくてはならない存在となった。

一方、「劇場音楽」は、音を聴かせることを目的とするものであるため、小さく響かない音では、聴きに来た人を満足させることは不可能であり、そのためには、楽器の改良・開発が必要になったということはいうまでもない。

邦楽器は元来、多人数の前で演奏することを目的とした楽器ではなく、特に、箏は畳の室で少人数で演奏し、また組歌を奏でるのが習わしであった。つまり、邦楽器は、数百人あるいは数千人以上も収容する大ホールでの演奏を想定して作られた訳ではなかった(34)。楽器の構造上から可能な音量では、広い空間での演奏に向いてないものであり、無理が生じた。現在行われている邦楽の演奏会においては、反響板を兼ねた立箏台の使用やマイクの使用が試みられている。今後も邦楽器における音量の拡大については解決すべき問題として残されている。

六　近代的な邦楽の成立と新日本音楽の宮城道雄

富国強兵政策の下、近代的な学校教育システムの普及と定着に四〇年以上の年月を費やした頃に、邦楽のスーパースター・宮城道雄が登場した。邦楽におけるプロの音楽家の誕生である。宮城は、「新日本音楽」の旗手として、邦楽の演奏会を舞台公演へ導いた。その起因となったのは、大正八年（一九一九）五月一六日に、宮城が本郷の中央会堂で開いた第一回作品発表会である。曲目は《水の変態》、箏四部合奏の《吹雪の花》、童曲の《お猿》、《春の雨》などが演奏された。箏を用いた童曲は非常に新しい試みであったことはもちろん、西洋音楽を思わせる四部合奏という演奏形態も取り入れられていた(35)。この試みは洋楽者たちからは高い評価を得ることが出来たが、邦楽界からは厳しい評価を受けることになった。

その後、第二回作品発表会が大正九年（一九二〇）一〇月三日に東京音楽学校で行われ、この発表会の翌月には、丸の内の有楽座にて一等席二円の有料の演奏会として、宮城と東京音楽学校出身の洋楽作曲家・本居長世との合同作品発表会「新日本音楽大演奏会」が行われている。第一部では、宮城の作品が宮城自身によって演奏された。第二部では、ピアノと尺八の調和を目指して活動していた本居長世の作品が披露された(36)。

この演奏会を機に吉田晴風が(37)、従来の純日本音楽とは異なる「大変新鮮な音楽＝大衆性」をもつ宮城の音楽に対して「新日本音楽」と名付けた(38)。この名称は、一九二〇年代から三〇年代における洋楽を取り入れた邦楽作曲活動の総称として浸透し、これを機に、日本の邦楽界に「新邦楽運動」が展開されることになった。

洋楽的音楽要素を取り入れた宮城道雄の音楽の世界が近代的な演奏会場において披露され、「伝統性」と「非伝統性」を持つ新たな音楽が成立した。宮城は、日本の伝統的な音楽に西洋音楽の要素を導入することで邦楽の活性化をはかり、新しい邦楽世界を開拓し続けた。実際に、ハーモニクスなど箏の新しい技法や新楽器の開発、変奏曲やソナタ形式の導入など様々な成果を残している(39)。

宮城道雄が生涯どれほどの曲を作曲していたのか、これにはいろいろな説があり確かな作曲数は、分かっていない。宮城は、明治四二年（一九〇九）一四歳の時《水の変態》を作曲し、亡くなる昭和三一年（一九五六）までのあいだに、一説には七〇〇～八〇〇曲を作曲したという。愛弟子であり、宮城会の代表でもある宮城喜代子の回想によると、宮城が実際に作った作品の数を、六〇〇から七〇〇曲としている(40)。それらの曲の中には、目録に載っているものの、すでに楽譜が現存していない楽曲も相当数あるようであるが、今日もその半分ほどの四二五曲が現存している。

宮城は公演芸術のため、より広い空間に適した様々な新しい曲を作曲している。これはまさしく、古い価値観に縛られていた邦楽界に対する海賊的な行為となった。宮城は初期の段階から、伝統的な形式と西洋の形式の両方を用いて巧みに作曲をしていた。宮城が作曲した初期の楽曲に対しては伝統的な形式を無視していたことを理由に既存の邦楽界や一部の知識人に批判を受けていたことも事実である。宮城が作曲した楽曲に用いられていた洋楽の形式には、カノン、変奏曲、有節、ロンドなどがある(41)。

このような作品が誕生する背景として、宮城が一三歳から二三歳までのあいだの少年期を過ごした朝鮮での音楽生活を取りあげざるを得ない。『この人なり　宮城道雄傳』（以下、『宮城傳』とする）の著者である吉川英史は、「日本の古い慣習にとらわれない自由な生活を朝鮮で一〇年間過ごしたことにより、古曲の演奏だけでなく、新しい感覚の曲の創作活動が可能であったのではないか」と述べている(42)。

宮城は朝鮮に滞在しているあいだ、龍山《ヨンサン》の軍楽隊と付き合い、一般的に知られていない西洋音楽のレコードをよく聴いていた。このような影響によるものであろう。宮城の洋楽に対する探求心は、日本に帰国してからより明確な形で現れた。バイオリンを習いに行ったり、オルガンを月賦で買っては和声を研究したり、来日している西洋音楽家の演奏会に通ったり、レコードを買い熱心に聞いていた。これらの成果として箏の曲にも和声や対立法を取り入れ、作曲をしていた。以下に、洋楽の要素を取り入れ、作曲した曲をいくつか挙げてみることにしたい(43)。

大正八年(一九一九)に作曲した《若水》と《秋の調べ》は、宮城が洋楽的な楽曲形式で作曲を試みた最も初期の作品である。まず《若水》は、日本の伝統的な作品の中には存在しないとされている三拍子の曲である。三拍子で全曲が作曲されており、今日の箏曲全体においても画期的な曲であった。《秋の調べ》は、歌と箏、尺八の編成の曲であるが、曲のはじめに箏のソロがあるなど、洋楽からの影響をかなり受けたと見られる。

大正一〇年(一九二一)に作曲された《落葉の踊り》は、宮城自身が開発に携わった十七絃箏が使われている曲である。これまで箏を含む日本の邦楽器には低音を奏でる楽器がなかったため、これらの合奏曲を演奏するためにどうしても低音の楽器が必要であると感じた宮城が、十七絃の箏を創案し、演奏した二番目の曲である。同年一〇月三〇日、東京音楽学校「奏楽堂」で行われた第三回作曲発表会で初演されている。箏、三絃、十七絃の三重奏の合奏形態の曲であり、発表当時から大きな反響を呼んだ作品とされている。この曲はロンド形式の作品として、イタリアの作曲家バッジーニのバイオリン曲《妖精のロンド》にヒントを得たらしい(44)。

十七絃を開発し、演奏会を成功裏におさめた宮城道雄は、次々と新たな曲を作った。箏、十七絃の二重奏の名曲として知られている大正一二年(一九二三)の《瀬音》と《薤露調》は、邦楽器だけによる管弦楽であり、《さくら変奏曲》は、バリエーション(variation)形式、いわゆる変奏曲の形式で初めて作曲している(45)。

昭和三年(一九二八)の御大典奉祝大音楽会のため宮城は、《越天楽変奏曲》という協奏曲を作曲している。宮城は、新交響楽団との演奏会で箏のために作曲したこの曲において箏の演奏をしている。この曲は雅楽《越天楽》をもとに宮城が箏の独奏部を作曲し、オーケストラの部分を近衛直磨（一九〇〇～一九三二）が編曲し、兄の近衛秀麿が手を入れたもので、宮城にとっては初めての箏の協奏曲であった(46)。

また、宮城の代表的な作品として知られている昭和四年（一九二九）の《春の海》は、西洋音楽の三部形式の手法を取り入れて作曲している。同七年（一九三二）五月に、フランスの女流バイオリニスト、ルネ・シュメー女史と日比谷公会堂で協演し、半月後にはレコード化されている(47)。ビクターの赤盤のレコードとして日本・英国・米国において発売されたことは、宮城の国際的な知名度をも上げることになった。昭和一一年（一九三六）には、大編成の邦楽器による合唱合奏曲の《道灌》で、箏の独奏部を伴いながら、三絃、十七絃、胡弓、尺八、笛、笙、打楽器などを用いた。なお、同二八年（一九五三）の《日蓮》のように、西洋声楽のテノールの独唱と合唱も取り入れた交声曲（cantata）なども作曲している。他方では、宮城は大正九年（一九二〇）頃から、実に多くの「童曲」や「歌曲」を作曲していた(48)。

このような、宮城の東西を横断する海賊的な創作行為により作られた曲は、今の日本の現代邦楽を支える柱となっている。宮城の東西領域を超えた超人的な創作活動を、まず一つ目の海賊行為として取りあげておきたい。

七　近代的な公演舞台のための新楽器の創案と改良・開発

宮城道雄が生涯どれほどの演奏会に呼ばれ、自分自身の演奏会を開いていたのかは不明である。吉川英史の『宮城傳』と『宮城会会報』の年表から拾い集めてみると、三七〇回以上の演奏会に参加しており、日本全国はもちろん朝鮮、台湾、イギリス、フランスなどの海外でも演奏を行っている。

大正六年（一九一七）、外地の朝鮮から帰ってきた宮城が初めての演奏会を行ったのは、明治二三年（一八九〇）

に東京の本郷春木町に新築された中央会堂であった。それ以来、帝国劇場と朝日講堂で各四回、東京音楽学校で五回、帝国ホテルと報知講堂でそれぞれ六回、日本青年館でも六回行い、もっとも多く演奏会が開かれた日比谷では、日比谷公会堂で三一回、日比谷新音楽堂で二回、日比谷公園でも一回の演奏会を行っている。

これらの場所は、日本の近代的な公共空間として知られている場所であり、日本の西洋的な芸術や公演が行われた舞台でもあった。明治期から行われた邦楽の演奏会、お復習い会などの温習会の多くは、師匠の私宅や料亭などの広い座敷を利用する形で行われていた。より広い空間としては、東京でいうと浅草の鷗遊館、両国の中村楼、大阪では洗心館、第一楼、備一亭などが用いられていた(49)。

洋楽の普及と公開演奏会の普及に導かれ、邦楽の演奏会も江戸時代とは異なる演奏会のあり方に進化していた。演奏会場の面でも、洋楽の演奏が可能な場所、多種目の演奏が可能な場所、多くの聴衆が動員できる場所などの条件を満たす新しい会場が使われるようになった。東京では日本初のコンサートホールとなった厚生館、中央会堂、日本青年館、錦輝館などが使われていた。専用ホールではないが鹿鳴館、帝国ホテルで催される例もあり、京都では祇園館、大阪では青年会館、南地演舞場などが用いられていた(50)。

邦楽界の現実問題としても、このような大きなホールで演奏するためには、楽器も様々な工夫をしていかなければならなかった。そのためか、邦楽界における新楽器の開発や改良は、大正期から昭和初期に集中している。同じく宮城も大正から昭和初期にかけて、低音域を奏する「十七絃」、増音された「大胡弓(別名、宮城胡弓)」、西洋音楽も弾ける「八十絃」、ポータブルな「短琴」などの新楽器の創案と開発に挑戦していた(51)。

まず、現代邦楽では欠かせない低音域を奏でる十七絃は(52)、大正一〇年(一九二一)、正倉院の楽器研究などで知られている音楽学者・田辺尚雄や和楽器屋の鶴川と宮城の後援会の人たちの協力を得て創案された、一七本の太糸をかけた、十三絃より大きな箏である(53)。

十七絃は、大・小二つあり、全長二四五cm前後の「大十七絃」と、二一〇cm前後の「小十七絃」の二種類の画期的な箏である。一般的な十三絃箏が全長一八二cm前後の長さを持つのに対し[54]、宮城が創案した十七絃は、ジャイアント馬場を超える大きさであった。十七絃による音楽は、従来の箏の調絃を踏襲しながら、西洋音階を基準としたものであった[55]。あるいはそれらをミックスしたもので、レパートリーの充実と音域の拡大という目的を実現していたのである。宮城は大正一〇年（一九二一）に十七絃を取り入れた《花見船》と《落葉の踊り》を発表した。宮城による十七絃への改良・開発の成功は、日本の邦楽がもつ音域の幅を大きく広げたといっても過言ではない。

本来日本の邦楽においては伴奏という概念はなく、すべてがメロディ楽器であった。宮城の十七絃箏は、半音を取り入れていない伴奏用の楽器として考案・開発して発表した。今日の現代邦楽において十七絃箏は、独奏用の楽器、つまり、主演奏楽器として用いられるようになった。

増音された宮城の大型胡弓「大胡弓」の開発に関しては、詳細は不明であるが、大正四年か、五年のあいだに実際の制作が行われたとみられている。この大型胡弓の開発によって、低音の音域の拡大と音量の増大が実現した。宮城が新型の胡弓を開発したのは、持続音を奏することの出来る胡弓が、旋律楽器としての尺八とともに新様式の音楽を創造するのに有効であると考えたためであろう。大正一〇年（一九二一）の第三回作品発表会の記念写真を見ると《花見船》という曲で既に使用していた。同一四年（一九二五）、ラジオ仮放送初日に放送された《薤露調》のリハーサル写真では大胡弓の使用が確認出来る。

さらに、宮城はどんな曲でも弾ける箏も開発していたのである。もっと邦楽器の可能性を広げたいという考えの下で、宮城は昭和四年（一九二九）に新しい楽器として「八十絃」の箏を創案している。その箏は絃の数が八〇本もあったため「八十絃」と呼ばれた。宮城によって創案された八十絃は、まるでピアノを連想させるような巨大な箏であった。八十絃は、半音を自由に扱え、音域を拡大したことにより、どんな西洋音楽の曲でも演奏出来るようなものであった。

しかし、いくつかのトラブルに遭い普及することもなく、この八十絃の箏は現存しないものとなった。音楽的な面においては、宮城がこの新楽器「八十絃」を初めて披露したのは、昭和四年(一九二九)一一月二六日神宮外苑の日本青年会ホールで行われた演奏会であった。宮城はバッハの《プレリュード》を箏と十七絃の合奏曲と八十絃の独奏に編曲した《きょうのよろこび》を演奏したが、大変な不評にあっている。(56)それは、まるでピアノを連想させ、ピアノを箏の姿に変えただけのもののように見られた。

もう一つの理由は、この「八十絃」は、共鳴効果が弱いという欠点があった。つまり、箏から出る音量が小さいことであった。宮城の親友である琴古流尺八演奏家・吉田晴風が八十絃の演奏を実現させるために、当時、日本では手に入らなかったマイクロフォーンと拡声器をアメリカから直接輸入した。演奏会場は日本青年館を使用していたが、電気が通じないトラブルに遭い予定通りの演奏は出来なかったと吉川は『宮城傳』に述べている。(57)これらの行為はまさしく、海賊たちの武器であるマイクロフォーンと拡声器を日本で初めて邦楽の演奏会で使用したことになる。

この新楽器八十絃の姿が演奏会に登場したのはこれきりとなり、二度と公衆の前で演奏されることも実用化されることもなかった。無残にも八十絃は、第二次世界大戦の際、宮城が作曲していた多くの楽譜とともに東京空襲で焼失してしまった。(58)この八十絃は、楽器としての用途は広汎であり、伴奏だけでなく、主演奏にも用いることができるものだった。一人の演奏者により、すべての楽曲が演奏出来るように考案されていた。

最後に、昭和四年(一九三二)、宮城はポータブルな「短琴」の開発をしている。従来の箏は大きく、持ち運ぶには、大変不便であった。そのため、邦楽の普及のためにも軽便な箏として短琴を考案し、発表している。短琴は小型の箏で、折りたたむことが出来、糸はピンで止めてあるため糸巻きがしやすく、高さの調節が可能で腰を掛けて演奏が出来るような構造になっていた(59)。

このように宮城が邦楽のために行っていた楽器の開発や改良行動は、二つ目の海賊行為そのものであったといわざるを得ない。

まさに、宮城道雄は古典的な邦楽界の海賊と呼ぶにふさわしい冒険とチャレンジ精神に富んだ人であった。宮城が挑んだ新しい音楽の世界は、楽器の改良という見えるものによって生かされ、これまで聞こえてこなかった音の世界を聞こえるものにした。宮城は近代的な公演空間に合わせ、海賊のような楽器の改良・開発をしていた。その結果は、伝統的な日本の邦楽界において新たな音楽作りにつながっている。

海賊行為によって残される文化的残映は、主に目に見える対象の方がよりわかりやすいといえる。目には見えないが、感じ取ることが出来る音や音楽に関する海賊行為についてはこれまでそれほど取りあげられていないと思われる。

そこで本論では、これまで聞こえていたようで、聞こえて来なかった音を聞こえるようにする海賊行為を行った宮城道雄とその周辺の出来事に焦点を当ててみた。とくに、海賊・宮城道雄の、洋楽には存在していたにもかかわらず、邦楽に存在していなかった音の世界を作る海賊的な行為を通して考えてみた。宮城は日本の音を改良するため、西洋の音楽を取り入れ、従来の邦楽器を改良し、開発した新たな楽器を用いて新しい曲を作っている。その宮城道雄は、邦楽の世界に洋楽の要素を加えるというまさしく近代日本の邦楽界における海賊と呼ぶにふさわしい存在なのである。

結びに代えて

二〇世紀の海賊・宮城道雄に続き、二一世紀を生きる日本の邦楽界にも新たな海賊たちの姿が続々とメディアを利用して登場している。今日の邦楽の海賊たちは、西洋音楽の導入口であった東京藝術大学の「邦楽学科」から生まれている。東京藝術大学の邦楽学科は、かつて宮城道雄が教鞭をとり、後輩を育成していた場所でもある。その場所から二一世紀へ向かう邦楽の海賊たちは、西洋の海賊たちが種をまいた東京藝術大学を中心にその活動を世界へと広げている。邦楽界による今の海賊行為に関する事例を三つほど挙げ、締めくくりたい。

まず、「尺八の貴公子」と呼ばれている藤原道山である。藤原道山は、国際的なツアーを始め、二〇〇六年公開の映画『武士の一分』のテーマを収録したアルバム『響――kyo――』の制作や二〇一一年公開のアニメーション映画『手塚治虫のブッダ――赤い砂漠よ！美しく――』に、ゲストミュージシャンとして参加している。藤原道山は、二〇一五年現在オリジナルアルバム一五枚をリリースしている他、音楽監修などを行っている。

二つ目は、日本の八人組ロックバンド、和楽器バンドである。尺八・箏・三味線・和太鼓の和楽器に、ギター・ベース・ドラムの洋楽器を加え、詩吟の師範がボーカルを担当するという編成である。各動画サイトで、数々のボーカロイド楽曲をカヴァーしたミュージックビデオの再生回数が数百万回を稼ぐなどデビュー前から人気を集め、YouTube にアップロードされた『千本桜』の再生回数は三〇〇〇万を突破している。(60) 構成メンバーのなかでも、ボーカルを担当している鈴華ゆう子は、東京音楽大学のピアノ科専攻を卒業している。

三つ目は、東京藝術大学音楽学部邦楽科で尺八を専攻した石倉光山の活動である。彼は二〇一三年五月、作曲家である河野伸とともに光山組を結成した後、レディー・ガガの『Telephone』を編曲して、YouTube へアップロードしたことで海外の人々から関心を集めた。

このように、新たな「邦楽」の世界への挑戦は、伝統的な邦楽の世界の教育を受けた人々をはじめ、東京藝術大学邦楽科出身の人々によって行われている。彼らの活動は宮城道雄が挑んだ洋楽世界への挑戦とも共通するかも知れない。かなり飛躍してしまった感じがするが、現代の邦楽界の文化的な力は衰退の道を辿っている。大正から昭和中頃において、宮城道雄の海賊的な挑戦行為によって、多くの人々に日本の邦楽の新たな一面が認知された。このように、今を生きる邦楽の演奏家たちも新たな海賊行為を通じて未知の世界への船出をしている。(61)

（1）ペルリ著／土屋喬雄・玉城肇共訳『日本遠征記』（岩波書店、一九四八年）。
（2）笠原潔『黒船来航と音楽』（吉川弘文館、二〇〇一年）。
（3）鈴木孝一編『板垣遭難・秩父困民党・鹿鳴館の時代』（河出書房新社、一九九四年）。
（4）吉川英史『この人なり　宮城道雄傳』（新潮社、一九六二年）に宮城道雄の生涯が詳しく述べられている。
（5）千葉優子『日本音楽がわかる本』（音楽之友社、二〇〇六年）二三四〜二五〇頁参照。
（6）吉川英史『日本音楽の歴史』（創元社、二〇〇四年）三五九頁参照。
（7）伊沢修二（一八五一〜一九一七）は、明治時代の日本の教育者、文部官僚であり、吃音矯正の第一人者である。伊沢修二は一八七五年に師範学校教育調査のためアメリカ合衆国のマサチューセッツ州ブリッジウォーター師範学校に留学し、グラハム・ベルから視話法を学び、ルーサー・メーソンから音楽教育を受けた後、一八七八年五月に帰国している。また、田中不二麿が創設した体操伝習所の主幹にも命じられている。一八八八年に東京音楽学校（現：東京藝術大学音楽学部）、東京盲唖学校（現：筑波大学附属視覚特別支援学校）の校長となり、国家教育社を創設して忠君愛国主義の国家教育を主張し、教育勅語の普及にも努めている。
（8）伊沢修二の師であるルーサー・ホワイティング・メーソン（Luther Whiting Mason. 1818-1896）は、日本の明治政府に招かれ、一八八〇年から一八八二年まで日本に滞在し、文部省音楽取調掛で西洋音楽の指導を行った。メーソンに関しては、中村理平『洋楽導入者の軌跡』（刀水書房、二〇〇〇年）四〇二〜五六四頁を参照。

(9) 園部三郎『音楽五十年』(復刻版)(大空社、一九九一年)三三~三七頁参照。
(10) 音楽取調掛と音楽教育の普及については、中村洪介の『近代日本洋楽史序説』(東京書籍、二〇〇三年)を参照。
(11) 「音楽取調掛」の成立に関する経緯は、東洋文庫の伊沢修二の著書『洋楽事始——音楽取調成績申報書』(平凡社、一九七九年)や創立100周年記念誌刊行委員会編集『東京音楽大学100年の歩み:1907-2007』(東京音楽大学、二〇〇七年)を参照。なお、外山友子の『音楽の歩み:《年譜》お茶の水女子大学』(二〇〇三年)を参照すると伊沢およびメーソンの洋楽普及に関する活動を見ることができる。
(12) 吉川英史監修『邦楽百科事典』(音楽の友社、二〇〇四年)九〇四頁。
(13) 岸辺成雄ほか編集『音楽大事典5』(平凡社、一九八一年)二三四七頁。
(14) 「邦楽調査掛」の設置や東京藝術大学に「邦楽科」が設置される経緯に関しては、出版芸術社で一九九七年に出版された吉川英史の『三味線の美学と芸大邦楽科誕生秘話』を参照して欲しい。
(15) 矢島ふみか「明治期邦楽論の展開」(『日本女子大学大学院文学研究科紀要』四号、一九九八年)八一頁。
(16) 斉藤望「コトから箏へ」(『日本美術工芸』六九五号、日本美術工芸社、一九九六年)一一~一六頁参照。
(17) 小島美子、藤井知昭、宮崎まゆみ編『図説日本の楽器』(東京書籍、一九九二年)一六頁。
(18) 富樫康「邦楽器による創作、その歩み」(『音楽芸術』三二巻一一号、一九七四年)三〇頁。
(19) 歌川光一「明治後期・大正前期婦人雑誌に見る箏と家庭」(『楽学習研究』六巻、音楽学習学会、二〇一〇年)一九~二八頁参照。
(20) 町田佳声「邦楽の明治百年」(『月刊文化財』No.64、一九六九年)二〇頁。
(21) 小泉文夫『日本の音』(平凡社、二〇〇六年)二一三~二一六頁。
(22) 矢島前掲注(15)七四頁。
(23) 上野堅實『尺八の歴史』(出版芸術社、二〇〇二年)参照。
(24) 山口正義『尺八史概説』(出版芸術社、二〇〇五年)二四五~二四七頁。
(25) 富樫前掲注(18)三〇頁。
(26) 武田明倫「独白・〈邦楽器〉—〈音〉—〈音楽〉」(『音楽芸術』三三巻一一号、一九七四年)二六~二七頁。

(27)宮城道雄「新日本音楽随想」(『芸術新潮』三巻一号、一九五二年)一四九頁。

(28)宮城道雄の随筆には『雨の念仏』(三笠書房、一九三五年)、『騒音』(三笠書房、一九三六年)、『垣隣り』(小山書店、一九三七年)などがあり、この他も、様々な雑誌へ多数寄稿している。

(29)岸辺成雄ほか編『音楽大事典1』(平凡社、一九八一年)二五九～二六〇頁。

(30)同右、二六〇頁。

(31)野川美穂子「明治期の三曲の演奏会について――「音楽雑誌」掲載記事を中心に」(『東京藝術大学音楽学部紀要』第一七集、一九九一年)四五～八四頁参照。

(32)吉川前掲注(6)一八四頁。

(33)岸辺成雄ほか編『音楽大事典2』(平凡社、一九八一年)五八四頁。

(34)富樫前掲注(18)三〇頁。

(35)吉川前掲注(4)二一九～二二八頁。

(36)野川美穂子「1920-1950ニッポン 空白の洋楽史(6) 雄弁な「空白の時代」――宮城道雄と新日本音楽」(『レコード芸術』五〇巻六号、二〇〇一年)三六五頁。

(37)宮城道雄の親友である吉田晴風は、宮城の海賊行為には欠かせない存在であるが、本稿では大きく取りあげることが出来ないため、一九六二年に日本音楽社で刊行された藤田俊一の『吉田晴風の一生』を参照してもらいたい。

(38)吉川前掲注(6)四四三～四五〇頁。

(39)千葉優子「伝統音楽　宮城道雄が残したもの」(『季刊音楽文化の創造』四二、二〇〇六年)三二頁。

(40)宮城喜代子『箏一筋に』(文園社、二〇〇二年)二四頁。

(41)吉澤昌江「宮城道雄――現代箏曲の父(その2)」(『視覚障害』二四四号、二〇〇八年)一六五頁。

(42)吉川前掲注(4)一六五～一六六頁。

(43)佐野仁美「昭和初期の日本人作曲家と新日本音楽」(『京都橘大学研究紀要』第四〇号、二〇一三年)を参照した。

(44)作品解説に関しては主に、吉川英史、上参郷祐康『作品解説書』(邦楽社、一九七九年)、小野衛『宮城道雄の音楽』(音楽之友社、一九八二年)を参照してもらいたい。

(45) 変奏（variation）とは、ある旋律のリズム、拍子、旋律、調子、和声などを変えたり、さまざまな装飾を付けるなどして変化を付けることである。
(46) 平野健次監修『邦楽曲名辞典』（平凡社、一九九四年）二八頁。佐野前掲注(43)七〇頁。
(47) 釣谷真弓『おもしろ日本音楽史』（東京堂出版、二〇〇四年）一九四～一九六頁。
(48) 菊池悌子「現代邦楽とともに(6)　宮城道雄の音楽と十七絃箏」（『音楽の世界』三九巻六号、日本音楽舞踏会、二〇〇〇年）二〇頁、Elizabeth Prescott 著／畠山朋美訳「宮秘道雄——現代箏曲の父」（『音楽文化教育学研究紀要』一八号、広島大学教育学部音楽文化教育学講座、二〇〇六年）一三九頁。
(49) 野川美穂子「明治20年代の三曲の演奏会」（『季刊邦楽』七二号、邦楽社）四七頁。
(50) 同右、五一頁。
(51) 千葉潤之介『「作曲家」宮城道雄』（音楽之友社、二〇〇〇年）一九五～二一三頁参照。
(52) 吉川英史「現代邦楽の父宮城道雄に及ぼした洋楽の影響」（『武蔵野音楽大学研究紀要』六、一九七二年）四五頁。
(53) 菊池前掲注(48)一九～二二頁参照。
(54) 吉川前掲注(6)四二三～四二五頁。
(55) 小島、藤井、宮崎編前掲注(17)二八頁。
(56) 千葉潤之介「宮城道雄が八十絃で弾いた曲(その三)」（『宮城会会報』三九、二〇〇四年）三七～四二頁参照。
(57) 吉川前掲注(4)四二四～四三九頁を参照。
(58) 小島、藤井、宮崎編前掲注(17)二三頁。
(59) 岩田智大「近代日本の邦楽界における楽器の改良と新楽器」（『帝京日本文化論集』二一号、帝京大学日本文化学会、二〇一四年）一八八頁。また、宮城は雑誌『三曲』一九三二年二月号一九～二〇頁にに短琴制作の意図を明記している。
(60) 二〇一五年一二月一三日現在、和楽器バンドの《千本桜》再生件数〈https://www.youtube.com/watch?v=K_xTet06SUo〉。
(61) 邦楽の専門雑誌『邦楽ジャーナル』では和楽器を用いたバンドの特集を組み、二〇〇七年一〇月号に九組、同年一一月に一〇組、二〇一五年一〇月号に一五組紹介している。このようなバンドは年々増加する傾向にある。

「民主主義」を抱きしめて

――石坂洋次郎映画はいかにして「民主主義」を戦後日本社会に受容させるに至ったか

千葉　慶

はじめに――問題意識と方法論

本稿は、戦後日本の大衆文化を介した「民主主義」受容の〈海賊的〉プロセスを石坂洋次郎映画[1]の分析を通して考察するケーススタディーである。

本稿を執筆している二〇一五年は、ちょうど「戦後七〇年」の節目に当たる年である。また、日本では一九九九年の国旗国歌法成立以降、日本国憲法に規定された戦後体制を見なおそうとする政治的勢力の動きがますます活発になっており、憲法改定に賛意を唱えるにせよ、そうでないにせよ、「戦後民主主義」の検討は急務になっている状況にある。

しかしながら、「戦後民主主義」の検討と言ったところで、それが日常生活に根差しながらその外側に向けて発信される、特定の目的意識を持った狭義の政治行動（デモや投票、候補擁立、市民運動、投書、読書会、ミニコミ作りなど）としての「民主主義」の発露の検討に限定されるのであれば、不十分なのではないか。わたしたちの間には、日常生活の内側に留まる身近なレベルでも「民主主義」が刻まれているのではないか。例えば、「民主主義」という体験を経て普及が可能になった人間像やライフスタイル像といった形で浸透しているといったような、「民主主義」の〈極私的かつ非正規的かつ日常的な受容形態〉があるだろう。本書のキーワードに従えば、〈海賊的受容〉ということができるだろうか。

ここで、編者の稲賀氏が提案した〈海賊的受容〉というキーワードに関する本稿の見解を明らかにしておく必要があるだろう。文化圏間を横断する「モノ」や「コト」「概念」などの受容形態はしばしば、その受容の真正性（正確に伝達されたか否か）を軸に価値評価されることがあるが、このキーワードの使用は、本来こうした受容において何が真正であるかはアプリオリなものではなく、その都度の政治的あるいは文化的状況の条件が決定しているに過ぎないことを意識させるものである。つまり、戦後日本という場における「民主主義」も、アメリカ（を中心とする連合国軍）の占領下における受容という条件があるために、「戦後民主主義」を否定したい人々によって、しばしばその受容が「去勢」といった否定的（屈辱的）な表現でなされ、「戦後民主主義の歪《いびつ》さ」が強調されることがあるが、〈海賊的受容〉というキーワードは、そうした見解の狭隘さ（あるいはある特定の意図に基づいた政治的打算）を明らかにすると言えよう。そもそも、真正な受容こそが不可能ごとであり、およそあらゆる文化受容（あるいは文化翻訳）は「始点＝ホンモノ」を特定することが不可能である限り、〈海賊的受容〉にならざるを得ないというのが実情であろう（また、後述するように必ずしも「始点」こそが「ホンモノ」と見なされるわけでもない）。

さらに、占領下という条件が、植民地化という条件とある程度アナロジカルに捉えられると勘案するならば、ホミ・バーバのいう「ミミクリー」とも類似した状況がこの受容には位置づけられるとも考えられよう。(2) その受容形態は、バーバのいう「ほとんど同じだが、全く同じではない」、つまり、真正性を担保された事象から少しずつずれたものが受容のフェーズ（本稿の事例をもって説明するならば、アメリカン・デモクラシー↓日本政府お墨付きの戦後民主主義→民主主義啓蒙としての石坂文学→石坂映画→占領終了後における石坂映画リメイク→鑑賞者→鑑賞していない人間への伝達…）が変化するごとに次々と生まれ、広がって行きながら、全体的に漠然としていながら確たる「戦後民主主義」として社会に根付いていくという重層構造で理解することが可能である。そして、この構造のどこを切り取っても、当事者たちは自らの「民主主義」を歪なものとして捉えていないであろうし、実際それを初手から歪であると捉えること自体が、（ニセモノの）真正性を笠に着た歪な認識になってしまうのである。したがって、本稿でこのキーワードを使うことは、「戦後民主主義」をあらかじめ否定性を伴った偏見的態度で捉えないためにも有意義であると言える。

もちろん、こうした受容形態は、曖昧模糊としており意識されにくい上に、個々のケースによって千差万別であり、分析対象として取り上げることは困難に違いない。そこで本稿では、大衆文化を介して、多くの人々に強い影響を与えたと考えられるベストセラーの映画化作品に描かれた「民主主義」表現の分析をもって、政治理念である「民主主義」が他者から押し付けられる形ではなく、身近な人間像やライフスタイル像という形で日常生活へと模倣（受容）しやすい形態へと翻案される――「民主主義」が抱きしめられる(3)――プロセスの検討を試みたい。

石坂洋次郎映画を分析対象とする理由は、第一に、彼が戦後の『青い山脈』を初めとして「民主主義」を恋愛や家族という日常的テーマに即して描くことを得意とし、そのような作品群の多くをベストセラーとして世に送り出したことである。ゆえに、石坂作品は、戦後日本における極私的かつ日常的な「民主主義」のあり方に強い影響を与えた表象の一つといえる。第二は、石坂作品が、一九三七年から一九八八年に至る長期にわたって八二本も映画化されていたことである(4)。したがって、戦後の長いスパンを対象に、その表現の変化を追うことが可能である。また、映画化作品は、原作の単なる引き写しに留まるのではなく、製作している時点の時代設定に合わせてリメイク（これもまた〈海賊的受容〉の一環と言えよう）されるため、結果的に一本一本が時代の変化を加味した上での原作への批評となっている。中には作者の意図に反するほどのリモデルを施したものさえ存在する。さらに、「民主主義」とは関係ない作品として戦前に執筆された原作が戦後の設定に置き換えられてリメイクされたものの中には、後述するように結果的に「民主主義」への批評として読み得るケースも見られる。第三は、石坂洋次郎映画が、複数の原作を用い、複数の製作会社を跨ぎ、長期にわたって製作され続けたにもかかわらず、各作品に共通したパターンを踏襲していたことである。もちろん、基本的には各作品の製作意図は、監督や製作会社がバラバラであり、連動したものとはいえないが、パターンをある程度「定数」[5]として共通させていることによって、意識せざるところで「変数」としての時代の変化と結果的に連動した「民主主義」表現の変容が作品に刻まれていると考えられる。

なお、本稿では分析が煩瑣になることを避けるため、八二本すべてを取り扱うことはあえて行わない。また、より大衆の支持を得た作品群を抽出するために、三度以上リメイクされた『若い娘たち』（一九五一、五八、六四）、『若い人』（一九三七、五二、六二、七七）、『何処へ』（一九四一、五四、六四、六六、六七）、『陽のあたる坂道』（一九五八、六七、七五）、『青い山脈』（一九四九、五七、六三、七五、八八）を分析対象として取り上げる。

一　『青い山脈』批判において起こりがちな問題

石坂洋次郎の代表作と聞かれた時、一番多く上がる回答は間違いなく『青い山脈』である。事実、石坂の人気絶頂時には二〇冊以上をラインナップに並べていた新潮文庫において現在残っているのはこの作品のみであるし、石坂作品最多となる五度の映画化は、この作品の突出したポピュラリティを下支えしている。

石坂作品を網羅的に読んでいる文学研究者以外の人々にとって、かつてのベストセラー作家であった石坂洋次郎はもはや、多面的な表象を失い、『青い山脈』の作家として一面的な表象をまとって記憶／忘却されようとしているのが現状である。

もっとも、流行や風俗が時代とともに移り変わることは避けがたい事象であり、石坂のみをその流れに逆らって強いて残す必要性を特に唱えるつもりはない。本稿は、石坂作品の普遍的価値を主張するものでもない。ただ、この記憶／忘却が「戦後民主主義」を狭隘な一面化を伴う意図的な記憶／忘却へと流用される事態を看過しえないのである。

特に、保守論壇の論客が「戦後民主主義」を否定するために執筆した論考に、こうした弊害が深刻な形で表れている。例えば、西尾幹二氏は「『青い山脈』再考」（一九九七）において、『青い山脈』を、「民主主義」啓蒙に燃える若き英語教師・島崎雪子が生徒に国家や家や学校のために個人が犠牲にされた過去の時代を否定するシーンを特にピックアップした上で、アメリカ国防省が作成した『平和と戦争』（一九四三）の影響下にある文部省著作教科書『民主主義』（一九四八）と価値観を共通させた「旧敵国アメリカ民主主義啓蒙作品」と位置づけ、論考の最後に無根拠かつぞんざいな形で、これが今では読まれなくなったことを「日本人が今までの世界史の読み方、戦争の理解の仕方、民主主義への一方的信頼の仕方に疑問を覚えてきて、自己責任を伴わない楽天的未来主義を否定し、ほんの少し足が地についた自己本位の考え方に目ざめてきた証しではないか」[6]と結論づけている。

また、竹内洋氏も『革新思想の戦後史』（二〇一一）において、井上ひさしの「戦後は、野球とアメリカ映画と民主主義とともにやってきた、というのが定説のようであるが、ぼくの場合は、これに石坂洋次郎の『青い山脈』を加えなければならない」という文章を引きながら、石坂を「草の根革新思想」のイデオローグとして位置づけている。その上で、西尾氏と全く同じシーンを特にピックアップし、あたかもこれを石坂の主張のうち人々にもっともアピールした部分であるかのように読めるかたちで提示し、「個人主義というよりもただの利己主義に帰結してしまっている」と批判し、さらにＮＨＫの世論調査データに見られる「国が栄えるためには、個人の自由がある程度犠牲になってもやむを得ない」という質問に肯定をもって答える回答者の減少と直結させ、「風潮としての民主主義のキーワードである『権利』」ばかりを野放図に振りかざす現代のクレーマー社会の原因であるかのように結論づけた(7)。

これらの議論の特色は、彼らが第一の目的とする「戦後民主主義」批判のために、『青い山脈』と「戦後民主主義」とを無理やりほぼイコールに脈絡付け、『青い山脈』に見られる「民主主義」をたかが一キャラクターの一シーンをもって野放図な利己主義（国家／社会の軽視）に一面化し切り下げ、それをもって「戦後民主主義」に否定的レッテルを貼るというものである。

確かに、『青い山脈』は島崎雪子という「民主主義」啓蒙に燃えるキャラクターを主人公格の一人として配している。彼女が英語教師であるという設定は、彼女の信じる「民主主義」がアメリカ由来であることを示しているだろう。しかし、言うまでもないことだが、文学にせよ、映画にせよ、それらがキャラクターの提示のみで構成されているはずはない。キャラクターをもってストーリーを描くことこそが、作品の存在意義であり、作り手の主張はキャラクターよりもストーリーにこそ表れていよう。また、キャラクターやシーン（によって提示された「民主主義」）の意味は、本来、それらの経過や帰結を提示したストーリーの流れを無視しては捉えられないはずなのである。

彼らの議論は、目的達成を焦るあまり、大事な論証を空白のままにしてしまっており、説得性を著しく欠いている。また、その目的に反して、わたしたちに彼らが残した論証の空白部分を埋め合わせたくなる欲望を刺激するかのようだ。

つまり、第一に、島崎雪子が「民主主義」を体現するキャラクターであるとして、石坂（および映画製作者）があのシーンをもって特に「民主主義」思想を代表させたとするには、他のシーンとの関係性において、これが重要なものとして意味づけられているということを立証せねばならない。第二に、『青い山脈』を「敵国アメリカ民主主義啓蒙作品」とするには、石坂（および映画製作者）が島崎雪子およびこのシーンに代表される彼女の言動を、ストーリーを通して全面的に肯定していることを立証せねばならない。第三に、このシーンが単なる利己主義として一面化された「戦後民主主義」の核として伝播したとしたいならば、最低でも『青い山脈』以降の石坂作品にそれが一貫して劣化反復されたことを立証しなければならないのである。

二　果たしてそれは「アメリカ民主主義啓蒙作品」なのか――『青い山脈』（一九四九）再読

『青い山脈』は、朝日新聞の戦後初の連載小説として一九四七年六月から一〇月にかけて掲載された。映画化は連載終了直後に決定していたが、東宝争議の影響で製作が遅れ、今井正監督の映画封切は一九四九年にまでずれ込んだ。しかし、遅延の影響は興行に影響することなく、二週間で五〇〇万人を動員したといわれるほどの大ヒットを記録した。(8)

『青い山脈』は、旧套を守る文化の残る地方の女学校を舞台とした学園ものである。物語は、この学校のボス的存在・松山浅子（山本和子）が転校生・寺沢新子（杉葉子）を生意気に感じ、愛校心を楯に、ニセラブレターを仕掛け、校風にそぐわない「ふしだらな女」に仕立てあげるという事件をきっかけに、新任の英語教師・島崎雪子（原節子）が同校の校医・沼田玉雄（沼崎一郎）や、新子と恋愛関係になる浪人生・金谷六助（池部良）、六助の友人・富永安吉（伊豆肇）、新子の後輩・笹井和子（若山セツコ）らの協力を得て、事件の解決を通して、この学校に巣食う「民主主義」を阻害する要素をあぶり出し、克服してゆくというものである。(9)

この作品において、「民主主義」は、日常生活で模倣可能なようにシンプルに原則化され、描かれている。

つまり、それは第一に、自己決定権の拡張である。主人公をはじめとする登場人物は、自己に関する決定権をどのような他者に対しても譲り渡すことをよしとしない。自分のことは自分で決める。女だからといって男に従属するいわれはないし、生徒であるからといって学校に従属するいわれもなく、どのような権力者に従ういわれもない。

この原則は、当時の日本政府が『あたらしい憲法のはなし』（一九四七）で説明した「民主主義」の定義、「みんながなかよく、じぶんで、じぶんの国のことをやってゆくくらい、たのしいことはありません。これが民主主義というものです」[10]や、憲法の保障する基本的人権の自由権・平等権を踏まえて、日常の行動へと落とし込んだものと理解できる。

第二は、対話の精神である。自己決定権の拡張は、必然的に他者との意見の衝突を招く。しかし、これを解決する手段として、物理的暴力をはじめとした、他者の沈黙を強いる手段を用いることは、基本的に否定されている。

この原則も『あたらしい憲法のはなし』に「ひとりの意見が、正しくすぐれていて、おおぜいの意見がまちがっておとっていることもあります。しかし、そのはんたいのことがもっと多いでしょう。そこで、まずみんなが十分にじぶんの考えをはなしあったあとで、おおぜいの意見で物事をきめてゆくのが、いちばんまちがいがないということになります」[11]というように記された対話主義の原則と戦争放棄を謳う憲法九条とが主に踏まえられていると考えられる。

では、この二つの原則が『青い山脈』においてどのように物語化されていたのかを、「民主主義」啓蒙に燃える島崎雪子を軸にしたエピソードを抜き出して考察しておく。

雪子はラブレター事件を、単に他者の恋愛に嫉妬した果ての悪意あるイタズラとするのではなく、深刻な自己決定権の侵害と読み解き、さっそくホームルームで生徒に説諭を行う。ちなみに、西尾氏や竹内氏が取り上げた国家云々というセリフはここで登場する。ここに映画脚本から原文のまま引用しておこう。

「家のため、国家のためということで、個々の人格を束縛してむりやりに一つの型にはめこもうとする――日本人のこれまでの暮し方で一番まちがっていたことです、女は女らしくという言葉も、それがただ男のために都合がいいから女らしくおとなしくという一つの型にはめこまれるんでは、また昔通りの奴隷の境遇に後戻りするわけです(12)」

ストーリーの流れを踏まえて読む限り、これを国家軽視の利己主義に結びつけるには相当な無理がいる。これは慣習・政策批判であったとしても国家批判にはなっていないし、利己主義でもない（どこをどう読めば「自分さえよければ」という主張だと捉えることができるだろうか(13)）。むしろ、自己決定権の侵害を放置することで起こりかねない最悪の状況（奴隷化！）を実感的に理解させるためのレトリックであると読むのが穏当な解釈であろう。

ただし、このシーンにおける雪子の説諭は、浅子をはじめとする生徒にはまるで響かず、彼女たちは逆に自分たちの愛校心を否定するつもりかと反発するに至る。浅子は、父であるPTA会長のツテで依頼を受けた町のボスで学校の理事長・井口の力を借り、新聞を使って、雪子を生徒の言論を弾圧する「民主主義の敵」として報道させ、雪子を学校内で孤立させようとする。つまり、このセリフはストーリー上、テーマ全体を象徴させるような重要な位置に置かれたものとは考え難い。むしろ、事態を悪化させる引き金であり、彼女の未熟さを象徴するものとみるべきだろう。

このエピソードの意味は、もちろん、一義的には、自己決定権を阻害する者たちおよびその言動を明らかな反「民主主義」として示すことにある。そして同時に、英語教師でありアメリカ仕込みと思しき「民主主義」啓蒙に燃えるここでの雪子の言動を、教条主義的であり、対話の精神を欠いた未熟なものとして位置づけるものであると考えられる。つまり、自分の行動を利他的と思い込んでいたが、その実、自分勝手になっていた雪子を反省へといざなうためのエピソードである。利己主義のすすめという風には到底読めない。

ちなみに、理想に燃えるが教条主義的であるため、主人公が現実の前に挫折してしまうという設定は、『青い山脈』に先行する石坂作品のうち、『若い人』（一九三三～三七）、『暁の合唱』（一九四〇）、『何処へ』（一九三九～四二）と反復され続けてきた定番である。

そして、雪子は、沼田（土着の現実主義者）に救いの手を求めた結果、挫折を乗り越え、彼の仲間とともに事件を収拾し、学校の民主化に成功するに至るのである。沼田は、ラブレター事件は握りつぶすべきだと平気で言いのけ、封建的な町の風習に則って将来愛人でも持ちたいなどと女性差別的言動をし、雪子が思わず殴ってしまった（対話を拒絶し暴力を行使した）ほどに軽蔑すべき存在であった。

つまり、西尾氏にとっては皮肉なことだが、『青い山脈』は、彼が固執したセリフを含むエピソードを軸に整理すると、「アメリカ民主主義啓蒙」という教条主義が敗北する物語であり、日本の土着思想とのハイブリッドによって特有の（海賊的）「民主主義」が成立してゆくべきことを主張していると読める。したがって、真に対米従属を否定する論者であるならば、本来もろ手を挙げて歓迎すべき作品なのである。

なお、〈「アメリカ民主主義啓蒙」に燃える雪子〉の敗北は、原作よりも映画版において、より明確に描かれている。それは、原節子演じる雪子が、映画前半においては鋭い視線ととげとげしい言動、笑顔のほとんどない表情であったものが、仲間を得た中盤以降において、融和的な態度と言動、笑顔へと切り替わるさまからも明確である。

また、ラストシーンにおいて、沼田が雪子にプロポーズする際に、沼田が優柔不断な態度を切り替え（知恵の実の象徴であるリンゴを齧り）毅然と愛の言葉を口にした瞬間、その直前まで見られた、顎をあげ相手と対等あるいはそれより上に立とうとする雪子の態度が、顎を下げうつむき加減になりへりくだって申し出を承諾する態度へと変容するかたちで描かれた。あたかも、雪子が沼田に降伏するかのような、この態度の変化は原作には見られない要素であり、沼田（土着／現実主義／男性）に対する雪子（アメリカ／理想主義／女性）の敗北を強く印象付けるものとなっている。

ちなみに原作のラストシーンでは、雪子の提案で、沼田が不承不承ながら彼女とともに結婚契約書を作成するさまが描かれており、彼女が沼田に従属するような印象を与えない。つまり、石坂による「民主主義」の表現である自己決定権の拡大は、文学以上の顧客を持つ映画というメディアを得て広く日本社会へと普及する段になって、男性優位の堅持という限定がかかったかたちでさらに〈海賊的〉に受容されるに至ったのである。[14]

次に、第二の対話の精神がどう描かれていたかを見てみる。原作および映画において、劇中で暴力を振るうのは、反「民主主義」の側に立つ浅子や井口だけではない。「民主主義」の側に立つ雪子、新子、六助も一度ずつ暴力行為を行う。雪子は、先述したように、沼田を一度殴る。新子は、憎まれ口をたたいて挑発に及ぶ浅子を殴る。六助は、新子とデートしている際に井口一派に襲撃され、拳で彼女を守る。

これらの暴力行為は、後二者については原作でも映画でもいずれも否定的に意味づけられている。新子は、事件後に浅子と和解する際に、お詫びに彼女に自分を一発殴らせて、イーブンにする。六助は、新子を守るためとはいえ、暴力を振るってしまったことを心から後悔し、慟哭して恥じる。雪子については、原作では特に意味づけを行うシーンは存在せず、映画では雪子が沼田に詫びを入れ、和解するシーンが挿入されている。[15] 映画では、暴力の行使は雪子の未熟さを象徴するものとして意味づけられたかたちである。

逆に対話の精神がもっとも明確に表れているのは、井口を議長とする理事会の席で、ラブレター事件が議論され、多数決によって雪子らの勝利が確定するシーンである。ただし、原作と映画は等しく、沼田が安吉を理事会に潜入させ、会を混乱させるが企みがばれて失敗する様や、井口が出席者の不足を理由に結果を無効とする様、思いがけず敵方の論客・田中の梅毒が暴露され、その騒ぎの中でうやむやに終会したという顛末を描き、多数決という手段や勝利という結果を重視するようには描いていない。むしろ、意見を異にする相手同士が互いの意見を戦わせ、出席者の多くの共感を得るに至ったプロセスのみが対話の精神を表すものとして重視されていたと考えることができる。こちらは、先の要素とは異なり、ほぼ原作のまま、映画でも描かれた。

では、次節以降において、ここに示された「民主主義」の原則表現が時代の変化とともにどのように変容していったのかを見ることにする。

三　自己決定権尊重の限界――『若い娘たち』(一九五一)

『若い娘』は、『主婦の友』(一九五一年一月号)に掲載された。新潮文庫版で二〇頁にも満たない長さの短編でありながら、三度も映画化されている。なお、原作があまりにも短いためか、最初の映画化作品である千葉泰樹監督『若い娘たち』(一九五一年東宝)は、作品の前半で原作部分を使い切り、後半は全くのオリジナルとなっている。また、その後二度の映画化作品は一九五一年版の映画をベースにした構成になっている。

『若い娘たち』は、五人姉妹の四女である主人公・カナ子(杉葉子)が、家に男の学生を下宿させ、娘と結婚させてきた母・美保子(村瀬幸子)の策略に嫌悪感を抱くところから始まる。美保子は、カナ子にも婿をあてがうべく医学生の川崎(池部良)を下宿させるが、カナ子は先手を打って、川崎に「下宿の女と一緒になるなんてゲップが出るほどに陳腐だ」「川崎さんには自意識の強いインテリになってほしい」と会ったその日に宣言する。しかし、いとこのすみ子(若山セツコ)が川崎の同窓の橋本(伊豆肇)を下宿させ、いい仲になっていく様や、川崎らの病院に勤める看護師のとも子(島崎雪子)が川崎と急接近していく様を見て嫉妬し、次第にカナ子の川崎への恋情が高まってゆく。それでも、最初に宣言してしまった手前、素直に川崎に告白できないでいると、橋本に「中途半端なインテリがかかる自意識過剰」と批判されてしまう。それに反論して思わず、本当は川崎が好きだと告白すると、それを川崎に聞かれてしまい、思いがけず二人の愛は成就する。

映画は、原作に描かれていない部分を創作しているが、創作部分は原作では曖昧だったカナ子の心境の変化のプロセスを精緻に描いており、原作と離反するものではない。

この一連のプロセスを先の「民主主義」表現の原則に照らし合わせて見たときに、どのような変容が認められるだろうか。すなわち、この映画は、母親による婿のあてがいに反発するカナ子を、自己決定権を重視する人格として描いている。しかし、結局、彼女は母親の思惑通りになる。原作では、そんなカナ子に、最後に自分は釈迦の手の中の孫悟空のようなもので、「人間なんて…女なんて…弱いものね」とつぶやかせている。映画にはこのセリフはないが、その代わり、橋本によって、意固地に自己決定権を守ったことで無駄なあがきをしたカナ子（およびそれに付き合った川崎）を批判する「中途半端なインテリがかかる自意識過剰」という言葉が浴びせられている。ここには、『青い山脈』の雪子と同じく、独りよがりの教条主義によって対話の精神を失ったことへの罰が描かれていると見ることができる。同時に、「民主主義」では自己決定権の尊重のみに固執することなく、時には自分と反対の立場の意見も取り入れるべきことを寓話として描いたと考えるべきだろう。

ただし、この映画のキャストが『青い山脈』と共通しているため、表層的には『青い山脈』の主人公たちが自由恋愛（自己決定）から見合い（他者決定）へと宗旨替えをするかのように見えてしまうのも事実である。なお、一九五二年に石坂が「戦後民主主義」の総括として発表し同年に映画化された『丘は花ざかり』もまた、ある姉妹の不倫・恋愛の失敗を浅はかな「民主主義」理解としてたしなめる男たちを描いていた(16)。

もっとも、これらが「民主主義」を全面的に否定するものかというとそうではなく、敗戦後数年を経て「民主

主義」のアンバランスな（教条的な）現れ方を内省的に捉えなおすものであったと理解することができるだろう。(17)

また、注意しておきたいのは、カナ子という人物像の描かれ方である。カナ子は、ロジックにおいては、男たちに敗北したかたちになるが、映画では原作とは違い、その後のシーンでも、男たちに物怖じするキャラクターに決して成り下がるわけではない。恋愛の面では論破されたが、最後まで一貫して男と対等に堂々と議論をする姿勢を崩さないキャラクターとして描かれている。微温的な男性優位を保持しつつも、決して露骨に男性に屈すのではなく、むしろ表層的には尻に敷く、「カカア天下」的な関係性を築く女性像。ここに石坂映画が生み出した「民主主義」的な女性像の要（と限界）があるように思われる。なお、カナ子は『若い娘たち』（一九五八年東宝）では雪村いづみ、『こんにちわ二〇才』（一九六三年日活）では吉永小百合が演じることになるが、いずれもこのキャラクターが順守されている。ストーリーにも大きな変化はない。

四　暴力否定の限界――『何処へ』（一九五四）

『何処へ』は、もともと一九三九年から四一年に発表された原稿を戦後の四七年に改稿して成立した作品である。したがって、そもそも「民主主義」を表現したり批評したりする目的で執筆されたわけではない。中途半端なインテリが現実に直面して挫折するという、石坂が出世作『若い人』（一九三三年～三七年）以来繰り返し描いてきた主題の変調である。しかし、一九五四年に大庭秀雄監督（松竹）によって映画化された際に、設定を戦後に置き換えたことによって、にわかに主人公のインテリが戦後の民主主義者として読まれうるかたちに変貌してしまっている。

物語は、エリート英語教師・伊能琢磨（佐田啓二）が東北の中学校に赴任し、東大出として天下国家のために役立ちたいと思っているのにここでは自分の才能を生かせないと嘆くところから始まる。しかし、いきなり自分の無力さを味わうことになる。例えば、教育方針である。学校では生徒のいたずらをどのように処罰するかを先生が議論している。伊能は生徒の人格を尊重する放任主義の立場をとり、体罰はいけないが厳しくしつけるべきであるという教師・野口（伊藤雄之助）の立場を理解できない。しかし、金助という生徒をめぐって野口に敗北する。金助はリンゴを何度も盗んでいたが、やさしい伊能の前ではウソをついてごまかしている。それを野口が捕まえて強い言葉で叱責して追い詰めるとあっさり金助は白状する。伊能は野口に「放任主義は生徒に愛情をかけていないことと同様で君は心が冷たいのではないか」と意見され、返す言葉もなくなる。

学校では「自由主義的民主主義者」を自認する校長が放任主義の立場で、伊能は彼にシンパシーを感じ、学校を二分する校長派と教頭派の対立に巻き込まれる。この争いで、芸者と恋愛している校長のスキャンダルを教頭派がばらまき、正義感の強い伊能は芸者と教師が恋愛して何が悪いと、校長に同情してともに戦うことになるが、何もできず、結局、学校の分裂を避けたいと考えたＰＴＡ会長の花山の強権発動で争いは収束する。

また、金助の姉・艶子（岸恵子）が弟の学費を稼ぐために好きでもない男と結婚することを伊能は聞く。この町にやってきてから自分に好意的に接してくれている艶子を心なしか愛し始めていた伊能だが、ここでも何もできずに、金助を慰める言葉すら出てこない。

映画は、原作と同じくインテリの挫折を描くものだが、原作以上に挫折感が強調されている（例えば、原作では艶子と伊能が結ばれることがほのめかされる）。つまり、教育方針において、自己決定権の尊重や対話の精神が敗北し、学校内の勢力争いでも対話ではなく強権によって問題が解決され、個人の意志よりも学校の体面が重んじられた。艶子とのエピソードでは、経済という現実の前に「民主主義」の思想が無力であるかのように描かれてしまったのである。(18)

ただ、その後のリメイクで五四年版ほどの反動的表現は見られなかったところを見ると、この解釈は支持されなかったようだ。日活製作の六四年版は未見だが、あらすじから判断する限り、伊能(高橋英樹)は野口に敗北することなく、後に和解し、彼と協力して学校内の争いを自ら解決する。つまり、自己決定権の尊重や対話の精神が肯定されるかたちでリメイクされていることがわかる。六六年版では、伊能(加山雄三)は野口に「理論だけではダメだ」とたしなめられるが、自説を曲げるわけでもなくそこに挫折感もない。学校内の争いは花山によって解決されるがそれでも無力感を味わうこともない。この映画における彼の挫折は失恋だけであるが、ここでの艶子は普通に好きな相手と結婚するため、思想の敗北という形式では描かれない。つまり、「民主主義」とはほぼ関係ない物語となっている。六七年版『続・何処へ』も加山主演だが設定だけを借りた別ストーリーであるため、検討外とした。

五 「民主主義」の死、あるいは再生――『若い人』(一九五二・六三・七七)

『若い人』は、一九三三年から三七年にかけて執筆され、三七年には映画化もされた石坂の出世作である。ミッションスクールの新任教師・間崎慎太郎が、教師仲間の橋本スミ子に恋情を抱きながら、男にだらしない母親のおかげで父を知らずに育ったために彼に「父=男」を求める女学生・江波恵子の秋波に翻弄されるという三角関係の物語である。間崎は、原作では橋本ではなく江波を選ぶが、江波に拒絶され、なし崩し的に橋本と結ばれる。石坂の得意とするインテリの挫折を描いた作品群に属する。

原作は当然のことながら、戦前の作なので「民主主義」とは無縁であるが、やはり戦後に映画化された作品を見ると、設定が同時代に置き換えられていることもさることながら、『青い山脈』以降の観点で自ずと見ることにもなり、「民主主義」と関わり合いのある物語のように読めてしまうのである。

戦後最初の映画化は、GHQによる占領終了直後の一九五二年における市川崑監督作品である。先に挙げた

「民主主義」の原則の描かれ方を中心に内容を見ていくことにする。間崎を演じるのはかつて『青い山脈』で六助を演じた池部良である。五二年版では、間崎は生徒の自主性を重んじる放任主義者として描かれている。橋本は宝塚の男役スターであった久慈あさみが演じる。ここでの橋本は、肩パットの入ったマスキュリンなスーツ姿であり、同僚の女性教師と淡いレズビアン的関係があることが暗示されている（原作、三七年版も同様）。橋本は間崎と違って現実主義者として描かれている。橋本は、父のいない自分が将来母親のようになってしまうのではないかという不安を吐露する江波を「そんな不健康な考えは断固として叩き潰す」といい、それを聞いた間崎は「いい方に伸ばしてやりたい」と返す。この対話から、間崎が自己決定を尊重する「民主主義」の体現者として位置づけられていることがわかる。

しかしながら、五二年版の結末は、ストレートに「民主主義」の勝利を描くものではない。間崎は、若く未熟で自信がないあまりに自分の正義を押し付けがちだった橋本を対話の繰り返しによってたしなめることには成功するが、何かに取りつかれたように間崎を求める江波の情熱には押し負けてしまい、橋本を愛しているのに、江波を救う使命に目覚め、生徒である彼女と肉体関係を持つに至る。橋本は深い挫折を味わい、教師を辞める決心をする。しかも、間崎は一連の責任を取って学校をやめ江波と二人で生きていく決断をした途端に、彼女に捨てられてしまう。彼女は、間崎に真人間になるように導いてほしかったのに、すっかり男に縋り付いて生きる母親のような女にされてしまったことに絶望し、彼から離れて一人生きることを決断する。また、江波は冒頭から正義の象徴のように存在していた十字架（のステンドグラス）に対して石を投げ、破壊する。間崎は、未練がましく江波の後を追いかける。

この結末が意味するものは、占領終了直後というコンテクストを鑑み、ミッションスクールという場を、GHQによって「民主主義」の洗礼を受けた日本の寓意と考えることで理解できるように思われる。つまり、表面的に見る限り、この映画は教条主義的な民主主義者である間崎の無力さや敗北を描くものに他ならないが、この寓意を踏まえ改めて見直すと、江波の訣別を通して、上（あるいはアメリカ）から啓蒙されるような「民主主義」の死を描き、若者が自己決定をしてゆく、新しい「民主主義」の再生を描こうとしたとも読める。これは先にも見た映画版『青い山脈』の結論と矛盾するものではないが、より革新的な結論と言えよう。訣別と同時に描かれた十字架の破壊は偶像破壊であり、父（神）殺しとして読めるのではないか。また、五二年版における江波のキャラクターが、『青い山脈』の雪子や『若い娘たち』のカナ子のような石坂映画の定番的女性像の枠組みを大きくはみ出した、ともすれば男性優位を覆すポテンシャルをもったキャラクターであったことも注意しておきたい。

しかし、六二年版『若い人』（日活、西河克己監督）では、このラストが大幅に書き換えられている。江波（吉永小百合）は、間崎（石原裕次郎）が橋本（浅丘ルリ子）を愛していることを知り、自分が間崎の（愛する人を選ぶ）自己決定権を奪うことはいけないと気づき、自ら間崎に橋本と結婚するように忠告する。ここには、まことにストレートに「民主主義」の勝利が自己決定権の尊重として描かれている。この原作変更の裏側は、西河監督によれば吉永に食われることを恐れた裕次郎への配慮だが[19]、端的には五二年版のような「男を食う」江波像が容易に支持されなかったとも捉えられる。あるいは、そうした女性像が許容されないところに、戦後日本社会の民主主義受容における限界性があるとも言えようか。

ただ、七七年版『若い人』（東宝、河崎義祐監督）のラストでは、五二年版同様に、橋本（三林京子）を捨てた間崎（小野寺昭）が江波（桜田淳子）に告白し、江波が「あなたは私の人生の一つのコンマに過ぎない」と間崎を捨てるかたちに戻された。もっとも、十字架破壊がないため、政治的メッセージは希薄である。その代わりに、江波が神に「私は母のようになるかもしれないが不幸せにならない。誰のものでもない私の人生を私のものとして生きてゆく」（このセリフはこれ以前のヴァージョンにはない）と誓うシーンが描かれている。五二年版の江波は、

「本能」に従うように自己決定を追求し結果的に「男を食う」ことになっているため、何をしでかすかわからない危険な女として描写されていたが、これと比較すると七七年版の江波は、明確な自分なりの理屈と意思をもって行動する理知性が際立っており、五二年版よりも肯定性が明らかに高くなっていることがわかる。(20)

この江波というキャラクターは、原作および三七年版の映画においては、近代社会が生み出した病理という意味あいが色濃かった(21)。しかし、戦後という時代の再三のリメイクを経て、紆余曲折を経つつ、徐々にではあるが、誰に頼ることなく自己決定するという「民主主義」の原則を体現した誇り高き女性像へと昇華されるに至ったのである。

六　アメリカン・デモクラシーの総括——『陽のあたる坂道』（一九五八）

『陽のあたる坂道』は、一九五六年から翌年にかけて新聞連載され、五八年に田坂具隆監督によって映画化された（日活）。出版社を経営する田代家の次男・信次が、自分が父の不倫で生まれた子であることを知ったことをきっかけに、「偽り」で作られた家族を解体し、新たに立て直してゆく。なお、石坂は、信次に独自の「憲法」を持つという設定を与えている。「憲法」という用語はこの作品が戦後民主主義に関する寓話として読まれることを促していると見ていいだろう。

五八年版の映画では、信次（石原裕次郎）を含む田代家の人々は、子供であっても親に物おじせず、妹であっても兄に物おじせず、家族外の年長者にも物おじせず自分の意見をはっきり言う。つまり、自己決定権の尊重と対話の精神による「民主主義」を体現した理想の家族像として描写されている。しかも、一家が熱心なキリスト教徒として描かれていることから、渡辺武信の指摘通り、それが「アメリカン・デモクラシー」の象徴であることは明白であろう(22)。

ただし、映画（および原作）は、一見理想的な田代家の姿を「偽り」で固められて歪んだ姿として描く。また、その歪みは田代家の娘・くみ子（芦川いづみ）の骨盤の歪みに集約されている。彼女の骨盤を歪ませたのは、一見完璧に見える長兄・雄吉（小高雄二）だが、彼は保身のため、弟の信次に罪をかぶせる。母（轟夕起子）は雄吉の罪を知りながら、夫の愛人が生んだ信次に自分が生んだ息子が劣ることが許せず、その罪を見て見ぬふりをしてしまう。信次も母のことを慮って、雄吉よりも自分が劣っていることをアピールするために、ダメ人間を演じている。

こうした状況が、くみ子の家庭教師である倉本たか子（北原三枝）(23)の出現によって、崩れてゆく。信次は、たか子から実母の生存を聞き、失われた親子関係を取り戻す。たか子への愛を成就させる過程で、兄への引け目から演じていた「偽り」の自己から自由になり、田代家の人々もまた「偽り」に規定されていた生き方から解放されてゆく。ラストでは、一〇数年間（つまり、戦後の期間）ずっと歪んだままになっていたくみ子の骨盤がやがて直るであろうことが示唆される。

この作品も、五二年版『若い人』に近いものとして捉えることが可能であろう。表面上は、自己決定と対話の精神で理想的な「民主主義」を体現した田代家の人々の敗北を描いているようだが、その深層では、一見理想に見えるものは他者に規定された〈偽りのアメリカン・デモクラシー〉であり、今こそ、もう一段階進んだ〈真の民主主義〉を自己の手で選び取るべきであるという主張を読み取ることができる。

ちなみに西河克己による六七年版（日活）では、作品の長さが半分になっているが、時代設定を同時代にしている程度で大きなストーリーの異同はない。ただ、くみ子（恵とも子）の歪みが直ることを示唆するラストが削除されているため、政治的メッセージは希薄となっている。とはいえ、その代わりに設けられたラストシーンで、信次（渡哲也）の愛を受け入れたたか子（十朱幸代）が彼に諾々と従う立場ではなく、対等な立場で愛を誓わせる様を描くことで、より日常的なレベルで「民主主義」的な人間像の勝利をストレートに表現している。この変容は、『若い人』の場合と同様に、「民主主義」の日常レベルへの定着を思わせるが、その一方で、五〇年代までは有効だった、〈アメリカン・デモクラシー〉対〈真の民主主義〉の対立軸が六〇年代には失効しつつあったことをうかがわせる(24)。

おわりに――『青い山脈』のゆくえ（一九六三・八八）

最後に、石坂作品において最多五度の映画化となった『青い山脈』の六三年版・八八年版と四九年版との比較を通して(25)、戦後という長い時代を経て、「民主主義」の表現がいかに変容し、いかなる成果を残したかを考えておきたい。

西河克己による六三年版（日活）は、四九年版の尺を約半分に要約した構成になっているが、テーマに関わる部分は省略されておらず、設定を同時代に置きなおしているために、例えば新子（吉永小百合）が自転車ではなくオートバイに乗っているなどの細かい差異は認められるが、メッセージは大きく変化していない。

ニセラブレター騒動をめぐって、独りよがりの理想主義に走り、対話の精神を忘れていたために雪子（芦川いづみ）が孤立するが、沼田（二谷英明）らの助力を得ることによって、他者の意見を受け入れることが出来るようになり、理事会に勝利するという一連の流れは四九年版とほぼ変わらない。

大きく異なるのは、暴力の扱い方である。先にも述べたように四九年版では、やむを得ず敵に暴力を振るってしまった六助が苦悩するシーンが存在する。しかし、六三年版にはこのシーンが存在せず、その代わりに、四九年版にはないシーンで六助（浜田光夫）の暴力が肯定的に描かれている(26)。それは、井口たちの嫌がらせによって苦境に陥った新子の家業のリンゴ園を救うために、組合のくびきを破って、井口の影響の及ばない地域でリンゴを売りさばこうとするが、井口の手下たちに妨害され、彼らを六助や安吉（高橋英樹）が殴って突破するというシーンである。ここでは、彼らが愛する女性を守るために自信を持って暴力を振るい、自己嫌悪に陥るどころか、かえってその決然とした姿に新子が六助に惚れるという流れが描かれた。[27]

六三年版でももちろん、四九年版と同じく自己決定権の尊重と対話の精神は踏襲されている（そして、同じようにラストシーンのプロポーズで雪子は沼田に降伏する）。[28]しかしながら、対話の精神の背景として重視されていた暴力の否定は、ここではすでに見失われていたことがわかる。

斎藤耕一による八八年版（キネマ東京）は、原作から四〇年を経ていたこともあり、表面的な設定を同時代に置き換えるだけに止まらず、大きくその意匠を変貌させている。その差異は膨大であり、一つ一つ挙げるのは煩瑣になるため、ここではニセラブレター騒動と暴力の表現を中心に見ておくことにする。

ニセラブレター騒動では、四九年版・六三年版と異なり、ラブレターの内容が学生でありながら恋愛しているというものではなく、より直接的に新子のセックスが暴露されるものとなっている。ただし、学校が禁止する恋愛の自由を勝ち取ることが自己決定権の尊重として表現された四九年版・六三年版のロジックに沿って、セックスの自由という方向にまとめるのではなく、本当に愛する人間とセックスをする自由、つまり性の自己決定が主張される内容へと変更されている。学校やＰＴＡが敵であるという構造が使えないために、八八年版では理事会を通して問題が解決されるという流れも採用されていない。

その代わりに、八八年版では、雪子（柏原芳恵）がかつて男に嫌われたくない一心で同僚の教師と望まないセックスをしてしまいストーカー被害にあっていた過去を告白し、浅子に対し、新子に望まないセックス経験のレッテルを貼った自らの行為の重大な錯誤を思い知らせるとともに、女子学生たちに性の自己決定の大切さを語ることで問題を解決している。ただし、この告白の決断は、彼女の独断として描かれるのではなく、沼田（舘ひろし）

が体面を取り繕って生徒と本音で向き合っていない雪子の独善性を叱責した結果として描かれた（この時点で、雪子はラストシーンを待たずに沼田に降伏している。そして、四九年版・六三年版とは違い、八八年版には沼田によるプロポーズシーンがない）。

暴力の否定についてはどうだろうか。八八年版では、新子（工藤夕貴）と六助（野々村真）がともにボクシングを趣味としている設定になっており、避妊せずに和子（池田純子）とセックスし彼女を子宮外妊娠させた大学生を新子が六助に命じて殴らせるシーンが描かれている。活劇としては爽快なシーンと言えるが、ここにおいて、四九年版の持っていた「民主主義」における対話の精神を暴力否定とともに表現する様態がほぼ完全に見失われたことが判然とする。

しかしながら、〈結局、石坂映画を通した「民主主義」表象の変遷を見る限り、戦後日本社会において、「民主主義」は自己決定権の尊重と対話の精神の順守という原則[29]を通して表象され、さまざまなヴァリエーションをたどりながら、必ずしも狭義の政治に直結しない、しかもアメリカの押し付けではない、日常的なレベルで自己文化に等しいものとして定着していったものの、対話の精神の裏側に当初あった暴力否定は徐々に薄れるなど、理念の一部劣化が認められる〉という風にまとめるのはいささか平板である。

そこには、決してきれいに整理しきれないものの、大事かもしれない要素が抜け落ちているのではないか。例えば、八八年版には、他のヴァージョンでは一切描かれることのなかったキャラクターが初めて描かれた。加賀まりこ演じる新子の実母である。新子の母が継母であるという設定は、従来のヴァージョンでは新子の生意気な性格を説明する背景でしかなく、実母の描写はまったく看過されていた。ところが、八八年版はそれを、新子ら家族を捨てたが産婦人科医として自らを養い、適度に恋愛も楽しむ、ジェンダー規範にとらわれるのでなく自らの意志でそれをハンドリングする女性像として造形している。しかもその像を肯定的にも否定的にも描かず、その判断を観客に任せる形で提示している。つまり、この提示の仕方自体に対話の精神が根付いているかのようだ。もっとも、文化受容における真正性にこだわる立場に固執する限り、この新しいキャラクターの提示は「原作の改変」として否定的に捉えられるに止まるであろう。しかし、ここまでの議論でわたしたちは見てきたはずである。受容そのものはいかに「そのまま」を伝えようとしたところで「ほとんど同じであるが、全く同じではない」を避けることが出来ないということを。また、時代を経て生じる受容＝変容こそが文化の可能性を拡張させてきた経緯を。もちろん、価値観の違いによって、一概に変化のすべてを肯定的に捉えることはできないことは確かであるが、もともと他者に発する文化が自己に身近なものとして受容されたか否かを考える際に、変化の存在はまさに重要なファクターと言える。変化した個所こそがその地点における当該文化の核なのである。

わたしたちは、石坂映画の最終局面に登場したこの新しいキャラクターをどのように捉えるべきなのだろうか。個人的には、五二年版・七七年版『若い人』の江波恵子の系譜、つまり微温的男性優位の人間関係や家族というくびきから石坂映画史上もっとも自由な自己を持った「民主主義」的主体として捉えるべきだと考えるが、あるいは、自己決定権の尊重が単なるエゴイズムと化してしまった成れの果てと捉えるのか、見解は分析者によって大いに分かれることであろう。いずれにせよ結局、「民主主義」を理解しようとすることは、最終的には分析者のジェンダー観や「民主主義」という絶えることなき対話への関わり方が逆に問われるということなのかもしれない。

（1）本稿では、以下石坂洋次郎原作による映画化作品を「石坂（洋次郎）映画」と呼称する。

（2）ミミクリーについては、ホミ・バーバ（本橋哲也・外岡尚美・阪元留美訳）『文化の場所――ポストコロニアリズムの位相』（法政大学出版局、二〇〇五年）を参照。

（3）このレトリックは、言うまでもなく、戦後日本の文化／政治改革に見られる日米合作性を再検討したジョン・ダワー『敗北を抱きしめて』を意識したものである。

（4）なお、正続編のあるものは二本としてカウントした。複数本の短編をまとめて公開したオムニバス作品（『石中先生行状記』『くちづけ』）は一本とカウントした。

（5）なお、本稿では、第二節で定義する石坂映画における「民主主義」表現のパターンを「定数」として扱うが、踏襲された定数はそれだけでない。気の優しいインテリ男と気の強いインテリ女を主人公として設定すること、メイン登場人物の家庭では父親がいないか、いても気弱なやさしい人物（ただし、家族のピンチにおいては奮闘する）であり、母親は一家の大黒柱的な存在（ただし、裏に弱さを隠している）として君臨していることが多くの作品（特に映画化対象作）に共通している。こうした設定の上に、後述する石坂映画のヒロインの特質である、微温的な男性優位の維持を前提とした「カカア天下」的女性像がフィットしているわけである。

（6）西尾幹二「『青い山脈』再考」（『新潮』一九九七年七月号）二二五頁。

（7）竹内洋『革新思想の戦後史』（中央公論新社、二〇一一年）四四九～五一二頁。綿密な論証で知られる竹内氏であるが、この部分の論証に関しては例外的にずさんの感がある。

（8）高根喜由「『青い山脈』」（五十嵐康夫編『国文学　解釈と鑑賞　別冊　石坂洋次郎　映画と旅とふるさと』至文堂、二〇〇三年）七二頁。

（9）なお、以下、登場人物の呼称は、原作の表記を踏襲し、便宜的に成人男性は苗字、それ以外は下の名前としている。これが石坂の保守的ジェンダー観の反映であることは言うまでもない。

（10）高見勝利編『あたらしい憲法のはなし他二編』（岩波現代文庫、二〇一三年）三三頁。

（11）同右、三一頁。

（12）今井正・井出俊郎脚本「青い山脈」（『映画芸術』一九四九年三月号）三四頁。

（13）日本近代史を少しでも齧った人ならばご存知のように、「個人主義」をやみくもに否定することは、戦前の『国体の本義』（一九三七年）の中心的論旨でもあった。

（14）なお、この受容のあり方を藤本真澄プロデュース、今井正監督、東宝製作、一九四九年製作だからこそ、生じたものと解することはできない。というのも、プロデューサー、監督、製作会社、製作年代の異なるリメイク版(一九六三年日活、一九八八年キネマ東京)でも表現こそ異なるが、一様に沼田に対する雪子の敗北が描かれたからである。

(15) なお、一九六三年版のリメイク(西河克己監督)では、雪子(芦川いづみ)が沼田(二谷英明)に自分を殴らせようとするシーンが新たに設けられた。

(16) ちなみに、『丘は花ざかり』は、一九五二年一月から七月まで朝日新聞に連載され、同年一一月に千葉泰樹によって映画化された。石坂によれば、本作は「戦後の社会の民主的な動きが、婦人達の上にどのような影響を及ぼしたか」(初版あとがき)を描いた作品である。つまり、占領期に始まった「民主主義」体験の彼なりの総括を、占領期が終わったタイミングで示したかたちとなる。

主人公は、女子大学を卒業し雑誌社の入社試験を受ける香月美和子(杉葉子)と、その姉でサラリーマンの夫を持つ専業主婦の高畠信子(木暮実千代)である。冒頭で描かれた入社試験のシーンで、美和子は、社長直々の面接に物おじせず、彼が酔っぱらって炭坑節を踊っていたのを目撃したと話してウケをとり、その流れで酒場などにいる女給や芸者やダンサーといった存在の是非について問われると、日本の民主化の立ち遅れではないかと堂々と持論を展開するに至る。このシーンにおいて、彼女の性質が、地位やジェンダーに拘らず誰に対しても譲ることなく自己決定権を主張する性質であることが示されている。他方、信子には、美和子とは対照的な性格が与えられている。彼女は背が高いが、それを「嫁入りの邪魔になる」と気に病んで、背が低く見えるように背中をかがめながら暮らしてきた。彼女自身の表現によれば、「型にはめられただけの生活」を送ってきたわけである。「民主主義」の恩恵を受け、自己決定権を拡張させてきた妹と、恩恵を受けられず自己決定権を制限してきた姉。この対照的な姉妹は物語中でそれぞれ、自己を試される試練を潜り抜け、一つの結論にたどり着くに至る。

美和子の試練は、(結婚を射程に入れた)恋愛である。彼女は若手社員の野崎(池部良)にほのかな恋情を抱く。しかし、豊かな暮らしに憧れる美和子は、好きであっても稼ぎの少ない若い男と結婚して二人で苦労するよりも、生活力があり、彼女のわがままを見守ってくれるようなパートナーを求め、妻を失ったばかりの編集長・野呂(山村聰)にアプローチする。野呂の子供たちを世話しているうちに、彼女はすっかり若奥様になった心地になるが、「やどかり」のように他人が築いた幸せに頼って生きようとするのではなく、自分で苦労しなければならないと野呂に諭され改心し、一度は断ってしまった野崎のプロポーズを受け入れるに至る。なお、美和子の敗北は、原作・映画ともに、野崎に向かって彼を「坊や」だと軽蔑していたことを謝り、そんな自分が「なんて浅はかだった」のかを恥じるラストシーンで強調された。一方、信子の試練は、家の中で「型にはめられただけの生活」だった彼女がＰＴＡ活動の中で、プレイボーイの石山（上原謙）の誘惑を受けるというかたちで生じる。彼女は、愛情を形で示さない夫に比して、それを形で示す石山に惹かれ、幸せな気分を味わうが、食事やダンスを付き合う程度で一線を越えることはない。しかし、それが石山の妻に見つかり、信子の夫・勇造（清水将夫）に密告されると、夫の叱責を待つことなく、自ら白旗を揚げ、「私、夢を見ていたんですわ。もうどこにも行きません」と詫びを入れる。勇造はそれに対して、そんなことで弱気になるようでは女の地位は向上しないといい、寛大な態度で彼女を許す。こちらでも、女が男に対して敗北を喫する様が描かれた。

石坂はこの作品で一応、「戦後民主主義」の総括を行ってみせた。映画化はその意図を改変することなく行われた。その結論はどのようなものであっただろうか。それはつまり、女たちは「民主主義」を体現しているつもりで、それを〈消化〉することができておらず、ともすれば自家中毒すら起こしかねないが、男たちの助力（あるいは善導）によって、やがて〈消化〉は達成されるであろうというものであった。

（17）ただし、こうした要素はここにおいていきなり現れたわけでもない。すでに『青い山脈』においても、対話の精神を持たず教条主義的であったために孤立した島崎雪子のエピソードにこの要素を見て取ることができる。また、『青い山脈』における理事会のシーンでも議長を務めた町のボス・井口が「民主主義は多数決で」とうそぶく場面がある。これなども、「民主主義」が言葉だけ独り歩きしていて真に理解されていないという状況を描写したものと捉えることができるだろう。

（18）なお、この映画の公開は自衛隊の発足と同年である。単なる偶然の符合として片づけられないのではないだろうか。

（19）西河監督の回想によれば、裕次郎は取り巻きに「あれは女の話」であり、結局江波役に食われると吹き込まれて出演を渋っており、やむを得ず「裕ちゃんを立てる」形に脚本を変更したという（『西河克己映画修業』ワイズ出版、一九九三年、二四七〜八頁）。

（20）なお、七七年版の江波は、劇中で「ウーマンリブ」に言及している上、ジャニス・イアンを愛聴しているという描写までである。ジャニス・イアンは、人種差別についての曲を歌うなどラディカルな歌手として知られる。ちなみに、二〇〇〇年代にはレズビアンであることを公言しているが、映画公開時にはそれは一般に知られていない情報であった。

(21) 例えば、友田純一郎は、三七年版映画公開時の批評において、江波を「異常性格者」「社会の疾患」と評していた（『キネマ旬報』六二五号、一九三七年、四九頁）。

(22) 渡辺武信『日活アクションの華麗な世界』（未来社、二〇〇四年）九六頁。

(23) 彼女がエヴァのように、信次たちにリンゴ（知恵の実）をもたらす存在として描かれているのは興味深い。そのために「楽園」は崩壊するが「愛」を知るのである。

(24) なお、七五年版（東宝）は、未見のため分析対象外とした。

(25) なお、五七年版・七五年版（いずれも東宝）は、未見のため分析対象外とした。

(26) ちなみに、石坂の中で暴力に対する宗旨替えは、すでに暴力否定をテーマにした『山のかなたに』（一九五〇）において起こっている。『山のかなたに』は、読売新聞に一九四九年六月から一二月まで連載され、千葉泰樹監督によって映画化された。

本作においては、民主主義の二原則は、主に次の二つのエピソードの中で表現されている。一つは、陸軍大佐であった父を失い家計を支えるために洋裁学校を運営する井上美佐子（角梨枝子）が、「女のくせに煙草を吸うのは生意気」という理由で家主の和田（河村黎吉）に立ち退きを迫られるが、美佐子の弟子の林タケ子（若山セツコ）をはじめとする女性たちが美佐子の父の部下だった元軍人・志村（堀雄二）の応援を受けて奮起し、和田を口でやり込め、立ち退きを撤回させるというものである。もう一つは、学校に居つく旧予科練の不良たちによっていじめを受けていた美佐子の弟・大助が、立ち退きをめぐる顚末を見て、強大な敵にも協力すれば勝利できると確信し、同級生を集めて不良たちと河原で決闘し打倒するに至るというものである。いずれも、自己決定権を侵害する理不尽な暴力に対する抵抗を「民主主義」の発現として描いたものであると要約できよう。

ただし、大助らが暴力によって不良たちを打倒するシーンを描いたことから、『青い山脈』では徹底していた反暴力と対話の精神が揺らぎだしていたことを見て取ることができる。ちなみに、原作では大助らの蜂起は健太郎の指導によって引き起こされており、石坂もそれを「考へ得る最も妥当な解決法」（「『山のかなたに』のシナリオについて」『映画芸術』一九五〇年六月号、三二頁）としたが、映画では蜂起は大助らの自発的なものとされ、健太郎が決闘の現場で愕然とし、「俺は暴力を憎む」と叫び（ただし、須川栄三監督による一九六〇年のリメイクでは、五〇年版の脚本がほぼ踏襲されたものの、暴力を全否定するこのセリフ〔元の脚本にも存在しない〕は踏襲されなかった）、飛び交う石つぶての犠牲となるかたちに改変された。つまり、石坂においては、「民主主義」における暴力否定はもはや絶対的なものではなくなっていたが、少なくともこの時点においては、映画というメディアでは逆にその原則の絶対視が維持されたのである。

(27) ここでは、浜田の顔についたドロを吉永が口で吸って拭うシーンとして描かれたが、キスシーンが許されなかった少女スター・吉永小百合（当時一八歳）の事情ゆえであろう。

(28) ただし、全く同じ描写ではない。プロポーズを受け入れる前の雪子が自転車の二人乗りで後部座席に沼田を乗せ自らハンドルを握っていた（沼田が骨折していたためでもある）のに対し、受け入れた後の雪子はハンドルを沼田に任せ（なぜか骨折が一瞬で治っている！）、後部座席に座る形になるのである。

(29) この二原則の並存が論理的に見て決して「利己主義」になり得ないことは言うまでもない。

コラム

海賊たちが帰る場所

——彼は更に七日待って、鳩を放した。鳩はもはやノアのもとに帰って来なかった。（『創世記』八、十二）

大橋　良介

一　海賊たちにとっての「陸」と「海」

いまパラパラとページをめくっている本のなかに、こんなくだりがある。「今日でも世界中で取引される品物の九〇%は船で運ばれる。どんな条件でそれが成立するかは、判で押したように、船舶事故が環境世界を脅かすときにだけ論じられる。しかし船乗りたちの労働条件や生活条件が関心の的になることは、ほとんど無い[1]」。

この個所を少し書き換えると、本エッセイのテーマになる。「今日でも世界中で取引される品物の九〇%は船で運ばれる。一〇〇年ほど途絶えてもう消滅したかに見えた海賊が、この品物を横奪しようと一九八〇年代からふたたび出没し始めたが、どんな条件で海賊行為が成立するかは、判で押したように、海賊が商業交通を脅かすときにだけ論じられる。しかし海賊たちの活動条件や生活条件が関心の的になることは、ほとんど無い[2]」。

最近二〇年ほどのあいだに出版された文献類を、タイトルで概観したが、海賊たちの出身地域の実情や、そこでのかつての生活といった背景を主題とするものは、どうも見当たらない。海賊たちが「海」で何をしてきたかについては、甚だ興味をそそる仕方で詳しく述べられているのだが、彼らが「陸」では本来どういう民だったのか、なぜ「陸」から海に出てきたのか、そして、なぜ「陸」にもどる海賊と、もどらない海賊とに分かれるのかは、あまり見えて来ない。追われて元の陸にもどる海賊もいるが、自分たちの略奪船を自らの最後の生存空間とみなす海賊もいた。

もっとも、そういった問題についての主題的な記述が見出せないことは、出版文献の側からは不当なことと言えないのかもしれない。なぜなら海賊とは、やはり「海」を生活世界とした男たち（ごく例外的には女たちも）だったからだ。

彼らは陸地の法律規制が及ばない大海原で、行き交う商船から商品を強奪し、自らもこれを売りさばく商人だった。[3] そして時には陸を支配する権力者の軍と合流したり、あるいはこれに逆らったりする、無法の私設軍団でもあった。海賊との戦いがアメリカ海軍の発祥になったという分析もあるから、[4] 彼らの軍事力はしばしば相当なものだったことが推測される。また無法者の集団といっても、船内では厳格なルールによるコミュニティが形成されていた。[5]「マテロタージュ」（"Matelotages", フランス語 "matelot" に由来する、「水夫 matelot たちの共同体」）は、その特殊例で、男たちだけの性的に放縦な社会を、形成したと言われる。[6] 海賊たちは、強奪で得た利益を「陸」での果樹園栽培や農業に投資するといった、商業的な関心は、概して示さなかった。どの航海も最後の航海になり得るという状況下で、強奪した財貨を立ち寄った港で享楽のために散財したことのほうが、多かった。[7] もちろん、船を官憲の眼から隠したり修理したりする島陰など、ごく限定された範囲で、「陸」での生活もしたが、それは繋ぎの場所に過ぎず、そこに商業拠点が出現するというようなことは無かった。

しかし、それなら海賊たちは基本的に「陸」から訣別したのだろうか。空を自由に飛ぶ鳥も、無限に飛び続けることは出来ない。ノアの方舟から放たれた鳩は、地上を覆っていた水が少し引いたあとは、どこかに巣をつくる場所を見つけて、もう方舟にはもどらなかった。しかし海賊たちもそうだったのだろうか。彼らの中には、最終的には海上の方舟を自分たちがそこへ帰る「終《つい》の住処《すみか》」となした者もいた。

種々の文献を見ると、海賊たちが「陸」から訣別したのかという問いに対して、答えは然りと否とに分かれる。商船を追って略奪を続けながら、最後には追われて「海」で命を落とした海賊たちもいるが、生きながら捕らえられて「陸」で処刑された者たちも多い。巨富をなして「生」を全うした少数の幸運者たちは、陸と海との双方を住処としたと言える。[8] しかし本質的な意味では、彼らの「帰る場所」は、「陸」だったのだろうか、それとも「海」だったのだろうか。あるいは、こういった二者択一が自明でなくなるような「場所」が、どこかにあったと言うべきだろうか。

海賊史のなかでよく知られた部分に照明をあててみよう。一四世紀末に北海やバルチック海を跳梁した、「ヴィターリエン兄弟団（Vitalienbrüder）」と呼ばれるスウェーデンの海賊たちがいた。[9] 八世紀から一一世紀あたりまで出没して、西ヨーロッパ沿海諸国を恐れさせた「ヴァイキング」の、後裔たちと見ることが出来る。デンマーク女王マーガレット、スウェーデン王アルブレヒト、ハンザの諸都市、そしてヴィターリエンたちが、合従連衡を繰り返す中、一時、敵に捕われていたアルブレヒト王が一三九五年に釈放された。それに伴って、王の側についていたヴィターリエンたちも、彼らの土地にもどった。彼らは、もとは漁夫であり、農夫であり、猟師であったから、[10] それぞれの出自の土地にもどったことになる。しかし大半のヴィターリエンたちは、元の貧しく窮屈な生活に戻ることをしなかった。

このことについては、彼らが陸に戻っても飢えと貧困は同じだったからだ、という説明が散見される。この説明の当否は分からないが、ともかく彼らは土地も家もなき“Desperado”（希望なき徒）として、海での略奪続行を選択した。ハンザ諸都市の連合警備隊による追撃で、彼らの一部は病気と飢えと戦闘に疲れて数を半減させ、一部はスウェーデンにもどる。しかしここでも、大半は故郷の土地にはもどらずに、スペインやポルトガルの沿岸にまで略奪航海を続けた。そして西部アフリカのギニアの湾にまで到る。しかし東海（バルト海）あたりまでは維持できていた団結の絆が、ここで分解し始め、没落していった。「彼らの多くはヴァイキング精神と海の潮に動かされて」と、ある著者は述べている。[11] しかし実体としての「ヴァイキング精神」が先だったのか、それともそのような精神を鼓舞するしか選択が無いほどに、陸の生活も悲惨だったのか、それは文献だけからは分からない。

唯物史観風に歴史の経緯を見るなら、海賊の最初の前身である漁夫たちは、漁業だけの貧しい生活から物々交換へ、そして時には海賊行為へと、行動を広げていった、というような説明になるだろう。[12] 特に前世紀おわり頃からふたたび横行しはじめた（しかし最近は各国の厳しい警戒のなかで下火になった）ソマリア海域の海賊には、それがかなり該当するかもしれない。[13] 同様の事情が、農夫や猟師たちにも当てはめられるだろう。しかしながら、海賊となった者たちが、単に生活上の必需に駆られたという理由で海での略奪に赴いたと見るだけでは、上記のヴィターリエンたちの進路選択は説明しきれないものがある。彼らノルマン系ゲルマンの民には、農業への定着よりは狩猟と移動を好む性質があり、自由と冒険を大海原に求め、法の規矩を破って富を強奪する無法者の血が、体内に流れていた、といった面があったとも思われる。日本でも、「越中強盗、加賀乞食、能登はかわいや人殺し」といった語がある。(14)気性の違いが行動パターンを定める、という面もあっただろう。しかしその場合でも、海賊にとっての「越中」あるいは「能登」が、どこかに無ければならない。それは、どこなのか。

二　コミック・シリーズ『ヴィッキー』

こういう問いは実証的な史学研究の範囲をはみ出すから、そして多少の想像力も要求するから、あるコミック・シリーズを、考察のヒントとして取り上げよう。『ヴィッキーと強い男たち』である。これは一九六三年にスウェーデンのルーネル・ヨンソン（Runer Jonsson）が出版した子供絵本『ヴィッケ、ヴァイキング』と、それに続くシリーズである。日本では一九六七年に学習研究社から最初の翻訳『小さなバイキング』が出て以来、いろいろの出版社から諸版が刊行されている。一九七二年にドイツ第二テレビ放送局（ZDF）との共同制作で、アニメ『小さなバイキング、ビッケ』が日本とドイツでつくられた。これに先立つ一九六五年に、ヨンソンは「ドイツ児童文学賞」を得て、その後、フランス、スペイン、南アフリカ、イタリア、イギリス、オランダ、台湾、等々でも、彼の『ヴィッキー』シリーズの翻訳が相次ぎ、今に到っている。

この、現代版グリム童話とも言える『ヴィッキー』は、絵本版と物語版の両方がある。いずれもグリム童話と同じく、もとの海賊の世界から残忍性を捨象して、海賊生活を「子供向き」のストーリーに仕立てたものだ。しかしだからといって、世界的に大ヒットしたディズニー映画『呪われた海賊たち』（原題 "Pirates of the Caribbean", 2003, 2006, 2007）のような、空想的娯楽作品ではなく、(15)また海賊文学の古典、スティーブンソンの『宝島』（原題 "The Sea Cook, or Treasure Island", 1883）のような、一攫千金の夢をかき立てる少年冒険譚といったものでもない。そうではなくて、歴史的事実としてのヴァイキングたちの生活とオーバーラップする形で描かれた、絵本および物語である。角のついた兜や動物の皮革の衣類は、ステレオタイプながらヴァイキングのシンボルである。歴史的現実とオーバーラップした非現実の世界が、『ヴィッキー』シリーズである。

この『ヴィッキー』の絵本版の第一巻を[16]、三歳と五歳の孫たちへのドイツからの土産にしたのは、二年まえ。もう何十回、ふたりの孫に読みきかせただろうか。セリフは私のアドリブ日本語訳だが、孫たちは何度でも読んでもらうことをせがむから、まあ、所期の目的は達しているのだろう。そして思うことだが、海賊文学や海賊映画が次々と出現すること、そして「海賊」というテーマが、どこか大人にも知的興奮を誘い、孫たちが『ヴィッキー』絵本を喜ぶことには、何か理由があるかもしれない。

もちろんその理由を考える場合、実際の海賊たちの生活がどういうものだったかということも、念頭におかなければならない。海賊たちは、ネズミが走り回る不潔で狭い船室に起居し、タンパク質といえば、魚かウミガメ肉だけ[17]、という単調な食事に堪え、野菜の無い食事生活でしばしば壊血病に襲われ[18]、雨水から得る飲料水はアルコール類で補い、医者のいない船内でマラリアと赤痢と高熱病といった、壊血病と並ぶ死病と隣り合わせの生活を、送っていた。病気の危険のほかに、敵船との戦いで命を落とす危険、官憲に捕らえられて死罪となる危険も、彼らの日常生活の一部分をなしていた。その危険を忘れさせ、航海の退屈を紛らわせるのは、酒と男色と賭け事だけである。それだけに、掠奪対象となる商船を発見したときは、彼らは荒涼たる生活の厚い雲間から陽光が差し込むかのごとくに感じたであろう。海上での暴力的な無法行為は、恐怖感よりは快感が体内を満たすものだっただろう。

人間には、平和と繁栄を願う生活本能がある反面、理由なく暴力と破壊を快とする本能もあると、思わざるを得ない。飛躍するようだが、ジークムント・フロイトが提示して賛否両論の多い「死の欲動」[19]や、エーリヒ・フロムが問題にした人間の破壊衝動[20]とかは、海賊本能とも言うべき衝動の一部を説明し得るかもしれない。海賊たちが掠奪で得た財貨を、立ち寄った港で一夜の快楽に散財することは、結果において自己破産的であるのだが、その批判的観察だけでは、彼らの存在を説明しきれない。その快感が、法律や道徳の縛りを踏み越えた解放感と結びついているのであれば、それは人間本性の、いわば「自然の中の反自然」とも言うべき深淵の問題となってくる[21]。

しかしそれにしても、その解放の一瞬は点に終わって、線へと延びていかない。では、彼らはどこへ向かって生き延びていくのか。『ヴィッキー』シリーズでは、生活線の終着は、ヴィッキーの村「フラーケ（Flake）」である。イングランドからロシアへ、インドへ、ブルガリアへと、現実の航路ではあり得ない長い旅のあと、ヴィッキーの父親でヴァイキングの頭領であるハルヴァール（Halvar）も、船旅を共にした男たちも、皆、フラーケ村に帰る。ヴィッキーの母イルヴァ（Ylva）が、そしてヴィッキーの幼い女友達イルヴィー（Yavi）も、そこで待っている。皆が帰る時期は収穫の季節だ。男たちの仕事はそこでは、冒険航海から収穫作業に転ずる。ヴィッキーが属するヴァイキングは、漁民でも猟師でもなくて、平和な農民だ。

しかし平和で豊かなフラーケ村は、どこに存在するだろうか。それは南ドイツ・ミュンヘンの南方七五キロのところにある。ヴァルヘン湖（Walchensee）という湖の湖畔だ。ただし、二〇〇九年に開所した映画村セットとして、である。訪れる子供たちにとり、本物のフラーケ村とセットのフラーケ村とがどうオーバーラップしているかは、問題ではない。それは一般に絵本の世界の常でもある。海賊たちが帰る場所、フラーケ村が、どこにも無いネヴァーランドだということは、子供たちはまだ知らないし、知る必要もない。

しかし、まさしくフラーケ村がネヴァーランドであって、どこにも無い、というところから、海賊が帰る場所への本当の問いが始まる。その問いは、海賊という存在そのものの本質への問いである。上に見たように、海賊は現象的には、陸の生活の窮状に迫られて陸の社会の制約と道徳の束縛を踏み破って、海原に反秩序の秩序を築く男たちである。結果から見て、彼らの行動は商業ネットワークに寄与したとはいえ、彼らは、どの社会にも存在するネヴァーランドの住人たちである。表面に現れた彼らを捕らえて処刑しても、すぐにまた別のところから、彼らの同類は現れてくる。社会の内部にネヴァーランドが潜在する限り、その現象は無くならない。百年間ほど現れなくなっていた海賊が、二一世紀になってソマリア沖に現れ始めたことは、冒頭に言及したとおりである。その武装形態や移動形態は、古典的な海賊の形態とは随分ちがうが、秩序内のどこにも無い場所から秩序のなかに侵入してきた者たちという点では、共通している。国際協力の対策で、このソマリア沖の海賊も一時期にくらべて影を潜めたようだが、その対策とは要するに、武力で海賊たちを上回る警備をおこなうということだから、要するにモグラ叩きの域を出ない。七百年まえのハンザ諸都市連合警備隊が現代に蘇っただけだから、海中モグラたちは別の海上や陸上に、種々の姿をまとって現れる。

少し脱線するが、ネヴァーランドの住民による現実社会への侵入という点では、海賊たちは闇社会の暴力組織や、いま世界各国が頭をかかえるテロリストたちと、少し似ている。彼らの居場所なき居場所は、大企業の暗部であったり、石油産出地域の闇金融ルートであったり、イスラム諸国家の宗派抗争地域であったり、麻薬売買組織であったりする。

脱線のついでに付加的に言えば、海賊は居場所なきところに居場所を得るという点で、奴隷と共通する。そして実際、奴隷は海賊が時に売買する対象でもあり、時には自ら海賊に加わる奴隷もいた。一般には知られていないようだが、「海賊史」と「奴隷史」は、近世において実は密接に絡み合っている。(22) そして奴隷もまた、イスラム国（ＩＳ）の例を俟たずとも、人身売買や強制労働という形態で現代世界に存続している。そのことは、ＩＬＯの報告などから、紛れもない現実であることが分かる。

話がそれてしまったが、孫たちに『ヴィッキー』を読んでやるとき、このネヴァーランドに触れそうになって困ることがある。このあいだも孫が私に尋ねた。「ヴィッキーたちは船でどこへ向かうの？」「あちこちの知らない国だ。」「何をしに行くの？」「ああ、うむ、海賊をするんだ。」「え？ ヴィッキーは海賊とたたかっているのと違うん？」孫たちの「オーパ」（Opa、祖父）である私としては、フロイトやフリードリッヒ・シェリングの難しい理論を持ち出して講釈するわけにもいかないから、少し説明がしどろもどろになる。「ああ、うむ、いや、そうじゃなくてな、良い海賊と悪い海賊がいてな、恐ろしいスヴェーン人たちがハルヴァールたちを襲うだろう。でもヴィッキーが目つぶし火花をぱっぱと巻いて、敵どもを仲間同士で殴り合いするように仕向けた。だからハルヴァールたちが勝つんだ。」「やったー。そのあとは、どこへ行くの。」「ロシアに、インドに、ブルガリア。」と、ページをめくる。うまい具合に、最後のページが故郷のフラーケ村だから、オーパの困惑もそこで終わる。フラーケ村は、善人ばかりの平和なネヴァーランドだ。村の男たちは農業に従事し、農閑期にだけ海賊になって出かける。

三　「海賊旗」のイコノグラフィー

海賊たちの中には、財宝を得て表社会の秩序の中に所を得る者もいたが[23]、しかし、たとえば一時は海賊の庇護者だったデンマーク女王マーガレットがハンザ同盟に屈してヴィターリエン禁圧に転じたように、海賊たちはしばしば為政者の側から取り締まられ、陸に送り返される者も多かった。表社会のなかで帰る場所が無い者たちは、時として「死」を背負って行動する。その行動の場所は、ネヴァーランドではなくて、現実の海原だ。彼らはこの現実の海に、ネヴァーランドの死の旗を掲げて侵入した。「海賊旗」だ。最後に生と死の、あるいは社会と反社会の、シンボリズムでもあるこの海賊旗を、イコノグラフィー的に考察しておこう。

海賊の旗には何種類もあるが、これらに共通しているのは「髑髏」である。「剣」と「砂時計」が添えられるときも多い。髑髏は死を、剣は死への道を、砂時計は残された生の時間を、それぞれ連想させる。しかしまた、これらの絵柄は、今から掠奪する相手側への「死」の宣告だと解釈する本もある[24]。さらに、これは既成の権威や伝統への反逆の象徴であり、反逆者たちの連帯意識をあらわすもの、そして奴隷のように現世で希望なき者たちが来世の再生を願って掲げたものと解する本もある[25]。どれも解釈として同等の権利をもつであろうが、また決定的という証拠も出てこないだろう。海賊たちは自伝を記す種族ではなかったし、そういったものを記す興味も持たなかったからだ。ただ、海賊旗を掲げるという行為そのもののうちに、彼らの自己顕示と意志表示とがあったと見ることもできる。そしてそこに、彼らの自己理解を見ることができるだろう。

海賊たちは、虚無主義者ではなかった。髑髏と剣と砂時計は、ニヒリズムの絵柄ではない。彼らは希望なきネヴァーランドの住民ではあるが、それだけに、躊《ため》躇《ら》いなしに権威と秩序と伝統の世界の中に侵入し、そこで自分たちが生きる場所を無法な手段で創出する者たちである。自らも死を背にし、相手に死を与えるというメッセージは、同時に、そのようにして生きるという生の宣言でもある。もし、そこに含まれる、日常の規矩と制約を突き破る生き方が美化されたなら、自由と冒険ロマンの夢を海賊に託した海賊小説、海賊映画、海賊グッズ、等々が出現するだろう。それらはもちろん現実遊離の世界ではあるが、しかしそういった部分を人間が心底に蔵していることも否定できない。自然本性そのものの中に蔵される「反自然性」は、自然（nature, Natur）の自己同一性に還元されない。それは同一性それ自体の深淵でもある。われわれの自己のアイデンティティとは、われわれ自身の内部に自らの他者を含む構造のことである。

　海賊旗のイコノグラフィーから浮上する最後の問いは、彼らが帰る場所への問いである。それは社会における、そして最後にはわれわれ自身の内に実在するかもしれない、ネヴァーランドへの問いである。

（1）Hartmut Roder (Hg.), *Piraten. Abenteuer oder Bedrohung?*, Bremen 2002, p. 163.

（2）かくして一九八一年に国連の管轄で設立されたＩＭＢ（International Maritime Bureau）の一部門として、一九九一年にＰＲＣ（Piracy Reporting Centre）がつくられるに到った。

（3）*Piraten—Abenteuer oder Bedrohung.* Edition Temmen, Bremen 2002, p. 22-41, の叙述を参照。

（4）アメリカ海軍発祥の背景となった合衆国とアラブ系海賊との戦闘、そこで捕虜となった者の談話、等については、下記の二文献がある。John Paul (ed.), *White slaves, African masters, An Anthology of american Barbary Captivity Narratives*, Chicago, London 1999, p. 156; Hartmut Roder (Hg.), ibid., p. 132/3.

（5）Bukaner と呼ばれる海賊（下記の注（10）を参照）たちは、「沖の掟」„Gesetz der Küste“ を厳守した。Marco Carini & Flora Macallan, *Piraten. Die Herren der sieben Weltmeere*, Paragon Books, Paragon /UK（出版年記載無し）, p.88f. を参照。もっと有名な例は、イギリスの大海賊として、ないし「黒ヒゲ」という渾名でも知られた、バーソロミュー・ロバーツ（Bartholomew Roberts, 1682-1722）が、船内の規則として周知徹底させた「十戒」であろう。これは一七二四年に出たCharles Jonson の *General History of the Pyrates* に、報告された。第六則「船内に女と童は居るべからず。女を変装させて船内に連れ込み、海に出る者は、命はない」は、次の注（6）に記す海賊の放縦生活の裏面でもあろう。

（6）最後に挙げた点については、以下の文献二点を挙げることができる：Bary R. Burg, *Sodomy and the Pirate Tradition*, New York UP, 1995; Klaus Hympendahl, *Sünde auf See*, Heel Verlag 2005. もっとも „matelot“ たちがそのまま「ソドムとゴモラ」的な

社会を形成したというわけでもなく、基本的には生活共同体の一種という広い意味を持つ語を、意味したようである。

（7）　ただし一九八〇年代からソマリア沖に出没するようになった、極貧の漁民を主体とする海賊となると、帆船で海を走る古典的な形態の海賊とはかなり背景を異にするようだ。彼らの高度の武装レベルからすると、必ずしも海賊という規定には嵌らないという説もあり、海賊行為と経済的関心は、彼らにおいて緊密に結びついていたようにも思われる。ただしこの問題の研究は、あまり見当たらないようだから、〈https://ja.wikipedia.org/wiki/ソマリア沖の海賊〉を参照、これ以上の解釈は保留しなければならない。

（8）　諸文献から有名な海賊の名を拾うなら、イギリスの貧民街で生まれ育ったHenry Avery (1650–1728?)、ナポレオンに仕えたこともあるRobert Sourcouf (1773–1827) など。Jean Bart (1650–1702) や René Duguay-Trouin (1673–1736) などを挙げてもよいが、彼らはルイ一四世のもとで、いわゆる掠奪免許状 (Kaperbrief) を得ての海賊だったから、半ば公的な海賊でもあり、最初の出発点が前記二者とは違っている。後者の二名については、Marco Carini & Flora Macallan. ibid. P. 200/201 を参照した。ちなみにこの掠奪免許状は、権力者の側も間接的に海賊行為をなすことの、証拠でもあるから、免許状を得た「海賊」は、「海賊国家」の一員と言うことも出来る。

（9）　"Vitalien" は "vitalie"（食料）というロマン語から派生し、国によって "Vitailleur", "Victuailleur", 等々の表記となるから、日本語表記も決めかねる。学界での術語があるのかどうかも知らないので、ここではドイツ語表記 „Vitalien" をカタカナ表記に移した。

（10）　海賊史としては、最初は漁夫たちが海賊に転身していったとされるが、たとえば一七世紀にカリブ海で恐れられた海賊 Bukanier たち（語源はいろいろ有るようだが、もともとの出自であるフランスの薫製肉の職人 boucanier が元となるグリル料理を意味し、そこから上記の海賊の名称として定着したようである）は、猟師である。海賊 Bukanier については、古典的ながら基本的な文献は、一六七八年にオランダ語で出た Alexandre Olivier Exquemelin の「アメリカの海賊について（De Americaensche Zee-Roovers）」で、一九八三年にそのドイツ語訳 *Das Piratenbuch von 1678*, Stuttgart 1983 が出た。

（11）　Friedrich Wencker-Wildberg, *Raubritter des Meeres. Die Weltgeschichte der Seeräuberei*. Paderborn.（出版年記載無し）. p. 38. 本稿でのヴィ

ターリエンたちの歴史については、この書の記述に拠った。

(12) たとえば Friedrich Wencker-Wildberg, *Raubritter des Meeres. Die Weltgeschichte der Seeräuberei*, Oldenburg（出版年記載無し）, p. 7-10, は、そういう観点で海賊の成立史を述べている。

(13) 現代の海賊については、Hartmut Roder (Hg.), ibid., p.10-19, 163-175, がかなり詳しく述べている。

(14) 福井県、石川県、富山県の方面で膾炙する語。人が困窮すると、越中では強盗、加賀では乞食、能登では人殺しに、なると言う。侮辱だと怒る県人もいるかもしれないが、昔から言われている少しユーモラスな語として引用するだけなら、許されるだろう。

(15) 二〇〇三年に第一作 *The Curse of the Black Pearl*, 二〇〇六年に続篇 *Dead Man's Chest*, 二〇〇七年に第三作 *World End*, 二〇一一年に第四作 *On Stranger Tides* が、それぞれ公開された。第五作 *Dead Men Tell No Tales* の公開は、二〇一七年だそうである。基本的な場面設定は、注（5）にも挙げたバーソロミュー・ロバーツも登場するので、史実からの取材もあるが、基本的には、幽霊船だの、呪いだの、といったホラーものと、恋物語と、西洋チャンバラを織り交ぜた、典型的なディズニー映画の娯楽大作である。

(16) Christoph Schöne, *Wickie und die starken Männer*, Hamburg 2010.

(17) ウミガメは貴重な「動く肉貯蔵室」として、料理役がこれを調理するまで船内に生かされていたことが、Hartmut Roder (Hg), ibid., p. 72 に記される。

(18) イギリスの医者 James Lind (1716-1794) が、壊血病の原因をビタミンCの不足にあることを突き止めたあとは、たとえば大航海者ジェームズ・クック（James Cook, 1728-1779）が船乗りたちにレモンを食べさせたという例もあるが（cf. Marco Carin & Flora Macallan, ibid., p. 149）、海賊たち自身がレモンを溜め込んで航海に出たという記述には、まだ出会っていない。

(19) Vgl. Sigmund Freud, *Jenseits des Lustprinzips* (1920), in: *Studienausgabe*, Band III: *Psychologie des Unbewussten*, Fischer, Frankfurt am Main 1975.

(20) Erich Fromm, *The Anatomy of Human Destructiveness* 1973, übersetzt von Liselotte und Ernst Mickel mit dem Titel: *Anatomie der menschlichen Destruktivität*, Stuttgart 1974., jetzt: Hamburg 1977.

(21) 「自然の中の反自然」という筆者の最近のテーマについては、これまで下記の発表をおこない、ここでの考察の前提としている。考察はまだ続いている。① Ryosuke Ohashi: *Anti-nature in Nature itself.* Symposium: *Nature—Time—Responsibility*. Humboldt-Kolleg. in: University of Macau, 12.-14. April 2013; ②「「自然」の中の「反—自然」場所的論理から場所的現象学へ」日独文化研究所年報『文明と哲学』第五号（二〇一三年）七二〜八五頁。③ *Anti-Nature in Nature itself. (Continuation)*. Conference „*Nature—Time—Responsibility*", at Kyoto University, 12. Februar 2016.

(22) 以下三点の文献を挙げておく。① John Paul (ed.),ibid.; ② Marco Carini & Flora Macallan, ibid., p. 154/155; ③ Hartmut Roder, ibid., p. 96/97.

(23) 前掲注（8）を参照。

(24) Marco Carini & Flora Macallan, ibid., p. 138/139.

(25) Hartmut Roder, ibid., p. 98/99. 髑髏の旗が転生の象徴だという解釈は、最初はすこし唐突な印象も禁じ得ないが、いくつかの文献を押さえての叙述であるので、それなりの根拠があるようにも思われる。

コラム

殿様と熊とアイヌ文様
——芸術／工芸／おみやげにおけるデザイン流用

中村　和恵

一　殿様の海賊行為？

二〇一四年七月五日～八月二四日、北海道立近代美術館（札幌）で『徳川美術館展　尾張徳川家の至宝』が開催された。宣伝ポスターには大きく「北海道初公開！」の文字があり、「大名家の歴史と格式を示す」とうたわれた品々を見に、多くの人々が集まった。そこで、おもしろいものを見つけた。尾張徳川家一九代当主、徳川義親（一八八六～一九七六）自身によるものという説のある[1]、アイヌ文様とアイヌ語（ローマ字綴り）を線刻した、木の盆である（図1）。

長方形の板を皿状にしたものの中ほど、左寄りに縦線の仕切りがあり、その右に棘状の魔除け文様「アィウシ」が特徴的なアイヌ文様が刻まれている。ご覧のとおり、閉じた波括弧︷︸を横にしてふくらませたような文様である。左側にはアルファベットで文字が刻まれ[2]、左下隅にも簡単な線と丸を用いた文様のようなものがある。技術的に熟練しているともおもわれず、とくに凝ったものでもない、試しにやってみたとでもいうような品である。

この盆が仮に義親によるものだとして、これを殿様のアイヌ文様流用、一種の海賊行為と見なすかどうかは、人によって、立場によって、見解によってきまることだ。だが、一度このお盆の海賊性を問う視線を採用してみたい、とこれを見ておもった。そうすることで、尾張徳川家と北海道みやげの因縁、ひいては観光と芸術と先住民族文化の相互作用から生じる興味深い現象に光を当ててみたい。そういう知的冒険心をこのお盆にくすぐられたのだ。

この視線は、このお盆があった最後の展示室に辿り

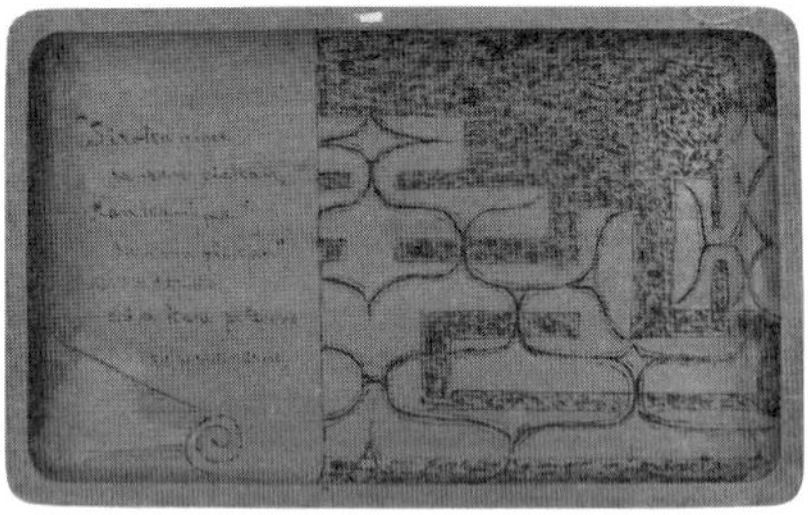

図１　盆（八雲町郷土資料館寄託）

着くまでの「主要な」展示を支え、それらの展示品を輝かしいものとして凝視する視線、すなわち日本という近代国家の前史としての徳川将軍家の重要性・中心性を前提とした日本の「正史」の文脈に、横槍を入れるものだともいえる。しかし毎年北海道でアイヌと熊狩りを楽しみ、マレーではスルタンと狩猟をして「虎狩りの殿様」というあだ名で知られ、社会主義者であった石川三四郎ともつきあいがあり、自ら『最後の殿様』などという題の自伝を書かれた義親公ならば、横だろうが縦だろうがいまどき槍とはおもしろい、海賊というのも一興だ、と聞いてくださるのではないかとおもう。だいたいこんなお盆を殿様が彫ったらしいといわれていること自体、いささか変わっている。彼はどういう人で、なにを考えていたのか。

　海賊は日本においても国外においても、またいつの時代においても、為政者の完全な管理下に置かれることなく、公的権力や巨大資本と時に敵対し、時に協力して、違法と合法のあわいを航行する。著作権というきわめて新しい、権利と所有と利潤が三位一体となったタブー・システムが、モノではない複製可能な情報、すなわちデザイン、メロディ、文章などを奪取する行為を「海賊」と呼ぶことにしたのは、考えてみれば実に的を射たことだ。そこにあるのは、正邪、優劣、勝敗、公私、その他あらゆる立場が即時に流動化し逆転しうる、価値のカオスである。

　お宝を奪われて呆然とし怒る損失者の立場から見れば、海賊行為はまさに犯罪である。だが複製により利潤を生む可能性のあるデータが、当の所有者にその経済的価値を認識されていなかった場合、そこに商機を見いだした海賊は、ビジネス・パートナーにもなりうる。その情報の価値が、ある文化における神聖性である場合、問題は経済ではなく神や呪いの領域に入りこむ。かといってどんな「遠隔地」の文化集団もグローバル化の影響を免れえない現代においては、この種の領域におけるタブー破りも、つねに死などの厳罰をもって報いられるわけではもはやない。むしろ秘匿されてきた儀礼や聖物について、相手や方法、場所を選んで説明し、情報＝伝統文化を消失させないため最新のテクノロジーを利用して保存したいという考えを、現在多くの先住民族が示している。少数言語話者の会話録音、博物館でのオブジェ保存、儀礼や歌のデジタルデータ化、創世神話のアニメーション作成などに手を貸す学者や学芸員や関連施設・団体長といった潜在的海賊たちは、先住民族の大伽藍の記録係、宣伝部長、寄進者にもなりうる。

ただし世俗的なコピーライトにおいても、神聖なコピーライトにおいても、情報の貸与・流用が簒奪にならず共有／共同利用になるためには、情報の「所有者」（つっこんだらきりのない複雑な概念である）へのいわゆる報告・連絡・相談およびそれらの公的表示、そして支払い（金銭ないし／および敬意）が必要である。グローバル化した文化の大洋上で海賊が実際に犯罪者とみなされるか、みなされないか、その線引きは現在、おそらくそのあたりにある。あくまでも曖昧な、今後いかようにでも動きうる線だが。

さて、殿様の海賊行為の可能性について、再び展覧会場に戻って考えてみよう。

二　開拓者と先住民族

人々の肩越しに徳川美術館（名古屋市）所蔵の尾張徳川家ゆかりの武具や茶道具、国宝の源氏物語絵巻などを横目で眺めながら早足で順路を辿り、最後の併設展示室へ向かう。ここに北海道渡島管内八雲町の木彫り熊とそのルーツを示す品々が展示されている。ここがおもしろい。こここそが、おもしろいのだ。北海道立近代美術館でこの展覧会が開かれる理由はもっぱらここにあったといっていい、とさえわたしはおもう。

だが、この木彫り熊部屋の展示品は、カタログに記載がない。別刷の追加リストの挿みこみさえ、ない。この部屋は、メイン・ストリームの展示にあとからつけ足されたローカル・サーヴィスの部分、いわば「おまけ」の展示だということを、これらの不在が明らかにしている。一番最後という位置も、やはりつけ足しだからだったのだろう。しかし会場を順路に従って歩くわたしのような観覧者にしてみれば、総まとめがこれなのだと解釈することも可能だ。会期中に北海道新聞に載った札幌在住のアナウンサーの方のコラムも、この部屋の展示を印象深いものとしてとりあげていた(3)。この部屋は解釈によっては日本の「正史」すなわち明治以来の公的な歴史見解に、北海道からささやかながら新たな視点を追加する、どころか、拡充すればその見解をひっくり返す物語にも転じうる。アイヌからみた徳川、先住民族からみた日本が、そこに浮上しうるからだ。だが、そうはなっていない。そこまで遠洋に漕ぎ出しはしない。

　この展示室のあり方は、意図されたか否かにかかわらず、北海道という土地のありようについて多くを物語っている。二〇一五年、北海道開拓記念館（一九七一～二〇一三）という名で知られてきた博物館が改装され、北海道立アイヌ民族文化研究センターと統合して、新しく「北海道博物館」として開館した。開館記念特別展は松前藩家老をつとめた画人・蠣崎《かきざき》波響《はきょう》が描いた「極彩色の衣装に身を包み立ち並ぶ、一二人のアイヌの首長たち」を中心に展開される『夷酋列像蝦夷地イメージをめぐる人・物・世界』展だった。異文化衝突点へのこの視線、この立ち位置が、木彫り熊展示室の扱いと同様に、いまの北海道の文化的自意識であるのだとおもわれる——すくなくとも公的には。オーストラリアの複数の国立・州立美術館・博物館の入り口やメインホールにおいて、先住民族の手になる過去および現代の作品が、その館の顔としてどーんと展示されている例と比べてみれば、北海道博物館が土地の精神文化をなにに見いだすべきと考えているのか、違いは明らかだろう。最初の展覧会に蠣崎波響を選ぶ、その自意識に潜む葛藤を、母方で数えれば北海道和人入植者五代目にあたるわたしは、おもわずにいられない。

　ここは開拓者の苦労を尊ぶ、開拓記念館なのです。改装直前に訪れたとき、当時の学芸員のおひとりがそうおっしゃったのが忘れがたい。先住民族の伝統文化を重視すると同時に、入植者の圧政や暴力を反省する、というグローバルな歴史文化の潮流の前で、その方はとまどっておられるように見えた。いまの北海道をつくったのは入植した和人たちではないかと、開拓者ということばへの愛着を通して、いいたげに見えた。そうした気持ちをどうとらえるか。ちなみにわたしの母方の祖先は、江戸期に北海道に渡り商人として成功した人物であったことが、江差《えさし》・函館の諸資料から確認されている。しかしここで和人の対アイヌ行政と開拓政策を自分の立場の問題として議論するよりも、わたしは木彫り熊の誕生と現在に目を向けたい。熊の辿った道とこれからが、むしろ具体的に行くべき道を示してくれるようにおもうからだ。

三　木彫り熊のルーツ

木彫りの熊は昭和三、四〇年代の北海道観光ブーム期に、北海道おみやげの代表格として、日本中にひろまった。つくればつくるだけ売れたそうだ。鮭をくわえた大きな木彫りの熊が置かれたきれいな玄関は、わるくない暮らし向きのご家庭の日常風景として、子どもだったわたしの記憶にある（ちなみにわたしの親の家にはなかった）。

　この北海道の木彫り熊のルーツは自分だ、と徳川義親はいう。

> 北海道のお土産に木彫りの熊がある。アイヌ細工だと思つてゐる人が多いけれどアイヌ細工ではない。熊彫の生れたのはさう古いことでもなく、昭和の初め頃からである。其元兇、ではない創始者は実は私なのである。
>
> 　大正十一年、欧州巡遊の際、スヰスの首都ベルン（ベルンは熊）でいろ〱な熊の彫刻を売つてゐたので、これは北海道の土産物によからうと思ひつき見本に買つて帰つた。
>
> 　北海道の八雲町には徳川農場があつた。此の八雲町は私の祖父慶勝が創設した村である。私は大正十二年の春、熊狩にいつた時、青年を集めてスヰスの熊彫を見せ、郷土芸術の話をして、君等もこれを作つたらよからう。出来たら僕が買つてやるといつた[4]。

　義親いわく、じきにたくさんできた熊をおみやげとして販売、そのうち他の地域でも熊彫りが行われるようになり、北海道みやげとして定着した。しかしモデルの熊を飼って餌を与えて研究するうちに熊が太ってしまったため、木彫りも野生の精悍な熊ではなく、まるまるしたペット熊の姿になり果て（このあたりは義親のユーモアも加味されているのではと思う）、戦争もあって作品が堕落したとのことである。

　そもそも義親が持ち帰ったスイスみやげが、熊というよりは熊ちゃんといったほうがいい、擬人化されたものだったことが、展示されている「オリジナル」（とはなんだろう、とつけ加えざるをえないが）からわかる（図2-1）。黒板を前に授業を受けていたり、大籠を背負って歩いていたりといった姿のユーモラスな玩具や文具、つまりおみやげやちいさなプレゼントとして売買されたものだ。初期の八雲の熊はこれらのまったくの真似や、似たようなおもちゃであった（図2-2）。しかしそのうちに彫り手たちは独自の工夫を始める。熊の毛を細かく日本画風に刻んでいく「毛彫り」、とくに背骨の一番高いところから菊の花弁が芯を軸に重なるように毛を彫っていく「菊型毛」という手法がいわば一流派をなす。一方、逆に毛を彫らず面でとらえる手法もあり、こちらは次第に円空風になったり、ほとんど抽象芸術化していった作家もいた（図3）。

　義親の木彫り熊起源譚はしかし、あくまでも八雲からみた話で、旭川アイヌのほうでは、ほぼ同時期に始まった木彫り熊について、こちらはこちらで独自に始まったものだという説もあるそうだ。お土産のかわいい熊がルーツの八雲とは異なり、旭川の木彫り熊は写実性を重んじ狩りをする様子を描写する、すなわち鮭をくわえた熊は旭川流であるという。さらにアイヌ工芸としての性格を強調し、アイヌ文様を加えたインテリアグッズなどと熊を組み合わせた作家もいた。地域や時代の影響に加え個人の芸術家／工芸家（この場合この二つを厳密に分けることなど誰にもできはしまい）としての工夫や信念もあり、こまかくみれば木彫り熊は実に多様である。最初のきっかけが義親のスイスみやげであったとしても、複数の経緯をたどり複数の起源がそれなりの正統性を獲得していったとみるのが、お

図2-1　熊の学校（スイス製）（個人蔵）

図2-2　熊の学校（八雲製）
（八雲町郷土資料館寄託）

図3　土龍（根本勲）作の木彫り熊
（出典：山里稔編著『北海道　木彫り熊の考察』／八雲町郷土資料館蔵）

そらく正確だろう。

これらはみな北海道八雲町木彫り熊資料館で習ったことである。この資料館は八雲町郷土資料館内の八雲木彫り熊展示室を拡張して二〇一四年に開かれた。「徳川美術展」に展示された義親のスイスみやげなどは、この資料館から貸し出されたものだ。

四　オホーツク文化とアイヌ文化

木彫り熊の起源として可能性を考えなくてはならないもののひとつに、当然アイヌ文化が挙げられるだろう。ところが、熊がかれらの世界観にとって間違いなく重要であるにもかかわらず、具象的な熊の木彫りをどうやらアイヌはかつて、ほとんどつくっていなかったようである。そもそもアイヌの工芸品や儀礼用品には、具象的なオブジェや彫刻がごくわずかしか見いだせない[5]。すくなくとも北海道みやげ定番の木彫り熊のスタイルは元来アイヌ文化にあったものとはいえない、これは疑いようのない事実といっていいだろう。だが、それでは熊の具象的造形はアイヌ文化とは無縁なのか、というと、これは単純にそういい切れないとわたしは考える。そう考えるようになったのは、オホーツク海沿岸の遺跡に見いだされたいくつかの具象的な造形に接してのことだ。

網走にモヨロ貝塚館、というちいさな博物館があることを、どれほどの方がご存じだろうか。公式ウェブサイトの文言を引用しよう。「オホーツク海にそそぐ網走川の河口に位置する遺跡。モヨロ貝塚。今から約一三〇〇年前、北の大陸からやってきた人びとは、この網走の地にムラをかまえました。たくみな航海術と海獣狩猟・漁場の技術をもった彼らの暮らしはオホーツクの豊かな海の恵みに支えられ、それまで北海道では見られなかった「オホーツク文化」とよばれる独自の文化を発展させていきました」。ここにはほかで見たことのない、大きな石を刻んでつくられた簡略にしてなんとも味わい深い具象的な熊の頭像、ぴったりした上半身とふくらんだスカートのワンピース状に見える服装や手の表情などが明らかに同時期の本州とは異なる文化を示す女性像などの出土品がある[6]。

これらの像をつくった人々は、アイヌではないとみられている。では誰か。

二〇一五年に国の重要文化財に指定された知床・羅臼町の松法《まつのり》川北岸遺跡の遺物は、さらに興味深い。これもモヨロと同時期、七〜八世紀頃のオホーツク文化期の集落跡出土品であるという――といっただけで、

「正史」ではとらえられない人々の姿が現前する気がする。オホーツク海沿岸にはこの時期、本州以南の過去を単一の文化の流れとしてとらえるいわゆる「日本文化史」には見いだされない特徴をもつ土器を用い、アイヌとも異なる独特の文化を持った人々が、たしかに存在していたのだ。

松法川北岸遺跡の重要文化財指定を報じた本田寛成の記事[7]によれば、かれらは「海岸沿いに五角形や六角形の竪穴住居を建てて住んだ。／竪穴といっても原始的なものではなく、複数の家族が同居する一辺一〇メートル超もある大型で、板壁に囲まれ、床には粘土を敷き、木材を多く使う現在のログハウスと大差ないものもあったという」。DNA解析から現在、かれらの祖先はシベリアのアムール川下流域からサハリン北部に住むニヴフ（ロシア語でギリヤークと呼ばれていた人々）で、道東に住む人々と混血し文化も混ざっていったのではないか、と考えられているそうだ。アムール川下流からサハリンを経てオホーツク海、知床近辺へ。これはまさに流氷の流れと一致する。

文化遺産オンライン（文化庁）によれば松法川北岸遺跡の出土品は以下の通りである。「土器・土製品六四点、石器・石製品百二〇点、木製品三七点、樹皮製品六点、鉄刀子五点、骨角製品二八点で構成される、総数二六〇点の遺物。／木製品は、大小の槽（そう）、皿、椀、杓子（しゃくし）などの什器（じゅうき）類、矢筒（やづつ）などの狩猟具類、熊や、シャチなどの動物意匠が彫刻された祭祀具類など多岐にわたる。（中略）／オホーツク文化を担った人々の集落跡出土品一括であり、当時の精神文化や、生活を復元するうえで、その学術価値はきわめて高い」。

松法川遺跡が奇跡的といわれるのは、一三〇〇年前の木製品がこのように多数、当時のままのかたちで発見されたためである。土器、石器、鉄や骨でつくられたものと異なり、木は普通、放置されれば朽ちてしまう。奇跡を起こしたのは火事だった。竪穴式住居の屋根が火事で崩れ落ち、蓋をされて炭焼き窯のような状態になり、家の中の木製品がそっくり炭化したのだ。羅臼町郷土資料館の涌坂周一元館長は前例のない状況の中で試行錯誤し、もろい木製品の復元に三〇年を要したという。その甲斐あって、具象的な動物デザインを多数含む貴重な出土品を見ることができるようになった。

とくに注目されたのは「熊頭注口木製槽」と命名された船形容器である。「端にヒグマの頭部が彫刻され、縁にはシャチの背びれが刻まれている。ヒグマの口が注ぎ口になっている」[8]。アイヌ文化でも熊は山の神、シャチは沖の神である。松法川遺跡の木製容器に表現されているのはまさにアイヌの世界観であり、オホーツクの民の信仰がアイヌ文化のそれにきわめて近いことはどうやら間違いない。たしかに二つの民族は互いに大きな影響を与え合ったのではないか。そうであれば、近世・近代のアイヌがオホーツクの民のような木彫りや石彫りの熊をつくらなかったとしても、過去にそういった造形を行った人々の文化があったことをなんらかのかたちで知っていたと考えるのは理にかなっているのではないか。すくなくともそうした造形の根幹にあったイメージと世界観は、彼らの熊送りの儀礼や神謡の中にも、確実に継承されてきたのだ。

　羅臼町には飛仁帯《とびにたい》という不思議な地名がある。これはトペ・ニ・タイ、すなわちイタヤカエデの森、というアイヌ語に由来するものだという。飛仁帯にはオホーツク文化と擦文文化（主に道南のものであったというこの文化については詳しく述べないがこれもまた興味深い）の接点がここだったことをうかがわせる遺跡がある。羅臼から知床半島を南へ抜け標津《しべつ》町へ至ると、ポー川史跡自然公園があり、付近には伊茶仁《いちゃに》カリカリウス遺跡など、古いアイヌ文化やオホーツク文化の痕跡がある。

　こうした地名を追っていくと、いったいここがどこなのか、ふっと不思議な気がしてあたりを見渡してしまう。オホーツク文化遺跡群は現在間違いなく日本という国家の領土にありながら、近畿地方を長く都の地としてきた大和民族とは別の民が、別のことばと別の感覚で育んできた世界観を明らかに示している。これらはヤマトでもロシアでもない——国後島は海水と湿地帯が両側から砂嘴を侵食しつつある野付半島からわずか一六キロ沖合いに浮かんでいるのだが——「かれら」の土地だった。過去、現在、そしておそらく未来にも、複数の異なる文化を内に抱えている、これが日本という国である。

五　先住民族のデザインとその流用

　義親がアイヌ語をアルファベットでアイヌ文様とともに盆に彫ったと考える根拠として、この殿様がアイヌ語とアイヌ文化にかなりの関心を持っていたという事実があげられる[9]。彼は大正七年に[10]『動物學雑誌』に「アイヌと熊」と題して記事を書き、熊の冬籠りの生態観察への関心から熊狩りに出かけ、そこで知ったこと、すなわちアイヌの猟師がいかに熊を狩り、環境に配慮し、無駄にせず食し、「熊祭り」（熊送り）を行うかを報告している。簡潔でありながら正確・詳細に書かれたその記事の最後には、「アイヌ語の身體諸名義」と題して、アルファベット綴りのアイヌ語に日本語訳をつけ、腸、胃、舌、ヒゲなど、熊について猟師に訊いた折に知ったか、あらかじめ学んで狩りに臨んだのであろう単語二五個が連ねてある。こうしたアイヌ文化への関心から、アイヌ文様とアイヌ文字を彫った盆をつくってみた、そういうことかもしれない。

同時に、木彫り熊が八雲の徳川農場の産品のひとつとして発想されたものであったことを考えれば、このアイヌ文様・アイヌ語木彫り盆もまた、おみやげ品として発案された可能性がある。当時の八雲には明治維新で失職した尾張藩士百戸の開拓民だけではなく、当然アイヌもいた。有名な彫り手のうちだれがアイヌでだれが和人かといった話は、八雲の現在の住民の賛同を得た上で資料館等が敬意と誇りをもってその両方を発表する気にならないかぎり、詮索する気にならない。現在もアイヌ民族に対する驚くほどの無知に基づいた暴言が日本では消えないからだ。[11] しかしアイヌもまたそこで熊を彫っていたことは間違いない。かれらの文様や言語をおみやげのデザインに使ってみようと義親が考えたとすれば、それは先住民族文化の流用、観光資源化といっていいのかもしれない。ただし流用即搾取とみるのは早合点である。

義親は一種の反骨精神がある人だったようで、学習院高等科をビリで卒業し、東京帝国大学の国史科に入ったが講義のやり方がどうにも気に入らず、既存の歴史をテーマにする気はないと、卒論では教授の意見を無視して尾張藩の木曾林政をとり上げた。三〇〇年以上にわたり木曾檜の天然美林が保存された理由、保護方法、方針を実際に現地を訪れて研究したのだという。『木曾林政史』は五十年後になって、歴史ではなく経済史であるとわかった[12]」という義親だが、いまならこれをポリティカル・エコロジーの事例研究とみることもできるだろう。

こうした義親の考えは、北海道・阿寒湖の観光地化の礎を築いた旧薩摩藩士・前田正名（一八五〇〜一九二一）の思想に近い。一九〇六年から一九一〇年にかけて国有未開地の貸し付け・売り払いにより阿寒湖畔に三、六〇〇ヘクタール近い土地を入手した正名は、「ここはスイスに勝るとも劣らない景色だから、切る山ではない、見る山だ」といっていたという。つまりエコツーリズムの可能性を見いだしていたのだ。正名の死後、前田家の財産はすべて公共事業の財産とす、という彼のことば通り、二代目園主・前田正次の代に阿寒国立公園が指定され（一九三四）、三代目（二代目の妻）前田光子が地元住民への土地開放などを行ってさらなる発展に貢献したという[13]。

阿寒川沿いのアイヌコタンについては松浦武四郎の日記にも記述があり、古くよりアイヌの住まう地であったことは間違いない。しかしいまの阿寒湖畔のアイヌコタンは前田家の土地購入後、観光産業を目的につくられたものである。この点も、徳川義親と木彫り熊の関係に類似している。阿寒湖畔のアイヌコタンも、八雲の木彫り熊も、もともとそこにあったアイヌ文化というわけではない。だがいずれもアイヌ文化と親和性の高い題材・材料・手法を用いた仕事が、土地と住人に合った産業を興すという視点を有する部外者の主導により、先住民族と入植者の両方が参与できる産業に展開していく中でできたものだ。

オーストラリア先住民族のコミュニティが点在する中央砂漠で起こった現代絵画の動き、ドット・ペインティングと呼ばれる手法の広まりには、義親や正名の関与による現代アイヌの工芸や観光産業の展開に比較して考えうる側面がある。この絵画運動は、白人の美術教師ジェフリー・バードン（Geoffrey Robert Bardon, 1940-2003）がある先住民居留地でアクリル絵の具を用いて絵を描く提案をしたことがきっかけで、世襲で継承されてきた伝統儀礼と関連性の深いボディペインティングや砂絵のデザインが、これまでにないかたちで、まさに噴出したものだった。

ドット・ペインティングも元来は先住民族のものではないスタイルで、材料も外部から持ち込まれたものだ。だがこれはかれらが長年やってきたことの近代化バージョンともいえるもので、かれらの物語を現代オーストラリアの材料と手法と市場を利用して表現し、かれらの権利、とくに土地所有権を主張する手段となってもいった。中央砂漠の民にとってそれらの絵に描かれたデザインは物語るもの、故郷の土地を指し示すものであり、土地と個人、家族、血族の確固たる結びつきの証拠でありつづけてきたからだ。同時にアボリジナル絵画（ドットだけでなく北部のバーク・ペインティングや、その他のスタイルも含め）は芸術／工芸品／おみやげとして（繰り返すが、この三つを厳密に区分することは不可能である）、貨幣経済社会におけるかれらのほぼ唯一の成功した産業になった。

もちろん、先住民族デザインの流用には、簒奪とみるほかないケースもある。神聖なデザインを勝手に足で踏む絨毯にした例など、安易な流用が深刻な問題になった事件もあるし、どう見てもそのデザインの背景文化についてなにも知らない人が安価に大量生産した非常につまらないおみやげアートが、市場を荒らしている例も多々みうけられる。しかしいつも問題なのは、つまらないと決めるのはだれか、ということだ。文化が断片化され、その起源とは無関係に商品化され流通する現象の只中を、わたしたちは生きている。例えば奴隷制の過去に怒り文化的植民地支配の継続に抗議するアフリカ系文化の歴史的な根源を忘れ去り、なんとなく反抗的な気分だけを漂わせるものとなった「ブラックっぽい」音楽を自分が創造していることを、日本人ラッパーが恥じる必要は、あるのかないのか。簡単には答えは出せない。ある創作物が保持する物語に力があるかないか、それは個別に、その度ごとに、間違いながら、学びながら、判断するしかないのではないか。

六　流用と協働――木彫り熊の復権

義親はスイスの木彫り熊を流用し、八雲の入植者および先住民族がこれを流用して、先住民族文化と共鳴・親和する北海道木彫り熊というひとつのデザインソースが生まれ、おみやげ／工芸品／芸術品がつくられ、市場に流通した。同時に義親はアイヌ文様とアイヌ語を流用し、おみやげ／工芸品／芸術品デザインのプロトタイプをつくった可能性がある。義親と徳川農場の開拓民、八雲のアイヌ、さらに木彫り熊をやってみようと考えた道内各地のアイヌの方々は、文化の相互流用を行い、それぞれにデザインソースを利用し、とり入れていったといえるだろう。一方的な占有・専売やコピーライトの限定が、できない状況がそこにあった。つまり木彫り熊発祥時、ほとんどの工芸デザインはオープン・ソースとみなされていた。この開放性は、著作権の厳密でない時代が保障したものだったろうし、先住民族文化の自律性が大幅に損なわれてしまっていた時代ゆえともいえる。

現在、多くのデザイン・ソースは勝手な流用を許さない。だがいかに流用を禁じようとしても、公開される情報は、流通してしまう。とくにおみやげ界におけるデザインの流用、断片化、商品化の素早さは、いくらコントロールしようとしてもできるものではない。そこはまさに海賊の領海である。

徳川美術展の展覧会場を出ると、おきまりの記念品会場があった。しかしここにも、熊の姿はなかった。源氏物語絵巻にちなんだ源氏手ぬぐいはあるのに、熊がないのだ。熊がほしいとおもった。この展示のおみやげには、熊が必要じゃないか。じつはおみやげとしては廃れたとされる木彫り熊を見直す動きが、現在じわじわと感じられる。八雲の資料館開館に加え、山里稔が木彫り熊の多様な姿をまとめた『北海道　木彫り熊の考察』（かりん舎、二〇一四年）の出版も近年のことである。観光と先住民族文化と芸術とエコロジーが新たな同盟関係を結ぶことができれば――その可能性はいま充分にある――北海道の木彫り熊は、かたちや意味を変えて復活するかもしれない。なにしろ海賊が跋扈する世界だから、どんなこともありえる。

（1）　公益財団法人徳川黎明会の総務部学芸員・香山里絵氏によれば、この盆の線刻が義親自身によるものであるという説は、現・北海道八雲町の旧徳川農場を引き継いだ旧八雲産業事業所の所長の話として口伝されてきたもので、信憑性があるのではと推察されるものの、裏づけとなる証拠は二〇一六年現在確認されていないという。

（2）　この文字の内容は知里幸恵編訳『アイヌ神謡集』（一九二三）中のローマ字表記によるアイヌ語神謡の一部分と同文であるというが、前掲注（1）記載の通りこの盆の作者が義親だという話そのものが裏づけを必要としており、文章の由来も『アイヌ神謡集』によるのか、八雲在住のアイヌ、あるいは親交のあったジョン・バチェラーから聞いたのか、定かではないという。これも右同様香山里絵氏よりお聞きしたことである。

（3）　磯田彩実「徳川美術展ここが見どころ〈3〉八雲の木彫り熊」（『北海道新聞』二〇一四年八月一八日付）。

（4）　徳川義親「木彫の熊」（『月明』一九五四年二月一五日号）。

（5）　萱野茂『アイヌの民具』（すずさわ書店、一九七八年）ほか、白老アイヌ民族博物館、二風谷アイヌ文化博物館の展示品等も参照されたい。

（6）　北海道礼文島郷土資料館蔵の礼文島出土歯牙製女性像及び動物（熊）像（昭和四七年北海道指定有形文化財）もこれらによく似たもので、オホーツク文化に属するものと推定されている。モヨロ貝塚館の女性像は頭部を欠いているが、礼文島郷土資料館の女性像のほうは不思議な仮面のようにも見える頭をしている。

（7）　本田寛成「謎の北方海洋民族の生活いきいき　アイヌ文化に大きな影響　歴史新発見　北海道羅臼町・

松法川北岸遺跡」（『日本経済新聞』電子版、二〇一五年九月二四日付）。

（8）同右。

（9）注（2）に記したバチェラーとの親交がこれに深く関わっているようだが（仁多見巌訳『ジョン・バチェラーの手紙』山本書店、一九六五年）、詳しくはまた別の機会に譲りたい。

（10）徳川義親「アイヌと熊」（『動物學雑誌』三五〇号、東京動物學會、一九一八年五月一五日、四二頁〜四四頁）。

（11）岡和田晃、マーク・ウィンチェスター編『アイヌ民族否定論に抗する』（河出書房新社、二〇一五年）参照。

（12）徳川義親『最後の殿様』（講談社、一九七三年）五一頁。

（13）中村和恵「阿寒湖と前田正名とアイヌ文様とつながり」（『いすみあ　明治大学大学院教養デザイン研究科紀要』七巻、二〇一五年）。

〔謝辞〕画像貸出・八雲産業株式会社

コラム

アラブ演劇の〈非〉流通から〈世界文学〉を踏み外す

鵜戸　聡

はじめに

米国発の新たな〈世界文学〉が毀誉褒貶《きよほうへん》ありつつ奇妙なブームを巻き起こしているが、いかにも当地の学界や大学内部の角逐《かくちく》を反映したものでありながら、「アメリカの世界戦略」のようなパースペクティヴを無邪気に内面化しがちな我が国の議論をすこし引っ掻き回してみたい(1)。

　そもそも国が変われば〈世界〉の見方が変わるのがむしろ自然だろうから、試みに、つい最近まで「国際社会」から制裁を受け、〈世界文学〉論を主導する米国の大統領に「悪の枢軸」と非難されていたイランのパースペクティヴを瞥見しよう。ババク・シャムシーリーとマスイーフ・ゼカヴァートによれば(2)、イランの中等教育で用いられている国定教科書（わが国の「国語」に相当する「ペルシア文学（Adabiyyāt-i Fārsī）」）では、〈世界文学〉は「イラン国外で書かれたペルシア文学」「比較文学」「翻訳」（サンスクリットやアラビア語からペルシア語に翻訳された作品）という分類がなされており、全五冊に掲載されている三二八作品中〈世界文学〉が四六作（一四・〇二％）を占めるという。作家の内訳は、一二名がペルシア語話者で（三三・三三％）、アラビア語の作家は六名（一六・六六％）。一五名がヨーロッパ人で（四一・六六％）、フランス人が最も多く（一九・四四％）、ベルギーのフランス語作家が一名（二・七七％）、ドイツ人三名（八・三三％）、英国人一名、イタリア人一名、ロシア人一名。米国人は三名でチリの作家が一名。女性作家は三名（内二名が米国人）に過ぎない。

　とりあえずは〈世界文学〉が（わが国の旧慣に等し

く）国文学たる「イラン文学」の補集合、すなわち〈外国文学〉という意味で用いられていることを確認しよう（これはむしろ〈世界の文学〉と訳したほうがよいかもしれない）。ついで、アラビア語を除けば（これはむしろ国語教育における漢文の扱いに比すべきか）、すべて欧米の〈主要言語〉からの翻訳のみが収載されていることも日本の状況に通じるだろう。

なお、当該教科書は以下のように〈世界文学〉の益を説いている(3)。

> 世界文学を読むことは、他の国民の心理や感情に我々を親しませるのみならず、差異や共通性、影響についても明らかにしてくれる。（世界文学を読むことを通じて）我々は偉大な作家たちやその作品について学び、更には、我々の思考や感性の限界を広げるのである。　[Taki　2010: 77]

> 他国の文学と社会を学ぶことは、彼らの思想や信条、文化的発展に我々を親しませ、価値ある文学作品を比較する機会を与えてくれる。更に言えば（中略）様々な国民の文学を比較することによって、お互いの影響について学ぶことができるのである。　[Ahmadi　2010: 82]

すなわち、教育的見地から、この〈世界文学〉はいわば「異文化理解」のために推奨されているわけである。とはいえ、この教科書を呵責なく指弾する著者たちによれば、その内実はいささか趣を異にしているらしい。

> この書物の同質化的で自民族中心的、人間中心的で異性愛中心的な態度、すなわちその国家的、宗教的、言語的なショーヴィニズム、その文化的伝統主義と保守主義は、「イデオロギー的な国家装置」としての教育システムの役割とともに、このカリキュラムの盲目さを引き起こしている要素の一部である。　[Shamshiri & Zekavay 2014: 24]

ここでは、「日本文学はどれぐらい世界文学なのか？」(4)などという自己満足的ながら控えめな問いとは比ぶべくもないほど、長い歴史と広大な地域を覆う「ペルシア語文学（Persianate Literature）」の至上価値はもとより自明とされており、現在のイラン国家を遥かに超越するペルシア語世界の文学伝統が誇らしげに主張される（中国文学が、日本や朝鮮、ベトナムの漢文学を包摂しようとするならば、という想像を誘うやもしれない）。

ペルシア語はかつて地中海からスィンド、メソポタミアからスィル・ダリア（中央アジアの川）に至る広大な地域で話されていた。だが、その拡大はやがて退縮する。政治的な混乱と英国の植民地主義の結果、インド亜大陸のペルシア語を話す住民たちとイランとの繋がりは途切れてしまったのだ。(中略)しかし、ペルシア語文学の精神と言語はいまだにそこに存している。

[Taki　2010: 158]

大英帝国の圧迫によって退縮したペルシア語圏のかつての威光を称揚することは、理念としての〈ペルシア帝国〉の権利要求であり、実質上の西欧文学である〈世界文学〉と「ペルシア語文学」を対置することによって、二つの帝国の角逐が文学の名の下に現出しているのである。このようなパースペクティヴにおいては、おそらく「世界文学はどれぐらい日本文学なのか?」(米国の「世界文学全集」における日本文学のシェアはどのくらいか?)に比すべき問いは発生するまい。なんとなれば「ペルシア語文学」はすでに一つの〈世界文学〉であり、その外部に欧米に代表されるもう一つの〈世界文学〉が残されているだけなのだから。

一　〈世界文学〉の思考

イラン国家の世界観・歴史観を反映した教科書に比べると、日本の〈世界文学〉の概念は(双方教育と密接に結びついてはいるものの)何よりもまずコマーシャル(商業的)なものとなって、読書界のニーズと出版界の利益の合致したところに、「世界文学全集」や「世界文学を読む」などといった商品のかたちで、わたしだちの眼前に現れている。

かつては、西欧一辺倒に古典的な(概して作者が存命でない)「名作」を集めて、英米独仏と各国別に(もしくは一国で一集を形成し得ないとみなされた場合は「南欧」や「アジア」という大小の地域で)分類していたものだが、とりわけここ二十数年というもの「国民国家」研究や「西欧中心主義」批判が著しく進み、すでに作品の採集先は飛躍的に拡大、〈世界文学〉の地図は大いに多様化したといってよいだろう。

「亡命」や「移民」によって国境を渡った作家のプレゼンスが増すにつれ、文学における「越境」が、少なからず事後的に(とりわけ冷戦終結前後に)話題となる一方、中欧諸国の例を見れば歴史ある「国語国文学」のようなものが(国境の変動はともかく)独立国家によって堅固に担われている状況にはそれほど変わりがなく、それどころかチェコスロバキアやユーゴスラビアの解体は一種「民族国家」的幻想の強固さを追認させるものですらあった。それゆえ、苦肉の策ともいえるが、先ごろ出版された東欧文学ガイド『東欧の想像力』などは、各国別の記述に加えて言語別のコラムを用意することによって、（問題含みでありながら無視することもできない）国家という単位のジレンマを軽減しようと努めている[5]。

　さて、「東側」や「旧植民地」出身の、国境や言語を「越境」する作家たちが俄かに注目を集めたとき、その対蹠《たいしょ》に在ったのは先述の古典的「名作」、いわゆる「国文学」の〈正典〉である。〈正典〉の概念とは、言ってみれば「国文学史」の殿堂に納められた作品であり、なおかつ潜在的には永遠普遍の相を持った「図書館」に属していると考えるようなものだ。その意味において〈世界文学〉とは、その広大な図書館から選者の時代と趣味と見識に従って不完全なかたちで取り出されたひとまとまりの蔵書群なのである。

　従って、その蔵書の選び方に遺漏があったり偏りがあったりするのは当然のことであり、時代の要請や各人の見識によってそのつど選び直されるのはむしろ本然的なことだろう。それゆえ、世界文学なるものが、時代の流れに沿って「改善」され、より「普遍的」なものに成長するかのように見えるのも、その時代にとって最善なかたちに並び替えられるよう設計された書棚に載っている以上は、本質的な性向であるといってよい。いま行われていることは、旧来の正典に加えて、国文学の枠組でうまく配置できない名作を〈新たな正典〉としてこの図書館に収めようとするものとも言えよう。デイヴィッド・ダムロッシュは世界文学を「現象学的」というが[6]、現象として現れた作品群（及びそれらを読む「モード」）の背後に、このような〈図書館〉が「物自体」として措定されているようにも感じられる。結局のところは、この正典と図書館の二段構えを保持し続ける限り、本質主義的な正典思想を回避したところで、認識不可能性の影に隠された図書館の本質主義は不変なのではないか。

　それゆえ、願わくは、〈世界文学〉というモデルから外れたところにこそ文学を賭ける余地を探してみたい。少なくとも正典の潜在的書庫空間である図書館モデルと骨がらみとなった〈全集〉的思考を一度徹底的に排除してみる必要があろう。なぜなら、正典とは特に優れた作品とみなされているが、文学はいわば〈文学的に優れている〉作品のみによって成り立つわけではないからだ。

　そもそも〈文学的に優れた〈文学〉作品〉という、ほとんどトートロジックな表現が示唆しているのは、文学作品それ自体に独自の普遍的価値が内在しているという理念もしくは信念である。無論、時代を超えて読み返される作品は存在する。しかし、それは時代の変化や読み手の創造的な読解がテクストと協働することによって新しい価値が生み出されるということであって、作品そのものに計量的に比較可能な不変の価値が存するということではない（そのような協働を可能にする潜在性については議論の余地があるが）。〈時を超えた（通時的な）普遍的価値〉という理念が機能不全に陥るなか、〈世界文学〉の書棚に並べられていくのは、（読み手の相対的な評価という留保をつけながらも）共時的な読書の地平（いま読むべきもの）に仮構された普遍性の裡に〈優れている〉と看做された作品なのである。そのような地平を拡大し、多様化することには大いに意義があるものの、それを一枚岩的に捉えていては限界があるだろう。なんとなれば文学は多重的かつ不連続な地平を有しているのだから。

「アメリカでは世界中の文学が英訳されている上に、移民に出自を持つ作家たちが出身国のことを書いているから、英語ができれば世界文学が読める」などと言う人もいるが、それはアメリカの文脈において仮構された〈世界文学〉であって、世界のどこででも普遍的に通用するわけではない。例えば、英語の論文でもっとも頻繁に取り上げられる中国の文学作品に清朝の白話小説『紅楼夢』があるが、これは中国で非常な人気を博しているとはいえ古典文学の王道からは少し外れ（アラブ人文学にとって『千夜一夜物語』が埒外にあるのと同様）、日本の中国文学受容においてはむしろマージナル（周縁的）な作品に属する。『紅楼夢』と『ノルウェイの森』を並べて〈世界文学〉を論じるのは如何にも英語的なパースペクティブであり、日本語空間ではいささか奇異に映るだろう。

二　〈小さな〉アンソロジー

〈世界文学全集〉の内部に「視点」や「共鳴」という横断的なセクションを設けるダムロッシュの手法はなるほど慧眼と言えようが、[7]〈世界文学〉という枠組はどうしても一元論的な射程を作り出してしまう。たとえそう銘打ってはいなくとも（例えば光文社「古典新訳」シリーズや集英社ヘリテージシリーズの「ポケットマスターピース」など）〈世界文学〉がしばしば孕む〈偉大さ〉への志向を原理としたコレクションというものは、事実上西欧偏重でありながら、超地域的（特定の地域を越えて読まれる価値を持つ）で、なおかつ超時間的（時を越えて読まれる価値を持つ〉な〈普遍性〉を有する〈偉大な〉作品を揃えようと目論むのである。だが、もっとささやかで自由な文学選もたくさんあるではないか。

試みに、〈小さな〉アンソロジーに眼を向けて、すこし頭をほぐしてみよう。たとえば世界の文学を対象にした書評集に『いま、世界で読まれている105冊』（テン・ブックス、二〇一三年）があるが、これは世界各地から幅広く現代文学を紹介しようという意図で、未邦訳作品という条件もあり、多数の評者の好みで選ばれた大小様々な作品のごった煮であるところが、かえって読者に思いもかけない出会いをもたらしてくれる。標題に「いま」とあるように時代は限定されており（掟破りの中世文学もあるが）永遠の価値などもとより相手にしていない。

あるいは大同生命国際文化基金によって三〇年にわたって翻訳出版が続けられている「アジアの現代文芸」シリーズはどうだろうか。各国別に下位分類がされており、例えばパキスタン編の第一巻『パルメーシャル・スィング』の訳者解題が「アフマド・ナディーム・カースミーは（中略）パキスタンの代表的な文学者である」と書き出されているように、一国文学を代表する作家の優れた作品を選出しようという意図は明らかだが、「これはまさに日本で出版されるパキスタン文学最初の単行本」と言い、ささやかな一歩を踏み出したという真摯な態度はいかにも謙虚である。なお訳者は原作者カースミーからの手紙の一部を紹介しているが、「大同生命保険相互会社が設立された財団が、ある国の社会をより良く理解するためには、その国の現代文芸を紹介することが有効であるとお考えになっていることはまさにその通りだと思います」と述べるくだりは、この選集の企図を明らかにしていよう。確かに、長い伝統を有するウルドゥー文学の古典はここでは扱われておらず、現代社会の理解を助けることに力点がある。

同じく企業のメセナ事業としてはトヨタ財団の「隣人をよく知ろうプログラム」があり、タイ文学だけでも二六冊（大同生命からも一四冊）が翻訳出版されているが、宇戸清治によれば、作品の選定はタイ側に委ねられ、また「東南アジアでの反日運動への反省から生まれた」ものであるという(8)。アジア・アフリカ主義運動の成果である「現代アラブ小説全集」（河出書房新社）などは、知識人や作家の直接的な関与が大きいために〈文学性〉への関心がよりはっきりと看取されるが、やはり「他者理解の手段としての文学」という位置付けは揺るがない[9]。当然、文学の自律的な価値を至上のものとして〈正典〉を選定する〈世界文学〉の思考とは相容れないものだろう。しかしながら、〈文学的価値〉を追い求めるあまり、文学研究者は専門談義に終始して多くのことを取りこぼして来たのではないか。それどころか、いまや地域への関心が文学へ活力を与えているのではないか。それは、文学の「自律」した魅力が減退していると見るべきか、グローバリゼーションの結果世界各地への興味関心が細やかになったと見るべきか（少なくとも人間と情報の移動は飛躍的に容易になったが）。

最近の例を見るなら、先述の『東欧の想像力』のように特定地域の文学の文学一般への大きな寄与を訴えるガイドブックもあれば、『時間はだれも待ってくれない：東欧ＳＦ・ファンタスチカ傑作選』（高野史緒編、東京創元社、二〇一一年）のような特定のジャンルに強い興味を持った読者を想定するものもある。だが、もっと小さな翻訳活動に眼を向けると面白いものが見えて来る。ここでは二〇一三年に復刊された『東南アジア文学』、および同年創刊の『セルニャ：チベット文学と映画制作の現在』に注目したい。

主体にした『東南アジア文学』は、現在までに一四号を数える翻訳同人誌であり（一一号からが復刊後の近作）、タイ文学・ベトナム文学の翻訳を主としつつ、時にはマレーシアやミャンマーの作品まで広く収録している。興味深いのは、ベトナム文学がニャット・リンやカイ・フンといった草創期の作家やファム・ティ・ホアイという「一九八〇年代後半の、いわゆる「ドイモイ文学」を代表する作家」の作品を繰り返し掲載しているのに対し、タイ文学はウティット・ヘーマムーンやプラープダー・ユンのように現代作家の旬な作品を多く収めている点である。折しもタイではクーデターが発生しており、作家集団「セーン・サムヌック（意識の光）」がバンコクの書店で開いたセミナーのビデオクリップをテープ起こしして翻訳したものが収録されるなど[10]、タイの政治状況と作家たちの反応という非常にアクチュアルな話題に触れることができる。

雑誌という定期刊行形態は、同時代性に棹さすことによって、時々的な関心を映し出す。宇戸は「ポストモダン」作家プラープダー・ユンを指して「日本の文芸誌は、脱構築的、無国籍的な作風を書くタイ現代作家にとても親しみを感じているようだ」と評しているが、[11]タイという地域への関心と、背景知識があまり要求されない「無国籍的」な作品の読みやすさが需要を促進しているといえそうだ。同時代的な「偶然の一致」の観点からは、ウィワット・ルートウィワットウォンサーの『二五二七年のひどく幸せなもう一日』を、ジョージ・オーウェルの『一九八四年』に影響を受けた数多のディストピア小説とともに読むことができる。[12]たとえばアルジェリアのブアレム・サンサルによる二〇一五年の問題作『二〇八四：世界の終わり』とともに、読者はこの世界の暗鬱な未来に対して連帯することもできれば、タイとアルジェリアそれぞれの地域にこの問題がどのように再文脈化されるのかを読むこともできるだろう。

もう一方の『セルニャ：チベット文学と映画制作の現在』は年一回の発行でまだ三号を数えるのみだが、その充実ぶりには目を瞠るものがある。この雑誌は何よりもまずチベットへの関心を第一としており、文学や映画の紹介はもとより、人類学や宗教学の記事を含み、ポップスから畜産にまで話題は及ぶ。たとえば第三号の特集は「牧畜民の暮らしと文化」である。その巻頭言にかくいう。

チベットの作家たちが生み出す文学や映画には、何といってもチベットの文化や風俗が染み込んでおり、それに触れる私たちに新鮮な驚きや喜びをもたらしてくれる。
今、たいへん活気のあるチベット文学と映画の世界。本誌『SERNYA セルニャ』では、そんな熱気を帯びる文学と映画制作の現場に密着しながら、文学と映画を通してチベットの「いま」を伝えていきたい。[13]

驚くべきことに、編集部を兼ねる「チベット文学研究会」は言語学や人類学者の集まりであって文学研究者は一人も含まれていない。[14]このように文学を文化を写す鏡とみなすことは、文学自体の価値を絶対視する立場からは歓迎されないかもしれないし、実際、文学研究は作品を理解するために背景を調べることはあってもその逆はない。しかし、文学を専門としない人々がこれほどまでに文学に期待をかけ、精力的に翻訳紹介の労を取っていることは（初期のタイ文学の翻訳でも文学研究者以外の活躍が大きいという）、文学研究者にとっても大きな喜びであり、また叱咤激励として真摯に受け止めるべきことであろう。

なお、「チベット文学研究会」の星泉はとある長編小説の訳者解説で「チベット文学「聖地巡礼」のすすめ」と題して以下のように述べている。

なぜこのようなことをおすすめするのかというと、訳者自身、文学作品を読むことでチベットに対する固定観念ががらがらと崩れる経験を何度もしているからである。文学の効用は大きい。この作品を翻訳した後で、調査のためにチベットのアムド地方とラサ周辺にそれぞれ一回ずつ赴いたが、これまで何度も訪ねていたにもかかわらず、風景が全く違って見えたのが訳者自身驚きであった。現地に行っても見えなかったものが、作品を読んだあとでは目に飛び込んでくるようになったのである。これこそ文学的な聖地巡礼の効用であり、それが喜びと発見に満ちた体験であることは保証するので、ぜひお試しいただきたい[15]。

比較文学研究者にとって地域研究者は単なる専門知識の提供者と思われがちだが、彼らもまた文学を通して世界を発見するのである。もっと本質的なところでインタラクティブな協働が企てられねばならないだろう。その見地からも、『セルニャ』が創り出した、作家や作品とそれらを取り囲む環境がもろともに論じられるエコロジカルな文学享受の場は斬新だ。例えば、牧畜民の生活と牧畜社会を描いた映画、牧畜民出身の作家の紹介が一緒になされており、外国文学の新しい読み方を提言するものともなっていよう。

三　演劇における〈流通〉の重要性

海外文学の商業出版が難しくなったこともあり、上述の雑誌のような非売品（同人誌・報告書）の形で翻訳が発表されること自体も増えているように思われる。筆者に関わりのあるものだけでも、例えば『中東現代文学選２０１３』（中東現代文学研究会）はボスニアからグルジアにむかい中東を経由して北アフリカに至る現代文学をコの字型に綴った翻訳選であり、ザカリーヤー・ターミルの短編集『酸っぱい葡萄』（柳谷あゆみ訳、上智大学アジア文化研究所、二〇一六年）は、「秘密警察」を「見えない手」として表象するような、アサド政権下のシリアの特殊な事情を多く含むが、いまやその地域性こそが却って読者の関心を引くこともあろう。さらにアクチュアルな作品としてはヤーセル・アブー＝シャクラ『夕食の前に』（鵜戸聡訳『紛争地から生まれた演劇７』国際演劇協会日本センター、二〇一六年）があるが、これなどはパレスチナ系シリア人の作家が避難先のトルコから筆者にワードファイルをメールに添付して送ってきた戯曲である。

さて、ここまで〈文学〉をほぼ小説と看做して論じてきたが、演劇の例は〈流通〉という観点から多くの示唆を与えてくれるだろう。そもそも台本は何度も書き直されて定本がなく、出版されることも極めて少ない。テクストが流通することもあれば、むしろ役者自体に重点があって人間自体が流通することに意義がある作品もある[16]。また、文芸ジャンルに対するバイアスは必ずしも小説に偏するものだけではなくて、例えば詩の国イランの先述の教科書では、シェークスピアからの採録はソネットであって戯曲ではないという（なおイランの現代詩については『現代イラン詩集』（鈴木珠里他訳、土曜美術社、二〇〇九年）のおかげで日本語で概観できる）。もしくはアルジェリアのような国では、文芸出版はかなり盛んであるにもかかわらず流通管理が極めて杜撰であるために、書籍を手に入れるのに様々な困難がある。出版・流通に問題があったり、あるいは検閲のために、海外では翻訳出版はされていても原文は「海賊版」（ネット上で流布）しか入手できない作品もあろう[17]。アラブの春における詩の朗読、バハレーンの抵抗詩などは、インターネット空間が新たな媒体となっている。

ダムロッシュは『世界文学とは何か』の第一部をまさに「流通」としているが、ギルガメシュ神話から「ノートン版世界文学全集」に至る議論はあまりにも壮大だ。〈正典〉の歴史的な変転、もしくは数奇な運命を語る口吻《こうふん》はミステリーや冒険小説のように魅力的ではあるものの、ここではもっとささやかな作品の同時代的な流通について考えたい。例えば、筆者はシリアにしばらく暮らしていた友人から「ダマスカスでギルガメシュ神話を基にした演劇を観た」という話を聞いたことがあるが、ギルガメシュ神話はイギリス人によって発見され世界文学に組み込まれることによって現地に再輸入され、いまでは国民文学のパースペクティヴに配置されているらしい。国民文学の射程というものが国民の成立を超えて過去に遡行することを知っていれば合点のいくことである（アルジェリア文学史の始めに置かれたアプレイウス『黄金の驢馬』なども同様の例）。

四千年の古都ダマスカスで上演されたこの演劇作品について、しかし筆者はほとんど何も知っていない。というのも、上演という発表形態は本来的に一回性のものであり、現代演劇の大半は台本が公開されることが極めて少なく、台本自体が存在しないこともあるからだ。それゆえ、上演される作品のほとんどすべてに出会い損ねることこそが演劇体験の不可避的な原理となる。わたしたちは、見ることのできなかった（あるいは存在を知りもしない）膨大な上演が生滅滅已《しょうめつめつい》するなかで、結局はたまたまめぐりあったところの上演に望むほかないのだが、小説を読むことよりも遥かに機会が限られた体験である観劇において、偶然性の出会いを可能にする〈流通〉の重要性はもっと認識されるべきだろう。

　試みに〈世界演劇空間〉とでも呼んでみたい〈グローバル〉な演劇の流通様態は、フランスのアヴィニョン演劇祭などに代表される国際演劇祭を結節点として上演（＝次の上演のための宣伝）の連鎖するネットワークとして捉えることができよう。シェイクスピアやギリシア悲劇の翻案がほとんど無限に制作されるように、〈世界文学〉の古典とも密接な関係を持っているが、しかし、上演されるものは新作でなければ新しい演出であって、古典それ自体ではなくその読み直し・再解釈自体が作品の主眼となる点でテクスト自体の流通とは事情が異なる。テクストを肉付ける演出家や役者を伴って流通するがゆえに、コストが高い上に複製不可能なのである。それゆえ、公的資金に大きく依存する文化産業としての側面も大きい（小説の翻訳出版においても補助金の必要性は増すばかりだが）。

　筆者が多少関わりのあるアラブ演劇の例から考えてみると、そのローカリティは海外から招聘される重要な要素となっており、とりわけパレスチナ演劇家などは占領下の社会を語ることが期待される（グローバルに需要のあるローカリティの好例だ）。その一方、すでに国際的に評価の高い演劇家は国際共同制作という形で資本も初演も海外[18]ということも多い。例えば、レバノンのラビア・ムルエの『フォト・ロマンス』はアヴィニョンでワールドプレミアを迎えたためにフランス語で制作され、次に東京で上演するためにアラビア語訳を作成する、といった具合で、言語の問題も流通の文脈に依存している。

　そもそもアラブ演劇史上はじめに試みられた古典アラビア語劇はいまではすっかり影を潜め、上演は各地の口語アラビア語（いわゆる「方言」）で行われるのが常だが、この標準化されていない口語は規範が緩やかで、おのおの勝手な綴りで書き付けるわけだから、台本は（あったとして）読みやすいものではない。しかも練習や上演を繰り返すごとに台本に改変が加えられるのは常套であり、備忘録的な扱いになってしまうこともある。

以前、あるチュニジアの劇団から提供されたフランス語字幕がどうにも実際のセリフと合っていないと思ったら、シーンの順番が多少入れ替わって、新しいセリフが追加されていたことがあるが、セリフをすべて暗記した役者たちが実際の練習を通して練り上げていく作品の場合には、制作途上のマイナーチェンジはほとんど意識もされておらず、以前の字幕と齟齬をきたしていることに気が回らないことも多い。それゆえ、提供された台本や字幕と実際の上演が完全に合致するかどうかはその都度確認が必要となってくる。この時は、役者が一人も台本を持っておらず、脚本助手が一冊だけ所有していたかなり古いバージョンを元に、その場その場でセリフを書き足してもらって日本語字幕を修正するはめになった。

マイナー言語の作品が、精確なメジャー言語訳を経由して他言語へ翻訳されることはままあるが（例えばミラン・クンデラのチェコ語作品、イスマイル・カダレのアルバニア語作品にとってのフランス語訳）、口語アラビア語演劇の場合は英語版か仏語版を伴って国際市場に流通することがむしろ常態となっている。アラブ諸国の各地で異なる口語を精確に理解できる翻訳者が非常に限られるためだが、そもそもネイティヴであっても書記伝統のない口語で書かれたテクストを精緻に読み解くのは容易ではないようだ。とあるレバノン演劇の字幕を作った際に、先方のコーディネーターが「レバノン人でも読んでわからないのだから外国人が見ても役に立たない」と言い張ってなかなかアラビア語原本を手配してくれなかったこともある。ナンセンスな言葉遊びが多い作品で、もともと台本が存在せず、外国向けの雑な英語版しか用意されていなかったのである。

字幕という伝達手段が情報を制限せざるを得ないことはもちろんだが、そもそも演劇というコミュニケーション・モデルは、そこで発話されるテクストの儚さを前提としており、逃げ去る言葉のすべてを聞き手＝観客の記憶に留めようという発想を持っていない。それゆえ、声に乗せて調整され続けるテクストは、それ自体としては精緻化への傾向を持っているのだけれども、同時に聞き手へのコミュニケーションという点では字義通り精確に受けとめられることを目指しているわけでもない。むしろ、役者の口ぶり身ぶりを通して感得されるノンヴァーバルな雰囲気のなかでメッセージを送り出すことを宿命とするがゆえに、ことばそれ自体が十全で無くとも了解されるものがあることに信を置いている（「手癖の悪い翻訳家」[19]がことばの中抜きを行っても問題がないのである）。

例えば字幕によって訳し落とされ、セリフ回しによって聴き落とされることばの細部は、その不在によって演劇作品の受容モデルを特徴づけている（いったい原テクストの何パーセントが観客のもとまで〈流通〉するのだろうか）。これは、精密な翻訳とことばそれ自体の精読を志向する小説の受容モデルと大いに異なる点ではないか。もちろん読み落としは読書の常であるが、その欠落は常に読み返され、精読を深めることによって回収されるべき細部として在る。朗読会で耳を傾けるのではなく、書かれたテクストの細部を独り吟味していく詩の読解や、シェイクスピアを戯曲として読む行為も基本的にはこの小説型受容モデルに則っている（DVDなどで繰り返し細部を確認する最近の映画批評もこれに近づいているだろう）。

さらに、異なる文化圏で上演される場合（アラブ演劇の日本公演がこれに当たるが）、作品のローカリティが上演を特徴付けるマーカーになりながらも（「シリアの演劇ってどんなものだかひとつ見てみよう」）、そのローカルなコンテクスト自体は容易に理解できないものとして提示・受容されがちである（「紛争の現実というのもはやはり日本人の想像を絶する」という反応）。とりわけ、台本だけを提供された日本人が演出する場合には、仲立ちとなる演出家自体が「シリアのことがわからないので難しい作品です」というスタンスで制作することになってしまう。こういった現実は、しかしそれほど悲観したものではなくて、最低限の背景知識しかなくとも文学作品からなんらかのメッセージを受け取ることは可能であり、その受容において誤解する部分がないわけでもないにせよ、実際問題として、わたしたちは外国の現代演劇を楽しみ、知識を越えたところでそれに教えられるところも大きいのである（筆者もアラブ世界のことを何も知らない演出家によって自分が翻訳した作品が上演されるときに観客として新たな発見を経験している）。

それに、外国小説の読者というのも実のところ劇場に通う観客と大差ないのではないか。〈世界文学〉のモデルで想定される読者は、他処から手渡された作品に対する〈未来の精読者〉であり、〈全集〉の思想においては選者のアドバイスに従って数珠繋ぎに作品を精読することを要請されるわけだが、そのような〈プロの精読者〉（あるはその予備軍）ではない人々こそが一般の読者であろう。

先日、アルジェリア大使館でアルジェリア文学について講演する機会を頂いたが、聴衆は日本アルジェリア協会の会員であって、彼らが興味を持っているのは「文学」ではなく「アルジェリア」の部分である。幾人かはすでにいくつかの作品を読んだことがあるという。そこに描かれた人間と社会に強い関心を持ちつつも〈文学性〉には無頓着な読者――彼らについて語ることが世界文学のモデルでは難しい。世界の文学の多様性と戯れる読書の外に、多元的な差異そのものに体当たりしつつそこから何かしらを汲み取ろうとする読書について語る術をわたしたちは学ぶ必要があるのではないだろうか。

（1）　本稿は以下の拙稿の姉妹編であり相互補完的な性格を持つ。鵜戸聡「〈小さな文学〉にとって世界文学は必要か?：チベットの現代小説を翻訳で読む」（『文学』二〇一六年九・一〇月号、一四九～一六七頁）。

（2）　Babak Shamshiri, Massih Zekavat, "World Literature in Iranian *Persian Literature* Text books" *Asian Journal of Education and e-Learning* Volume 02-Issue 01, February 2014, pp. 24-30.

（3）　前掲注（2）論文の英訳から孫引・重訳する（二五頁）。原典の書誌情報は以下の通り。Tākī, Masʻūd et al., eds. Adabīyyāt-i Fārsī 1, Tehrān, The General Bureau for Textbooks Printing and Distribution, 2010. Ahmadī, Ahmad et al., eds. Adabīyyāt-i Fārsī 3, Tehran, The General Bureau for Textbooks Printing and Distribution, 2010.

（4）　秋草俊一郎「「日本文学はどれぐらい世界文学なのかという問い」と、「世界文学はどれぐらい日本文学なのかという問い」について」（井上暁子編『越境する世界文学』熊本大学第一一回21世紀文学部フォーラム、二〇一五年、二五～四〇頁）。

（5）　奥彩子他編『東欧の想像力』（松籟社、二〇一六年）。例えば鵜戸聡「東欧文学とフランス語」などを参照されたい。

（6）　デイヴィッド・ダムロッシュ／秋草俊一郎他訳『世界文学とは何か』（国書刊行会、二〇一一年）。

（7）　ダムロッシュによる『ロングマン版世界文学アンソロジー』の工夫については秋草前掲注（4）に詳しい。

（8）　宇戸清治「タイ文学は日本でどのように紹介されてきたか」（『東南アジア文学』第一三号、二〇一五年、六～一五頁）。『SOUTHEAST ASIAN LITERATURE』〈http://sealit2013.tumblr.com〉参照。

（9）　鵜戸聡「異言語で敗北を引き受ける：金石範から

ムールード・マムリへ」（『立命館言語文化研究』二五巻二号、二〇一四年、一二七〜一三九頁）。

(10) 作家集団セーン・サムヌック／福冨渉訳「文学における市民」（『東南アジア文学』第一二号、二〇一四年、三一〜八四頁）。

(11) 宇戸前掲注(8)一一頁。

(12) 『東南アジア文学』第一四号、二〇一六年。

(13) チベット文学研究会『セルニャ：チベット文学と映画制作の現在』第三号、二〇一六年。

(14) この点は専門の文学研究者による論文を付した以下のモンゴル文学翻訳選などとは対照的である。芝山豊・岡田和行編『モンゴル文学への誘い』（明石書店、二〇〇三年）。

(15) ラシャムジャ／星泉訳『雪を待つ』（東京外国語大学アジア・アフリカ言語文化研究所、二〇一五年、三五五頁）。

(16) 例えば二〇一五年、二〇一六年に続けて来日公演したレバノン演劇は双方とも演出家本人が演じるのが大前提であろう。イサーム・ブーハーレドとファーディー・アビーサムラーの二人芝居「ベイルートでゴドーを待ちながら」はノンセンスな掛け合いが身上だし、サウサン・ブーハーレドの一人芝居「アリス」については「私を演じているのは私」と言明していた。静岡県舞台芸術センターの『劇場文化』に寄せた以下の上演解説も参照されたい。鵜戸聡「【ベイルートでゴドーを待ちながら】あっちとこっちの反弁証法、或はないところにあるものについて」『静岡県舞台芸術センター』〈http://spac.or.jp/culture/?p=522〉、同「わからない「わたし」と「あなた」のためのアラブ演劇」『ふじのくに⇅せかい演劇祭２０１６』〈http://festival-shizuoka.jp/program/alice/〉。

(17) エジプトの「一月二十五日革命」におけるタハリール広場を舞台にした口語詩については、山本薫氏の詳細な解説付きで日本語で読むことができる。アブドッラフマーン・アブヌーディ「広場」他二編（『神奈川大学評論』六九号、二〇一一年、一一五〜一三一頁）。

(18) 鵜戸聡「ラビーア・ムルーエとレバノンの舞台芸術」（黒木英充編『シリア・レバノンを知るための64章』明石書店、二〇一三年、四五一〜四二〇頁）。

(19) コストラーニ・デジェー（Kosztolányi Dezső, 1885-1936）の同名の短編小説「A kleptomán fordító」では、とある翻訳家が作品の中に出てくる金額や宝飾品の数を減らして翻訳し、存在しない差分をくすねてしまう。

コラム

「公的研究費の不正使用に関するコンプライアンス研修会」を誉め讃える

稲賀　繁美

はじめに

この国では、二〇一五年度以来、公的研究費の不正使用を防止するためのコンプライアンス研修が義務化され、同年三月の年度末に、人間文化研究機構では、各所で「公的研究費の不正使用に関するコンプライアンス研修会」（以下、「研修会」とする）が実施されている。しかしながら、その主旨、実施方法、実施内容、研修方法などには、おおくの問題が含まれている。こうした動向は、現在の日本社会のおかれた危機的な状況を端的に照らし出す。公的研究費の不正使用は、まさに世間でいうところの海賊行為、違法行為とみなされる。だがそこにはむしろ社会現行の規則の疲弊と破れ目が露呈している。意図せずして発生する事態を無理やり規制に押し込めようとすれば、かえって無理が重なり、社会組織は破綻に瀕することとなる。そのメカニズムを解明するためにも見過ごしにできぬ事例として、本件をここで手短に検討してみたい。

一　「研究機関における公的研究費の管理・監査のガイドライン改正」の問題点

まず、「不正使用」などについて、それがなぜ発生するのかのメカニズムには踏み込まず、法律などで「不正使用」とされる事由を摘発することばかりが自己目的と化しているのは、「お見事」である。

1-1. 最初に、範疇論として、意図的な「不正使用」や規則への無知からくる「誤用」と「不可抗力」により発生する不正規状況、「不適切な処理」への対処等が、まったく区別されていない。そもそも配布資料には、「不正使用」「不適切使用」「例外行為」などの語句がみえるが、それらにはいっさい定義がなく、議論が横滑りしており、あたかもすべてが法律違反であるかのような予見を植え付けかねず、マスコミもこれらを意図的に混同して良識ある「社会の木鐸」を演じている。法律的な「不正行為」と誤用や不可抗力による「不適切処理」とが、もはや区別されていない。

1-2. 現実的には、「不可抗力によって発生した事態を、事務当局が責任上糊塗せざるをえない状況」が過去・しばしば発生してきたことに、制度上、最大の欠陥がある。頻繁に発生する「期ずれ」（年度を跨ぐ経理処理）を例にとるならば、「期ずれ」そのものが「犯罪」なのではなく、「期ずれ」が余儀なく、不可抗力により発生した場合への対応策の欠如それ自体が根本問題である。この問題を放置したまま、罰則規定等を対処療法的に強化すれば、事務の現場はますます危機感を強め、追いつめられて、四角四面の対応をとらざるを得なくなり、結果的には公的研究費の効率的利用のさらなる阻害に繋がる。

1-2-1. 不可抗力により、予定と異なる事態が発生した場合にも、適切な事後処理をすれば、事務担当者に理不尽な責任問題が降りかからないようにする制度設計が必要である。現状では、事前の日程予定、運用予定と異なる執行となった場合には、資金返納などの罰則を伴う結果となるため、現場で資金管理の責任を預けられた事務担当者は過度の責務を負うことになる。

さらに、こうした枢要な業務の実務処理を、常勤職員ではなく、非常勤職員の手で担当する比率が高まっている。こうした職場環境は、職場の士気および責任体制を著しく脆弱にするのみならず、職員相互の信頼関係を傷つけ、いたずらに相互不信、相互監視、内部告発などの陰惨な事態を招きやすくする。これは組織健全化の目標に背馳した組織破壊の制度であり、結果的には、公的資金の健全な運用を、かえって著しく困難にすることは、明白といってよい。

1-2-2. ほとんどの問題の根源は、①年度内執行の物理的限界、②予定変更手続きの煩雑さ、③硬直した執行規則、に帰着する。

①年度内納品が不可抗力により失敗すると、自動的に「不適切処理」として事務担当者に責任が降りかかる。だが不適切処理が発生するそもそもの原因は、単

年度執行という硬直した制度ゆえの欠陥である。こちらに目をつぶったまま現場に監督責任を帰することが、そもそもの間違いである。

②翌年度繰り越しには「目的積立金」制度などを利用して予定変更手続きで対処すればよい、とされているが、この制度はきわめて未成熟であり、想定外の緊急事態には対応できない。さらにこれらの代替措置は実務上きわめて煩雑であり、現場の首をいっそう絞めかねず、煩瑣な経理処理からかえってさらなる失策を招くことにも、現場では苦い経験が多々ある。

③チェック強化によって問題をクリアしようとしても、すでに現行の制度があまりに複雑多岐にわたり、担当者によって解釈が異なる事例が頻発している。「相談室」など設けても、不正規処理の責任の押し付けあいとなれば、かえって内紛や業務上の相互不信を昂進させるばかりで、運用は破綻しかねない。

1-2-3．具体的な指摘となるが、ガイドラインは外国での資金運用、変動為替レート下での換金などの現実にまったく対応しておらず、日本領土外では容易に発生する不可抗力に対して、必要な方策を策定していない。およそ「例外行為」では済まされず、国外では必然的に発生するこうした難点を放置したままで「防止計画推進部署」の設定を各機関に求めるなどは、本末転倒であり、行政側の責任転嫁にほかならない。現場が職務を忠実に遂行すればするほど、公的資金はかえって運用不能に陥り、現場職員にさらなる犠牲者が発生しかねない。あるいは規則遵守ゆえに公的資金は所期の効果が期待できなくなり、いずれにせよ、税金の使用として「不適切」として、遠からず制度廃止に至る懸念が大きい。文科省の最終的な目標は、公的資金としての研究費の廃止にあるのでは？とすら邪推される。

二　監査法人による「研修会」の問題点

2-1．お役所の論理で、書類上の体裁を整え、現場を制御しようとしても、かえって副作用が生じる。意図的な違反者は制度を巧妙に掻い潜る知能犯であり、またマスコミが報道する違法例は、えてしてきわめて特異かつ突出した例外的事例を、特ダネとして誇張して解釈する場合が少なくない。これらの確信犯とは、（大部分の）不可抗力による過失は異質な筈だが、世論にはその認識はない。指弾された当事者側に弁明を許す公的な場はきわめて限定されており、現行法への抵触を即「罪悪」視する短絡から、制度に内在する問題点（規則そのものの欠陥）はかえって見過ごされる。社会的断罪そのものを社会正義と同一視し、犯罪を摘発すればそれで正義が実現されるとする思考そのものが未熟であり、また行政及びその代理を務める監査法人が、自己を検察官と同一視する傾向に陥るのは危険である。（本コラムでの記述中、行政用語の「及び」「又は」「若しくは」の「不正使用」については、悪しからず）。「捏造」（「ねつ造」）「改竄」（「改ざん」）「盗用」などの用語が踊っているが、あたかもその司法的な認定権限が、監査機関自体に存するがごとき認識は謬見である。監査業務の厳正さは、審判者の果たすべき社会的責務とは別である。

2‐2．「不適切な経理」が全国の諸機関でなぜここまで頻繁に発生してきたのか、その実態や根本原因を洗いだすことはせず、摘発と処罰にばかり傾注する姿勢が、そもそも問題の核心を取り逃がしている。事由が頻発した以上、そこには制度設計になんらかの無理がある、とみるのが常識であろう。だがそちらには頬被りしたまま、執行現場に罪を押し付けるのでは、問題は解決できない。誓約書の取り交わし、（翻訳不能な）compliance研修会への出席義務化など、小手先の行政指導を強化すればするほど、抜本的な問題解決は先延ばしにされ、事態をさらに悪化させる危険がある。にもかかわらず罰則規定強化などの施策が無理を承知でとられるのは、制度的な破綻を糊塗する「問題の掏り替え」、政治および行政の側の、当座の保身でしかない。現場のどこで不可抗力や執行上の失策が発生するのかの検討が、あまりに疎かなままである。

2‐3．そもそも犯罪学の論理に基づいて不正行為の実態を把握しようとする文科省の根本的な姿勢が、事態を明確に語っている。研究者をして、法律違反を犯す潜在的犯罪者と看做すに等しい規定を起点として「ガイドライン」が設定されているが、そうだとすれば、これは研究者共同体にたいする全面的な不信表明である。また研究者共同体による自浄能力を最初から論外として、行政指導による「監視」を謳う態度からは、研究者共同体に対する「威嚇」が行政の基礎をなしていることも露呈する（＊）。「倫理」の名を語って行政が潜在的犯罪者の教化と訓育を嚮導する、という構図が、今日のこの国では「健全」となっている。

（＊）研修会への出席義務が、すでに合法的「威嚇」を構成する。役職者などで実施当日他の公務出張などと重なった管理職は、研修会に出席できず、多忙から結局他所での出席も叶わぬまま、結果的に公的資金運用の権利そのものを喪失する、という事態の発生すら、容易に想定できる。

三　監査法人によって「不正行為」の事例としてあげられたケースはきわめて「不適切」

いくつか具体例を掲げてみたい。①海外調査において、交通手段などの不如意による予定変更は常態であり、このため予定された面会・会合なども頻繁に不可能となる。②宗教的祭日などによる予定変更も、すべてを事前に計算にいれて日程を立案することは、現実的に不可能だろう。③また現地であらたな人間関係が発生し、それが研究の発展への千載一遇の機会を提供する場合もすくなくない。予定地でない国への緊急訪問などは、現行ではすべて資金返納の対象となるが、例えば④EUなどの場合には、日本での国境規定は現地では無効である。だが研修会において資料配布された「事例検討」は、不見識かつ悪質なる、きわめて特異な判例を盾として、こうした現場の現実に即した臨機応変の対応をすべて「不正」と断罪しかねぬ判断を示し、予定に従った資金運用に沿わない場合には、事後報告をしても結局個人負担で資金を返納せねばならない、という行政指導を徹底させる意図に貫徹されている。

3-1．もとより監査法人とは、法律の遵守を確認し、逸脱行為の摘発を目的とする機関であるから、資金運用上で発生した不可抗力などを考慮すべき立場にはない。だが監査法人による摘発にそって資金運用違反が厳罰化されれば、その結果発生する事態は明白だろう。とりわけこれらの事例で問題なのは、「会議」と「雑談」の区別、「地元紹介」の無効性、「研究目的外」との判定などが、すべて監査法人によって一方的に査定されることである。不服申し立ての手段が形式的には残されているにせよ、こうした事実認定を監査機関の手に委ねるとなれば、もはや現実的な歯止めが効かず、責任問題の発生を恐れる事務担当者は、不履行の発生しうる研究計画執行に対して、現在以上に消極的となる他あるまい。科学研究費補助金の執行などでは、現時点ですでに事務担当者の「配慮」から執行事前差し止めとなるケースが続出している。事態はさらに悪化するであろう。「学問研究の自由」などのお題目は、公的資金＝国民の血税の使用に関しては、もとより無益な証文であるから、持ち出すことは敢えてすまい(納税者の大半は、研究者など信用せず、有害無益な存在として侮蔑している)。だが、行政指導が「正義」の名において学術の発展に背馳する警察・検察権限を公然と代弁して行使するに等しい状況に至っている事実は、看過できまい。独立行政法人などの「準公務員」勤務者は、結果的に「公務員」相当以下の、要監視人物・要注意対象へと降格したことになる。

その一角として、⑤例えば「名刺印刷」に公費を充てることが、不正として頻繁に摘発される。規則の一人歩きの卑近な例だが、「要注意」案件なので触れておく。名刺は国際的交渉に際しては、しかるべき資格証明として、研究遂行に必須な道具となる場合もある。研究者と外交官とは厳密に区別する一方、政治資金規正法を研究者に準用する(?)こうした細則は、諸外国で相手方の研究者や行政担当者と会談する場合、恰好の笑い話を提供する。(「すみません。規則が厳しくて名刺が作れず」等)。「たかが」一万円の印刷費の「不正使用」と、その摘発のために膨大な国税を使う監査費用の無駄と。それらを天秤にかける発想そのものも、公正を尊ぶ世論の手前、「不適切」であるらしい。名刺印刷の件は、社会常識では判断不能な仔細な「不正」の一典型例だが、同様の「鼠取り」同然の矮小な形式的正義のために、膨大なる資金と時間が浪費されているのではないか、と心配される。

もとより公的資金の運用にあたっては、間接経費が控除される。間接経費とは、本来、研究遂行上、間接的に必要とされる経費のはずである。大型の実験装置を用い、電気料金などの出費が見込まれる工学系などの研究ならば妥当しよう。だが文化系の少なからぬ独立行政法人の場合では、間接経費はあたかも上納金のごとく事務経費に上乗せされる。むしろ名刺印刷のような「認識不足による誤用から不正使用を誘発させる」物件の処理に、間接経費を充てられるように制度を改革すべきではないか。これで「認識不足に起因する不正行為」の大半は事前に回避されよう。そもそも制度改革の目標は、なにも鬼の首でも取るように「不正行為」を「立件」することに血道を挙げることではなく、「不正行為」となる事例の発生をいかに未然に防ぐか、を目的として、合理的な制度設計をなすところにあったはずだ。

3-2．ところが「研修会」ではもっぱら「不正使用」の「類型」と「発覚の契機」ばかりが詳細に弁じられている。これは典型的に監査法人側の観点からみた分類であり、研究現場の現実への理解とは無縁の、摘発側の論理に貫かれている。もとより監査法人に、研究の現場への「理解」や「配慮」を求める筋合いではあるまい。だがこれで明確となるのは、研究者側にとっては、監査法人とは、利害の根本を異にする敵対組織、場合によっては訴訟の相手とせねばならない法人格である、という事実である。そこまで認識すると、「研修会」と称する、出席を強要される会合の、本質的な矛盾と危険性も露呈する。

①まず、監査法人側は、あくまで「不正行為の発生」防止に貢献する。その目的達成のためには、制裁を手段として、「法律による威嚇」によって研究者集団を「善導」することを、公的任務として要請されている。

②だがそれと矛盾したことに、監査法人は、どのような契機で不正が「発覚」したかを暴露することで、自分たちの監査の手の内を、部分的ながら「敵方」に見せびらかしている。深読みするならば、「犯罪者予備軍」に対する「紳士的恫喝」が有効な範囲で手の内を明かしつつ、それより狡猾かつ悪質な違反行為にたいする摘発の用意もあることを巧みに匂わせる予防措置が、研修会の枢要なる任務となる。

③以上を踏まえると、研修会の最後に実施され、出席および認証の根拠とされる「試験」の危険性が露見する。現場の不正を摘発することをもって公的な任務とする監査法人それ自体によって実施される「資格試験」を、監査を受ける側が無条件に受け入れるのは、癒着とはならないのか。逆に悪意あるひっかけ問題や、集計結果の利用法如何では、特定の機関が意図的標的とされ、合法的な手続きに沿って公的資金需給資格から除外されるのでは？、といった疑心暗鬼すら、容易に招きかねない（後述）。だがこの資格認定のために、さらに別途の第三者機関を立ち上げて、公平性の担保にする、などの手段を講じるとなると、屋上屋を重ねる結果となって、制度上も経費上も破綻に至ることは明らかだろう。

四　出席確認と認証のための試験問題の問題点

4-1．最後に、研修会で二〇一五年の初年度に実施された試験問題に触れたい（**）。まず指摘すべきは、研修会で実施されたマルペケ式回答の答案が、日本の教育制度に特有な設定であり、国際的流通性のない試験制度でありながら、そのことへの認識が欠けているという特性である。外国出身の研究者も多く対象とするなかで、無前提にこのような試験方式を、もっぱら日本語で課することそのものに制度上の「落とし穴」がある。

①正誤を問う文中に一か所でも（些細な）間違いがあれば、それを指摘せよ、という設問なのか、正しい部分があれば、正しいものとして扱うべきかといった、回答の基本原則からして不明瞭である。これは、日本式の減点法的発想の試験制度に習熟していない研究者には受験資格がない、と看做したに等しい。

②また本試験を資格試験とするならば、英語化を推進している文科省の基本方針とも背馳する。実際、「当たらない」という否定の認識の設問文に対して、設問文の当否をYes、Noで答えさせる方式だが、これは欧米語式と日本式とでは、回答が真っ向から転倒する。「あたらない」が正しければYes、不正ならNoとするのが日本語の論理であるのに対して、英語の場合には反対に、「あたらない」を追認すること（日本語ならYes）がNoとなる。つまり被験者の側の正反対の認識が、同一回答に含まれることとなる。これでは試験としておよそ無効である。「認識には不適切な部分が含まれる」「認識は全て適切である」の選択肢としなければ、混乱が生じる。

4-2．さらに①②のような根本的欠陥を含む設問への回答が、回答者の資格審査に利用される恐れも残るとなれば、第三項で触れたとおり、この制度を意図的に「悪用」することも、きわめて容易となる。公平性の担保がないまま、特定の機関での受講者の正答率・誤答率を自在に操ることも、技術的にいかようにも可能な試験設定だからである。

④さらに、研修会での講義内容を（事実確認の機会もないまま）鵜呑みにして試験答案を仕上げるという実施方法そのものが、それこそ研究者としての基本的倫理に反する。管理社会の常識にたいして、それで制度上差支えがないか否かの点検を加えるのが社会科学の使命であり、常識となっている倫理規定の根本を問い直すのが人文学の一つの枢要な使命である。さらに数理処理の統計学的根拠の妥当性を問題にすることは自然科学の基軸の一つを成す。

畢竟、今回の設問および試験実施体制は、こうした研究者共同体の社会的使命への配慮を完全に怠ったまま、あたかも研究者共同体構成員をして、行政の指導に無条件かつ（政治的に正しくない表現ならば）「盲目的に」に順応する「有資格者」か否かを一方的（かつきわめて能率的）に分別する制度確立への足掛りを与えるものである（言うまでもなく、この試験で「有資格者」と認定された者は、学者としては「資格外」となるはずである）。これに「横暴」という形容詞を充てることは、決して「不適切」ではあるまい。研究者共同体の存立理由を等閑に付し、その社会的意義の基礎を蹂躙する「横暴」が、行政によって「社会正義」の旗頭のもとで正々堂々と進められようとしている。「国益」にも反するはずのこうした事態に研究者共同体側からまっとうな反論もなされないならば、それは、国家の学術的基幹が文字通り崩壊に瀕していることの証左以外のなにものでもありえまい。

　海賊行為を根絶させようとする善意と、規制によってそれを達成しようとする行政的責務とが、かえって倒錯した結果を招く。こうした傾向を放置することは、結果的に社会を追い詰め、弱者のうちにさらなる不幸な犠牲者をつくることとなろう。このかんの一連の「健全」極まりない動向に対して、深い憂慮の念を表明しつつ、それを（資格認定上もとより不適切な）「海賊史観」から批判的かつ戯画的に検討してみた次第である。

二〇一五年三月七日

（**）なお、以下の規定が人間文化研究機構・機構長名で各機関の長あてに通達されている。「研修資料については、各機関におけるコンプライアンス教育のためのみにご使用いただき、各機関のウェブサイトでの公開等、不特定多数の方が閲覧、使用できることのないようお願いします」（平成二八年一一月二八日）。このため、通常の学術手続きにそって研修資料を引用し、学術的な手続きに沿って批判的分析を施すことそのものが禁止されていることを確認し、本稿が学術的には不備を免れないことを追記してお断りする。ここからも明らかなとおり、学術にはすでに行政の不備を是正する権能を社会的に剝奪されている。なお、そもそも compliance は命令への服従、屈服あるいは追従を意味することを、最後に確認したい。

航海日誌抄録

海賊商品流通の学際的・文明史的研究で行った3つの美術展

大西　宏志

はじめに

私は研究分担者そして作家としてこの研究会（以下、「海賊研究会」とする）に参加し、共同研究者と共にこれまでに三度の展覧会を実施した。これらの特徴は、ただ作品を展示するだけではなく、作家と研究者が意見を交わす場が設けられていた点にある。芸術家と学者が、それぞれの方法をつかって共通のテーマに迫ろうとしたのが、これらの展覧会の特徴と言えるだろう。

展示にあたっては、モノ学・感覚価値研究会アート分科会（以下、アート分科会）が責任を負って実施した。この会の母体は、鎌田東二氏（上智大学グリーフケア研究所特任教授・京都大学こころの未来研究センター名誉教授）が、二〇〇六年にスタートさせたモノ学・感覚価値研究会である。日本語の「もの」という言葉がもっている意味の広がりを手がかりにして、様々な分野の研究者が非西洋的な感覚価値を探る学際的な研究会だ。鎌田氏は研究会の目的として「モノ学の構築〝もののあはれ〟および〝もののけ〟から〝ものづくり〟までを貫流する日本文明のモノ的創造力と感覚価値を検証する」を挙げ、「物（物質的）」「者（人格的）」「モノ（宗教的）」の三つの側面からアプローチすることを提唱している（図1）。アート分科会は芸術実践を通じて研究を行うために二〇〇八年に設立され、海賊研究会で行った三度の展覧会も含めてこれまでに七度の展覧会を実施し、一冊の本を出版している。

一　『続・物からモノへ～うつしとうつわ～』（二〇一四年三月二日～八日）

海賊研究会の最初の展覧会は、東京画廊の山本豊津代表をディレクターに迎えて大徳寺の側にあるギャラリー「遊狐草舎」（京都市北区紫野）で行った。

ここは築二〇〇年の古民家を改装したギャラリーで、古い日本家屋の趣きを活かした展示空間になっている（図２）。展覧会のテーマは、二〇一〇年に京都大学総合博物館でアート分科会が実施した展覧会『物からモノへ』を引き継ぎつつ、これに流動性のある語感をもつ「うつし」「うつわ」を触媒として加えた。これにより美術における海賊行為の有様に迫ろうと試みた。

さらに、展示計画を練る過程で三つのサブテーマ「知的所有権と芸術表現」「複製技術と芸術的価値」「西洋美術の海賊（カウンターパート）」が浮かび上がっ

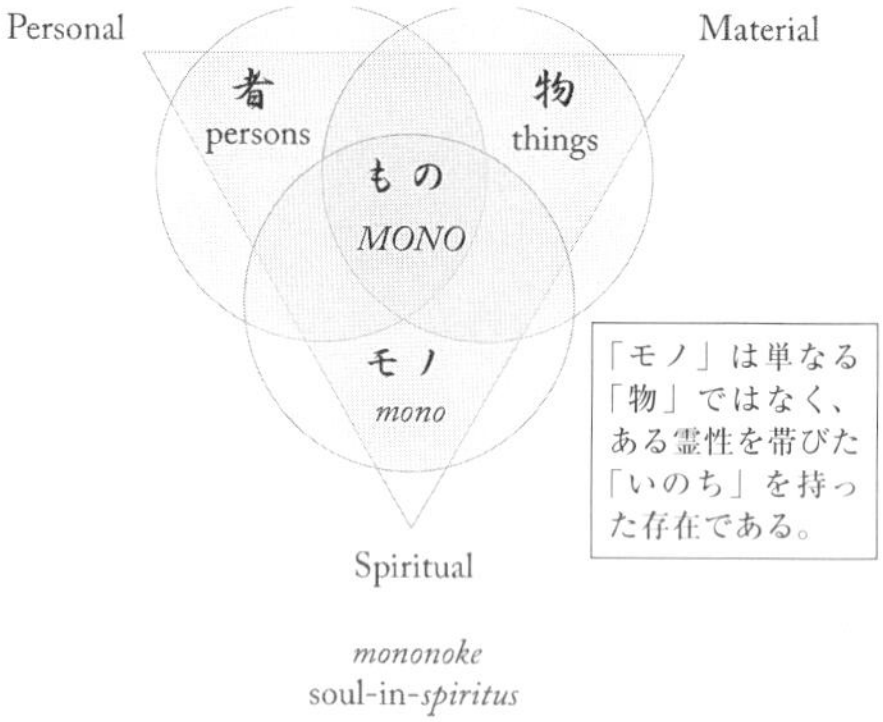

図１　もの図（出典：『物気色』美学出版、2010年）

図２　遊狐草舎の展示風景（撮影：田邊真理）

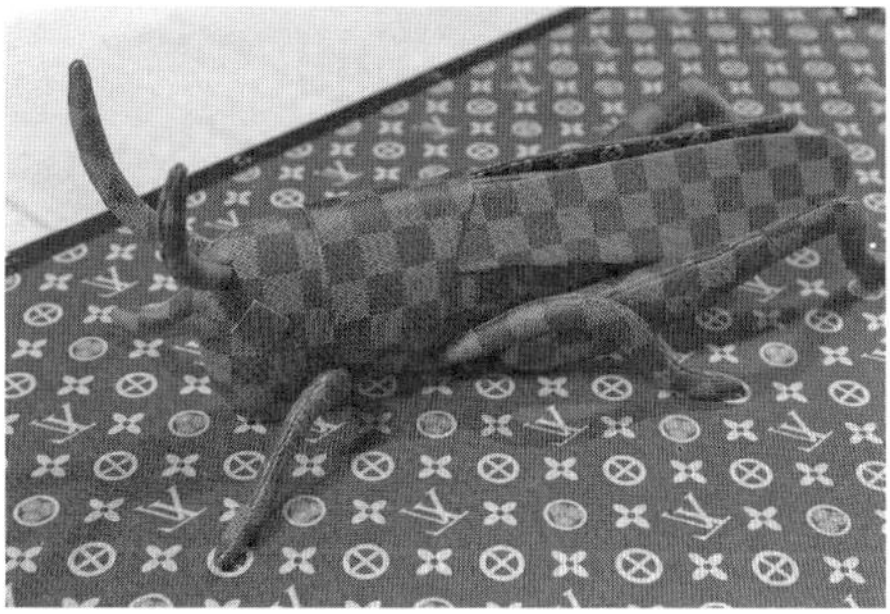

図3　岡本光博《バッタもんLV Da》と《Red Square》(撮影：田邊真理)

図4　入江早耶《エビスダスト》(撮影：田邊真理)

た。これらは、海賊研究会に参加している個々の作家の問題意識が表れたものである。

知的所有権と芸術表現

サブテーマ「知的所有権と芸術表現」では、知的所有権という概念や法制度が芸術表現との間で引き起こす摩擦に注目し、創作における正当性とは何か、また正当性を脅かす海賊行為とは何か、さらに正当な創作と海賊的な創作に違いはあるのかという問いを立て、

岡本光博研究員の《バッタもんLV Da》《Red Square》(図3)と入江早耶氏の《エビスダスト》(図4)を展示した。

《バッタもん》シリーズは、神戸ファッション美術館が二〇一〇年に開催した展覧会「ファッション奇譚・服飾に属する危険な小選集」で撤去騒動に巻き込まれた作品である。この騒動は、ルイ・ヴィトン日本法人から、「《バッタもん》がルイ・ヴィトンの登録商標権を侵害するコピー品で作られているので展示を中止すべし[1]」とのクレームがあったために起きた。《バッタもん》の皮に使われている生地が、しばしば摘発されてニュースになる海賊版商品と同様の生地で作られているという指摘だった。岡本研究員は、コピー商品が氾濫する現代社会に対する風刺作品として《バッタもん》を制作したのでこのクレームには驚かされたと述べている。なお、岡本研究員は生地が正規品のものなのか海賊版なのかは明らかにしていない。

ルイ・ヴィトンは《バッタもん》の皮をどうやって

鑑定したの？もし、正規品の生地で作られていたら撤去騒動にはならなかった？正規品のバッグを解体して得た正規の生地でも作品に使ったらクレームが来るの？等々の疑問も浮かぶが、いずれもアウトになることだろう。なぜなら、この騒動の背景には法律が保障する権利以前の問題として、何がオリジナル（正統）で何かコピー（海賊版）かを決めるのは、その場を仕切る権力者だという暗黙のルールがあるからである。ルイ・ヴィトンは多くの美術作家とコラボレーションを行っているが、それらはお墨付きをもらった正統で《バッタもん》は海賊版ということである。しかし、正統は海賊版があってこそ価値が定まるということもあるので、両者は共依存の関係にあるとも言える。

正統と海賊版の依存関係といえばパロディ文化がある。多くの芸術家がパロディを使って固定化した物の見方（それは正統的ではあるが）に潤滑油を注いでくれる。岡本研究員の《Red Square》もそうした作品のひとつだ。この作品は、ルイ・ヴィトン社のモノグラム文様の元になったと言われる徳川と島津の家紋をプリントしたトランクである。なぜトランクかと言えば、二〇一三年にモスクワの赤の広場に建設されたルイ・ヴィトン社の巨大展示場に由来している。この展示場の外観が同社のトランクを模したデザインになっていたのだが、「赤の広場には相応しくない」という市民からのクレームで撤去されたという。ここではロシアが正統であり、ルイ・ヴィトンが海賊だったわけである。《Red Square》に使われている生地は、ルイ・ヴィトンの正規品の生地を凌駕する品質であるが、もちろん同社の製品ではない。この点では海賊版っぽくもあるが、プリントされている文様はルイ・ヴィトンのものではないので商標権は侵害していない。さらに面白いのは、オリジナルとコピーの論理を採用しながら、正統を主張する者が実は海賊版であったとする皮肉な状況を示している。[2] 岡本研究員のこれらの作品は、当たり前だと思っていたことに疑問や気付きを与えてくれる。オリジナルとコピー（正統と海賊）のヒエラルキーが有効に働くのは限定された領域であり、芸術表現はその領域の外に少しはみ出している方が面白い。

入江早耶氏は、一万円札に印刷されている福沢諭吉像を消しゴムで消し、その消しカスで福沢諭吉のフィギュアを作ったことで知られる作家である。入江氏はこの作品を作るにあたって、造幣局に違法性がないか確かめたそうである。答えは適法だったので一連の作品がうまれた。この展覧会では、神社の御札に刷られていた恵比寿さまの図像を消してフィギュアに成形した《エビスダスト》を出品してくれた。アイデアが面白いのはもちろんだが、元絵に忠実に小さなフィギュアをつくる造形力は相当に高い。

入江氏は、知的所有権という制度に対して何かを指摘したり訴えたりしているわけではないが、こうした制度を軽々と飛び超えて誰もまだ見たことも行ったこともない宝の島に連れて行ってくれる女海賊だ。

複製技術と芸術的価値

「複製技術と芸術的価値」では、デジタル技術がものづくりの過程に入ってくることで、オリジナルがもつ唯一無二の正統性がゆらぎコピーとの序列が分からなくなり始めている点に注目して作品を展示した。

近藤高弘研究員の《セルフポートレイト —うつし—》（図５）は、自分の顔から型を取って作った陶の作品とさらにそのコピーである。一番手前で鈍く光っているものが陶製のオリジナル作品を３Dスキャナでデジタイズした後、３Dプリンタで出力して作った完全コピー。奥の黒っぽい一体は、釉薬に祖母と父の遺灰を混ぜて焼成したもので、写し移される命が表現されている。こちらは逆に、生命のデジタル情報であるDNAを解析しても、命の本質をつかむことはできないと教えてくれているようでもある。

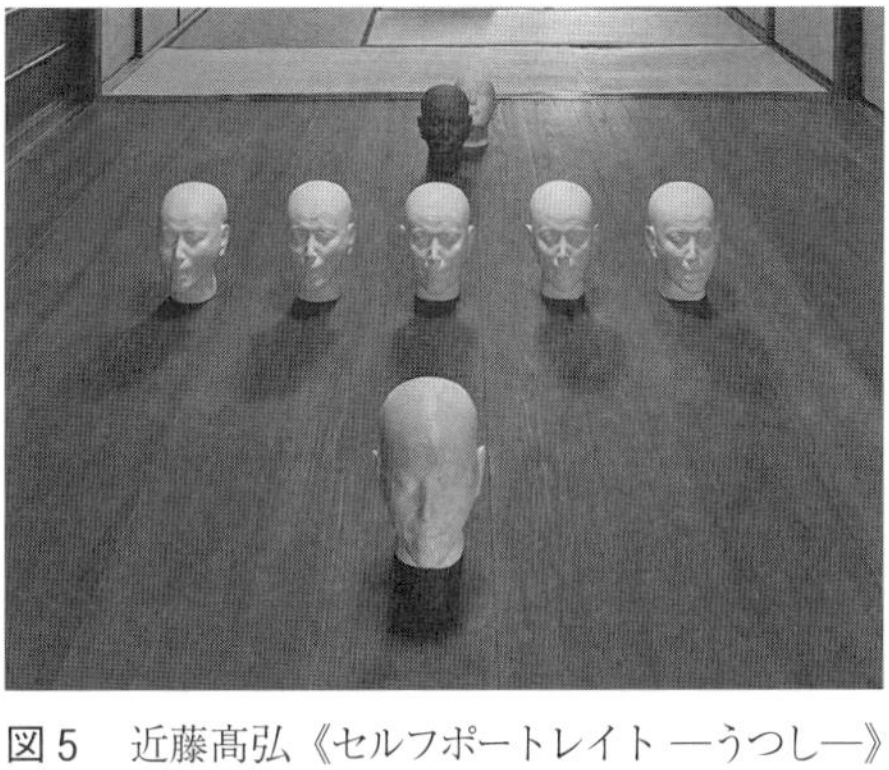

図５　近藤高弘《セルフポートレイト —うつし—》
（撮影：田邊真理）

近藤研究員は伝統的な陶芸の技を使って制作している。その技は唯一無二の身体から出てくる再現不可能なものである。コンピュータ制御のロボットがつくる物とはそこが決定的に異なる。近藤研究員は手や身体の感覚を重視しながらも、型を使った制作や今回のような３Dプリンタを使った実験に取り組んでいる。これらは、見る者にものづくりにおける身体性とは何か再確認を迫ると同時に、命や魂といった身体性だけでは語れない領域（モノ学が言うところのモノ＝霊）への考察まで促す。モノの領域では、そもそもオリジナルもコピーもなく全てが互いに反射し合い、それらはまたひとつに融合している。現世の論理を超越しているという点では全てが海賊的なのかもしれない。

丸谷和史氏＋渡邊淳司氏＋森永さよ氏のグループは、3Dプリンタで模造したレゴブロックで《心的立体の構成過程》（図6）を作り展示した。透明のブロックと白のブロックの組み合わせで、頭の中でイメージした立体が実物になる過程を彼ら独自のルールに基づいて具体化して示している。

この作品は、近藤研究員の作品とは一八〇度異なり、コンセプトを、身体的なプロセスを極力通さずに直接に立体化しようという試みである。

私は、映像インスタレーション《擬態 金魚すくい》（図7）の展示と、小型3Dプリンタを使った出力のデモンストレーションを行った。《擬態 金魚すくい》は小型モニタに映った蓮池の水面を金魚が泳ぎまわる作品だが、その金魚をトレースして3Dデータを作成し、3Dプリンタで立体にした。この作品には、映像・3DCG・立体の三種類の異なる金魚が登場するが、いずれも元は同じ一匹の金魚である。そして元の一匹はすでに死んでしまってこの世に存在しない。今は、複製に複製を重ねた画像や3DCGのデータが私にとってのオリジナルになっている。しかし、こうしたことは特段とりあげることではないのかもしれない。そもそも映像は、海賊行為なくしては始まらない。なにしろ映像は撮る（盗る）ことから始めて、移し映す（コピー）ことでしか人の目に触れることができないのだ。

ところで、金魚という魚のオリジナルは突然変異で赤くなった鮒だという。それを人間がコピー&ペーストしながら編集し、今のようなかたちになった。金魚屋に行くと今でもオリジナルに近いかたちの金魚（和金）が売られているが価値は低い。複製技術が洗練され、複製品の方が量的にも質的にも実力を付けてくると価値が逆転するらしい。

「複製技術と芸術的価値」で展示した三つの作品では、いずれも3Dプリンタが使われた。これは示し合わせた訳ではないが、ものづくりに関わっている者にとってこの技術は無視できないインパクトを持っているということだろう。SFテレビシリーズ『スタート

図６　丸谷和史＋渡邊淳司＋森永さよ《心的立体の構成過程》（撮影：田邊真理）

図７　大西宏志《擬態 金魚すくい》と３Ｄプリンタ（撮影：大西宏志）

レック（宇宙大作戦）』には、数々の未来の発明が登場する。その中にレプリケーターという装置が出てくるが、これは対象となる物体の分子構造をスキャンして分子レベルで正確に複製する装置である。現在の３Ｄプリンタは対象の形状を複製する段階だが、いずれレプリケーターのようなものに進化するのだろう。そうなったとき、オリジナルとコピー（正統と海賊版）の芸術的価値がどう変わるか興味が尽きない。しかし、音楽や映像など物質に依存せずデジタルデータで流通している創作物は、すでにその変化にさらされているとも言える。こうした領域では、ライブコンサートやパブリックビューなど生身の身体を媒介とした表現が再び観客を集めている。身体と芸術表現と複製技術の三位一体の進化（退化？）は、海賊版の概念に変化を求め続けることだろう。

アートのカウンターパート

「アートのカウンターパート」では、西洋から入ってきた「アート」と元々日本にあった美に対する感受性とのギャップをテーマにした展示である。非西洋世界の美は「アート」の側からすると、規則知らずや規則破りの海賊行為とみなされるが、同時に「アート」を豊かにしてきたカウンターパートだとも言える。二〇世紀以降の「アート」は、こうした海賊たちを上手く取り入れながら発展してきた。

プロダクトデザイナーの上林壮一郎氏は「森林を都会にうつすための楽器のようなうつわ」をコンセプトに、《アコースティックバードハウス（音響巣箱）》（図8）と名付けたスピーカーを展示した。実際の森の音をライブ配信するForest Notesというサービスを利用して会場に森の音を流した。スピーカーその物や流れてくる音が作品なのではなく、音の借景が作品の根幹である。はたして、借景は「アート」なのか海賊なのか。

図8　上林壮一郎《アコースティックバードハウス（音響巣箱）》（撮影：田邊真理）

画家の大船真言氏は、那智黒石の断面に岩絵の具を塗り重ねた小品《Untitled》と、和紙の表面に岩絵の具を塗り重ねて深い奥行きを感じさせる《WAVE #41》を展示した（図9）。後者は、床の間に掛けられているように見えるが、壁からは少し浮かせて手前に突き出てきている。

この展覧会のディレクションを担った山本豊津氏は、大船氏の作品は「アート」における平面性への海賊行為と位置づけている。前者の小品は石という立体物にわざわざ平面を作ってそこに絵を描く、後者は絵画作品なのに立体のように展示しているというわけである。

図９　大船真言《Untitled》と《WAVE#41》
（撮影：田邊真理）

そしてこれらは、いずれも鉱物を砕いてつくった岩絵の具を使い日本画の技術で描かれたものだが、ミクロの視点で見ると岩石の粉を膠で固めて造形した立体作品とも言える。実際、大船氏は自身が使う岩絵の具を、単なる「絵の具」つまり色を得るための材料とは考えておらず、その岩が採れた場所やそこが持つ物語などを重要視し、自ら岩石を砕いて絵の具にしている。ちなみに、西欧ではここまで絵の具にこだわる画家は少ない。正確に言えば、絵の具の機能（発色や耐久性や扱いやすさなど）にはこだわるが、それは絵を描く目的にとって最適な材料を選ぶという観点であり、大船氏のような原材料に対してのこだわりや感受性はみられない。大船氏の制作過程や作品は、「アート」にとって平面とは何か、立体とは何か、そして材料とは何かを考えさせてくれる。大船氏の作品はヨーロッパで評価が高まっている。海賊の眼差しも徐々に共有されてきているのかもしれない。

二　『Utsuwa et utsushi うつわとうつし』
（二〇一五年一月二〇日～二四日）

海賊研究会二度目の展覧会は、「パリ日本文化会館」（パリ市）で実施した。出品作家は、近藤高弘研究員、岡本光博研究員、大船真言氏、私、そしてコーディネーターは山本麻友美研究員である。

展覧会のテーマは、『「うつわ（器）」と「うつし（写）」：うつろいゆく形の生命―モノのかたちの霊的伝播をめぐる新たなパラダイムにむけて（Réceptacle du passage, ou la vie transitoire des formes et ses empreintes - vers un nouveau paradigme de la transmission spirituelle des formes physiques)』とした（図10）。また、展覧会と併せて国際シンポジウム『時のうつわ、魂のうつし 輪廻転生モデルによる文化伝播あるいは、モノに宿る魂（Berceau du temps. Passage des âmes Transmission culturelle selon le modèle de la métempsychose ou comment les âmes habitent dans les choses)』（一月二三日〜二四日）も実施し、研究者に交ざって出品作家のプレゼンテーションも行われた。「うつわ」「うつし」という概念が、西欧社会で支配的なオリジナルとコピー（正統と海賊）の二項対立を無効にし、西欧と非西欧との文化的な亀裂をつなぐことを期待したネーミングである。[3]

近藤研究員は『続・物からモノへ ～うつしとうつわ～』で展示したセルフポートレイトを反転させた《Reduction》（図11）を展示した。この坐像は、顔が無いだけではなく身体の中が空洞になっているのが特徴で、「身体＝魂のうつわ」だと示している。

西洋では彫刻の中身には頓着しないのが普通である。石や木の彫刻は中が詰まった状態でわざわざくり抜くことはない。金属鋳造の場合は材料を節約し重量を軽くするために中空にするが、それ以上の意味はない。彫刻に対する見方の違いが現れた点も興味深い展示になった。

近藤研究員は、この作品に加えて映像作品《Reduction [Miyagi Prefecture, Yuriage coast]》も展示した。これは《Reduction》を宮城県名取市にある閖上《ゆりあげ》浜に持っていって撮影した映像である。実は、《Reduction》は被災地の土を使って焼かれており、閖上浜一帯も3・11の津波の被害に遭っている。

図10 『Utsuwa et utsushi うつわとうつし』京都展フライヤー（デザイン：倉澤洋輝）

近藤研究員は、前回の展覧会では３Ｄプリンタによる自作のコピーを展示し、この展覧会では自作を撮影した映像作品を展示上映するなど、自作の「写し」の制作にも積極的に取り組んでいる。

大船氏は、土佐和紙の上に岩絵の具を塗り重ねて描いた《eternal #5》と、桜石の断面に岩絵の具を塗り重ねた《Reflection field》（図12）、そして《Impermanence》（映像作品）の三点を展示した。大船氏は画家として紹介されることが多い作家だが、作品からは単に「絵」を描くという行為では語りきれない深い精神性が伝わってくる。それは宗教的な儀礼とも通じるものであり、「うつわとうつし」というテーマで作品を観ることで、より深く感じることがでるのではないだろうか。

展示では、慎重にミリ単位で計算された位置に《eternal #5》と《Reflection field》を置くことで、二つの作品が対話し響き合う空間をつくりだした。それに気付いて共感する来場者がいた一方で、絵画は絵画、立体は立体として個別に展示した方が良いという感想を持つ者もいたと聞いている。鑑賞者が属する文化や伝統が、美術作品を鑑賞するときの構えに影響を与えることとわかる興味深い反応だった。

二〇一五年は、フランスのリュミエール兄弟が世界で初めて映画を上映してから一二〇年目の記念の年である。そこで私は、「霊媒（メディウム）としてのメディアアート」というコンセプトで、映像作品の上映と鑑賞に関する二つの作品を展示した。

ひとつは、Ｊ・Ｌ・ゴダールが既存の映画を切り貼りして作ったビデオ作品『映画史』を厨子に収めた《Shrine Fish JLG》、もうひとつはリュミエール兄弟の世界最初の映画『工場の出口』を収めた《Shrine Fish Lumière》（図13）である。『映画史』はビデオ技術を使って古今の映画をコピー＆ペーストして作られた映画のフランケンシュタインであり、オリジナルがコピーに乗っ取られたお化け映画である。一方の『工場の出口』は一二〇年の間に無数のコピーが作られ、オリジナルが無くなった後もフィルム、ビデオ、光学メディア、インターネットなど様々なメディアの中で彷徨い続ける映画の亡霊である。これら映画のGHOSTを厨子に遷してお祀りした作品である。

会期中に来場者がスマートフォンの画面に触れてしまい、映像が消えてメニュー画面になるハプニングもあったが、神仏にむやみに近づこうとするとあちら側の世界に帰ってしまうのかもしれない。

パリの展示では他にもいくつかハプニングがあった。

図11　近藤髙弘《Reduction》
（撮影：田邊真理）

図12　大舩真言《eternal #5》と《Reflection field》
（撮影：田邊真理）

図13　大西宏志《Shrine Fish JLG》と
《Shrine Fish Lumière》（撮影：田邊真理）

図14　岡本光博《虎縄文》
（撮影：田邊真理）

中でも最も影響が大きかったのが、岡本研究員の展示に関するものだった。

当初は《バッタもんLV》を展示する計画だったが許可がおりず、また代案の多くも同じ結果となった。《バッタもん》は正統と海賊を考えるうえで重要な視点を与えてくれるので、ぜひとも展示にこぎつけたかったのだが、それは叶わなかった。最終的には《虎縄文》（図14）を展示することになった。

この作品は、工事現場などで立ち入り禁止区域を示すために使われる〝トラロープ〟をぐるぐる巻いて作ったトラのオブジェである。《バッタもんLV》の展示が禁じられたため、著作権という制度への問題提起はできなかったが、代わりに立ち入り禁止のロープから作られた（移された）トラがパリに入るという皮肉の効いた展示になった。来場者は事の顛末を知るよしもないが、総じて反応は良く、じっと見入ったり記念写真を写したりする人が絶えなかった。

三　『Utsuwa et utsushi うつわとうつし』京都展（二〇一五年一二月三日〜二〇日）

海賊研究会三度目の展覧会は、「京都芸術センター」（京都市）で実施した（図15）。メンバーはパリと同じ、近藤高弘研究員、岡本光博研究員、大船真言氏と私である。コーディネートも山本麻友美研究員が担当してくれた。パリの里帰り展という位置づけだが、制約上パリではできなかった作品を展示し、作家もパリの経験を経て進化しているので、アップグレード版と呼んだ方が適切かもしれない。

会場は、ギャラリー南と南館西階段の踊り場を使っ

図15　『Utsuwa et utsushi うつわとうつし』京都展フライヤー（デザイン：倉澤洋輝）

た。ホワイトキューブのギャラリー南には、近藤研究員、岡本研究員、そして私が、階段の踊り場にはその場の空気感を活かして大舩氏が展示を行った（図16）。

近藤研究員は、坐像《Reduction》を二体に増やし、パリではモニタで上映していた《Reduction [Miyagi Prefecture, Yuriage coast]》を壁面に投影した（図17）。これによりパリでは坐像（オリジナル）を映像（コピー）が補足するかたちだった展示が、京都では両者一体の展示になった。海と対峙する映像の中の坐像と、互いに向き合う二体の坐像の響き合いから鑑賞者は様々な物語を紡ぐことができたのではないだろうか。

近藤研究員は作品解説用の資料の中で、「Reductionは、3・11（地震・津波の災害と福島原発の事故）への鎮魂・復興・再生への思いと、これまでの自分の仕事について改めて考えるために制作を開始し、二〇一五年までに一七体の座像を制作してきた。今回の展覧会に出品している顔のない坐像は、宮城県の山間部にあって過疎化が進む七ケ宿《しちかしゅく》町という地域で、地元の人達

図16　ギャラリー南 展示風景
（撮影：大西宏志）

図17　近藤髙弘《Reduction》
（撮影：大西宏志）

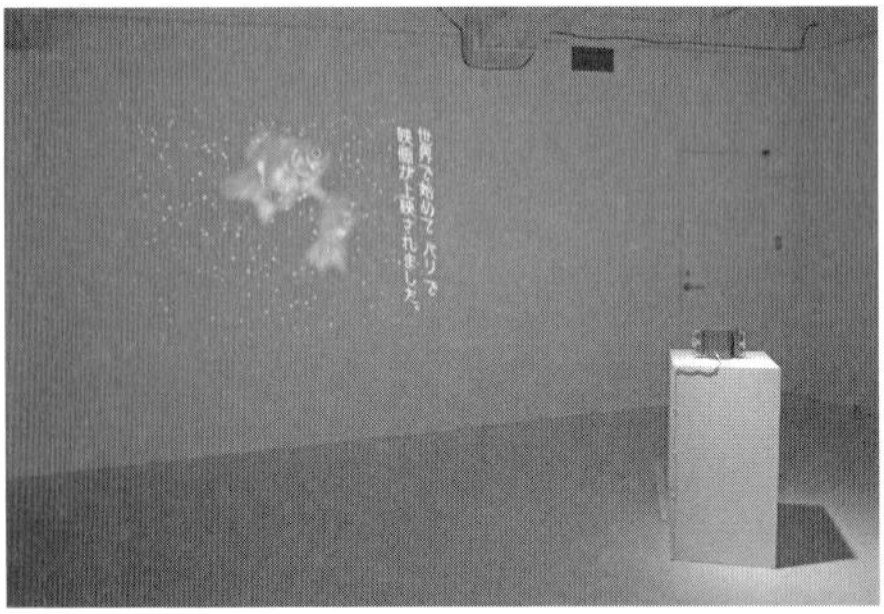

図18　大西宏志《Shrine Fish Lumière》と映像《映画誕生120周年記念 うつわとうつし Shrine Fish Lumière》（撮影：大西宏志）

とともに山から土を掘り間伐材を用いて登り窯で焼き上げたモノである。坐像を制作するようになってから、改めて人体も「うつわ」であるということを再認識したことから、さらに自らの顔を削ぎ取ってうつわを造った。モノ（魂）が出たり入ったりする「うつわ」、そして、二〇一一年以降の自らの生きている時代をうつすウツセミ（現世身）としての作品である」と述べている。「うつわ」「うつし」「うつせみ」という言葉から生まれた近藤研究員の作品は、オリジナルとコピーを対立させ序列をつくることで現れるスッキリした（しかし硬直した）世界とは異なる穏やかに循環する世界像を見せてくれた。

私は、映像ほど「うつわとうつし」というテーマがピッタリで、オリジナルとコピーという言葉が不釣り合いな分野はないと思っている。撮影・編集・上映・伝送のいずれの行程でもうつし（撮し・写し・映し・移し）が行われており、その度に映像を定着させるうつわ（メディア）が使われている。そもそも実体がない映像にとっては当たり前のことなのだが、改めて当てはめてみると余りにもピッタリなので驚かされる。また、メディア（media）の単数形メディウム（medium）には「巫女」「霊媒」という意味もある。映像など複製技術以降に生まれた実体のないアートを「メディア・アート」と呼ぶことがあるが、死者のGHOSTをこの世に「移し」て受け止める「うつわ」となる人たちの呼び名からジャンルの名前を借りてきたのは、的を射たネーミングだと思う。

京都ではコンセプトを鮮明にするために《Shrine Fish Lumière》だけにし、パリでは叶わなかった映像の壁面投影を合わせて行った[4]（図18）。

岡本研究員は、パリで展示出来なかった《バッタもん LV》に加えて、新作の《バッタもんのバッタもん》と《motogram T》、そして一度目の展覧会でも展示した《Red Square》を展示した（図19）。

《バッタもんのバッタもん》は、遠目にみるとキャンバスに描かれた絵画のようにみえるが、実は新聞記事を拡大してパネルに貼ったものである。「ルイ・ヴィトンの動物たち 革小物100周年表参道で展示」と題されたその記事は、英国のデザイナーがルイ・ヴィトン社から要請をうけて同社の製品を使って生き物のオブジェを作り、それらが全国の店舗で巡回展示されることになったことを告げている。記者は、神戸ファッション美術館で起きた《バッタもん》の撤去騒動にも触れ英国のデザイナーに騒動との関係を尋ねて

図19　(左上)岡本研究員の作品展示風景
(右上)《バッタもんLV》
(左下)《バッタもんのバッタもん》
(右下)《motogram T》と《Red Square》
(撮影：大西宏志)

図20　大舩真言《Reflection field #3》(撮影：田邊真理)

いるが、デザイナーは「ピノキオのコオロギのイメージだ」と答えている。

《motogram T》は、ルイ・ヴィトンのモノグラムの元になったと言われる徳川と島津の家紋を刺繍したTシャツである。motogram の"moto"は、もちろん"元"から来ている。

岡本研究員の一連の作品と騒動は、著作権(コピーライツ=うつす権利)という考え方と法制度が、本質的なところでは創造性と相性が悪いことを露呈させている。「本歌取り」など他人の作品をオープンソースとして活用する創作原理や、集団でひとつの作品をつくる「連歌」のような方法、先達の仕事に敬意を表し自身の血肉とするためにおこなわれる「うつし」、そして現代のオタク文化にみられる二次創作など、創造性を高めるための様々な智恵がいにしえの時代から存在している。これらの営みと、経済的な利益を得ることだけを目的として何の創意もなくコピー商品を製造・販売する行為を「海賊行為」とひとくくりにして考えてはいけない。

大船氏は、パリで展示したものをさらに洗練させた《Reflection field #3》(図20)を展示した。作品のベースになっているのは凝灰岩である。火山の噴火で地球内部から出てきた物質が地上に降下して積み重なり、その熱と重さで固まってできる石だ。作品に使われた石は高千穂が産地で、阿蘇カルデラができる際の堆積岩でおよそ一〇万年前の物とのこと。石の断面には、膠と混ぜられた水晶や方解石、大理石の粉が塗り重ねられ、床には大理石の粉が敷かれた。大船氏は、そこに自然と人間の共同作業から生まれた調和の形をみている。

石が置かれた環境もまた作品の一部である。大船氏は資料の中で「窓からの自然の光や、建物の記憶(京都芸術センターは廃校になった小学校を利用している。)とも呼応しながら、場全体が一つの作品となることを心がけた。つまり、場の様相が作品に写り込んで、また作品から放たれていくような呼応の関係が生み出されることを期待しています」と述べている。

そして、タイトルの《Reflection field》には「反射・反映の場」という意味を込めたそうである。「石の断面という平らなフィールドは、絵画の画面のように作者が内面を投影することができる場となり、同時に見る人にとっても、個々の内面を投影することができる場となる。見るという行為は、内面を映して各々に感じ取るということが含まれている」と述べている。

ところで、大船氏のこの度の作品は、「アルテ・ポーヴェラ」や「もの派」の影響を受けているようにもみえるが、「もの派」＝即物的な反造形主義(5)だとすると、大船氏の作品はこれらの先例とは全く異なるところから生まれてきていることが分かる。大船氏が選ぶ素材はただの物ではない。それらの生成過程の物語も作品の一部であり、造形は否定せずにむしろ制作を通じて素材と魂を通わせている。美術史の中に位置づけられた「もの派」が正統だとすると、姿は似ているが異なる原理で制作された大船氏の作品は海賊的だと言えるだろう。しかし、大船氏が素材に向ける眼差しは、私たちからするとごく自然のことに感じられる。これは、被災地で採取した土で坐像を焼きふたたび被災地の海岸に置いた近藤研究員の制作にも通じる。

おわりに

私たちは、展覧会と研究会を通じて創作における海賊行為について考えを巡らせてきたが、「うつわとうつし」という概念を導入したことで海賊行為の創造的な側面に光を当てることができたと思う。そこには、オリジナルとコピーを対立させ、ヒエラルキーを作って価値付けを行うのとは異なる原理が働いている。それは、創造性を刺激し拡張し共有するための知恵と技と言っても良いだろう。

岡本研究員のケースでみられたように、著作権という考え方は市場経済と結びついてしばしば創造性を萎縮させ、時には滑稽な事件さえ引き起こす。3Dスキャナとプリンタの登場で物体の完全コピーが視野にはいってくると、近藤研究員や大船氏の仕事のような物の形の向こうにあるモノを対象にした創作活動と、物だけを対象にした造形芸術との違いが際だってくる。そして、そもそも実体が無いにも関わらず、「美術作品」になるために物のふりをし著作権を尊重するふりをしていた映像も、そうした振る舞いを気にせずに海賊として流通させた方が格好良くなる日も近いのかもしれない。

こうした議論に踏み込むために、海賊研究会の展覧会ではシンポジウムや座談会を設けていたが、私の力がおよばなかったため本稿で紹介できる形に整えることができなかった。これらは近いうちに改めて実現したいと考えているが、その端緒として『Utsuwa et utsushi うつわとうつし』京都展で行った座談会（京都アートセンターの茶室を利用して実施）での稲賀繁美研究代表のコメントの一部を紹介して本稿を終えたいと思う。

稲賀：「アート」という言葉で語られているそのフレームワークの中に何が入るのかというと、その周辺のあたりに、「これってアート?」みたいな、よくわからないものが実はたくさんあるわけです。そういうものを問い返していくことも必要ではないか。いま「アート」という名前で通用しているものは、それにお金がついて、展覧会ができて、それが売れればコマーシャル市場で「アート」として認めてもらえる。その結果、自分たちの営みを「アート」と呼んでいるけれども、そうではない世界もたくさんある。

例えば、お茶の席でやっていることですが、ヨーロッパの人たちの考える「アート」からはずいぶんはみ出ていますね。ふつう、「ヴィジュアル・アート」なんて言いますけれども、お茶の場合は目で見たものだけに集中してはいない。お茶室に入ると実感できることとですが、耳がだんだん澄んでくる。沸かしているお湯の音が聞こえてきたり、屋根の上を歩いている小鳥たちの足音が聞こえてきたり、隣の部屋か何かで、ちょっと誰かがピンを落としただけでも、ふつうでは感じられないぐらい大きく耳に響いたりする。ところが、そのように耳が鋭くなっていくという経験も、われわれは美術館ではなかなかできません。

今日も大舩さんの作品が展示場の最上階の階段の踊り場にありましたけれども、あれは、ぱっと見てわかるかというと、そうはいきませんよね。やっぱり一分、二分かけて、その作品と自分が相対して、そこから初めて何かが始まってくる。われわれの日常はそういう経験に意外とまだ欠けているような気がしました。

先ほども「うつわとうつし」という言葉がはたしてフランス語で通用するの?ヨーロッパの言葉に翻訳できるの?と質問がありましたが、わざと通用しないものを、日本とは違う容れ物を社会の仕組みとして持っていらっしゃる方たちに、ぶつけてみる。そこから何が起こるのかを試してみたいわけです。

それを「海賊」と呼ぶのはちょっと乱暴な言い方なのかもしれませんが、フランスの社会規範の中にはふつうは入ってこないものを、こうやって見せてみて、そこでお互いにどういう反応が始まるか、そこに眼目があった訳です。

パリの日本文化会館は、階下で上映されているビデオ(6)でもご覧になったと思いますけれども、エッフェル塔のすぐ近くにあります。だから、お客さんがいちばんよく通るところです。そこにガラスのショーケースがあって、そこに、岡本さんのあのトラさんがいたんです。犬を連れてお散歩に通りかかった方がいたのですが、その犬がトラの前で立ち止まっちゃった。そして岡本さんのロープのトラをしげしげと眺めていたという、なかなかおもしろいことが起こりました。

これもふつうのアート・ギャラリーで美術作品といわれるものを展示するのとは、もともとの環境が違います。外を歩いている方たちが通り過ぎる場所に、思わぬ不思議なもの、ふだんはそんなものはそこにないでしょう、というものが出現する。そこでいろいろなことが発生するわけです。日常生活に予期せぬ事態を生来させる、いわば「合法的な海賊的闖入」です。

「うつわ」という言い方をしましたけれども、その場にひとつの入れ物があって、そこに何かを盛って見せる。そこから思わぬ何かが始まる。お茶席も、「海賊的遭遇」を創設する機会なのではないのかなと思います。

（1）知的所有権には、ビジネス上の利益を守る「産業財産権（工業所有権）」と文化的な創作物（自らの思想・感情を創作的に表現した著作物のこと）の保護を目的とする「著作権」がある。前者はさらに、特許権、実用新案権、意匠権、商標権に分かれ、後者は著作人格権、著作財産権に分かれる。《バッタもん》はルイ・ヴィトンの商標権を侵害したということだが、《バッタもん》がヴィトンのバッグに商売上の不利益を与えたとは思えない。

（2）ルイ・ヴィトンは、薩摩の家紋など、自分たちとは無関係と主張しており、それを支持する日本の美術史家も多い。

（3）稲賀繁美氏による展覧会の主旨文を以下に示す。

> 日本語では現実（うつつ）は空虚（うつろ）と共鳴する。器（うつわ）は空虚（うつ）な円形の輪（わ）、窪んだ物体として、モノを取り込み、運搬する。容器がなくては「移す」ことはままならない。その媒体が「穿たれた空虚」である。充実と空無との弁証法がこ

の「器」あるいは「舟」を媒介として営まれる。それは時空を跨ぐシャトル、渡し守でもあれば桟橋でもあり、揺籠から棺に至るまで、「器」は旅程の途上で「時」の刻印を刻む。それはまた、ひとつの世代から次の世代への「魂の渡し」を司るタイム・カプセルともなる。

ここに見られるモデルは、西欧社会で支配的なオリジナルとコピーとの二項対立を無効にする。というのも（自動詞としての）「うつる」と（他動詞としての）「うつす」のペアは、複写、移動、映写、継承、交換のみならず、取得や憑依をも包含する概念なのだから。精神の「憑依」論理は、ここにあらたなパラダイムを見出す。器による移しと刻印という憑依現象（モノノケ）を巡る展覧会と、それに付随した討論会の場をつうじて、この「付きモノ」、現実と幻想の間にたゆたい、この世とあの世を行き来するモノの正体に迫りたい。

こうしたモノの探求という「モノ学」を異文化間対話として試みるなかでは、媒介者＝渡し守の役割にも注目したい。文化のあいだには、乗り越えるのが容易くはない亀裂がある。詩人リルケが「間の国」と呼んだこの領域は、アリストテレスの論理学からは「排中律」により排除された「第三項」だった。その隠された「間隙」、「幕間」（インテルメッゾ）を探求する試み（メゾロジー）。その探求「道行」（パッサージュ）の途上にあって、一歩一歩、この「間の国」に秘められた潜在性を明るみに出してゆきたい。

（4）「霊媒（メディウム）としてのメディアアート——Shrine Fish JLG & Shrine Fish Lumière ——」〈http://onihirolab.blog.fc2.com/blog-entry-1.htm〉〈https://youtu.be/XgY0FhxPHRo〉。

（5）「一般的にいえば、もの派とは六〇年代末の状況の中で、ミニマリズムなどの動向を間接的な背景としつつ、即物的な反造形主義に向かった運動であり、〝もの〟が示す様相ないし状態を、一種のインスタレーションとして提示することを共通の方法としていた。（〝もの〟という言葉はきわめて多義的であり、英語には翻訳しにくいのだが、とりあえずここでは〝thing〟、〝matter〟、〝material〟、〝object〟などの意味の合わさった言葉としておく。）」（建畠晳『モノ学・感覚価値研究』晃洋書房、二〇一〇年）。

（6）〈https://www.facebook.com/utsuwautsushi/videos/1028174333870402/〉。

〔参考資料〕

稲賀繁美『絵画の臨界』（名古屋大学出版会、二〇一四年）
モノ学・感覚価値研究会アート分科会編『物気色』（美学出版、二〇一〇年）
「うつわとうつし Utsuwa et utsushi」Facebook〈https://www.facebook.com/utsuwautsushi/〉
入江早耶ウェブサイト〈http://www.tokyo-gallery.com/artists/japan/saya-irie.html〉
大西宏志ウェブサイト〈http://www.onihiro.net〉
大舩真言ウェブサイト〈http://www.ofunemakoto.com/〉
岡本光博ウェブサイト〈http://okamotomitsuhiro.com/〉
上林壮一郎ウェブサイト〈http://www.studioarchimedes.com/〉
近藤髙弘ウェブサイト〈http://www.kondo-kyoto.com/taka/top.html〉
渡邊淳司ウェブサイト〈http://www.junji.org/〉

〔付記〕 本稿に反映した関連ウェブサイトの最終閲覧は二〇一六年九月八日に実施した。

あとがき――あらたな海賊学の船出にむけて

「海賊行為」を無規定なまま「船出」した理由

本論集では、「海賊行為」を頭ごなしに定義あるいは規定することなく、それに類すると論者が想定する事態をもちより、そこからあらためて、世に言う「海賊行為」とは何なのか、なぜそうした事態が発生し、また容易には撃退できないのかに、思索をめぐらせることとした。一方で、「海賊行為」＝「違法行為」＝「反社会行為」＝「社会の敵」といった連想に無批判に乗じることは慎んでいる。海賊を主人公とするハリウッド映画の人気ひとつをみても、世人が頭ごなしに「海賊」を悪とは認識していないことが窺われる。むしろ世間の柵《しがらみ》に縛られた常人たちにとって、そこから脱する自由を享受した辺境人としての「海賊」とは、自らの実現できない夢、公言できない本音を委ねる存在だったことも想像に難くない。人々は「海賊」という「自由人」にいかなる夢を託したのか。

また同時に、そもそも「悪」を退治し根絶することで社会正義が達成できるのか、「悪」の存在しない「理想社会」こそ、恐怖政治、正義と秩序という名の法による支配が貫徹された、窒息しかねないデストピアではないのか、という本能的な危惧もひとびとの脳裏からは去らない。たとえそれが娯楽番組の提供する代替幻想にすぎなくても、「海賊」がアンチ・ヒーローでも、プロレスの「悪役《ヒール》」でもなく、むしろ密かに期待される「隠れたる聖者」、ゴロツキを装った善人、あるいは社会制度の矛盾の結節点として、心ならずも司法や行政から誅殺される犠牲者の代表、といった「肯定的」な人格を獲得することにもなる。ここにはいかなる表裏の綾が隠されているのか。それも「海賊研究」の課題であろう。

他方、だからといって無条件、手放しの「海賊」賞賛を提唱することも、本論集の目的ではない。論じられる対象となった歴史上の人物、あるいは現存する方々から、「自分を海賊呼ばわりするとは何事か」とご批判を頂戴しかねない。「海賊」即「社会から抹殺すべき悪」ではない、との前提はあくまで確認したうえで、それでは本書が扱おうとしている「海賊」あるいは「海賊行為」とはいかなる性質の事柄なのかを、ここで確認しておきたい。

違法と脱法と

近年「脱法」という言葉が流行をみている。「脱法ハーブ」などが震源のひとつだろうか。法律で規定される違法行為には当て嵌らないらしいのだが、警察権力による「摘発」、ではないにせよ「要観察」、必要に応じては「取り締まり」や強制捜査の対象となるようだ。報道機関などの扱いを見る限り、「秘密結社」めいた地下組織への潜入レポートでなければ、反社会的な犯罪予備軍として指弾する姿勢は明らかだろう。麻薬の蔓延がきわめて危険であり、禁断症状がまねく心神喪失にともなう殺傷沙汰や、密輸・密売が容易に犯罪の温床となり、社会の安寧を掘り崩す危機を招くことは、いまさら確認しておくまでもない。

とはいえ、いかなる薬物を違法と指定するかは、けっして自動的には決定できず、時代や社会状況に応じて、判断も左右される。ミャンマーなどではケシはもともと薬物であり、乳幼児が風邪をひいた場合など、これを少量調合することで、適切な薬効を発揮していた。阿片への精製（モルヒネ）や麻薬（ヘロイン）としての使用が重大な社会問題を惹き起こし、密輸出が軍閥や（旧）植民地権力によって悪用されるに及び、「麻薬戦争」が勃発した。事態がここまで発展すると、その根絶はもはや不可能となる。だがブラジルのアマゾンにあっても、何が違法な麻薬で、何が原住民族の宗教儀礼などで公認された薬草なのかの区別は、医学的、薬物学的には裁断不可能であり、その決定はあくまで政治的かつ恣意的で強引な線引きに他ならない。

ここで「脱法」に戻るならば、法律用語としてきわめて曖昧な事態が進行していることは、疑いあるまい。社会的良識としては「違法」以上に悪質であるかのような含意が流通する。その一方、厳密に法律的にみれば、銘柄指定から漏れた薬草の栽培や流通をおしなべて「違法」とはできないという事情が、「脱法」という術語の背景にはあるはずだ。言い換えれば、「脱法」とは、「合法」と「違法」との狭間の「灰色圏」gray zoneを指す言葉だが、そうした灰色領域は、それだけにかえって社会的な注目を浴び、その領域で発生した猟奇事件や悪質犯罪が誇張して特筆大書されがちだ。より正確にいえば、「脱法」とは、「法」という枠組みの有効性そのものを「脱」した世界である。だからこそ、白黒が分からない。有罪とも無罪とも判定不能な「規則外」世界である。コトの性質上「灰色案件」であるため、厳密にその範囲を囲いこむことそのものが無理な相談だが、本書で扱う優先候補となるのが、こうしたいわゆる「脱法」の不確かなる「灰色領域」とかなりの程度重なりうることは、了解いただけるのではあるまいか。序文でみた「ジクソー・パズル」の欠けたピースという比喩を思い起こしたい。欠けたピースをきちんと嵌めることで、社会秩序が回復できるとは限らない。なぜそのピースが嵌らなくなり、脱落したのか。そこまで追跡しないと、かえって既存秩序の裡に密かに孕まれ、腐乱していた問題点を摘出することには繋がるまい。

「脱法」とは現時点での法律体系の規制からは「脱して」いる。そのかぎりで「違法行為」以前だが、それだけに、社会秩序の維持をめざす「官憲」側からすれば、よからぬことを密かに企んでいるに違いない族と映る。犯罪の芽は未然に摘み取らねばならぬ。だから要監視の対象となる。だが当事者側からみれば、「違法行為」でもないのに、あらぬ嫌疑を受け、社会的に指弾されるのは、迷惑千万。単なる新商売なのに、それを既存の枠に収まらないというだけの理由で一方的に禁じられるのは、理不尽だ。より良い社会を実現するための試金石なのに、それを罰則もないのに犯罪視することのほうが、職権濫用である。それこそ、権力の名を騙った「反社会的行為」だ、と反論することにもなるだろう。

ここまで言えば、読者には、マスコミを賑わせた様々な事件が脳裏に去来することだろう。そこには予断からする誤認逮捕や、マスコミが誘導した「正義観」が暴走して、無実の人間の一生を破滅に巻き込むケースもあった。ここには様々な問題が輻輳している。そのすべてを再検討することは、到底紙幅が許さないが、典型例の点検は不可欠だろう。

海図のない航海と、合法・非合法の彼岸

ここから導かれるいくつかの論点を列挙しておこう。

①まず、既成秩序はその基準では判断できない新規な現象に対しては、いわば制度の自己保存本能から、直観的に警戒する。制御不能となることへの言い知れぬ不安が兆すからだ。金融取引、通信など、従来の商取引、無線法や公共放映権では律しきれない事由が、電子媒体の飛躍的な発達とともに、無数に登場する。しかも新規な技術開発は、従来の法律的な網では制御できない。こうした場合、えてして既成権力は、従来の法律体系にそった些末な違反行為や別件逮捕、司法取引といった、いわば強引な手法によって、これらを犯罪処理の論理に乗せようとする。摘発の直接の実行部隊となる官吏には、直情径行な正義漢、四角四面で小心翼翼たる生真面目な規則遵守主義者の皆様が、いまでも熾烈な現場を支えておられるのだろうか。伊丹十三の『マルサの女』（一九八七）などに言及すると、それだけでトシがバレルかもしれないが、あのコミカルな国税局査察部の仕事ぶりが、なにやら牧歌的に懐かしく思い出される。

②またマスコミは、場合によっては時の為政者や支配政党の方針を汲み、「長いものに巻かれろ」の迎合姿勢を

とり、また昨今ではとみに減退したとはいえ、反対にそうした既存秩序に叛旗を翻し、権力奪還の意図のもとに、輿論あるいは世論を誘導したりもする。自らの意見が、あたかも社会の大勢を代表する「空気」であるかのごとくに演出するのが、その性癖であり、ここで「脱法」などの「灰色圏」は、それこそ「ネズミ小僧」よろしく、義賊扱いされて賞賛されもすれば、ついに「お縄」となって処刑されたりすれば、密かな同情は漏らしつつも、社会的制裁を是とする世論形成に貢献したりもするだろう。

③だが三番目として、ここで従来のような権力対反権力の図式がもはや有効ではないことに注意すべきだろう。特定の宗教団体にたいする体制側の弾圧や、「国際社会」を任じる権力による軍事的制圧も、けっして過去の物語となったわけではない。だがこれらは、いわば旧来の図式の範囲内で理解できる事例、あるいは新規な事例を旧来の枠組みに取り込んで処理しようとしている姿勢の現れだろう。現時のマスコミによる世界ネットワークは、報道すべき事件の認定やその扱い自体が硬直化しており、決定的に時代遅れとなっている。

④むしろ注目すべきは、旧来の枠組みでは処理できない案件が膨大に発生しながら、それへの対応が追いつかない、あるいは原理として追いつき得ない事例が発生しているのに、新規の対処方法が開発されないまま、という状況である。本書が、無理や無茶を承知で、あえて「海賊」という枠を「濫用」しつつ、浮かび上がらせようと腐心しているのが、この領分、定義からして境界画定もできない、この厄介な「灰色圏」である。

ホリエモンの場合には、新規金融業の発案が、ご自身の成金志向に煽られた兆候があり、それにたいする世間のやっかみ、嫉妬心も相乗して、検察側の追求を有利にした状況が見て取れよう。脱税容疑で攻めれば立件可能だったからだ。だが例えば「2ちゃんねる」や「ニコニコ動画」の西村博之の場合、既存の複製権や電波行政の法律体系では規制不可能な事業展開には、当時の日本国内インフラでは対応できず、結果的に国外の情報資源に依存した事業展開をしたところ、これが脱税や著作権法侵害などの嫌疑を受けた事例といえるだろうか。一方からみれば納税義務などといった、法律による規制の「網を掻い潜る」知能犯と見られる被疑者が、実際には「ジクソー・パズル」のピースの欠けた空隙に気づき、穴埋めピースを提案して遊んで見せたというのが、真相に近いだろう。「儲け」に無関心な「愉快犯」を「脱税」容疑で追跡すること自体に、制度の硬直と疲労が露呈する。

ウィニー提唱者の金子勇の場合、事後的には刑事犯容疑は晴れたものの、その直後に本人は若くして病死するという悲惨な結末を迎えた。既存の法律環境や規制の枠を超えた技術開発提唱者が、その結果偶発した事態について刑事責任を問われるという事態に、他律的な「海賊的」な状況をみたい。一方で、市民の人権を保護してくれるはずの法律が、それとは逆の制裁作用を越権して発動してしまうような環境が出来したからであり、他方では、この事件が結果的には刑事的に無罪になったとしても、それで技術革新にともなう「海賊状況」の予測不可能な発生という事態には、なんら有効な方策を取り得ないという限界が露呈したからである。

もとより本書が提起したいのは、こうした「法律的判決」の是非ではない。法律家の指針となるような判断基準を示そうというのでも、ましてや法廷戦術の指南に及ぼうというわけでもない。それ以前あるいはその先の地点に、現行の司法制度の臨界、綻び目が露呈する場所、既存の善悪判断という「公海」の案件処理では対処できない「灰色」の海がある。こうした「海賊」的水域に注目する姿勢が必要ではなかろうか。それは正義漢を気取ることでもなければ、悪役として居直ることでもない。なぜならごく平凡な一市民が、いつどこで犯罪者扱いされるかも分からない「灰色空間」に我々は棲息しているのだから。

平成二七年八月二八日―平成二九年一月一三日

編者　稲賀　繁美

海賊史観《かいぞくしかん》からみた世界史《せかいし》の再構築《さいこうちく》
——交易《こうえき》と情報流通《じょうほうりゅうつう》の現在《げんざい》を問《と》い直《なお》す——

2017(平成29)年2月28日発行

編　者　稲賀繁美
発行者　田中　大
発行所　株式会社　思文閣出版
〒605-0089 京都市東山区元町355
電話 075-533-6860(代表)

装　幀　上野かおる
印　刷
製　本　株式会社 図書印刷 同朋舎

　ISBN978-4-7842-1881-3　C3030

執筆者紹介（収録順，＊は編者）

＊稲 賀 繁 美　Inaga Shigemi
1957年生．東京大学大学院博士単位取得退学（1988）．パリ第七大学新課程統一博士号取得（1988）．国際日本文化研究センター教授・副所長，総合研究大学院大学教授（併任）．
『絵画の臨界』（名古屋大学出版会，2013年），『接触造形論』（名古屋大学出版会，2016年），『伝統工藝再考：京のうちそと』（編著：思文閣出版，2007年）．

多 田 伊 織　Tada Iori
1960年生．総合研究大学院大学文化科学研究科国際日本文化専攻博士課程修了．博士（学術）．
大阪府立大学客員研究員・京都大学人文科学研究所共同研究員，皇學館大学・鈴鹿医療科学大学講師．
『日本霊異記と仏教東漸』（法藏館，2001年），『小島寶素堂關係資料集』（共編著：京都大学人文科学研究所附属東アジア人文情報学研究センター，2012年），「古代日本と中国の文字と書記メディア」（『日本古代の地域と交流』臨川書店，2016年）．

鈴 木 洋 仁　Suzuki Hirohito
1980年生．東京大学大学院学際情報学府博士課程単位取得退学（2016）．博士（社会情報学：2017）．東京大学大学総合教育研究センター特任助教．
『「平成」論』（青弓社，2014年），『映像文化の社会学』（共著：有斐閣，2016年），『21世紀の若者論』（共著：世界思想社，2017年）．

片 岡 真 伊　Kataoka Mai
1987年生．ロンドン大学ユニバーシティ・カレッジ・ロンドン比較文学専攻修士課程修了（2011）．総合研究大学院大学文化科学研究科国際日本研究専攻博士後期課程在学中．
「Emending a Translation into “Scrupulous” Translation: A Comparison of Edward G. Seidensticker’s Two English Renditions of “The Izu Dancer”」（『文化科学研究』第12号，総合研究大学院大学文化科学研究科編，2016年）．

山 田 奨 治　Yamada Shoji
1963年生．筑波大学大学院修士課程医科学研究科修了（1988）．国際日本文化研究センター教授．
『〈海賊版〉の思想：18世紀英国の永久コピーライト闘争』（みすず書房，2008年），『日本の著作権はなぜこんなに厳しいのか』（人文書院，2011年），『日本の著作権はなぜもっと厳しくなるのか』（人文書院，2016年）．

新井菜穂子　Arai Nahoko
1961年生．山形大学大学院理工学研究科博士課程修了（2002）．博士（工学）．北京工業大学外籍教師．
「日本人の空気観――電気・空気・雰囲気という漢語をめぐって――」（『「心身／身心」と環境の哲学――東アジアの伝統思想を媒介に考える』汲古書院，2016年），「『妙貞問答』の書誌について」（『妙貞問答を読む――ハビアンの仏教批判』法藏館，2014年），「近代黎明期の通信――日本語「電信」「電話」の変遷をめぐって」（『日本研究』第35集，国際日本文化研究センター，2007年）．

森　　洋 久　Mori Hirohisa
1968年生．東京大学大学院理学系研究科情報科学専攻博士課程退学．国際日本文化研究センター文化資料研究企画室准教授．
『角倉一族とその時代』（編著：思文閣出版，2015年），『増補改訂　森幸安の描いた地図』（共編著：臨川書店，2016年）．

藤原貞朗　Fujihara Sadao
1967年生．大阪大学大学院博士課程退学．修士（文学）．茨城大学人文学部教授．五浦美術文化研究所・所長（併任）．
『オリエンタリストの憂鬱――植民地主義時代のアンコール遺跡の考古学とフランスの東洋学者』（めこん，2008年），『山下清と昭和の美術――「裸の大将」の神話を超えて』（共著：名古屋大学出版会，2014年）．

山中由里子　Yamanaka Yuriko
1966年生．東京大学総合文化研究科比較文学比較文化専攻博士課程中退（1993）．学術博士（2007）．国立民族学博物館准教授．総合研究大学院大学准教授（併任）．
『〈驚異〉の文化史――中東とヨーロッパを中心に』（編著：名古屋大学出版会，2015年），『アレクサンドロス変相――古代から中世イスラームへ』（名古屋大学出版会，2009年），Yuriko Yamanaka , Tetsuo Nishio (eds..), *Arabian Nights and Orientalism: Perspectives from the East and West*, I.B. Tauris, 2006.

近藤貴子　Kondo Takako
1968年生．東京芸術大学大学院美術研究科修士課程ビジュアルデザイン専攻修了（1995），アムステルダム大学人文学部大学院修士課程芸術学修了（2007），ライデン大学人文学部大学院博士課程在籍中．
"Whither 'Japanese Art?'" *Aziatische Kunst* 32 (2002) 2: 14-31, "Six Considerations regarding Exhibitions." *INTERSCAPE*. Amsterdam: Sandberg Institute, 2004: A1496-Û1567,「世界美術史形成を背景とする『日本現代美術』の在処――日英二言語領域の美術批評の比較研究」（『鹿島美術研究』年報第33号別冊，公益財団法人鹿島美術財団，2016年）．

平芳幸浩　Hirayoshi Yukihiro
1967年生．京都大学大学院博士課程単位取得退学（1999）．博士（文学）．京都工芸繊維大学准教授．
『マルセル・デュシャンとアメリカ――戦後アメリカ美術の進展とデュシャン受容の変遷』（ナカニシヤ出版，2016年），「東野芳明のデュシャン／中原佑介のデュシャン」（『美術史』第180号，美術史学会，2016年），「瀧口修造の1930年代――シュルレアリスムと日本」（『美学』第243号，美学会，2013年）．

呉　孟晋　Kure Motoyuki
1976年生．東京大学大学院総合文化研究科地域文化研究専攻博士課程単位取得退学（2009）．博士（学術）．京都国立博物館学芸部主任研究員．
「民国期中国におけるシュルレアリスムの夢と現実：中華独立美術協会の「超現実主義」について」（『現代中国』第83号，日本現代中国学会，2009年），『中国近代絵画と日本』展図録（共著：京都国立博物館，2012年），「中華民国期の絵画における「風俗」へのまなざし」（『風俗絵画の文化学３』思文閣出版，2014年）．

リカル・ブル　Ricard Bru Turull
1981年生．バルセロナ大学博士．バルセロナ自治大学美術史学科客員教授．
Ricard Bru, *Erotic Japonisme. The Influence of Japanese Sexual Imagery on Western Art* (Amsterdam: Hotei Publishing, 2013), Ricard Bru (ed.), *Japonisme. La fascinació per l'art japonès* (Barcelona: La Caixa Foundation, 2013), Ricard Bru et al (eds.), *Secret Images. Picasso and the Japanese Erotic Prints* (London: Thames & Hudson, 2010).

林　洋子　Hayashi Yoko
1965年生．パリ第一大学博士課程修了（2006）．博士（美術史）．文化庁芸術文化調査官，国際日本文化研究センター客員准教授．
『藤田嗣治 作品をひらく』（名古屋大学出版会，2008年），『藤田嗣治画集』全三巻（監修：小学館，2014年），『藤田嗣治　妻とみへの手紙　1913-1916』上下巻（監修：人文書院，2016年）．

小川さやか　OGAWA Sayaka
1978年生．京都大学大学院アジア・アフリカ地域研究研究科指導認定退学(2007)．博士(地域研究)．立命館大学大学院先端総合学術研究科・准教授．
『都市を生きぬくための狡知——タンザニアの零細商人マチンガの民族誌』(世界思想社，2011年)，『「その日暮らし」の人類学——もう一つの資本主義経済』(光文社新書，2016年)．

山内　進　YAMAUCHI Susumu
1949年生．一橋大学大学院法学研究科博士課程単位取得退学(1977)．法学博士(一橋大学)．一橋大学名誉教授．
『掠奪の法観念史——中・近世ヨーロッパの人・戦争・法』(東京大学出版会，1993年)，『北の十字軍——「ヨーロッパ」の北方拡大』(講談社学術文庫，2011年)，『文明は暴力を超えられるか』(筑摩書房，2012年)．

フレデリック・クレインス　Frederik CRYNS
1970年生．京都大学人間・環境学研究科博士課程修了(2003)．人間・環境学博士(京都大学)．国際日本文化研究センター研究部准教授．
『日蘭関係史をよみとく——(下巻)運ばれる情報と物』(編著，臨川書店，2015年)，『十七世紀のオランダ人が見た日本』(臨川書店，2010年)，『江戸時代における機械論的身体観の受容』(臨川書店，2006年)．

榎本　渉　ENOMOTO Wataru
1974年生．東京大学大学院人文社会系研究科単位修得退学(2003)．博士(文学：2006)．国際日本文化研究センター准教授．
『東アジア海域と日中交流——九～一四世紀』(吉川弘文館，2007年)，『僧侶と海商たちの東シナ海』(講談社選書メチエ，2010年)，『南宋・元代日中渡航僧伝記集成　附　江戸時代における僧伝集積過程の研究』(勉誠出版，2013年)．

滝澤修身　TAKIZAWA Osami
マドリード大学大学院博士課程修了(2000)，同大学歴史学博士．長崎純心大学教授．
『16世紀・17世紀における日本におけるイエズス会士の歴史』(アルカラ・デ・エナレス大学出版局，2010年)，「「日本人使節団ローマへの旅(1582-1590)」(『スペイン王立歴史学学士院紀要』，2009年)，「日本人の宗教観－ルイス・フロイスの書物を通じて－」(『スペイン王立歴史学学士院紀要』，2010年)．

平松秀樹　HIRAMATSU Hideki
1968年生．チュラーロンコーン大学大学院比較文学科修士課程修了(2001)、大阪大学大学院文学研究科博士後期課程修了．博士(文学：2006)．大阪大学・チュラーロンコーン大学非常勤講師．
「東南アジアの日本文学」(日本比較文学会編『越境する言の葉——世界と出会う日本文学』日本比較文学会学会創立六十周年記念論文集，彩流社，2011年)，「日本におけるタイ表象／タイにおける日本表象——異文化受容の前提となる相互認識を目指して」(『比較日本文化研究』第16号，2013年)，「タイ文学にみる女性の「解放」——『ワンラヤーの愛』を中心として」(『交錯する知——衣装・信仰・女性』思文閣出版，2014年)．

劉　建輝　LIU Jianhui
1961年生．神戸大学大学院博士課程修了(1990)．国際日本文化研究センター教授．
『増補　魔都上海——日本知識人の「近代」体験』(ちくま学芸文庫，2010年)，『日中二百年——支え合う近代』(武田ランダムハウスジャパン，2012年)．

二村淳子　NIMURA Junko

1970年生．東京大学大学院総合文化研究科比較文学比較文化博士課程満期退学．鹿児島大学講師．

『クスクスの謎』(平凡社新書，2013)，「ファム・クインと岡倉覚三の「ルネサンス」：東アジアにおける「古典」の創出と近代化」(『比較文学』，日本比較文学会，2013年)，「パリ仏越派のアオザイ美人像：20世紀ベトナム絵画への一考察」(『超域文化科学紀要』，東京大学大学院総合文化研究科超域文化科学専攻，2012年)．

ヘレナ・チャプコヴァー　Helena CAPKOVA

1981年生．ロンドン芸術大学TrAIN研究センター修了．博士(文学)．早稲田大学国際教養学部助教．

"Transnational Networkers - Iwao and Michiko Yamawaki and the Formation of Japanese Modernist Design" (*Oxford Journal of Design History*, Vol. 27 No. 4 ,2014)，「《のんびり貝》――チェコスロヴァキア及び日本のシュルレアリスム美術の越境的探索」(『立教大学比較文明学専攻紀要』，2014年)，*Bedřich Feuerstein – Cesta do nejvýtvarnější země světa (Architect Bedřich Feuerstein – A Journey to Japan)* (Aula and KANT publishers, 2014).

江口久美　EGUCHI Kumi

1983年生．東京大学大学院工学系研究科都市工学専攻博士課程修了(2011)．九州大学持続可能な社会のための決断科学センター助教．

『パリの歴史的建造物保全』(中央公論美術出版，2015年)．*Vocabulaire de la spatialité japonaise*(日本の生活空間)(共著：CNRS Edition, 2014年)，『震災とヒューマニズム』(共著：明石書店，2013年)．

山崎佳代子　YAMASAKI Kayoko

1956年生．ベオグラード大学文学部博士号取得(日本学・比較文学：2003)．国際日本文化研究センター外国人研究員，ベオグラード大学文学部教授．

『ベオグラード日誌』(書肆山田，2014年)，『日本語が文学と出会うとき』(編著：ベオグラード大学文学部，2015年)，詩集『みをはやみ』(書肆山田，2010年)．

李　建志　LEE Kenji

1969年生．東京大学大学院総合文化研究科比較文学比較文化専攻博士課程満期退学(2000)．関西学院大学社会学部教授．

『朝鮮近代文学とナショナリズム――「抵抗のナショナリズム」批判』(作品社，2007年)，『日韓ナショナリズムの解体――「複数のアイデンティティ」を生きる思想』(筑摩書房，2008年)，『松田優作と七人の作家たち――「探偵物語」のミステリ』(弦書房，2011年)．

今泉宜子　IMAIZUMI Yoshiko

1970年生．ロンドン大学SOAS博士課程修了．博士(学術)．明治神宮国際神道文化研究所主任研究員．

『明治神宮――「伝統」を創った大プロジェクト』(新潮社，2013年)，*Sacred Space in the Modern City: The Fractured Pasts of Meiji Shrine, 1912–1958* (Brill, 2013)，『明治神宮以前・以後――近代神社をめぐる環境形成の構造転換』(共編著：鹿島出版会，2015年)．

春藤献一　SHUNTO Ken'ichi

1989年生．総合研究大学院大学文化科学研究科国際日本研究専攻博士後期課程在学中．

テレングト・アイトル　TELENGUT Aitor

1956年生．東京大学大学院博士課程修了．東京大学博士号取得(1998)．北海学園大学教授．

『三島文学の原型――始原・根茎隠喩・構造』(日本図書センター，2002年)，『詩的狂気の想像力と海の系譜――西洋から東洋へ、その伝播、受容と変容』(現代図書，2016年)，「概念としての文学――起源における東西詩学の伝統の相違をめぐって」(『年報　新人文学』第6号，北海学園大学大学院文学研究科，2009年)．

三原芳秋　MIHARA Yoshiaki
1974年生．コーネル大学 Ph.D.(英文学：2013)．一橋大学大学院言語社会研究科准教授．
Reading T. S. Eliot Reading Spinoza (Ph.D. dissertation (Cornell University), 2013),「Metoikosたちの帝国 —— T. S. エリオット、西田幾多郎、崔載瑞」(『社会科学』40巻4号，2011年)，「崔載瑞のOrder」(『사이間ＳＡＩ』 4号，2008年)．

申　昌浩　SIN Chang Ho
1967年生．総合研究大学院大学文化科学研究科国際日本研究専攻修了(2000)．学術博士．京都精華大学人文学部人文学研究科教授．
「房(バン)文化の系譜」(『都市歴史博覧』笠間書院，2011年)，「整形美人と新儒教精神」(『性欲の研究』平凡社，2013年)，「宮城道雄の庶民的ナショナリズム」(『大衆文化とナショナリズム』森話社，2016年)．

千葉　慶　CHIBA Kei
1976年生．千葉大学大学院博士後期課程修了(日本近代美術史：2004)．文学博士．千葉大学・明治大学・和光大学ほか非常勤講師．
『アマテラスと天皇——〈政治シンボル〉の近代史』(吉川弘文館，2011年)，『ひとはなぜ乳房を求めるのか——危機の時代のジェンダー表象』(共著：青弓社，2011年)，『日活1971-1988』(編著：ワイズ出版，2017年)．

大橋良介　OHASHI Ryosuke
1944年生．ミュンヘン大学博士課程(哲学)．日独文化研究所所長．
Die "Phänomenologie des Geistes" als Sinneslehre, (Alber 社，2009年)，*Schnittpunkte* Ⅰ，Ⅱ，(Traugott社，2013年)，*Kire. Das Schöne in Japan. 2.Auflage*, (Fink社，2014年)．

中村和恵　NAKAMURA Kazue
1966年生．東京大学大学院総合文化研究科比較文学比較文化専攻博士課程中退(1993)．明治大学法学部教授・同大学院教養デザイン研究科教授．
『日本語に生まれて』(岩波書店，2013年)，『地上の飯』(平凡社，2012年)，『世界中のアフリカへ行こう——「旅する文化」のガイドブック』(共編著：岩波書店，2009年)．

鵜戸　聡　UDO Satoshi
1981年生．東京大学大学院総合文化研究科地域文化研究専攻博士後期課程修了．博士(学術)．鹿児島大学法文教育学域法文学系准教授．
「ラビーア・ムルーエとレバノンの舞台芸術」(『シリア・レバノンを知るための64章』明石書店，2013年)，「小さな文学にとって〈世界文学〉は必要か？」(『文学』第17巻第5号，岩波書店，2016年)，« Présence maghrébine au Japon: Contextes historiques de traduction et d'interprétation », *Expressions maghrébines*, 15-1, Tulane University, New Orleans, 2016, été, pp. 187-197.

大西宏志　ONISHI Hiroshi
1965年生．京都芸術短期大学専攻科映像コース卒業．準学士(映像：1987)．京都造形芸術大学教授，国際アニメーションフィルム協会日本支部理事，モノ学・感覚価値研究会アート分科会幹事．
「アニメーションを作るワザ・教えるワザ」(『モノ学の冒険』創元社，2009年)，『物気色』(共著：美学出版，2010年)．

人名索引

論文·コラム本文に記載の人名のうち、執筆者による指定のあったものを中心に配列した。注、表の人名は紙幅の都合で割愛した。中国・韓国を含め、外国人名には、原稿のアルファベット表記を可能な範囲で付した。生没年については、探索が及ばなかった場合は空白とした。

A

アダムス、ウィリアム William Adams(1564-1620) 371, 383, 384, 387
艾未未 Ài Wèiwèi(1957-) 247
赤瀬川原平 Akasegawa Genpei(1937-2014) 237, 263
アレクサンダー大王 Alexander the Great(356 B.C.-323 B.C.) 607
アクィナス、トマス Thomas Aquinas(1225?-1274) 345, 356
荒川豊蔵 Arakawa Toyozô(1894-1985) 157, 165
アリストテレス Aristotle(384 B.C.-322 B.C.) 346, 347, 584, 588
アタチュルク、ケマル Kemal Atatürk(1881-1938) 555
アウグスティヌス Aurelius Augustinus(354-430) 336, 340, 351
阿波研造 Awa Kenzô(1880-1939) 138

B

ベイン、アレクサンダー Alexander Bain (1818-1903) 588
バラゲー、ヴィクトール Victor Balaguer (1824-1901) 277
バードン、ジェフリー Geoffrey Robert Bardon (1940-2003) 757
バレージュ、ブリジット Brigitte Barèges(1953-) 510
バーナム、フィニアス・テイラー Phineas Talor Barnum(1810-1891) 188-191
バルト、ロラン Roland Barthes(1915-1980) x
バタイユ、ジョルジュ Georges Bataille(1897-1962) 321
ボードリヤール、ジャン Jean Baudrillard (1929-2007) 207, 227, 242
バイヤール、ピエール Pierre Bayard(1954-) 625-627, 637, 639
ベルティング、ハンス Hans Belting(1935-) 206, 208
ベンヤミン、ヴァルター Walter Benjamin (1892-1940) 124, 125, 127, 500
ベルクソン、アンリ Henri Bergson(1859-1941) 624, 625, 627, 636-638
バーバ、ホミ Homi K. Bhabha(1949-) xi, 500, 707
ブレア、ヒュー Hugh Blair(1718-1800) 590
ブロンホフ、ヤン・コック Jan Cock Blomhoff (1779-1853) 183-185
バロウズ、ウィリアム・S William Seward Burroughs(1914-1997) 231, 239

C

蔡國強 Cài Gúo-Qiáng(1957-) 247
カロン、フランソワ François Caron(1600-1673) 325
シャバル・デュシュルジュ、ピエール Pierre Chabal-Dussurgey(1819-1902) 461, 462, 464
チェンバース兄弟 William Chambers /Robert Chambers(1800-1883/1802-1871) 587
陳独秀 Chén Dúxiù(1879-1942) 600
陳望道 Chén Wàngdào(1891-1977) 601, 605
千葉泰樹 Chiba Yasuki(1910-1985) 717
キケロー Marcus Tullius Cicero(106 B.C.-43 B.C.) 334, 340, 342, 608
クラーク、ジョン・スコット John Scott Clark (1854-1911) 605
クローデル、ポール Paul Claudel(1868-1955) x
コロン、クリストーヴァル Christóbal Colón

(1451-1506)　311
ル・コルビュジエ Le Corbusier(1889-1965)
487, 492-501

D

ダ・ガマ、バスコ Vasco da Gama(1460-1524)
311
ダムロッシュ、デイヴィッド David Damrosch
(1953-)　764, 770
ドゥルーズ、ジル Gilles Deleuze(1925-1995)
620, 624, 625, 640
デリダ、ジャック Jacques Derrida(1930-2004)
vii, 210
デューイ、ジョン John Dewey(1859-1952)　602
道安 Dôan　399
デュシャン、マルセル Marcel Duchamp
(1887-1968)　259
デュピュイ、クリスチャン Christian Dupuy
(1950-)　516
デュラン、ロドルフ Rodolphe Durand　296

E

エリオット、T. S. Thomas Stearns Eliot
(1888-1965)　626, 632, 638, 639, 641

F

ファルクヴィンゲ、リック Rick Falkvinge
(1972-)　99
範文蘭 Fàn Wénlán(1893-1969)　600
フィッセル、ファン・オーフルメール J. F. Van Overmeer Fisscher(1800-1848)　182-187
フーコー、ミシェル Michel Foucault(1926-1984)
487, 640
フランクリン、ジョン John Franklin Genung
(1850-1919)　605
フロイト、ジークムント Sigmund Freud
(1856-1939)　739, 741
フロイス、ルイス Luis Fróis(1532-1597)　418, 419, 423, 424
フロム、エーリヒ Erich Seligmann Fromm(1900-1980)　739
藤田嗣治 Foujita Tsuguharu/Léonard Foujita
(1886-1968)　283-294
二葉亭四迷 Futabatei Shimei(1864-1909)　595

G

ゴーガン、ポール Paul Gauguin(1848-1903)
310
玄葉光一郎 Genba Kôichirô(1964-)　102-104
ジェンティーリ Alberico Gentili(1552-1608)
335, 344
ゲレデ、ヒュスレブ Hüsrev Gerede(1884-1962)
554, 555
グレオン男爵 Baron Delort de Gleon(1843-1899)
546
グルドン、アンリ Henri Gourdon(1876-1943)
457
グロティウス、フーゴー Hugo de Groot /Hugo Grotius(1583-1645)　6, 9, 314, 334-357, 365

H

ハディド、ザハ Zaha Hadid(1950-2016)　488, 489
浜松歌国 Hamamatsu Utakuni(1776-1827)　175
長谷川左兵衛 Hasegawa Sahyôe(1567-1617)
378, 380
アンリ４世 Henri IV(1572-1610)　510
ヘリゲル、オイゲン Eugen Herrigel(1884-1955)
138, 139
平賀源内 Hiraga Gennai(1728-1780)　174, 175
北条時房 Hôjô Tokifusa(1175-1240)　398
北条泰時 Hôjô Yasutoki(1183-1242)　398
本多正純 Honda Masazumi(1565-1637)　368, 376, 378, 381, 383
本多静六 Honda Seiroku(1866-1952)　111
洪磊 Hóng Lěi(1960-)　261
堀江貴文 Horie Takafumi(1972-)　52, 59-61, 111, 813
胡適 Hú Shì(1891-1962)　601
黄永砯 Huáng Yǒng Pīng(1954-)　267

I

イブラヒム、アブデュルレシト Abdürreşit Ibrahim(1857-1944)　560
市川崑 Ichikawa Kon(1915-2008)　721
五十嵐力 Igarashi Chikara(1874-1947)　594

今井正 Imai Tadashi（1912-1991） 712
稲盛和夫 Inamori Kazuo（1932-） 111
猪子寿之 Inoko Toshiyuki（1977-） 51
犬養毅 Inukai Tsuyoshi（1855-1932） 560
入江早耶 Irie Saya（1983-） 789-791
井沢修二 Isawa Shûji（1851-1917） 684
イハスキー、アヤズ Ayaz İshaki（1878-1954） 561, 562, 564
石坂洋次郎 Ishizaka Yôjirô（1900-1986） 706, 708-712, 715, 716, 718, 719, 721, 723, 726, 728, 729
イソクラテス Isocrates（436 B.C.-338 B.C.） 607
板谷波山 Itaya Hazan（1872-1963） 152, 153

J

ジェームス、ロイ／サファ、ハンナン Roy James /Hannan Safa（1929-1982） 562-564
ヨーステン・ファン・ローデンステイン、ヤン Jan Joosten van Lodensteyn（1557-1623） 377, 380, 383, 387

K

蠣崎波響 Kakizaki Hakyô（1764-1826） 750
鎌田東二 Kamata Tôji（1951-） 787
上林壮一郎 Kanbayashi Sôichirô（1967-） 794
金子勇 Kaneko Isamu（1970-2013） 18-20, 45, 47, 814
カント、イマニュエル Immanuel Kant（1724-1804） 324, 602
笠原健治 Kasahara Kenji（1975-） 51
加藤唐九郎 Katô Tôkurô（1897-1985） 147-166
川上量生 Kawakami Nobuo（1968-） 54, 56, 62, 108, 109, 111-116
河崎義祐 Kawasaki Yoshisuke（1936-） 723
吉川英史 Kikkawa Eishi（1909-2006） 684, 694, 699
菊池大麓 Kikuchi Dairoku（1855-1917） 587
喜多村信節 Kitamura Nobuyo（1783-1856） 180
北大路魯山人 Kitaôji Rosanjin（1883-1959） 157
小寺玉晁 Kodera Gyokuchô（1800-1878） 176
小泉純一郎 Koizumi Jun'ichirô（1942-） 92, 93, 95
高宗 Ko-jong（1852-1919） 549
近藤淳也 Kondô Junya（1975-） 51
近藤高弘 Kondô Takahiro（1958-） 791, 795-797, 799-801, 804
高力猿猴庵 Kôriki Enkôan（1756-1831） 176
小山冨士夫 Koyama Fujio（1900-1975） 156, 160, 164
クリステヴァ、ジュリア Julia Kristeva（1941-） 622, 624, 625, 627-629, 631, 637, 647
工藤哲巳 Kudô Tetsumi（1935-1990） 196-206, 208, 209, 211-221
九条頼経 Kujô Yoritsune（1218-1256） 398
空海 Kûkai（774-835） 594
国木田独歩 Kunikida Doppo（1871-1908） 595
クルバンガリー、ムハンマド・アブデュルハイ Mehmet Abdülhay Kurbanali（1889-1972） 557, 559-562, 564
黒岩大 Kuroiwa Dai（1868-1920） 587
黒澤明 Kurosawa Akira（1910-1998） 437
久志卓真 Kushi Takuma（1898-?） 159, 165

L

レ・フォー Lê Phổ（1907-2001） 467, 469, 471-475
レヴィーン、シェリー Sherrie Levine（1947-） 228, 229
レヴィ＝ストロース Claude Lévi-Strauss（1908-2009） 297
李旦 Lǐ Dàn /Ri Tan（?-1625） 425-427
李華弌 Lǐ Huayī（1948-） 261
梁啓超 Liáng Qǐchāo（1873-1929） 601
リバニオス Libanios（314-393） 355-357
リニエール＝カスー、マルティーヌ Martine Lignières-Cassou（1952-） 510
魯迅 Lǔ Xùn（1881-1936） 601

M

馬建忠 Mǎ Jiànzhōng（1845-1900） 601
前田正名 Maeda Masana（1850-1921） 756
マイ・チュン・トゥ Mai Trung Thứ（1906-1980） 467, 469, 471-475
マラルメ、ステファヌ Stéphane Mallarmé（1842-1898） 647
丸谷和史 Maruya Kazushi（1975-） 792

メーソン、ルーサー・ホワイティング Luther Whiting Mason(1818-1896) 684
マシューズ、ゴードン Gordon Mathews(1955-) 299, 303
松浦隆信 Matsura Takanobu(1591-1637) 368, 376-380, 385, 387
松下幸之助 Matsushita Kônosuke(1894-1989) 111
マクルーハン、マーシャル Herbert Marshall McLuhan(1911-1980) 126
メルヴィル、ハーマン Herman Melville(1819-1891) 434
メンカリーニ、ファン Juan Mencarini(1860-1939) 276, 277
メルロ＝ポンティ、モーリス Maurice Merleau-Ponty(1908-1961) 625
三上次男 Mikami Tsugio(1907-1987) 160
三木谷浩史 Mikitani Hiroshi(1963-) 52
ミムレル伯爵 Comte de Mimerel(1786-1871) 547
閔泳瓚 Min Yonchan(1874-1948) 547
閔泳煥 Min Yonfan(1861-1905) 547
ミンスキー、マービン Marvin Minsky(1927-2016) 136
森鷗外 Mori Ôgai(1862-1922) 595
森永さよ Morinaga Sayo 792
森岡健二 Morioka Kenji(1917-2008) 596
村上世彰 Murakami Yoshiaki(1959-) 52
村越祐民 Murakoshi Hirotami(1974-) 104

N

中村正直 Nakamura Masanao(1832-1891) 110
ナレースワン大王 Naresuan(1555-1605) 431-433
成田亨 Narita Tôru(1929-2002) 236
夏目漱石 Natsume Sôseki(1867-1916) 595
ネスフィールド、ジョン・コリンソン John Collinson Nesfield(1836-1919) 604
ニューワース、ロバート Robert Neuwirth 297
グエン・ナム・ソン Nguyễn Nam Sơn(1899-1973) 468
グエン・ファン・チャン Nguyễn Phan Chánh (1892-1984) 473
ニーチェ、フリードリヒ Friedrich Nietzsche (1844-1900) 602
西周 Nishi Amane(1829-1897) 584
西河克己 Nishikawa Katsumi(1918-2010) 723, 725, 726
西村博之 Nishimura Hiroyuki(1976-) 49-52, 54-66, 813
野田佳彦 Noda Yoshihiko(1957-) 104

O

往阿弥陀仏 Ôamidabutsu 397
大庭秀雄 Ôba Hideo(1910-1997) 719
小田切春江 Odagiri Shunkô(1810-1888) 179
大舩真言 Ôfune Makoto(1977-) 794, 795, 797, 799, 800, 803, 804
小川有季 Ogawa Arisue 412
小熊慎司 Oguma Shinji(1968-) 103
大泉博子 Ôizumi Hiroko(1950-) 104
岡部嶺男 Okabe Mineo(1919-1990) 149
岡倉覚三、天心 Okakura Kakuzô, TenShin (1863-1913) 266, 317, 684
岡本光博 Okamoto Mitsuhiro(1968-) 309, 789, 790, 795, 799-801, 803, 804
大越成徳 Ôkoshi Narinori(1854-1923) 275, 279, 280
大前研一 Ômae Ken'ichi(1943-) 111
オーウェル、ジョージ George Orwell(1903-) 768
大塚琢造 Otsuka Takuzo(1850－1914) 280
大槻玄沢 Ôtsuki Gentaku(1757-1827) 179
尾崎紅葉 Ozaki Kôyô(1868-1903) 595
尾崎行雄 Ozaki Yukio(1858-1954) 587

P

パウロ Paul(－65?) 141, 143
ポール、エリオット Elliot Harold Paul(1891-1958) 645
彭禹 Péng Yǔ(1973-) 251
ペリー Matthew Calbraith Perry(1794-1858) 187, 188, 681
プラトン Plato(427 B.C.-347 B.C.) 614
ポーロ、マルコ Marco Polo(1254-1324) 313
プラモート、ククリット Khukrit Pramot(Kukrit

Pramoj)(1911-1985) 438

Q

クインティリアヌス Quintillian(35-100) 608

R

ラッフルズ、トマス Thomas S. Raffles(1781-1826) 315
レーモンド、アントニン Antonin Raymond(1888-1976) 487, 489, 490, 493-501
リベイロ、グスタヴォ Gustavo Lins Ribeiro(1953-) 299
ロドリゲス、ティブルシオ Tiburcio Rodriguez 276
ルビエル、リュイス Lluis Rouviere(1840-1904) 279, 280

S

サファ、アイナン Ainan Safa(1898-1984) 561, 562, 564-566
斎藤耕一 Saitô Kôichi(1929-2009) 727
坂部恵 Sakabe Megumi(1936-2009) 631
佐藤公治 Satô Kôji(1959-) 103
佐藤進三 Satô Shinzô(1900-1968) 160
椹木野衣 Sawaragi Noi(1962-) 227, 230-237, 239, 240, 242, 243, 261
シェリング、フリードリヒ Friedrich W. J. von Schelling(1775-1854) 741
シラー、フリードリヒ・フォン Friedrich von Schiller(1759-1805) 602
シュライアマハー、フリードリヒ Friedrich D. Schleiermacher(1768-1834) 500
シュミット、カール Carl Schmitt(1888-1985) 344, 345
ショーペンハウアー、アルトゥル Arthur Schopenhauer(1788-1860) 602
シャノン、クロード Claude Elwood Shannon(1916-2001) 125
渋沢栄一 Shibusawa Eiichi(1840-1931) 111
島村抱月、瀧太郎 Shimamura Hôgetsu, Takitarô(1871-1918) 593
島崎藤村 Shimazaki Tôson(1872-1943) 595
島津忠国 Shimazu Tadakuni(1403-1470) 399
島津義久 Shimazu Yoshihisa(1533-1611) 412
申叔舟 Shin Shukushû(1417-1475) 401
白石一郎 Shiraishi Ichirô(1931-2004) 431, 432
証如 Shônyo(1516-1554) 398
司徒杰 Sītú Jíe(1920-2005) 248
ソクラテス Socrates(471 B.C.-399 B.C.) 607, 614
ソンタム王 Songtham(1591?-1628) 432
スペックス、ジャック Jacques Specx(1585-?) 367, 368, 370, 376, 377, 379-386
スペンサー、ハーバード Herbert Spencer(1820-1903) 593
ストール、クリフォード Clifford Paul Stoll(1950-) 133
隋建国 Súi Jiàngúo(1956-) 250, 262
孫原 Sūn Yúan(1972-) 251

T

高田早苗 Takata Sanae(1860-1938) 590
武島又次郎 Takeshima Matajirô(1872-1967) 592
田中良和 Tanaka Yoshikazu(1977-) 51
種子島時長 Tanegashima Tokinaga(1401-1436) 399
田岡嶺雲、佐代治 Taoka Reiun, Sayoji(1870-1912) 602
タルデュー、ヴィクトール Victor Tardieu(1870-1937) 453, 457-460, 462, 465, 468
田坂具隆 Tasaka Tomotaka(1902-1974) 724
ト・ゴック・ヴァン Tô Ngọc Vân(1906-1954) 460
徳川秀忠 Tokugawa Hidetada(1579-1632) 387, 388
徳川家康 Tokugawa Ieyasu(1543-1616) 368, 371, 373, 374, 378-381, 383-388, 434
徳川義親 Tokugawa Yoshichika(1886-1976) 747, 748, 751, 752, 755, 757, 758
頭山満 Tôyama Mitsuru(1855-1944) 560, 561
坪内逍遥 Tsubouchi Shôyô(1859-1935) 592
津田大介 Tsuda Daisuke(1973-) 51
辻井喬／堤清二 Tsujii Takashi/Tsusumi Seiji(1927-2013) 111

U

宇戸清治 Udo Seiji (1949-) 766

V

ヴァレリー、ポール Paul Valéry (1871-1945) 646

ヴェガ、カルロス Carlos Alba Vega 299

ベルニュ、ジャン＝フィリップ Jean-Philippe Vergne (1983-) 296

ヴァイナー、ジェイコブ Jacob Viner (1892-1970) 355, 356, 357

ヴ・カオ・ダン Vũ Cao Đàm (1908-2000) 460, 467

W

王国維 Wáng Gúowéi (1877-1927) 601

王直 Wáng Zhí /Ou Choku (?-1560) 418, 425-427

ヴァールブルク、アビ Abi Warburg (1866-1929) 321

渡邊淳司 Watanabe Junji (1976-) 792

ウィン、リオワーリン Win Liaowarin (1956-) 433

フランク・ロイド・ライト Frank Lloyd Wright (1867-1959) 497, 498, 501

X

徐冰 Xú Bīng (1955-) 247, 261

Y

山田長政 Yamada Nagamasa (1590?-1630) 432-434

山口瞳 Yamaguchi Hitomi (1926-1995) 563

山本豊津 Yamamoto Hozu (1948-) 787, 794

山本一郎 Yamamoto Ichirô (1973-) 55, 62-64

山本一太 Yamamoto Ichita (1958-) 102, 103

山本麻友美 Yamamoto Mayumi 799

ユン、プラブダー Prabda Yoon (1973-) 767

吉田晴風 Yoshida Seifû (1891-1950) 693, 699

于凡 Yú Fán (1966-) 250

Z

ゼルナー、アンリ Henri Thomas Zerner (1939-) 206

展望 Zhăn Wàng (1962-) 246-251, 253-268

張大力 Zhāng Dàlì (1963-) 263

張健君 Zhāng Jianjūn (1955-) 261

鄭成功 Zhèng Chénggōng /Tei Seikô (1624-1662) 425, 427

鄭芝竜 Thèng Zhīlóng /Tei Shiryû (1604-1661) 425-427

ジマーマン、フィル Philip R. Zimmermann Jr. (1954-) 132

共同研究会開催一覧

【平成25(2013)年度】

◆第一回　４月26日(金)—27日(土)
稲賀繁美「主旨・経緯説明、自己紹介、研究会へのご提言・ご提案」
《情報を考える　文字情報と図形情報》
①森洋久「地図情報：測量と経緯度グリッド——図形情報処理の近未来」
②丸川雄三「連想情報学と想imagine——図形情報検索の将来展望」
コメンテイター：山田奨治
李建志「三つの開拓村——パラオ引揚者たちの戦後」

◆第二回　７月28日(日)—29日(月)
長門洋平「イメージに「裏側」は存在するか——映画におけるポスト「表層批評」の射程」
北浦寛之「映画を分析することとは——『幕末残酷物語』(一九六四、加藤泰監督)を題材に」
稲賀繁美「『日本の建築』はどこへゆく　パリでの講演から」

◆第三回　８月31日(土)
《人文学の生態学的転回(エコロジカル・ターン)のために》
三原芳秋「主旨・経緯説明」
高梨克也「生態学的に妥当なコミュニケーション研究にむけて」
岡本雅史「共同注意と人称構造：生態学的転回を迎える認知言語学と語用論の未来」
三原芳秋「Personのカテゴリー：文学理論の生態学的転回にむけて」
赤嶺宏介「現象と物自体：カントと哲学の生態学的転回」
松嶋健「アニミズムとペルソナ：人類学における生態学的転回の深度」
コメンテイター：稲賀繁美

◆第四回　９月６日(金)—９月７日(土)
日文研公開講演会
①森洋久「古地図とナビゲーション技術」
②荒木浩「知らず顔の桐壺院——《圏外》の源氏物語」
講演会の話題をめぐっての討論　司会：稲賀繁美
・「翻訳とアイデンティティ」デンニッツァ・ガブラコヴァ
・「第三の生命——東アジアの伝統からさぐる」小倉紀蔵

◆第五回　12月14日(土)―12月15日(日)

《商取引・藝術創作・海賊行為：社会制度の綻び目は文化創造のニッチとなるか？》

小川さやか「非正規品交易システムにみるインフォーマル経済のダイナミズム」

岡本光博「バッタもんについて」

山本麻友美「Originalityと継承――street系artistは、都市の海賊か」

白石嘉治「〈反社会的〉とは何か？ 気象学から平滑空間へ」

菰田真介「P.L.ウィルソン著『海賊ユートピア』翻訳余話――海賊行為が切り開く現代的可能性」

【平成26(2014)年度】

◆第一回　4月19日(土)―20日(日)

《真贋の臨界――「写し」「現し」「虚し」：「正統」と「異端」との「あわい」を踏査する》

稲賀繁美『絵画の臨界：近代東アジア美術史の桎梏と命運』

服部正／藤原貞朗『山下清と昭和の美術：「裸の大将」の神話を超えて』

松原知生『物数寄考　骨董と葛藤』

二村淳子「〈極東美術〉 L'art d'Extrême-Orient とヴェトナム近代」

◆第二回　5月17日(土)―18日(日)

《文化における海賊研究の現状について》(総合討議)　司会：稲賀繁美

（1）歴史的展望：「大航海時代」から「国際法」の成立へ

（2）東西商品交易路の確立と金融体制：密貿易の実態解明へ

（3）著作権／複製権と「海賊行為」：比較法社会学の可能性

（4）商品／情報における「海賊版」研究にむけて

鈴木洋仁「『平成論』をめぐって」

◆第三回　6月22日(日)―23日(月)

近藤髙弘「時のうつわ・魂のうつし」

稲賀繁美「海賊史観の提唱」version-up版

中村和恵「オミヤゲと先住民族――海賊的領域」

小倉紀蔵「『絵画の臨界』における躍度あるいは加加速度」

◆第四回　7月20日(日)―21日(月)

鵜戸聡「島嶼的：列島・群島・孤島の想像域」

千葉慶「盗まれた「自画像」：安本末子『にあんちゃん』と20世紀日本の植民地主義」

橋本順光「触手の移りと写し？ タコとイカの表象をめぐる引用と流用」

平松秀樹「タイにおける日本への視線をめぐって――20C初頭よりの日本イメージの変遷」

◆第五回　9月6日(土)—7日(日)
多田伊織「ネットの海は無法か——インターネットにおける〈海賊〉行為について」
白川昌生「地域でアートをやる——マイノリティ、マーケット、贈与」
林洋子「美術品の唯一性と複数性——再制作、死後鋳造をめぐって」
《小特集：移民船航路における規律と逸脱》
東悦子「「渡航案内」にみる船旅と異文化適応の準備」
根川幸男「戦前期ブラジル移民船における教育と逸脱」

◆第六回　10月4日(土)—5日(日)
デンニッツァ・ガブラコヴァ「離島と主権」
韓敬九「海賊としての倭寇と洋夷——東道西器の視点から見る和魂洋才の文化受容戦略」
張競「内と外から見た日本文学」

【平成27(2015)年度】

◆第一回　4月17日(金)—4月18日(土)
「軌道修正と海賊行為：最終年度の方針」　説明と討論　司会：稲賀繁美
朴美貞「李仲燮とディアスポラ——〈ニセ〉訴訟の真偽」
江口久美「パリの歴史的建造物保全——都市を見るまなざしの誕生」

◆第二回　6月20日(土・午後)—21日(日・午前)
稲賀繁美「ヒロシマからフクシマへ：20世紀の文化遺産とは何だったのか？」
鞍田崇「民藝のインティマシー——「いとおしさ」をデザインする」
海賊行為研究についての討論会

◆第三回　7月30日(木・午後)—31日(金・午前)
《視覚文化における越境と海賊行為：文化研究の軌道修正にむけて》
アンドリュー・ガーストル「春画における男色の描写」
リカル・ブル・トゥルイ「春画の蛸とジャポニスム(英語)」
橋本順光(大阪大学)「蛸をめぐる図像の越境と海賊行為——『山海名産図会』から『喜能会之故真通』を中心に」
　　コメンテイター：石上阿希・矢野明子
野呂田純一「極東アジアにおける美術行政の〈土着化〉」
稲賀繁美「美術交流の翻訳学にむけて」

◆第四回　8月28日(金・午後)—29日(土・午前)
《徹底討論：海賊史観からみた世界史構想と日本文化の軌道修正にむけて》

稲賀繁美「成果論文集の編集にむけて　趣旨説明」
・集中討議：海賊史観からみた世界史構想の刷新にむけて（討論第一部）
①岡本光博「【海賊】表現紀」
②鞍田崇「つくることのゆくえ」
③二村淳子「装飾と美術の臨界点：インドシナ美術学校における"arts de dessin"」
・集中討議：海賊史観からみた21世紀10年代日本の軌道修正（討論第二部）
①春藤献一「京都市による野良猫政策からこぼれ落ちる河川敷の猫とボランティア」
②鈴木洋仁「〈西村博之〉とは何だったのか——２ちゃんねるとニコニコ動画のあいだ」
③申昌浩「舞台（公演）芸術のための伝統邦楽器の改良——宮城道雄とその周辺の挑戦：二十一世紀に海賊化した邦楽」

【平成28（2016）年度】

国際研究集会　2016年４月27—29日　於：国際日本文化研究センター
Pirates' View of World History: toward Possible Re-orientations
海賊史観からみた世界史の再構築

４月27日　第１日　DAY ONE
Part Ⅰ：Initiations to the Problematics
発表（いずれも討論を含む、共通する話題のある討論者を交えた討論が中心となる）
Each individual talk ca.10-20minutes will be followed by punctual discussion
①鈴木洋仁 Hirohito SUZUKI
「ネット時代の日本的海賊；２ちゃんねるからニコニコ動画まで」
"Japanese Pirate in the "Information Society" : from 2 channel to NicoNico Douga"
コメンテイター：多田伊織 Iori TADA
②片岡真伊 Mai KATAOKA
「マンガ翻訳の海賊たち——スキャンレーションにおける航海術をめぐって」
"When Manga Fans Become Pirates: the Art of Translating and Navigating Japanese Manga "
③宮崎康子 Yasuko MIYAZAKI
「開かれた経済と海賊行為」
"Open Economy and Piracy"
④橋本順光 Yorimitsu HASHIMOTO
「海賊、海賊行為と蛸——触手の怪物から八面六臂のエイリアンへ？」
"Pirates, Piracy and Octopus: From Multi-Armed Monster to Model Minority?"
討論Discussion initiated & introduced by Dennitza GABRAKOVA + Shigemi INAGA
Speakers: 莊千慧, Helena Čapková, Mitsuyo Delcourt-Itonaga, 山田奨治, 瀧井一博, 山本麻友美

4月28日　第2日　DAY TWO

Part Ⅱ：Short Notices and Free Discussions

①クレインス フレデリック Frederic CRYNS

「略奪か戦利品か？ 1615年サン・アントニオ号捕縛事件と幕府の対応」

"Trophy or Plunder? The Capture of the San Antonio in 1615"

②小川さやか Sayaka OGAWA

「〈借り〉をまわすシステム――タンザニアにおける携帯を通じた送金システムを事例に」

"The System of circulating the debt: the money transfer system of mobile phone in Tanzania"

③江口久美 Kumi EGUCHI

「海賊党の液体民主主義について」 "On the fluid Democracy of the Pirate Party"

④鞍田崇 Takashi KURATA

「つくることのゆくえ」 "Creation to which direction?"

⑤範麗雅 FAN Liya

「ロンドンにおける中国芸術国際展覧会と中国外国人外交官――南京国民政府初代駐英大使の活躍を中心に」 "International Chinese Art Exhibition in London in 1936"

⑥近藤貴子 Takako KONDO

「アヴァンギャルディストとしての自己定位の探究――工藤哲巳の海賊的考察」

"Quest for Self-Position Determination as Avant-gardist: Piratical Study of Tetsumi Kudo"

⑦榎本渉 Wataru ENOMOTO

「悪石島の寄船大明神とその周辺」 "Around the Yorifune Shrine at the Akuseki-Jima Island"

Part Ⅲ：Presentation and Discussions around the Invited Guests

①Discussion introduced by Patrick FLORES

②Discussion introduced by Michael LUCKEN

③Discussion introduced by Timon SCREECH

Claims of Piracy Made Against the English in Japan, 1613-26

Speakers: 新井菜穂子, 今泉宜子, 李応寿, 杉田智美, 春藤献一, 戸矢理衣奈

④Discussion introduced by KIM Hang 金杭＋三原芳秋 Yoshiaki MIHARA

⑤Discussion introduced by KIM Hang 金杭＋Pedro ERBER+三原芳秋 Yoshiaki MIHARA

「海賊史観による戦後民主主義再考」

Reconsidering Japan's "Postwar Democracy" in the Framework of Pirate's View of History

Speakers: 劉建輝, 鵜戸聡, 岡本光博, 隠岐さや香, 武内恵美子, 高木博志

Free Discussion「海賊史観」関係研究成果の報告と自由討論

Ⅰ. 海賊史観からみた世界史と交易史

World History of Commerce from a Pirates' View

Ⅱ. 著作権・複製権・海賊版　電子化された情報環境の将来

Piracy in Authorship, Copyright and the Future of the Cyber Space

Ⅲ. Wrapping-up and synthesis

4月29日　第3日　DAY THREE

国際研究集会　実地巡検「観光言説ではない京都の歴史を歩く」

ガイド：高木博志（京都大学人文科学研究所／参考図書『京都の歴史を歩く』（岩波新書））

（午前）「京都御苑を歩く」

（午後）「マージナルな京都を歩く」：祇園甲部（性の隠蔽）→円山公園（文明開化）→宮川町（遊廓から茶屋へ）→物吉村（近世・ハンセン氏病患者の集住地）→弓矢町（中世の犬神人の地）→六道の辻（生と死の境界）→河井寛次郎記念館（休憩と稲賀によるレクチャー）→豊国社・耳塚（豊臣秀吉の記憶）→五条楽園（近代和風・遊廓建築、京都最大の遊廓）